李兴斌 著

青山依舊

谈兵斋笔耕录

上

齊魯書社

自序

新世纪之初，在整理、编辑自己的论文集《门外谈兵》时，我压根儿也没想到以后有一天会重新修订、再版它。因为自打改革开放以来，随着出版社逐步由事业性质朝企业性质转化，编辑的工作压力越来越大，编不完的书稿让编辑一年到头几乎没有星期天和节假日，再挤时间搞研究和写东西实在是太困难了。然而，同样没有想到的是，十几年下来，积少成多，我竟然陆陆续续又写了几十万字的东西。于是，敝帚自珍，退休后就动了修订、补充和重新出版这部集子的念头。

在结构上，这部集子沿袭了《门外谈兵》

的安排，仍以“专论”打头，然后是“札记/随笔”，其下“人物述评”“书评/序跋”“诗歌/散文”则是新增的栏目，最后是“附录”。虽然增加了“诗歌/散文”这样一个栏目，但其所占比重并不大。

说到学术研究，和这一领域中绝大多数朋友不同的是，我并不是靠它安身立命讨生活的，而纯粹是出于个人的兴趣，说到底这不过是我的一种业余爱好罢了。所以，我曾经对朋友说，我是“混”进学术队伍里的，并且既非正规军，也非游击队，在相当长时间里不过是个散兵游勇而已。至于我的所谓“研究”，则基本上是率性而为，全凭兴趣使然，所以涉及领域较为广泛。但是，由于既无高学历，又无好平台，那水平当然也就不可能很高。

不过，话又说回来了，从事学术研究其实也并非我的初衷，它实际上不过是我在人生道路上几经曲折之后的一次方向调整而已，虽说这调整完全是自己深思熟虑之后的一种选择，内中也包含着个人的浓厚兴趣和深深爱好，但毕竟也有着几分的无奈和权衡。

那么，我踏入社会的初衷是什么？是当一名职业军人。

说来话长，我当兵的愿望，产生于1967年。当时，解放军某部拉练来到我的家乡，正好学校放秋假，我住在家里，与村里的民兵一起接待拉练官兵。

这天深夜，我和同伴们一直迎到村子外，等候在村外小路边上。记得当时正值初秋，天气微凉，金风不起，没有月光，万籁俱寂，但见满天星斗。过了不大一会儿，随着一阵有节奏的沙沙脚步声，只见远远一队黑魆魆的人影，渐行渐近。待到走近一看，这队人影正是拉练部队——战士们个个身背背包，肩挎钢枪，有的还牵着战马、挑着炊具，我心里顿时感到一种莫名的神秘和兴奋，并产生了这样的冲动——盼望自己日后能成为一名军人，为保家卫国而金戈铁马、效命疆场——现在看来，由于年轻，那时是很有点罗曼蒂克的。

说来也巧，那年冬天，部队正好在家乡征兵，不少同学都报名了，我当然也想报名，但任凭我磨破了嘴，父亲就是不同意。父亲反对我参军的理由是：我当时的年龄太小（那年我刚刚15岁），什么也不懂，怕到部队后不知道努力而荒废了时光。由于父亲的反对，我只好收起那颗年轻而躁动的心，耐着性子继续上学，继续等待。

光阴似箭，日月如梭，转眼到了1970年。这年冬天，部队又一次来家乡征兵。这一次，我终于如愿以偿，应征入伍，成为一名解放军战士。然而，正应了"不如意事常八九"这么一句老话，我压根儿也没想到入伍后会被分配到卫生所当一名卫生兵——这虽然也是当兵，但离我的初衷相去不啻十万八千里！所以，当时很长一段时间里我觉得非常苦恼。但我深知，在当时那种社会大背景下，就人生理想而言，个人是没有多少选择余地的。在那个时代，个人通常被比作一块"砖"或一枚"螺丝钉"，必须按照"组织"的需要或"搬"或"安"。想到这些，我也就慢慢地平静了下来，决定强迫自己努力去适应这种全新的工作环境。既然当一名真正意义上的"兵"已根本不可能，于是在本职工作之余，我就把兴趣投向了一个原本就有的爱好——中国古代历史和古典文学。这期间，我利用业余时间，陆陆续续读了一些史学和文学名著，如《史记》《三国志》与唐宋诗词、明清小说等，同时也读了一些马列著作和毛主席的著作。不过，那时的读书，只是一般的泛读而已，根本也没想到将来要作为学问来研究。

当时，部队有句顺口溜：连队紧，机关松，吊儿郎当卫生兵。我当的不仅是卫生兵，而且是机关卫生兵，业务上又没有太大压力，所以十几年的部队生活总的说是无忧无虑轻松愉快的。十几年中，我先后从事过护理、文书、放射诊断工作，在经历了一些小小“磨难”之后，也和许多战友一样，立了功，入了党，提了干。但是，随着阅历的不断加深，我却逐渐动了转业的念头。这是因为，从医终究非我所愿，更非所好，而且部队也不是生活在真空里，让人心寒的事情同样会时有发生；同时，放射工作对身体健康的影响也日益显现出来。所以，在深思熟虑之后，我终于向组织上提出了转业要求，并于1983年元旦后开始到地方上班，从而完成了从一名军人到一名老百姓的“回归”式转变。

转业之后，我先是在山东省精神病医院（即现在的省精神卫生中心）从事卫生行政工作，其间脱产上了两年“电大”，学的是党政管理；“电大”毕业后不久，即1987年，经“电大”老同学李海萍介绍，调到了山东省社会科学界联合会，这时才开始一边从事行政工作，一边从事社科研究，并于次年发表了自己的第一篇学术文章《论韩信的用兵艺术》。这一年，我已经整整36岁，差不多是一个中年人了。就这样，在三十几年的时间里，我一面工作，一面学习，蹒跚而行，陆续发表了一些被叫作学术论文的东西。这其中的甘苦，则如鱼饮水，冷暖自知。幸运的是，在这个过程中，我得到了很多学界前辈的指导和很多业内朋友的帮助与支持。

家父李崇增对我的成长和人生有着十分重要的影响。父亲18岁参加八路军地方部队，后因患病而未能随军南下，从此就一直留在家乡从事党的基层工作，先后担任村支部委员、副书记、书记。父亲为人侠义、正派，尊老爱幼，同情弱者，任职时对村里的年老有病鳏寡孤独者格外矜恤，经常让我主动去帮助他们做这做那，这些都让我终生难忘。

由于贫穷，父亲一天学也没能上，他所以能够读书写信，是因为在部队时跟有文化的首长认了一些字的缘故。父亲深知没有文化的不便和困难，所以他不仅在做人方面对我要求严格，而且在读书学习方面对我要求也很严格。那时农村很穷，很多家庭因此而让自己的孩子辍学了，但父亲始终坚定不移东讨西借地供我上学。“文革”前夕，大约是1965年吧，因为家庭实在太困难，我曾一度想退学。对此，父亲坚决不同意，说是保证每天供应我一斤半粮食（主要是地瓜干），但书必须继续念。“文革”中，因为学校停止了正常的教学工作，不再上课，我在“逍遥”了一段时间后又想弃学，父亲则再一次阻止了我，要求我一定要坚持下去。现在回过头去看，假如当初没有父亲的管束，我是读不到高中毕业的。

在我的学业问题上，父亲可以说是无条件支持的。无论什么事，只要与学习有关，就都好说。记得上高小期间，担任班主任同时也是我们语文老师的杨文修先生，有一次在点评作文时，说原洪训同学所以文章写得好，主要是因为书读得多，比如《林海雪原》这部长篇小说，刚出版不久他就读过了。回到家里后，我把老师的话说给了父亲听，没想到他很快就利用去公社开会的机会，到书店买了一部拿回来让我读。

父亲虽是一位农民，但他雅好读书看报，甚至喜欢欣赏书画，对我少年时代的一些涂鸦之作常予鼓励。与天下所有父母一样，父亲也非常希望自己的子女能有出息，但就在他的孩子们刚刚开始有点“出息”的时候，他不幸患了不治之症，在经过了多方治疗之后，于19年前不幸辞世。当时，这对我在精神上的打击是非常之大的。

对我的发展影响比较大的还有我的叔父李崇国。叔父在我父亲的支持下曾读过几天书，但不到一年即因祖父的反对而辍学。叔父好读书，喜弹琴，兼习医学，是一位典型的乡村知识分子。他凭借自学掌握了许多知识，终生以教书为业，并且考取了医师资格，平时兼行医道，是一位颇有名望的民间医生，尤其对针灸有很深的造诣。我的小学一至四年级，就是跟叔父读的。所以，从这个意义上说，他还是我的老师。

小时候，我家老宅的东厢房，是叔父的“书房”，那里面有着在当时来说颇为丰富的藏书，因而是我经常光顾的地方。范文澜先生的《中国通史简编》、余冠英先生的《诗经选》，都是那时在叔父的“书房”里读到的。叔父对我走上学术之路并不反对，但对我研究古代兵学却不大赞成。我猜想，他可能主要是由于受了道家“兵者不祥之器”一说影响的缘故。

高小阶段对我影响比较大的老师是杨文修先生，中学阶段是王培学先生、李景熙先生和刘玉斌先生，他们的学识和为人都给我留下了极为深刻的印象。如今，杨文修先生和刘玉斌先生还健在，王培学先生和李景熙先生都已辞世，这让我至今想起来非常伤感。

在电大学习时，对我影响、帮助比较大的老师是山东师范大学的周均平教授，他是我毕业论文的指导教授，教会了我如何写作学术论文。

参加工作后，在事业上给我以帮助和支持的师友还有很多。比如，我的老首长孙凝清、林朝斌、宋成富、陈宇、温剑秋、袁好勤、刘瑞庭、刘锡山等，老战友毛彦春、杜兰奎、裴玉兰、周长金、窦学爱、王焕成、郭传芝、马连普、马光远、李华延、汪泽宽、王文杰、黄晚波、刘汉树、刘万林、叶顺池等，转业到地方后我的老领导刘瑞华、初奎臣、林江、梁自洁、刘蔚华、赵锦良、刘德龙、方贻佑、韩宗周、赵永熙、孙言诚、宫晓卫、黄伟中、刘志义等，省内外著名学者安作璋、董治安、刘祚昌、徐北文、戚其章、孙祚民、郭墨兰、王恩田、王德敏、庄春波、张华松、于向阳、陈启智、宣兆琦、于孔宝、赵缊、张越、王京龙、张岱年、任继愈、王玉哲、李学勤、杨丙安、张作耀、李零、吴如嵩、于汝波、黄朴民、刘庆、杨善群、徐勇、苏桂亮、赵国华等，以及我的老同学、老同事、老朋友李海萍、刘中悦、张卫东、高航、党明德、刘锋、王瑞华、苗孝元、黄金生、李晋波、王钧林、于成河、金之平、严茜子、于春香、陶卫东、刘大可、李善峰、刘晓焕、吕世忠等，同乡好友张全新、吕德一、孙瑞琪、董亮、温玉川、秦守政、付连兴、唐锡炳、温学强、李金湖等，在这里我实难一一述及，谨向他们表示最深切的敬意和最诚挚的感谢。

在这里，我还要特别感谢齐鲁书社已故老社长赵丙南先生，以及我的同乡好友上海空政学院教授刘芳先生和山东师范大学教授陈元锋先生。赵丙南先生是我的长辈，我们1977年相识后，蒙他许我以忘年，并不断地给予指导和教诲。我去齐鲁书社工作时，尽管他早已经退休，但我总觉得这可能是冥冥之中与他老人家的一种缘分吧。刘芳先生是帮助我在学术道路上确定方向的人。当年，正是他的一个建议，让我走上了中国古代军事历史研究之路。陈元锋先生则是鼓起我学术信心的人。当初，我的第一篇学术习作《论韩信的用兵艺术》完成后，自觉很不成功，是他阅改后的肯定和指导，让我重新树起了信心，并一直走到了今天。

最后应当感谢的是我的妻子王清敏女士。几十年来，她为支持我业余从事学术研究，在做好自己本职工作的同时，操持家务、教育孩子、赡养老人、照顾兄弟姊妹，不辞辛苦，任劳任怨，付出很多很多。可以说，没有她的全力支持，我根本不可能有今天的收获。

中国有一个成语叫作“志大才疏”，而我其实是“志小才疏”。比如，我开始决定业余从事社科研究时就没有什么远大志向，觉得只要能够发表几篇说得过去的文章也就可以了。古人有言：取法乎上，仅得其中。我“取法”如此之低，所以也就不可能取得什么大的成就了。事到如今，我也别无他法，只能愧对各位师长和亲友了！

古人说：“四十而不惑，五十而知天命。”如今，我虽已六十有六，但仍既不知天命，又常陷困惑，说来实在可悲。然而，浩邈乎宇宙，苍茫乎大地，喧嚣乎尘世，穷人类数千年之文明成果，又能解释其几多问题而不困惑?!

是为序。

2017年5月20日于长清大学城润和山居寓所

目录

上册

1 自序

·专论·

1 “重义轻利”价值观评析
15 兵家和平思想及其现代价值
34 战争形态演变与中国国家战略安全
58 《孙子》精髓新解
62 《孙子》伐谋思想简论
78 《孙子兵法》对中国古代军事谋略学的构建
106 《孙子兵法》歧见八例辨析
114 附：世人用其法　几辈得其神——隆莲法师《读孙子》诗赏析

124 项羽败亡的军事地理原因
134 论韩信的用兵艺术
150 关于“李广难封”的几个问题
——与高敏先生商榷
158 三国鼎立局面形成时间再认识
167 重评曹操的军事才能
184 曹操未能统一天下之原因分析
200 《〈隆中对〉别论》质疑
210 刘备借荆州考析
221 荆襄之战诸问题考论
237 为武侯辩诬:诸葛亮“借刀杀人”问题辨析
——兼评朱子彦先生的治史态度与治史方法
252 刘备托孤问题之心理学分析
260 诸葛亮北伐曹魏目的论析
274 诸葛亮北伐何以不用魏延的奇谋
283 绵竹之战:导致蜀汉政权灭亡的直接原因

·札记/随笔·

289 双峰并峙　辉耀世界
291 关于“曹刿论战”的别一番思考
293 两千多年前的一次“顶层设计”
297 打苍蝇与打老虎别议
300 关于“兵书热”的思考
304 谈古论今话《孙子》
311 漫话传奇兵书《三十六计》
317 《三十六计》成书时代小考

322 三国英雄与《孙子兵法》
326 背时的汉献帝
328 漫话吕布之贱
330 关羽谥号美恶辨
334 性格上的“短板”效应
——读《三国志·关羽张飞传》有感
337 马谡之死辨疑
343 自取其祸　何冤之有
——魏延被杀史实辨正
347 魏征与“颜体”书法
352 韩世忠能得善终之谜
——兼谈究竟谁是杀害岳飞的元凶
360 戚继光与“辕门斩子”

下　册

·人物述评·

363 智慧之光　穿越古今
——兵圣孙武与《孙子兵法》评介
465 先生之风　山高水长
——千古贤相诸葛亮生平事迹述评
505 大雅君子　社稷纯臣
——大唐中兴名臣郭子仪德慧人生述略
521 一管笔在手　敢搦孙吴兵斗
——不朽的戏曲艺术大师关汉卿

目录

·书评与序跋·

619 鉴古知今　独观大略

——黄朴民、孙建民著《中华统一大略》读后

623 高山仰止　景行行止

——追忆《杰斐逊全传》作者刘祚昌先生

629 学者本色　名士风范

——徐北文先生《海岱居文存》编后

634 出乎其类　拔乎其萃

——评李零先生新作《兵以诈立——我读〈孙子〉》

637 守住自己的精神家园

——毛彦春、孟宪兰伉俪《春兰诗集》之“金秋卷”序

641 国学四大经典今释·总序

646 我的从军路·跋

648 入伍四十周年纪念·前言/后记

·诗歌/散文·

651 暮登青龙山

651 游四门塔

652 晨练登千佛山有感

652 游千佛山有感

653 怀念战友

653 无题

653 登泰山极顶

654 无题

654 贺万里赵峦新婚

654 赞毛公彦春

655 含鄱口远眺

655 李坑印象
655 黄洋界凝思
656 彭城刘公赞
656 中秋节有感
656 赤壁怀古
657 云台歌行
657 赞杨君鸿山先生
658 咏腊梅
658 贺蓓蓓新婚
658 六十自况
659 赠海皎贤弟
659 游曲吕峪归来赋
660 读《宋史·岳飞传》有感
660 咏松花粉(外一首)
661 刘锋李蕾新婚志贺
661 悼米洛舍维奇

667 遥远的故乡
672 又是槐花飘香季节
675 石竹花开别样红
678 有一个美丽的小山村
683 乡村美食
694 祖父是一位典型的旧式中国农民
699 忆舅父
708 亡友晋波印象
711 从济南到烟台
——一次难忘的奇葩学车经历

721 草药一剂保平安
——漫谈中华医药之神奇疗效

·附 录·

735 门外谈兵·序一/刘蔚华

738 门外谈兵·序二/黄朴民

741 从战士到学者
——孙子兵学专家李兴斌侧记/王小宁

747 三国鼎立局面形成问题研究综述/景有泉

755 后 记

·专论·

“重义轻利”价值观评析

我国向以礼仪之邦著称于世。中华民族传统精神的一个显著特点，就是重视对高尚道德和完美精神的追求。而“重义轻利”，则是传统精神中一个重要的价值观念。“舍生取义”“见得思义”“多行不义必自毙”等名言警语，几千年来一直被用以褒贬劝诫。然而，在前些年的改革开放过程中，一些人“妄自菲薄，引喻失义”，盲目贬低民族传统文化和道德精神，不加分析地将“重义轻利”看作是封建、陈旧、过时的价值观念而予以否定，以至于“颂利非义之声盈耳，逐利弃义之行盈目”，助长了腐败现象和不正之风的滋生蔓延。因此，认真考察和分析这一传统的价值观，指出其合理性与科学性内涵，发掘其内在的精华，对于振兴民族精神，增强民族自信心，建设社会主义精神文明，有着重要而现实的意义。

众所周知，中华民族的传统精神，是在儒家文化的基础上融合了其他各家文化凝聚、塑造而成的。事实上，传统的“重义轻利”价值观也的确主要源于儒家思想。因此，这里将着重对儒家的义利观作简要考察和分析。

一

论者一般认为，“重义轻利”，把“义”与“利”对立起来，是传统义利观的基本特征。① 其实，这一观点带有很大的片面性，并不符合实际，它包含着对传统义利观的许多误解。笔者认为，传统义利观的确重“义”，但并不一般地排斥“利”，更未将“义”与“利”对立起来；其所轻之“利”，是有特定含义的，并非如某些论者的理解。

第一，在现实生活中，传统义利观肯定、关心人的感性欲求和正当利益。

儒家文化的创始人孔子是重“义”的。他主张“君子义以为质”（《论语·卫灵公》，下引诸子书将只注篇名）、“义以为上”（《阳货》），倡导人们“见利思义”（《宪问》）、“见得思义”（《季氏》）。他甚至提出：“君子之于天下也，无适也，无莫也，义之与比。”（《里仁》）但同时，孔子也认为追求物质利益是人的天性。他说：“富与贵，是人之所欲也”，“贫与贱，是人之所恶也。”（《里仁》）他本人不仅“食不厌精，脍不厌细”（《乡党》），而且明确表示：“富而可求也，虽执鞭之士，吾亦为之。”（《述而》）

孟子继承并发展了孔子重“义”的思想，进一步强调了

① 臧宏：《略论儒家的义利观》，载（福州）《学习月刊》1986 年第 4 期。

“义”的价值。他把“义”看得比生命还可贵，主张在“生”与“义”不可兼得时要“舍生而取义”（《告子上》）。但孟子和孔子一样，也肯定了人的食色之欲、求生之欲和求富之欲的正当性。他认为，“富”“贵”“好色”都是“人之所欲”（《万章上》）。他曾明确地说：“鱼，我所欲也；熊掌，亦我所欲也。”“生，亦我所欲也。”（《告子上》）

战国时期儒家思想的集大成者荀卿，更反对“去欲”“寡欲”。他认为“人生而有欲”“虽为天子，欲不可尽”“虽为守门，欲不可去”，并认为这是“性之具也”（《正名》），“虽尧舜不能去民之欲利”（《大略》）。

即使是倡言“去人欲，存天理”的宋明理学家朱熹等，也并非要排除人的一切感性欲求。宋代理学代表人物程氏兄弟就说：“天下只是一个利……人无利，直是生不得，安得无利?”“君子未尝不欲利。”① 在理学家看来，“天理”是指自然的、普遍的规律和大公无私的行为准则。正当的感性欲求，如“饥食渴饮，冬裘夏葛”，“是天教我如此”，是自然的，不是自私的，所以是“天理”，必须满足；而“穷口腹之欲”，才属于“人欲”，才应当去之。②

第二，在为政理民方面，传统义利观强调并重视社会功利和百姓的物质利益。

孔子认为，好的政治是“其养民也惠，其使民也义”（《公冶长》）；圣人之政就是能够给天下人带来物质利益的政治；凡“博施于民而能济众”者，不仅符合“仁”的标准，而且达到了“圣”的要求（《雍也》）。在孔子的为政理民思想中，第一位的是

① 分别见《河南程氏遗书》（电子版）卷一八、卷一九。

② ［宋］朱熹：《朱子语类》第 6 册，中华书局 1994 年版，1999 年印刷，第 2473 页。

“富之”，其次才是“教之”：“子适卫，冉有仆。子曰：‘庶矣哉！’冉有曰：‘既庶矣，又何加焉？’曰：‘富之。’曰：‘既富矣，又何加焉？’曰：‘教之。’”（《子路》）

孟子同样很重视百姓的物质利益。他主张的王道仁政，主要的是要使民众“谷与鱼鳖不可胜食，材木不可胜用，是使民养生丧死无憾也”，认为如此才是“王道之始也”。在孟子看来，如果没有物质利益为基础，民将“唯求死而恐不赡，奚暇治礼义哉！”“是故明君制民之产，必使仰足以事父母，俯足以畜妻子，乐岁终身饱，凶年免于死亡。然后驱而之善（义），故民之从之也轻。”（《梁惠王上》）

荀子专门撰写《富国》篇以探讨富国之道。他主张的富国之道，一是要求统治者“节用裕民”，认为只要如此，就能“有仁义圣良之名”和“富厚丘山之积”；二是要求统治者“以政裕民”，即区别贵贱长幼，使“德必称位，位必称禄，禄必称用”，使“朝无幸位，民无幸生”，同时“轻田野之税，平关市之征，省商贾之数，罕兴力役，无夺农时”。

第三，传统义利观所说的“轻利”，是指轻不义之利、一己私利和眼前小利，并非轻一切功利。

孔子对待不义之利的态度是十分鲜明的。他说：“富与贵，是人之所欲也，不以其道得之，不处也；贫与贱，是人之所恶也，不以其道得（此处应为‘去’字）之，不去也。”（《里仁》）“不义而富且贵，于我如浮云。”（《述而》）他反对处处从个人利益出发行事，认为那样会招致过多的怨恨：“放于利而行，多怨。”（《里仁》）他告诫人们不要贪图眼前小利，而要追求长远大利：“无欲速，无见小利。欲速则不达，见小利则大事不成。”（《子路》）孔子认为，正当的富贵“如不可求”，就应当从事自己所爱好的事情，即使因此“饭疏食，饮水，曲肱而枕之”

(《述而》)，也要能够自得其乐。

孟子也反对将个人的食色之欲和求生之欲看得高于一切。他说："纱（扭）兄之臂而夺之食，则得食，不纱则不得食，则将纱之乎？逾东家墙而搂其处子，则得妻，不搂则不得妻，则将搂之乎？"(《告子下》) 在孟子看来，这显然是不可以的。他认为，不仅这样的不义之事不可以做，而且当"生"与"义"不可兼得时，还要能够舍"生"取"义"："生，亦我所欲也；义，亦我所欲也；二者不可得兼，舍生而取义也。"(《告子上》)

荀子主张，一个人应当"畏患而不避义死，欲利而不为所非"(《不苟》)。他甚至认为，"行一不义，杀一无罪，而得天下，仁者不为也"(《王霸》)。

后世儒家各派在具体问题上虽有不同见解，但在反对谋取不义之利方面，却是一致的，这里就不一一举例了。

论者常以孟子见梁惠王时说的"王何必曰利，亦有仁义而已矣"(《梁惠王上》)，和汉代大儒董仲舒对江都易王刘非说的"夫仁人者，正其谊（义）不谋其利，明其道不计其功"①，作为传统义利观"义""利"对立的证据。其实，孟子和董仲舒的话都是有特定背景的，论者断章取义，仅从表面意思下结论，实属对孟、董两位先贤的曲解。战国之时，诸侯间强凌弱，大吞小，相互争战不休，致使田园荒芜，生灵涂炭。对此，孟子深恶痛绝，而魏惠王又是一个不恤民力、穷兵黩武、老朽昏聩、深为孟子所看不上眼的国君，所以，孟子才针对其"叟不远千里而来，亦将有以利吾国乎"的问话，毫不客气地予以反诘，意在使其自省，改变那种只顾眼前利益不顾国家长远利益的做

① 《汉书·董仲舒传》。本书所引《史记》《资治通鉴》等经典史学著作，均为中华书局繁体竖排本，以下不再详注版本等情况。

法。董仲舒的话，也是针对春秋战国时各国君主急功近利、不修仁政、专以诈力相欺的种种不义之行而发的。因此，孟、董绝不是不要功利，他们的真正意思是：明君贤主，只要能行仁政（正“义”、明“道”），虽不谋利而利自有，虽不计功而功自全。在他们那里，“义”与“利”实际上仍然是统一的，只是他们注重、关心的是国家的长久之利和远大之功，更强调“义”和“道”的作用，并认为它们是“利”的根本罢了。

要而言之，传统义利观的主流和基本精神并不否认人的感性欲求和正当利益。这种义利观虽然看重、推崇“义”的作用，但并未将其推到与“利”相对立的地步。相反，它正是为了普遍地、长久地满足人们（当然首先是统治者）的合理欲求和利益需要，才倡导“重义轻利”，主张以“义”制“欲”，以“义”制“利”。荀子说：“人生而有欲。欲而不得，则不能无求；求而无度量分界，则不能不争；争则乱，乱则穷。先王恶其乱也，故制礼义以分之，以养人之欲，给人之求；使欲必不穷乎物，物必不屈于欲；两者相持而长，是礼之所起也。故礼者养也。”（《礼论》）清代著名学者戴震在他的《原善》一书中所说的“人有欲，易失之盈，盈斯悖乎天德之中正矣。……君子之于欲也，使一于道义。……使人勿悖于道义，如斯而已矣”，即表达了这种思想。

二

由于时代、阶级的局限，传统“重义轻利”价值观不可避免地存在诸多落后的和消极的因素，其缺陷和不足，可以说是与生俱来。

一是维护宗法等级制度。传统义利观是产生在封建自然经济和君主专制政治的基础上的，因而它必然要以封建的宗法礼制和伦理道德为基本内容，以维护封建宗法制和等级制为主要特点。这一点，从各家对于“义”的解释上就不难看出。什么是“义”？孔子曰：“义者，宜也。”[①] 孟子曰：“义，人之正路也。”（《离娄上》）荀子曰：“贵贵，尊尊，贤贤，老老，长长，义之伦也。”（《大略》）孔颖达进一步解释道，所谓“义者，宜也”，就是“尊卑各有其礼，上下乃得其宜”的意思。这符合“义”的要求，因而也就是“义”；否则，就不相宜，就属于不“义”。

二是颠倒了“义”与“利”的本末关系，表现出唯心主义倾向。“义”与“利”的关系是辩证的、统一的：“义”因“利”而设，“利”由“义”协调；无“利”，人类将无法生存；无“义”，社会又难成其为社会。在“义”“利”关系问题上，一般的崇“义”贬“利”和一般的崇“利”贬“义”，都是不可取的。但是，“义”与“利”之间终究存在一个本末问题。按存在决定意识的原理，显然应以“利”为本而以“义”为末。传统义利观有时崇“义”太过，甚至将“义”作为万事之本和最高目的，就不免本末颠倒而带有唯心主义色彩了。这一特点，最容易导致“言义不言利”，即空谈理论原则、不讲物质利益和经济效益的倾向。新中国建立后的一个时期内，尤其“文革”期间，我们国家在处理政治与经济、政治与业务的关系时所出现的种种失误，不能说与传统义利观这一消极因素的影响无关。

三是在具体问题上存在禁欲主义倾向。传统义利观虽然在总体上肯定人的感性欲求和正当利益，但有时又将人的正当欲求与非正当欲求混为一谈，不加区别地压抑之，以至于制欲过

① ［宋］朱熹：《四书章句集注·中庸章句》第二十章《哀公问政》，齐鲁书社 1992 年版，第 14 页。

甚，表现出明显的禁欲主义倾向。宋明理学家囿于封建主义偏见，对妇女提出的“饿死事极小，失节事极大”这一摧残人性的封建道德要求，就集中而典型地反映了传统义利观的这一缺陷。

传统义利观的不足与缺陷是多方面的，因非本文讨论的重点，这里就不多叙述。然而，不可否认，这一价值观不仅对中国社会历史的发展产生了深远影响和重要作用，而且其本身也蕴含着积极、合理的成分。

首先，包括“重义轻利”价值观在内的儒家文化自上升至主导地位后，不仅塑造了中华民族伟大的民族精神，形成了强大的民族凝聚力，使中华民族在几千年的历史风浪中始终能衰而复振，分而复合，而且产生了巨大的推动力，使中华民族社会、经济、文化的发展，在封建社会的大部分时间里，一直处在领先的位置。历史上一个无可辩驳的事实是：历代统治者，凡能轻徭薄赋，务本利民，在一定程度上节制私欲者，其政策就能相对适应社会生产力发展的要求，从而使社会出现繁荣、安定、向上的局面。

其次，包括“重义轻利”价值观在内的传统伦理道德观念，培养、造就了一代又一代民族精英，形成了中华民族的“脊梁”。这一代代民族精英，或著书立说，泽被后世；或兴利除害，惠及一方；或清正廉明，刚直不阿；或守节不辱，威加异域；或舍生取义，杀身成仁……在他们身上，都无一例外地体现了重公义、重正义而轻私利、轻生死的传统价值观念。文天祥就义时，身怀一赞，曰：“孔曰成仁，孟曰取义，唯其义尽，所以仁至。读圣贤书，所学何事？而今而后，庶几无愧。”① 可

① 《宋史·文天祥传》。

说是这一历史现象的生动写照。

再次，与其他义利观比较，传统的“重义轻利”价值观崇尚理性生活，倡导克己奉公和利他精神，具有内在的合理性与科学性，至今仍有借鉴意义。

需要指出的是，由于阶级本性决定，从整体上说封建统治者是不可能真正地“重义轻利”的。他们多以虚伪的面孔出现，一方面自己穷奢极欲，贪得无厌，肆行不义，一方面却又以传统的伦理道德和价值观念作为维护自己统治的工具，去规范、整齐被压迫者。“满嘴仁义道德，一肚子男盗女娼”，便是劳动人民对这样的统治者的种种丑恶思想和行为的辛辣讽刺。不过，笔者认为，这种现象是不应当归罪于传统的伦理道德观念和价值观念的。

三

马克思主义认为，一方面，人是相对独立的个体，“任何人类历史的第一个前提无疑是有生命的个人的存在”，所以，没有个人就没有社会；另一方面，人的本质，“在其现实性上，它是一切社会关系的总和”①。所以个人只有同他人发生一定的社会联系，结成一定的社会群体，才能存在，因而人又是群体的、社会的。这就是说，人一方面具有自然属性，一方面又具有社会属性（阶级性也可以看作是一种社会属性），在性质上成为自然属性和社会属性的统一。为了维持个体和种族的生存、发展，人具有饮食男女和趋利避害等感性欲求；但是，为了保证这些

① 《马克思恩格斯选集》第1卷《费尔巴哈》《关于费尔巴哈的提纲》，人民出版社1972年版，1977年印刷，第24页、第18页。

感性欲求以及其他欲求的满足，人又必须将自己连结在一定的社会关系中，成为社会的一分子。如此，要使生产和生活得以顺利进行，就必须协调人与人的关系，就必须将个人欲求和利益的满足限制在不损害他人利益和社会利益的范围之内。为此，人们不仅要遵守一定的法律、行政规范，而且要遵守一定的伦理和道德原则。一方面需要求“利”，一方面又必须遵守法律规范和道德原则，“义”与“利”的关系问题便由此产生。所以，荀子曰：“义与利者，人之所两有也。”（《大略》）可以说，只要有人类社会存在，就有“义”与“利”的关系问题存在，社会主义社会也不可能例外。

在不同的社会或时代，“义”与“利”的内涵既有质的差别性，又有某种承继性。某些行为在古代被看作是“义”（或“不义”）的，在今天同样应被视为“义”（或“不义”）的。这是传统的伦理道德和价值观念所以不可能被新的历史时代彻底摈弃的内在原因。

然而，即如前述，社会主义社会的“义”，与一切旧时代的“义”有着本质的区别。我们今天所说的“义”，主要是指符合社会主义道德要求和有利于建设有中国特色的社会主义事业的行为准则。我们所说的“利”，则既包括社会主义国家、民族利益，也包括集体、个人利益。社会主义社会“义”与“利”的关系，实际上也就是人民的长远利益和眼前利益、全局利益和局部利益，以及个人利益和集体利益、国家利益、他人利益之间的关系。

从根本上说，这些利益关系是一致的、统一的，但在具体问题上有时又会出现某些不一致、不统一。在强调发展商品经济的时候，产生这种不一致、不统一现象的机会可能会更多一些。这是因为，商品经济是以物质交换和价值实现作为根本表征的，商品经济的运行，集中表现为求“利”；在商品这种特殊社会现象的背后，隐藏着的是人们各种各样的利益动机和各种各样的谋利手段。商品经济所固有的“利”的属性，很容易刺激、诱发商品生产者和商品经营者重利轻义、唯利是图，把人与人之间的关系变成赤裸裸的物质利益关系和金钱关系，甚至促使一些人为谋求更大的利益铤而走险，直至不惜冒性命危险。这是建立在私有制基础上的商品经济形态所必然导致的社会现象。

社会主义商品经济与私有制条件下的商品经济有着本质的区别，但它既然是商品经济，就仍然有滋生重私利而轻公义一类社会现象的可能，就会对整个社会的思想、道德建设产生一定的冲击作用甚至销蚀作用。因此，在大力强调发展商品经济的过程中，更有必要倡导牺牲局部利益、眼前利益以服从全局利益、长远利益，牺牲个人利益以维护集体利益、国家利益和他人利益，以及不贪不义之财、不谋求制度和政策允许范围以外之私利的价值观念。

在社会主义社会，传统的“重义轻利”价值观实际上已经被升华为一种奉献精神、利他精神。这一价值观，只要不被强调过了头，就会对社会的发展产生不可忽视的积极作用。

其一是净化与升华作用。人不是狭隘意义上的动物，也不是单纯经济意义上的动物。人不仅有物质方面的需求，更有精神方面的需求。高尚的精神生活是保证个人和他人真正幸福必不可缺的。一个民族、一个社会也是如此。不能设想，一个没有强大精神支柱的民族，能够自立于世界民族之林。一个缺少高度精神文明的社会，则不是健康的、正常的社会。而以奉献精神、利他精神为基本内涵的“重义轻利”价值观，正可以在公与私、人与己等关系问题上通过净化人们的灵魂进而起到净化社会风气的作用，通过升华人们的情感进而起到升华民族精神的作用。

其二是协调与凝聚作用。重“义”、轻“利”、奉献、利他，其对人际关系的协调作用和对人民群众的团结、凝聚作用，是不言而喻的。我国20世纪50年代和60年代初期，社会风气所以比较清正，人际关系所以比较融洽，与上述精神和价值观念的倡导不无关系。相反，近些年来，在我们的社会生活中，腐败现象蔓延，人际关系冷漠，思想、道德“滑坡”，利己主义滋生无疑是一个重要原因。孟子曰：“上下交征利而国危矣！”（《梁惠王上》）司马迁感叹道：“余读《孟子书》，至梁惠王问‘何以利吾国’，未尝不废书而叹也。曰：嗟乎，利诚乱之始也！夫子罕言利者，常防其原也。……自天子至于庶人，好利之弊何以异哉！”①看来，先贤的见解与感慨不是没有道理的。

其三是促进与推动作用。精神文明建设与物质文明建设是社会主义文明建设不可分割的两个方面，它们在社会主义建设中互为条件，互相促进。物质文明建设是社会主义精神文明建设不可或缺的基础，社会主义精神文明建设则是推动物质文明建设的动力和保证。因此，在个人与国家、个人与集体、个人与他人的利益关系上，倡导“重义轻利”价值观，倡导奉献精神和利他精神，必然因其促进和推动了社会主义精神文明建设，进而起到促进和推动社会主义物质文明建设的作用。

四

有人认为，资产阶级鼓吹个人主义、利己主义，不仅没有

① 《史记·孟子列传》。

影响资本主义的发展，而且使西方资本主义国家的物质文明水平在世界上处于遥遥领先的地位，可见个人主义、利己主义也没有什么不好。这实际上是一种误解。资本主义初期，个人主义、利己主义反对封建专制主义、禁欲主义、神权主义，对于促进资本主义自由竞争和发展，的确起了一定作用，但其流弊也很大。在实践中，资产阶级个人主义、利己主义，必然流于极端的个人利己主义和极端的民族利己主义。随着资本主义的不断发展，其反动性日益明显。当年，资产阶级在国内对劳动人民残酷剥削、压榨，在国外对弱小、落后民族疯狂侵略、杀戮、掠夺的事实，就是证明。而目前西方发达国家的种种社会痼疾，如暴力凶杀、卖淫吸毒、金钱至上、冷漠无情等，也同样与极端利己主义的泛滥有着密切关系。正因为如此，西方的一些有识之士才开始把目光投向有着几千年传统文明史的东方文化。再者，西方资本主义的高度发展，也是由整个社会生活条件的发展进程和国际环境决定的，绝非全是因为倡导个人主义、利己主义的结果。我们的国家在近数百年所以落后了，主要也是由此决定的，绝不能归咎于传统文化中具有积极意义和普遍意义的道德精神和价值观念。

今天，对于我们国家来说，当年西方资本主义国家所走过的发展道路，一方面我们绝不会再走，另一方面当今的国际环境也绝不会允许我们再走。在今天的国际形势下，我们如果不看时代，不顾国情，盲目地倡导个人主义、利己主义和金钱至上的资产阶级价值观，只能导致人心涣散、社会混乱、国家衰败，而绝不能走向安定、繁荣和发达。两个文明建设上“一手硬一手软”，致使资产阶级自由化思想泛滥，个人主义、利己主义横行，这一沉痛教训，深刻说明了上述道理。

所以，越是在大力发展社会主义商品经济的时候，我们就越要大力加强精神文明建设，越是改革开放的时候，就越要以科学的态度对待传统的思想、文化，切不可盲目地自轻自贱、崇洋媚外，把西方的思想垃圾当宝贝，把自己的传统精华当敝屣。如此，才能振奋起民族精神，才能保证社会主义建设事业沿着正确的轨道不断前进。

（原载《山东社会科学》1990 年第 5 期，
题为《传统精神中“重利轻义”价值观评析》，
刊发后曾被《新华文摘·论点摘编》摘要介绍）

兵家和平思想及其现代价值

兵家文化是我国优秀传统文化的重要组成部分，其中包含着非常丰富且值得认真发掘和借鉴的思想内容。即使在世界已经迈入21世纪的今天，它也仍然具有不可忽视的宝贵价值。比如，兵家文化中的和平思想、谋略思想和管理思想，对于当今现实社会来说，就极具实际的价值和意义。但是，在以往的研究中，人们对于兵家和平思想并没有给予足够的关注。有鉴于此，笔者不揣谫陋，拟发表一点浅见，以为引玉之砖。

一、兵家和平思想的基本内涵

笔者认为，先秦兵家和平思想的基本内涵，大致包括以下几个方面：

1. 以禁暴除乱和安国保民为战争终极目的

据《左传》记载，鲁宣公十二年（前597年），楚军在邲之战中大败晋军，潘党问楚庄王为何不筑“武军”“京观”以炫耀胜利、显示武功，楚庄王回答："非尔所知也。夫文，止戈为武。……夫武，禁暴、戢兵、保大、定功、安民、和众、丰财者也。……武有七德，我无一焉，何以示子孙？……武非吾功也。古者明王伐不敬，取其鲸鲵而封之，以为大戮，于是乎有京观，以惩淫慝。今罪无所，而民皆尽忠以死君命，又可以为京乎？"这段话，比较典型地反映了上古三代以至春秋时期人们对于战争目的的基本看法。

以禁暴除乱和安国保民为终极目的，就必然要慎重地对待战争。所以，孙子说："兵者，国之大事，死生之地，存亡之道，不可不察也。"（《始计》）又说："夫战胜攻取而不修其功者凶，命曰费留。故曰：明主虑之，良将修之。非利不动，非得不用，非危不战。主不可怒而兴师，将不可愠而致战，合于利而动，不合于利而止。怒可以复喜，愠可以复悦，亡国不可以复存，死者不可以复生。故明主慎之，良将警之，此安国全军之道也。"（《火攻》）这就是说，战争中的一切举措和行动，都要以"安国全军"为出发点，否则就可能出现"亡国不可以复存"和"死者不可以复生"的凶险结局。

以禁暴除乱和安国保民为终极目的，也必然要反对不义战争。所以，《老子》说："兵者不祥之器，非君子之器，不得已而用之，恬淡为上。"（《三十一章》）《尉缭子》则称："凡兵不攻无过之城，不杀无罪之人。……故兵者，所以禁暴乱、诛不义也。"（《武议》）《吕氏春秋》也说："凡兵，天下之凶器也；勇，天下之凶德也。举凶器，行凶德，犹（由）不得已也。"（《仲秋纪·论威》）

先秦以后，战争的形式和特点虽然发生了很大的变化，但历代军事家和政治家在论述这一问题时，仍然继承了上述思想。如《三略》云："圣王之用兵，非乐之也，将以诛暴讨乱也。"

（《下略》）《淮南子》则说："古之用兵者，非利土壤之广而贪金玉之略（掠）也，将以存亡继绝，平天下之乱而除万民之害也。"（《兵略训》）《太白阴经》云："兵非道德仁义者，虽伯有天下，君子不取。"（《善师》）又云："先王之道，以和为贵；贵和重人，不尚战也。"（《贵和》）《投笔肤谈》云："凡兵之兴，不得已也：国乱之是除，民暴之是去，非以残民而生乱也。"（《本谋》）《百战奇法》指出："夫兵者，凶器也；战者，逆德也——实不获已而用之。"（《好战》）

总之，以先秦时期为代表的古代兵家对于战争的目的有着一贯的看法，而禁暴除乱和安国保民是他们的基本出发点。由此，他们将战争的性质分为义和不义两种，慎重地对待战争、反对不义战争而赞成并支持正义战争，则成为他们的一贯思想。

2. 以"不战而屈人之兵"为战争获胜的理想结局

战争的终极目的既然是禁暴除乱和安国保民，那么，在战争过程中，"不战而屈人之兵"便很自然地成为历代兵家所追求的理想结局。在这方面，《孙子兵法》的论述最为全面和透彻。其《谋攻篇》说："凡用兵之法，全国为上，破国次之；全军为上，破军次之；全旅为上，破旅次之；全卒为上，破卒次之；全伍为上，破伍次之。是故百战百胜，非善之善者也，不战而屈人之兵，善之善者也。"又说："故善用兵者，屈人之兵而非战也，拔人之城而非攻也，破人之国而非久也，必以全而争于天下，故兵不顿而利可全……"这一理论的出发点是：尽可能地保全敌我双方将士和人民的生命和财产，不以过度杀戮为能事。这一理论的要义是：以强大的实力为后盾，造成"以镒称铢"的绝对优势，通过"伐谋"和"伐交"，迫使敌人不战而屈服。

对于孙子的这一重要理论，后世兵家大多十分重视并予以继承。大约成书于战国后期的著名兵书《六韬》，就在此基础上进一步提出了“全胜不斗，大兵无创”（《武韬·发启》）和“善战者不待张军，善除患者理于未生，善胜敌者胜于无形，上战无与战”（《龙韬·军势》）的观点。明代兵学家何良臣在《阵纪》一书中明确指出，“能以威德服人、智谋屈敌，不假杀戮”，方可称为“不世功”（卷一《赏罚》）。

战争是一种极其酷烈的暴力行为，它所造成的直接的严重后果，便是对人的生命的残酷毁灭。所以，以孙子为代表的古代兵家，坚决反对能够造成士卒大量伤亡的作战方式，而主张通过各种有效手段，争取收到“不战而屈人之兵”的全胜效果。尽管这一理论不可能在任何时候都行之有效，更不可能解决战争中的所有问题，但毫无疑问的是，它充分体现了中国古代优秀兵家人物的仁者情怀。这较之西方军事理论普遍强调“最大限度”地“使用”“暴力”，“不顾一切、不惜一切地使用暴力”① 的观点，显然要高出不知多少倍。

需要指出的是，在中国历史上，也曾经出现过一些残忍嗜杀的人物和做法，如秦国在统一六国过程中对战败的东方各国士卒的残酷杀戮、项羽在巨鹿之战后于新安坑杀秦降卒并焚毁咸阳秦宫室，等等。但是，一是与之相关的人及其行为无不受到了世人的诟病和批判，二是这类事件毕竟不是一种普遍现象，并且没有像西方那样将其上升为一种理论。

3. 以“修道保法”和赢得人心为战争获胜的坚实基础

先秦兵家支持正义战争，反对不义战争，所以他们从不孤立地看待战争，而是将战争与政治紧密地联系在一起进行考察，

---

① ［德］克劳塞维茨：《战争论》第1卷，解放军出版社1964版，1985年印刷，第23页。

认为要想赢得战争的胜利，必须首先要“道胜”，即在政治上胜过敌人——只有如此，才能赢得人心并最终赢得胜利；否则，不仅不会赢得战争的胜利，而且会有亡国破家之祸。

“道”的含义在先秦诸子和后人的论说中往往有所区别，但一般说来多与规律、政治等有关。老子是反对争霸战争的，因而他主张“以道佐人主者，不以兵强天下”（《三十章》）。“以道佐人主”，就是说要以合乎天道和人道的做法辅佐君主。他认为，天道恶杀，人道好生，所以即使“不以兵强天下”，也必然能立于天下。所谓“抗兵相加，哀者胜矣”（《六十九章》），道理即在于此。

孙子对于“道”在战争中的作用，作了更为全面、透辟的论述。他在《始计篇》将“道”列为“五事”“七计”之首，视为赢得战争胜利的首要条件，说：“故经之以五事，校之以计而索其情。一曰道……道者，令民与上同意也，故可以与之死，可以与之生，而不畏危。……故校之以计，而索其情。曰：主孰有道？……吾以此知胜负矣。”在《军形篇》，他进一步指出：“善用兵者，修道保法，故能为胜败之政。”在《行军篇》中，他还强调平时要对士卒和人民进行道义、法度和纪律方面的教育，认为如此才能使士卒可用，才能与众相得，从而为赢得战争的胜利创造必要的条件。

战国时期，七雄之间干戈日寻，争战方殷，以至于出现了“争地以战，杀人盈野；争城以战，杀人盈城”（《离娄上》）的局面，历史似乎并没有像仁人贤士期待的那样发展。但是，人们仍没有改变对“道义”和“人心”的肯定。儒家自不必说，如孟子就提出了“天时不如地利，地利不如人和”和“得道者多助，失道者寡助”（《公孙丑下》）的观点。即使主张“战胜而强立”的兵家人物孙膑，也深刻认识到了“乐兵者亡，而利胜者辱”的道理，并且明确指出：“夫守而无委，战而无义，天下无能以固且强者。”（《见威王》）又说：“间于天地之间，莫贵于人。……天时、地利、人和，三者不得，虽胜有殃。”（《月战》）吴起则指出：“昔之图国家者，必先教百姓而亲万民。……夫道者，所以反本复始。义者，所以行事立功。……若行不合道，举不合义，而处大居贵，患必及之。”（《图国》）《尉缭子》认为：“使民扬臂争出农战，而天下无敌矣。”（《制谈》）《吕氏春秋》也说：“兵苟义，攻伐亦可，救守亦可；兵不义，攻伐不可，救守不可。”（《孟秋纪·禁塞》）

先秦以后，各家对于道义和民心在战争中的作用的论述和强调，从未停止过。如大约成书于秦汉之际的《三略》就深刻地指出：“故与众同好靡不成，与众同恶靡不倾。治国安家，得人也；亡国破家，失人也。”（《上略》）它形象地说：“夫以义诛不义，若决江河而溉爝火，临不测而挤欲堕，其克必矣。”（《下略》）刘安进一步指出，其所以会如此，是因为：“顺道而动，天下为向；因民而虑，天下为斗。”（《兵略训》）时至今日，“得人心者得天下，失人心者失天下”早已成为人们的共识。

4. 高度重视智谋的作用并以之作为克敌制胜的重要手段

高度重视智慧谋略的作用并以之作为克敌制胜的重要手段，是先秦兵家用兵的一个极为突出的特点，而且这也是中国古代兵法所以具有强大生命力的重要原因之一。

中国古代在战争中开始重视运用智慧谋略是比较早的。据有限的文字记载可知，上古黄帝与炎帝部落之间发生的阪泉之战和黄帝与蚩尤部落之间发生的涿鹿之战，就已经懂得运用智慧谋略克敌制胜了。历史进入三代之后，古人在战争中对于智慧谋略的运用已经十分纯熟。据司马迁记载，周文王从羑里回到国内后，即开始“与吕尚阴谋修德以倾商政，其事多兵权与奇计，故后世之言兵及周之阴权皆宗太公为本谋。……天下三分，其二归周者，太公之谋计居多”①。从《左传》的有关记载看，到春秋时期，人们在战争中对于谋略的运用已经达到了相当高的水平了。如发生在公元前632年春天的晋楚城濮之战（《僖公二十八年》），就是一个典型的战例。

到春秋末期，集前人军事成就之大成的兵书《孙子兵法》终于问世。《孙子兵法》所论及的问题是多方面的——我们甚至可以说，古代一切与战争有关的问题，诸如战争与政治、战争与经济、战争与外交、天时与地利、将帅的选拔与任用，以及军队的教育、训练、管理和控御等，几乎无所不论。但是，毋庸置疑的是，其对古代军事谋略的论述最为全面、系统、完整和透彻。《孙子兵法》不仅对古代军事谋略学的所有重要范畴第一次进行了全面界定和诠释，而且提出了一系列军事谋略思想、理论和原则。首先，作者极为重视庙算的作用（《始计》）；其次，作者一语道破了自此以后战争的基本特点是诡诈性（《始计》）；再次，作者着力提倡在一定的军事实力基础之上靠智谋赢得战争的胜利（《谋攻》）。所以，我们完全可以说，《孙子兵法》实为一部以论述“谋攻之法”为核心内容的经典兵书。

先秦以后，历代优秀的兵家人物都继承了贵谋贱战的传统。如公元前203年，项羽愤于“楚汉久相持不决”，欲与刘邦独身挑战，刘邦却说：“吾宁斗智，不能斗力。”② 西汉名将赵充国曾说：“帝王之兵，以全取胜，是以贵谋而贱战。”③ 三国时的曹操在与袁绍一同起兵时，曾豪迈地说：“吾任天下之智力，以道御

① 《史记·齐太公世家》。
② 《史记·项羽本纪》。
③ 《汉书·赵充国传》。

之，无所不可。”① 有“杜武库”美称的晋代军事家杜预，以兵略谋策佐晋武帝顺利地伐灭吴国，以致军中为之谣曰：“以计代战一当万。”② 宋许洞《虎钤经》说：“用兵之法，先谋为本。”（《先谋》）清代邓廷罗也指出：“谋所以始吾战也，战所以终吾谋也。……是故先谋而后战，其战可胜；先战而后谋，其谋可败。”③

古代兵家所以贵谋而贱战，一个十分重要的原因便是：如此则可以最大限度地减少敌我双方，尤其是己方人员的伤亡和物资、财产的损耗。诚如《投笔肤谈》所说：“自古明君贤将，谋之于未战之先者，岂专谋敌求胜哉？亦冀保民而康国耳。”（《本谋》）战争的目的本来就不是为了杀掠，而只是为了除暴禁乱和安国保民，所以贵谋而贱战、力求以全取胜就是很自然的事情了。

5. 以强大的实力和常备不懈作为和平的可靠保障

兵家虽然崇尚和平，主张战争应当以除暴禁乱和安国保民为目的，但是他们十分清楚，和平不可能通过乞求得来。所以，他们对战争有着非常清醒、辩证的认识，并不一概地反对战争。

首先，兵家认为，正义的战争对于稳定社会和保障国家安全来说，是不可或缺的。《左传》就曾说：“国之大事，在祀与戎。”（《成公十三年》）其后，孙子又进一步阐发说：“兵者，国之大事，死生之地，存亡之道，不可不察也。”（《始计》）先秦时期另一著名兵书《司马法》则明确地指出：“是故杀人安人，杀之可也……以战止战，虽战可也。”（《仁本》）战国时期的《商君

① 《三国志·魏书·武帝纪》。

② 《晋书·杜预传》。

③ 《兵镜或问》卷上《谋战》，转引自吴如嵩主编《中国古代兵法精粹类编》，军事科学出版社 1988 年版，第 183 页。

书》也说："以战去战，虽战可也；以杀去杀，虽杀可也。"（《画策》）针对战国时期一度出现的"偃兵说"，《吕氏春秋》总结云："争斗之所从来者久矣，不可禁，不可止。故古之贤王有义兵而无有偃兵。……夫兵不可偃也，譬之若水火焉，善用之则为福，不能用之则为祸。"（《孟秋纪·荡兵》）

其次，兵家认为，强大的经济和军事实力是赢得胜利的重要的物质条件。春秋末期，孙子即指出："凡用兵之法，驰车千驷，革车千乘，带甲十万，千里馈粮，则内外之费、宾客之用、胶漆之材、车甲之奉，日费千金，然后十万之师举矣。"（《作战》）孙子又说："兵法：一曰度，二曰量，三曰数，四曰称，五曰胜。地生度，度生量，量生数，数生称，称生胜。故胜兵若以镒称铢，败兵若以铢称镒。"（《形》）战国时的孙膑在与齐威王讨论"强兵"问题时，明确提出了"富国"为"强兵之急者"的主张（《强兵》）。《管子》则将富国、强兵和农事等作了逻辑上的推演："国富者兵强，兵强者战胜，战胜者地广。是以先王知众民、强兵、广地、富国之必生于粟也，故禁末作、止奇巧，而利农事。"（《治国》）《淮南子》称："甲坚兵利，车固马良，畜（蓄）积给足，士卒殷轸，此军之大资也。"（《兵略训》）三国魏名将邓艾也说："国之所急，惟农与战。国富则兵强，兵强则战胜，然农者，胜之本也。"①

再次，兵家主张以常备不懈作为国家安全和天下太平的可靠保障。《周易》认为："……君子安而不忘危，存而不忘亡，治而不忘乱，是以身安而国家可保也。"（《系辞下》）《左传》称："国无小，不可易也；无备，虽众不可恃也。"（《僖公二十二年》）又说："《书》曰：'居安思危。'思则有备，有备无患。"（《襄公

① 《三国志·魏书·邓艾传》。

十一年》）吴起说："夫安国家之道，先戒为宝。"（《料敌》）《司马法》则辩证地指出："国虽大，好战必亡；天下虽安，忘战必危。"（《仁本》）《鹖冠子》认为："兵者百岁不一用，然不可一日忘也。"（《近佚》）

二、兵家和平思想的文化基础

作为传统文化的重要组成部分，兵家文化与传统文化实质上是一个不可分割的整体，传统文化不可能不从根本上影响并决定着兵家文化的品性和特点。所以，中国古代的兵家和平思想，实有着久远而深厚的传统文化基础。

1. 爱好和平、追求和平和维护和平是中国传统文化的基本特点

中国传统文化的这一特点，主要表现在以下两个方面：

其一，在中国历史上，几乎所有的文化派别都是倡导和平的，这些文化派别的代表人物都有很多关于和平的论述。

对中国历史的发展产生了巨大影响的儒家，就极力倡导和平，反对不义战争。众所周知，儒家"贵和"，主张"和而不同"。《论语》记载有子说："礼之用，和为贵。先王之道，斯为美，小大由之。"（《学而》）《中庸》甚至将"和"看作"天下之达道"。儒家不仅在为政和处理人际关系方面提倡"和"，而且主张人与自然也要和谐相处。如汉代的董仲舒明确提出了"天人合一"的概念。儒家向往的是建立一个理想的大同世界，在这个世界里，推行"天下为公，选贤与能，讲信修睦"的"大道"，"人不独亲其亲，不独子其子，使老有所终，壮有所用，幼有所长，矜寡孤独废疾者皆有所养"，"货恶其弃于地也，不必藏于己；力恶其不出于身，不必为己"，"谋闭而不兴，盗窃

乱贼而不作，故外户不闭”(《礼运》)。为着理想社会的实现，儒家提倡仁爱。孔子认为“仁”就是“爱人”(《颜渊》)，并主张“泛爱众，而亲仁”(《学而》)。他的学生子夏提出了“四海之内皆兄弟”(《颜渊》)的观点。孟子认为，“仁者爱人”(《离娄下》)，不仅要爱自己的家人、亲人，还要爱他人，即“老吾老以及人之老，幼吾幼以及人之幼”(《梁惠王上》)；不仅要“爱人”，而且还要“爱物”，即“亲亲而仁民，仁民而爱物”(《尽心上》)。在处理与周边民族和国家之关系问题上，儒家主张“远人不服，则修文德以来之”(《季氏》)。

墨家热爱和平、反对不义战争的思想更是人所共知。墨家的创始人墨翟提出了“尚同”“兼爱”“非攻”的思想与理论。墨子认为，战争会导致生灵涂炭，百业荒废，给人民造成巨大的生命和财产损失，因而祸国殃民，必须加以反对并努力制止。为此，他提倡“兼爱”，主张以“兼爱”来消除战乱，实现和平。因为，“若天下兼相爱，国与国不相攻，家与家不相乱，盗贼无有，君臣父子皆能孝慈，若此，则天下治”(《兼爱上》)。到那时，就可以“兴天下之利，除天下之害”，使“天下之人皆相爱，强不执弱，众不劫寡，富不侮贫，贵不傲贱”(《兼爱中》)。墨家不仅在理论上倡导和平，而且积极行动起来，身体力行，将自己的理论付诸实践。墨子止楚攻宋的故事，就是一个很好的事例。

以老子为代表的道家推崇无为、不争和贵柔、守雌，虽说带有明显的消极色彩，但无疑也是一种典型的和平思想。老子理想的社会是“虽有舟舆，无所乘之；虽有甲兵，无所陈之”，“邻国相望，鸡犬之声相闻，民至老死不相往来”的“小国寡民”的社会(《八十章》)。这样的社会，当然不可能有战争发生。《老子》一书在许多地方讲到兵法，但讲的都是如何退守和防御，绝无主动进攻的意思。老子经过观察发现，“师之所处，荆棘生焉；大军之后，必有凶年”（《三十章》），所以认为“兵者非君子之器，不祥之器也，不得已而用之”（《三十一章》）；即使“用之”，也应“不敢为主而为客，不敢进寸而退尺”（《六十九章》），宁做“哀兵”，宁取守势。此外，老子还主张“善胜敌者不与”（《六十八章》）。

即使肯定战争是一种必然的社会历史现象、主张耕战并支持当时的兼并战争的法家，也并非不分青红皂白地赞成任何性质的战争，他们同样主张“以仁义为本”（荀子），主张“义胜”（齐法家）和“慎战”（韩非子）。

其二，在战争理念上，中华民族赞成并支持反抗侵略的防御战争，而反对向外扩张的侵略战争，并且这一战争理念自先秦一直延续至今。

春秋战国时期，北方各诸侯国所面临的威胁不仅来自诸侯国与诸侯国之间，而且还来自北方的少数民族。为了防御这种威胁，各诸侯国在边境上修筑了长城。从秦至汉初，主要是对北方匈奴的战争。为防备匈奴人的袭扰，秦王朝将列国修筑的长城进行加固和连接，从而形成了东起山海关、西至嘉峪关、绵延万里、规模壮观的天下第一防御工程——长城。汉初，由于连续数年的楚汉战争刚刚结束，国内经济凋敝，朝廷无力对来自北方的侵扰进行有力的打击，所以只好采取被动设防的策略。其时，匈奴人动辄侵入汉边境，有时甚至直接威胁到首都长安。到汉武帝时，由于经过了数十年的休养生息，汉王朝才有能力对匈奴采取大规模的军事行动，从而基本上解除了这一威胁。

两晋南北朝时期，北方少数民族兴起，出现了所谓“五胡乱华”的局面，继而突厥汗国崛起，形成对中原政权的威胁，这个威胁一直延续到唐朝初年。唐在对待突厥问题上，一如西汉。两宋时期积贫积弱，其虽面临诸多威胁，却无力解除这些威胁，最后亡于蒙古。明朝面临的主要也是蒙古人的威胁，经过“土木堡之变”后，其几乎亡于蒙古瓦剌部。

如果说清代以前中国发生的战争，有一些还称不上是侵略与反侵略战争的话，那么，历史发展到清代以后，中国所进行的对外战争，便几乎都是反侵略战争了。尤其是在清王朝后期以至民国时期，几乎所有的东西方列强都曾对中国进行过侵略，中国人民在经过了近百年艰苦卓绝的斗争之后才最终赢得了今天的独立。

中国历史上，包括春秋各国，历代王朝在处理民族和国家之间的矛盾时，往往采取和亲的政策，以尽可能避免发生战争，这也从一个侧面反映出中华民族爱好和平的特点。15世纪初叶，明朝的郑和率领当时世界上最强大的舰队连续七次下西洋，目的却不过是与沿途国家进行经济和文化的交流，而并非进行海外扩张。至于长城的修筑，则更是中华民族绝少侵略扩张战争而多保家卫国的防御战争的一个极好的例证。

我国近代伟大的民主革命家孙中山先生曾说，“中国人更有一种好的道德，是爱和平”，“中国人才是世界中最爱和平的人”，“中国人几千年酷爱和平……这种特别好的美德，便是我们的民族精神”①。诚哉斯言！

中国人民爱好和平的思想文化特点，也得到了西方一些有识之士的肯定和赞赏。如英国哲学家罗素就曾指出过：“（中国人）统治别人的欲望明显要比白人弱得多，如果世界上有‘骄傲到不肯打仗’的民族，那么这个民族就是中国。中国人天生

① 《孙中山全集》第9卷，中华书局1986年版，第230～247页。

的态度就是宽容和友好，以礼待人并希望得到回报。尽管中国发生过很多次战争，中国人天生的面貌仍是非常和平。”①

毋庸讳言，历史上，中国也曾对周边的国家发动过侵略战争，如隋唐时对高丽，但那毕竟只是个别的现象，而且一般与当时的统治者昏聩无道有关，其既非历史的主流，更找不到文化上的根源。

2. 批判不义战争、谴责滥杀和破坏是历代贤哲的一致做法

在爱好和平、倡导和平、追求和平的同时，历代贤哲对不义战争和战争中滥杀无辜、肆意破坏的行为，都给予了严厉的批判和一致的谴责。

较早对战争进行批判的是老子。老子认为，天道厚生好德，而战争恰恰与之相反，所以应当否定。他说：“坚强者死之徒，柔弱者生之徒。”“兵强则不胜，木强则拱。”（《七十六章》）他认为，以通过发动战争并在战争中取胜而得意的人，也就是以杀人为乐事的人，最终必然没有好结果。所以他说：“胜而不美，而美之者，是乐杀人。夫乐杀人者，则不可得志于天下矣。”（《三十一章》）对那些强横暴虐的人，老子一言以咒之曰：“强梁者不得其死。”（《四十一章》）

批判不义战争最为激烈的是儒家的孟子。孟子认为，战争的宗旨与目的应当是救民于水火，实行“王道”与“仁政”。然而，现实是，诸侯多行不义，相互攻伐不断，他们“争地以战，杀人盈野；争城以战，杀人盈城”，与孟子的理想大相径庭。所以，他指责他们是“率土地而食人肉，罪不容于死”，甚至认为“善战者”应当“服上刑”（《离娄上》）。

① 转引自汤恩佳《传统文化与现代化》，《中国演员报》2000 年 7 月 14 日第 2 版。

墨家对不义战争的批判同样不遗余力。《墨子》一书有《非攻》篇，顾名思义，“非攻”就是对不义战争进行批判。因此，“非攻”思想实为墨家战争观的核心内容。墨子认为，当时所进行的战争，均属掠夺性的不义战争，给交战双方广大民众带来了深重的灾难，同时也对社会生产造成了严重的破坏，使得国家百业荒废，“百姓饥寒冻馁而死”，士卒伤亡和物资损失均“不可胜计”（《非攻中》），对这样的战争必须坚决反对。针对当时一些好战者为掠夺性战争所进行的诡辩，墨子进行了毫不留情的批驳，指出所有的诡辩都不过是颠倒黑白和强词夺理，一切为满足私欲的大攻小、强凌弱性质的战争，实质上都是较之偷盗、抢劫和行凶杀人要严重得多的“寇乱”“盗贼”行为。

中国历史上，凡是在战争中有暴行的人，几乎都无一例外地遭到了世人的谴责和诟病。如秦将白起，曾在长平之战中坑杀数十万赵军俘虏；楚霸王项羽，不仅在巨鹿之战后曾于新安坑杀20万降卒，而且入关后纵火焚毁秦之宫室——所以，他们都遭到了万世唾骂以至诅咒。人们甚至将他们写入文艺作品，诅咒他们或下地狱受尽折磨，或变畜生被人屠宰，以报应其生时的暴行。还有一些人，在战争中并无白起、项羽那样的暴行，只是偶有不人道的失当做法，他们虽然没有遭到世后的谴责，却一般能对自己的行为进行反省和自责，如汉武帝时期的李广就是一例。①

总之，批判不义战争并兼及在战争中有暴虐行为的人，在中国历史上是一种由来已久的普遍现象，它从另一个侧面反映了中国人民善良、正直、仁慈的伟大情怀和热爱和平的崇高道德精神。

① 《史记·李将军列传》。

三、古代兵家和平思想的现代价值

20世纪末，随着苏联的解体，东西方两大阵营的对立不复存在，冷战也宣告结束，历史进入21世纪。但是，历史在进入21世纪之后，世界并没有像各国人民所期待的那样，出现一种和平的景象；相反，各种形式的暴力冲突大有愈演愈烈之势，甚至大规模战争的阴影也始终未能从世界人民的头上被驱走。"911"事件以及其前后发生的一系列重大的恐怖袭击事件，表明恐怖主义给世界和平带来的威胁已经让全人类不可等闲视之。而美、英、法等国不但不做任何反省，反而不顾国际法的有关规定，假反恐之名，绕过联合国，悍然发动了一场又一场战争，如伊拉克战争、南斯拉夫战争、利比亚战争，等等。这表明：对于世界和平的最大威胁，仍然来自于那些惯于搞霸权主义的大国强国。所有这些，都使得中国古代兵家和平思想的宝贵价值，不仅未因历史长河的荡涤而渐次湮灭，而且随着时代的脚步愈益彰显出来。

1. 兵家和平思想为世界人民追求和平、反对不义战争提供了有益的启示和有力的思想武器

其一，一切不义战争，其终极目的都不过是为了某个阶级、某个集团甚至某个家族的私利，而不是为了广大人民的利益。所以，从本质上来说，它们都是反和平、反人类的。对于这样的战争，不管它的发动者以如何美妙的言辞和"充分"的理由试图去掩盖它的实质，世界人民都应当擦亮眼睛，不为所惑，并及时、有力地给以揭露、批判和抵制。

其二，不义战争的最终结局必然是失败。因为不义战争必然是不得人心的战争，而不得人心的战争将永远也得不到广大

人民的支持，其最终的失败是必然的。所以，即使其发动者起初看起来十分强大，到最后也难逃失败的厄运。而对于不义的战争，当它无情地降落到自己的头上时，必须勇敢地拿起武器，以正义的战争去反对和消灭不义的战争，并从而赢得最终的胜利与和平。

其三，战争不是解决民族矛盾和国际争端唯一的办法，更不是最好的办法。一个国家或政治集团，如果企图完全靠战争来发展自己、壮大自己和统治他人，往往只能是南辕北辙。如今，世界已经进入21世纪，许多问题，如所谓的恐怖主义问题、环境与生态问题、能源问题、世界经济的合作发展问题等，就绝不是靠发动几场战争所能解决的。

其四，一切不义战争都是以损人开始而以害己告终的两败俱伤的灾祸，其对人类文明的发展永远只能是严重的破坏；并且，这种破坏会随着科技的不断发展和武器的不断改进而日益巨大。在拥有核武器的国家越来越多、新的战争手段层出不穷的今天，如果在世界范围发生了大规模的战争，人类的结局将会怎样？这是每一位真正的政治家和世界各国人民都应当慎重对待和认真思考的一个重大问题。

2. 兵家和平思想为我国和平发展、民族复兴和国家安全提供了可资借鉴的重要理论

首先，和平不仅应当是我们实现国家崛起和民族复兴的可靠保障，而且也应当是我们实现国家崛起和民族复兴的重要目的。众所周知，我国在实现崛起和复兴的问题上，选择了和平的道路。这是一条非常正确的道路，同时也是一条唯一可行的道路。实现国家崛起和民族复兴，是一百多年来中华民族所有仁人志士和广大人民的伟大梦想，并且如今已经成为中华民族历史发展的一种必然趋势。而通过发动侵略战争掠夺他国财富

来实现自己的崛起和复兴，从主观上说它既不符合中华民族所具有的文化品性的内在诉求，在客观上也不可能为当今的世界形势所允许。所以，我们只应该也只能够选择和平的道路。

其次，努力打造和平的文化平台，着力塑造中华民族自身热爱和平、追求和平和维护和平的形象。历史进入近代以来，先是由于中国封建统治者长期实行闭关锁国的政策，后是由于帝国主义对新中国的长期封锁，以及我们自己在对外政策上的某些失误，使得世界人民对我们这样一个有着几千年文明历史的古老国度并不怎么了解。所以，我们必须努力让世界人民了解中国。我们不仅要让世界人民知道中华民族是一个无比热爱和平的民族，我们还要让世界人民相信中华民族追求和平的坚强决心和无限诚意。我们更要让世界人民认识到：中国的崛起和复兴不仅是中国人民的福祉，而且是亚洲甚至全世界人民的福祉。

再次，要努力发展国民经济，努力发展高科技，努力发展国防事业，不断壮大我们的经济和军事实力。和平从来就不是一厢情愿的事情。诚如前引《司马法》所说："天下虽安，忘战必危。"如果一味地只讲和平而忘记了对战争的警惕和准备，那结果将同样是极其危险和有害的。然而，仅仅做到没有"忘战"是远远不够的，没有强大的经济、科技和国防实力，和平仍然缺乏可靠的保障。更何况，我们今天所面临的国际国内形势还远说不上是"安"——国内"台独"势力在某些敌对势力的支持下正利令智昏，越走越远；国外顽固的反华势力则千方百计地对我进行围堵打压，并同时从政治、经济、文化、意识形态等不同领域多方渗透，企图阻止中国走向强大……所有这些，都清楚地告诉我们：必须加快我们的发展，在尽可能短的时间里，尽可能快地增强我们的实力，以便让那些企图以武力阻挠我们实现统一和崛起的顽固势力因承受不起巨大的战争代价而只好作罢。否则，中华民族的复兴仍将仅仅只是一种梦想，和平也终究会远离我们而去。能战方能言和，道理正在于此。

最后，努力运用高超的智慧，创新思维，通过正当的政治、经济、外交和文化手段，协调我国与周边国家以及世界其他国家的关系。在当今世界范围内，各国之间，各地区之间，相互矛盾错综复杂，利益冲突所在多有，这就为我们在主持公道、伸张正义的前提下积极地创造有利的环境提供了必要的可资利用的条件。此外，世界上绝大多数的国家和人民同我们一样，也是爱好和平、希望和平的，并且他们一定会希望从中国的发展和崛起过程中得到益处，这又为我们倡导和平与发展提供了重要的客观基础。所以，我们只要有信心，能够智慧明鉴，处置得当，就一定会赢得最后的成功。

（原载《文史哲》2005 年第 4 期，题为《先秦兵家和平思想及其现代价值》）

战争形态演变与中国国家战略安全

一、对“战争”范畴的广义解释

在讨论“战争形态演变与中国国家战略安全”这一问题之前，我们有必要对“战争”这一军事学术范畴作简要阐释。

那么，什么叫作“战争”？《辞海》的解释是：“为了一定的政治目的而进行的武装斗争。”《辞源》的解释是：“国家或集团之间的武装斗争。”《汉语大词典》的解释是：“①民族、国家、阶级、集团之间的武装斗争。②泛指争斗，斗争。”百度网的解释是：“战争是一种集体和有组织地互相使用暴力的行为，是敌对双方为了达到一定的政治、经济、领土的完整性等目的而进行的武装战斗。”

这些解释，除《汉语大词典》第二义项外，差别并不大，并且无一例外地强调了战争的“武装斗争”特性。这些，我们可以看作是人们对

“战争”这一军事学术范畴的传统理解。不过，人类自从告别了原始形态的战争之后，战争就从来不是一种单纯的独立于其他各种事物之外的社会现象。比如，早在我国的春秋时期，就发生过某一诸侯国欲打击、削弱别国而巧用经济手段对其发动“经济战争”的事实。

据《管子·轻重戊》记载：

> 桓公问于管子曰：“楚者，山东之强国也。其人民习战斗之道，举兵伐之，恐力不能过。兵弊于楚，功不成于周，为之奈何?”管子对曰：“即以战斗之道（指经济战）与之矣。”公曰：“何谓也?”管子对曰：“公贵买其鹿。”桓公即为百里之城，使人之楚买生鹿。楚生鹿当一而八万。管子即令桓公与民通轻重，藏谷什之六。令左司马伯公将白徒而铸钱于庄山，令中大夫王邑载钱二千万求生鹿于楚。楚王闻之，告其相曰：“彼金钱，人之所重也，国之所以存，明王之所以赏有功。禽兽者，群害也，明王之所弃逐也。今齐以其重宝贵买吾群害，则是楚之福也，天且以齐私楚也。子告吾民，急求生鹿，以尽齐之宝。”楚民即释其耕农而田鹿。管子告楚之贾人曰：“子为我致生鹿二十，赐子金百斤。什至而金千斤也。”则是楚不赋于民而财用足也。楚之男子居外，女子居涂。隰朋教民藏粟五倍，楚以生鹿藏钱五倍。管子曰：“楚可下矣!”公曰：“奈何?”管子对曰：“楚钱五倍其君，且自得而修谷钱五倍，是楚强也。”桓公曰：“诺。”因令人闭关不与楚通，使楚王果自得而修谷。谷不可三月而得也，楚籴四百，齐因令人载粟处芊之南，楚人降齐者十分之四。三年而楚服。①

① 《管子校正》，《诸子集成》第5册，上海书店1986年版，1990年印刷，第416页。

《管子·轻重戊》还记载，在降服楚国前后，齐国用同样的办法先后降服了鲁、梁、莱、莒、代等小国。

战国时期，吴越相争，越王勾践为战胜吴国，可谓处心积虑，所以也曾用过各种手段。据《吴越春秋》记载，勾践的谋臣文种曾向他献了九种策略（即所谓“九术”），其中包括大量购进粮食，抬高粮价，以耗空吴国的粮食储备；进献巧工良材给吴国，诱导其大兴土木，以疲耗其国力；进献美女西施、郑旦给夫差，以消磨其意志，等等。这些，无一不是武装斗争以外的战争形式。更为奇绝狠辣的是，勾践还于十三年（前484年）先是因灾荒而向吴国借粮，然后却于第二年以蒸熟的上等稻谷还给吴国。夫差见越国所还稻谷品质优良，就让吴国的百姓作为种子种下，结果导致吴国发生大饥荒。

《吴越春秋·勾践阴谋外传》是这样记载这个过程的：

> 十三年，越王谓大夫种曰：“孤蒙子之术，所图者吉，未尝有不合也。今欲复谋吴，奈何？”种曰：“君王自陈：‘越国微鄙，年谷不登，愿王请籴，以入其意。’天若弃吴，必许王矣。”
>
> 越乃使大夫种使吴，因宰嚭求见吴王，辞曰：“越国洿下，水旱不调，年谷不登，人民饥乏，道荐饥馁，愿从大王请籴，来岁即复太仓。惟大王救其穷窘。”……
>
> 吴王乃与越粟万石而令之曰：“寡人逆群臣之议而输于越，年丰而归寡人。”……
>
> 二年，越王粟稔，拣择精粟而蒸，还于吴，复还斗斛之数，亦使大夫种归之吴王。王得越粟，长太息，谓太宰嚭曰：“越地肥沃，其种甚嘉，可留使吾民植之。”于是吴种越粟，粟种杀而无生者，吴民大饥。[①]

---

① 张觉译注：《吴越春秋全译》，贵州人民出版社1993年版，第359~366页。

其实，上述故事也就是《孙子兵法》之《九变篇》《谋攻篇》所说的“役诸侯者以业，趋诸侯者以利”“不战而屈人之兵”和《六韬·武韬·文伐》所说的“因其所喜，以顺其志”“辅其淫乐，以广其志，厚赂珠玉，娱以美人”等经济战和心理战谋略。

事实表明，自古以来，战争的构成就是多因素、多领域、全方位、立体的，不仅有“武装”斗争，而且有“文装”斗争，不仅需要在军事领域角力，而且需要在政治、外交、经济、文化等其他领域斗法，更不要说当今所发生的那些往往令人意想不到的既非“武装”也无“暴力”的奇异战争了。所以，对“战争”这一范畴，我们似应从更为广阔的视野和背景加以界定，或者说将上述传统解释视为其狭义定义，而另外赋予它一个广义的解释——将民族、国家、阶级、集团之间一切出于打击、削弱乃至最终瓦解和灭亡对方的目的，而在各个领域中运用任何手段所进行的斗争，均视为战争。这种“战争”，有别于纯军事意义上的传统战争，似可称之为“新型战争”。本文以下所论，就是在此种意义上使用“战争”这一军事学术范畴的。

二、历史演变过程中的战争形态分类与演变特点

与世间的所有事物都处在不断变化的过程中一样，从人类第一次战争发生的那一天起，战争的形态就随着人类历史的发展而开始不断地发生变化。这种变化，同样遵循从量变到质变的规律，开始是非常缓慢的，其后则不断以加速度渐进，有时甚至是跳跃性的。

（一）历史演变过程中的战争形态分类

对历史演变过程中的战争形态进行分类，从不同的角度可以有不同的区分方法。从现有文献来看，最常见的是以武器的发展变化为标志进行划分。

国内外一些军事历史专家认为，迄今为止，人类已经历了五种战争形态，即：（1）以使用冷兵器为标志，军队由步兵和骑兵组成；（2）以使用火药和滑膛枪为标志，军队出现了使用滑膛枪的步兵和使用火药、罗盘的海军；（3）以使用火枪和火炮为标志，军队形成了步兵、骑兵、炮兵等诸兵种合成的军队；（4）以使用自动化武器和机械化武器装备为标志，如坦克、飞机、汽车、电子通信设备等，军队成为陆军、海军、空军、空降兵、防化兵等多军种、多兵种合成的比较复杂的系统组织，电力和内燃装置则成为这一组织系统的基础；（5）以使用核武器为标志，以原子技术和空间技术为基础，军队出现了战略导弹兵种，但这一战争形态只是由美国人开了个头，并未在世界范围真正形成。

有学者认为，第六代形态的战争已经出现，并且第七代形态的战争也即将需要面对。所谓第六代形态的战争，即在核威慑下以使用高技术精确制导武器为标志的战争，如 1991—2003 年爆发的两次海湾战争即属于这种类型。所谓第七代形态的战争，即信息战，其区别于其他形态战争的主要特点是可以不流血，战争双方通过对信息的收集、生产、保存、加工和处理，制造出遏制以至于迫使对方屈服的无形的威慑力量。①

---

① 杨民青：《人类将面对什么样的战争》，载《瞭望新闻周刊》第 35 期，1999 年 8 月 30 日。

还有学者从哲学的角度对战争形态的演变发展进行了思考，认为战争形态“是社会政治和军事科技的具体的历史的统一”，在此基础上战争可区分为“硬性”和“软性”两种形态：前者包括由冷兵器到热兵器直至出现核武器后的各种流血的战争，后者则包括经贸战、科技战和人才战等各种不流血的战争。作者指出，战争形态的整个变化过程，使“我们看到，矛盾的发展在对立统一规律的指导下由量变达到质变，完成了转化，新的形式又在矛盾的肯定形态中走向否定，继而走向新的肯定”这一“内在的规律性”[①]。

笔者认为，以上战争形态分类，显然都有其合理性，但无一例外地忽略了冷兵器出现之前的一种战争形态——原始武器条件下的战争形态；同时，以上分类还存在不是过于琐细就是过于简单的弊端。按笔者的理解，若以武器的演进水平划分，人类从第一次战争出现至今，战争形态似可大致分为四种类型：一是原始武器条件下的战争形态，二是冷兵器条件下的战争形态，三是热兵器条件下的战争形态，四是高科技条件下的战争形态；并且，若从指导理念上看，中国历史上的战争形态演变，还有一个由“阵而后战”的“仁礼”战争形态向“变诈之兵并作”的“诡道”战争形态演变的这样一个非常重要的事实。

（二）战争形态演变的诸多特点

在考察战争形态历史演变的过程中，我们不难看出这一演变过程的诸多特点：

一是渐进性。即战争形态的演变绝非一朝一夕的事情，而是一个漫长、渐进的过程。尤其在人类社会的早期，就更是如

① 于杰：《战争形态演变发展的哲学思考》，《未来与发展》1988年第2期。

此。比如，从冷兵器条件下的战争到热兵器条件下的战争，就经过了二三千年甚至更长的时间，更不要说从原始社会时期的战争到冷兵器时代的战争形态演变过程之漫长了。

二是飞跃性。人类对事物的认识总是有一个由少到多、由浅入深逐渐积累的过程，当积累达到了一定的程度之后，便会产生飞跃，于是新的武器出现了，或新的理念出现了，从而导致战争形态发生新的甚至是巨大变化。比如，马镫出现之后，骑兵出现了，于是长途奔袭、快速追击的战争样式也就出现了；“兵者诡道”的理念出现了，于是“出奇设伏，变诈之兵并作”① 的战争方式也就盛行了。这是一个从量变到质变的过程，在此之前表现的是渐进性，此时表现的则是飞跃性。

三是加速性。即战争演变的周期越来越短，呈现加速度的特点。比如，有文字记载的冷兵器条件下的战争经历了数千年的时间，热兵器出现至今不过七八百年至一千年的时间，而第一次世界大战至今不过百年的时间，战争形态正以越来越快的速度演变着，大有让人目不暇接、穷于应付的架势。战争形态演变的这一特点，同样与人类的知识积累有关：人类认识客观事物所积累的知识，并不是达到一次“质的飞跃”就无用了，它会与后面连续不停的积累不断“发酵”并产生新的认知“飞跃”，从而使得战争形态的演变有如物体坠落一样，具有加速度的特点。

四是复合性。新的战争形式出现之后，并不意味旧的战争形式被淘汰，有时甚至不仅未被淘汰，而且还会被发扬光大。比如，骑兵出现之后并未淘汰步兵，热兵器出现之后并未淘汰冷兵器，海军、空军出现之后并未淘汰陆军，导弹出现之后并

① 《汉书·艺文志》。

未淘汰步枪……游击战在春秋战国时期就被孙武和伍子胥用在了疲楚、误楚、伐楚的战争中，但在两千多年之后的抗日战争中被毛泽东同志升华为对付日军的一种战略策略，并且由抗日军民创造性地发展出了地雷战、地道战、麻雀战、破袭战等新的作战样式。

五是难知性。由于保密的原因，某一方能够导致交战方式发生变化的新式武器和新的作战理念很难被另一方所掌握，所以战争形式的变化往往难以预测，难以事前知晓，从而难以防范。例如，第一次世界大战初期，德国较早将潜艇用于作战，曾让协约国大吃苦头；而第二次世界大战末期，美国的核武器则让日本在遭受残酷打击后尚未搞清楚事情真相的情况下即宣布投降。

三、渐趋明晰的主要战争形态与新形态战争的基本特点

第二次世界大战结束至今，在半个多世纪的时间里，世界范围内传统意义上的大规模战争未再发生，但随之而来的是长期的冷战和局部热战。20 世纪末，随着苏联的解体和东欧社会主义国家的剧变，以北约和华约为代表的两大阵营之间的冷战宣告结束，但局部战争仍时有发生，并且至今没有消停。不仅如此，在这五六十年间，随着科学技术的飞快发展，战争在继承了历史上一些已有样式的同时，正在不断突破各种“藩篱”而向新的领域扩展，有些老形式有了全新的变化，而一些新战法则渐趋明晰，战争形态已经发生了前所未有的变化，具有了许多需引起我们高度关注的新的特点。

（一）渐趋明晰的主要战争形态

其一是心战。这其实是一种非常古老的战争方式，并且一直在被自觉或不自觉地运用在历史上各个时期的战争中。我国古代史书和兵家经典如《左传》《孙子兵法》《六韬》等都有记载或阐述，其中比较经典且为人们所熟知的案例则是三国时期诸葛亮平定南中之战。

最近，苗枫林先生在《中国古代心战》[①] 一书中，对我国历史上的心战从经验到理论进行了系统的研究和总结。但是，需要指出的是，中外历史上的心战，都不过是传统战争的一种辅助手段，并没有上升到战略层面。只有到了 20 世纪后半期，心战才被美国为代表的西方国家运用到了极致，而苏联的解体、东欧社会主义国家的剧变以及某些国家发生的所谓“颜色革命”，就是最好的证明。

其二是谍战。间谍战同样是一种古老的战争方式。如《孙子兵法·用间篇》记载说：“昔殷之兴也，伊挚在夏；周之兴也，吕牙在殷。”可见古代战争中很早就开始用间。不过，无论在古代还是在近代，用间大致也仅仅局限在战术层面上，只有到了现当代才被发展到战略层面。

20 世纪中后期，美国由于一挫于朝鲜战争，二挫于越南战争，发现传统的以武力为主要手段的战争根本无法瓦解、征服像中国这样的历史悠久、文化积淀深厚的国家，于是便改弦更张，开始强化并巧妙地配合使用那些非传统方式、非武力手段的战争，如心战、谍战、经济战、文化战等，以求达到最终削弱、瓦解以至于灭亡中国的目的。

---

① 苗枫林：《中国古代心战》，军事科学出版社 2009 年版。

我们内部现在存在不存在被敌对势力收买的汉奸甚至间谍？笔者认为，无论从理论上，还是从事实上，都应该是存在的。首先，古往今来敌中有我、我中有敌不仅是不变的真理，而且更是不争的事实；其次，从现实来看，我们国内时下某些人，就很令人心存怀疑，因为他们往往是一边拿着敌对势力的金钱，一边不停地发表明显损害国家利益的言论，有些言论甚至可说是非常赤裸裸的汉奸言论。这些，都是非常令人担忧并值得我们认真对待的。

其三是经济战。时下的经济战包含两个主要内容：一是金融战争，一是体制博弈。

金融战争无时无刻不在进行着，但20世纪末发生在中国香港的一场金融战争，是一个非常典型的案例。据柯原、方杰《现代金融战争形态研究——基于香港金融保卫战的案例分析》① 一文介绍，1997年10月下旬，在亚洲金融风暴中获取了巨大利益的国际炒家索罗斯，将目标转向香港，先后于同年10月和次年1月、6月、8月四次阻击港汇、港股和港指期货市场，企图获取暴利。特区政府则积极采取对策，在上述三大市场与之展开了顽强的对抗，最终以香港政府获利约20亿港币、炒家损失约12亿港币告终。作者通过对这一案例的解剖，全面分析了金融战争与传统战争及一般金融投资的区别、现代金融战争的形态、现代金融战争的具体样式，并提出了建立《金融战争学》学科体系的建议。

金融战争的另一个事实就是，近年来，美国始终在迫使人民币升值。人民币的不断升值，使得我国购买的天量美国债券

① 柯原等：《现代金融战争形态研究——基于香港金融保卫战的案例分析》，《福建金融管理干部学院学报》2010年第1期。

不断贬值，这无疑是一场地地道道的经济掠夺。

体制博弈是指西方霸权主义国家始终在企图改变他们心目中的敌对国家（如苏联、东欧社会主义国家和中国）的经济体制、金融体制。改革开放三十多年来，我们的许多国有企业已经逐步私有化了，但关系国家经济命脉的部分大国企仍然控制在政府手中。为此，美国的“黄鼠狼”们便不断地来给中国人“拜年”了。他们与我们国内的“民主鹦鹉”互相配合，极力撺掇中国政府接受他们的“改革”方案，将目前硕果仅存的国企彻底私有化。

他们诋毁公有制的理由主要有两个：一是公有制产生腐败，二是公有制压抑企业家的创造力。这些理由显然是站不住脚的。因为，如此则无法解释为什么中国在几千年私有制的社会制度下，不仅没有强大起来，而且最后反倒落后到了贫穷挨打被豆剖瓜分几至亡国的地步！为什么中华人民共和国建立后，在公有制经济体制的基础上，仅用几十年的时间就建立起一套完整的工业体系，并形成了巨大的生产力，完成了一个又一个的重大科技攻关项目，从而很快使国家初步强大起来！

所以，美国的“黄鼠狼”和追随他们的中国“民主鹦鹉”欲改变我们的经济体制，绝非是要为中国人民谋福利，而是包藏了隐蔽很深且也很恶毒的祸心。他们的根本目的，其实是要扼杀我们的国家命脉，葬送中国人民经历了上百年抛头颅洒热血长期残酷斗争才换来的人民的共和国。① 对此，我们绝不可掉以轻心，落入陷阱，自毁自己的经济“长城”。否则，我们将会堕入万劫不复的历史的灾难深渊，成为民族的罪人。

① 王一言：《国有企业私有化的要害是扼杀国家命脉》，《精英与社会（内刊）》2012 年创刊号。

其四是文化战。西方霸权主义国家对中国进行的文化战争，其实从近代就已经开始了，它是伴随着武装侵略而来的，只是在相当长一个历史时期内，人们对此没有意识到罢了——不仅没有意识到这是一种文化侵略，反而认为这是帝国主义列强给我们带来的包括“民主”“科学”等思想和价值观念在内的先进文化，并且许多人直到现在仍然这样认为。

20世纪初期，美国出于通过教育和文化征服中国人的目的，有计划地退回了一部分中国的战争赔款，即庚子赔款，用以选拔留学生送到美国培养，并创办了后来的清华大学，这让许多中国人至今感念不已。但笔者认为，西方霸权主义国家的这种做法，是包藏着极深的祸心的。至于他们的文化，说穿了不过是一种强盗文化而已：他们在整个发展过程中，靠的不过是一个“抢”字——他们先是自己抢自己，进行资本的原始积累；然后是抢别人，到处建立殖民地；最后是互相抢，直至两次发动世界大战。在这一过程中，印第安人几乎被他们杀光，澳洲土著居民几乎被他们杀光，太平洋许多岛国的土著居民基本上被他们杀光，非洲、亚洲的有色人种也曾经被他们肆意贩卖、屠杀和抢掠。他们的所谓“民主”，其实不过是资本的民主而已，不过是各个领域里的“大鳄”的民主而已，不过是用来讨论如何抢掠、如何杀人的“艺术”和“程式”而已；而他们的所谓“科学”，则不过是助纣为虐的工具而已。所以，马克思在《资本论》第一卷《所谓原始积累》中无情地揭露说：“……资本来到世间，从头到脚，每个毛孔都滴着血和肮脏的东西。”①

① 《马克思恩格斯选集》第2卷，人民出版社1972年版，1977年印刷，第265页。

但是，他们始终把自己打扮成“先进”文化的代表和“科学”“文明”的使者，到处兜售那些带着浓浓血腥气的理念和主张，并且厚颜无耻地说他们之所以强大和“文明”，就是得益于文化的先进。这其实完全是一种倒果为因的做法。对此，大家只要仔细读一下李零先生的《读〈剑桥战争史〉——杀人艺术的“主导传统”和“成功秘密”》《读〈西洋世界军事史〉》①等文章，就不难明白了。

西方霸权主义国家对中国进行的文化战争，可谓历史悠久，于今为烈。所以，刚刚去世的我国水利界泰斗、两院院士、清华大学张光斗教授曾说，现在美国为中国留学生提供优厚的条件去留学，其实是在培养中国大学生的汪精卫思想——他特别强调说：“不是培养汪精卫，而是汪精卫思想。”②

其五是基因战争。所谓基因战争，就是运用基因武器所发动和进行的战争。而所谓基因武器，则是运用基因工程技术，按设计者的需要，通过基因重组，把一些特殊的致病基因移植到微生物体内，制造出新一代生物战剂。

20 世纪 70 年代，分子化学学科有了突破性进展，以基因重组技术为代表的遗传工程（又称基因工程）技术应运而生。基因工程刚刚问世，就和其他任何一种高新技术一样很快被用于军事领域，一些军事大国竞相投入大量的经费和人力研究基因武器。美国国防部原副部长沃尔福维茨和美国著名政治分析家、政治杂志的主编、接近美国总统班底的共和党人克里斯托尔就曾建议美国政府研制基因炸弹，以供必要时发动基因战争

---

① 见李零《何枝可依》，三联书店 2009 年版。

② 转引自凤凰网何新博客《张光斗教授：美国在向中国大学培育汪精卫思想》。

之用。[①] 与常规武器和核武器比较，基因武器具有如下突出特点：

一是杀伤力巨大。基因武器巨大的杀伤威力表现在两个方面，即致死率高和杀伤面积广。世界卫生组织曾经作过一个测算，一架战略轰炸机对完全没有防护的人群进行袭击所造成的杀伤面积是：100 万吨 TNT 当量的核武器为 300 平方公里；10 吨普通生物战剂可达 10 万平方公里，而基因武器的杀伤力要超过普通生物战剂的十倍甚至百倍！

二是生产成本低廉。基因武器不仅生产成本低，而且可利用的物种资源非常丰富。据统计，用 5000 万美元建造一个基因武器库，其杀伤力远远超过花费 50 亿美元建造的核武器库。到目前为止，世界上有十多种微生物的基因组合序列已经发表，每组基因的费用仅为 300 美元。而且，目前的研究已经证明，只要研究和破译出一个物种的基因，便可以将这种基因转接到同类其他物种上（繁衍的后代称为转基因物种）。

三是超级精确化。基因武器具有精确的敌我分辨能力，这是其他武器根本无法企及的。比如，基因武器能针对某一人种的基因密码特征去杀伤这类人而不伤及其他人。南非生化武器工厂主管安·古森曾透露，他的研究小组曾在 20 世纪 80 年代接到研制“染色体武器”的命令，主要用来对付黑色人种。《简氏防务周刊》上一份比较可信的报告指出，以色列科学家为了研制对付阿拉伯人的“人种炸弹”，正在利用南非的某些研究成果。这份报告还透露以色列已经发现了阿拉伯人的基因，尤其是伊拉克人的基因构成。

---

① 书山：《利用基因炸弹杀人　美国准备发动基因战争》，2004 年 1 月 20 日“新浪军事·舰船知识”网络版。

四是使用简易、难以防御、受伤害后难以治疗。众所周知，战争的作用对象是某些特定的人。而基因武器的出现会使其作用对象更加直接和集中，所以对战争效果的影响也就更加明显和巨大。敌对双方将不再依靠使用大规模硬杀伤武器，而可能首先使用基因武器，使对方人员及生活环境遭到严重破坏，导致一个民族、一个国家在不流血中被征服，甚至将一个种族彻底灭绝！①

最近，美国持不同政见者、原中情局职员爱德华·斯诺登，不仅向全世界披露了美国政府在2007年就开始实施所谓的“棱镜”监控计划，对中、俄等国采取严密监控措施，而且揭露了美国政府早在十年前就开始实施的一个针对中国的绝密的战略行动——转基因生物战争。美国企图通过这一新形态的战争，打击、削弱并最终灭亡中华民族。这一无情的事实，难道还不足以让我们警醒吗?!

时下，发展快速、运用频繁的战争形式还有很多，如电子战、网络战、信息战、气象战、太空战、舆论战、外交战、政治战以及代理人战争等，全部予以介绍显然不是一篇文章所能做到的，所以这里只介绍上述几种，以供大家参考。

（二）新形态战争的基本特点

综合专家学者们的研究，时下新形态战争大致具有这样一些重要特点：

（1）战争呈全方位、多层面、整体化状态进行。也就是说，这种形态的战争，是在各个不同领域以各种不同方式复合、重

① 邓双全等：《基因武器——可怕的新型生物战剂》，《世界知识》2003年第21期。

叠甚至交叉展开和进行的。比如，在进行传统意义上的战争，如军事上的围堵、封锁、破坏、暗杀、入侵等的同时，不仅可以积极展开心理战、谍战、舆论战、经济战、政治战、外交战，而且可以积极展开网络战、信息战、生物战、基因战、气象战等形式的战争，以使敌人疲于应付，顾此失彼，破绽百出，并最终导致失败甚至灭亡。发动战争的一方，还可以阳示以传统意义上的战争手段，阴致力于尚不为世人注意的新战争手段，明修栈道，暗度陈仓，示敌以有形，制敌于无形。而当今的头号霸权主义国家美国，实际上就正是在用此种手法对付其心目中的敌对国家的。

（2）战争在许多情况下呈“三无”状态进行。所谓“三无”，即“无人”“无声”“无形”。所谓“无形”，包含两个方面的意思：一是武器装备的隐形化，二是对抗体系不再苛求固定的形式。所谓“无声”，是因为随着新概念技术在军事领域的逐步运用，武器装备的毁伤机理正在发生重大改变，各种电磁脉冲、激光武器、纳米武器、计算机病毒与心理战装备等新概念武器将使以往杀声震天、炮声隆隆的军事行动变得悄无声息。所谓“无人”，是指传统战争中作为主体的自然人将被替换为技术物化的“人”，一线的危险任务将越来越多地由无人武器去完成，人则退居幕后，通过操纵、遥控这些武器来达成作战目标。①

（3）战争持续周期长，战与非战界限模糊。由于科学技术的发展，以火力打击和兵力交锋为特点的传统战争持续时间将越来越短，甚至最终被抛弃，取而代之的将是政治、经济、外

① 周阳升等：《“三无战争”或成战争新形态》，《中国国防报》2012 年 5 月 8 日。

交、文化、科技等领域中持久而反复的较量。发动战争的一方，将会力争先逐步给敌方以软杀伤，以造成其社会动荡、政局不稳、经济衰败、人心涣散、凝聚力瓦解，直至最后分崩离析、彻底垮台，必要时再辅之以短促而致命的武力打击。这样的战争，由于在很长时间内战与非战的界限模糊，往往不易被察觉和注意，所以也极容易麻痹。例如，第一次海湾战争后，美、英、法等国为维护他们在中东的战略利益，不仅对伊拉克进行经济制裁和武器禁运，而且于1991年3月以保护库尔德人为名，在北纬36度线以北地区建立“库尔德人保护区”，设置禁飞区，禁止伊拉克军用飞机在该地域上空飞行，不断有效地打击伊拉克经济，瓦解其国民的意志，直到2003年3月19日晚才发动武力打击，终于推翻萨达姆政权。这次战争，从设立禁飞区到进行传统军事打击，时间长达12年之久，但最后的军事打击历时很短。

（4）手段更加多样、隐蔽，变化更加复杂而难以确定。十几年前，国内出版了一部叫作《超限战》的著作。① 此书所谓的“超限战”，是说未来的战争将颠覆既有规则，超越所有限制，不分前方后方，可以使用所有能够使用的手段，以达到自己所要达到的战争目的。其实，此书作者不过说出了一个客观上早已存在的事实而已。战争自它来到人世间之后，就没有受到过什么限制，尤其是在号称“文明”的西方，从方式上来说可谓不择手段、卑鄙无耻、无所不用其极，从残酷程度上来说可谓令人发指、无以复加且往往空前而不绝后。如果有规则，往往也是强者所定，并且最后还是由他们破除。

李零先生著有一部研究《孙子兵法》斗争哲学的书，叫作

① 乔良等：《超限战》，解放军文艺出版社2000年版。

《唯一的规则》。书中指出，战争其实只有一条规则，而这条"唯一的规则"，就是没有规则！[①] 战争手段所以会日益多样、隐蔽而且变化日益复杂，科技的高度发展无疑起了助纣为虐的作用。从20世纪开始至今，什么生物战、基因战、化学战、电子战、信息战、金融战、恐怖主义袭击战、海空天一体战等，可谓花样百出，无奇不有，面目日新又日新，并且往往战而无影、无形、无声、无人，手段和形式极其隐蔽，发展和变化极为复杂，以至于让人防不胜防，有时吃了亏还不知道是怎样吃的亏和吃谁的亏，甚至不知道到底是不是属于"吃别人的亏"。比如，2002年冬至2003年春发生的传染极速、烈度极高的"萨斯"（SARS），就有不少值得怀疑且至今无法解释的地方。

（5）武力打击精确化。由于通信卫星和导航定位卫星的大量使用，侦察、监视、预警、探测装备将在各自的战场空间从不同的范围和角度对探测目标进行定位，战争指挥者可以通过自动化信息指挥网络系统，对各种信息进行处理、分析、判断，然后准确下达命令，以精确制导武器从超视距以外对敌发动攻击，实施精确打击。

四、战争形态演变对中国国家战略安全的影响

（一）战争形态演变对国家战略安全的影响

战争形态演变对国家战略安全的影响是非常直接的，有时甚至可以说是致命的。无论是一个国家还是一个民族，或者是一个政治集团，当战争形态已经发生了质的变化的时候，如果你还没有意识到，还停留在原来的理念中，那么你就有可能遭

① 李零：《唯一的规则——〈孙子〉的斗争哲学》，三联书店2010年版。

受难以估量的重大挫折，甚至导致灭亡。历史上，这方面的教训并不少见，现仅举两例以为佐证。

其一是泓水之战。泓水之战是春秋时期宋楚之间发生的一次著名战役。据《左传·僖公二十二年》记载，周襄王九年（前643年），春秋时期第一位霸主齐桓公逝世，齐国因君位继承而引发内乱。次年，宋襄公出兵协助齐孝公取得君位，遂不顾宋国国力尚弱的现实，欲继承齐国的霸主地位。而此时，楚成王也想借齐国中衰之机，加紧向中原地区发展自己的势力。于是，宋楚之间矛盾逐渐激化，并最终导致泓水之战爆发。

周襄王十四年（前638年）十一月，宋军首先进至泓水（涡河支流，经今河南商丘、柘城间东南流）北岸列阵以待。随后，楚军则进至泓水南岸，并开始渡河。这时，宋大司马公孙固鉴于楚军兵力强大的现实，建议宋襄公“半渡而击”，但宋襄公一向以“仁义”自我标榜，不肯乘人之危，所以未予同意。楚军渡河后开始列阵，公孙固又建议宋襄公乘敌军列阵混乱、立足未稳之机发起进攻，但宋襄公仍不允许，一直等到楚军列阵完毕才下令进攻。结果，宋军大败，宋襄公自己也身受重伤，并于次年因伤重不治而亡。此战之后，宋国人都埋怨宋襄公指挥不当，但宋襄公向臣民辩解说：“君子不重伤，不禽二毛。……不以阻隘也。……不鼓不成列。”

以往，论者多认为宋襄公所以致败，是因为太过愚蠢，比如毛泽东同志就曾指其为“蠢猪式的仁义道德”①。这样的批评当然不能说不对，但我们还应该看到：宋襄公所以会如此“愚蠢”，其实并非他生来就是一个愚蠢的人，而是因为他的思想没

① 毛泽东：《论持久战》，载《毛泽东选集》第2卷，人民出版社1968年版，第460页。

有跟上战争形态的变化——其时，战争正逐渐由“仁礼之兵”转变为“变诈之兵”，而他依然“沉醉”于旧有的传统不能自拔。所以，他的战败也就无法避免了。

其二是苏联解体和东欧社会主义国家变色易帜。20世纪中期，核武器开始成为威胁全世界人类安全的超级武器。它的巨大的毁灭性杀伤力，曾让日本上自天皇下至臣民举国陷入无比的恐慌之中，并在被炸之后很快即宣布投降。其后，各大强国相继拥有了这一可以毁灭地球的终极武器，世界终于达到了“确保相互摧毁”的“恐怖平衡”。而1948年联合国大会通过的《世界人权宣言》及其后通过的与之相关的五十多个公约，也让战争狂人不敢贸然使用这一终极武器。于是，战争形态开始发生演变：一方面时起时伏持久不断的冷战成为这一时期的一个重要特点，一方面霸权主义国家耐心的持之以恒的文化战、宣传战、舆论战、攻心战则成为这一时期的另一个重要特点。

在敌对国家经过长达数十年的“努力”之后，社会主义国家苏联终于在1991年12月25日瞬间垮台并很快解体，随之而来的是东欧社会主义国家的相继变色易帜。毛泽东主席当年关于“卫星上天，红旗落地”的预言终于不幸言中，关于“资产阶级就在共产党内”的论断也终于被证明，帝国主义“和平演变”的战略计划终于在一定程度上达到了目的。

苏联、东欧各国易帜，自然有其内在原因，外因总要通过内因才能起作用。不过，敌对国家的作用显然不可低估。因为，敌对国家的持久“努力”，终于使得苏东各国包括党和政府在内的许多“精英”觉得还是西方的“民主”“自由”“人权”是“好东西”，具有“普世”的价值意义，资本主义就是要比社会主义强，只要各方面和西方国家“接上轨”，大家就是一家人了，就无须再“冷战”或“热战”了。但是，他们根本就没有意识到，这其实是敌对国家所发动的一种新的形态的战争，自己实际上一直是在“与狼共舞”！他们更没有认识到，西方的所谓“民主”和“自由”，其实是极其虚伪的，说到底不过是军火、金融、媒体等各个领域里的“大鳄”们的自由，也就是金钱的“民主”和“自由”！

（二）我们当前面临的主要危险

我们当前面临的主要危险是什么？不同的人肯定会有不同的回答，有的人甚至还可能认为根本就没有什么危险。但是，笔者不这么认为。在笔者看来，我们的国家安全时下不仅面临着各种各样的危险，而且有些危险非常之大。

其一是对霸权主义国家搞垮我们甚至灭亡我们的野心缺乏清醒认识，在意识形态领域自动解除精神武装，自动放弃舆论阵地，自动拆除思想上的“防火墙”，任凭敌对势力自由地、随意地从思想意识领域对我们进行攻击并实施瓦解。

霸权主义国家要搞垮我们甚至要灭亡中华民族的狼子野心是由他们的本性决定的。那么他们的本性是什么呢？他们的本性就是杀戮和抢掠。即如前述，一部资本主义到帝国主义的发展史，其实就是一部残酷的杀戮史和抢掠史，因为他们所信仰和奉行的是“物竞天择，适者生存”的自然法则，是弱肉强食胜者为王的丛林法则。在全球人口过剩、能源严重不足的今天，他们会更加笃信上述法则。所以，在这个世界上才会出现马克思所痛斥的“原始积累”现象，才会发生前述美洲印第安人、澳洲土著居民、太平洋岛国土著居民几乎被杀光的事情，才会有八国联军侵略并瓜分中国和日本大肆侵华那段让国人不堪回首的历史，才会爆发一次世界大战和二次世界大战这样的人类史上的大悲剧，才会有美国前总统克林顿在回答美国国会议员质询时的秘密讲话[①]，才会有西方“精英”在美国旧金山费尔蒙特饭店召开研究如何用生物武器消灭所谓“垃圾人口”的会议[②]……然而，如今的人们，那些不该忘记的好像被全部忘记了，那些应该看到的好像也都看不到了，于是这个世界也就变得“真美好”了，大家可以无忧无虑地享受生活了，殊不知好战的恶魔始终在窥伺着善良的人们，始终在等待时机以求一逞。

无疑，改革开放三十多年我们取得了巨大的成功，但也不能不看到：国门打开之后，不仅飞进了很多苍蝇、蚊子，而且飘进来大量闻着香甜却足以麻痹、毒害我们“神经”的“毒气”。于是，“精英们”便四处告诉我们说：凡中国的都是专制的、腐朽的和落后的，凡西方的都是民主的、文明的和先进的。于是乎，鲁迅被迫“滚蛋”了，假洋鬼子回来了，安徽农民的血样被轻易地采走了，狼山牙五壮士不得不与小学生们告别了，秦桧站起来了，汪精卫需要重新评价了，对自己的开国领袖和他的思想竟然可以肆意咒骂、诋毁和攻击了，爱国者都成为“爱国贼”了，有钱人纷纷移居国外了，道德滑坡滑到没有底线了，民族凝聚力被消解了，某些党校教授甚至可以公开提出在高校中取消马列主义课程了……这一切，都让所有关心国家民族命运的人不能不感到深深的忧虑和不安。

其二是对新形态战争没有给予足够的关注，甚至缺乏起码的警惕，更没有有组织地从理论和学术的角度进行深入的研究，所以在应对上往往显得比较被动，有时甚至麻木不仁。

笔者在撰写这篇文章之前，曾经尽可能多地搜集过现已发

---

① 周新城：《美国的帝国主义本性是不会改变的——读美国前总统克林顿讲话有感》，《中华魂》2011 年第 5 期。

② 何新：《1995 旧金山费尔蒙特饭店会议——清除地球垃圾人口》，见新浪网何新博客，该文 2002 年 3 月 29 日曾发表于《香港商报》。

表的相关文章，但仅仅搜到不足20篇，并且其中像样的学术文章很少。至于有关的专著，干脆就没有找到。

理论上、学术上的研究是这样一种情况，实际运作方面就更是让人难以释怀。比如，改革开放之前，西方霸权主义国家基本上是被我们钉在道德的洼地上进行批判的，但现在好像完全反过来了，我们倒被他们牢牢地钉在道德的洼地上了。历史上双手沾满世界弱势民族和国家人民鲜血的霸权主义国家摇身一变，似乎成了世界法官兼人权领袖、文明化身、先进文化的代表和未来的希望，而有着几千年文明历史，爱好和平，崇尚天下大同、四海一家的中华民族，被妖魔化为野蛮、专制、暴虐、腐朽、落后的种群，并且动辄获咎，屡遭抨击。对此，我们本应及时予以严正而有力的批驳，但遗憾的是我们几乎看不到这样的批驳。再比如，很长一段时间以来，关于转基因粮食问题国内争论不休，许多国家的科学家，如俄罗斯、法国、美国的等，都对转基因粮食的安全问题提出了质疑，世界上尚没有一个国家以转基因粮食为主食，并且我们国内种植转基因粮食的地方也出现了一些值得注意和需要研究的现象，而我们有关部门的某些人依然拍胸脯打保票，硬要把13亿中国人民当作“小白鼠”，这难道不值得我们深思吗?!

以上种种现象都表明，面对21世纪复杂形势下的新形态战争，我们还很不适应，还没有一套行之有效的完善的整体规划和应对策略。“国家兴亡，匹夫有责。”这一点，应当引起所有炎黄子孙的警惕和重视，特别是应引起党、政府有关部门的人士和从事这方面学术理论研究的专家学者的重视。

前面说过，中华民族是一个有着几千年文明历史、文化积淀极为深厚的伟大民族。我们的老祖宗在两千数百年之前就有了人与自然、人与人、人自身应当和谐发展的先进的文化理念，就有了如《孟子·梁惠王上》所说的“老吾老以及人之老，幼吾幼以及人之幼”的博大胸怀，就有了天下大同、四海一家的平等思想。《礼记·礼运》曾描绘人类这一美好前景说：

> 大道之行也，天下为公，选贤与能，讲信修睦。故人不独亲其亲，不独子其子，使老有所终，壮有所用，幼有所长，矜寡孤独废疾者，皆有所养。男有分，女有归。货恶其弃于地也，不必藏于己；力恶其不出于身也，不必为己。是故谋闭而不兴，盗窃乱贼而不作，故外户而不闭，是谓大同。①

这些思想和理念，其实与马克思、恩格斯提出的共产主义理想是相通的，甚至也可以称之为古典共产主义思想的萌芽，是西方霸权主义国家的思想和理念所根本无法相比的。所以，我们应当理直气壮地大力予以提倡和弘扬，绝不能丧失政治、文化和民族自信，以历史虚无主义的态度，自轻自贱，自我矮化，自我奴化，甘当霸权主义国家精神上的俘虏，自己打败自己。

危险并不可怕，可怕的是没有意识到危险的存在，或者虽然意识到了危险的存在，却缺乏政治、文化和民族自信，拿不出切实可行的应对方案和策略。不过，笔者坚信，我们这样一个有着深厚优秀历史文化积淀的古老而文明的国度，有十八大选举产生的以习近平同志为首的新一届中央班子的正确领导，再大的危险也奈何不得我们；我们一定会乘风破浪，跨越险滩，直达辉煌的彼岸。

（原载《济南大学学报》2014 年第 1 期）

① 《礼记》，上海古籍出版社 1987 年影印版，1992 年印刷，第 120 页。

《孙子》精髓新解

作为一部古老的军事理论著作，《孙子兵法》的价值是举世公认的。两千五百多年来，政治家、军事家、外交家们研究它，企业家和体育界人士也在研究它。然而，若问这部兵学圣典的精髓是什么，至今众说纷纭，莫衷一是。

最近，李洪喜先生在《〈孙子〉精髓辨》一文中概括出如下四种观点：其一是“避实击虚说”；其二是“战争哲学说”；其三是“不战而胜说”；其四是“致人而不致于人说”①。这些观点，无疑都有一定的道理。不过，笔者在反复阅读、思考之后，感觉它们虽都有一定道理，却也都有某种偏颇，因而难成定论。

笔者认为，所谓“精髓”，乃是全书之纲领、核心、中枢，它不仅应当能够贯穿全书的首尾或始终，而且应当能够统带、提挈全书之内

① 李洪喜：《〈孙子〉精髓辨》，《东岳论丛》1991年第1期。

容。从这一意义上看，上述诸说显然均难成立。例如，“避实击虚”只能说是用兵的基本原则之一，却不能说是用兵的唯一手段。它既不能贯穿《孙子兵法》全书首尾，也无法统带、提领十三篇所有内容。所以，将其作为《孙子兵法》的精髓是不妥当的。又，《孙子兵法》是一部以研究战争指导方略为主要内容的著作，其精髓自应与书中的方法论思想有关。然而，“不战而屈人之兵”和“致人而不致于人”说的是战争指导过程中应当追求的一种目标或境界（当然是最佳的和理想的），属目的论方面的内容，相去太远，因而也不能视为《孙子兵法》一书的精髓。至于认为“战争哲学和朴素辩证法”是《孙子兵法》精髓的观点，同样难以成立。哲学作为一门关于世界观和方法论的科学，其基本思想实际上蕴含于一切科学著作中，但我们能说所有具有科学性的著作，其精髓都是哲学思想和辩证法吗？显然不能。这是因为，一般地说，某一事物之精髓，只能为这一事物所特有，而不能为众多事物所共有。

那么，《孙子兵法》的精髓究竟是什么呢？笔者认为，它就是《谋攻篇》提出的伐谋思想。在《谋攻篇》中，“伐谋”一词具有两层含义：“故上兵伐谋，其次伐交，其次伐兵，其下攻城”，是其第一层含义，系指不经过伐交、伐兵和攻城而单纯以谋略克敌；“故善用兵者，屈人之兵而非战也，拔人之城而非攻也，破人之国而非久也，必以全争于天下，故兵不顿而利可全，此谋攻之法也”，则是其第二层含义，即既要单纯以谋略克敌，争取不战而胜，也要在伐谋思想指导下运用军事手段争取战而胜之。在这里，“此谋攻之法”中的“谋攻”一词，与“伐谋”的含义是一致的。

说伐谋思想是《孙子兵法》的精髓，根据主要有二：其一，伐谋思想是《孙子兵法》全书的中心思想；其二，伐谋思想是最高层次的决策思想。

“伐谋”二字，在《孙子兵法》中只出现了一次，且有独立含义，但作为一种思想，它实际上贯穿于全书之中，系全书的中心思想。《孙子兵法》十三篇，提出了一系列辉耀千古的军事思想和军事原则，但只要仔细分析一下，就不难发现，这些思想和原则，无不是围绕伐谋思想而展开的。从逻辑上看，《计篇》和《作战篇》可以说是伐谋思想的起点和依据，而《形篇》《势篇》以下诸篇则是伐谋思想的展开和具体化。在《计篇》和《作战篇》中，孙子主要论述了战争的一些基本问题，如战争与国政、战争与经济、战争的一般特点和时代特点，等等。他以全局、系统的观点，强调了战前对敌我双方各方面情况作综合考察、分析和比较的重要性，同时阐明了战争对经济的依赖关系。他认为，“兵者，国之大事，死生之地，存亡之道，不可不察也”，因此必须认真对待，谨慎从事。他指出，“兵者，诡道也”，即战争的一般特点是诡诈性，所以“兵以诈立”，战争指导者必须以诡诈之术（如所谓的“诡道十二法”）临之。春秋时期生产力落后，国家经济力量有限，战争持续时间太久将会“钝兵挫锐，屈力殚货”，使诸侯乘弊而起。所以，孙子主张“兵贵胜，不贵久”。在上述分析、认识的基础上，孙子便以全胜为追求的目标，从战略决策之高度，提出了他的伐谋思想。《谋攻篇》着重阐述了这一思想的基本内涵和价值所在。在《形篇》《势篇》以下十篇中，孙子从战争指导的实施角度，提出并论述了一系列克敌制胜的具体谋略思想和谋略原则。书中频繁出现的“善战者”“善用兵者”“善攻者”“善守者”“善出奇者”“善动敌者”之类的文句，就是对伐谋思想的具体论述。

“伐谋”离不开用智，多智才能多谋。所以，孙子把“智”作为对优秀将领的第一要求，并且提出了“上智为间”的主张。

纵观《孙子兵法》一书，伐谋斗智的思想犹如一条红线贯穿始终。“不战而胜”也好，“避实击虚”也好，“致人而不致于人”也好，都有赖于“谋”。可以说，十三篇千言万语，总不外一个“谋”字，伐谋思想实为全书的中心思想。而《谋攻》篇作为伐谋思想的主要载体，则上承《计篇》《作篇》，下启《形篇》《势篇》以下诸篇，成为前两篇之结论，后十篇之纲领，全书之核心。

若从战争指导角度看，“伐谋”还是“伐力”是事关全局的最为重要的决策选择，是战争指导者所必须首先解决的问题。战争是政治的继续，是敌对双方在一定物质条件，如兵力、装备、给养、地形等基础上进行的智力竞赛。物质条件固然重要，是第一位的，但智谋因素也不容忽略。在特定时间内，物质因素，如国力之强弱、兵力之众寡、装备之优劣、地形之险易等，均为常量；而指挥员的智慧谋略却系一种变量，通过它的作用，可以导致物质因素的消长变化，从而使战争的天平出现出人意料的倾斜。所以，古今中外，“斗力”不如“斗智”，“伐力”不如“伐谋”，以谋役力者恒胜，恃力浪战者恒亡。由此可见，伐谋思想实为战争指导上最高层次的决策思想。

列宁曾说“没有不用计谋的战争”。但是，与西方人比较，东方人，尤其是中国人，更为注重谋略。早在黄帝伐蚩尤和太公覆商纣时代，中国人即有伐谋重于伐力的传统。到春秋战国时期，这一传统得到了进一步的发展。孙武，则是伐谋思想的集大成者。孙子秉家学之渊源，总前人之经验，吸收各家之精华，熔于一炉，终于将伐谋思想作为一个完整、系统、严谨的体系留给了后人。这是《孙子兵法》一书所以能具有持久魅力而又给后世以深远影响之原因所在。

（原载《东岳论丛》1992 年第 2 期）

《孙子》伐谋思想简论

“伐谋”是孙子兵学的一个重要范畴，也是其整个理论体系的核心思想。在此，笔者拟就这一课题作进一步探讨。不当之处，敬祈方家同好教正。

一、伐谋思想的内涵

“伐谋”一语，出自《孙子兵法·谋攻篇》，诸家对它的注解颇多颇详。曹操曰：“敌始有谋，伐之易也。”梅尧臣曰：“以智胜。”王皙曰：“以智谋屈人最为上。”张预曰：“……伐谋者，用谋以伐人也，言以奇策秘算，取胜于不战，兵之上也。”[①] 这些解释，可谓精要确当。然则，笔者认为“伐谋”二字在十三篇中虽仅一见，且具有区别于伐交、伐兵等外交与军事斗争形式

① 郭化若译：《十一家注孙子》，上海古籍出版社1978年版，第55页。

的独立含义，但它实际上又是作为一种思想蕴含并贯穿于全书之中的。这一思想要求，在战争中应注重与敌斗智赛谋，力求在现有实力的基础上以己之智慧谋略克敌之智慧谋略，以达屈敌制胜之目的，而力避只知逞强斗狠、以力克敌的倾向。

孙子的这一思想，在《谋攻篇》中得到了集中而充分的阐述。他开篇即指出，用兵之法，当以“全胜”为上，而以“破胜”次之：“百战百胜，非善之善者。”不战而胜，才属“善之善者”。那么，要达到如此理想之目的，途径何在呢？曰“伐谋”，即运用“谋攻之法”克敌制胜：“故上兵伐谋，其次伐交，其次伐兵，其下攻城。”“故善用兵者，屈人之兵而非战也，拔人之城而非攻也，破人之国而非久也，必以全争于天下，故兵不顿而利可全，此谋攻之法也。”在实战过程中，各种情况复杂多变，用兵当以灵活为要。即以最基本的作战条件兵力而论，或众或寡，或强或弱，情况就很复杂。所以，孙子又指出，在兵力的具体运用上，应“十则围之，五则攻之，倍则分之，敌则能战之，少则能逃之，不若则能避之”，切忌以小敌大，以弱敌强，不顾客观条件地打莽撞仗——“小敌之坚，大敌之擒”。将领是国之辅佐，关系重大，屈敌之策，制胜之谋，全在于将。所以，孙子又认为，将权宜重宜专，国君不可中御，以免“乱军引胜”。最后，孙子进一步指出，“伐谋”的秘诀，全在于战前预知胜负；而制胜之道有五，要旨在于知彼知己。《谋攻篇》中的“谋攻”二字与“伐谋”一词在含义上一致，即都是“以智谋胜敌”的意思。从这一意义上说，本篇篇题即揭示了伐谋思想的精义。

古人在概念的使用上没有广、狭之分，在军事理论的表述方面也没有战略、战术的区别。所以，孙子关于伐谋思想的阐述，尚较笼统与混沌。若以今之有关理论观照之，孙子的这一思想似乎还应包含有下述意蕴：

一曰狭义性意蕴。亦即前文提及之独立性含义。指不经过伐交、伐兵等形式而单纯以智谋胜敌的意思。春秋时郑国商人弦高伪作犒军之举智退秦师、楚汉时大将韩信遣一介之使奉尺书以举燕、后汉时寇恂斩皇甫文迫降高峻等事例，即都体现了这种思想。

二曰广义性意蕴。指既要注重单纯以谋略胜敌，争取不战而屈人，亦应在伐谋思想指导下综合运用外交和军事手段迫敌就范——或不战而胜，或战而胜之。这种意义上的“伐谋”，包括军事斗争过程中的一切用谋现象，在战争史上最为多见。

三曰战略性意蕴。关于“战略”概念，中外军事理论家的解释不尽一致。通常的理解是指有关战争总体和全局的筹划与指导。伐谋思想的战略性意蕴，系指在战争过程中应重视从全局和总体上以谋胜敌，并积极寻求、制定屈敌制胜的具体方略。春秋时吴破楚之战争和人们熟悉的诸葛亮“隆中对策”，即属战略性伐谋的杰出之作。战略上的伐谋，一般都具有谋计深远和谋计相对稳定的特点。这一特点，也是权谋类兵家与其他各类兵家的一个重要区别之点。

四曰战术性意蕴。与“战略”概念相对，所谓“战术”，是指战斗中运用的具体原则和方法。而战术上的伐谋，则是指在战斗中仍重视以智谋胜敌。战场上的声东击西、示假隐真和佯败诱敌等，即都是战术性伐谋所常用的方式。战术上的伐谋现象，在实践中也是很多见的，而且往往可以收到意想不到的奇效。

伐谋思想的上述意蕴，在许多情况下是相互交叉的。即狭义上的伐谋可以是战略性的，也可以是战术性的，而广义上的伐谋同样如此，且广义上的伐谋本身就包括狭义性伐谋在内。从战争史上看，在实际军事对抗过程中，狭义上的伐谋现象相对少见，并且大多需要以强大的实力和声威作后盾；而广义上的伐谋现象则相对多见。也就是说，不战而屈人之兵虽然是理想的，可能的，但毕竟无法解决一切军事争端；军事对抗中更为常见的现象是以谋运力，战而胜之。所以，高明的将帅，总是把伐谋思想作为自己进行战争指导的最高决策思想，综合地运用各种军事手段和非军事手段，力求以尽可能小的代价换取尽可能大的胜利。

二、伐谋思想在孙子兵学理论体系中的地位

1. 伐谋思想是孙子全部兵学理论的核心思想

《孙子兵法》一书，仅约六千言。在如此短的篇幅中，孙子以其广博的学识、深邃的思考和精炼隽永的语言，为后人建构了一个系统、完整而又不失严谨周密的兵学理论体系。在这一体系中，他提出了一系列辉耀千古的军事思想和军事原则。而所有这些思想和原则，无不是围绕伐谋思想展开的。为说明这一论点，我们不妨对《孙子兵法》一书的总体结构作一大概分析，从十三篇之间内在的逻辑关系上加以认识。

本文在第一部分中曾论及，孙子的伐谋思想在《谋攻篇》中得到了集中而充分的阐述。以此而言，《谋攻篇》当为伐谋思想的主要载体，在十三篇中居于核心地位。如此，从各篇之间内在的逻辑联系来看，《计篇》《作战篇》所论之问题可以说是伐谋思想的起点和依据，而《形篇》《势篇》以下诸篇，则是伐谋思想的展开和具体化。首先，在《计篇》中，孙子以国家的根本利益为出发点，从政略的高度，着重研究了有关战争的一些基本问题，诸如战争与国家命运的关系、战争与国家政治（道）的关系、战争的基本特点、庙算与战争胜负的关系，等

等。他以全局、系统的观点，强调了战前对彼己双方各方面情况作认真考察和分析比较的重要性，明确指出：“兵者，国之大事也。死生之地，存亡之道，不可不察也。”即战争是关系将士生死和国家存亡的重大事情，必须认真对待，谨慎从事，万万不可失察。他还指出：“兵者，诡道也。”即战争的基本特点，是它的诡诈性，所以“兵以诈立”，战争指导者必须以诡诈之术（如所谓的“诡道十二法”）临之。在这里，孙子把“庙算”提到了前所未有的高度，并将其作为预测战争胜负的关键性手段：“夫未战而庙算胜者，得算多也；未战而庙算不胜者，得算少也。多算胜，少算不胜，而况于无算乎！吾以此观之，胜负见矣。”其次，在《作战篇》中，孙子又着重探讨了战争与经济的关系。孙子认识到，战争离不开物质条件的支持，战争对于物资和财力的消耗是巨大的，对社会生产和人民生活的破坏是严重的，从而得出了“兵久而国利者，未之有也”的著名论断，明确主张“兵贵胜，不贵久”，并提出了“因粮于敌”和“胜敌而益强”的原则。

基于对上述问题的分析和认识，孙子在《谋攻篇》中便以“全胜”为理想的追求目标，从战略决策的认识高度，提出了他的伐谋思想。《谋攻篇》即着重论述了这一思想的内涵和价值所在。战争既然是关系到将士生死和国家存亡的重大事情，又具有波谲云诡、变化莫测的特点，欲求“全胜”和“速胜”，正确的决策思想当然只能是“伐谋”（或曰“谋攻”）；唯有“伐谋”，才能“屈人之兵而非战”“拔人之城而非攻”“毁人之国而非久”，才能“以全争于天下”，收到“兵不顿而利可全”的效果。

自《形篇》以下，孙子从战争指导的实施角度，提出并阐述了一系列克敌制胜的具体谋略思想和谋略原则：

（1）战争的基本形式是攻与守，《形篇》便着重论述了攻守与胜负之间的辩证关系。孙子认为，严密防守、不露破绽、使敌无可乘之机是不被敌人战胜的基本保证，而抓住战机，以恰当的方式主动进攻才有可能战胜敌人。所以，善于指挥作战的人，首先要注意和重视防守，使自己立于不败之地；其次要密切观察并及时抓住敌之破绽和败征，不失时机地进攻取胜。在《形篇》中，孙子还提出了“胜于易胜”“先胜而后求战”“修道保法”等重要思想和原则。

（2）与《形篇》相对，《势篇》侧重讨论了在实施战争指导的过程中如何巧妙运用奇正之术造势和如何择人而任势的问题。俗云，形不过攻守，术不过奇正。奇正之术是战争中巧妙造势和克敌制胜的基本手段。所以，孙子说，“战势不过奇正”，“三军之众，可使必受敌而无败者，奇正是也”。又说，“凡战者，以正合，以奇胜”，“奇正之变，不可胜穷也”。他认为，善于指挥作战的人，应能通过对奇正之术的巧妙运用创造出有利于己的态势，并利用这种态势（“任势”）战胜敌人，而不可只知依赖和苛责部下。

（3）孙子认为，仅仅了解了攻守与胜负的辩证关系、掌握了奇正之术的运用法则，还远远不够。作为一名战争指挥者，还必须识虚实、用虚实。否则，奇正之术将难以为用，避实击虚也会成为一句空话。《虚实篇》便系统论述了有关这一方面的问题。

（4）要而言之，从《形篇》至《用间篇》，孙子围绕伐谋思想这一中心，或论攻守胜负、或论奇正虚实、或论迂直利害、或论地形士气、或论水攻火攻、或论用间知间，提出了一系列以谋克敌的具体思想和具体原则。书中反复出现的“善战者”“善用兵者”“善攻者”“善守者”“善出奇者”“善动敌者”之类的文句，就是对伐谋思想的具体阐述。

伐谋离不开用智，多智才能多谋。所以，孙子把“智”列在将帅“五德”（智、信、仁、勇、严）之首，作为对优秀将领的第一条要求，并且提出了“上智为间”的主张。纵观《孙子》十三篇，斗智伐谋的思想犹如一条红线贯穿其间，并成为全书的主旋律。“不战而胜”也好，“避实则虚”也好，“致人而不致于人”也好，全都有赖于“谋”。可以说，十三篇千言万语，总不外一个“谋”字，伐谋思想实为孙子兵学理论的中心思想。《谋攻篇》作为伐谋思想的主要载体，则上承《计篇》和《作战篇》，下启《形篇》《势篇》以下诸篇，成为前两篇之结论，后十篇之纲领，全书之核心。

2. 伐谋思想是孙子兵学理论中最高层次的决策思想

《孙子》一书系统研究了战争中敌对双方斗智伐谋的学问，揭示了军事谋略的一般规律，形成了一个完整的理论体系。伐谋思想不仅是这一理论体系的中心思想，而且在实践中也是最高层次的决策思想。

从战争指导角度看，“伐谋”还是“伐力”是事关全局的最为重要的决策选择，是战争指导者必须首先解决的问题。所以大军事家曹操为《谋攻篇》作注说：“欲攻敌，必先谋。”① 战争是政治的继续，敌对双方战场争胜当然离不开一定的物质条件，如兵力、装备、给养、地形、天候，等等；但是，战争更是敌对双方之间进行的规模巨大、方式残酷的智力竞赛。物质因素固然十分重要，而智谋因素也绝不容忽视。在特定的时间里，物质方面的因素，如国力之强弱、兵员之众寡、装备之优劣、地形之险易等，均如数学中的常量，不可能随意改变；而

---

① 郭化若译：《十一家注孙子》，上海古籍出版社1978年版，第50页。

指战员的智慧谋略，则如数学中的变量，具有难以估量的潜力。通过它的作用，可导致物质因素的消长变化，从而使战争的天平发生出人意料的倾斜。

历史上，这种靠运用智谋以弱胜强的战例可说是不胜枚举。齐鲁长勺之战、韩信破赵之战、袁曹官渡之战、曹孙刘赤壁之战，便都属于这类情况。秦末的项羽，以拔山之伟力和盖世之豪气自诩，摧雄灭强，分封诸侯，宰制天下，号称霸王，然而最终败在兵微将寡且被封闭于巴蜀、汉中的刘邦手下。这其中的原因虽多，但徒知斗力斗勇不知运智伐谋显然是一个主要原因。公元前203年，刘项二人对阵于广武时，项羽欲与刘邦独身挑战，一决雌雄。刘邦笑曰："吾宁斗智，不能斗力。"① 由此可见二人在战争指导上的不同特色：一个巧于斗智，老谋深算；一个徒知斗力，恃勇逞强。两相比较，高下判焉。东汉末，曹操与袁绍共同起兵讨伐董卓之时，就未来各自的发展与打算，也曾有过一段发人深思的对话。袁绍说："吾南据河，北阻燕、代，兼戎狄之众，南向以争天下，庶可以济乎?"曹操则说："吾任天下之智力，以道御之，无所不可。"② 两相比较，高下立判焉。可见，聪明的君主将帅，在战争问题上无不高度重视对智慧谋略的运用。一部战争史则充分而雄辩地证明：古今中外，"斗力"不如"斗智"，"伐力"不如"伐谋"；以谋役力者恒胜，恃力浪战者恒亡。

需要指出的是，孙子虽以伐谋思想为自己全部兵学理论的中心思想和最高层次的决策思想，但他绝非唯意志论者。他的伐谋思想，是建立在朴素的唯物主义和辩证法基础上的，而不

---

① 《史记·项羽本纪》。
② 《三国志·魏书·武帝纪》。

是建立在主观唯心主义沙滩上的。孙子极端重视战争对经济条件的依赖关系，并且十分强调决策之前对彼己双方客观情况作全面考察和分析比较的重要性。他认为“主孰有道”“将孰有能”“天地孰得”“法令孰行”“兵众孰强”“士卒孰练”“赏罚孰明”（《计》），都是决定胜负的基本因素。而出师之前，“内外之费，宾客之用，胶漆之材，车甲之奉”等军需物品，必须预先筹集完备（《作战》）。可以这样说，孙子正是因为充分认识到了客观物质条件对战争全部进程和最终结局所具有的制约作用，所以才重视和强调“伐谋”，才主张以谋胜敌而不与敌人角力。因为，唯有运智伐谋，才能最大限度地发挥现有物质条件的潜力，才能变弱为强和以弱胜强。可见，早在两千数百年前的孙子，已经比较准确地认识和把握了战争中物质因素与精神因素的辩证关系，并将这一辩证关系创造性地运用到了战争理论的研究上和战争实践的指导上。

3. 伐谋思想是孙子兵学理论的精髓

何谓“精髓”？笔者认为，所谓“精髓”，乃是事物的核心、精华甚至灵魂。它不仅应当能够贯穿事物的始终或前后，而且应当能够提领事物的全部内容。通过前文的分析我们知道，伐谋思想既是孙子兵学理论的中心思想，又是最高层次的决策思想，所以，它当然也就是孙子兵学理论的精髓。

关于《孙子兵法》一书之精髓，目前学术界多有不同看法，可说是众说纷纭，莫衷一是。笔者粗略地概括了一下，大致有这样几种观点：（1）“避实击虚说”；（2）“战争哲学说”；（3）“不战而胜说”；（4）“致人而不致于人说”。

“避实击虚说”是由日本学者服部千春提出的。服部千春在他的《孙子兵法校解》一书中认为，“避实击虚是用兵的基本方法”，“孙武十三篇无出虚实”，所以，此篇（指《虚实篇》）

"可以说是十三篇中的精髓"。"战争哲学说"是由国内学者潘嘉玢提出的。潘先生在他的《略论〈孙子兵法〉在国外的影响及启示》一文中认为:"孙子所阐述的战争哲学和朴素辩证法是'十三篇'的精髓。"[①]"不战而胜说"是日本学者三好修和一些美国军事理论家所主张的。他们认为,孙子"不战而屈人之兵"的战略观点,触及了核战争的实质,具有现实意义,因而应看作是全书的精髓。国内专家高锐将军亦同此说。[②]"致人而不致于人说"是由李炳众、李洪喜提出的。在《〈孙子〉的精髓是战争的主动权》一文中,李炳众、李洪喜根据毛泽东同志关于战争中军队主动权问题的论述认为,"战争中的一切主观指导,实质上是一个主动权的争夺问题","《孙子》首先提出的'致人而不致于人'的重要论断,阐明了调动敌人而不被敌人调动、夺取克敌制胜主动权的作战指导思想",因而是"《孙子》的最精髓部分"[③]。

这些观点,无疑都有一定道理,但从根本上说又都带有一定的偏颇,因而均难成立。笔者认为,"避实击虚"只能说是用兵的基本原则之一,而不能说是用兵的唯一原则。它既不能贯穿《孙子兵法》全书首尾,也无法统带和提领孙子兵学理论的全部内容。所以,将其作为《孙子兵法》的精髓是不妥当的。又,《孙子兵法》是一部以研究战争指导方略为主要内容的著作,其精髓自应与书中的方法论思想有关。然而,"不战而屈人之兵"和"致人而不致于人"说的是战争指导过程中应当追求

---

① 潘嘉玢:《略论〈孙子兵法〉在国外的影响及启示》,载《孙子新探——中外学者论孙子》,解放军出版社1990年版。

② 高锐:《孙子"不战而屈人之兵""全胜论"新探》,载《孙子新探——中外学者论孙子》,解放军出版社1990年版。

③ 李炳众、李洪喜:《〈孙子〉的精髓是战争的主动权》,载《孙子新探——中外学者论孙子》,解放军出版社1990年版。

的一种目标或境界（当然是最佳的和理想的），属目的论方面的内容，相去太远，因而也不能视为《孙子兵法》一书的精髓。至于认为“战争哲学和朴素辩证法”是《孙子兵法》精髓的观点，同样难以成立。哲学作为一门关于世界观和方法论的科学，其基本思想实际上蕴含于一切科学著作中，但我们能说所有具有科学性的著作，其精髓都是哲学和辩证法吗？显然不能。这是因为，一般地说，某一事物之精髓，只能为这一事物所特有，而不应为众多事物所共有。

至此不难看出，上述诸说皆非，《孙子兵法》十三篇之精髓只能是伐谋思想。

三、伐谋思想形成的渊源

孙子的伐谋思想，并非无源之水和无本之木，而是中华民族传统思想文化的结晶。它的形成，当与下述因素密切相关。

1. 家学渊源

孙武的先祖，是陈国公子完。公元前672年，陈完为避国内动乱逃到了齐国，被齐桓公任为工正。陈完遂“以陈字为田氏”，在齐国定居下来，并逐渐繁衍发展成为一个庞大而有势力的家族，最后终于取代姜齐。田氏家族的人，大都以谋略见长，先后出现了一些很有智慧才干的政治家和军事家。田完本身就是一位这样的人物。其后，田文子、田桓子、田禧子也都很有智谋。他们先后事庄公、景公为大夫，深得宠信。田桓子、田禧子时，田氏开始用公家的小斗收取租赋，而用自制的大斗往外借贷，“行阴德于民”，“由此田氏得齐众心，宗族益强，民思田氏”①。景公死，

① 《史记·田敬仲完世家》。

田禧子逐国惠子，杀高昭子，欺鲍牧，立悼公，遂专齐政。孙武之弟田书，景公时为将，“伐莒有功；景公赐姓孙氏，食采于乐安”①。

略早于孙武的田穰苴，“文能附众，武能威敌”，是田氏家族中出现的第一位著名军事家。景公时，因晏婴的推荐，被召谈兵事，景公“大说（悦）之，以为将军，将兵扞燕晋之师”。穰苴严于治军，依法斩监军庄贾，然后拊循士卒，勒兵出击，燕晋之师闻风而退，齐所亡之地全部收复。穰苴因功被封为大司马，后世因此而称他为司马穰苴。战国初期的齐威王，为田氏之后。他“用兵行威，大放（仿）穰苴之法，使诸侯朝齐”，后来又“使大夫追论古者《司马兵法》，而附穰苴于其中，因号曰《司马穰苴兵法》”②。《司马穰苴兵法》即今之《司马法》。有人认为，其中有关军事思想和战略战术的论述，很多便出自司马穰苴。

除上述诸人外，在孙武之后，这个家族还出现了大军事家孙膑，名将田忌、田婴、田单等著名人物。这绝不是一种偶然现象。

2. 齐文化的熏陶

齐国的前身是东夷部族，齐文化是在东夷文化的基础上形成的。东夷人尚勇好战而又聪明智慧，史前文化十分发达。相传弓箭就是由东夷人发明的。太公受封至齐，“因其俗，简其礼”③，“尊贤智，赏有功”④，使齐地经济得以迅速发展，东夷文化也终于发展成为一种有别于其他各国的齐文化。这种文化

① 《新唐书·宰相世系三下》。
② 《史记·司马穰苴列传》。
③ 《史记·齐太公世家》。
④ 《汉书·地理志》。

的一个重要特点就是务实趋时，重智尚变。司马迁说："吾适齐，自泰山属之琅邪，北被于海，膏壤二千里，其民阔达多匿智，其天性也。"① 又说："齐带山海，膏壤千里……其俗宽缓阔达，而足智。"② 班固亦云："其土多好经术，矜功名，舒缓阔达而足智。"③ 由此，齐地民俗文化中重智尚谋的特色可见一斑。

齐国的创建者太公就是一位大谋略家。太公名姜尚，又称吕尚。史载："周西伯昌之脱羑里归，与吕尚阴谋修德以倾商政，其事多兵权与奇计，故后世之言兵与周之阴权皆宗太公为本谋。……天下三分，其二归周者，太公之谋计居多。"司马贞《索隐述赞》曰："太公佐周，实秉阴谋。"④

晚于太公而早于孙子的管仲，是齐国的又一位大谋略家。管仲辅佐齐桓公"九合诸侯，一匡天下"，使齐国得以在不长的时间里成为春秋时期的第一个霸主，靠得固然是政治、经济和军事实力的增强，但其间也不乏对谋略的运用。比如，他以"尊王攘夷"号召各国、伐楚适可而止唯责包茅之不入，等等，都反映出他善于以谋制胜的特点。所以，司马迁称，"其为政也，善因祸而为福，转败而为功"，"知与之为取"⑤。《管子》一书，虽成书较晚，且书中能够确定为管仲遗著的部分不是很多，但可以肯定，此书还是大致反映了管仲的政治、经济、外交和军事思想的。其中注重用谋伐谋的特点，与管仲治国用兵实践中注重用谋伐谋的特点，都是一致的。

3.《易经》与诸子的影响

《易经》是中华民族文化的重要源头。它集中体现了东方的

①④ 《史记·齐太公世家》。
② 《史记·货殖列传》。
③ 《汉书·地理志》。
⑤ 《史记·管晏列传》。

先民们在认识自然与社会的过程中所获得的智慧和成就。《易经》对后世诸子百家的形成和发展都产生过深刻影响，包括孙子在内的兵家当然也不能例外。从表面上看，《易经》是一部讲占卜的书，而实际上它是一种古老的预测学问和谋略学问。首先，《易经》为兵家的形成提供了一种具有创造性和灵活性特点的思维方式。这种思维方式，对于指导人们综合地、辩证地分析事物各因素之间种种内在的联系，相对准确地预见事物发展趋势和结局，并进而根据自己的利益需要做出某种选择，极有实用价值。从《孙子兵法》关于战争的预测、谋划和《易经》关于人事的占验卜筮之间，完全可以看出这种思维方式的承继关系，只是《易经》多了一层神秘的色彩而已。其次，《易经》中一些关于事物转化规律的认识，对孙子谋略思想的形成亦有重要影响。《易经》认为，事物之柔弱、卑下者不可能始终柔弱、卑下，而事物之刚强、崇高者也不可能始终刚强、崇高；但柔弱、卑下者必须立足于自己的柔弱、卑下地位去战胜敌人的刚强和崇高。如《小过》卦辞“亨，利贞，可小事，不可大事。飞鸟遗音，不宜上，宜下，大吉”等，都表述了这种思想。《孙子兵法》的以柔克刚、以弱胜强的谋略思想，与之显然有着深刻的联系。另外，《易经》中一些卦辞和爻辞是直接阐述军事问题的，其中包含的用兵思想不可能不影响到孙子。如《师》卦卦辞“师左次，无咎”：“左次”为退避之意，“无咎”为无害之意。全句意为：用兵作战要审时度势，当退则退，见可而进，如此才能免害。孙子的“避实而击虚”（《虚实》）和“不若则能避之”（《谋攻》）与之在精神上是一脉相承的。

诸子中对孙子伐谋思想之形成影响最大的应当是老子。《老子》中许多内容是讲权谋和韬晦之计的。老子通过对事物的深入观察和把握，提出了一系列的谋略命题，如以柔克刚、以退为进、以奇用兵等。这些思想多为孙子所吸收和发挥。在孙子的“能而示之不能，用而示之不用，近而示之远，远而示之近”（《计》）和“以迂为直，以患为利”（《军争》）中，可以清楚地看到老子“将欲翕之，必故张之；将欲弱之，必故强之；将欲废之，必固兴之；将欲夺之，必固与之”（《三十六章》）和“大直若屈，大巧若拙”（《四十五章》）这一思想的影子。孙子的“凡战者，以正合，以奇胜”（《势》），则显然是老子的“以正守国，以奇用兵”（《五十七章》）思想的发展。老子谋略思想的一个显著特点是以弱胜强，而这同样是孙子谋略思想的特点。只是后者将前者向前大大地推进了一步。

4. 以往战争经验的总结

一切思想认识均来源于实践。军事谋略思想的产生和发展当然离不开战争实践。虽说三代以前的战争十分强调仁义德礼，但其间斗智伐谋的情况也并不少见。史载，黄帝在与蚩尤作战时即运用过“诱敌深入”的策略。时黄帝部族兵力、武器均弱于蚩尤，黄帝遂主动由今河南中部北撤，将蚩尤诱至今河北涿州一带，在天时、地利俱得的情况下将蚩尤击败。商汤伐夏之前，为观察、了解夏政和瓦解夏臣，曾荐举伊尹至夏桀处任职。而如前所述，周灭殷商时同样大量运用过谋略手段。所以，孙子在十三篇中说：“殷之兴也，伊挚（即伊尹）在夏，周之兴也，吕牙在殷。故惟明君贤将，能以上智为间者，必成大功。”（《用间》）

历史进入春秋时期之后，战争中的各方不仅更加重视运用智谋，而且用谋的方式也更加巧妙和周密。这个时期尽管出现过宋襄公之流以蠢猪式的道德仁义自缚的可笑人物，但绝大多数的战争指导者都能不把战争看成是单纯的军事问题和简单的实力较量，能够综合运用各种谋略手段取胜于敌。如晋楚争霸过程中，晋国一方对于谋略的运用就达到了相当高的水平。这一时期，后世战争中经常使用的一些谋略形式多已出现，如正合奇胜、佯败诱敌、迂回接敌、避锐击惰、后发制人、示形佯动，等等。

总之，尽管《孙子兵法》一书中未言及任何一次具体战争，但以往战争实践中产生的种种谋略思想和谋略原则，实曾为孙子所反复研究并广泛吸收。《孙子兵法》一书，实际上可以看作是对以往战争实践的经验总结和理论升华。

较之西方人，东方人，尤其是中国人，自古以来尤为重视对于谋略的运用。从前引史实可知，早在黄帝伐蚩尤和太公覆商纣时代，中国人即有伐谋重于伐力的传统。到春秋战国时期，这一传统得到了长足发展。孙武，则是伐谋思想的集大成者。孙子秉家学之渊源，总前人之经验，吸收各家之精华，熔于一炉，将伐谋思想作为一个完整、系统、严谨的体系留给了后人。《孙子兵法》一书所以能历两千多年而不衰，具有永久的魅力而又给后世以深远影响，原因盖在于此。

（原载《孙子学刊》1992年第3期，刊发后曾被《中国军事科学》摘要转载）

《孙子兵法》对中国古代军事谋略学的构建

古代军事谋略学是中国古代军事科学的重要组成部分之一。中国古代军事谋略学形成时间之早，成熟程度之高，在世界上是无与伦比的，其标志，便是二千多年前《孙子兵法》（亦称《孙子》）的作成。《孙子兵法》对中国古代军事学术的贡献是巨大的和多方面的，而其对古代军事谋略学的构建，无疑是最为重要的一个方面。

《孙子兵法》构建了中国古代军事谋略学的基本框架，使中国古代军事谋略学大致形成了自己的体系，并从而成为我国古代军事科学的一个重要分支学科。这不仅是《孙子兵法》对我国古代学术思想的重要贡献之一，而且是其所以能够魅力永存的一个十分重要的原因。这里，笔者不揣浅陋，拟对这一问题作些探讨，不当之处，敬祈教正。

一、从对军事科学各有关重要问题的论述在十三篇中所占比重看，关于军事谋略学的论述是《孙子兵法》的主体内容和核心内容，其比重较关于其他任何问题的论述都要大得多

（一）对古代军事谋略学各有关问题的论述

（1）《计篇》。《计篇》是《孙子兵法》的首篇，篇中虽然提出了“兵者，国之大事，死生之地，存亡之道，不可不察”①的著名论断，但更多的是讨论了战前应如何比较双方的基本条件和如何进行战略谋划（即“庙算”决策）的问题，并且提出了“兵者，诡道也”和“攻其无备，出其不意”等军事谋略学名言以及像“诡道十二法”这样的具体的谋略手段。所以，此篇应是以讨论军事谋略学问题为主的篇章之一。

（2）《作战篇》。此篇讨论的问题主要是战争对人力、物力和财力的依赖关系，却得出了“兵贵胜，不贵久”这一与军事谋略学关系密切的结论，提出了“因粮于敌”这一更具手段性质和特点的策略原则。所以，此篇虽然以讨论战争与经济、战争与后勤保障等问题为主，却仍然涉及了军事谋略学问题。

（3）《谋攻篇》《形篇》《势篇》《虚实篇》《军争篇》《九变篇》。自《谋攻篇》至《九变篇》共计六篇，虽然其中有的篇章涉及其他方面的问题，如《形篇》涉及作战双方的力量对比问题，《九变篇》涉及将帅修养问题，但它们在总体上均是以讨论军事谋略学问题为主的，并且提出了一系列著名的谋略思

① 本文所引《孙子兵法》之原文，均依上海古籍出版社 1978 年版《十一家注孙子》。

想和谋略原则，从而构成了全书关于古代军事谋略学问题的论述的主体部分。

(4)《行军篇》《地形篇》《九地篇》。这三篇主要论述古代军事地形学方面的问题，是书中论述军事谋略学以外的问题唯一比较集中和比较系统的地方，但其中仍不乏对军事谋略学问题的论述，如《九地篇》中关于对“众整而将来”之敌应“先夺其所爱”和“兵之情主速，乘人之不及，由不虞之道，攻其所不戒”的论述，以及关于战场上应如何驾驭、控制己方士众的论述，等等。

(5)《火攻篇》和《用间篇》。这两篇论述的是如何正确利用自然力量克敌制胜的问题。其中，《火攻篇》主要论述了如何利用火的问题，但也涉及如何以水攻敌和如何避免水害的问题；《用间篇》则主要论述了使用间谍的作用、意义和具体方法。应当说，这两篇也均是以讨论军事谋略学问题为主要内容的篇章。

现在，我们对上述分析略作综合：《孙子兵法》总计十三篇，其中以讨论军事谋略学问题为主者竟多达九篇，而且许多篇甚至是直接以军事谋略学术语作为篇题的，如“计”“谋攻”“形”“势”“虚实”“军争”等；以讨论其他问题为主者仅四篇，并且大都涉及谋略学问题。由此不难看出，有关古代军事谋略学问题的论述，在《孙子兵法》中居于最为重要的地位。

（二）对军事谋略学以外其他重要兵学问题的论述

与上述情形相反，《孙子兵法》对于军事谋略学以外其他重要兵学问题的论述，既不系统，也不集中。这些论述多分散在各篇之中，有的甚至仅是只言片语，根本无法与有关军事谋略学问题的论述相比。对此，我们不妨具体地逐次分析一下。

（1）有关战争地位的论述。《计篇》曰：“兵者，国之大事，死生之地，存亡之道，不可不察也。”此言与《左传·成公十三年》所记“国之大事，在祀与戎”相合，然由于其处于全书首篇首句的位置，且语意更为显赫凝重，故读来具有振聋发聩、撼人心魄之效。但是，全书对这一重要问题的论述仅此一语。

（2）有关战争与经济、战争中的后勤保障等问题的论述。《作战篇》曰：“凡用兵之法，驰车千驷，革车千乘，带甲十万，千里馈粮；则内外之费，宾客之用，胶漆之材，车甲之奉，日费千金，然后十万之师举矣。”又曰：“善用兵者，役不再籍，粮不三载。取用于国，因粮于敌，故军食可足也。”又曰：“国之贫于师者远输，远输则百姓贫；近师者贵卖，贵卖则百姓财竭，财竭则急于丘役。力屈财殚，中原内虚于家。百姓之费，十去其七；公家之费，破车罢（疲）马，甲胄矢弩，戟楯矛橹，丘牛大车，十去其六。故智将务食于敌，食敌一钟，当吾二十钟，萁秆一石，当吾二十石。”《形篇》曰：“兵法：一曰度，二曰量，三曰数，四曰称，五曰胜。地生度，度生量，量生数，数生称，称生胜。”《军争篇》曰：“是故军无辎重则亡，无粮食则亡，无委积则亡。”《用间篇》曰：“凡兴师十万，出征千里，百姓之费，公家之奉，日费千金；内外骚动，怠于道路，不得操事者七十万家。”很显然，这些论述，虽较有关前一问题的论述为详，但也不过上述数语。

（3）有关将帅素养、选任及其重要性的论述。《计篇》曰：“……四曰将……将者，智、信、仁、勇、严也。……凡此五者（指道、天、地、将、法），将莫不闻，知之者胜，不知者不胜。故校之以计而索其情，曰：……将孰有能？……吾以此知胜负矣。”《作战篇》曰：“故知兵之将，生民之司命，国家安危之主也。”《谋攻篇》曰：“夫将者，国之辅也，辅周则国必强，辅隙则国必弱。”《九变篇》曰：“故将有五危：必死可杀，必生可虏，忿速可侮，廉洁可辱，爱民可烦。凡此五者，将之过也，用兵之灾也。覆军杀将，必以五危，不可不察也。”《地形篇》曰：“故进不求名，退不避罪，唯民是保，而利合于主，国之宝也。”《火攻篇》曰：“主不可以怒而兴师，将不可以愠而致战。合于利而动，不合于利而止。怒可以复喜，愠可以复说，亡国不可以复存，死者不可以复生。故明君慎之，良将警之，此安国全军之道也。”这些论述似较对前几个问题的分析周详，然仍不过数语而已。

（4）有关军队教育、训练、管理和控御等问题的论述。《计篇》曰：“……五曰法。……法者，曲制、官道、主用也。……曰：……法令孰行？兵众孰强？士卒孰练？赏罚孰明？吾以此知胜负矣。”《势篇》曰：“凡治众如治寡，分数是也。斗众如斗寡，形名是也。”“乱生于治，怯生于勇，弱生于强。治乱，数也。勇怯，势也。强弱，形也。”《军争篇》曰：“《军政》曰：‘言不相闻，故为金鼓；视不相见，故为旌旗。’夫金鼓旌旗者，所以一人之耳目也。人既专一，则勇者不得独进，怯者不得独退，此用众之法也。故夜战多火鼓，昼战多旌旗，所以变人之耳目也。”《行军篇》曰：“卒未亲服而罚之，则不服，不服则难用也。卒已亲服而罚不行，则不可用也。故令之以文，齐之以武，是谓必取。令素行以教其民，则民服。令不素行以教其民，则民不服。令素行者，与众相得也。”《地形篇》曰：“故兵有走者，有弛者，有陷者，有崩者，有乱者，有北者。凡此六者，非天之灾，将之过也。夫势均以一击十，曰走。卒强吏弱，曰弛。吏强卒弱，曰陷。大吏怒而不服，遇敌怼而自战，将不知其能，曰崩。将弱不严，教道不明，吏卒无常，陈兵纵横，曰乱。将不能料敌，以少合众，以弱击强，兵无选锋，曰北。凡此六者，败之道也；将之至任，不可不察也。”又曰：“视卒如婴儿，故可与之赴深溪。视卒如爱子，故可与之俱死。爱而不能令，厚而不能使，乱而不能治，譬如骄子，不可用也。”《九地篇》曰：“凡为客之道，深入则专……兵士甚陷则不惧，无所往则固，深入则拘，不得已则斗。是故其兵不修而戒，不求而得，不约而亲，不令而信，禁祥去疑，至死无所之。”又曰：“是故方马埋轮，未足恃也；齐勇若一，政之道也；刚柔皆得，地之理也。故善用兵者，携手若使一人，不得已也。将军之事，静以幽，正以治，能愚士卒之耳目，使之无知；易其事，革其谋，使人无识；易其居，迂其途，使人不得虑。帅与之期，如登高而去其梯。帅与之深入诸侯之地，而发其机，焚舟破釜，若驱群羊，驱而往，驱而来，莫知所之。”又曰：“故兵之情，围则御，不得已则斗，过则从。……施无法之赏，悬无政之令，犯三军之众，若使一人。犯之以事，勿告以言。犯之以利，勿告以害。投之亡地然后存，陷之死地然后生。”不难看出，这些论述虽更为周到详尽，但其中不少内容带有鲜明的谋略色彩，如“深入则专”“登高去梯”“投之亡地”“陷之死地”，等等。

前文述及，相对于关于其他问题的论述，《孙子兵法》中有关古代军事地理学问题的论述要集中得多、系统得多，仅从篇幅上看就占了三篇。但是，即使如此，它也根本无法与关于军事谋略学问题的论述相比。这无论是从其在内容上所占的比重来看，还是从对问题论述的深刻性透彻性来看，都是如此。所以说，构建古代军事谋略学是《孙子兵法》一书的主要目的，而有关古代军事谋略学问题的论述，则构成了全书的主体内容。

二、《孙子兵法》全面、系统地提出并界定了中国古代军事谋略学几乎所有最重要最基本的范畴，全面、系统地论述和分析了古代军事谋略学几乎所有最重要最基本的思想与原则

（一）对古代军事谋略学范畴的提出、界定和诠释

范畴是反映客观事物本质联系的思维形式，是各个知识领域的基本概念，是构成各门学问体系的要件之一。各门具体科学，无论是自然科学还是社会科学，都有自己特有的范畴，军事科学当然也不能例外。然而，我们只要稍稍浏览一下便不难发现，中国古代军事谋略学最重要最基本的范畴，在《孙子兵法》中差不多都能找到，如：计、远近、险易、死生、智、胜负、形、势、权、利、诱、佚、劳、迟、速、拙、巧、算、庙算、诡道、谋、谋攻、全、破、伐谋、伐交、伐兵、知、识、节、机、奇正、众寡、勇怯、强弱、治乱、任势、虚实、动静、专、分、策、因、军争、迂直、锐、惰、治气、治心、治力、治变、夺气、夺心、利害、变、致、相敌、料敌、并力、刚柔、形兵、屈伸、安危、火攻、用间、因间、内间、反间、死间、生间，等等。这些范畴，有的是由作者首先提出来的；有的虽非作者首先提出，却是由作者首先引入军事谋略学领域，并且或是直接对其作了界定，或是在行文中使其含义更加明了显赫。下面，择其最为重要者作简要分析。

（1）计。在《孙子兵法》中当有三义：一是算，计算。《说文》："计，筭也。"段玉裁注："筭，当作算，数也。"《计篇》所说"故经之以五事，校之以计，而索其情"中的"计"，应即属此义。而《形篇》中所说"兵法：一曰度，二曰量，三

曰数，四曰称，五曰胜。度生量，量生数，数生称，称生胜”的过程，恐怕就离不开“计”。二是商议，谋划。此义与“庙算”同。《广韵》：“计，筹计。”《篇海类编》：“计，谋谟也。”《计篇》所说“计利以听”之“计”以及《九地篇》所说“运兵计谋”之“计”，即均属此义。三是计划，计谋，策略。《计篇》云：“将听吾计，用之必胜，留之；将不听吾计，用之必败，去之。”《虚实篇》云：“故策之而知得失之计……”《军争篇》云：“……后人发，先人至，此知迂直之计者也。”其中之“计”，当均是在这个意义上使用的。作者将“计”作为《孙子兵法》首篇的篇题，并在篇中反复讨论与这一范畴有关的问题，则这一范畴的重要性和意义不言自明。事实上，《老子》、《韩非子》和《管子》都曾使用过“计”这个范畴，如前者《二十七章》说：“善计（数），不用筹策。”《韩非子·外储说右上》说：“请归与媪计之。”《管子·权修》说：“一年之计，莫如树谷，十年之计，莫如树木；终身之计，莫如树人。”然而，它们都不是在谋略学意义上使用这一范畴的，故都无法与《孙子兵法》相提并论。上述分析表明，是《孙子兵法》的出现，才使“计”这一范畴具有了谋略学方面的丰富内涵。

（2）诡道。这里指以诡诈和善变为行为原则。《计篇》云：“兵者，诡道也。”曹操注曰：“兵无常形，以诡诈为道。”李筌注曰：“军不厌诈。”梅尧臣注曰：“非谲不可以行权，非权不可以制敌。”王皙注曰：“诡者，所以求胜敌也；御众必以信也。”张预注曰：“用兵虽本于仁义，然其取胜必在诡诈。”这些注释，基本上阐明了这一范畴的含义。“诡道”范畴在《孙子兵法》中仅一见，但其意义非同寻常：第一，这是在我国历史上由本书最早提出的一个极为重要的古代谋略学范畴。第二，这一范畴准确地揭示了战争行为的本质与特点。我们甚至可以说，一部

“古代军事谋略学”，实际上也就是一部“古代军事诡道学”。所以，书中在提出这一范畴之后，紧接着又提出了自“能而示之不能”至“亲而离之”12种谋略手段（即俗称的“诡道十二法”），且最后又以“攻其无备，出其不意”这一谋略学原则作结。

（3）权。本为木名，又指秤或秤锤，引申为权衡、权变、谋略、权势等义。《孙子兵法》中凡四见。《计篇》：“势者，因利而制权也。”曹操注：“制由权也，权因事制也。”张预注：“所谓势者，须因事之利，制为权谋，以胜敌耳……自此而后，略言权变。”《谋攻篇》：“不知三军之权，而同三军之任，则军士疑矣。”梅尧臣注：“不知权谋之道，而参其任用，则众疑贰也。”何氏注：“不知用兵权谋之人，用之为将，则军不治而士疑。”《军争篇》：“掠乡分众，廓地分利，悬权而动，先知迂直之计者胜，此军争之法也。”李筌注：“权，量秤也。敌轻重与吾有铢镒之别，则动。”杜牧注：“如衡悬权，秤量已定，然后动也。”很显然，在上述引文中，作者是借“权”之本义形象地解释“势”这一范畴的内涵、军队活动的灵活性质和战争行为方式的主要特点的，意思是说要像悬着秤锤称量物体轻重那样，根据是否有利而采取相应的权变行动。《九地篇》：“是故不争天下之交，不养天下之权，信己之私，威加于敌，故其城可拔，其国可隳。”这里的“权”，则是权势的意思。《孙子兵法》中，“权”用作“权变”与“谋略”，始见于《左传》。《左传·宣公十二年》：“中权，后劲。”杜预注：“中军制谋，后以精兵为殿。”“权”为古代谋略学重要范畴之一，《孙子兵法》将其引入军事谋略学领域，使之内涵更为丰富，从此奠定了它在军事谋略学上的地位。

（4）谋攻与伐谋。“谋攻”在《孙子兵法》中凡二见：其一是作为第三篇篇题出现的，其二是在同一篇行文中出现的。

关于这一范畴，有两种解释：一说指谋划进攻，一说指以谋略胜敌。笔者认为，应以后说为确。王皙注："谋攻敌之利害，当全策以取之，不锐于伐兵攻城也。"梅尧臣注："全争者，兵不战，城不攻，毁不久，皆以谋而屈敌，是曰谋攻。故不钝兵，利自完。""伐谋"在《孙子兵法》中仅一见，亦出《谋攻篇》："故上兵伐谋，其次伐交，其次伐兵，其下攻城。"梅尧臣注："以智胜。"王皙注："以智谋屈人最为上。"张预注："……伐谋者，用谋以伐人也，言以奇策秘算，取胜于不战，兵之上也。"从上述注释可以看出，在《孙子兵法》中，"谋攻"与"伐谋"的内涵是一致的。"谋攻"与"伐谋"不仅均为《孙子兵法》谋略学体系的重要范畴，而且包含着丰富而重要的谋略学思想。对此，后文将作详论。

（5）知与因。"知"在《孙子兵法》中共出现79次，仅次于另一范畴"胜"（85次）①，是此书中出现频率最高的谋略学范畴之一。陈学凯先生在《制胜韬略》一书中论"知"的内涵甚详。他指出，"知"是普遍认识和具体认识的概念总和，是活的认识运动，是多层次多内涵的认识结构，而敌我双方的比较认识则是"知"的关键。他认为，"知"包括三个方面的内容，即知常与知变、尽知与先知、知己与知彼。所谓"知常"，是指人们对客观世界一般和普遍规律性的了解和把握；所谓"知变"，是指对具体事物和特殊事物的了解和把握；所谓"尽知"，是指对全面、整体、关联战争活动各个方面的系统把握；所谓"先知"，是指对不断变化着的个别事物和特殊事物的快速把握；所谓"知彼"，也就是知敌，指了解和认识敌人的行为、谋略和

① 本文所用之此类数据，均出自杨少俊主编《孙子兵法的电脑研究》，解放军出版社1992年版。

战术以及其赖以生存的各种因素和条件，并掌握这些因素和条件的优劣强弱及变化情况；所谓“知己”，是对知彼的信息反馈，是一个自省的过程，目的在于明确自己的目的并准确把握自己为之努力的方向，发现自身的局限并超越自我以及知人善任。① 这些论述，完全可以看作是对《孙子兵法》中“知”这一谋略学范畴全面而准确的阐释。“因”是依据、根据和凭借的意思，是《孙子兵法》军事谋略学体系中的另一重要范畴，其在《孙子兵法》中共 16 见，而以在《虚实篇》、《火攻篇》和《用间篇》中频率最高。《孙子兵法》关于“因”的最著名的军事谋略学名言即在《虚实篇》：“水因地而制流，兵因敌而制胜。故兵无常势，水无常形，能因敌变化而取胜者，谓之神。”在《计篇》和《作战篇》中则分别有“因利而制权”和“因粮于敌”的著名观点。后世兵家对“因”这一范畴也很重视，多有论说，如明何良臣在《阵纪》中即说：“……用兵之术，惟因字最妙：或因敌之险以为己固，或因敌之谋以为己计，或因其因而复变用其因，或审其因而急乘其所因，则用因而致胜者不可言穷矣。敌虽有智，吾必知其不能逃我之所因也。……所以，善兵者，必因敌而用变也，因人而异施也，因地而作势也，因情而措形也，因制而立法也。”（卷四《因势》）“知”与“因”关系至为密切：“因”以“知”为前提和基础，“知”则以“因”为行为传承和目的。

（6）形和势。在《孙子兵法》中，“形”的出现频率也不低，总计为 32 次。它的基本含义有二：其一是作名词讲，有形象、形体等义，指战争中一切可见的、客观的和相对稳定的各种与实力有关的物质性因素。《形篇》对这一范畴的解释是：

① 陈学凯：《制胜韬略》，山东人民出版社 1992 年版，第 4～11 页。

"胜者之战，若决积水于千仞之溪者，形也。"在《势篇》又说："强弱，形也。"《形篇》所论，主要是物质条件和物质准备对战争的决定性影响等问题，故以"形"名篇。王皙注："形者，定形也，谓两敌强弱有定形也。"张预注："两军攻守之形也。……形因攻守而显，故次《谋攻》。"其二是作动词讲，指示形（示敌以形），意为用假象迷惑、欺骗敌人，使之上当。《势篇》说："善动敌者，敌必从之。"《虚实篇》说："故形人而我无形，则我专而敌分。"示形的目的是以我之假形调动敌人，使之暴露真形，暴露虚弱之处，然后从而击之。"势"，指态势、气势，与"形"相对，系战争中潜在、易变、随机和能动的力量因素。《势篇》篇题下曹操注曰："用兵任势也。"张预注曰："兵势已成，然后任势以取胜，故次《形篇》。"作者自己在《计篇》中对"势"所作的解释是："势者，因利而制权也。"在《势篇》中又说："木石之性，安则静，危则动，方则止，圆则行。故善战人之势，如转圆石于千仞之山者，势也。""形"与"势"系一而二、二而一的一对对立统一范畴，二者相依相存、相辅相成而又含义各别。可以说，战争中一定的"势"总是来源于一定的"形"，而一定的"形"又无不总是表现出一定的"势"，并且"势"的大小、强弱和安危总是依"形"的质量与时空位置变化而变化。由于二者具有如此密切的关系，故二者常常被合称为"形势"。然而，当二者合称为"形势"时，则有时其含义又往往已无多大区别，这是必须注意的。《汉书·艺文志》载，兵家有"形势"一派，其特点是"雷动风举，后发而先至，离合背乡（向），变化无常，以轻疾制敌"。而孙子则属"权谋"一派，其特点是"以正守国，以奇用兵，先计而后战，兼形势，包阴阳，用技巧者也"。

（7）奇正。《老子·五十七章》提出"以正治国，以奇用兵，以无事取天下”，《管子·幼官》提出“定正奇胜”①，而真正把“奇正”这一范畴引入古代军事谋略学领域加以详论的是《孙子兵法》。《势篇》曰：“三军之众，可使必受敌而无败者，奇正是也。……凡战者，以正合，以奇胜。故善出奇者，无穷如天地，不竭如江河。……战势不过奇正，奇正之变，不可胜穷也。奇正相生，如循环之无端，孰能穷之？”“奇正”是古代军事谋略学极为重要的范畴之一，自孙子之后，各家对其多有论说，如唐代兵书《唐李问对》《长短经》和明代兵书《百战奇法》《草庐经略》《阵纪》均曾论及，有的甚至设专篇加以讨论，而其中以《唐李问对》所论最为精辟，对孙子的思想多有发挥。作者认为，“善用兵者，奇正在人而已”，“无不正，无不奇，使敌莫测”，所以能够做到“正亦胜，奇亦胜”。“凡将，正而无奇，则守将也；奇而无正，则斗将也；奇正皆得，国之辅也。”作者指出，《孙子兵法》的“形人而我无形”，“乃奇正之极致”（卷上）。综合《孙子兵法》及各家的论述，“奇正”的含义大致可总结如下：就兵力部署而言，正面当敌为正，侧面进攻为奇；担任牵制、警戒任务者为正，实施机动、突击者为奇。就作战方式而言，从明处公开与敌交战为正，从暗处包抄偷袭为奇；按一般原则以常规手段与敌交战为正，不循常规行事采用特殊战法者为奇。

（8）虚实。《势篇》说：“兵之所加，如以碫击卵者，虚实是也。”曹操注：“以至实击至虚。”何氏注：“用兵识虚实之势，则无不胜。”“虚实”一词在《孙子兵法》中出现并不多，连篇题在内仅两处，但其似乎又无处不在。从书中所论来看，战争

---

① “定正奇胜”原为“定依奇胜”，据赵守正先生《管子通解》上册《幼官》注释改，是书由北京经济学院出版社于1980年出版。

中的双方，强大者为实，弱小者为虚；众者为实，寡者为虚；虞（有备）者为实，不虞（无备）者为虚；专（集中）者为实，分（分散）者为虚；勇者为实，怯者为虚；气锐者为实，气惰者为虚；饱者为实，饥者为虚；佚者为实，劳者为虚；治者为实，乱者为虚；辎重、粮草、委积丰足者为实，辎重、粮草、委积欠缺者为虚；主贤、将能、卒练者为实，主暗、将劣、卒如市人者为虚。此外，在《孙子兵法》中，“虚实”范畴是一个动态概念，因为敌我双方各种力量因素或实或虚均依时空条件的变化而变化。由此可见，《孙子兵法》赋予这一范畴的内涵是相当丰富的。陈学凯先生将这一范畴的内涵概括为对战争中敌我双方各种力量因素所处状态的比较和描述，是准确的。[①] 在孙子军事谋略学体系中，奇正、虚实、众寡、形势诸范畴之间的关系极为密切极为复杂，非本文所能详述，故不论。

（二）对古代军事谋略学思想、原则的提出和论述。

上述范畴均为构成中国古代军事谋略学体系的要件，《孙子兵法》正是在这些要件的基础上提出并阐述了一系列谋略思想和谋略原则，为我们构建了一座辉煌的古代军事谋略学殿堂。下面，对这些思想和原则，也择要作些分析和介绍。

（1）全胜思想。有学者认为，《孙子兵法》的全部策略思想，可以分为两大类：一是全胜策，二是战胜策。[②] 笔者认为，这种看法是正确的。《谋攻篇》开篇即说：“夫用兵之法，全国为上，破国次之；全军为上，破军次之；全旅为上，破旅次之；全卒为上，破卒次之；全伍为上，破伍次之。”从这段话不难看

① 陈学凯：《制胜韬略》，山东人民出版社 1992 年版，第 112 页。

② 施芝华：《论孙子“不战而屈人之兵”全胜战略思想》，载《〈孙子〉新论集粹——第二届孙子兵法国际研讨会论文选》，长征出版社 1992 年版。

出，全胜思想是孙子战争目的的最高境界。作者所以能够提出这一思想，当源于两个方面的原因：一是他的全局观念。作者在《计篇》中说："兵者，国之大事，死生之地，存亡之道，不可不察也。"这就告诉我们，在作者看来，战争不是一种孤立的事物，战争本身不是目的，而是国家事务的重要组成部分。所以，即使从己方的立场出发，全胜也是应当首先努力争取的。二是他的仁者情怀。读《孙子兵法》，我们一般是不难从字里行间体味到作者的这种情怀的。作者主张行师用兵以安国全军为要义，以保全将士与民众的生命财产为要义，则正是这种仁者情怀的体现。清人孙星衍认为，此书在战争问题上的态度是"本之仁义，佐以权谋"①，可谓不刊之论。战争是一种极其酷烈的暴力行为，它所带来的严重后果，首先就是对人的生命的残酷毁灭。所以，孙子坚决反对能够造成士卒大量伤亡的作战方式，而主张通过各种有效的方式收到不战而屈人之兵的全胜效果，并提出了伐谋和伐交的具体手段。但作者也清醒地认识到，伐谋和伐交不仅需要有强大的军事实力为后盾，而且也不可能始终有效。所以，作者主张一方面要采取各种措施加强己方的实力，如修明政治、争取与国、量才选将、训练士卒、健全编制、明信赏罚、储备粮械等，一方面要精研战法、审量彼己、详察天地、利兵备战，力求做到不战则已，战则必胜，而并非一般地反对伐兵。

（2）伐谋思想。伐谋思想是《孙子兵法》全部兵学理论体系的中心思想和最高层次的决策思想，是《孙子兵法》兵学理论的精髓。这一思想包含四个层面的意蕴：一曰狭义性意蕴，

---

① ［清］孙星衍：《孙子十家注·孙子兵法序》，载谢祥皓、刘申宁辑《孙子集成》第15册，齐鲁书社1993年版，第3页。

即指不经过伐交和伐兵等形式而单纯以智谋屈敌的意思；二曰广义性意蕴，即指在战争中既要注意单纯以智克敌、不战屈人，又要注重在外交和军事行动中充分发挥智谋的作用，或不战而胜，或战而胜之——此种意义上的伐谋，包括战争过程中的一切用谋现象；其三曰战略性意蕴，指在战争过程中要重视从全局和总体上以谋胜敌，积极寻求、制定屈敌制胜的具体方略；四曰战术性意蕴，指即使在战斗中也要重视以智谋胜敌，如战场上的声东击西、示假隐真、佯败诱敌等。伐谋思想的基本要求是：战争中必须注重与敌斗智赛谋，力求在现有实力的基础上以己之智慧谋略克敌之智慧谋略，以达屈敌致胜之目的，而要力避只知逞强斗狠、以力克敌的思想和行为。伐谋思想在《谋攻篇》中得到了集中而充分的阐述，它是全胜目的和最小代价的破胜目的的依据，是《孙子兵法》全部军事理论的主线。①

（3）知和用间的思想。《孙子兵法》的全部兵学理论，是建立在朴素唯物主义和辩证法的坚实基础上的，是关于古代战争这一客观现象内部事理和自身规律的科学，而不是不可捉摸的神秘怪物。他的军事谋略学理论，当然也不能例外。战争中，任何一方要想获胜，至少必须具备以下三个方面的条件：一是必要的实力，二是有正确的符合客观实际的战略计划，三是在实施这一战略计划过程中能够做到指挥准确、应对无误。而这后两个条件，就必须以知为前提，以知为基础。前文述及，《孙子兵法》中关于“知”这一范畴的内涵极为丰富。它包括知彼和知己、知天和知地、知常和知变、先知和尽知。总之，一切与战争有关的事物和知识、因素和情况，战争指导者都应当尽可能知道。所以，《地形篇》说：“知吾卒之可以击，而不知敌

① 详见本书第62页《〈孙子〉伐谋思想简论》一文中有关论述。

之不可击，胜之半也。知敌之可击，而不知吾卒之不可以击，胜之半也。知敌之可击，知吾卒之可以击，而不知地形之不可以战，胜之半也。故知兵者，动而不迷，举而不穷。故曰：知彼知己，胜乃不殆。知天知地，胜乃可全。”对于这之间的关系，毛泽东同志曾有非常精辟的论述。他说：“指挥员的正确的部署来源于正确的决心，正确的决心来源于正确的判断，正确的判断来源于周到的和必要的侦察和对于各种侦察材料的联贯起来的思索。”①

一般说来，知己较易而知彼较难，知常较易而知变较难。《孙子兵法》认为，要知敌方之情之变，必须用间，用间也是知彼的主要途径和手段。《孙子兵法》关于用间的思想也是十分丰富的。书中《用间篇》对用间的目的、意义、具体形式以及间的性质、类型、重要性作了相当全面的分析。作者认为：“明君贤将，能以上智为间者，必成大功。此兵之要，三军所恃而动也。”作者对那些因爱“爵禄百金”而不肯厚赏间谍而导致“不知敌之情”的人至为痛恨，指斥他们实属“不仁之至也，非人之将也，非主之佐也，非胜之主也”。他说：“故明君贤将，所以动而胜人，成功出于众者，先知也。先知者，不可取于鬼神，不可象于事，不可验于度，必取于人，知敌之情者也。”

（4）有所凭恃和胜而后战的思想。《九变篇》曰：“故用兵之法，无恃其不来，恃吾有以待也；无恃其不攻，恃吾有所不可攻也。”《形篇》曰：“故善战者，立于不败之地，而不失敌之败也。是故胜兵先胜而后求战，败兵先战而后求胜。善用兵者，修道而保法，故能为胜败之政。”作者的这一思想，套用现在的

① 毛泽东：《中国革命战争的战略问题》，《毛泽东选集》第1卷，人民出版社1968年版，第163页。

话来说，就是有备无患和不打无准备无把握之仗。这一思想十分重要。一支军队，如果不能做到常备不懈并立于不败之地，则何谈取胜于敌？历史上许多本来非常强大的军队，到最后终于败在弱小的一方，思想麻痹、战备松懈和未等具备充分获胜条件就盲目且莽撞地与敌开战是两个最为常见的原因。

（5）利动原则。获取一定的利益是一切战争行为的最终目的。所以，《孙子兵法》将利动原则作为其军事谋略学的基本原则之一。仅从“利”字在《孙子兵法》中频繁出现五十余次的事实，即不难看出作者对这一原则的高度重视。利动原则包括两个方面的内容：其一是己方的一切行动要以是否有利为尺度，有利即行动，无利甚至有害则停止。如《计篇》说：“势者，因利而制权也。”《地形篇》说：“支形者，敌虽利我，我无出也；引而去之，令敌半出而击之，利。”又说：“故进不求名，退不避罪，唯人是保，而利合于主，国之宝也。”《九地篇》说：“古之善用兵者……合于利而动，不合于利而止。”《火攻篇》说：“非利不动，非得不用，非危不战。主不可以怒而兴师，将不可以愠而致战。合于利而动，不合于利而止。”其二是要善于以小利引诱和调动敌人。例如，《计篇》所述“诡道十二法”说，“能使敌人自至者，利之也”。《军争篇》则有“迂其途诱之以利，后人发，先人至，此知迂直之计者”的说法。

（6）避实击虚的原则。《势篇》说：“兵之所加，如以碫投卵者，虚实是也。”《虚实篇》说：“夫兵形象水，水之形避高而趋下，兵之形避实而击虚。”这是《孙子兵法》对“虚实”范畴和避实击虚原则所作的形象化阐释。避实击虚是《孙子兵法》全部军事谋略学理论的一块重要而坚固的基石，是所有战争制胜行为的最一般的原则。《孙子兵法》军事谋略学理论中的各种范畴、原则和思想，大都与避实击虚原则有着密不可分的关系；

战争中各种制胜行为的运用和变化，则无不是为着达到避实击虚并进而克敌制胜的目的。所以，避实击虚是一切具体的军事谋略手段和战争制胜技巧的必然归宿，而一切具体的军事谋略手段和战争制胜技巧则又无不是对避实击虚这一一般原则的灵活变化和巧妙运用。这里需要指出的是，《孙子兵法》中所说的以众击寡、以虞待不虞、以治待乱、以静待哗、以逸待劳、以饱待饥等，都是避实击虚的具体形式。

（7）我专而敌分的原则。一切战争活动的主体是军队。双方在交战过程中无论采取何种谋略形式和制胜措施，都存在一个如何使用兵力的问题。从战略的角度看，《孙子兵法》的谋略理论是一种以弱胜强、以寡击众的理论，但从战术的角度看，《孙子兵法》的谋略理论又是一种以强胜弱、以众击寡的理论。《虚实篇》说："我专为一，敌分为十，是以十攻其一也，则我众而敌寡。能以众击寡者，则吾之所与战者约矣。"而要造成我专而敌分的局面，一个主要的手段就是调动敌人而不被敌人所调动，所以同篇中又说"形人而我无形，则我专而敌分"。造成我专敌分局面的另一重要手段是使"吾所与战之地不可知"，因为"不可知则敌所备者多"，"敌所备者多，则吾所与战者寡矣"。这样，敌人"备前则后寡，备后则前寡，备左则右寡，备右则左寡，无所不备则无所不寡"。《虚实篇》又说："故形兵之极，至于无形。无形，则深间不能窥，智者不能谋。"作者在战术上反对以寡击众和以弱击强，故他在《计篇》中主张"强而避之"，在《谋攻篇》中则明确提出"十则围之，五则攻之，倍则分之，敌则能战之，少则能逃之，不若则能避之"。他认为，在小与大的敌对双方中，小者即使顽强而有战斗力，如果硬拼，最终也必将为大者所消灭（"小敌之坚，大敌之擒"）。

（8）奇正并用、奇正相生、出奇制胜的原则。前面述及，

“奇正”是《孙子兵法》军事谋略学的一个十分重要的范畴。那么，这是一个什么样的范畴呢？从根本上说，“奇正”是一个关于战争中如何使用军事力量的基本要素——兵力的谋略学范畴。实际上，这一关于如何使用军事力量的谋略学范畴，也正是实战活动中的一种主要谋略手段。而奇正并用、奇正相生、出奇制胜则是运用这一手段时的基本原则。《势篇》说：“凡战者，以正合，以奇胜。”就是说，凡与敌交战，必须既有正兵，又有奇兵，而最终要以奇兵取胜。那么，究竟正兵应如何部署与使用？奇兵应如何部署与使用？这要根据战场上敌我双方的形势和虚实情况来确定。《势篇》说：“战势不过奇正，奇正之变，不可胜穷也。奇正相生，如循环之无端，孰能穷之？”这里是说，战场上奇与正不是固定不变的，二者之间的关系是相互依存、相互转化、相互包含。也就是说，在实战过程中，奇可变为正，正也可变为奇；正中可以寓奇，奇中也可以寓正；而且，它们之间这种相互寓存的关系和相互转化的过程，是不可穷尽的。《势篇》又说：“故善出奇者，无穷如天地，不竭如江河。”这就是说，在用正和出奇问题上，应以善于出奇为重；善于出奇不仅应该做到，而且能够做到，因为只要奇与正之间存在“如循环之无端”的相生变化关系，出奇就可以“无穷如天地，不竭如江河”。古今中外的战争史表明，《孙子兵法》关于奇正谋略的论述是前无古人的，对后世产生了深远的影响，因为它正确反映了战争过程中战场指挥问题上的一个最为普遍的规律。

《孙子兵法》关于军事谋略学的思想和原则还有很多，如兵以诈立的思想、致人而不致于人的思想、因敌制胜的思想以及战胜不复的原则、攻其无备和出其不意的原则等，都具有不可磨灭的价值和意义，但限于篇幅，这里只能作挂一漏万的介绍，而不可能一一论及。

三、从后人对《孙子兵法》所作评述之着眼点可以看出，此书中有关古代军事谋略学问题的论述是人们关注的重点内容和中心内容

《孙子兵法辞典·古今评语》共摘选古今中外人士对《孙子兵法》的评语108条，其中着眼于书中之谋略学内容者，占了绝大部分。这里，谨选择一些有代表性和较为典型者摘录如下，以作参考。

（1）临武君：临武君与孙卿子议兵于赵孝成王前，王曰："'请问兵要。'临武君对曰：'上得天时，下得地利，观敌之变动，后之发，先之至，此用兵之要术也。'孙卿子曰：'不然。臣所闻古之道，凡用兵攻战之本，在乎壹民。……故善附民者，是乃善用兵者也。故兵要在乎善附民而已。'临武君曰：'不然。兵之所贵者势利也，所行者变诈也。善用兵者，感忽悠暗，莫知其所从出，孙吴用之无敌于天下，岂必待附民哉？'"①

（2）白圭："吾治生产，犹伊尹、吕尚之谋，孙吴用兵，商鞅行法是也。是故其智不足与权变，勇不足以决断，仁不能以取予，强不能有所守，虽欲学吾术，终不告之矣。"② 白圭，战国时魏人，以善于经商闻名。

（3）班固："春秋之后，灭弱吞小，并为战国……雄桀（杰）之士因势辅时，作为权诈以相倾覆，吴有孙武，齐有孙膑，魏有吴起，秦有商鞅，皆禽（擒）敌立胜，垂著篇籍。……

① 《荀子·议兵》。临武君，战国楚将，史佚其名及事迹。孙卿子，即荀子，亦称荀卿。以下至第101页注⑤均转引自白山出版社1997年版吴如嵩主编《孙子兵法辞典》，为方便读者，亦分别注出其各自的本来出处，并对误者有所校正。

② 《史记·货殖列传》。

世方争于功利，而驰说者以孙、吴为宗。”①

（4）曹操：“吾观兵书战策多矣，孙武所著深矣。……审计重举，明画深图，不可相诬。而但世人未之深亮训说，况文烦富，行于世者失其旨要，故撰为《略解》焉。”②

（5）李世民：“朕观兵书，无出孙武；孙武十三篇，无出虚实。夫用兵识虚实之势，则无不胜焉。”“吾谓不战而屈人之兵者，上也。百战百胜者，中也。深沟高垒以自守者，下也。以是校量，孙武著书，三等皆具焉。”③

（6）苏洵：“孙武十三篇，兵家举以为师。然以吾评之，其言兵之雄乎！今其书，论奇权密机，出入神鬼，自古以兵著书者罕所及。”④

（7）苏轼：“古之言兵者，无出于孙子矣。利害之相权，奇正之相生，战守攻围之法，盖以百数，虽欲加之而不知所以加之矣。”⑤

（8）何去非：“昔之以兵为书者，无若孙武。武之所可以教人者备矣；其所不可者，虽武亦无得而预言之，而唯人之所自求也。故其言曰：‘兵家之胜，不可先传。’又曰：‘奇正之变，不可胜穷。’又曰：‘人皆知我所胜之形，而莫知吾所以制胜之形，故其战胜不复而应形于无穷。’善学武者，因诸此而自求之，乃所谓方略也。”⑥

（9）戴溪：“孙武之书十三篇，众家之说备矣。奇正、众寡、饥饱、劳逸、彼己、主客之情状，与夫山泽、水陆之阵，

---

① 《汉书·刑法志》。
② ［汉］曹操：《孙子十家注·孙子序》。
③ 《唐李问对》卷中、卷下。
④ ［宋］苏洵：《嘉祐集·权书》。
⑤ 张绍龄：《三苏策论·孙武论》。
⑥ ［宋］何去非：《何博士备论·霍去病论》。

战守、攻围之法，无不尽也。微妙深密，千变万化而不可穷。用兵，从之者胜，违之者败，虽有智巧，必取则焉，可谓善之善者矣。”①

（10）郑厚：“孙子十三篇，不惟武人之根本，文士亦当尽心焉。其辞约而缛，易而深，畅而可用，《论语》、《易》、《大传》之流，孟、荀、扬著书，皆不及也。以正合，以奇胜，非善也；正变为奇，奇变为正，非善之善也；即奇为正，即正为奇，善之善也。”②

（11）刘寅：“……不有大智，其何能谋？不有深谋，其何能将？不有良将，其何能兵？不有锐兵，其何能武？不有武备，其何能国？欲有智而多谋，善将而能兵，提兵而用武，备武而守国，舍是书何以哉！”③

（12）谈恺：“孙子上谋而后攻，修道而保法，论将则曰仁智信勇严，与孔子合。至于战守攻围之道，批亢捣虚之术，山林险阻之势，料敌用间之谋，靡不毕具。其他韬钤机略，孰能过之。”④

（13）赵本学：“窃维天地之间，有人则有争，有争则有乱。乱不可以鞭扑治也，则有兵。兵之为凶器，不可以妄用也，则有法。其事起于斗智角力也，则其法不得不资于权谋。用兵而不以权谋，而兵败国危而乱不止。君子不得已而用权谋，正犹不得已而用兵也。……孙子十三篇，实权谋之万变也。”⑤

（14）茅元仪：“自古谈兵者，必首孙武子。……先秦之言兵

---

① ［宋］戴溪：《将鉴论断·孙武》。
② ［宋］郑厚：《艺圃折衷》。
③ ［明］刘寅：《武经直解·自序》。
④ ［明］谈恺：《孙子集注·自序》。
⑤ ［明］赵本学：《孙子书校解引类·重刻孙子书校解引类序》。

者六家：前孙子者，孙子不遗；后孙子者，不能遗孙子。……要之，学兵诀者，学孙子焉可也。"①

（15）方濬颐："（《孙子兵法》）精辞粹语，批郤导窾，较司马子更为过之。孙吴并称，吾谓孙子用奇，更优于吴之用正也。一言以蔽之曰：兵不厌诈而已。"②

（16）蒋介石："《孙子兵法》上说：'不战而屈人之兵，善之善者也。'这句话于中国军事学上最有价值。"③

（17）毛泽东："孙子说的'避其锐气，击其惰归'，就是指的使敌疲劳沮丧，以求减杀其优势。""而且我们可以人工地造成敌军的过失，例如孙子所谓'示形'之类（示形于东而击于西，即所谓声东击西）。""但战争不是神物，仍是世间的一种必然运动，因此，孙子的规律，'知彼知己，百战不殆'，仍是科学的真理。"④

（18）柯林斯："孙子在许多世纪前就指出：'战势不过奇正，奇正之变，不可胜穷也。'根据计划、压力或意料不到的时机等情况，机动性不仅是军事的，也可以是政治的、经济的和心理的。……孙子说：'上兵伐谋。'在越南战争情况下，'谋'即指革命战略。美国忽视了孙子的这一英明忠告，愚蠢地投入了战斗。"⑤

毫无疑问，古今中外注意到《孙子兵法》的谋略学内容的人，定然不在少数；但是，能将对《孙子兵法》谋略学内容的一般关注提高到肯定其为构建中国古代军事谋略学做出开创性

① ［明］茅元仪：《武备志·兵决评序》。

② ［清］方濬颐：《二知轩文存·读孙武子》。

③ 蒋介石：《抵御外侮与复兴民族》。

④ 毛泽东：《中国革命战争的战略问题》《论持久战》，分别见人民出版社1968年版《毛泽东选集》，第1卷第192～193页，第2卷第458页。

⑤ ［美］约翰·柯林斯：《大战略》。

奠基性贡献的人，并不多见。令人感兴趣的是，在国内学者对这一问题尚未给予应有之高度重视的时候，一位外国学者却从很高的起点和宏观的视角发表很有水平和价值的观点。这位学者就是波兰的克利斯托夫·高利科夫斯基先生。

高利科夫斯基先生在《孙武——中国行为学、斗争哲学和科学的创始人》一文中指出，孙子是中国行为科学、斗争哲学和科学的创始人。他指出，对孙武的思想的分析，一般都很肤浅，往往只限于对他的“唯物主义思想”和“朴素辩证法思想”的讨论，这会使得孙武的思想毫无独特之处，甚至索然无味。他认为，“孙武的一项十分伟大的成就是他对现实的科学态度”，孙武在自己的著作中“提出对社会现象要以科学的态度来看待和分析”，并且其中既“包含着某些定量分析概念”，“也提到了‘自然’的普遍法则”。所以，他“可以称得上中国科学思想的先行者”。关于孙武的斗争哲学和科学，高利科夫斯基认为，孙武和许多西方的思想家不同，“他没有去研究战争为何会发生的问题”，“但他却指出了指导战争的关键因素”，并“用理论化的手法，说明了战争瞬息万变的规律，采用了各种词汇，实际上等于在哲学上进行了归纳和概括。因此，他的理论可以用于任何一种斗争：国家间、集团间、个人间的斗争，武装冲突，政界和商界的竞争，甚至日常生活中发生利害冲突时的社会关系等”。高氏指出，“中国军事传统的一个特点是特别强调精神因素”，而“孙武在这方面的看法也是全面的”。孙武认为，“战争首先是两军将领头脑的竞争，是将领的计划能力和调遣己方部队、谋算敌军的才智的竞争。最后胜利要靠智谋，而不是靠兵力取得”。高氏说：“也许，孙武理论中最有兴趣的部分还是阐述斗争原则的篇章。这里，他提出了几个非常抽象的词汇：‘形’、‘势’、‘正’、‘奇’、‘虚’、‘实’等。还有一些范畴，对他的理论也十分重要，例如‘利害’、‘攻守’等。”高利科夫斯基先生认为：“从人类学的观点看来，权谋派以及孙武的著作，都应列入最重要的学派。要对中国的社会、政治生活以及中国人的心态有真正的了解，就需要不仅懂得孔子的‘仁道’，而且懂得中国的行为学和孙武提倡的‘诡道’。”①

在《孙武的思想和中国的军事传统》一文中，高利科夫斯基对他的上述观点作了进一步的阐述，并将中国和西方的战争观进行了比较。令他感到惊讶的是，中国的人类行为学，也就是孙武所建立的“实用哲学”，竟产生于对战争的分析，而不是对和平的分析。他认为，孙武所代表的中国的战争观，与西方的战争观有两大不同之点。其一是：西方在中世纪时期，由于存在着骑士文化和决斗，因而产生了“狭义战斗”的道德规范；而与这种规范相类似的中国贵族的战争规则，被孙武摒弃了。根据西方的规范，双方之间在和平时期和斗争时期之间应有明确界限；一方如打算发动战争或开始斗争，应事先明确宣布，即便是一场单一的战斗也应在双方都准备就绪后进行。所以，日本对珍珠港不宣而战，发动袭击，曾使美国的普通老百姓都感到很气愤。而中国边打边谈的做法，也是他们所不能接受的。其二是：孙子的理论认为，战争规则（当指作战方法和谋略原则之类——笔者注）具有普遍意义，涉及各种规模的斗争（因而容易将其用于其他形式的竞争），而西方的思想一般把军事斗争规则看成只适用于自身领域。②

① ［意］克利斯托夫·高利科夫斯基：《孙武——中国行为学、斗争哲学和科学的创始人》，载《〈孙子〉新论集粹——第二届国际孙子兵法研讨会论文选》，长征出版社 1992 年版。

② ［意］克利斯托夫·高利科夫斯基：《孙武的思想和中国的军事传统》，载《孙子探胜——第三届孙子兵法国际研讨会论文精选》，军事科学出版社 1992 年版。

高氏的上述见解，其实在很大程度上说的是《孙子兵法》中的古代军事谋略学问题：(1) 所谓孙子的“实用哲学”，实际上也就是他所构建的古代军事谋略学；(2) 战场上能不受那些所谓的道德规范的限制，正是军事谋略学要旨之所在；(3) 具有普遍意义，能够很容易地将其用于其他形式的竞争，则是军事谋略学的最一般的特点。高氏的见解，值得重视。

四、结 语

(1)《孙子兵法》是一部以研究古代军事谋略为主的兵学著作，书中有关古代军事谋略学问题的论述构成了本书的主体内容。

(2) 作者在书中全面、系统地提出、界定和论述了中国古代军事谋略学几乎所有的最重要最基本的范畴、思想和原则，成功地为我们构建了一个完整的古代军事谋略学体系。

(3) 这个体系，以诡道思想为逻辑起点，以知、庙算和胜而后战等思想为先决条件，以伐谋（谋攻）思想为主线，以不战屈人、全胜为最高境界，以避实击虚、因势利导、因利制权、出奇制胜和用间等思想、原则为手段，完整、系统、成熟，对中国古代军事学术以至于思想文化产生了很大影响，值得我们很好地加以研究。

(4) 中国古代各家文化都具有崇谋尚智的特点，如道家、儒家、纵横家等莫不如此。刘泽华先生认为：“《孙子兵法》应与同时代的《老子》、《论语》并驾齐驱，媲美相辉，不妨称之为智慧之鼎的‘三足’。”①这无疑是非常正确的。不过，若以系

① 刘泽华：《制胜韬略·序》，山东人民出版社 1992 年版。

统、完整和成熟程度论，则无过《孙子兵法》者。

（5）古代西方当然也有自己的军事谋略学，但古代西方的军事谋略学，无论其形成时间，还是其成熟程度，都根本无法与中国相比。就我们目前能见到的西方古代军事学著作而言，基本上都是战史类著作，如古希腊修昔底德的《伯罗奔尼撒战争史》和色诺芬的《长征记》、古罗马恺撒的《高卢战记》和弗龙蒂努斯的《战略》等。这些著作，甚至都称不上是理论性著述，更不是关于军事谋略学的理论专著。古罗马韦格蒂乌斯的《兵法简述》虽是一部理论性军事著作，但其内容主要是关于古罗马和古希腊军队配备、编制和训练以及战争与战斗原则、战斗队形、要塞防御等问题的论述。两相比较，古代西方在军事问题上更注重实力和技术。

（原载《军事历史研究》1999年第4期）

《孙子兵法》歧见八例辨析

《孙子兵法》成书至今已有二千数百年。在这二千数百年期间，研究者代不乏人。然而，正像对所有古籍的研究一样，大家对这部著名的兵家经典在词语内涵和文句意义的理解上，仍有许多不一致的地方。现笔者拟从中举出数例，将主要的分歧观点同时列出，并以按语的形式，作一番分析比较，扼要谈一下自己的浅见，以供同好参考。不当之处，敬请方家教正。

一、兵者，国之大事，死生之地，存亡之道，不可不察也（《计》）

（1）战争是国家的重大事务，关系到民众的生死和社稷的存亡，不可不认真加以考察和研究。

（2）军事是国家的大事，地形的生死，战势的存亡，不可不加以了解。

按：此处主要是对“死生之地”的“地”和“存亡之道”的“道”理解不同。看来前者认为“地”和“道”是泛指，而后者认为其所指较为具体。愚意认为，此处似应为泛指，“地”应泛指战场，“道”应泛指战争指导艺术。“十家注”中以李筌、杜牧、贾林、张预所注为得之。这是因为，这里的“地”和“道”，是相对于“兵者”来说的，作者论述的重点是“兵者”。并且，孙子所论，是从宏观视角入手的，是为进一步说明这“国之大事”究竟大到什么程度而言“死生”和“存亡”的。所以，这里的“死生”，指的是民众（包括将士）的“死生”，而非“地形”的“死生”；这里的“存亡”，指的是“社稷”的“存亡”，而非“战势”的“存亡”。而这里的“地”和“道”，则应为泛指，非指具体战役中的“地形”和“战势”。

二、天者，阴阳、寒暑、时制也（《计》）

（1）所谓天，是指昼夜晴晦、冬寒暑热和四季变化。

（2）所谓天，是指阴阳向背，四时变化。

按：此处主要是对“阴阳”一词理解不同。前者认为这里的“阴阳”是指白天黑夜和阴晴晦明，而后者则认为这里的“天”与“天官时日阴阳向背”有关。持后一种观点的学者认为，这里的“阴阳”与五行有关，说孙子系“唯物主义者”、没有迷信思想，是不妥当的。其理由是，汉简本此句下尚有“顺逆、兵胜也”，而“顺逆”即指阴阳向背，“兵胜”即指五行相胜。愚意认为，《孙子兵法》十三篇，举凡与古代军事有关的问题，几乎无所不论，但却并无一语言及鬼神、占算之类迷信思想在军事上的价值。不唯如此，作者还在《九地篇》中明确说过要“禁祥去疑”，在《用间篇》中明确说过“不可取于鬼神，不可象于事，不可验于度”。那么，其何以会独独在此将自己的理论与“天官时日阴阳向背”之术联系在一起呢？所以，此处还应以第一种观点为确。关于这一点，旧时注家多失之。古代兵家虽有专讲阴阳之术的一派，但孙子显然不属于这一派。至于汉简本“顺逆、兵胜也”一语，是否系衍文或好事者掺入也未可知。先秦时期，阴阳数术理论中的一些名词术语，其他学派有时也使用，如阴阳、向背、顺逆、九天、九地之类，但其意义显然是有区别的。这一点，研究者似应予以注意。

三、其次伐交（《谋攻》）

（1）其次是通过外交途径克敌制胜。

（2）其次是挫败敌人的外交。

（3）其次是通过显示武力迫使敌人列阵后未行交战即行退兵。

按：第一说与第二说相通。第三说是黄朴民先生提出来的新观点，其主要根据是《左传》杜预注。《左传·文公十二年》：“秦以胜归，我何以报，乃出战，交绥。”杜预注：“古名退军为绥。”持此种观点的学者认为，对“伐交”一词的传统解释，其实被包括在“伐谋”的范畴之中，与“伐谋”“伐兵”“攻城”不能构成逻辑上的层递关系，但按现在的解释，就可以构成逻辑上的层递关系了。此说不无道理。如此，则“伐谋”是以智胜，“伐交”是以威胜，“伐兵”是以力胜，“攻城”是蛮干（最下策）。不过，在《孙子兵法》中，“交”之含义毕竟多为“外交”（当然不能和今天所说的“外交”相提并论）。此外，“伐交”虽与“伐谋”有相通之处，但毕竟不能说完全是包括与被包括的关系。而若将“伐交”理解为“列阵后通过显示威力迫敌退兵”，则似乎“伐交”一词的内涵也过于狭小了。所以，上述第三种观点，还有待于作进一步的考察和验证。

四、小敌之坚，大敌之擒（《谋攻》）

（1）兵力过于弱小的军队，即使有坚强的战斗力，［如果一味硬打，］也会被强大的敌人消灭。

（2）弱小的军队，如能集中兵力，也可以打败强大的敌人。

按：后一种观点认为，《荀子·议兵》有“是事小敌毳（脆）则偷可用也，事大敌坚则涣焉离耳”的说法，故“小敌之坚，大敌之擒”应作“弱小的军队，如能集中兵力，也可以打败强大的敌人”解。不过，愚意以为，从语言环境来看，此说恐不符合孙子的原意。孙子认为：“十则围之，五则攻之，倍则分之，敌则能战之，少则能逃之，不若则能避之。”“倍”尚且需要“分之”，“敌”虽应“能战之”，恐更需“分之”，此时才能谈到集中兵力的问题，而“少”和“不若”则要“逃之”和“避之”。如此，孙子怎会主张弱小之敌去与强大之敌对抗呢？事实上，“小敌”若与“大敌”对抗，即使再“坚”，且能集中兵力，也终将难逃厄运。据《史记·卫将军骠骑列传》记载，汉武帝元朔六年（前 123 年）四月，大将军卫青北伐匈奴，右将军苏建、前将军赵信以三千骑兵与匈奴主力遭遇，血战一日，汉兵全军覆没，赵信降敌，苏建亡归，卫青问罪正闳、长史安、议郎周霸等应如何处置苏建，周霸曰：“自大将军出，未尝斩裨将。今建弃军，可斩以明将军之威。”闳、安曰：“不然。兵法‘小敌之坚，大敌之禽（擒）也’。今建以数千当单于数万，力战一日余，士尽，不敢有二心，自归。……不当斩。”可见，“小敌”虽“坚”，若力战而为“大敌”所“擒”，本在情理之中。而其后天汉二年（前 99 年）九月，名将李陵以五千“荆楚勇士奇材剑客”北伐匈奴一事，实更可看作是“小敌之坚，大敌之擒”的极好注脚。当然，战争史上，的确有许多“小敌”战胜“大敌”的战例，但在此处似不宜作如此理解。

五、攻而必取者，攻其所不守也；守而必固者，守其所不攻也（《虚实》）

（1）进攻而必定能够取胜，是因为攻的是敌人不曾防御的地方；防守而必定稳固，是因为防守的是敌人无法攻取的地方。

（2）攻打而一定夺取，是由于攻打敌人未经设防之处；防守而一定牢固，是由于设防于敌人必然进攻之处。

按：这里的分歧在于对后半句的理解上。持后一种观点的学者认为，汉简本和《太平御览》卷三一七所引，“不攻”应作“必攻”。所以，对孙子这句话的后半句应作后一种理解；今本作“不攻”，以我设防之处，当敌不攻之处，义不可通。笔者认为，第二种观点的确有一定道理。但是，若将“不攻”依汉简本和《御览》所引改为“必攻”，也有不可理解之处：一是“守而必固”与“必攻”之间并无必然的逻辑关系；二是“必攻”与下文的“敌不知其所攻”相抵牾；三是“必攻”也与上文的“趋其所不意”“行于无人之地”“攻其所不守”不协。所以，愚意以为，这里还是以“不攻”为佳，只是要将“不攻”理解为“不知所攻”或“无法攻取”。如此，上述后半句的文意就豁然贯通了。其次，对“守而必固者，守其所不攻也”还可以作另一种理解，即：防守而必然牢不可破，是因为不为敌人表面上的佯攻所迷惑，认真防守了敌人看似不攻而事实上恰恰要偷袭、进攻的地方。这种理解，在战争史上有许多战例可为佐证。例如，吴楚七国之乱时，汉将周亚夫驻守于昌邑（今山东巨野南），叛军进攻汉军壁垒东南部，而周亚夫命属下严备西北部。一会儿，叛军精锐果然来攻西北部，因汉军早有准备而无法攻入，只好遁走，亚夫挥兵追击并大破之。

六、掠乡分众，廓地分利（《军争》）

（1）抄掠敌国乡邑需分兵数路，开境拓土后要分兵扼守有利地形。

（2）抄掠敌国乡邑获取资财要分给部众以作奖励，开拓境土后要封赏有功者。

（3）抄掠（敌国）城郊，分其民众；扩大土地，分其物产。

按：以上三说，后二说似有相同之点。愚意以为，这里似乎还可以有另一种解释。这种解释，需将前后句联系起来理解，即将“掠乡”和“廓地”看作是同一种行为的两个方面（或曰两种结果）。因为，在古代战争中，当部队进入敌国而将敌人主力击败之后，在“掠乡”的同时而不“廓地”，或者在“廓地”的同时而不“掠乡”，都是不可思议的。所以，这里前后句是有内在联系的，“掠乡”和“廓地”不可分开来看。而“掠乡”是不需要将兵力集中在一个方向的，那样不惟行动不便，而且效率也不会高。这样就需要“分众”，也就是“分兵”。至于分兵之后抄掠的敌国乡邑物资，不用“分”就在士卒手中。所以，上述第二种观点对前半句的理解恐怕是不妥当的。相反，部队所“廓”之“地”可就不同了，只要不经过君主的封赏，即使功劳再大的将领，也不可能拥有。

七、不争天下之交，不养天下之权（《九地》）

（1）不必争着与各国结交，不必在各国中培植自己的势力。

（2）必须力争与各国建立友好关系，必须设法在各国中培养自己的势力。

按：上述两种理解，意思正好相反，要害在于后者认为原文中之“不”应为“必”。愚意以为，这里似以前一种理解较为妥当。要说明这个问题，必须首先将孙子这句话的前后文全部引出：“夫霸王（应为‘王霸’）之兵，伐大国则其兵不得聚，威加于敌则其交不得合。是故不争天下之交，不养天下之权，信己之私，威加于敌，故其城可拔，其国可隳。”从这段话可以清楚地看出，孙子这里说的是“王霸”之兵，而非其他一般诸侯的军队。“王霸”之国，作为天下共主，其至高无上的地位已经建立起来，其控制天下左右各国的威势已经形成，是根本用不着去主动交好他国，或者甚至看他国脸色行事的。而既如此，也就用不着汲汲于去“养”什么“天下之权”了。相反，那些弱小的国家，倒是必须左支右绌地在大国之间周旋，甚至努力在他国寻找自己的代理人。这样的国家，在天下霸主面前，往往更要低眉顺眼和委曲求全。有人说，弱国无外交，此话从某种意义上说是有其一定道理的。但是，若从历史和现实的实际情形来看，弱国其实更需要外交。因为，只有通过恰当的外交努力，才有可能帮助自己摆脱困境，赢得生存的空间。对此，只要看看春秋时期那些真正的霸主与各诸侯国之间的关系和当今自认为是世界霸主的美国与其他各国之间的关系，就不难得出正确的结论来了。当然，孙子这里说的“不争天下之交”和“不养天下之权”只是相对的，不可将其绝对化。事实上，作为天下共主的“王霸”之国，其在争得“王霸”地位的时候，是必须既“争天下之交”又“养天下之权”的；其在已经取得“王霸”地位之后，为维持这种地位的存在并使其进一步得到巩固，也是同样需要在一定程度上“争交”和“养权”的，只是用不着像其他诸侯国那样“必争”和“必养”罢了。

八、五曰火队（《火攻》）

（1）五是焚烧敌人的运输设施。

（2）五是焚烧敌军队伍。

（3）五是焚烧敌人的攻城地道。

按：这里似以第三种理解更为接近原意。因为，若按第一种理解，则“火队”与上文的“火辎”没有什么区别；若按第二种理解，则“火队”又与上文的“火人”没有什么区别。有学者指出，这里的“队”，繁体字写作“隊”，与“隧”同，应读 suì。“隧”，本指墓道，在这里引申为“隧道”，即为攻城而挖掘的地道。古代作战中以地道作为攻城手段极为常见。“十家注”中梅尧臣注“队一作隧”，而贾林则注“隧，道也”，这显然是不妥的。因为，“隧”虽也泛指道路，但此处的“隧”不是普通的“道”，而应特指“隧道”。不过，需要指出的是，“隧”有时也特指山谷中险阻的道路或军事上的要道，如《穆天子传》卷一：“癸未，雨雪，天子猎于钘山之西阿，于是得绝钘山之队（隊）。”郭璞注：“队谓谷中险阻道也。音遂。”若作如此解释，则“火队”即应是指要将敌人诱至战场之险要隘塞之处（军事上的要道一般也系险隘之处）实施火攻了，而这在古代战争中倒也是不乏其例的。

[原载《山东师范大学学报（人文社会科学版）》2002 年第 1 辑]

附：世人用其法　几辈得其神

——隆莲法师《读孙子》诗赏析

一、隆莲法师其人

隆莲法师（1909—2006年），四川乐山人，俗名游永康，字德纯，法名隆净、仁法，别号文殊戒子、清时散人。法师出身书香门第，天资聪颖，又因幼承家学，故而3岁即识字，5岁即能诵读古文。法师精通英语和藏文，并认真学习过诗词书画，古典文学基础扎实，诗词和书法造诣高深。此外，她还钻研过中医，并曾悬壶济世。

1936年秋，法师遵从父命辞去成都女子师范学校教职，参加考试院文官考试，名列四川省第一名，时人誉之为“西蜀才女”。次年，又参加四川省县政人员训练班（为培养县长而设）第三届入学考试，再次名列第一。口试时，考官曾惊叹其真乃“蜀中之第二个薛（涛）校书也”。但可能因为受外祖家的影响（法师外祖父是家乡佛协会长，外祖母和母亲都是虔诚的佛教徒），法师13岁即长斋奉佛，潜心佛学，32岁时剃度出家，并终成一代大德。

法师是一位学者型的高僧，被称为当代第一比丘尼。她参加了《大百科全书·宗教卷》的编写工作，并为增进中外佛教界的交流和友谊做出了积极贡献。比丘尼的始祖国斯里兰卡因比丘尼受戒仪轨失传，该国佛教界人士曾礼请法师去为他们国家的比丘尼受戒。法师还是一位佛学教育家，她首倡创办四川尼众佛学院，并任第一任院长。法师德高望重，历任全国政协委员、中国佛教协会副会长等职务以及四川省政协、文史馆和佛教协会的有关职务。

作为中国当代第一比丘尼，隆莲法师的传奇一生已足以让人感到惊奇的了，然而更让人感到惊奇的是：法师这样一位自幼深受佛学熏染并最终剃度出家的真正的佛弟子，早年竟然曾认真阅读过号称“天下第一兵书”的《孙子兵法》，并赋有长达68句340字的五言古体长诗《读孙子》。产生于两千五百多年前的《孙子兵法》，影响深远，至今拥有大量中外读者，但以孙子及其兵法作为吟咏对象的诗词并不多。所以，不论以诗的长度而言，还是以诗人思考之全面与深刻程度而论，隆莲法师的《读孙子》恐怕都称得上是古今咏《孙子兵法》第一诗了。这里，笔者不揣冒昧，愿将其介绍如下，并试作解说与赏析，以飨读者。

二、《读孙子》原文及注释

1. 原文

深秋已萧瑟，园菊尚华滋[1]。晨兴展书卷，乃观孙子辞。周纲昔陵夷，四海翻沸糜[2]。力政苦众庶，穷兵残烝黎[3]。中原久战争，列国各已疲。爰有断发民，蔚起东海陲[4]。翩翩南者谁？齐人曰孙武[5]。挟策十三篇，来干邻国主[6]。一旦用其谋，法令行妇女。北辕向齐晋，西鞭挞郢楚[7]。用兵父母邦，志气不稍沮[8]。毋乃功名念，熏炙入肝腑[9]。胜者誉之门，败者毁之府[10]。遂令一册书，讽诵传千古。夙昔抱此念，阅历几寒暑[11]。闻说孙子法，闭目不肯睹。乃今读斯篇，蔼蔼仁人语[12]。始知孙子心，皎然有如许[13]。分裂势已成，天下事战争。空谈无俾实，息斗谁能承[14]？诱以霸王利，导之仁义行。堂堂孙子术，孟子如其仁。但知行己志，斯道救斯民。更无人我界，屑屑较疏亲[15]。慎战非攻意，反覆何殷勤。落落孙子怀，墨氏如其诚[16]。世人用其法，几辈得其神？吴亡数千载，兵祸代纷纷。少年好高论，颇有济时心。感此废书叹，忧思杂然生[17]。东亚有古国，神洲将陆沉[18]。何以拯拔之，火热而水深[19]。凶器世未废，危机世尚存[20]。谁率孙子道，畅达于无垠[21]。①

2. 注释

[1] 华滋：华盛、茂盛，形容园菊枝叶繁茂。 [2] 纲：本指渔网上的总绳，引申为封建统治者所提倡的纲常伦理。陵夷：衰落。陵，本指大土山，此处引申为高。夷，平坦。糜：糜烂，此指因战争而导致的经济凋敝民不聊生的状况。 [3] 力政：以武力为政。穷兵：穷兵黩武，热衷于发动战争。烝（zhēng）黎：百姓，黎民。烝，众多。 [4] 爰（yuán）：于是，亦作句首语气词。断发：剪短头发。此指断发文身，古代吴越一带的一种风俗。文身，即纹身，指身刺花纹以避水中蛟

① 裘山山：《当代第一比丘尼——隆莲法师传》，福建美术出版时1997年版，第305～306页。

龙之害。蔚：草木茂盛的样子，此处是用其引申义。陲：边疆。［5］翩翩：形容风度优美。南：南下。孙武由齐入吴，故曰“南”。［6］干：求取。［7］郢（yǐng）：楚都，在今湖北江陵纪南城东南。［8］沮：阻止，停止。［9］毋乃：亦作“无乃”。副词，用于反问。［10］门、府：门径，原因。［11］夙昔：往日，过去。［12］乃：于是，这才。斯：此，这。蔼蔼：温和、和气之貌。［13］皎然：高洁的样子。如许：像这样。［14］俾（bǐ）：使。［15］屑屑：琐屑，琐碎。人我：指敌我。［16］墨氏：即墨翟（dí），尊称墨子。［17］废书：放下书。杂然：聚合貌。杂，通“集”。［18］神洲：即神州，中国的别称。战国时齐人邹衍称华夏之地为“赤县神州”。陆沉：沉沦，沦陷。［19］拯拔：从困境中拯救或解脱。［20］凶器：这里指军事。古人认为，兵者凶器，战者危事，不得已而用之。［21］率：遵循，运用。垠：边际。

三、试说与赏析

1. 试说

（1）诗的开头四句可视为一段，以引领全诗。诗人说：在一个虽属深秋季节但园菊尚茂的清晨，诗人展卷阅读《孙子兵法》一书。

（2）接下来八句可视为一段。诗人说：当初周朝王纲衰微，诸侯纷争，天下沸腾糜烂，“力政”的结果苦了老百姓，“穷兵”的结果害了众黎庶。中原经过长期的战争消耗，各诸侯国已疲惫不堪，而恰在此时，东海边上的吴国蔚然兴盛起来。

（3）以下二十句，即自“翩翩南者谁”至“闭目不肯睹”

可作为一段。在这一段，诗人根据《史记》的记载叙述道：孙武自齐奔吴，携兵书十三篇见吴王，以吴王的宫女演练阵法，“阖庐知孙子能用兵，卒以为将”，让他与伍子胥一起，率兵“西破强楚，入郢，北威齐晋”①。孙子成功了，胜利了，所以他的书流传千古。但是，诗人起初对孙武和伍子胥的做法非常不理解，批评他们在向父母之邦用兵时竟然“志气不稍沮”，认为他们所以如此，纯粹是由于被“功名”之“念”“熏炙”的结果。故而长期以来，诗人虽然知道有《孙子兵法》这样一部书，但就是不肯去读。

（4）再下来四句又可视为一段。诗人说：而今读了此书之后，发现书中原来都是仁人所说的温和话语，开始知道孙武之心，竟是如此的高尚和纯洁。

（5）自“分裂势已成”至“兵祸代纷纷”20句可看作一段。诗人说：既然分裂之势已经形成，天下干戈日寻，争战不断，而空谈无益于现实，那么谁又能承担起平息争斗的巨大责任来呢？以霸王之利诱惑之，以仁义之行引导之，伟大恢弘的孙子之术，只有孟子倡导的仁德义行才能与之相提并论。但知实现自己的志向、以孙子之道拯救天下黎民百姓即可，不必分别彼此的界限，也不须比较亲疏之感情。“慎战”与“非攻”的主张，孙子在书中反复申明，孙子的胸怀可谓光明磊落，只有墨子的诚实无欺才能与之相提并论。然而，尽管世人都在运用孙子的兵法谋略，并没有几个人能真正得其精髓。所以，吴亡至今数千年，总是兵祸连结，纷纷扰扰，天下几无安定太平的时候。

（6）自“少年好高论”至“畅达于无垠”12句，是全诗的

① 《史记·孙子列传》。

最后一段。诗人说：作为一名“少年”，诗人好发高论，也颇有济时救世之心。然而，放下书不由得感叹起来，忧国忧民之思一齐涌上心头。何者？因为我们这个位于亚洲东方的文明古国，眼看将要沉沦！如何才能拯救这个处于水深火热之中的古老民族呢？军事未可废弃，是因为这个世界上还有危机存在。那么，谁来遵循并运用孙子之道，踏上那能够通往天下太平的无边无碍的坦途呢？

2. 赏析

《读孙子》是隆莲法师青年时代创作的一首咏史诗。前面谈到，隆莲法师古典文学基础扎实、深厚，诗词、书法造诣很高，并留下了很多诗词作品，而《读孙子》是其中的第一首。

诗中，法师真实描述了自己从开始并不理解孙武其人及其兵法，到终于认识到这原来是可以拯民救危的仁者之术的客观过程，并且酣畅淋漓地抒发了她忧国忧民的慈悲情怀。全诗晓畅典雅，气势不凡，不仅充分表现了法师深厚的古典文学功底，而且观点精辟独到，所见新颖深邃，表现出法师对《孙子兵法》一书的准确把握和深刻理解，实是一篇非常精彩的读《孙子兵法》的诗体学术论文，足可给所有把该书作为研究对象的人以非常有益的启示。所以，笔者愿意将其全篇抄录于上，并不揣谫陋，试作解说与赏析，以供同好参考。

“乃今读斯篇，蔼蔼仁人语。始知孙子心，皎然有如许。”这是全诗的关键之句，也可以称为全诗之“眼”。因为，这四句诗表明，诗人已经触及《孙子兵法》一书的本质——“仁人语”，也理解了孙子的用心——“皎然”。这一点非常重要：自古及今，研究《孙子兵法》的人如过江之鲫，不知凡几，然而又有几人能如法师这样，稍一展读即深入堂奥，即理解先贤用心，并洞彻全书的要义呢？

自“分裂势已成”至“兵祸代纷纷”长达20句的一段中，诗人进一步阐述了所以说《孙子兵法》为“仁者语”、说孙子之心“皎然”的道理所在——因为斯人斯书有孟子之仁、墨氏之诚。然而，让诗人深为感慨的是：“世人用其法，几辈得其神？”也就是说，自孙子之后，“吴亡”以来，一代又一代，人们虽均能用孙子之兵法谋略，却大多并没有真正理解并掌握其精髓，从而导致数千年间兵祸不断战争不息的结局。

诗人对于《孙子兵法》的这种理解，正与中华民族传统文化的基本精神相合。我中华民族从来就不是一个好勇斗狠的民族，而是一个爱好和平的民族，以战止战、止戈为武是我们这个民族对于战争的基本认识。所以，历史上我们这个民族多的是反侵略战争，而极少有侵略别人的战争；所以，我们这个民族很早就修起了万里长城，却至今才开始建造航空母舰……以此而论，我们这个民族的传统文化，可以说是一种和平文化，或曰和谐文化，追求的是国与国之间的和谐，是民族与民族之间的和谐，是人与人之间的和谐，是人与自然的和谐，以至于是个人身心的和谐。对于我们这个民族来说，战为不得已之事，为别无选择之举。中华民族崇尚的是天下为公，是世界大同，是四海之内皆兄弟也。①

在这一点上，以民主、平等、博爱和文明自我标榜的西方文化与我中华民族的传统文化截然不同。西方传统文化，其实信奉的是只有永远的利益、没有永远的朋友，是武力决定一切。这是因为，这种文化从本质上说，其实是一种强盗文化：在整个发展过程中，他们靠抢掠起家，是先抢自己人（资本主义初期的原始积累），再抢别人（资本主义发展起来之后到处抢占殖

---

① 参见本书第15页《兵家和平思想及其现代价值》一文。

民地，如八国联军侵略并企图瓜分中国），最后互相抢（20 世纪爆发的两次世界大战就是）。所以，在战争问题上，他们崇尚的是大肆杀戮，残酷征服，甚至从肉体上彻底消灭对方。对此，克劳塞维茨的《战争论》可以作为理论上的证明，美洲印第安人和澳洲及太平洋诸多岛国土著民族被灭绝可以作为事实上的证明。[①] 所以，马克思在《资本论》第一卷《所谓原始积累》中无情地揭露说："资本来到世间，从头到脚，每个毛孔都滴着血和肮脏的东西。"[②]

说到这里，可能有人会问：中华民族既然是一个爱好和平的民族，历史上为什么会有那么多的战争？为什么会有像京观积尸那样的情形和长平杀降那样的事件？我想，这应当从以下两个方面理解：

（1）战争是人类历史发展过程中不可避免的现象，但中华民族历来只支持正义战争而反对不义战争，认为战争不过是诛暴讨乱和除害救弱的手段，只有不得已时才可以使用，反复强调的是以战止战和止戈为武。

（2）爱好和平虽是中华文化的基本精神，但不可能完全排除其中存在的不和谐杂音，而京观积尸和长平杀降等只是我们民族早期战争中的个别现象或案例，且其无一例外地遭到了世人的一致谴责。中华民族所以会很早就形成一种强大的凝聚力，几千年来分而复合，屡仆屡起，虽屡遭外敌入侵甚至瓜分而终能驱除之并走向统一和强盛，当与民族文化中充满爱好和平、崇尚仁德、讲求信义和不畏强暴的精神有着直接的关系。

① 可参阅李零《花间一壶酒·读〈剑桥战争史〉》一书中的有关论述，同心出版社 2005 年版。

② 《马克思恩格斯选集》第 2 卷，人民出版社 1972 年版，1977 年印刷，第 265 页。

《孙子兵法》是谈用兵艺术最具代表性的经典之作，同时也是谈军事谋略最具代表性的经典之作，谋略思想可说是它的精髓。[①] 但是，谋略是器不是道，谈谋略必须将其植根于仁义思想与道德伦理思想之上，而孙子恰恰就是这样做的。为开宗明义，孙子开篇即说："兵者，国之大事。死生之地，存亡之道，不可不察也。"他主张"经之以五事，校之以计，而索其情"的"庙算"，主张"尽知"用兵之利害，主张"谋攻"与"全胜"，主张"不战而屈人之兵"，主张"先胜而后求战"，主张"修道保法"，主张"进不求名，退不避罪，唯民是保，而利于主"，主张不"怒而兴师""愠而致战"，主张"明主慎之""良将警之"，并认为君主因"爱爵禄百金"而不肯用间，从而"不知敌之情者"，实乃"不仁之至"……这些观点，均充分表现了作者的高度历史责任感和重战慎战的仁者情怀。所以，清代著名学者孙星衍（1753—1818 年）曾切中肯綮地指出，"孙子之学或即出于黄帝……本之仁义，佐以权谋"[②]，这无疑是十分正确的。当年，隆莲法师作为一位名不见经传的 17 岁少女，一经展读，所见即与之相合，实在让人感到不可思议。然而，恰如法师所质疑的那样，几千年来我们面临的是"世人用其法，几辈得其神"这样一种尴尬的现实，这其实不仅是孙子及其兵法的悲哀，而且更是整个人类社会的悲哀！

不过，今天我们似乎完全可以欣悦地告慰诗人：她当年的期望已经变成了现实——因为，就在法师所处的那个时代，中国就已经诞生了以毛泽东为代表的一代能"率孙子道，畅达于

① 参见本书第 58 页《〈孙子〉精髓新解》、第 78 页《〈孙子兵法〉对中国古代军事谋略学的构建》等文。

② ［清］孙星衍：《孙子十家注·孙子兵法序》，载谢祥皓、刘申宁辑《孙子集成》第 15 册，齐鲁书社 1993 年版，第 3 页。

无垠”的伟大革命家和爱国者。在他们的带领下，千百万神州百姓几经奋斗，几经曲折，终于拯救祖国于水深火热之中，使之不仅免于“陆沉”，而且以崭新的面貌和雄强的姿态屹立于世界东方，并日益彰显出无限之勃勃生机。

（原载《孙子研究》2012 年第 4 期）

项羽败亡的军事地理原因

作为著名的悲剧英雄，项羽历来是史学界感兴趣的人物之一。他在楚汉战争中败亡的原因，也一向是史学工作者探讨研究的重要课题。不过，以往的有关研究，大都集中在政治方面，指出其所以败亡，主要是由于：（1）他代表的是旧贵族的利益，分封倒退，走了一条逆历史潮流而动的道路；（2）残暴嗜杀，失掉了民心；（3）“自矜功伐，”不善于用人。这些，无疑都是十分正确的。

战争是政治的继续，是流血的政治，因而政治方面的原因必然从根本上决定着战争的胜负。然而，战争虽然是另一种形式的政治，但不能简单地等同于政治；政治虽然是决定战争的胜负的主要因素，但不是决定战争胜负的唯一因素。仅从大的方面说，决定战争胜负的因素，除政治外，尚有经济、外交、军事，以及将帅的素质等等。由此可见，以往的有关研究，显然是不够的。所以，笔者认为，对楚汉战争中刘项之成败原因，还应从其他方面进行更为广泛深入地探讨。

笔者认为，战争毕竟是军事活动，军事上的胜负，一般说来要通过军事手段解决。指挥员的指挥正确与否，往往直接决定着战争的进程和结局。以此观之，项羽在楚汉战争中所以“五年卒亡其国，身死东城”①，除由于他在政略指导上存在严重失误之外，与他在军事上的失策亦有密切关系。而失地利，便是其诸多战略失策中的一个重要方面。

仔细考察楚汉战争之全过程，我们可以发现，项羽在军事地理的措置方面主要三次重大的失误。

一、封刘邦为汉王，王巴、蜀、汉中等地

项羽在分封诸侯时，因担心刘邦将会占有天下，不想如约封其为关中王，但又怕因此而失信于诸侯，导致诸侯叛己，就与范增谋曰：“巴、蜀道险，秦之迁人皆居蜀。”声称“巴，蜀亦关中地”，而立刘邦为汉王，王巴、蜀，汉中之地。②

这一举措，项羽自以为得计，其实极不明智。古之巴、蜀，即今之四川一带，向有“天府之国”的美誉。这里历史悠久，是我国古文化发展最早的地区之一。据《汉书》记载，巴、蜀“土地肥美，有江水沃野，山林竹木疏（蔬）食果实之饶。南贾滇、僰僮，西近邛、笮马旄牛。民食稻鱼，亡凶年忧，俗不愁苦”③。具体说，巴、蜀有如下特点：（1）自然条件良好。巴、蜀四面群山环绕，中部盆地广阔，气候适宜，地力优越，资源丰富，人口众多。（2）经济发达。秦时，巴、蜀已成为“沃野

①② 《史记·项羽本纪》。

③ 《汉书·地理志下》。

千里”、物产丰饶、经济繁荣的“天府之国”。闻名中外的都江堰，对成都平原的经济发展起了巨大的促进作用。这里不仅农业经济发达，而且手工业、冶铁业也很发达。秦灭六国后迁至这里的卓氏和程郑，便是著名的冶铁商。特别是自春秋至秦末，巴、蜀战争稀少，经济发展未遭受大的破坏。（3）战略地位重要。巴、蜀地理形势也很特殊：四周高山布列，中间平原宽广；陆有剑门之障，水有三峡之险；东扼长江，实为吴楚咽喉；北走秦岭，可以直捣秦陇肘腋——军事上可攻可守，实是良好的战略后方基地。自古以来，图中原者必资以蜀，赖其雄厚的经济、军事资源和有利的地理形势规取天下。清末学者顾祖禹的分析最为精辟，他说：“四川非坐守之地也。以四川而争衡天下，上之足以王，次之足以霸……是故从来有取天下之略者，莫不切切于用蜀。”他在列举了历代以蜀成功者之后指出：“席势乘便，奋发有为，此王者之资也。四方多故，砺兵秣马，犄角于群雄间，此霸者之规也。”①

汉中在今陕西南部，位于秦岭、大巴山、米仓山之间。这里地处汉水上游，北瞰关中，南蔽巴、蜀，东达襄、邓，西控秦、垅，亦具有不可忽视的战略地位。三国时杨洪说：“汉中则益州咽喉……若无汉中则无蜀矣。”② 唐时孔璋则说：“汉中地形险固，四岳、三途，皆不及也。”③

然而，项羽既已认识到刘邦将会对自己构成威胁，却又将具有如此重要之战略价值的巴、蜀、汉中封给刘邦，真可谓愚

① ［清］顾祖禹：《读史方舆纪要》第6册《四川方舆纪要叙》，中华书局2005年版，2012年印刷，第3094页。

② 《三国志·蜀书·杨洪传》。

③ 转引自［清］顾祖禹《读史方舆纪要》第5册《陕西五·汉中府》，中华书局2005年版，2012年印刷，第2661页。

蠢之极。项羽学书不成，学剑不成，改学兵法，“又不肯竟学”，可说是不学无术，再加他性格坦直无城府，其不明智不足为怪。令人奇怪的是，他的智囊人物，素称“好奇计”的范增，竟也如此不谙军事，不懂地理，实在不可思议。于此，项羽终将败亡的征兆已经初露端倪。

二、不居关中而都彭城

都城是国家实行政治统治的中心。韩愈曾说：“京师者，四方之腹心，国家之根本。”① 因此，一个国家建立后，国都选择是否恰当，关系十分重大。项羽分封诸侯时，韩生曾对他说：“关中阻山带河，四塞之地，地肥饶，可都以霸。”建议他立国关中，以成霸业。而项羽竟以“富贵不归故乡，如衣绣夜行，谁知之者”为辞拒绝。② 他三分关中以封秦之三降将后，即自封为西楚霸王，率军东归，建都彭城。这是项羽在地略问题上的又一次严重失策。

关中地区是我国历史文化的重要发祥地之一。与巴、蜀、汉中比较，关中在政治、经济、地理等方面，条件更为优越。可以认为，就当时来说，关中是最为理想的立国之地。首先，这里开发早，经济、文化都非常发达。西周时，这里的农业，手工业即已达到很高水平。至秦时，“关中自汧、雍以东至河、华，膏壤沃野千里”，且“西有羌中之利，北有戎翟（狄）之畜，畜牧为天下饶”，“故关中之地，于天下三分之一，而人众不过什三；然量其富，什居其六”③。位于关中腹心的长安，向

① ［唐］韩愈：《韩昌黎先生文集》卷三七《御史台上论天旱人饥状》。

② 《资治通鉴》卷一〇《汉纪一·高帝元年》。

③ 《史记·货殖列传》。

为帝王建都之所，秦时已成为全国的政治、经济和文化中心。其次，关中地居上游，关山四塞，战略地位至为重要。古人有言，“陕西据天下之上游，制天下之命者也。是故以陕西而发难，虽微必大，虽弱必强”。“盖陕西之在天下也，犹人之有头项然。”① 关中的地理形势大略是：东有函谷关、潼关和黄河，西有陇山、大散关，南有秦岭、武关，北有萧关，中部泾、洛、渭三水汇流，地势西高东低——可说是名山耸峙，大河环流，险关雄踞，势甲天下。占有关中后，可以东控中原，西通西域，南下巴、蜀，北指阴山。所以，这里形格势禁，攻守有据，以此而取中原，有高屋建瓴之势。再次，关中由于大河环绕，渭水中流，交通运输极为便利。古代交通落后，河流是主要的运输线，而关中可谓得天独厚。关中外有黄河，内有泾河、洛河、渭河。泾、洛自西北向东南汇入渭河，渭河自西向东汇入黄河，黄河出三门峡后过中原入海。如此便利的漕运条件，在古代战争中的作用是不可低估的。另外，关中还可以巴、蜀、汉中为战略后方，使人力物力更加雄厚。当年秦用司马错之谋，首先举兵定蜀，因而“益强富厚，轻诸侯”，卒并天下，便是先例。②

彭城即今之徐州，历来亦为兵家必争之地，但周围无险可守，实乃四战之地，一旦遇有战事，便会四面遭敌之牵制和骚扰。从经济方面看，彭城与淮、泗地区自战国以后虽逐渐开发，但荒芜未辟之地仍然很多，且常有水患，远不如关中优越。至于交通运输条件，这里就更难与关中相比。这一带的河流不仅流量小，冬季易干枯，而且向西要逆流而上，运输多靠输卒，

① ［清］顾祖禹：《读史方舆纪要》第5册《陕西方舆纪要序》，中华书局2005年版，2012年印刷，第2449页。

② 《战国策》卷三《秦一》，上海古籍出版社1985年版，1988年印刷，第119页。

费时费力，十分不便。项羽不都关中而都彭城，无异于操戈授人以柄。而他以既无才具谋略、又不得关中父老之心的三降将镇守关中，则又无异于以羊防狼。所以，都彭城而不都关中是项羽一次带关键性的战略失误。这一失误对后来战局之发展变化，影响甚大。

三、在成皋、垓下等不利战场与汉军争胜

战场是否有利，对战役战斗影响甚大。有利，便能掌握主动权；不利，则易陷入被动。而主动权乃是军队的命脉，所以孙子说："知战之地，知战之日，则可以千里而会战。不知战地，不知战日，则左不能救右，右不能救左，前不能救后，后不能救前。"（《虚实》）

聪明的将帅，无不一方面竭力避免在不利的战场上与敌交战，一方面千方百计地迫敌在有利于己的战场上决战。然而，从成皋之战和垓下之战看，项羽并不懂这其中的奥妙。

先看成皋之战。

成皋之战发生在荥阳、成皋、广武、敖仓一带地区，是一次引起楚汉战争转折的重大战役。

汉二年（前205年）五月，刘邦从彭城败还荥阳后，即借助荥阳、成皋之地形优势，分兵守险，建立防线。荥阳在今河南郑州西数十里，成皋、广武、敖仓均在其附近，并互成犄角之势。成皋又名虎牢关、汜水关，与荥阳同为关东重镇、洛阳门户，是出入关中的水陆要冲。这里依山傍水，地势险要。其南，嵩山与熊耳山、伏牛山相连，形成一道天然屏障；其北，黄河自西向东流过，交通非常便利。特别是，这里有秦时所建的关东最大粮仓——敖仓，足以解决汉军粮食问题。而关中、

汉中和巴蜀的兵员、物资，亦可顺流而下，随时补充前线。很显然，项羽在这里与汉军角胜，战场对他极为不利，荥阳、成皋、广武等，有如一块块难啃的骨头，强攻很难奏效。在这种形势下，项羽应充分运用智谋，审时度势，灵活处置，力避死拼硬打。然而，项羽智不及此，他屯兵坚城之下，旷日持久，屈力殚货，终于由强而弱，一步步走上了失败的道路。

再看垓下之战。

垓下之战是楚汉间之最后决战。当时，汉军兵力约三十万，楚军不足十万。楚军不仅兵力少，而且士气低落，粮食匮乏。对于项羽来说，这都是十分不利的。不过，项羽在此战中所以惨遭失败，却绝非仅仅是由于上述原因。战争史上劣势军队战胜优势军队的例子并不鲜见。项羽兵力虽少，仍有近十万之众；士气虽低，战斗力尚强（楚军曾在固陵反击和垓下初战时两败汉军）。项羽之失败，主要是由于指挥上的错误：一是战非其时，二是不得地利。

在战争问题上，众寡不同，战法各异。关于以寡击众，古人多有阐述。《吴子》说：“以一击十，莫善于厄；以十击百，莫善于险；以千击万，莫善于阻。”又说：“用众者务易，用少者务隘。”（《应变》）《百战奇略》亦指出：“凡与敌战，三军必要得其地利，则可以寡敌众，以弱胜强。”（《地战》）又云：“若敌众我寡，地形不利，力不可争，当急退以避之，可以全军。”（《退战》）

说项羽战非其时，是因为楚汉鸿沟定约时，项羽即已兵疲粮乏，土地日蹙。此时，他应尽一切可能避免决战，尤其要避免在不利的战场上决战。固陵一战，刘邦必置其于死地的用心暴露无遗。为项羽计，他应趁汉军在固陵因失利而坚壁自守时迅速脱离接触，撤向安全地带，以保存实力，恢复元气，整军再战。然而，项羽临危无决，反在固陵滞留不退，稽延时日，使刘邦得以从容调集优势兵力，将其迫于垓下全部歼灭。说项羽不得地利，是因为自固陵（今河南太康南）至垓下（在今安徽灵璧南沱河北岸），不仅全是平原旷野，毫无险阻，而且河道纵横，湖泊、沼泽很多，既不利于以少击众，亦不利于骑兵驰骋（楚军以骑兵为主）。在这样的战场上，楚军的优势难以发挥，而项羽本人因陷于大泽中被汉兵追及的事实便有力地证明了这一点。

与项羽相比，刘邦方面不仅在政略、战略指导上略胜一筹，而且在地略问题上亦极有见识。早在义军西入咸阳时，萧何即"独先入收秦丞相府图籍藏之"，刘邦因此而"得见知天下厄塞、户口多少、强弱之处"。其后，刘邦因不得王关中而欲攻项羽时，萧何又劝之曰："……臣愿大王王汉中，养其民以致贤人，收用巴、蜀，还定三秦，天下可图也。"[①] 彭城会战惨败后，刘邦率残部退至荥阳，即利用这里的地略优势，设立防线，凭险坚守，以此疲耗楚军。同时，他又命韩信、彭越等人，或迂回包抄，或扰其后方，以配合正面战场。当刘邦因战争艰苦欲放弃成皋、荥阳等战略据点而退守巩、洛时，郦食其向他指出，楚军虽曾攻占成皋、荥阳和敖仓等要地，但并未认识它们的重要价值，汉军不应易取反弃，自夺其便，而应"收取荥阳，据敖仓之粟，塞成皋之险，杜太行之道，距蜚狐之口，守白马之津，以示诸侯效实形制之势"，使天下知所归向。[②] 刘邦欣然采纳。楚汉战争中最善于利用战场地理条件克敌制胜者当首推韩信。他在还定三秦时的以迂为直，灭魏之战时的声东击西，破

① 《资治通鉴》卷一〇《汉纪一·高帝元年》。
② 《史记·郦生列传》。

赵之战时的背水列阵，潍水之战时的半渡而击，以及垓下之战时的围三缺一、虚留生路，都是善于利用地略条件制胜的范例。不难看出，失地利是项羽最终败亡的重要原因之一。

首先，由于失地利，项羽无法建立起一个稳固的战略根据地，战争潜力严重不足。前文述及，与关中比较，彭城地区没有地略优势可言。这里虽然亦属兵家必争之地，但周围无险可守，一有战事，容易四面受敌。此外，秦汉之际，这里经济远不如关中发达，难以为战争提供雄厚的物质基础。所以，彭城不具备作为战略根据地的条件。事实证明了这一点，楚汉战争期间，彭越、刘贾等每每轻而易举地攻入楚军的这一后方基地，“烧其积聚”“绝其后粮”①，使项羽不仅无法专力于荥阳、成皋一线正面战场，而且渐感兵粮匮乏，力不能支。汉军方面则恰恰相反，在整个战争期间，刘邦虽屡战屡败，动辄失军遁逃，但赖有稳固有力的后方根据地和得力的后勤干部，总能败而复振。当楚军已经到了兵疲粮乏、后援难继的地步时，汉军方面却“诸侯之兵四面而至，蜀汉之粟方船而下”②。斯大林曾说，“军队没有巩固的后方就不能长久存在”，“不稳固的尤其是怀有敌意的后方，必定会使最精锐最团结的军队变成一群不稳固的乌合之众”③。所以，项羽之败亡，实与他没有一个良好的后方根据地有直接关系。

其次，由于失地利，楚军运输补给非常困难。战争中之后勤补给极为重要，运输线就是军队的生命线。正如北宋张方平所说：“国依兵而立，兵以食为命，食以漕运为本。……故国家

① 分别见《史记》之《荆燕世家》《魏豹彭越列传》。

② 《史记·郦生列传》。

③ 中国人民解放军军事科学院编：《斯大林军事文集》，战士出版社1981年版，第52、90页。

于漕事，至急至重。”[①] 然而，项羽所王之九郡，不仅地居下游，而且境内淮、泗诸河流量又小，在陆路交通极不发达的两千多年以前，运输之不便可想而知；更由于其后方常遭袭扰，补给就更为困难。因而，其根本无法与地居上游，山河险固，有渭河、黄河作漕运线的汉军相比。

再次，由于失地利，楚军在战场上被动挨打，疲于奔命。战争初期，项羽占有绝对优势，部队的战斗力和机动能力都很强。彭城被攻占后，项羽仅以三万精骑兵即大破汉军五十余万人，一举夺回彭城。但由于汉军凭借地略优势，死守成皋、荥阳等要点，楚军便不能越雷池一步。此后，刘邦一方面坚守正面阵地，一方面派韩信率偏师灭魏、破赵、下燕、袭齐，从侧翼迅速对楚实施战略包围；又以彭越等将游兵屡屡袭楚后方，项羽便一步步陷于被动挨打的困境，直到彻底败亡。

需要说明的是，笔者绝非地理条件决定论者。地理条件从来没有也不可能从根本上决定战争的胜负。但是，军事辩证法认为，地无兵不险，兵无地不强。地理条件不可能不从人口兵员、经济力量、交通运输、进退攻守等诸多方面对战争的进程和结局发生重大影响。所以，说失地利是项羽败亡的重要原因之一，实不为过。

（原载《军事历史研究》1990 年第 2 期）

① ［宋］张方平：《乐全集》卷二三《论京师军储事》。

论韩信的用兵艺术

汉初三杰之一韩信，是我国古代一位极富传奇色彩的军事家。在著名的楚汉战争中，他“连百万之众，战必胜，攻必取”，表现出卓越的军事才能。他的用兵艺术，可以说达到了出神入化的程度。他所创造的一些战法，如暗度陈仓、背水阵、木罂缶渡军等，千百年来在我国人民中广为流传。清代方苞说，司马迁所以于汉兴诸将中独详述韩信之用兵，是因为“信之战”，不仅“刘项兴亡系焉，且其兵谋足为后世法也”①，这是很有见地的。为批判地继承古代军事理论遗产，本文拟对这位名将的用兵韬略，爬梳剔抉，一陈管见。

韩信首先是一位出色的军事指挥家。他几乎指挥了楚汉战争中所有的著名战役，并且都获得全胜，以至于司马光说，“……韩信首建大策，

① ［清］方苞：《望溪先生文集》卷二《书淮阴侯列传后》。

与高祖起汉中，定三秦，遂分兵以北，禽（擒）魏，取代，仆赵，胁燕，东击齐而有之，南灭楚垓下，汉之所以得天下者，大抵皆信之功也”①。综观楚汉战争之起伏转折与刘项之兴亡成败，韩信确乎起了举足轻重的作用，所以，司马光之言并非溢美之词。同时，韩信又是一位颇有建树的军事理论家。据《汉书》记载，西汉初年，汉高祖刘邦曾命韩信、张良“序次兵法，凡百八十二家”，其中就有韩信自己所著兵法三篇②，惜乎其今已失传，这实为我国古代军事史上的一大缺憾。好在有关这位名将一生军事实践活动的记载尚较详尽，使我们得以结合有关战例，发掘其用兵艺术的精华。

韩信的军事才能，突出地表现在用兵上。他极善将兵，自称“多多益善”。察其全部用兵经历，此言不为虚妄。他对军事谋略运用之娴熟，可与古代任何优秀的军事家相比。在瞬息万变的战场上，他总能示形用权，临敌制变，以最恰当的战略战术去赢得胜利。对前代的谋略思想和兵法原则，如“知彼知己，百战不殆”的思想，“先胜而后求战”的思想，“致人而不致于人”的思想，“避实击虚”“因敌制胜”的思想，以及奇正并用的原则，“战胜不复”的原则，等等，他不仅能熟练运用，而且有所创新和发展。所以，《汉书·艺文志》将他列为兵家权谋类（《汉书》分兵家为权谋、形势、阴阳、技巧四类）。对于权谋，班固的解释是：“权谋者，以正守国，以奇用兵，先计后战，兼形势，包阴阳，用技巧者也。”③可见是兵家之上乘。这大致也反映了韩信用兵的某些特点。不过，在用兵的具体过程中，韩信自有其异于他人的独到之处，现撮要分述如下。

① 《资治通鉴》卷一二《汉纪四·高帝十一年》。
②③ 《汉书·艺文志》。

一、统观全局，见识高远

战争是一个完整的大系统，决定敌对双方胜负的因素多而复杂。从大的方面说，举凡政治、经济、军事、天时、地利以及将帅的素质等，无不直接或间接地影响着它的进程和结局。这就要求指挥员必须高瞻远瞩，从全局着眼，对敌我双方的客观条件进行充分的调查研究和分析对比，以求作出正确的情势判断，制订切实可行的计划。实践表明，韩信正是这样一位具有远见卓识的大将之才。

1. 归汉后及时协助刘邦作出“东向争权天下”的战略决策

汉王元年（前206年），秦朝灭亡后，项羽背义帝之约，不封刘邦为关中王，而封其为汉王，让他王巴、蜀、汉中等地。对此，刘邦十分不满，经萧何等人劝说，才勉强就国。他虽然时时都想杀出汉中与项羽一拼高下，但又被项羽表面上的强大所震慑，对当时的形势缺乏明确认识。所以，在得韩信之前，他一直做不出重大的行动决策。汉中拜将后，他当场急切地向韩信问计。韩信遂纵论天下形势，摈除疑虑，开陈大计，使他终于下决心“东向争权天下”。

韩信的议论，居高临下，洞览全局，条分缕析，切中要害。他首先指出，刘邦东向争天下的主要对手是项羽。项羽虽然表面上悍勇异常，但实际上不难打败。为什么呢？韩信分析道，项羽“喑噁叱咤，千人皆废，然不能任属贤将”，不过是匹夫之勇；他“见人恭敬慈爱，言语呕呕，人有疾病，涕泣分饮食”，但有功不封，不过是妇人之仁；他“不居关中而都彭城”，又“背义帝之约，以亲爱王”，诸侯均心中不平；他“所过无不残灭”，“天下多怨，百姓不亲附”。所以，其“名虽为霸，实失天下心”。刘邦只要能处处反其道而行之，任武勇，封功臣，“举义兵从思东归之士”，便大事可图，大功可成。韩信特别指出：项羽坑秦降卒二十余万，唯独不杀三降将，并“强以威王此三人”，关中父老深为痛恨；刘邦入关中后除秦苛政，约法三章，已经深得人心。所以，只要刘邦“举而东，三秦可传檄而定”。应当说，韩信的分析是非常透彻的。他不是单单从双方军事力量的对比着眼，而是全面分析双方的利弊得失。他能把战争的胜负同人心向背联系起来，更是难能可贵。难怪萧何说，刘邦“必欲争天下，非信无所与计事者”，而刘邦也“自以为得信晚”①。

2. 灭魏后及时提出对项羽实行战略包围的重要建议

刘邦在彭城会战中失败后，原已归汉的诸侯又纷纷倒向项羽一边。虽然韩信迅速灭掉了魏，拔掉了扎在汉军背上的芒刺，但战略形势仍然十分不利于汉。汉军正面受到了很大的压力，荥阳、成皋两次失守。艰苦而又长期的拉锯战，使得刘邦一度想放弃这些重要的战略据点，退守巩、洛。正是在这种关键时刻，韩信总览整个战场形势，适时地向刘邦提出了“北举燕、赵，东击齐，南绝楚之粮道”，与刘邦会师荥阳的重要建议。②刘邦当即采纳，并派张耳率三万援兵来会。韩信的这一建议是相当高明的，它实际是一项具有决定意义的战略行动计划。这一计划的实施，使得整个战场形势开始向有利于汉军而不利于楚军的方面转化，对战争全局影响极大。从此，项羽便一步一步地陷入汉军的战略包围之中。他东挡西杀，穷于应付，疲于奔命，终致失败。

---

① 《史记·淮阴侯列传》。

② 《汉书·韩信传》。

另外，韩信在各个战役的具体指挥上，总是能够全面地分析交战双方的实际情况，从中找出制胜之术。无论是破魏平赵，还是下燕击齐，都是如此，这里就不再一一赘述。

二、谋虑细密，胜而后战

“先胜而后求战”是大军事家孙武的一个十分重要的战争指导原则。用现在的话来说，就是不打无准备之仗，不打无把握之仗。韩信从被拜为大将开始，率汉军战胜攻取，未曾败北，其中一个很重要的原因就在于他深谙孙武的这一用兵原则。

韩信绝不是那种只知鲁莽轻战却不知胜负利害关系的赳赳武夫。相反，他既善战而又慎战。每战之前，他都能做到对敌情、己情以及天时、地利之情了如指掌，并根据具体情况运筹胜算，确定战法，进行周密的部署。所以，他指挥的战役，总是未战即已稳操胜券，既战则有章有法，必获全胜。在战略计划上是如此，在战役指挥上亦是如此。

破赵之战是一个非常典型的战例。此战又称井陉之战，发生在汉王三年（前204年）十月。其时，韩信虽已连续破魏灭代，兵威远震，但与赵军相比却仍明显处于劣势：（1）兵力不足。当时，赵军约有二十万，而韩信军只有五六万，仅占赵军的四分之一强。（2）战场不利。井陉口（在今河北井陉境内）位于太行山中段，是由代入赵的交通要道，亦称为土门关。据《吕氏春秋·有始览·有始》记载，天下九塞，井陉其一。这里两侧绝壁陡立，中间一线小道，“车不得方轨，骑不得成列”，地势十分险要。（3）部队战斗力不强。汉军多系新募之兵，且连续作战，远离后方，士卒疲乏，战斗力受到很大影响。而赵军则兵员充足，紧靠后方，以逸待劳。在这种情况下，韩信既未贸然求战，也没有知难而退，而是充分发挥自己的主观能动性去赢得胜利。当他侦知赵军统帅陈余不用李左车“正面‘深沟高垒，坚壁勿与战’，以奇兵从间道断绝汉军粮道”的计策时，便抓住战机，进行决战。他对自己有限的兵力作了极为周密的部署：(1) 首先采用藏巧于拙的策略，以一万兵背水列阵；(2) 又派两千骑兵间道至赵军营垒附近隐蔽起来，以相机攻占之；(3) 以主力正面攻击，佯败诱敌。这一部署，照应得法，无懈可击。背水阵不仅将缺乏训练、军心不固的汉军置于死地，促其死战，而且可以对佯败之军起到缓冲作用，从而避免了因佯败成真败、一败不可收拾的可能。两千骑兵则可乘虚而入，轻而易举地夺取赵军营垒，起到动摇敌之军心的作用。正面佯败，目的在于诱敌倾巢而出，争利而乱，以便乘乱击之。这里，韩信综合运用了“陷之死地而后生，置之亡地而后存”、“利而诱之，乱而取之”和“避其锐气，击其堕归”等一系列谋略思想，其虑事之周密和用兵之严谨，可见一斑。

从潍水之战也可看出韩信的这一用兵特点。汉王四年（前203 年）十月，韩信用蒯通之谋，袭破齐之历下军，并进而攻陷临淄。项羽派大将龙且率兵往救。齐楚联军与韩信军在潍水两岸夹河而阵。当时汉军兵力约数万，而齐楚联军有二十多万，且楚军兵精将勇，战斗力很强。显而易见，韩信要想取胜绝非易事。然而，韩信在充分利用各种条件的基础上，经过周密的安排部署，仍然一战取胜，从而杀龙且，擒周兰，尽定齐地。在这一战役中，他以沙囊壅水，“引军半渡”而击，佯败，水攻，分割歼敌，一气呵成。其谋划之工巧，用意之缜密，随处可见。而其中“引军半渡”以邀敌之“半渡”一举，尤其耐人寻味。

三、斗智不斗力

到汉王四年，楚汉战争已经持续了两年多，丁壮苦于军旅，老弱疲于漕运。这年十月，刘项二人对阵于广武，项羽欲与刘邦独身挑战，一决雌雄。刘邦笑曰："吾宁斗智，不能斗力。"[①]这反映出刘项在战争中截然不同的军事指导思想：一个专恃勇力，一个善于用智。刘邦的斗智，主要表现在政治上和外交上。要论军事上善于斗智，则无疑应首推韩信。

众所周知，韩信自己并不是一位长于冲锋陷阵挥戈搏斗的战将。他从未亲自上阵厮杀过，民间甚至传说他手无缚鸡之力。然而，他是一位足智多谋胸藏韬略的帅才。在他指挥的所有战役中，除京、索间之战和破代之战无明确记载外，其余不论是以寡击众，还是以众击寡，均是以智取胜。他或声东击西，或背水列阵，或佯败诱敌，或水淹、奇袭，处处显示了军事权谋家的本色。

兵不血刃下燕，便是他以智胜敌的著名战例。汉王三年（前204年），韩信以背水阵大破赵军，迅速平定赵地，燕、齐成为他要依次打击的两个目标。当时的情况，正如李左车所分析的那样，韩信虽然连战皆捷，"名闻海内，威震天下"，但其部队由于长期征战，已经疲惫不堪，实难再用。如果强攻燕国，势必钝兵挫锐于坚城之下，旷日持久，屈力殚货，使齐国乘其敝于后。只要燕、齐不下，韩信对项羽实施战略包围的计划便不能实现，而楚汉间之胜负也就难见分晓。所以，如何使燕国屈服，确是当时既费筹划而又至关重要的一环。为此，韩信毅

① 《史记·项羽本纪》。

然采纳李左车“先声而后实”的策略，不费一兵一矢，便使燕国望风而靡。韩信兵不血刃下燕，固然用的是他人之策，但是，能用他人之智者为上智。韩信获李左车而不杀，延之上座，师事之，卒用其谋而下燕，正是他聪明过人之处。这与那位愚而孤陋的赵将陈余，恰成鲜明对比。

与楚汉之际其他名将相比，韩信斗智不斗力的用兵特点也是非常突出的。应当说，项羽是一位骁勇善战的将领。他自起兵后，“身七十余战，所当者破，所击者服，未尝败北”①。就连自称能斗智的刘邦，也动辄在兵力占绝对优势的情况下被他打得溃不成军，只身而逃。但究其实，项羽乃是一个徒知力征而不善智斗的典型。他所指挥的战役，几乎都是靠力战取胜。一旦遇到像韩信这样谙于谋略、长于斗智的对手，他就难免吃亏上当。所以，后人评论他“不但无帝王气度，亦全不是大将身份”，不过是“骑将之枭雄者”②。至于英布、曹参等人，就更无法与韩信相比。他们充其量不过是一些能“疾斗”“陷阵”的勇将而已。

从某种意义上说，战争是敌对双方在物质力量基础上进行的智力竞赛。所以，兵以诈立，多谋者胜，便成为军事斗争的基本规律之一。古今中外的军事家都十分强调将在谋不在勇。孙武主张“上兵伐谋”（《谋攻》）。吴起在其兵书《吴子》中则说：“凡人论将，常观于勇，勇之于将，乃数分之一尔。”（《论将》）

西方近代著名资产阶级军事家克劳塞维茨也说：“如果我们进一步研究战争对人的种种要求，那么就会发现智力是主要的。”③

---

① 《史记·项羽本纪》。

② ［清］王又朴：《史记七篇读法》卷一。

③ ［德］克劳塞维茨：《战争论》第1卷，解放军出版社1964年版，1985年印刷，第68页。

由此可见，韩信是深得兵家要旨的。

四、善出奇计

奇正是我国古代军事谋略学一个十分重要的范畴，历代兵家都十分重视对它的研究和运用，向有“战不过攻守，术不过奇正，形不过虚实”之说。不过，在奇正的运用上，又以用正较易，出奇为难。军事上的斗智赛谋，便具体表现为战争中对奇策妙计的运用。所以说，将贵智，谋贵奇。纵观古代战争史上，能够奇正变幻莫测，妙计应时而发的将领，并非很多。而韩信，则是其中的佼佼者。有人认为，他的用兵制胜之道，不外是“奇”与“速”两秘诀，这是颇中肯綮的。

韩信用兵之善于出奇制胜，在还定三秦之战中便已初露端倪。汉王元年（前206年），当刘邦决计进军关中，“东向争权天下”时，汉军面临的形势是十分严峻的。项羽为防止刘邦出汉中，在分封诸侯时将关中一分为三，以秦降将章邯、司马欣、董翳王之。他企图借助天险和重兵，将刘邦封闭在秦岭以南，大巴山、巫山以西。通往关中的正面要道均被章邯严密封锁，汉军要想从正面突破，非常困难。于是，韩信针锋相对，定下奇计：一面派人重修已被烧毁的褒斜栈道，造成汉军要从正面出击的假象，以迷惑章邯；一面率大军秘密从陈仓道进发，以奇兵袭击章邯侧翼。这便是著名的“明修栈道，暗度陈仓”之计。陈仓道位于秦岭西段，是由南郑入关中四大通道中最为迂远的一条。汉军由南郑向西至白水，然后折向东北，走陈仓道出大散关，直趋陈仓（今陕西宝鸡），完全出乎章邯的预料。章邯只好仓促应战，结果连战失利，被紧紧围困于废丘城中。汉军乘胜进击，司马欣、董翳相继投降，关中迅速平定。

在临晋之战和井陉之战中，韩信之善于出奇，就更为妙绝。一般来看，临晋之战韩信采用的仍是声东击西、奇正并用的战术。但是，只要仔细探究，就会发现这实是奇中有奇的一着妙招。这奇中之奇便是以木罂缶渡军。在两千多年以前的远古时代，一无舟楫，二无桥梁，要率大军渡过素有天险之称的黄河，绝非易事。而木罂缶取材便利，制作简易，操作灵活，在彼时可说是再理想不过的渡河工具了。这实在是中外战争史上的一大创造。由此，也可见韩信想象之新颖与奇特。

如果说临晋之战是奇中有奇，那么井陉之战就是正中有奇了。一般认为，井陉之战中韩信所用由间道至赵军营垒附近隐蔽起来的两千人为奇兵，而背水列阵之一万人为正兵。其实，这只是肤浅的看法。在这里，两千骑兵是以奇为奇，背水阵是以正为奇。以奇为奇，明眼人一看便知；而寓奇于正，以正为奇，就为一般人所不易明白了。背水阵的使用，所以欺骗了赵军，也蒙过了自己的部下，原因就在这里。

《孙子兵法》何氏注曰：“兵体万变，纷纭混沌，无不是正，无不是奇。若兵以义举者，正也；临敌合变者，奇也。我之正，使敌视之为奇；我之奇，使敌视之为正。正亦为奇，奇亦为正。大抵用兵皆有奇正，无奇正而胜者，幸胜也，浪战也。”此论可谓至当。但他接着又说，在井陉之战和临晋之战中，“如韩信背水而阵，以兵循山，而拔赵帜，以破其国，则背水正也，循山奇也。信又盛兵临晋，而以木罂从夏阳袭安邑，而虏魏王豹，则临晋正也，夏阳奇也”①，又是只知其一、不知其二之论了。

① 《孙子十家注》，上海书店1986年版，1992年印刷，第67页。

五、主动进攻，贵在神速

兵贵神速，乃兵家之常理。大凡用兵作战，先发制人贵速，捕捉战机贵速，主动进攻也贵速。所以，孙子说：“兵之情主速”（《九地》）。又说：“其用战也，胜久则钝兵挫锐……故兵闻拙速，未睹巧之久也。”（《作战》）

韩信指挥的战役都是以主动进攻的形式出现的。秦亡后，诸侯兵罢戏下，项羽本想一心一意去当他的西楚霸王，而刘邦则要东向争权天下，这就使汉军处于主动进攻的地位上。刘邦在彭城会战失败后，自己坚守荥阳、成皋一线，而派韩信率偏师对楚军实施战略包围，韩信仍处于主动进攻的地位。这种主动进攻的地位和当时的战场态势，都要求韩信每战必须迅速取胜。而在这方面，韩信恰恰表现出异乎寻常的才能。例如，还定三秦之战，他仅用了两个月左右的时间；破魏之战，只用了一个多月的时间；破赵之战尤其神速，在一个早晨即大破赵军二十万人。

韩信所以能在进攻战中速战速决，大致与下列原因有关：

第一，善用奇袭战术。前面谈到，善于出奇制胜是韩信用兵的一个最为突出的特点。经验证明，在敌人意想不到或没有戒备的时间、地点实施奇袭，可以取得巨大的军事效果。它能使对手因缺乏精神、物质准备而心慌意乱，以至于在慌乱中顾此失彼，举措失常，从而一败涂地。

第二，善于捕捉战机。古人说，“难得者时，易失者机”（《兵经·速》）。又说，兵胜之术，在于“密察敌人之机而速乘其利，复疾击其不意”（《六韬·文韬》）。战场上的情况，瞬息万变，善于捕捉战机，对于一个军事家料敌决胜，具有十分重要的意义。韩信乘齐地大乱、项羽无暇西顾之机，劝刘邦兵出陈仓，还定三秦；乘陈余不用李左车之谋以背水阵大破赵军；乘楚军半渡而以水淹之。这些都反映出他善于捕捉战机的本领和主动进攻的意识。

第三，善于连续作战，不给敌以喘息之机。如还定三秦时，韩信在陈仓首战告捷后，即乘胜紧追，使章邯无法退保关中西部的战略要地雍城而败退废丘。据《读史方舆纪要》载，雍城"居四山之中，五水之会，陇关西阻，益门南扼，当关中之心膂，为长安之右辅。……规关中者此其先资也"①。汉军能迅速拿下雍城，为以后平定关中奠定了基础。其后，韩信围章邯于孤城废丘之中，而派将四出略地，果然一举迅速平定三秦。至于破魏、破赵、灭齐等战役，韩信也都是初战告捷后，即借破竹之势，乘胜追击，不给对手以喘息的机会，而终获全胜的。

需要指出的是，韩信虽以用兵神速著称，却并非如项羽那样，只知一味莽撞地猛攻速进。他首先是在用谋的基础上求速，虽速而不盲目；其次是速中有缓，能恰当地掌握进攻的节奏。例如，他在破魏灭代之后，挥兵迅速东进击赵，但行至距井陉口约三十华里的地方，便停军不前，而派间谍前去侦察敌情。在得知李左车的计谋不被采用后，才果断地设计定策，部署兵力，率军出战。章法不乱，疾缓得宜，此之谓神速，唯韩信为得之。

六、因势利导，灵活多变

在用兵方面，韩信表现出高度的灵活性和创造性。他娴习

① ［清］顾祖禹：《读史方舆纪要》第5册《陕西四·凤翔府》，中华书局2005年版，2012年印刷，第2635～2636页。

前代兵法，但从不盲目照搬，而是根据不同的作战对象、战场条件等具体情况，来确定采用的策略和战术。如临晋之战、井陉之战和潍水之战，都遇到了河川，他分别采取偷渡、背水阵和水攻三种不同的战法赢得了胜利。同是声东击西的战术，用在还定三秦之战和临晋之战中就互异其趣。

向为人们称道的背水阵，是韩信活用兵法的著名范例。背水阵历来为兵家所忌。《尉缭子》说，“背水阵为绝地，向阪阵为废军”（《天官》）。这是因为，背水阵与向阪阵，或者后有大水，或者前有高山，进难得利，退则有碍，等于把自己置于必死之地。所以，当韩信以万人背水立阵时，诸将都迷惑不解，赵军则群起哄笑。然而，这正是韩信的高明之处。当时，汉军卒不及练，士不亲附，如不以背水阵置之于死地，使其绝地求生，势必一战皆散，难得为用。韩信能把兵法上的一般原则与战场上的具体情况结合起来，进行创造性的运用，实非诸将所及，并且即使有汉一代，恐怕也没有能出其右者。

垓下之战，同样能反映出韩信用兵灵活的特点。汉高祖五年（前202年），韩信与刘邦会师垓下，指挥汉军与项羽进行决战。当时汉军约三十万，楚军不足十万，汉军占绝对优势。但是，韩信并未因此死板地采用四面围攻的打法，而是以围三阙一、虚留生路的战术，正面佯攻，两翼包抄，首先将楚军击败，以挫其锐气；然后围而困之，以攻心战动摇其军心；最后在追击中将其全部歼灭。这是因为，楚军虽然已经处于劣势，但其成分多是巨鹿之战时收降的楼烦骑兵和项羽的江东子弟兵，战斗力还很强。若汉军陷之死地，逼其死战，则非但不易取胜，而且很可能蹈井陉之战中赵军的覆辙，以至于功亏一篑，反胜为败。

韩信用兵变化多端的特点，及其善于出奇制胜和速战速决的特点，是与他在作战指挥上善于因势利导分不开的。明代何良臣在《阵纪》中曾说，韩信所以能“驱市人，用乌合”，制胜有术，就在于他善于运用因势利导的原则。他甚至认为，只有韩信才揭开了《孙子兵法·九地篇》的奥秘，把握了其中的诀窍（《因势》）。

因势利导是古代兵家一个十分重要的用兵原则。孙武说：“兵无常势，水无常形，能因敌变化而取胜者，谓之神。”（《虚实》）孙膑则曰：“善战者因其势而利导之。”① 可以说，韩信十分精于此道。他设计定策时，或因敌情，或因己情，或因天时地利之情，真可谓“见景生情”，随机应变，而又能得心应手，左右逢源。例如，还定三秦时，他“因”章邯将注意力全部集中到了褒斜、子午等正面要道上，而以迂为直，兵出陈仓；伐魏时，他“因”魏豹“盛兵蒲坂，塞临晋”，而潜军阳夏，奇袭安邑；攻赵之时，他“因”陈余不用李左车之计，而抓住时机，及时决战；潍水会战时，他“因”龙且骄傲轻敌的特点，而佯败诱之，以水淹之，如此等等，难以尽述。

顺水推舟，事半功倍，这是生活中的常识。其实，军事斗争亦同此理。《兵经》云，用兵作战，“大凡逆之愈坚者，不如乘之以导瑕”（《顺》）。《管子》则称，“攻坚则轫，乘瑕则神”（《制分》）。因势利导，不仅是达到目的最有效的手段，而且常常可以收到四两拨千斤的效果。韩信所以能战必胜，攻必取，每每以少胜多，其秘密正在于此。

韩信的用兵艺术，堪称一绝，即使将其与我国古代第一流的名将相比，也并不逊色。然而，作为一代杰出军事家，韩信也自有其弱点，这就是：疏于治军，持重不足。他两次被刘邦

① 《史记·孙子列传》。

以突然袭击的手段夺军，便是明证。[1] 虽然，刘邦以对付敌人的办法对付自己的部下，袭夺韩信军权，手段实属卑鄙；并且，由于战事频繁，韩信也难以对部队进行严格训练。但作为一名军事统帅，如此疏忽大意，戒备不严，也着实令人惊讶。这与治军谨严、肃整难犯的周亚夫相比，实在不可同日而语。[2]

对韩信两次被袭夺军权的真实性，有人持怀疑态度，认为如韩信之善于用兵，当不会如此，可能出于“史笔增饰”。如费衮在《梁溪漫志》中说：“夫为将而其军每为袭夺，则真成儿戏。信号能军，恐不应至此。”邵氏在其《疑问》中也表示“左右不得其解”[3]。

其实，这种推断之辞，并没有充足的理由。第一，韩信两次被袭夺军，《史记》《汉书》均言之凿凿，毫不含糊。第二，太史公在《史记》中，对韩信只言其如何善于用兵，而绝口不提其如何治军；对周亚夫则再三言其如何持军坚重，却极少言其如何用兵。如此相映成趣，是颇有意味的。第三，这也符合刘邦与韩信各自的性格特点。刘邦权诈无赖，刻薄寡恩，猜忌心甚重，诸将如燕王卢绾、淮南王英布、赵相陈余等，都是因受猜忌而被迫走上谋反道路的。就连与他相交最厚的萧何，也因屡屡受到猜忌而终日战战兢兢。并且，他入关中前，就曾袭夺过刚武侯的军队。而韩信则恰恰相反，他知恩必报，心怀坦荡，虽极善用兵，敏于对敌，却不知如何自全，疏于防内。例如，他在被降为淮阴侯之后，已经知道刘邦十分畏恶己能，却仍然直言不讳地说刘邦不过能将十万之众，而自己则是“多多益善”。由此看来，他两次被袭夺军权和最终被以谋反罪杀害，

① 事见《史记》之《淮阴侯列传》《高祖本纪》。

② 周亚夫事迹见《史记·周勃世家》。

③ 以上所引均转自［清］梁玉绳《史记志疑》卷三，中华书局1981年版。

是有深刻的背景和原因的，不足引以为怪。

总之，韩信的军事才干，用兵是其长，治军是其短。虽然如此，却也是瑕不掩瑜，短不掩长。他以自己的作战实践，丰富和发展了我国古代军事科学。他的用兵方略，值得我们认真加以研究和总结。

（原载《山东社会科学》1998 年第 3 期）

关于“李广难封”的几个问题

——与高敏先生商榷

高敏先生在《“李广难封”的原因何在?》一文中认为，西汉名将李广所以终生不得封侯，其主要原因有二：一是当时的官府以年龄取人而不以德才取人；二是公孙昆邪对他的诬蔑陷害。①

笔者认为这种观点值得商榷，因陈管见如下，请高敏先生和各位同仁教正。

一、公孙昆邪并没有诬陷过李广

关于公孙昆邪其人，史籍中有关记载非常简略，从中根本找不出其嫉贤妒能和诬陷李广的蛛丝马迹。高敏先生说他嫉贤妒能，曾经诬陷李广，笔者认为一半是出于主观臆测，一半是出于对有关史料的误解。

（1）高敏先生说，在平定七国之乱时李广

① 见《光明日报》1987年4月8日第3版。

本来有大功，但由于他私下里接受了梁王的将军印，引起了汉景帝的猜疑和不快，从而给嫉贤妒能者提供了陷害自己的口实；而公孙昆邪所以要陷害李广，则是因为他与李广接触较多，对李广的才能、品德知之甚详，“他的嫉妒之心也许正因此而起”。

这显然是一些毫无根据的臆断之辞。仅仅因为公孙昆邪对李广的才能、品德知之甚详和客观上存在诬陷李广的口实，就说他嫉贤妒能、诬陷李广，实在失之武断。需要指出的是，高敏先生对自己的说法似乎也感到并无把握，这从他对“也许”这一模棱两可不能肯定的字眼的运用可以看出。然而，这种以“莫须有”为根据下结论的做法，是难以令人信服的。

（2）高敏先生认为，公孙昆邪向景帝哭诉的一段话（“李广才气，天下无双，自负其能，数与虏敌战，恐亡之”）中，“自负其能”是对李广的诽谤，“恐亡之”是诬蔑李广想投降匈奴。

笔者认为，这是不符合公孙昆邪的本意的。

首先，这种解释使原话前后语意不贯通——“才气无双”和“自负其能”与李广想投降匈奴之间并无因果关系，是不可以用来作为李广想投降匈奴的根据的。从整段话的语意看，“恐亡之”的“亡”，在这里只能解释为“失掉”或“丧失”（阵亡或被俘），而不能解释作“逃亡”，更不能解释作“投降”。高敏先生显然是误解了“亡”字在这里的准确含义。

其次，上郡虽非汉边郡，但在当时同样经常遭到匈奴骑兵的袭击和骚扰，因而亦需经常与敌接触，说景帝是为了防止李广投降匈奴才将其徙至上郡，实在令人费解。

再次，退一步讲，公孙昆邪如果确是嫉妒李广的话，那么李广“亡”（投降）至匈奴不正中其下怀吗？他何必还要向景帝哭诉自己的担心，让景帝将其由边郡内徙呢？因此，笔者认为，公孙昆邪之所以向景帝哭诉这番话，实际上是出于对李广的关心。他本意是说：李广的才气，天下无双，但他自恃材勇，经常亲自上阵与敌人搏杀，这样下去，真让人担心有一天会丧失掉这位优秀的将领。而景帝所以在听了公孙昆邪的话后，徙李广至上郡，则或许是出于对李广的爱护，或许是出于对平定七国之乱后不但不加封李广反而让其长期在边郡转战厮杀一事的负疚。

与云中、定襄、雁门、代郡、上谷、渔阳、右北平等边郡相比，上郡（今陕西榆林东南、无定河北岸）距京师长安要近得多。和历代封建统治者一样，西汉王朝也常常以徙官员至距京都远或近的地方任职作为对官员的一种惩罚或恩宠。例如，元朔元年（前128年），韩安国为材官将军屯渔阳，“上书言方田作时，请且罢军屯”。罢军屯月余，匈奴大举入侵，安国仅七百人，出战不利，复入壁，匈奴掳掠而去。为此，武帝大怒，“使使责让安国，徙安国益东，屯右北平”。安国忧恐交加，数月后即卧病呕血而死。①

二、嫉贤妒能、排挤李广的是大将军卫青

那么，当时是否有嫉贤妒能、排挤李广的人呢？笔者认为是有的，但这个人不是公孙昆邪，而是大将军卫青。

卫青之嫉贤妒能，从以下几个方面可以得到证明：

（1）身居高位而不肯为国荐贤。为国荐贤，本是将相大臣的一种职责，这在我国几乎历代都有佳话美谈流传于世，如鲍叔牙之荐管仲，祁黄羊之外举不避仇、内举不避亲，等等。然

① 《史记·韩长孺列传》。

而，卫青身居高位多年，未闻其为国荐一贤能。当苏建为此而批评他时，他竟以“彼亲附士大夫，招贤绌不肖者，人主之柄”“人臣奉法遵职而已，何与招士”为对。[①] 不荐贤，则举佞。所以，后人指出：“（卫）青名为不荐贤，而倾危如主父偃，残贼如减宣，皆其所荐，又为郭解请徙关内。然则卫青特不荐贤耳，于不肖者未尝不交通援引也。”[②]

（2）亲信偏裨多平庸之辈。卫青所亲信者，无过公孙敖、公孙贺，而这两个人均无将略可言。公孙敖凡六次出击匈奴，两次战败，两次无功，一次畏懦失期，仅一次立功。他后来因败下吏，依法当斩，而诈称已死，逃亡于民间五六年，终被族诛。公孙贺是公孙昆邪的儿子（《汉书》说是孙子），也是卫青的姐夫。他“七为将军，出击匈奴无大功，而再侯，为丞相”，显然是靠了与武帝、卫青的裙带关系。[③]

（3）排挤、打击李广。汉武帝元狩四年（前119年），卫青受命出击匈奴。李广虽然年过花甲，但仍几次请缨，武帝便任他为前将军。但当汉军出塞并侦知匈奴单于的驻地后，卫青因恐李广建功而将其由前锋位置调往右翼，使之合并于右将军赵食其的麾下，自己则与公孙敖率精兵从正面进攻单于。李广虽据理力争也无济于事。结果，李广因道远且没有向导而迷了路，未能按期到达战场。回军途中，卫青又要将迷失道路的情况上报天子以威胁李广，并召其至大将军幕府向刀笔吏“对簿”。李广终因不堪受辱而拔剑自刎，一代名将就这样含冤陨落了。

人们一般认为，卫青所以将李广由前锋位置调往右翼，是因为他曾阴受武帝“李广年老数奇，毋令当单于”之诫。但笔

①③ 《史记·卫将军骠骑列传》。

② ［清］王鸣盛：《十七史商榷》卷六，中国书店1987年版。

者认为，这不过是卫青为自己临战易将编造的借口而已。理由是：

（1）武帝身为皇帝，且一向说一不二，根本没有必要公开任命李广为前将军，背地里却又通过卫青去改变自己的成命。他如果认为李广“年老数奇”，不想让其与匈奴正面接战，完全可以直接任命其为左、右将军或后将军。再说，李广只是再三“请行”，并未要求一定要担任前将军之职。

（2）以卫青之贵幸，编造这样的假话是没有人敢去找武帝与之对质的。对于这一切，李广是十分清楚的，所以他才据理力争，不肯从命，最后甚至在卫青的高压之下发怒不辞而去。而卫青所以在回军途中先是派人持酒饭前去慰劳、拉拢李广，企图把走失单于的责任推给赵食其，后来因李广不赞同又进行催逼、威胁，则正是他心虚理亏使然。

可能有人会说，卫青身为武帝之舅，官居大将军之职，贵幸无比，没有必要去嫉妒一个小小的郎中令。是的，与卫青相比，李广确是官卑职小，并且他即使建功封侯，也无法与卫青相提并论。但是，嫉妒之心并非仅仅因为怕对方权位超过自己才会产生，一个人的才能、声望本身，同样可以引起他人的嫉妒。与同时代的将领相比，李广的人品、才能均出类拔萃。他不仅射艺精湛，胆略过人，而且忠正廉洁，耿直贤明。所以，在当时，他就极有声望，连匈奴人都畏而爱之，称他为“飞将军”。所有这些，都足以使那位远贤近佞的卫大将军产生嫉妒之心的。

三、“李广难封”的主要原因是自己“建功不深”和朝廷任人唯亲

“李广难封”的原因是多方面的，当时的朝廷以年龄取人虽

是一个重要原因，但不是主要原因。笔者认为，李广自己“建功不深”和朝廷任人唯亲才是其主要原因。

关于前者，我们只要简略地考察一下李广的生平事迹，便不难看出：

汉景帝三年（前154年）平定七国之乱，李广虽战功突出，但因他私受梁王将军印而功过相抵，不得封赏。

汉武帝元光元年（前134年）马邑之战，汉军无功，广亦无功。

汉武帝元光六年（前129年），李广以卫尉为将军出雁门击匈奴，因敌我双方兵力悬殊而军败被俘，后伺机夺得马匹、弓箭逃回。

汉武帝元朔六年（前123年），李广以后将军的身份出定襄击匈奴，诸将多有以功为侯者，而广军无功。

汉武帝元狩二年（前121年），李广以郎中令将四千骑出右北平击匈奴，因博望侯张骞失期而为匈奴左贤王率四万骑包围。李广列成圆阵，沉着应战，虽部下死伤过半，杀敌亦相当。后张骞军至，匈奴解围而去。此役李广“军功自如，无赏”。

汉武帝元狩四年（前119年），李广以前将军身份随大将军卫青击匈奴，因受卫青排挤，东调迷路，未能及时与大军会师，被逼自刎而死。

应当说，司马迁对李广的不幸遭遇是十分同情和深感不平的。他为李广单独立传并将其置于《匈奴列传》和《卫将军骠骑列传》之前，用意至为显明。他以极其感人的笔墨详尽地记叙了这位优秀将领不平凡的一生。如果李广生平中还有重要战绩的话，想来太史公是不会弃而不录的。因此，我们完全可以根据上述记载来评价李广的军功。很显然，从这些记载来看，李广一生中确无很多军功可言。当年，汉高祖刘邦曾与臣下为盟：非刘氏不王，非有功不侯。所以，“建功不深”应是李广终生不得封侯的一个重要原因。

这样说是否贬低了这位名将呢？不是的。李广材勇胆略过人却又常遭败绩，自有其许多客观上的原因。这些原因主要是：(1) 作战对象是迁徙无常的匈奴骑兵，战斗多以遭遇战的形式出现。(2) 李广所率兵力有限，而且不是精兵。从有关记载看，一般不过数千人，而所当之敌常占绝对优势；其所率部队的战斗力，也根本无法与卫、霍相比，这是不言而喻的。(3) 偶然性因素。偶然性是一种在战争中尤为多见的客观存在，而由于上述两个原因，李广之常遭败绩就更带有偶然性色彩。把这种偶然性因素归之于迷信是荒谬的，却不能因此而否认它的存在。从这一意义上说，王维诗中所说的“李广无功缘数奇”，并非毫无道理。

总之，李广一生中的确打了一些败仗，而且是在一些关键性的战役、战斗中打了败仗，但这无损于他英勇善战的名将形象。恰恰相反，他的将才和胆略，正是屡屡在身处险境时表现出来的。如武帝元狩二年（前121年），他在兵力悬殊的情况下与匈奴左贤王进行的那场恶战，就很能说明问题。当时，李广如是一名平庸之将，恐怕汉军一个也难以生还。所以，在评价历史人物时，我们绝不应仅仅以成败论英雄，而要实事求是地论英雄之成败。

关于“李广难封”的第二个原因，毋庸多加分析即可明了。任人唯亲和裙带之风，是封建官僚政治的一种痼疾，即使在明君贤相执政的时期也在所难免。

汉武帝的确是一位雄才大略的封建君主，但他搞任人唯亲也是相当严重的。他所宠幸的将相，如卫青、霍去病、李广利、田蚡等，均以外戚贵显。平心而论，卫青、霍去病虽无过人的将略可言，却也勇壮果决，敢深入力战，尚不失为中等将才。而李广利、田蚡，则全系庸才，纯靠外戚的身份起家。对这些皇亲国戚，武帝是有功辄封，小功大封，滥施恩赏。有时，为了让他们有机会建功封侯，他甚至不惜倾全力发动一场毫无意义的战争。如太初元年之攻大宛，一方面固然是为了得到大宛良马，但另一方面也是出于“欲侯宠姬李氏”的目的。[①]

至于李广，与皇帝却素无裙带瓜葛。他本是秦将李信的后代，至文帝时，不过是以“非医、巫、商贾、百工”的良家子弟身份从军击胡而获得武骑常侍的军职。再说，他为人廉直，“悛悛如鄙人，口不能道辞”[②]，平日里自然不会趋炎附势，攀援显贵。所以，他的“难封”也就不足为怪了。

（原载《争鸣》1989 年第 1 期）

① 《史记·大宛列传》。
② 《史记·李将军列传》。

三国鼎立局面形成时间再认识

关于三国鼎立局面的形成时间，目前有二说：其一，赤壁之战结束，三分局面即基本形成，因而赤壁之战是一次决定性战役，是它决定了鼎立局面的形成。这是一种较为普遍的、传统的观点。其二，三分局面形成于夷陵之战，因为夷陵之战后，东西均势才告形成，孙、刘联盟才成为可能，而孙、刘联盟的存在是三分局面形成的基本条件，所以，夷陵之战才是鼎立局面形成的决定性战役。①

其实，上述看法均不符合历史实际：前者失之偏颇，后者不能成立。笔者认为，三国鼎立局面的形成并非决定于一次战役，而是决定于数次战役；它是一个起于赤壁之战，止于汉中之战，中经刘备入川之战，历时达 11 年（208—219 年）之久的复杂过程；其形成标志是汉中之战，

① 柯友根：《夷陵之战决定三国分立局面》，载《光明日报》1983 年 6 月 15 日。

而不是夷陵之战。现略陈管见，不当之处，敬祈史学界同仁教正。

一、赤壁之战使鼎立局面略具雏形，但未从根本上决定这一局面的形成

在决定三国鼎立局面形成的几次战役中，赤壁之战无疑具有十分重要的历史意义。此战的重要意义在于，它不仅为三分局面的出现提供了一个至为关键的契机，而且使三分局面略具雏形。赤壁之战前，曹操集团的势力远大于孙、刘联盟：（1）除马超、韩遂外，曹操已经消灭了周围大大小小的割据者，基本上统一了北方。（2）曹操挟天子以令诸侯，政治上掌握着主动权。（3）迫降刘琮，奄有荆州，使孙、刘联盟可资依赖的长江天险顿失作用。（4）兵力方面，曹军有二十多万，孙、刘两方不过四五万，相差悬殊。所以，此战曹操本极有可能取胜。而一旦曹军获胜，统一局面就可能由此出现，三分局面则难以形成。然而，赤壁之战的结果，竟以曹操集团大败告终。这使他不得不缩回北方，暂时放弃统一全国的企图；而终日仓皇奔走、无立足之地的"刘皇叔"，赢得了生存、发展的良机。

对赤壁之战的关键性，当时不少人有所认识。诸葛亮在劝孙权与刘备结盟抗曹时说："今将军诚能命猛将统兵数万，与豫州协规同力，破曹军必矣。曹军破，必北还，如此则荆、吴之势强，鼎足之形成矣。成败之机，在于今日。"[①] 鲁肃所以在赤壁之战后力劝孙权"以土地业备"，正是因为他看到鼎足而立此时不仅是可能的，而且已具现实性；认识到刘备集团的存在，

① 《三国志·蜀书·诸葛亮传》。

孙、刘两方的联合，对形成鼎立局面有着至关重要的意义。

但是，事实表明，赤壁之战毕竟不同于淝水之战。淝水一战，即决定了南北对峙局面的形成，赤壁之战却没有从根本上决定三分局面的形成。这并非仅仅是因为赤壁之战后曹操集团的势力仍然远强于孙刘联盟、他南下统一全国的企图只是暂时受挫而并未最终放弃，也不仅是因为孙刘联盟已潜伏着因争夺荆州将趋于破裂的危机，而且还因为益州、汉中这两个重要的“砝码”究竟将落到“天平”的哪一边尚是一个未知数。可以设想，这两个“砝码”如果最终落到曹操一边，则势必使本已失衡的“天平”更加倾斜，曹操就可以凭其巨大优势统一中国。孙权最先看到这一点。赤壁之战后，他遣使报刘备曰：“米贼张鲁居王巴、汉，为曹操耳目，规图益州。刘璋不武，不能自守。若操得蜀，则荆州危矣。今欲先攻取璋，进讨张鲁，首尾相连，一统吴、楚，虽有十操，无所忧也。”①

曹操的谋士刘晔，对此似亦有觉察。215 年，曹操征汉中，因“山峻难登，军食颇乏”而欲罢军，刘晔飞马劝操进兵，“汉中遂平”。汉中平定后，刘晔又向曹操献策说：“明公以步卒五千，将诛董卓，北破袁绍，南征刘表，九州百郡，十并其八，威震天下，势慑海外。今举汉中，蜀人望风，破胆失守，推此而前，蜀可传檄而定。刘备，人杰也，有度而迟，得蜀日浅，蜀人未恃也。今破汉中，蜀人震恐，其势自倾。以公之神明，因其倾而压之，无不克也。若小缓之，诸葛亮明于治而为相，关羽、张飞勇冠三军而为将，蜀民既定，据险守要，则不可犯矣。今不取，必为后忧。”② 然而，曹操没有采纳刘晔的建议，

① 《三国志·蜀书·先主传》注引《献帝春秋》。

② 《三国志·魏书·刘晔传》。

在夺取汉中后即引军还邺，使刘备得以从容稳定益州，从而使三分局面一步步由可能变为现实。

二、刘备入川之战对三分局面基本形成具有不容忽视的意义

汉献帝建安十六年（211 年），刘璋遥闻曹操将向汉中讨张鲁，“内怀恐惧”，遣法正请刘备为援，刘备乘机率军入川。次年十二月，刘备杀刘璋部将杨怀、高沛，反攻刘璋。经一年多苦战，刘璋以成都降，刘备遂占领益州。刘备入川之战，虽不如官渡、赤壁、夷陵等战役为论者所看重，但它对三分局面的形成，具有不可忽视的作用。

首先，入川之战使刘备集团终于得到了理想的立国之地，成为可以称雄一方而“不可复制”的割据势力。赤壁之战后，刘备集团虽然赢得了生存发展之机，但若想仅靠荆州数郡之地立国，显然十分困难：（1）荆州居吴上游，山陵形便，江川流通，为吴之“西势”，刘备若立国于荆州，无异于在孙权卧榻之侧虎踞，孙权势难容忍。（2）与益州相比，荆州地理条件远为逊色。益州素称“天府”，其内沃野千里，物产丰饶，其外关山阻塞，易守难攻，古来多有据以立国者。荆州则不然，这里虽“北据汉、沔，利尽南海，东连吴会，西通巴、蜀”，为“用武之国”①，但同时也是四战之地，易为兵冲，得之不甚难，失之亦常易。荆州初为三方瓜分，后刘备所占部分又被孙权吞并的事实，就说明了这一点。（3）益州自公孙述被灭后，一直未遭受战争的严重破坏，经济繁荣发达，荆州则因汉末战事频仍而

① 《三国志 · 蜀书 · 诸葛亮传》。

元气大伤。所以，庞统劝刘备入川时说：“荆州荒残，人物殚尽，东有吴孙，北有曹氏，鼎足之计，难以得志。今益州国富民强，户口百万，四部兵马，所出必具，宝货无求于外，今可权借以定大事。”① 而诸葛亮则早在初见刘备时，即建此策。刘备入川后，法正恃功骄纵，有人劝诸葛亮“抑其威福”，诸葛亮却说：“主公之在公安也，北畏曹公之强，东惮孙权之逼，近则惧孙夫人生变于肘腋之下；当斯之时，进退狼跋，法孝直为之辅翼，令翻然翱翔，不可复制，如何禁止法正使不得行其意邪!”② 诸葛亮这番话为法正回护之意甚明，但也反映出入川之战对于刘备集团的重要性和关键性。

其次，入川之战使曹操集团控有汉中和益州的可能基本消失，使本来倾斜的“天平”大致趋于平衡。从此以后，曹操想从北方与蜀、汉方向对荆、吴地区形成半包围，并进而统一全国的战略设想，基本没有实现的可能了。

刘备夺取益州之后，以“诸葛亮为股肱，法正为谋主，关羽、张飞、马超为爪牙，许靖、麋竺、简雍为宾友”，弃怨忘隙，任贤选能，内部迅速稳定，从而真正成为鼎足而立的一方割据势力。至此，三国分立的局面才可以说基本形成。

三、汉中之战使三国鼎立的格局最后完成，应看作是三分局面形成的标志

对刘备集团来说，夺取益州之后，开国大业基本完成，但还不能说他们从此就可以高枕无忧。汉中与益州，实为唇齿。

① 《三国志·蜀书·庞统传》注引《九州春秋》。

② 《三国志·蜀书·法正传》。

曹操占有汉中后，使益州北门洞开，其对刘备政权形成的威胁，并不亚于刘备据有荆州对孙吴政权形成的威胁。因此，刘备集团尚需攻占汉中，守住北门，以避免曹魏方面可能随时而来的军事打击。

刘备的重要谋士法正首先意识到了汉中的战略价值。他对刘备说：曹操留在汉中的守将夏侯渊和张郃，才略“不胜国之将帅，举众往讨，则必可克，克之之日，广农积谷，观衅伺隙，上可以倾覆寇敌，尊奖王室，中可以蚕食雍、凉，广拓境土，下可以固守要害，为持久之计。此盖天以与我，时不可失也”①。刘备用其策，进兵汉中，一战斩渊，遂据有汉中之地。另一个认识到汉中地位的人是杨洪。刘备与夏侯渊争夺汉中时，曾急书诸葛亮发兵援助，诸葛亮以此询问杨洪。洪曰：“汉中则益州咽喉，存亡之机会，若无汉中则无蜀矣，此家门之祸也。方今之事，男子当战，女子当运，发兵何疑?”② 诸葛亮因此十分器重杨洪，迅即表杨洪领蜀郡太守。

汉中之战所以应被看作三分局面形成的标志，还在于此战之后形成的鼎立格局，直至 263 年魏将邓艾灭蜀的四十余年间都没有发生重大变化。此后，吴、蜀双方虽然在地域、人众、财力、兵力等方面仍弱于曹魏，但吴据大江之险，蜀凭关山之固，双方再借联盟之势，已足以与北方抗衡。曹魏方面的重要人物刘晔、贾诩等，对此都有清醒估计。刘晔说：“吴、蜀各保一州，阻山依水，有急相救，此小国之利也。”③ 贾诩说：“吴、蜀虽蕞尔小国，依阻山水，刘备有雄才，诸葛亮善治国，孙权识虚实，陆议（即陆逊）见兵势，据险守要，泛舟江湖，皆难

① 《三国志·蜀书·法正传》。
② 《三国志·蜀书·杨洪传》。
③ 《三国志·魏书·刘晔传》注引《傅子》。

卒谋也。”[1]这都是符合当时实际情况的有识之论。

不过，反观当时的局势，吴、蜀双方也没有吞并曹魏的能力。于是，三国鼎立的局面终于完全形成。

四、夷陵之战与三分局面的形成并无关系，相反，它破坏了南北均势，缩短了鼎立局面的延续时间

鼎立局面的稳固性，决定于孙、刘方面与曹魏方面之间在力量上的均势和平衡。夷陵之战并未导致曹魏方面力量的消长，但它削弱了同盟者自身的力量。由于夷陵战败，刘备集团实力大损，国势日蹙，从此只能僻居一隅。其前期，因有诸葛亮这样的杰出政治家、军事家为相，尚能对曹魏取攻势；其后期则终因国力单薄，人才匮乏，不免首先灭亡的命运。蜀亡，孙吴势难独存，仅十数年后便为代魏而起的司马氏政权所灭。至此，三国归晋，鼎足而立的局面也就彻底结束了。

持“夷陵之战决定三国分立局面”观点的同志认为，夷陵之战后吴、蜀才形成了相对均势，双方才具备了结盟的基础。其实，这种看法并不符合实际。

第一，到夷陵之战时，刘备集团对孙吴已无优势可言。此战之前不到两年，刘备集团丧关羽、失荆州，刚刚遭受重挫，在三方中不仅弱于魏，而且弱于吴，已成为最弱小的一方。再退一步讲，即使在荆州丢失之前，刘备集团的力量实际上也比孙吴强不了多少。当时，刘备集团虽然在西线击斩夏侯渊，夺得汉中，在东线擒于禁，杀庞德，围曹仁于襄阳，似有饮马河、

① 《三国志·魏书·贾诩传》。

洛之势，但这不过是表面现象而已。就当时的形势而言，刘备集团的扩张与发展已达到顶点，其强弩之末的态势已经初露端倪。关羽围攻襄、樊始终不能破城，魏将徐晃、吕建等人率领的十数营援兵却源源而至，即便孙权不乘机袭其后方，他也未必能够取胜。胡三省、王夫之都看到了这一点。胡三省曰："（徐）晃营迫羽围如此而不能制，使吕蒙不袭取江陵，羽亦必为操所破，而操假手于蒙者，欲使两寇自弊，而坐收渔人、田父之功也。"[①] 王夫之则云："关羽之覆于吕蒙，固意外之变也；然使无吕蒙之中挠，羽即前而与操相当，羽其能制操之死命乎？以制曹仁而有余，以敌操而固不足矣。"[②] 可谓所见略同。

第二，从人才方面看，刘备集团也不如孙吴集团。刘备集团虽一度据有两州之地，但人才严重不足。其重要谋士庞统、法正均早亡，可依赖的也只有诸葛亮了，至于关羽、张飞等，均不过是一勇之夫。所以，刘备东征败后，诸葛亮叹曰："法孝直若在，则能制主上，令不东行；就复东行，必不倾危矣。"[③] 孙权方面却不同，前有周瑜、鲁肃，后有吕蒙、陆逊，均谋略纵横，奇计迭出。关羽镇守荆州之初，孙权命吕蒙西取长沙、零陵、桂阳三郡，吕蒙旋即得手，而关羽竟无可奈何。后刘备虽引兵五万下公安，也终因曹操入汉中而不得不与孙权和解，忍痛以湘水为界，中分荆州之地两属。由此可见，刘备集团其时确无优势可言。

孙、刘能否结盟，并不取决于双方是否能形成相对均势。鼎立局面的形成，不外乎下述两种情况：（1）鼎立三方势力相

---

① 《资治通鉴》卷六八《汉纪六十·献帝建安二十四年》胡三省注。

② ［清］王夫之：《读通鉴论》卷九《献帝》，中华书局1975年版，2008年印刷，第252页。

③ 《三国志·蜀书·法正传》。

当，形成了“三相”均势。（2）鼎立虽为三方，但其中两方太过弱小，须联合起来才能与强大的一方对抗，因而形成了“二相”均势。三国时之鼎立局面，无疑属于后一种情况。此种鼎立局面能否形成并维持下去，固然取决于两个弱小者之间能否结盟；但两个弱小者之间能否结盟，并不取决于他们之间能否形成均势。他们能否结盟，一是取决于当时的军事形势，二是取决于双方领导人的政治眼光。赤壁之战前，孙、刘间并无均势可言，但他们结成了联盟，这主要是由于来自曹操方面的军事威胁过于严重的缘故。赤壁之战后，孙、刘间仍无均势可言（刘仍弱于孙），但他们也能维持联盟关系的存在，这主要是由于孙吴方面眼光远大而又为孙权信任的政治家鲁肃尚在的缘故。孙、刘以湘水为界平分荆州之后，东西力量其实已大致趋于均衡，但此时联盟出现危机，发生了吴军袭取荆州、擒杀关羽的事情。这一方面是因为曹操已被迫取守势，来自北方的威胁暂时解除；另一方面则是因为孙权集团中最富远见的政治家鲁肃已经病故，他的位置已被长于军事谋略而短于政治见识的吕蒙代替。

由此可见，鼎立局面中两个弱小者所以能够联盟，首先是军事形势的逼迫使然：他们面临着共同的威胁，但谁也没有独自与强敌抗衡的能力；其次是双方领导人的明智使然：他们都懂得盟则皆存、离则两伤的道理，而与他们之间是否存在相对均势，并无必然联系。

（原载《东岳论丛》1990年第3期，刊发后主要论点曾被《文摘报》转载）

重评曹操的军事才能

曹操是我国古代一位著名的政治家、军事家和文学家。对曹操政治、文学方面的才能和成就，论者历来多有评说，但对曹操在军事方面的才能和成就，则似乎评论不多，或虽有评论，也多失之笼统和粗略，以定性之结论性语言多而以定量之分析性语言少。

陈寿在《三国志·魏书·武帝纪》文末评曰：

> 汉末，天下大乱，雄豪并起，而袁绍虎视四州，强盛莫敌。太祖运筹演谋，鞭挞宇内，揽申、商之法术，该韩、白之奇策，官方授材，各因其器，矫情任算，不念旧恶，终能总御皇机，克成洪业者，惟其明略最优也。抑可谓非常之人，超世之杰矣。

这里，陈寿对曹操的军事才能的评价，不可谓不高。然而，裴松之注引王沈《魏书》更说：

> 太祖自统御海内，芟夷群丑，其行军用师，大较依孙、吴之法，而因事设奇，谲敌

> 制胜，变化如神。自作兵书十万余言，诸将征伐，皆以新书从事；临事又手为节度，从令者克捷，违教者负败。与虏对阵，意思安闲，如不欲战，然及至决机乘胜，气势盈溢，故每战必克，军无幸胜。

可见，《魏书》的评价，较之陈寿的评价更高。至于后世之人，则大多因袭了陈、王二人的观点。那么，曹操的军事才能究竟怎样？有何长短？笔者现拟根据史书的有关记载，严格从事实出发，作些分析。

笔者认为，曹操的军事才能，既有其长，亦有其短，从总体上看，大致可以概括为这样四句话，即：长于战术，短于战略；长于任将，短于治军；长于陆争，短于水战；长于政治，短于军事。现试分述如下：

一、长于战术，短于战略

我们只要稍微仔细地阅读一下《三国志》的有关记载，就不难发现，曹操在指挥才能（或曰用兵艺术）方面，明显地长于战术而短于战略。其一生的军事实践表明，他在战役指挥和战术行动上，正确、成功者居多而错误、失败者为少；在战略决策和战略指导上，则恰恰相反，是错误、失败者居多而正确、成功者为少。这里，我们不妨分别略作统计，以资说明。

（一）有关战役指挥和战术行动

（1）汉献帝初平元年（190 年）二月，与董卓将徐荣战于荥阳汴水，因兵少不敌，败。

（2）汉献帝初平二年，与黑山义军白绕战于濮阳，胜。

（3）汉献帝初平三年春，击黑山义军于毒、眭固，又击匈奴於扶罗于内黄，皆胜。

（4）同年，击黄巾军于寿张东，胜；追至济北，迫降黄巾军卒三十万，男女百余万口。

（5）同年，与袁绍击刘备、单经、陶谦等，皆胜。

（6）汉献帝初平四年（193年）春，击袁术，大胜。

（7）同年秋，征陶谦，下十余城，胜。

（8）汉献帝兴平元年（194年）夏，复征陶谦，胜，拔五城；过郯，与谦将曹豹、刘备战，胜，遂拔襄贲。

（9）同年，与吕布战于濮阳，败；后相持百余日，以粮尽，各引还。

（10）兴平二年（195年）夏，与吕布战，“设伏，纵骑兵击”，胜，拔定陶；秋八月，围张超于雍丘，十二月破之。

（11）汉献帝建安元年（196年）二月，讨黄巾军刘辟、黄邵等，胜。

（12）汉献帝建安二年（197年），与张绣战于宛，败。

（13）同年秋九月，攻袁术将桥蕤、李封于淮南，胜。

（14）同年十一月，南征至宛，擒刘表将邓济，攻拔湖阳，下舞阴。

（15）汉献帝建安三年（198年）春至夏五月，与刘表、张绣战于穰，引还，绣兵追，操“夜凿险地为地道，悉过辎重，设奇兵”，大破之。

（16）同年九月，东征吕布，至下邳，大破之，追至城下，然此后久攻不下，欲退兵，用荀攸、郭嘉计，决泗、沂水灌之，生擒布，东方遂平。

（17）汉献帝建安四年（199年）三月，命史涣、曹仁渡河击眭固，大破之，斩固；遂济河，围射犬，故张杨旧将薛洪、缪尚降。

(18) 汉献帝建安五年（200 年）夏四月，用荀攸计，声东击西，于白马击败袁绍军，斩绍大将颜良；复以利诱之，乘乱击之，败绍追军，杀绍大将文丑。

(19) 同年八月，用荀攸计，大破袁绍运粮车队，尽烧其车辆；冬十月，用许攸计，烧绍乌巢屯粮，绍众大溃。

(20) 汉献帝建安六年（201 年）夏四月，击袁绍仓亭军，破之。

(21) 汉献帝建安七年（202 年）秋九月至次年三月，连破袁绍子袁谭、袁尚。

(22) 汉献帝建安九年（204 年），连破（降）袁氏将武安长尹楷、邯郸守将沮鹄、易阳令韩范等；秋七月，大破袁尚，八月定邺。

(23) 汉献帝建安十年（205 年）正月，败袁谭，斩之，冀州平。

(24) 同年秋八月，征故安赵犊、霍奴及三郡乌丸，斩犊等，败乌丸。

(25) 汉献帝建安十一年（206 年）春正月，征高干，围壶关，拔之。

(26) 同年征三郡乌丸，八月大破之，胡、汉降者二十余万口；然后，引而不发，使公孙康斩杀袁尚、袁熙兄弟，传其首。

(27) 汉献帝建安十六年（211 年）秋七月，西征马超，初败于渭水，后用反间计，离间马超与韩遂的关系，大破之，终于平定关中。

(28) 汉献帝建安十八年（213 年）春正月，进军濡须口，破孙权江西营，获其都督公孙阳。

(29) 汉献帝建安二十年（215 年）三月，西征张鲁，连战皆捷，遂定汉中。

(30) 汉献帝建安二十二年（217 年）二月，进军江西郝溪，孙权在濡须口筑城，攻逼之，迫其退走。

以上是根据《三国志·魏书·武帝纪》对曹操亲自指挥的战役战斗行动的大致统计，其中胜者占了绝大多数，败者十无一二，且多有一定的客观原因。例如，讨董卓时败给徐荣，一是兵力太少，二是操系初次从事军事指挥活动，缺乏经验。建安二年（197 年）败于张绣，实际上是由于麻痹，遭到张绣（其时本已投降）从内部的袭击，与指挥能力高低无关。相反，那些获胜的战例，不仅所占比例极高，而且有不少赢得十分漂亮。如建安三年（198 年）之大败张绣的追兵，建安五年（200 年）之利诱、击败袁绍军，建安十一年（206 年）之不战而取袁氏兄弟的首级，建安十六（211 年）年征关中时之离间马超与韩遂的关系，等等，都充分体现了曹操灵活多变、奇计迭出、长于战役指挥和战术谋划的特点。

（二）有关战略谋划和指导

历史事实表明，曹操在关系全局的战略谋划和战略指导方面，既乏远见，亦少办法。

(1) 官渡之战，曹操在战略上始终缺乏清醒、明确的认识。战前，他虽深知从实力上讲无法与袁绍匹敌，深知此战对他来说意义极为重大，却并不知道如何应对，所以拿不出具体办法来。据《三国志·魏书·荀彧传》记载，袁绍兼并刘馥、公孙赞之后，天下皆畏其强，而曹操正“东忧吕布，南拒张绣”，且其刚刚被张绣战胜于宛城。此时，袁绍愈益骄傲，致操书信，词语悖慢。曹操见信后大怒，“出入动静变于常”，部下皆莫名所以。后荀彧问之，曹操乃以绍信示彧，说：“今将讨不义，而力不敌，何如?”荀彧为其详加分析，指出“古之成败者，诚有其才，虽弱必强，苟非其人，虽强易弱”，操有“四胜”（即所谓“度胜”“谋胜”“武胜”“德胜”），而绍皆无，“夫以四胜辅天子，扶义东征”，袁绍虽强，必无能为。这样，曹操始觉心中踏实。

但是，当袁曹在官渡之战中进入相持阶段时，曹操的信心再次动摇，他写信给留守许昌的荀彧，说打算退兵还许，荀彧为他分析说：“今军食虽少，未若楚、汉在荥阳、成皋间也。是时刘、项莫肯先退，先退者势屈也。公以十分居一之众，画地而守之，扼其喉而不得进，已半年矣。情见势竭，必将有变，此用奇之时也，不可失也。”① 在荀彧的劝说下，曹操才打消了退兵的念头，以奇兵烧毁袁绍的屯粮之所，终于取得了此战的彻底胜利。

由此可见，官渡之战曹操所以能够获胜，战略上主要得益于荀彧，他本人所见所识并无多少值得称道之处。《武帝纪》记他对众将说“吾知绍之为人，志大而智小，色厉而胆薄，忌克而少威，兵多而分画不明，将骄而政令不一，土地虽广，粮食虽丰，适足以为吾奉也”云云，从前面的记载看，应是在吃了荀彧的“定心丸”之后才可能有的见识。

（2）赤壁之战，既不知彼，又不知己，盲目用兵，终致大败。据《荀彧传》记载，曹操在平定三郡乌丸后，欲南征刘表，向荀彧问计，荀彧答曰：“今华夏已平，南土知困矣。可显出宛、叶而间行轻进，以掩其不意。”建安十三年（208 年）七月，操开始用兵，八月刘表病死，九月曹军至新野，刘表子琮举州投降，荆州不战而下。应当说，曹操夺得荆州，既是意料中事，也带有一定的偶然性。问题是，曹操在夺取荆州之后，

① 《三国志·魏书·荀彧传》。

应当见好就收，而不宜继续冒进，企图一战而竟全功，彻底消灭刘备与孙权。因为此时的形势，表面上看起来对曹操极为有利，实际上并非如此。概括当时之不利于曹操的因素，至少有这样几点：一是曹操“托名汉相，其实汉贼”，靠武力和诈谋经营天下，在政治上远未赢得天下人之心。二是操之后方也不稳固，既有内忧——拥汉派的反对，又有外患——关西马超、韩遂的威胁。三是军事上舍长就短，以不习水战的北方士卒，来与南方乘船如骑马的水乡将士争衡，而且是长途奔袭，远来疲敝。四是孙、刘双方虽兵力少于曹操，但精兵也不下五六万人，而且主明、士智、将勇、卒练，面对强敌，内部团结。[①] 对此，周瑜和诸葛亮都有深刻认识，而曹操无丝毫觉察。作为一个军事家，如此昧于知彼和知己，在重大的军事行动之前作出如此错误的战略决策，显然是不应该的。

（3）没有及时夺取关西、汉中和两川，丧失了统一中国的大好时机。笔者认为，假如曹操在夺取荆州（治所江陵）之后，不急于南进，而是将荆州江南地区留给刘备和孙权，让他们两家去争夺，自己则掉回头来稳定内部，向西夺取关西，向西南夺取汉中及两川，那么天下大势就很可能会是另一种局面。荆州江南地区位于孙权集团的上流，若为刘备所占，就会成为他们的心腹之患，所以其绝不可能在此地归属未定的情况下无动于衷。而刘备当时尚无立足之地，只有夺取荆州江南地区最为近捷，最为现实。在这样的形势下，如无共同的强敌临之，他们只可能鹬蚌相争，不可能联合对外。而关西、汉中与两川地区，除了关西的马超还是个对手外，汉中的张鲁和两川的刘璋都是庸劣无能之人，曹操若能以强兵临之，夺取这些地方当不

① 《三国志》之《吴书·周瑜传》《蜀书·诸葛亮传》。

会有什么太大的困难。然而，曹操放着这些意义重大且相对容易对付的敌人不打，偏偏去进攻他的两个最为强大的、连他自己也认为是“人杰”的对手，迫使他们以极快的速度联合起来共同抗击他，实在是战略决策上的一大失误。

赤壁之战后六年，即建安十九年（214 年），刘备占有益州，曹操平定陇右。次年，孙、刘瓜分荆州江南之地，曹操夺占汉中。此时，谋士刘晔对曹操说：“明公以步卒五千，将诛董卓，北破袁绍，南征刘表，九州百郡，十并其八，威震天下，势慑海外。今举汉中，蜀人望风，破胆失守，推此而前，蜀可传檄而定。刘备，人杰也，有度而迟，得蜀日浅，蜀人未恃也。今破汉中，蜀人震恐，其势自倾。以公之神明，因其倾而压之，无不克也。若小缓之，诸葛亮明于治而为相，关羽、张飞勇冠三军而为将，蜀民既定，据险守要，则不可犯矣。今不取，必为后忧。”① 而另一重要谋士司马懿，也于此时劝操乘势取蜀，且指出刘备系以诈力掳刘璋，蜀人未服，且正与吴人远争江陵，实属机不宜失。然而，曹操均不肯采纳。②不仅如此，他还在明知夏侯渊“但知任勇”、轻躁寡谋的情况下，依然让他守汉中，自己则率大军返回邺城。结果，仅仅过了三年，夏侯渊就被刘备部将黄忠所杀，汉中终为刘备所得。③ 所有这些，都反映出曹操在事关全局的战略决策方面缺乏远见。

此外，由于理论与实践的特殊关系，一个军事家在实践上的特点，不可能不反映到他的理论著述上去。分析曹操现存唯一的军事理论著述《孙子注》，其明（长）于战术而昧（短）于战略的特点同样十分显著。对此，古棣与周英二位先生已著

① 《三国志·魏书·刘晔传》。
② 《晋书·宣帝纪》。
③ 《三国志·魏书·夏侯渊传》

专文进行了详尽的分析与论述①，读者可以参阅，恕笔者不再赘述。

二、长于任将，短于治军

（一）关于任将

《武帝纪》注引王沈《魏书》说："（曹操）知人善察，难眩以伪，拔于禁、乐进于行阵之间，取张辽、徐晃于亡虏之内，皆佐命立功，列为名将；其余拔出细微，登为牧守者，不可胜数。"应当说，此话大抵是符合实际的。考察曹操的军事生涯，其在使用将领方面，主要有如下两个特点：

（1）善于发现人才。遍阅《三国志·魏书》，可知曹操部下许多将领，本不知名或不甚知名，是经曹操之慧眼识拔，才逐渐建立功名而为人所知的。如渔阳人田豫，初事刘备，以母老而不得相从，后依公孙瓒，瓒虽知其有权谋而不能用。瓒败，鲜于辅行太守事，以豫为长史，豫说鲜于辅归曹操。曹操即"召豫为丞相军谋掾，除颍阴、朗陵令，迁弋阳太守，所在有治"②。广陵人陈矫，初为东阳太守陈登功曹，郡为孙权所围，矫受登之命求救于曹操，曹操一见奇之，即欲留之，矫辞以郡内有倒悬之急，操当即为之发兵，大破吴军，而操也终辟矫为司空掾属，此后其或出为都尉、郡守，或入为丞相长史、掾属，而在曹丕时官至司徒。③山阳人满宠，年十八即为郡督邮，后守高平令，曹操临兖州，辟为从事。当袁绍强盛之时，汝南为绍

① 见古棣、周英《长于战术　短于战略——评曹操〈孙子注〉》，载《孙子学刊》1993年第3期。

② 《三国志·魏书·田豫传》。

③ 《三国志·魏书·陈矫传》。

之本郡，门生宾客遍布诸县，拥兵拒守。曹操深为忧虑，遂以满宠为汝南太守。宠募其服从者五百人，接连攻下二十余壁，然后诱其未降渠帅，于坐上杀十余人，汝南遂平。建安二十四年（219年），满宠佐曹仁守襄樊，抵御关羽之百般围攻，见识超人，力战有功，终于保全了所守城池。宠深通《孙子兵法》，富于谋略，其后在与孙吴政权的抗衡中，也表现出过人的才干，建有大功，官至太尉。①

（2）不拘一格，唯才是举。建安十五年（210年），曹操曾发布《求贤令》说："自古受命及中兴之君，曷尝不得贤人君子与之共治天下者乎！及其得贤也，曾不出闾巷，岂幸相遇哉？上之人不求之耳。……若必廉士而后可用，则齐桓其何以霸世！今天下得无有被褐怀玉而钓于渭滨者乎？又得无盗嫂受金而未遇无知者乎？二三子其佐我明扬仄陋，唯才是举，吾得而用之。"② 诚如此令所说，曹操任将，的确做到了不拘一格而唯才是举。被他重用的将帅，出身颇杂，亲疏都有：一是曹操自己的族人、亲属甚至他的儿子，如夏侯惇、夏侯渊、曹仁、曹洪、曹彰等；二是出身细微，与他非亲非故者，如吕虔、许褚、典韦、满宠、田豫、陈矫、牵招、徐邈、胡质等；三是拔于行伍战阵之间者，如于禁、乐进、李典、李通等；四是取于败军亡虏之内者，如张辽、徐晃、张郃、臧霸、庞德等。这些，都是当时被列为名将写入史传者，至于那些中才以下不为史传所录者，当不知凡几。

（3）各任器使，用其所长。曹操用将，不仅善于发现人才和不拘一格地提拔人才，而且能够根据他们的特点，充分发挥

① 《三国志·魏书·满宠传》。

② 《三国志·魏书·武帝纪》。

他们的所长。例如，许褚、典韦皆壮武，膂力过人，且忠诚奉法，任侠有志节，曹操就让他们战则为军锋，息则统亲兵；臧霸有恩信于东土，曹操就割青、徐二州托付于霸，从而得以专心对付袁绍，不必以东方为念；文聘本刘表大将，在江汉一带颇有威恩，曹操就以聘为江夏太守，委以边事，使御孙权；徐晃用兵持重，“常远斥候，先为不可胜，然后战”，曹操在于禁、庞德失利之后，就命徐晃率军解樊城之围，而晃果然至即挫关羽军锋，大败荆州兵，等等。①

建安二十年（215 年），曹操亲征张鲁，而以张辽、乐进、李典守合肥，留给护军薛悌一函，署曰“贼至乃发”。不久，孙权率众十万围合肥，张、乐、李、薛乃共同启函，见内有一教，曰“若孙权至者，张、李将军出战，乐将军守护军，勿得与战”，诸将皆疑，而张辽、李典知其意。② 原来，一者张辽、李典、乐进素不和睦，操恐其不相统属，故预为处分；二者强敌远来，守军无救为恃，必须乘其兵势未合之际逆击之，以安众心，然后可守。这一事例，不仅表明曹操善于用将，而且也表明他深晓攻守之机。

当然，曹操任将，也有其失误之时，如任夏侯渊而夏侯渊覆亡，任于禁而于禁败降，但这不过是百密中之一疏，并不足以掩其总体上的成功。

（二）关于治军

现存史料中并无有关曹操治军的正面记载，但我们可以根据这些史料，作出如下判断：

---

① 分别见《三国志·魏书》之《许褚传》《典韦传》《文聘传》《徐晃传》。
② 《三国志·魏书·张辽传》。

（1）曹操对于军队的治理与管理，既不如诸葛亮，也不如孙氏兄弟。陈寿在《上诸葛亮集表》中曾说，诸葛亮之才，“于治戎为长，奇谋为短，理民之干，优于将略”。对于这一评论，人们向有不同看法，但这不同看法主要来源于“奇谋为短”和“将略”不如“理民之干”的评价，至于“治戎为长”的评价，则从来没有异议。据《诸葛亮传》记载，建兴六年（228 年）春，诸葛亮率军北伐，“戎阵整齐，赏罚肃而号令明”，魏之南安、天水、安定三郡均叛而应亮，关中为之“响震”。建兴九年（231 年），诸葛亮再次北伐，与司马懿对阵于渭南，“亮每患粮不继，使己志不申，是以分兵屯田，为久驻之基。耕者杂于渭滨居民之间，而百姓安堵，军无私焉”。察诸葛亮平生行师用兵，胜无侥幸之胜，败无溃乱大败。所以，后人评论他的军队，实乃“桓文节制之师”。这些，自然都是诸葛亮治军有方的明证。据《孙破虏讨逆传》记载，孙策骑士有罪，逃入袁术营中藏匿，而孙策依然派人前往斩之，然后向袁术道歉，“由是军中益惮畏之”。后来，他说服袁术，率兵仅千余人，骑数十匹，宾客愿从者数百人，还定江东，至历阳众增至五六千人，于是，“渡江转斗，所向皆破，莫敢当其锋，而军令整肃，百姓怀之”。反观曹操用兵，则从无此类记载。

（2）曹军作战，胜则动辄“屠城”“残戮”，败则散乱奔逃、溃不成军。据《武帝纪》记载，兴平元年夏，曹操东征陶谦，“所过多所残戮”。据《陶谦传》及注引《吴书》记载，初平四年，操征谦，“多杀人民”，“死者数万，泗水为之不流”。据裴松之注引《献帝起居注》记载，官渡之战，曹操杀袁绍士卒七万余人。据《武帝纪》载，建安十九年（214 年），操部将夏侯渊攻兴国，“屠之”；建安二十年，操征张鲁，氐王窦茂众万余人，恃险不服，操“攻屠之”。据《曹仁传》载，操围壶关，竟下令曰“城拔，皆坑之”，幸得曹仁以围城必阙说之，方收回成命。由此，我们便可以理解，当曹操征荆州之时，为什么会有十余万士民追随刘备南逃，甘于同败。此外，据《于禁传》记载，曹操在宛城败于张绣之时，为流矢所中，战马被射死，几乎溃不成军，而青州兵因操平日“宽之”，此时竟然劫掠同类，致使曹军士卒“十余人被创裸走”，幸得于禁治军严毅，“在乱能整，讨暴坚垒，有不可动之节”，才使其得以免于更为严重的失败。据《武帝纪》和《许褚传》记载，操征关西时，又大败于马超，狼狈而逃，幸得校尉丁斐和许褚，一个放牛马以诱敌军，一个扶操上船，并一手撑篙、一手举马鞍为其遮蔽箭矢，曹操方幸得不死。以上所述，都反映了曹操御兵乏术、短于治军的特点。

三、长于陆争，短于水战

这实际上是一个人所共知无须多作说明的问题。曹操平生所直接或间接指挥的战事，基本上全是以马步军为主的陆上之争，其中虽然难免败挫，但终究是胜多败少，这反映了他善于指挥陆上作战的特点。

曹操一生中只指挥了一次水战，即赤壁之战，结果是大败而归。据《武帝纪》记载，建安十三年（208 年）正月，曹操曾在邺城作玄武池以操练水军，并于同年七月即南征刘表，此后不久又乘新胜之威而南追刘备，欲定江南。在池中操练水军，时间又是如此之短，岂能有理想的效果？这反映了他对水战认识的肤浅和幼稚。据《周瑜传》记载，赤壁之战前夕，瑜部将黄盖献策说：“今寇众我寡，难与持久。然观操军船舰首尾相接，可烧而走也。”瑜纳其计，于是盖欺操以诈降，果然以火攻大破曹军。水战以舰船为主要工具，大江之上，战船首尾相接，不备火攻，而又轻信诈降，这又从另一个侧面反映了曹操对水战常识的无知。

有人说，赤壁之战是小战而非大战，曹操是由于遇到疾疫烧船自退。这实是为出新奇哗众取宠而不顾客观事实所做的一种翻案文章。赤壁之战发生于建安十三年，而陈寿生于蜀建兴十一年（233 年），假如其父在20岁上下时生他，则其父生时当在建安十八年（213 年）前后，而此时距赤壁之战不过数年。陈寿生活的年代，上距赤壁之战发生的时间如此之近，而且其又曾仕于蜀，其对一次规模、意义如此之大的战役岂能搞错？或者说，如果根本没有发生过这样一次规模、意义如此之大的战役，陈寿岂能凭空虚构或杜撰？

赤壁之战后，曹操与孙权曾有数次交锋，互有胜负，而曹操以不惯水战，终难获利。据《吴主传》及裴松之注引《吴历》记载，建安十八年（213 年），曹操率军进攻濡须口，孙权与之相拒月余。曹操见孙权舟船器仗军伍整肃，喟然叹曰："生子当如孙仲谋，刘景升儿子若豚犬耳！"遂退军。可见，在水战问题上，曹操是始终不得要领，故难有作为。

四、长于政治，短于军事

实事求是地说，曹操主要是一位政治家，他的军事才能远不如他的政治才能卓越和突出。作为一位著名的政治家，曹操在政治上的过人之处，主要表现在以下方面：

（1）善察时势。据《武帝纪》及王沈《魏书》载，光和末，冀州刺史王芬、南阳许攸、沛国周旌等连结豪杰，谋废灵帝，而以己谋告知曹操，曹操拒绝参与，并说："夫废立之事，天下之至不祥也。古人有权成败、计轻重而行之者，伊尹、霍光是也。……今诸君徒见曩者之易，未睹当今之难。……而造作非常，欲望必克，不亦危乎！”后王芬等果然事败。董卓当政之时，曹操不仅不与其合作，并且“散家财，合义兵”，率先起而讨卓，则更反映了他对当时政治形势的准确判断。其后，袁绍与韩馥谋立幽州牧刘虞为帝，曹操亦断然拒绝。建安元年，曹操之迎献帝至许，是其一生中意义最为重大的一项政治举措，因为从此他就可以挟天子以令诸侯，在政治上始终处于十分主动的地位。曹操是一个在政治上具有雄才大略的人，取汉帝而代之，可说是他梦寐以求的事情，但他即使在已经功业盖世的时候，也仍然能清醒地认识到，代汉的政治条件尚不具备。据《晋书·宣帝纪》载，襄樊之战后，孙权遣使乞降，上表称臣，陈说天命，曹操说：“此儿欲踞吾著炉炭上邪！”显示了他在政治上的成熟、老练与清醒。

（2）善用人才。曹操不仅善于使用军事人才，其实也善于使用政治人才和其他各类人才。东汉末年，当天下扰攘纷争之际，曹操几乎网罗了当时的所有智谋才策之士。这当中，既有出身于世家大族者，如荀彧、荀攸、袁涣、张范、鲍勋、刘晔、司马懿、陈群等，也有出身于庶族地主甚至低微、贫贱家庭者，如贾诩、凉茂、国渊、田畴、崔琰、毛玠、司马芝、锺繇、华歆、王朗、程昱、郭嘉、董昭、蒋济、任峻、桓阶等。至于武将，已如前述，兹不赘言。《三国志》共5册65卷，仅《魏书》就占了3册30卷，足见其时曹魏政权人物之盛。

（3）较能容人。曹操在自己的政治生涯中，出于种种原因，的确杀了几位不能与他在各方面始终保持一致的才智之士，如荀彧、孔融、杨修、崔琰等，这在顺我者昌、逆我者亡的封建专制时代，是不足为怪的。但从总体上来说，曹操还是比较能够容人的。例如，曹操为兖州太守时，曾经任命毕谌为别驾。后张邈发动叛乱，劫持了毕谌的母亲和妻子，曹操理解他的处境，同意他前往张邈那里。毕谌表面上表示决无二心，但一离开曹操就逃亡了。后吕布被击破，毕谌也被生擒，曹操仍任命他为鲁相。再如，当年曹操曾举魏种为孝廉，当兖州发生叛乱时，曹操认为只有魏种不会背叛他，结果魏种恰恰背叛了他。后来，他虽然终于生擒魏种，但出于爱惜其才华不仅没有治他的罪，而且再次录用了他。[①] 曾经割据一方的张绣，或战或降，数次反复，曹操都没有怪罪他，最后不仅接受了他的投降，而且对他表示了充分的信任。[②]

（4）从谏如流。善于团结、网罗人才而不善于听取他们的忠言良策，或者虽然能够听取他们的意见但不辨糟粕与精华，不能择善而从，则与不善于团结、网罗人才没有什么区别。应当说，在这两个方面，曹操都不存在什么问题，他基本上能够做到从谏如流，择善而行。他的许多重大的政治、军事决策，都是在充分听取他人意见的基础上作出的。

从上述事实不难看出，曹操的政治才能的确是比较突出的，一个政治家必须具备的品格和能力，他基本上都具备了；相反，作为一个军事家，他的才能却并不怎么优秀和突出——他在战略上缺乏远见卓识，在战场上果于杀戮，治军也不严谨，而且自始至终不懂水战，等等，可说是所短非一。所以，他实际上只是一个优秀的政治家，而不是一个优秀的军事家，更不是一个杰出的大军事家。

说到这里，人们可能会问，曹操的军事才能既然并不像有

① 以上见《三国志·魏书·武帝纪》。
② 《三国志·魏书·贾诩传》。

些人所说的那样突出和优秀，那么，千百年来，他何以会被视为一位杰出的大军事家呢？笔者认为，这大概与以下这样一些原因有关：

第一，囿于前人的观点。绝大多数人在认识问题和分析问题的时候，往往会有人云亦云、先入为主的特点。陈寿是著名的史学家，《三国志》是史学名著，而裴松之为《三国志》所作的注释影响也不小，所以，人们就很容易不加分析地接受他们的观点。

第二，关注结果，忽略过程，片面地以成败论英雄。人在观察问题时的另一个容易出现的误区就是关注结果而忽略过程。这种认识上的误区，极易使人片面地以成败论英雄，而不是实事求是地具体地论英雄之成败。曹操在东汉末年至三国初期这个历史时代，较之刘备、诸葛亮、孙权等人，事业成就最大，而且这些事业成就几乎都无一例外的与军事上的成功有着密切的联系，这样，人们自然也就很容易将其看作是一位杰出的大军事家了。

第三，认识上的移花接木，将他人的成就和才能记到另一个人头上。在曹魏政权中，曹操是最高领导者，所有幕僚策士的意见或建议，都需要曹操最后拍板，这在客观上就很容易使后人将这些幕僚和策士的见解和才能看作是曹操的见解和才能。

（原载《济南大学学报》2000 年第 6 期，题为《论曹操的军事才能》，刊发后基本论点被《中国社会科学文摘》摘要转载，此次收入本书，文字有所增删）

曹操未能统一天下之原因分析

多年来，关于三国史的学术研究，一直长盛不衰：发表的论文可谓连篇累牍，出版的著作可谓汗牛充栋。但是，有一个问题至今鲜有人涉及，即：曹操最后为什么会功亏一篑，未能统一天下。现笔者不揣谫陋，欲就这一问题略申管见，以就正于方家同好。

曹操之未能统一华夏，原因究竟何在？是因为当时根本就不存在统一的可能吗？笔者认为显然不是，而是由于曹操从一开始就在政治上出现了诸多失误，最后又在关键时候连续出现了重大战略决策失误，从而使统一的局面与自己失之交臂。概括地说，曹操所以最终未能统一华夏，主要是由于政治上失人心和军事上失策略。

一、根本原因——政治上失人心

曹操在政治上失人心，主要表现在两个方面：一是失士心，也就是失贤能之士的心；二是失民心，也就是失百姓之心。

（一）失士心

俗话说，得人心者得天下，失人心者失天下。而得人心者，首先就是要赢得英雄豪杰贤能之士的心。从古至今，欲得天下者，无不千方百计地招揽人才，以为辅佐。实事求是地说，在这问题上，曹操的初衷和举措原也是不错的，并且也的确赢得了一大批才俊之士的归附。他曾于建安十五年后连下三道求贤令，求贤若渴之情，可见一斑。但是，当时尚无归属的天下之士，如徐庶、诸葛亮、庞统、周瑜、鲁肃等，不仅没有纷纷前来相投，反而跑到了刘备和孙权麾下。为什么会出现这样的局面呢？笔者认为应当与下述因素有关：

1. 性格存在缺陷

笔者认为，即使在整个中国古代历史上，曹操都是一个非常特殊的人物。首先，这是一个性格极其复杂的人，我们很难像对待其他历史人物一样，相对容易地为他作出一份或好或坏的鉴定；其次，这是一个在性格上充满矛盾的人物：他既自信又自卑，既重才又忌才，既大度又狭隘，既宽仁又残刻，既通达又多疑，既弘雅又奸诈，既谦下又傲慢……所以，我们甚至可以说，曹操实际上是一个性格上的矛盾统一体。由于这样一种性格特点，他对待部下就会有时以恩义相结，有时以权术驾驭；有时信任依靠，有时猜疑防范；有时宽厚仁爱，有时狭隘残酷……而长期以来，人们对曹操的评价所以会各执一词，不相服膺，其实就是由于大家对曹操的这种性格特点认识不足所致。

曹操性格上的某些负面特点，如多疑谲诈、残忍忌刻等，是相当突出的，以至于欧阳修称为“鬼蜮之雄”。太尉杨彪，历董卓之乱，追随朝廷，流离奔走，“尽节卫主，崎岖危难之间，几不免于害”[1]，但曹操以其与袁氏有姻亲关系，竟“诬以欲图废置”的大罪，欲加杀害。经孔融及时相救，杨彪最终得免一死，而其子杨修就没有这么幸运了。建安二十年（215年），尽管当时袁氏势力早已被翦除净尽，但他还是借故将其处死，并在事后残忍地以此从精神上折磨杨彪。至于族孔融、杀崔琰、废毛玠，同样反映出他的这种性格特点。

王夫之在《读通鉴论》卷九中曾说，“东汉之中叶，士以名节相尚”。就是说，那个时候，士人处世做人是讲究操守的。讲究操守的士人，在心理上当然不可能接受具有奸诈忌刻之类性格特点的人。所以，我们也就应该理解为什么诸葛亮宁肯追随尚无立足之地的刘备，而不肯北投实力强大且有“挟天子以令诸侯”这一政治优势的曹操了；同理，也应该明白，周瑜、鲁肃等人为什么宁肯南下而不北上了——须知，鲁肃、甘宁等人起初选择的并非孙权，肃初事袁术，宁始依刘表。

有人说，诸葛亮最终所以选择刘备而不选曹操，是因为其时曹操帐下已经谋士如云，他如果去了，将很难露出头角。其实这是一种似是而非的观点。纵观几千年中国历史，先秦、两汉以至于唐宋，人之相处和交往是很讲究性情相投的。以诸葛亮平生为人处世的方式而言，如果没有刘备的至诚相邀，他应是宁肯老死隆中也不会为曹操所用的。这里，与诸葛亮好尚不同的刘巴就很能说明问题。刘巴“少知名，荆州牧刘表连辟，及举茂才，皆不就”，而刘备对他也很赏识。表死，曹操征荆州，备奔江南，“荆、楚群士从之如云”，刘巴却偏要北投曹操。曹操任命他为掾属，让他回去招纳长沙、零陵等地刘表旧部。赤壁之战后，这些地方均为刘备所得，致使他无法北返，但他

① 《后汉书·杨震传》。

仍不肯依附刘备，而是跑到了交阯，结果使得刘备“深以为恨”①。

事实上，曹操手下开始也有不少讲究操守名节者，这一方面与他们起初对曹操的上述性格特点认识不清有关，一方面也与形势所迫有关。但是，随着时间的推移，这些人不是背叛了曹操，如陈宫等；就是被曹操杀死或逼死，如荀彧、孔融、崔琰、娄圭等；有的则是被废置，如毛玠等。所以，到最后，曹操身边就只剩下了一些像司马懿、刘晔、华歆、贾诩、荀攸之类的滑头式人物了。

2. 果于杀戮

曹操之果于杀戮是人所共知的。他的这一做法，对他招贤纳士的人才政策产生了很大的负面影响。

曹操最早杀害的名士是边让。据《后汉书》本传记载，边让少有才名，被大将军何进署为令史，孔融、王朗、蔡邕均礼敬之，职位屡屡升迁，直至出任九江太守，后以汉室内乱而去官还家。边让恃才傲物，不肯屈服于曹操，且对其多有“轻侮”“讥议”之言。曹操得知后遂将其杀害。边让被杀，导致的一个直接后果就是“兖州士大夫皆恐惧”。操部将陈宫，性情“刚直壮烈”，由此而心中感到不安，遂于兴平元年（194 年）乘操东征陶谦之机，与从事中郎许汜、王楷及原陈留太守张邈、邈弟张超等一起发动叛乱。② 这次叛乱虽然最终被彻底平定，但一度搞得曹操极为狼狈，甚至使他差点儿丢掉了兖州这一根据地。

可能是由于接受了杀害边让的教训，此后不久，即建安元年（196 年），名士祢衡即使对曹操百般侮辱骂詈，曹操也不肯

① 《三国志·蜀书·刘巴传》。

② 《资治通鉴》卷六一《汉纪五十三·献帝兴平元年》。

亲自加害了，而是玩了一个借刀杀人之计，派人将祢衡强制送到了荆州。荆州牧刘表看穿了曹操的把戏，不肯上当，便将祢衡送到了江夏。江夏太守黄祖系一粗人，不明就里，在某日被祢衡惹怒之后，果然将祢衡杀掉。刘表能看清的问题，笔者想当时的天下之士大多也是应当能够看清楚的。祢衡被杀固然是咎由自取，不过，一个以扫平天下为己任的政治家，去与一个对自己并无实质性危害的精神偏执者较劲、玩诡计，除了能产生负面影响，又有什么意义呢？

继杀祢衡之后，曹操还于建安元年（196 年）不知何因而杀尚书冯硕等，并欲诬杀杨彪而不得，于建安八年（203 年）杀华佗，于建安十三年（208 年）杀孔融且夷其族，于建安十七年（212 年）逼死首席谋士荀彧，于建安二十年（215 年）杀杨修，于建安二十一年（216 年）杀自己曾称赞“有伯夷之风，史鱼之直”的东曹掾大名士崔琰，其间还不知于何时杀掉了与自己有旧交的重要谋士许攸、娄圭和少有异才的周不疑。这当中，虽说有些是出于政治考量，但其忌刻残忍的本性和果于杀戮的驭士手段，却暴露无遗。

3. 不臣之心暴露过早

曹操的不臣之心萌生于何时？对此史无明载，但笔者认为大致应当是在初平元年（190 年）至建安元年（196 年）的几年间。

为什么这样说呢？因为，在初平元年之前，曹操心里还是时时刻刻想着皇室的。用他自己的话说，那时他的志向也不过是“欲望封侯作征西将军，然后题墓道言‘汉故征西将军曹侯之墓’”罢了。[①] 所以，曹操初入仕，是很想有一番作为的。比

① 《三国志·魏书·武帝纪》注引《魏武故事》。

如，汉灵帝熹平三年（174 年），曹操除洛阳北部尉后，不避豪强，有犯禁者皆棒杀之，甚至深受皇帝宠信的小黄门蹇硕的叔父也因夜行犯禁而被杀掉。光和六年（183 年），黄巾起义爆发，曹操又积极参与镇压起义军，并于次年（中平元年）迁为济南相。当时，济南所属十余县官吏多阿附贵戚，赃污狼藉，曹操奏免其八，并禁断淫祀，结果奸宄逃窜，郡界肃然。中平四年（187 年），曹操被征为东郡太守，不就，称疾辞归乡里，以待时机。次年，朝廷置西园八校尉，曹操为典军校尉。中平六年（189 年）十二月，曹操至陈留，孝廉卫兹以家财资助他起兵，其积极为袁绍等人策划攻卓之计，众人畏惧，莫敢先进。曹操出于义愤，独自率军西行，与卓部将徐荣战于荥阳汴水，结果大败而回。曹操见诸将不图进取，深为失望，遂以自己兵少而与夏侯惇等前往扬州募兵。

笔者认为，曹操的不臣之心，即应该萌生于此时，至于其直接原因，就是对朝政和同僚的失望。考察曹操此后的所有作为，我们可以发现：他已不再关心朝政的得失与治乱，而是专心在镇压黄巾余部和参与军阀混战的过程中发展壮大自己。初平二年（191 年），曹操所以采纳毛玠"奉天子以令不臣"的建议，已经不是为了更好地维护皇室，而是因为这是一个很好的政治策略。到建安元年（196 年）奉献帝迁都许以后，曹操就干脆自专朝政，开始把"皇袍当作内衣穿"了。至此，那些对他曾抱有某种幻想的拥汉派官僚，如荀彧、崔琰等人，则或与他分道扬镳，或进行消极对抗，但他们不是被杀，就是被废，对汉室来说已无任何实际意义。

有一个现象似乎应予以足够的注意，即：曹操手下的重要人才，基本上都得自于建安元年以前，而建安元年以后，曹操再也没有得到像荀彧、荀攸、郭嘉等那样的人才。是建安元年以后社会上不再有这样的人才了吗？显然不是。这一现象，当与上述几个方面的因素在不同程度上存在因果关系。

至于曹操所下的三道求贤令，也都是在建安十五年（210年）之后。这说明，后来曹操本人似乎也察觉到，自己在招揽人才方面已经出现了问题。但是，他大概并不知道，问题其实就出在他自己身上。所以，即使他八年间连下三道求贤令，也未能起多大作用。

（二）失民心

曹操所以会在一定程度上失掉民心，主要是由下述两个原因造成的：

1. 在战争中动辄“屠城”“残戮”，滥杀无辜，大肆掳掠人口与财物，对民众造成了极大伤害

据《后汉书·陶谦传》记载，曹操因父嵩避难琅琊时被陶谦部将所杀，于初平四年（193年）东征谦，“谦退保郯，操攻之不能克，乃还。过拔取虑、睢陵、夏丘，皆屠之”，此战“凡杀男女数十万人，鸡犬无余，泗水为之不流，自是五县城保，无复行迹”，当初因为三辅遭李傕之乱而迁徙投依徐州的百姓，几乎被杀戮净尽。据《武帝纪》记载，兴平元年（194年）夏，曹操再次“征陶谦……所过多残戮”；建安三年（198年）征吕布，先屠彭城，进至下邳后又决泗、沂水灌城。据《武帝纪》注引《曹瞒传》记载，建安五年（200年）官渡之战，操擒绍将淳于琼，割其鼻，杀士卒千余人，皆取其鼻，牛马割唇舌，以示绍军；注引《献帝起居注》载曹操上言，自云凡斩杀袁绍军“七万余级”。《武帝纪》又载，建安九年（204年），曹操攻邺，决漳水灌城，城中饿死者过半；建安二十年（215年）夏，“氐王窦茂聚众万余人，恃险不服”，五月，操攻屠之。据《曹仁

传》记载，曹操征张绣，“仁别徇旁县，虏其男女三千余人”；建安十一年（206年），仁随曹操围壶关时，曹操竟然下令“城拔，皆坑之”，仁以“围城必示之活门”进谏，方才作罢。据《夏侯渊传》记载，建安十四年（209年），渊“督徐晃击太原贼……屠其城”；建安十九年（214年）冬，渊讨宋建，屠抱罕。

是战争，总要杀人，但如此残忍地掳掠甚至杀戮平民百姓并虐待敌方俘虏和战死者，怎能不大失人心？所以，建安十三年（208年）曹操征荆州时，十余万士民宁肯追随刘备南逃，甘与同败，也不肯留在故园；建安十四年（209年）曹操“欲徙淮南民”时，“江、淮间十余万众，皆惊走吴”①。

2. 赋税、徭役相对偏重

关于曹操统治时期北方的赋税、徭役情况，史书记载非常简略，但根据零星的记载和后人的研究，我们还是可以了解一个大概的情况的。

赋税问题，大致可以分为两种情况：一是屯田制度，二是自耕农租调制度。屯田制大致可分为两类：一类是民屯，一类是军屯。军屯虽为耕种，但管理性质一如军队，所有收获均归公家，所以不存在租税的问题。民屯又分用官牛还是用私牛：用官牛的，收获官六私四；用私牛的，五五分成。另外，规定屯田开始第一年免租税，第二年只收一半，第三年全额征收。至于屯田民，则多是由自由农民通过强募、强迁转变而来，也有的是被收编的黄巾起义军，所以带有很大的强迫性质。自耕农租调制，内容只有一条：田租每亩四升，户调绢二匹，绵二斤。但是，这并非通例，而是灭掉袁绍集团之后针对河北的特殊情况颁布的，其他州郡恐怕比这个标准要高，并且所征之物

① 分别见《三国志》之《蜀书·先主传》《魏书·蒋济传》。

也肯定不限于粮食和绢帛之类。

较之赋税情况的记载，史籍有关徭役情况的记载更为简略，可以说是只有具体事件的记载而没有制度方面的记载。如建安九年（204 年）攻打袁谭时，因河川结冰，船无法通行，曹操竟然强迫百姓凿冰以通船，“民惮役而亡”，被捕获后即处以死刑。[①] 建安十一年（206 年），曹操为征三郡乌桓，先凿渠，“自呼沲入泒水，名平虏渠；又从泃河口凿入潞河，名泉州渠”。次年，“引军出卢龙塞，塞外道绝不通，乃堑山堙谷五百余里，经白檀，历平冈，涉鲜卑庭，东指柳城”[②]。从这些记载不难看出，其时徭役的繁重程度，只会比赋税负担更重，不会比赋税负担更轻。

曹操是一个精于统治之术的人。平心而论，他的上述措施对于稳定社会、发展经济、解民于倒悬之危，也的确起了很大的作用。对此，后世已经给予充分的评价。但是，曹操所处毕竟是一个军阀混战、动乱频仍、经济凋敝、民不聊生的时代，他所加给民众的赋税和徭役负担，不仅受到他的思想意识等主观因素的影响，而且还要受到社会条件等客观因素的制约。所以，曹操统治时期北方地区的赋税、徭役负担，一方面比同时代的吴、蜀两国要重得多，另一方面比两汉社会稳定时期更要重得多。

正是由于这样一些原因，在曹操统治的北方地区，终其一生，民众的反抗就没有停息过。除黄巾军余部的不断反抗外，从建安十年（205 年）起，到建安二十四年（219 年），平均每三年几乎就会发生两起农民和屯田客甚至地方官吏的起义或暴

① 见《三国志·魏书·武帝纪》及裴注。

② 《三国志·魏书·武帝纪》。

动。众所周知，曹操是于建安二十五年（220 年）正月去世的。所以，我们甚至可以说，曹操的一生，一方面是在与各路军阀的作战中度过的，一方面也是在镇压民众起义的过程中耗尽的，其失民心于此可见一斑。

二、关键原因——军事上失策略

曹操在军事上的重大失误，至少有两次：第一次是统一中原又进而得到荆州之后，第二次是在夺得汉中之后。

（一）赤壁之败，败于失策

世人至今都认为，曹操是一位非常杰出的大军事家，但事实并非如此。笔者认为，在军事才能问题上，曹操实际是盛名之下，其实难副。对此，笔者在《重评曹操的军事才能》一文中曾有全面的阐述。在该文中，笔者曾说过，曹操在军事上的一个突出缺陷就是：长于战术，短于战略。

为什么这样说呢？因为我们只要稍微全面地考虑一下曹操一生的军事实践，就不难发现，他在战役战术的指挥和行动上正确、成功者多而错误、失败者少，但在战略决策和战略指导上正好相反，是失误、失败者多而正确、成功者少。其正确、成功者，都是由于及时采纳了部下的意见——例如，在与袁绍、张绣、吕布等势力的较量中，就是由于他先后明智地采纳了荀彧、荀攸、郭嘉等人的分析和建议才获胜的；反之，则基本上都是由于他自己的错误决策而造成的——如赤壁之战就是。

建安十二年（207 年）九月，曹操引兵从柳城还，辽东公孙康斩送袁尚、袁熙及速仆丸等人的首级；十一月，曹军至易水，代郡乌丸行单于普富卢、上郡乌丸行单于那楼率名王前去致贺。至此，在过去的十几年里，曹操先后杀吕布、灭袁术、败刘备、降张绣、平袁绍、收张燕、破乌桓、服辽东，基本上统一了中国的北半部；其辖境东至东海，西达关中，南涉江淮，北临塞上。

次年秋，曹操南征刘表，九月至新野。其时刘表已死，表子刘琮束手投降，刘备不得已而南走夏口，曹操兵不血刃即拿下了江陵。到此为止，尚未被曹操翦除的割据势力，只剩下凉州马超、汉中张鲁、益州刘璋、江南孙权和已无立足之地的刘备，曹操的声威已达极致，可谓华夏震动、远近恐惧，以至于刘璋反复致意，明示归顺。

形势的确一派大好，对曹操极为有利。但是，这一形势对于曹操来说是否就只有利而没有弊呢？当然不是。

实事求是地说，曹操之顺利夺得荆州，既是意料中事，也带有一定的偶然性。至于此时的形势，则表面上看起来对曹操极为有利，而实际上并非完全如此。笔者认为，当时之不利于曹操的因素，至少可以概括出以下这样几点：

第一，曹操“托名汉相，其实汉贼”的本质，已被许多士人所认清，这些人既有内部的（如荀彧、杨彪、崔琰等），也有外部的（如诸葛亮、周瑜等）。内部的那些人已经对其表现出某种不满，外部的那些人则完全可以将其指为“汉贼”而加以声讨。所以，“奉天子而令诸侯”的大旗，此时已无多大的号召力。

第二，曹操靠武力和诈谋经营天下，在政治上远未赢得天下人之心。许多人尤其是拥汉派和遭受过他屠杀、掳掠的民众，有的只会是恐惧和憎恨，不会是拥护和爱戴。

第三，曹操的后方也不稳固，既有内忧——拥汉派的反对甚至谋杀，又有外患——关西马超、韩遂的巨大军事威胁。

第四，军事上舍长就短，以不习水战的北方士卒与南方乘船如骑马的水乡将士争衡，而且是长途奔袭，在兵法上实属大忌。

第五，孙、刘双方虽兵力少于曹操，但精兵也不下五六万人，而且主明、士智、将勇、卒练，曹操一旦来攻，他们面对共同的强大敌人，必将舍弃所有嫌隙，联合起来，拼死抵抗。①

对于上述这些情况，周瑜、鲁肃和诸葛亮等人都有深刻的了解和认识，而曹操没有丝毫觉察。所以，为曹操计，在夺得荆州之后，应当见好就收，而不宜继续冒进，企图凭一战而竟全功。

那么，面对这样的形势，曹操应当如何决策呢？笔者认为，他至少应当采取如下对策：

第一，停止对刘备集团的穷追猛打，同时也不与孙权集团进行战略决战，而是抓紧时间巩固在荆州的已有地盘，沿长江建立稳固的战略防御体系。

第二，整顿内部，分化、瓦解、打击反对派的力量，努力消除各种不利于政权稳固的负面因素。

第三，减轻农民负担，大力发展农业生产，不断积蓄和增强自己的经济实力。

第四，抚定关中，相机夺取凉州、汉中和益州，以形成对孙、刘集团占据的荆、扬地区的包围之势。

第五，等待孙、刘两股割据势力之间出现衅端，以便隔岸观火，坐收渔翁之利。

然而，可惜的是，曹操未能这样做，所以他遭到了前所未有的重创，从而丧失了一次在不远的将来有可能统一全国的天

① 分别见《三国志》之《蜀书·诸葛亮传》《吴书·周瑜传》。

赐良机。

笔者在《重评曹操的军事才能》一文中还曾指出：荆州的江南地区，位于孙权集团的上流，若为刘备所占，将会成为孙权的心腹之患，所以孙权绝不可能在此地归属尚未明确的情况下对之无动于衷。至于刘备，当时尚无立足之地，对于他们来说，夺取荆州的江南地区最为近捷，最为现实。在这样的形势下，若无共同的强敌压迫，他们只会鹬蚌相争而不可能联合对外。至于关西、汉中与两川地区，除马超是个对手外，张鲁和刘璋都是庸劣无能之辈，曹操若以强兵临之，夺取这些地方当不会有太大的困难。然而，曹操放着这些意义重大且相对容易对付的敌人不打，偏偏去进攻他的两个最为强大的、连他自己也认为是“人杰”的对手，迫使他们迅速联合起来共同抗击他，这实在是曹操在战略决策上的一个重大失误。

曹操在赤壁之战前所以会作出如此错误的战略决策，笔者认为当与这样一些因素有关：（1）自己一贯缺乏战略眼光，战略决策水平不高；（2）连胜之后渐生傲慢心态，小觑、冷遇张松就是例子；（3）得力、信任的谋士，郭嘉已死①，荀彧不在身边，贾诩虽谏阻而曹操不听②，其余或庸才碌碌备员而已，或心里清楚却滑头不说。

（二）汉中之失，失于既失机又失人

建安十六年（211年），曹操遣钟繇攻汉中，遣夏侯渊出河东，遣曹仁督诸将拒马超、韩遂。同年，刘璋迎刘备入益州击

---

① 《三国志·魏书·郭嘉传》。

② 《三国志·魏书·贾诩传》。建安十三年，曹操破荆州，欲顺江东下，贾诩谏阻说：“明公昔破袁氏，今收汉南，威名远著，军势既大；若乘旧楚之饶，以飨吏士，抚安百姓，使安土乐业，则可不劳众而江东稽服矣。”曹操不听，军遂大败。

张鲁，刘备则于建安十九年（214 年）取代刘璋领益州牧。

建安二十年（215 年）三月，曹操亲征张鲁；至十一月，张鲁率众降。刘备此时正“引兵五万下公安”，与孙权争荆州。他得知曹操已定汉中而张鲁遁走巴西，只好“与权连合”，分荆州之“江夏、长沙、桂阳东属，南郡、零陵、武陵西属”，还军与曹操争汉中。① 丞相主簿司马懿对曹操说：“刘备以诈力虏刘璋，蜀人未附而远争江陵，此机不可失也。今若曜威汉中，益州震动，进兵临之，势必瓦解。因此之势，易为功力。圣人不能违时，亦不失时矣。”曹操却说：“人苦无足，既得陇，复望蜀邪!”另一主簿刘晔也说：“明公以步卒五千，将诛董卓，北破袁绍，南征刘表，九州百郡，十并其八，威震天下，势慑海外。今举汉中，蜀人望风，破胆失守，推此而前，蜀可传檄而定。刘备，人杰也，有度而迟，得蜀日浅，蜀人未恃也。今破汉中，蜀人震恐，其势自倾。以公之神明，因其倾而压之，无不克也。若小缓之，诸葛亮明于治而为相，关羽、张飞勇冠三军而为将，蜀民既定，据险守要，则不可犯矣。今不取，必为后忧。”不承想，曹操仍然不听。过了一段时日之后，有蜀地前来投降的人说，当时“蜀中一日数十惊，守将虽斩之而不能安”。曹操问刘晔说：“今尚可击不（否）?”刘晔回答道：“今已小定，未可击也。”于是，曹操乃于十二月留夏侯渊屯汉中，自己则率部众从南郑东还邺城。②

建安二十二年（217 年），刘备进兵汉中，曹操遣曹洪率兵抵御。次年七月，曹操治兵西征刘备，时刘备屯阳平关，正与夏侯渊相拒。建安二十四年（219 年），夏侯渊被刘备部将黄忠

① 《三国志·蜀书·先主传》。

② 以上分别见《晋书·宣帝纪》、《资治通鉴》卷六七《汉纪五十九·献帝建安二十年》、《三国志·魏书·刘晔传》。

击杀于阳平南之定军山。这年三月，曹操自长安出斜谷进入汉中，在与刘备相持累月之后，因士卒逃亡太多且无取胜希望，不得已只好引兵出汉中还长安。刘备遂据有汉中，并于七月自称汉中王。

从上述事实不难看出，曹操在夺得汉中之后，未能采纳司马懿和刘晔的建议，顺势进取益州，实属坐失良机。这一失误，不仅又一次丧失了统一巴蜀并进一步统一全国的大好时机，而且为此后不久汉中得而复失埋下了祸根。

夏侯渊系曹操手下的重要将领之一，为将勇猛有余而智谋不足。对此，曹操心里是清楚的，所以他曾多次告诫说："为将当有怯弱时，不可但恃勇也。将当以勇为本，行之以智计；但知任勇，一匹夫敌耳。"①问题是，曹操既已了解夏侯渊之短，却仍然让他守汉中，而且不留谋士为之辅佐，这与他一贯知人善任的特点是不相符的，也与刘备之以黄忠、法正佐己取汉中大异其趣。

曹操为什么拒不采纳司马懿和刘晔乘势进取益州的建议？这是一个值得在此略加申述的问题。《法正传》载，建安二十二年（217 年），法正对刘备说："曹操一举而降张鲁，定汉中，不因此势以图巴、蜀，而留夏侯渊、张郃屯守，身遽北还，此非其智不逮而力不足也，必将内有忧逼故耳……"② 但我们考察曹操于建安二十年（215 年）从汉中还邺后，直至二十二年（217 年），其内部并未发生什么大的变故。相反，他倒是于建安二十一年，也就是从汉中回去后的第二年五月，即称魏王；又于建安二十二年四月，受汉献帝诏，"设天子旌旗，出入称警

① 《三国志·魏书·夏侯渊传》。
② 《三国志·蜀书·法正传》。

跸”①。虽说是建安二十三年（218 年）发生了太医吉本与少府耿纪谋反之事，但那已经是曹操称王并“设天子旌旗，出入称警跸”之后的事情了。

此外，我们还注意到，建安二十年，曹操已经是 61 岁的老人了；到建安二十四年（219 年）与刘备汉中失败后的第二年，也就是建安二十五年（220 年）正月，他刚刚回到洛阳，旋即病死，这年他恰好 66 岁。

由此，笔者认为，曹操所以不纳司马懿和刘晔的建议，主要是因为：第一，年事已高，斗志衰退；第二，心有所系，急于称王。可见，此时的曹操，已经不是当年那位高唱“老骥伏枥，志在千里；烈士暮年，壮心不已”的“烈士”了②，毕竟岁月不饶人嘛。

（原载山东人民出版社 2012 年版《历史学家茶座》第 25 辑，收入本书时内容有所补充）

① 《三国志·魏书·武帝纪》。

② 《步出夏门行》，载《曹操集·诗集》，中华书局 1959 年版，1974 年印刷，第 10 页。

《〈隆中对〉别论》质疑

笔者近读裴传永先生《〈隆中对〉别论》一文（以下简称《别论》）①，觉得文章观点和立论角度颇为新颖，但认为文中也有值得商榷之处，因陈管见，与传永先生讨论。

一

《别论》认为，《隆中对》“既非刘备集团的行动纲领”，刘备集团也并未沿着《隆中对》的路线进行政治、军事斗争，“刘备集团的斗争实践与《隆中对》的构想彼此并无必然的联系”。笔者认为，这种观点是有悖于史实的。

首先，《隆中对》一提出来时就得到了刘备的首肯。由于《隆中对》对当时的政治、军事形势作了精辟分析和恰当估计，为正苦无良谋的

① 裴传永：《〈隆中对〉别论》，载《山东社会科学》1988年第5期。

刘备指出了一条正确的生存、发展之路，所以一经说出，刘备即称“善”肯定。并且，刘备还因此与诸葛亮“情好日密”。当关羽、张飞对其表示“不悦”时，他解释说：“孤之有孔明，犹鱼之有水也。愿诸君勿复言。”[①] 可见刘备对《隆中对》及其谋划者是何等敬重尊崇。其次，《隆中对》所定战略计划在前期不仅为刘备集团所奉行，而且也收到了预期的效果：（1）实现了东联孙权，北拒曹操的设想。（2）取得了赤壁之战的胜利，迫使曹操的势力退回长江以北，从而扭转了大败后的危难局面。（3）乘机夺取荆州，有了立足之地和发展的基础，并进而西取益州，争夺汉中，一度实现了“跨有荆、益”的设想。（4）终于立国一方，与曹、孙政权形成鼎足之势。再次，刘备死后，虽然形势发生了巨大变化，《隆中对》的一些设想已经过时，但是，凡其中尚属合理的部分，诸葛亮仍然是奉行不渝的，如“西和诸戎，南抚夷越，外结好孙权，内修政理”，整军经武，伺机北伐，等等，从而坚持了《隆中对》的某些思想。

不错，刘备在夺取益州之后直至病死永安，的确严重背离了《隆中对》的战略思想。在内政方面，他未能“内修政理”，与民休息，发展生产，稳定社会；在军事上，他不等“天下有变”即四面出击，盲目冒进，大举攻曹；在外交上，则不注意巩固、发展与孙权的联盟，轻易与之反目，甚至兵戎相见。但是，这毕竟不是刘备集团事业发展的主流，更不是事实的全部。

上述事实表明，在对待《隆中对》战略思想的问题上，刘备集团大致走了一条“坚持—背离—坚持”的道路，说刘备集团根本未沿着《隆中对》的路线进行斗争，其斗争实践与《隆中对》的构想之间并无必然联系，实属以偏概全，把复杂的问

① 《三国志·蜀书·诸葛亮传》。

题简单化和绝对化了。

《别论》说，当曹操拿下了荆州，“孙、刘遇到了前所未有的生存危机”时，刘备如想执行《隆中对》“外结好孙权”的路线，就应立即抓住机会，联合孙权，共当大难，但他“全无联吴之意”，竟想去投靠吴巨。后经鲁肃劝说，才派诸葛亮至吴结盟。笔者认为，仅凭这点材料便下结论是难以服人的，因为论据太不充分，只是刘备的一句话。而对于一个政治家的话，尤其是他在外交场合所说的话，我们是不能简单地从字面上去理解其真实用意的。试想，当时刘备年已四十有七，在官场上和战场上奔波了半生，历经艰难坎坷，政治经验已经相当丰富。他虽功业未就，却英名远播，刘晔称他为“人杰”，程昱说他有“雄才”，陈登则称其“雄姿杰出，有王霸之略”，曹操甚至当面对他说：“今天下英雄，唯使君与操耳。”[①] 这样一位人物，怎么可能在面临生死存亡之机时舍唯一可与结盟的孙权而去投依无智无勇无名望无势力的吴巨呢？所以，笔者认为，如果这一材料可信的话，也只能说明刘备是在玩弄一种欲取先予的手法，不过是他对鲁肃的试探而已。刘备与孙权素无交情，自己正值新败之后，无立锥之地，而孙权兵精粮足，安居六郡，因此，他既需与对方成盟，又要防止被对方看轻甚至“吃掉”，不得不先试探一番。再说，像刘备这样的人，即使受到再大的挫折，他也不会轻易在“外人”面前露出半点“寒酸气”的。要紧的是，刘备当时恐怕已经看透了这样一个问题，即：孙权亦迫切需要盟友，而这盟友又非他莫属（后来孙权就曾说过“非刘豫州莫可以当曹操者”的话，见《诸葛亮传》）。所以，当忠厚诚

① 以上分别见《三国志·魏书》之《刘晔传》《武帝纪》《陈矫传》《蜀书·先主传》。

笃的鲁肃直率地说明来意后，他心中“大喜”，立即派诸葛亮前去结盟。

《别论》又说，孙权出于同盟之谊和战略需要，不仅借荆州给刘备，而且将妹妹许配与他，而刘备“弄奸耍滑”，欺蒙孙权，处处反《隆中对》联吴方针而行之，始则轻吴、诈吴，弄巧成拙遭吴报复后又仇吴、伐吴，结果终于惨败于吴。笔者认为，这种看法是不全面的。孙权所以借地嫁妹，完全是出于策略需要，说其有出于同盟之谊方面的因素，实在是把古代严酷的政治、军事斗争看得太富浪漫色彩和人情味了。一部中国史，民族之间，政治集团之间，有过无数次联盟与和亲，有哪一次不是纯粹出于斗争策略的需要？又在什么时候有过牢不可破的真正的同盟之谊与和亲之情？后来，刘备刚刚西行入蜀，孙权便乘机将妹妹迎还而不再令其西归的事实①，就足以说明，他所以嫁妹与刘备，不过是因“畏之”而欲借以“固好”罢了。②这里，邓芝使吴一事也有助于说明这个道理。吴、蜀确定复盟后，吴遣张温报聘于蜀，蜀则派邓芝二次使吴。邓芝至吴后，孙权对他说：“若天下太平，二主分治，不亦乐乎！”邓芝答道：“夫天无二日，土无二王，如并魏之后，大王未深识天命者也，君各茂其德，臣各尽其忠，将提枹鼓，则战争方始耳。”孙权大笑曰：“君之诚款，乃当尔邪！”③并未怪罪邓芝。这是因为，邓芝说的全是实情，当时吴、蜀间之联盟，原不过是各自形势上与策略上的需要罢了，不由孙权不信服。

说到借荆州一事，我们也不应笼统地信之。首先，刘备领有荆州是有其合理性的。荆州原为刘表之地，后来刘表病死，

① 《三国志·蜀书·二主妃子传》注引《汉晋春秋》。
② 《三国志·蜀书·先主传》。
③ 《三国志·蜀书·邓芝传》。

刘琮降曹，但表长子刘琦尚在，照当时各处军阀父死子继的惯例，荆州应由刘琦统领。至于刘备，因他投依刘表，自系刘表部属。他又与刘表同宗，且当战胜之后，若刘琦亡而无后，由他为荆州之主应亦属情理中事。对于这些，孙权是清楚的，所以，赤壁战后刘备“表琦为荆州刺史”，刘琦死后“群下推先主为荆州牧”，孙权均无异辞。① 可见孙权原是承认其合理性的。其次，所谓借荆州，其实只是借荆州南郡之部分土地。赤壁之战后，荆州为三家瓜分：曹得江北之地，孙、刘各得江南数郡。其时周瑜为南郡太守，他曾将辖下部分土地分给了刘备。后来，刘表旧部官吏在江北者多叛曹归刘，刘备以周瑜所给地少，“不足以安民”，又“从权借荆州数郡”②。再次，最终毁败盟约者是孙权。刘备夺取益州之后不还借地，当然少理，但古代政治集团之间的斗争本来就没有多少理好讲，我们也不必书生气太浓。再说，他只是寻找借口拖延时日，并未首先使联盟破裂到无法收拾的地步。后他因恐两面受敌而主动与孙权议和，双方便以湘水为界，平分江南荆州之地两属。应当说，这是“最为平允”的结果了。③ 关羽虽然也做过一些不利于联盟的事情，如骂婚、擅取吴之湘关米等，但这多半是由于他缺乏政治眼光、骄傲自大和目中无人的性格所致，他毕竟从未将吴当作敌人看待，其打击的对象始终是曹操。孙权却不同，他得陇望蜀，欲壑难填，竟利用关羽全力北上后方空虚之机，“笺与曹公，乞以

① 《三国志·蜀书·先主传》。

② 《三国志·蜀书·先主传》注引《江表传》。这里，《江表传》所记不实。荆州总共才有几郡？孙权怎可能在曹、孙、刘三分荆州的情况下再借“数郡”给刘备？实际上所借之地仅江陵南岸之部分吴属南郡的土地而已。

③ ［清］赵翼：《廿二史札记》卷七《借荆州之非》，中国书店 1987 年版，1990 年印刷，第 83～84 页。

讨羽自效”[1]，袭取蜀之荆州地，俘杀关羽，在盟友背上狠狠地插了一刀。可见，不唯蜀在诈吴，吴更在诈蜀；说刘备集团轻吴、诈吴则可，若说其处处背《隆中对》联吴方针而行之，将其指为破坏吴、蜀之盟的主要责任者就太不公平了。

《别论》还说，“在略地建国问题上，《隆中对》主张使用武力，堂而皇之地从庸主手中夺取荆、益二州”，而刘备并未照此办理。这一说法是没有依据的。《隆中对》只规定了夺取荆、益二州的战略目标，却并未言明实现这一目标的具体手段。《别论》的批评不免无的放矢。需要指出，诸葛亮虽在《隆中对》中未提及以何种手段夺取荆、益，但在刘备败走襄阳时，曾劝刘备乘机袭击刘琮，武力夺取荆州，只是未得刘备同意。不过，在笔者看来，刘备此举是正确的。当时，曹操已挥军南下，来势极其凶猛，刘备若在此时袭取荆州，则将首当其冲，成为曹操的主要打击对象而代孙权受敌。特别是，他的兵力十分单薄，曹军很可能不等其脚跟站稳即将其消灭掉。反之，他主动南撤，不仅保存了有生力量，而且把孙权从正面暴露出来，逼其不得不与自己结盟抗曹。再者，刘备为笼络人心，一贯以仁义自标。他曾对庞统说：“今指与吾为水火者，曹操也。操以急，吾以宽；操以暴，吾以仁；操以谲，吾以忠：每与操反，事乃可成耳。”[2] 他的这些做法，确实收到了显著效果。如他在徐州时，陶谦以徐州相送；投袁绍时，袁绍除派人奉迎外，亲自迎出二百里；到荆州后，荆州豪杰归之者日多。而今，他若乘刘表新丧、刘琮无备袭取荆州，势将有损他的一贯“形象”，从而大失人心。要之，在政治、军事斗争中，刘备首先注重的是收揽人

① 《三国志·吴书·吴主传》。
② 《三国志·蜀书·庞统传》注引《九州春秋》。

心。他曾说：济大事者必以人为本。这是十分正确的。三国之初，在客观条件上，曹操已得“天时”，孙权则占“地利”，刘备若不能赢得“人和”，其霸业恐怕是很难成功的。所以，对此似不宜指摘过多。

二

在论及《隆中对》本身时，《别论》认为它“还有不少未尽人意的地方”，并非“蜀汉竞争天下的最佳方案”。笔者认为，《隆中对》从产生至今，已有一千七八百年，用我们今天的眼光看，自然很难说是“最佳方案”，其本身确有不少未尽人意之处。但是，《隆中对》的失误和不足之处是否就如《别论》所说呢？笔者看并不尽是。

《别论》说，《隆中对》对曹操的霸者心态看得很透，而对孙权在三国政治斗争舞台上将要扮演的角色未作正面分析，“没有把他当成争夺天下的一方势力来看待”，从而低估了孙权的政治抱负。笔者认为，这种说法是难以成立的。《隆中对》不只没有正面分析估计孙权的政治抱负，其实也没有正面分析估计曹操的政治抱负。说曹操“已拥百万之众，挟天子而令诸侯，此诚不可与争锋”，说“孙权据有江东，已历三世，国险而民附，贤能为之用，此可以为援而不可图也”，都不过是对形势的分析和对己方应取策略的设想而已，根本未言及他们的政治抱负如何，很难说对谁的霸者心态看得很透，对谁的政治抱负估计不足。退一步讲，即使《隆中对》确实对曹操的政治抱负估计高些而对孙权估计低些，也是符合实际的。三国时，论才智抱负，曹操最为出类拔萃，孙权与之相比，确实逊色得多。对孙权，其兄曾当面有过评价。史载，孙策将亡时，“呼权佩以印绶”，对他说："举江东之众，决机于两阵之间，与天下争衡，卿不如我；举贤任能，各尽其心，以保江东，我不如卿。"① 以后孙权向鲁肃密访大计时，也表现出他并无统一中国的大志。其时，他对鲁肃说："今汉室倾危，四方云扰，孤承父兄余业，思有桓文之功。君既惠顾，何以佐之?"鲁肃答道："昔高帝区区欲尊事义帝而不获者，以项羽为害也。今之曹操，犹昔项羽，将军何由得为桓文乎？肃窃料之，汉室不可复兴，曹操不可卒除。为将军计，惟有鼎足江东，以观天下之衅。规模如此，亦自无嫌。何者？北方诚多务也。因其多务，剿除黄祖，进伐刘表，竟长江所极，据而有之，然后建号帝王以图天下，此高帝之业也。"而孙权说："今尽力一方，冀以辅汉耳，此言非所及也。"② 由是观之，孙权既乏"与天下争衡"的雄才，亦少统一天下的雄心，其政治抱负，充其量也不过是想当一个齐桓公或晋文公式的人物罢了。固然，孙权曾对部属说过要"都中国"并"整齐天下"的话，但笔者认为这不过是他一时借以激励、鼓舞或鞭策部下的手段而已，恐怕还不能因此就说他真有要"建立由自己主宰的统一国家的雄心壮志"。

《别论》认为，《隆中对》的另一失误是"对荆州乃兵争热点失于计虑"。应当说，这一看法是有道理的。不过，《别论》关于这一观点的推论有问题。《别论》说，诸葛亮根据"其主不能守"的情况便说"此殆天所以资将军（指刘备）"有失武断，"其主不能守"不唯对刘备是一个占有荆州的好机会，对曹、孙两方也同样如此，并且他们实际上也一直在觊觎着荆州。笔者认为，《别论》在作这番分析时，可能忘记了诸葛亮是在特定时

① 《三国志·吴书·孙破虏讨逆传》。
② 《三国志·吴书·鲁肃传》。

间和特定情况下说那些话的。须知，刘备访诸葛亮于隆中是在汉献帝建安十二年（207年）。其时，曹操正在北方忙于翦除袁氏残余势力，尚无暇顾及荆州；孙权虽一度西攻黄祖，但也只是掳大批人口而还，并未乘胜进夺荆州；而刘备，则早已投依刘表，居荆州腹心。不难看出，当时在夺取荆州问题上，刘备处于最为有利的位置，他随时都可以向刘表发难，从而反客为主。所以，诸葛亮才对他说，“此殆天所以资将军”。至于后来，刘备出于政治上的考虑放弃了这一良机，曹操在北方得手，刘琮又降曹操，形势发生了变化，那就应作别论了。

《别论》还认为，《隆中对》关于北定中原的谋划也“不甚合理”，分兵荆、益，两路北伐，一乏人力物力保障，二非用兵佳策。其实，这也是值得商榷的。

《隆中对》关于分兵荆、益，合击中原的策略，笔者认为是合理而可行的，《别论》称其“非用兵佳策”论据不足。（1）《隆中对》本身并未言及以何为正、以何为奇的问题，荆、益两个方向上的奇正之分是研究者硬加给《隆中对》的。（2）战争中，“奇正之变，不可胜穷”（《孙子·势》）。正可化为奇，奇可化为正，奇正相含相生。而有的论者不是以荆为正，以益为奇，就是以益为正，以荆为奇，均将二者绝对化了。（3）奇正之术既可作为战役战术手段，也可用于战争战略指挥。战略上的“正”，是指对战争规律的把握和对战争指导思想的确定。战略上的“奇”，是指要根据实际情况和战局之变化发展适时灵活地变化战略策略，以达出敌不意之目的，而不把任何原则、方针教条化。（4）诸葛亮分兵荆、益两路北伐，目的是要在军事上对曹氏政权形成钳形攻势，使之首尾难顾。荆、益两路均可为正，亦均可为奇，何正何奇，应随战局发展把握之，变化之。（5）古代科技落后，先进的联络手段不可能出现，但若据此便认为古代用兵只能一味集中不可适当分散是错误的。这是因为：其一，专（集中）与分（分散）是辩证的统一，何时何地应专，何时何地应分，要视实际情况和指挥需要而定。原则上，兵宜专不宜分，但有时为了专，分不仅应当而且必须。其二，古代科技虽然落后，但唯因其落后，才使战争形态原始，不必依靠先进的联络手段进行周密地协调指挥。古代的战争，除宏观上的节制外，一般多由各路将领便宜行事。所谓“将在外，君命有所不受”，道理便在于此。

其实，这种两路出兵的策略，在古代战史上屡见不鲜。楚汉战争中，刘邦为扭转被动不利的局势，便一方面自己坚守荥阳、成皋的正面战场；一方面分兵韩信，令其“北举燕、赵，东击齐，南绝楚之粮道”①；其后，又派刘贾协助彭越骚扰项羽的后方。正是由于这种战略上的“分”，才导致了后来垓下的“合”，使得项羽首尾难顾，疲于奔命，最终兵败垓下，走死东城。其他如刘项灭秦战争、汉击匈奴战争、曹魏灭蜀战争等，也无不是采取这种分进合击策略的。所以，诸葛亮关于分兵荆、益两路北伐的战略设想，是具有理论和实践依据的，《别论》称其“非用兵佳策”，根据不足，难以服人。

以上是笔者对《别论》的一点粗浅看法，不当之处，请传永先生和同仁教正。正如《别论》所说，《隆中对》确“有不少未尽人意的地方”，但由于篇幅所限，这里就不赘述了。

（原载《山东社会科学》1990 年第 2 期）

① 《汉书·韩信传》。

刘备借荆州考析

刘备“借荆州”一事，陈寿《三国志》和裴松之注均有记载，其后由于小说、戏曲的渲染和传播，遂成为世人津津乐道的谈资。然而，关于这一历史事件的真实性，历来有两种截然相反的看法：一是信其有，一是疑其无。说有者均无专文论及，只是在讨论其他问题时偶然涉及而已。言无者则有专文论述，其中又以清代著名学者赵翼最有代表性。赵翼在《廿二史札记》卷七《借荆州之非》中力辨其妄，认为“借荆州”一事，实乃“吴君臣之狡词诡说”，属“耳食之论”。刘光亮、陈显远二同志亦有专文质疑、辨正此事，不过他们的见解并未超出赵翼多少。①从陈志和裴注中有关记载看，“借荆州”一事相当复杂，上述观点虽都有一定道理，但又均不足令人完全信服。因此，笔者拟旧话重提，对这一

① 刘光亮：《刘备“借荆州”辨正》，载《吉安师专学报（哲社版）》1986年第2期；陈显远：《刘备“借荆州”质疑》，载《成都大学学报（社科版）》1990年第2期。

历史疑案再作进一步的考辨与分析。

一、“有”“无”说驳议

说“有”的观点，不妥之处是比较明显的。诚如赵翼所说：“夫借者，本我所有之物而假与人也。”① 荆州本为刘表之地，刘琮投降后即为曹操所据，赤壁之战后并未全部或大部为孙权占有，孙权何以能将其借与他人呢？再说，刘备控制的零陵、桂阳、武陵、长沙（仅南半部分）等地，均系自己武力攻取，并非从孙权手中借得，陈志对此记载甚明，无任何可疑之处。而孙权所占之江夏郡（旧江夏郡之江南部分）与汉昌郡（旧长沙郡之北半部分，孙权设立），虽亦属荆州范围，却从未借与刘备。所以，“借荆州”之说实难成立。

言“无”的观点，欠妥之处亦难讳言。征诸史实，孙权在赤壁之战后的确“借”了一部分属地给刘备（后面将对此详加讨论），“借荆州”之说虽难成立，却也不是一点儿根据没有。

赵翼说，“破曹后，备即表琦为荆州刺史，权未尝有异词”，“又南征四郡”，“遣将分驻，惟备所指挥，初不关白孙氏”，以荆州“本非权地”之故。②此话初看似有一定道理，但若细加推究，其偏颇之处便不难发现。不错，荆州原为刘表之地，而非孙氏故物，但到赤壁之战时，刘表已死，刘琮投降，荆州已为曹操所有，甚至连江南数郡也尽归于他（见《刘巴传》《先主传》），备、琦叔侄已无一郡可以立足。战后刘备再得荆州，一方面已属夺曹之地，一方面亦非自己独力实现。刘琦系刘表长子，与

①② ［清］赵翼：《廿二史札记》卷七《借荆州之非》，中国书店 1987 年版，1990 年印刷，第 83 ~ 84 页。

刘备、诸葛亮关系甚密。刘备在曹操对荆州旋得旋失之际不失时机地表其为荆州刺史，这是刘备的聪明之处，孙权的确不便有“异词”。然而，可以断言，对此孙权是肯定不会心甘情愿的。因为从赤壁之战前孙、刘双方各自的处境和势力看，吴虽有赖于刘备集团，而刘备集团更有赖于吴。所以，赤壁之战后联军所得荆州地盘大部为刘备所占，于理似有欠通之处；在孙、刘双方战后如何瓜分荆州的问题上，还须仔细商量。

刘光亮说，“借荆州”为“东吴一家之言”，如此大事“《魏书·武帝纪》及曹操的谋士、武将的传略中一概都没有反映”，“正好说明了‘借荆州’说的虚妄”[①]。笔者认为，此论看似有理，而实际不然。蜀国未置史官，“借荆州”固为“东吴一家之言”，但是，如果考虑到孙权“讨荆州”时刘备只答“须得凉州，当以荆州相与”而终无他言这一重要情节看[②]，我们好像还不能武断地将这“一家之言”全部指为“虚妄”。再说，“借荆州”说“虚妄”与否，与《魏书》中有无反映并无逻辑上的必然联系。《魏书》不载此事，一是因其为吴、蜀间事，与魏无涉；二是因此事在《吴书》《蜀书》中已有多处记载，而史贵简洁，忌重复，故不赘书。

二、“借荆州”之历史考察

即如前述，刘备“借荆州”之前因后果、来龙去脉甚为复杂，笼统地言“有”说“无”，均不足以澄清问题。所以，我们应首先对其背景、细节、过程作认真仔细的考察后再下结论。

① 刘光亮：《刘备“借荆州”辨正》，载《吉安师专学报（哲社版）》1986年第2期。

② 《三国志·蜀书·先主传》。

1. 荆州的地理形势与战略价值

荆州为古九州之一。当汉末军阀割据、战争频仍之际，荆州属“四战之地”和“用武之国”，而非良好的建都立国之所。但是，由于地理位置和地理形势上的诸多特点，荆州的战略地位仍然十分重要。荆州东与三吴为邻，却居于上游；西与巴、蜀相接，而有三峡之险；其北襟带汉川，通达宛、洛；其南“五岭逶迤”，指臂桂、粤。东汉后期，荆州地区经济已经相当发达，有户一百三四十万，口六百余万。[①] 东汉末年，刘表任荆州刺史，“南收零、桂，北据汉川，地方数千里，带甲十余万”[②]，势力雄厚强大。

从赤壁之战前夕的形势看，对于曹、孙、刘三方来说，荆州的战略地位都显得十分重要。曹操若能据之，就可以使刘备无立足之地，使孙权难以自保，从而实现其统一中国的宏愿。孙权若得之，基业就会更加巩固，其鼎足江东的谋划就可以变为现实。刘备若得之，则不仅有了立足之地和发展之机，而且日后北伐中原时也有了良好的“滩头”阵地。事实表明，对于这一点，曹、孙、刘三方都有深刻的认识。曹操在河北尚未完全平定时，就曾两次要向荆州用兵。建安十三年当其率军南下时，关中仍有后顾之忧。其对荆州的重视程度，于此不难看出。在曹操频打荆州的主意时，东吴的鲁肃和甘宁先后向孙权献策，陈说夺取荆州的战略意义。孙权深以为然，并在曹军南下之前，即进兵江夏郡，开始了争夺荆州的军事行动。至于刘备方面，则早在隆中决策时就将夺取荆州纳入了自己的战略计划。

① 据《后汉书·郡国四》。
② 《三国志·魏书·刘表传》。

2. 赤壁之战后，荆州被曹、孙、刘三方瓜分之情况

由于战略地位的重要和各割据势力的高度重视，荆州在赤壁之战后便为曹、孙、刘三方瓜分，形成了一种所谓“疆埸纷错”的复杂局面。

赤壁之战中，曹操被孙、刘联军打败，退回北方，但荆州南阳郡的全部和南郡、江夏郡的一部分仍控制在手中。其江夏郡，即旧江夏郡之江北部分，仍沿旧称，由刘表降将文聘驻守。其所得之部分南郡地盘，则划为襄阳郡，守将先为乐进，后为曹仁。此战中获利最多的是刘备。曹操败退后，刘备一方面派张飞协同周瑜追击曹军，围攻江陵，一方面不失时机地攻占了荆州在江南的大部分地区。为使略地之举名正言顺，他首先表刘琦“为荆州刺史”，然后“南征四郡”，而“四郡太守皆降”①。这样，他很快就控制了武陵、桂阳、零陵三郡的全部，以及长沙郡的南半部分、南郡的江南部分。此战中获利最少的是孙权。周瑜用了一年多的时间虽终于攻下了南郡郡治江陵，但此时之南郡、襄阳一带仍在曹操手里，江南部分则为刘备所占，剩下的地盘已十分有限，仅江陵附近而已。不过，江陵紧傍长江北岸，又是南郡郡治，系荆州的一个军事重镇，极具战略价值，所以孙权仍在这里设郡，并且委任最得力的周瑜为太守。孙权所得荆州地尚有江夏郡之江南部分和长沙郡之北半部分。他将长沙郡之北半部分改立为“汉昌郡，以鲁肃为太守，屯陆口”；江夏郡则沿旧称，以程普为太守，“治沙羡”②。

3. 刘备“借荆州”始末及真相

建安十五年，周瑜“诣京见权”，谋与奋威将军孙瑜进取益

① 《三国志·蜀书·先主传》。

② 分别见《三国志·吴书》之《吴主传》《程普传》。

州、汉中，孙权同意了他的建议。于是，周瑜立即启程回江陵进行准备工作。可惜的是，周瑜在回江陵途中病死于巴丘。周瑜病死后，孙权改以老将程普“领南郡太守”①，至于进取益州、汉中的计划，则因周瑜之死只好作罢。

在周瑜“诣京见权”之前不久，刘备亦曾“诣京见权”，目的是“求都督荆州”，当时唯鲁肃“劝权借之，共拒曹公”②。从当时形势和日后情况看，刘备“求都督荆州”应包含两层意思：（1）向孙权“借”吴属南郡之地；（2）要求孙权承认他在江南数郡的合法地位。果然，“忌刘派”周瑜死后不久，孙权即听从了“亲刘派”鲁肃的主张，“分荆州与刘备”，而原来的南郡太守程普，则“还领江夏，迁荡寇将军”③。这里所说的“分荆州与刘备”，实际上相应地也包含两层意思，即：（1）同意“借”吴属南郡给刘备；（2）承认刘备在江南数郡的合法地位。可能有人会问：刘备在江南数郡的合法地位为什么还要孙权来承认？这个问题其实前文已经涉及，即：荆州虽原为刘表的地盘，但此时已属从曹操手中夺得，且非刘备独家之力，刘备若大部据为己有，其合理性已微乎其微，因而必须得到盟军最高统帅孙权的认可才行。

至此，事情已比较清楚了。孙权“借”给刘备的所谓“荆州”，从严格意义上说，不过是吴属南郡而已；或者勉强一点儿说，它还包括战后吴应“分”得却未能“分”得的那一部分荆州地盘。至于吴属江夏、汉昌二郡，虽然也属于荆州范围，孙权却从未将其“借”给刘备。所以，笼统地说孙吴集团曾将荆州借给刘备，或笼统地说孙吴集团根本就没有借荆州给刘备，

①③ 《三国志·吴书·程普传》。
② 《三国志·吴书·鲁肃传》。

都是不恰当的。

三、“借荆州”说之由来

既然刘备所“借”之地仅为吴属南郡，或者勉强点儿说还包括赤壁之战后吴应“分”得而实际上未能“分”得的那部分地盘，那么，“借荆州”的说法何以会载于史籍且盛传于世呢？笔者想，这可能与下述因素有关。

（1）荆州虽然为曹、孙、刘三方瓜分，但三方各自仍以“荆州”称之，如曹魏方面就是将所得旧荆州那部分土地依然立为荆州的。孙权“借”给刘备的既然是自己所得南郡之地和应“分”得而未能“分”得的那部分荆州地盘，也就很可能习惯成自然地名之曰“借荆州”了。

（2）据陈志《张飞传》载，刘备平定江南后封拜元勋，“以飞为宜都太守、征虏将军，封新亭侯，后转在南郡”（重点号为作者加，下同）。《麋竺传》附《麋芳传》载，张飞随诸葛亮入川助刘备取益州后，以“（麋）芳为南郡太守，与关羽共事”。《关羽传》载，孙权袭夺江陵时，麋芳投降，权“尽虏羽士众妻子，羽军遂散”。这说明，刘备在“借”得吴属南郡后，便将治所由公安迁到了江陵。因为江陵已经成为荆州治所，刘备才先后以情同手足的张飞和谊属妻舅的麋芳为南郡太守，关羽部属的妻子儿女才驻于江陵。而孙权袭夺蜀之荆州后，亦是以江陵作为荆州州治的。如此，江陵既是南郡郡治，又是荆州州治，“借南郡”传为“借荆州”也就不足为怪了。

（3）陈志关于“借荆州”一事的几处记载，均未详加辨析，因而显得比较笼统和含混，使人读后易产生确有其事的印象。裴松之不加选择地将吴人关于“借荆州”的一些“专美”、不实之辞注引于陈志中，更使此事皂白莫辨。以后，再加上小说、戏曲的渲染和传播，“借荆州”一说逐渐为许多人深信不疑。

这里需要着重分析一下《先主传》注引《江表传》的一段记载。《江表传》曰：“周瑜为南郡太守，分南岸地以给备。备别立营于油江口，改名为公安。刘表吏士见（现）从北军，多叛来投备。备以瑜所给地少，不足以安民，复从权借荆州数郡。”笔者在撰写拙作《〈“隆中对”别论〉质疑》时，因对“借荆州”一事尚乏深入研究，曾轻信了这一说法。实际上，这条材料极不可靠。周瑜一向深忌刘备，“备诣京见权，求都督荆州”，瑜即上疏，“以猥割土地为虑”[①]，并劝孙权乘机将其软禁，留作人质，岂能主动“分”地与之？所以，这里所谓的“分南岸地以给备”，实乃由于该地区已被刘备占有，周瑜对这一既成事实不得不采取的一种承认方式罢了。这里所说的“分”，正与孙权“分长沙为汉昌郡”的“分”同类情况，同种意思。只是前者的“分”，是自己对友方的承认；而后者的“分”，则是友方对自己的承认（当然亦属不得不承认）。有趣的是，刘备方面对孙权“分长沙为汉昌郡”从无异词，而孙权方面对刘备据南郡之江南地立营却不肯保持沉默，非要说此乃周瑜“分”给他的不可。由此，亦可一窥吴人在荆州问题上的心态。说到“复从权借荆州数郡”一语，就更不可信。荆州共有七郡，赤壁之战后，江北基本上为曹操所得，江南总共不过武陵、桂阳、零陵、长沙四个整郡和南郡、江夏各约半郡。江南这部分地盘，孙权又始终控制着江夏郡之江南部分和长沙郡之北半部分，其余均被刘备武力攻取，孙权何以能再借“数郡”给刘备呢？可见“复从权借荆州数郡”的说法，实乃吴人欺世

① 卢弼：《三国志集解》，中华书局1982年影印版，第728页。

之言。清人王懋竑说："《江表传》所云以地给备及备借荆州数郡之语，皆传闻之妄，不足据也。"① 所见极是。

四、孙权"借"吴属南郡给刘备的真实原因

传统的观点认为，孙权所以"借"吴属南郡给刘备，一是出于同盟之谊，二是出于"拒曹"之需。其实，这是一种误会。前一种说法，是把古代严酷的政治、军事斗争看得太富浪漫色彩和人情味了，其难以成立，早被历史事实反复证明。后一种说法虽有一定道理，却并未道出问题的要害。在笔者看来，孙权所以肯于"借"吴属南郡给刘备，根本原因是由于赤壁之战后，刘备方面从军事上对吴属南郡构成了强大压力和严重威胁。只要仔细审视一下赤壁之战中孙、刘两方的军事行动情况和战后形成的态势、格局，这个问题就不难明白了。

在赤壁之战中，刘备是极有心计的。当曹军败退时，他不是把主要兵力用于追击逃敌，而是用于抢占地盘。相形之下，孙权则多有失算之处。赤壁之战获胜后，他不是积极地去抢占荆州地盘，而是继续围攻曹军，并且在东西两个方向同时用兵。他一方面让周瑜率程普、甘宁、吕蒙、凌统等一班大将围攻江陵，一方面亲自率众围攻合肥（今安徽合肥），还命张昭进攻九江郡之当涂（今安徽凤阳西）。从当时的情况看，孙权似乎产生了轻敌思想，以为曹军不堪一击，而欲借新胜之威北蹙曹操。然而，孙权、张昭很快就在合肥、当涂碰了钉子，周瑜虽最终啃下了江陵这块硬骨头，却费了一年多的时间。这期间，刘备则利用这一千载难逢的机会，将荆州在长江以南的地盘几乎全

① 卢弼：《三国志集解》，中华书局 1982 年影印版，第 729 页。

部置于自己的控制之下。这实在是孙权之失计，刘备之得计。

刘备更为得计之处还在于：他在夺取江南数郡后，并未就此罢手，而是在此基础上调整部署，力求在态势上对吴属南郡形成一种军事威慑。他以关羽“为襄阳太守、荡寇将军，驻江北”；以张飞“为宜都太守、征虏将军”治夷道（今湖北宜都西北）；以诸葛亮“为军师中郎将，使督零陵、桂阳、长沙三郡，调其租赋，以充军实”；自己则“别立营于油江口，改名公安”，居中指挥。[①] 襄阳位于江陵之北约一百八十公里（直线距离，下同——笔者注），当时尚在曹操手里；夷道位于江陵之西约七十公里，紧傍长江南岸；公安则位于江陵之南约四十公里油水入长江处（即所谓油江口），紧傍长江西岸。刘备如此部署，使江陵处于三面包围之中，且大江上下之水上交通可随时阻断，其用心已昭然若揭。《先主传》云：刘琦病死后，“群下推先主为荆州牧，治公安。权稍畏之，进妹固好。先主至京见权，绸缪恩纪。”这些记载，是颇有深意的。难怪卢弼说：“建安十四年，先主年四十九，孙权年二十九，其妹年约二十余，嫁此将近五十之老翁，史文‘进妹固好’，四字大可玩也。”[②] 由此可见，孙权所以“借”地给刘备，实乃不得已之举。

孙权将吴属南郡“借”给刘备，与周瑜不幸早死也有着直接关系。在联刘问题上，周瑜与鲁肃的态度是大不相同的。鲁肃一向主张联刘拒曹，并力主“借”地给刘备。周瑜则疑忌刘备甚深，无时无刻不提防之，且曾劝孙权将其软禁于京。设使周瑜健在，孙权是不大可能把吴属南郡“借”给刘备的。另外，从当时孙权方面人才情况看，鲁肃有远略而少机变，程普虽年

① 分别见《三国志·蜀书》之《关羽传》、《张飞传》、《诸葛亮传》及《先主传》注引《江表传》。

② 卢弼：《三国志集解》，中华书局1982年影印版，第729页。

资高但仅以“攻城野战”为长，吕蒙未显，陆逊尚幼，唯周瑜“威声远著”，“有王佐之资”，且最为孙权亲厚、倚重。① 孙权曾说，“公瑾雄烈，胆略兼人，遂破孟德，开拓荆州，邈焉难继”，认为唯有后来的陆逊或可与之相比。② 所以，在他看来，周瑜一死，便无人能为他守住吴属南郡这一孤悬之地了，与其最终为对方武力攫得，不如听鲁肃之劝早早做个人情算了。

综上所述，孙权所以“借”吴属南郡给刘备，主要是迫于刘备方面对该地区的军事压力，其次与周瑜早亡有关，再次才是出于联合抗曹的策略考虑。江夏郡与汉昌郡虽亦属荆州范围，但此二地紧傍吴境，既未受到来自任何方面的严重威胁，又十分易于驻守，因而孙权也就从不肯“借”给刘备。

反过来看，南郡控制在孙权手中，对刘备亦不啻是心腹之患，不仅其西行入川将有无穷之忧，而且北伐之路也被阻断。所以，刘备处心积虑地争取对南郡的控制权，也是势所使然。

（原载《山东社会科学》1991 年第 5 期，
刊发后主要论点被《报刊文摘》转载）

---

① 分别见《三国志·吴书》之《程普传》及《周瑜传》注引《江表传》。

② 《三国志·吴书·吕蒙传》。

荆襄之战诸问题考论

发生于汉献帝建安二十四年（219 年）七月，结束于当年十二月的关羽北伐襄樊之战和孙权袭取荆州之战（以下笔者统称之为“荆襄之战”），历时不长但影响巨大，它直接、间接导致了如下结果：（1）“关羽毁败”被杀；（2）刘属荆州全部丧失，蜀汉从此被封闭在四川盆地之中；（3）夷陵再战蜀汉又败，元气大伤；（4）诸葛亮隆中对策时规划的终极战略目标实现难度大增。但是，由于史书记载简略，史料阙如，故而与之有关的问题千百年来聚讼纷纭，至今难有定论。在较长一个时期内，笔者经过反复阅读有关史料和先贤时彦的宏论，逐渐形成了一些看法，现发表出来，以求方家指正。

一、关羽北伐襄樊是自行其是，还是得到了刘备的同意与支持

关于这个问题，史书无任何记载，时下有两

种截然相反的观点：

其一，北伐得到了蜀汉政权高层的同意。理由：（1）当时魏、蜀、吴三方虽以曹魏最为强大，但因其“内有忧逼”，外则连败，处境被动，故有可攻之势。(2)“兴复汉室”是刘备集团早就提出的立国方针，而要“兴复汉室”就必须伐灭曹操。(3)蜀汉政权究竟是否同意和支持北伐，史书虽无直接、明确的记载，但也不是没有蛛丝马迹可资寻绎和分析。

其二，北伐是关羽自作主张的行为，并非蜀汉方面高层的意思，更无刘备的命令。理由：（1）史书并无刘备命关羽北伐的任何明确记载。（2）关羽一向骄横跋扈，刚愎自用，根本不会把有无刘备的命令当回事。（3）其时刘备已假关羽节钺，关羽已具有自主决定用兵与否的权力。

笔者认为，上述第一种观点才是能够成立的，现撮要补充理由如下：

（1）应当说，北伐襄樊是一次规模比较大的军事行动，而如此规模巨大的军事行动，若无政治集团最高领导层的命令，作为方面将帅竟然擅自出兵，则无论当下还是过去，于情于理于军纪军法都是讲不通的。

（2）史书虽有关羽骄傲护前的记载，但并无专横跋扈的记载，再说其对刘备的忠诚程度更是人所共知：他先是拒绝曹操的拉拢与诱降，“尽封其所赐”，辗转千里，不避艰险，追随刘备；后则拒降孙权，终至被杀。这样一个忠正信义的人，是不可能在没有得到最高统帅同意的情况下自作主张擅自发动一场大规模战役的。

（3）其时曹操内忧外患不断，北伐确属有机可乘，刘备集团极有可能利用这一机会，命关羽北伐，以达成某种战役目标。比如：建安二十三年（218 年）正月，少府耿纪等起兵诛操

（不克，被夷三族）；四月，代郡、上谷乌桓起事（操命曹彰击之）；十月，宛城守将侯音起事，逐南阳太守（次年曹仁屠之）。二十四年正月，大将夏侯渊战败并被杀于汉中；五月，曹操退出汉中，汉中遂为刘备所有，备命孟达等乘势攻下房陵（今湖北房县）等地；七月，刘备称汉中王——此时，刘备集团的扩张可说达到了巅峰，而关羽恰在此时攻樊，并于八月大破曹军。这年九月、十月间，也就是在关羽发动襄樊战役后，还发生了魏讽谋袭邺都和孙狼起兵应羽事件，故关羽一时“威震华夏”，逼得曹操甚至到了意欲迁都避之的地步。

（4）史书记载的确有许多可供分析与寻绎之处。对此，我们可以从下述三个方面进行考查：

其一，《先主传》载先主进位汉中王后上表汉献帝说：

> 臣以具臣之才，荷上将之任，董督三军，奉辞于外，不得扫除寇难，靖匡王室，久使陛下圣教陵迟……臣昔与车骑将军董承图谋讨操，机事不密，承见陷害，臣播越失据，忠义不果。遂得使操穷凶极逆，主后戮杀，皇子鸩害。……今操恶直丑正，实繁有徒，包藏祸心，篡盗已显。……臣退惟寇贼不枭，国难未已，宗庙倾危，社稷将坠，成臣忧责碎首之负。……仰惟爵号，位高宠厚，俯思报效，忧深责重，惊怖累息，如临于谷。尽力输诚，奖厉六师，率齐群义，应天顺时，扑讨凶逆，以宁社稷，以报万分……①

有其言，则须有其行，否则，所言岂不是成了欺蒙君上的空话？且《先主传》于表后即载有“时关羽攻曹公将曹仁，禽（擒）于禁于樊”的事实。《关羽传》也载，“（建安）二十四年，先主为汉中王，拜羽为前将军，假节钺。是岁，羽率众攻曹仁于

① 《三国志·蜀书·先主传》。

樊”。可见，关羽北伐应是得到了刘备许可的，甚至本来就是奉刘备之命而行事的。

其二，史载先主称汉中王和关羽北伐襄樊均在建安二十四年七月，这两件事孰前孰后虽然尚难确定，但《费诗传》载先主为汉中王后曾“遣诗拜关羽为前将军”是不争的事实。这说明，是年七月，荆州与益州是有信使往还的，而既然有信使往还，则北伐襄樊这样的大事，关羽怎能独断专行擅自决定，而刘备则听之任之不予干预呢？

其三，《先主传》还载，建安二十五年（220 年）蜀中群臣在所上劝先主即帝位的表章中有“前关羽围樊、襄阳，襄阳男子张嘉、王休献玉玺”的话，说明关羽发动襄樊之战而获玉玺后，便立即派信使送至成都，献给先主，以为祥瑞。这同样说明，关羽所发动的襄樊之战，应是得到刘备许可甚至授命之后而进行的，否则怎能如此信使往还频繁？

根据以上考证分析，笔者认为，关羽北伐襄樊应是在刘备的授命下进行的，而这个命令极有可能是费诗衔命前去拜其为前将军并假节钺时下达的。

二、关羽北伐襄樊的战略目标是什么

关羽北伐襄樊的战略目标是什么？对于这一重要问题，至今无人直接论及，大家多是在讨论其他问题时顺便提及；而提及者，则又多将诸葛亮《隆中对》里的政治目标，即“兴复汉室，还于旧都”作为此役的战略目标。

由于把“兴复汉室，还于旧都”当成了关羽发动襄樊之战的战略目标，所以论者多批评其发动此战的时机不当。例如朱子彦就认为，“北伐曹魏，匡扶汉室，是诸葛亮一以贯之的思想，但北伐要有充分的条件，还要看准时机”，而“关羽北伐曹魏的时机并未成熟”①。仓林忠也说，“关羽发动襄樊战役，有悖于诸葛亮隆中对策为刘备筹划的正确战略方针”②。笔者认为，这些观点都有某种道理，但都近乎无的放矢。因为他们在提出上述批评的时候，都顺手牵羊般简单地把刘备与诸葛亮远期的政治目标当作关羽发动襄樊之战的战略目标了，而没有认真考察此战的具体战略目标究竟是什么。

那么，关羽发动此战的目的究竟是什么呢？它确如某些论者所说，是“匡扶汉室”“还于旧都”吗？笔者认为恐怕不是。

首先，假如此战的确是要一举歼灭曹魏而还汉帝于旧都，那么它确如某些论者所说，时机不成熟。建安十七年（212 年）十二月，刘备用军师庞统之计，杀刘璋部将杨怀、高沛，进据涪城；次年即举兵取蜀，并在连败刘璋部将刘璝等人之后，进围雒城；又次年，刘璋终于被迫投降，刘备遂领益州。建安二十年（215 年），刘备与孙权争荆州，而曹操破汉中，故其不得已只好与孙权以湘水为界，中分荆州；建安二十三年（218 年），刘备进兵汉中；次年蜀将黄忠大破曹军，斩曹军大将夏侯渊等，刘备遂有汉中。至此，刘备在大约七年的时间里，几乎一直都在征战，而蜀中之残破疲敝，也可想而知。这期间，虽说曹操的确“内有忧逼”，外遭挫败，但其统治毕竟尚属稳固。在这样的形势下，刘备翦灭曹操而“兴复汉室”的想法即使再强烈，也不可能企图毕其功于一役，放手发动一次规模巨大且极有可能旷日持久的战役。对此，我们今天能够认识到，相信刘备和诸葛亮当年也应该能够清醒地认识到。

① 朱子彦：《论三国时期的荆襄之战》，《上海大学学报》1993 年第 1 期。

② 仓林忠：《破解关羽败亡的千古疑案》，《江汉大学学报》2006 年第 25 卷第 5 期。

其次，假如此战确是要一举歼灭曹魏而还汉帝于旧都的话，那么刘备、诸葛亮不可能让关羽偏师北上，孤军深入。众所周知，凡大规模军事行动，至少应两路同时出兵，有时甚至数路出兵，以求互相配合，并且《隆中对》也正是如此设计的。这样的常识和早已确定的设计，刘备与诸葛亮当不至于想不到。然而，察关羽此次北伐，刘备除派遣孟达、刘封等攻下房陵、上庸以使关羽侧翼得到保护外，竟自始至终未派出一兵一将作为策应，也未遣一兵一将作为后援，这是让人不可想象的，以至于有人据此而怀疑刘备、诸葛亮是在借刀杀人以除关羽。借刀杀人的说法，实涉荒诞，笔者将在后面进行探讨，但刘备并未将此战作为一次大规模的军事行动，且其并无一举伐灭曹操的企图，则是完全可以想见的。所以，我们只能认为，这是一次目标有限的战役。

那么，关羽北伐襄樊的战略目标究竟是什么呢？笔者认为，这个目标就是攻下襄樊，夺占曹属荆州地盘。理由如下：

第一，当时蜀汉一方虽然远不具备与曹魏打一场全面战争的条件，但打一场目标有限的局部战争还是可以的。（1）此时刘备刚刚夺得汉中，并斩杀操大将夏侯渊等人，声威正盛，有势可借。（2）曹魏内部不稳，连续发生了京兆金祎与少府耿纪谋杀丞相长史王必并挟献帝以攻曹操、北方代郡等地乌丸无臣氏等起事和南阳守将侯音谋反等事件，刘备方面有机可乘。（3）刘备不久前刚和孙吴方面中分荆州，孙刘联盟趋向稳定，北伐可免后顾之忧（至少刘备方面是可以这样认为的）。（4）关羽受命董督荆州之后，与孙吴、曹魏两方均未发生过大规模的争战，实力未受削弱，也具备独自打一场局部战争的能力。

第二，打下襄樊，既可弥补在与孙吴方面争夺荆州时遭受的损失（长沙郡之刘属部分和桂阳郡之全部最后划归孙权），又可壮大蜀汉方面的势力，并为落实《隆中对》的战略规划和最终实现兴复汉室的政治理想积蓄力量，打好基础。

第三，打下襄樊，还可以作为落实刘备在汉中称王后向朝廷所上表中所许“扫除寇难，靖匡王室”和“扑讨凶逆，以宁社稷”之愿的实际行动，以免让所许之愿成为空话。当然，此举还可以看作是献给刘备汉中称王的一份厚礼。

第四，因为目标有限，所以刘备与诸葛亮根本没有考虑增援的问题。而此战的初期阶段，关羽借助天时、地利，擒于禁，杀庞德，水淹七军①，也的确显示了这样一种态势，即：襄樊完全可以靠荆州的力量独自迅速攻下，实现这样一个有限的战略目标既无需持久，也无需成都支持。

然而，让刘备、诸葛亮和关羽都没有想到的是：此战最终打成了攻坚战和消耗战，关羽被迫“钝兵坚城之下”，久攻不克，从而让曹操有时间把救兵源源不断地调往前线；更让刘备和诸葛亮没有想到的是：刚刚和自己中分荆州的盟友，竟然在最关键的时候从后面捅了自己致命的一刀。

三、诸葛亮（或刘备）“借刀杀人以除关羽”是章太炎的观点吗

近年来，有一种观点颇为夺人眼球，即：诸葛亮（或刘备）所以在荆襄之战中始终不救关羽，是因为他们根本就不想救，非但不想救，反而要借吴人之手除掉他。例如，上海大学教授朱子彦就说：关羽之败，败在吴魏联盟绞杀，但“真正把关羽送上断头台的不是别人，而是自家人——诸葛亮”。他认为：

① 《三国志·魏书·曹仁传》。

"只要诸葛亮负起自己作为'军师'的职责，随时将荆州的'险情'提醒刘备，与关羽'自小结契'、情同手足的刘备绝不会'疏慢'到只作壁上观，对兵败临沮的关羽不以一卒相救。"至于原因，那就是关羽太过"骄横跋扈"，刘备与诸葛亮对其早就不满，再加担心其易世难御。[①] 大概是为了扩大影响吧，朱氏还一稿两投，把他的文章以"诸葛亮择主与拜相再认识"之名，同时发表在《东岳论丛》2004 年第 5 期上。朱氏这一观点，可用八个字概括，即"诸葛亮借刀杀关羽"。但是，有意思的是，朱氏再三申辩说：

诸葛亮不救关羽，并不等于说借刀杀关羽，这两者有着本质上的区别。实际上，我并不同意章太炎的观点，因为如果是借刀，诸葛亮就是一个阴谋家……

关羽走麦城，肯定不是诸葛亮策划的，只不过是到了最后关头，荆州已经丢了，败局已经定了，再也无法挽回了，至于你关羽，那就对不起了，你是荆州军的最高统帅，丢了荆州，你就应该负责，按照军法，就应该斩首。所以诸葛亮觉得，在丢了荆州以后，没有必要为了救一个败军之将而兴师动众。由此可见，"不救"同"借刀"就有本质上的区别。否则诸葛亮岂不成了杀害关羽的刽子手？[②]

这就让人觉得，朱氏在卖矛的同时，又在卖盾了。

为了证明自己的观点能站得住脚，朱子彦还进一步指出：

蜀国为什么不修史呢？难道是蜀国缺少优秀的史官吗？绝不是如此，陈寿的老师——谯周就是一个非常优秀的史学家。刘备和诸葛亮为什么不设史官？要违背汉朝的国家

① 朱子彦：《试论诸葛亮的从政心理与丞相之路》，《史学集刊》2004 年第 4 期。

② 朱子彦：《朱子彦论三国谋略》，上海古籍出版社 2008 年版，第 141 页。

> 制度呢？如果大胆推测，或许是关羽被害这件事情的真相正是蜀汉最高统治阶级的内部绝密，绝不能公之于众，所以这件事就成了千古之谜。[①]

朱氏的想象力真是太丰富了！不过，有趣的是，你以为上述观点都是朱子彦的吗？答曰：非也！朱氏明确地说："诸葛亮借刀杀人的观点，是章太炎先生提出来的，发明权是章太炎。"他还颇感冤屈地说："媒体上炒作的时候，有人把矛头指向我，那是他们没有看过章太炎先生的书。"[②] 这样一来，朱氏不仅赚了一个谦虚的美名，还把厚诬一位古代先贤的帽子顺手轻轻地扣到了一位近代先贤的头上。为此，朱氏还把方诗铭和田余庆两位先生拉了进来，以壮大自己的阵势。

他继续说道：

> 不过我认为章太炎这个观点虽然大胆，虽是假设，其实还是有一定道理的。比如研究三国史的著名专家方诗铭先生就十分赞同章太炎的观点，方先生的专著《三国人物散论》(上海古籍出版社，2000 年）就多次引用章太炎的观点。只是方先生认为不是诸葛亮要借刀杀关羽，而是刘备要借刀杀关羽。史学界有一位泰斗，魏晋南北朝史的大专家田余庆先生也在他的文章中说，关羽走麦城败得这么惨，读历史的人总不免怀疑，说是刘封不救，好像也解释不通，人们就猜想可能是刘备和诸葛亮，但是又没有根据。章太炎提出的借刀杀关羽的观点，不管有没有道理，但他这种无所顾忌，敢于突破禁区的治学态度，是应该提倡的，是当今治史者所应具备的（《秦汉魏晋史探微》第 210 页，中华书局，1993 年）。[③]

① 朱子彦：《解密"诸葛亮借荆州杀关羽"》，载《文汇读书周报》2010 年 10 月 29 日。

②③ 朱子彦：《朱子彦论三国谋略》，上海古籍出版社 2008 年版，第 137 页。

从这段话不难看出，朱、方、田三位先生均认为关羽是被自己人借吴人之手杀掉的，而且一致认为这个观点是章太炎提出的，不同之处是：朱氏认为借刀杀人的是诸葛亮，方氏认为是刘备，而田余庆先生则没有明确说明。

问题是：事情确实如他们所说的那样吗？章太炎真的认为关羽是被诸葛亮或刘备借吴人之手杀掉的吗？笔者在认真仔细地拜读了太炎先生的《訄书·正葛》和《检论·思葛》之后，发现事实并非如此：第一，太炎先生在《正葛》一文中的确提出了诸葛亮借刀杀人的观点，但他后来在《思葛》一文中又完全否定了自己的这一观点。第二，在《思葛》一文中，太炎先生虽然将关羽的败亡归之于刘备的“褊迫疏慢”，但并没有指其为借刀杀人。“褊迫”一词，《汉语大词典》的解释为：（1）狭窄，不宽广；（2）犹褊急。而“褊急”的意思则为“气量狭隘，性情急躁”。至于“疏慢”一词，词义较为清楚、显豁，即轻忽的意思。

为方便读者自己阅读并准确理解和把握太炎先生的观点，比较其前后的变化，现在不妨把他的这两篇文章中的有关文字尽可能完整地摘引如下。其《訄书·正葛第三十六》云：

> 临沮之败，葛氏不以一卒往援，昧者讥其无远略；而或解以败问之未通。苟罗骑斥候之疏如是，则政令愈慢矣。皆窥暗者也。
>
> 法家之所患，在魁柄下移……
>
> 葛氏亦法家也，行诛于纵横，而彭羕、李严丽于流辟。夫刘封，雄桀之次耳，夺孟达鼓吹，守山郡不发兵，罪也。而葛氏特以刚猛难任，不可用于易世之后，劝先主除之。是杀之以其罪，杀之之情则不以其罪也。
>
> 如羽，世之虎臣，又非封等伦也。功多而无罪状，除

之则不足以压人心，不除则易世所不能御。席益厚，而将掣挠吾大政。故不惜以荆州之全土假手于吴人，以陨关羽之命。……《韩非·内储说上》七术：卫嗣君之时，有胥靡逃之魏，乃以左氏易之。群臣左右谏曰："夫以一都买胥靡，可乎？"王曰："夫治无小，而乱无大。法不立而诛不必，虽有十左氏无益也；法立而诛必，虽失十左氏无害也。"诸葛立意，盖亦同兹。大氐法家之旨，宪令为重，而都邑为轻，古今一也。

其故事则有萧何之戮韩信。何公用之于韩信，而葛氏阴用之于关羽。①

其《检论·思葛》云：

章炳麟少时为《正葛篇》，论之曰……

少时所论云耳。晚涉世变，益窥古人用心。征之事状，关羽常桡吴、蜀盟好之志，宜不与武侯同心，然其材可辅而用也。武侯虽法家，不忘进取，不宜与卫嗣君同术。益州之地，利在守险，而势不便速；有荆州，然后可以兼进。吴所包络，利尽南海，而临江当备者多。以荆州与蜀分守，吴不为削，且以纾戍候，而蜀得竞进焉。武侯虽兼为吴、蜀，终不宜掊寡以益多，已塞其隧而疲人之戍守也。曷为乃以关羽弃荆州乎？

当是时，政在先主。武侯徒以抚民画策见任，未能一切领录。其任武侯，又不如关羽旧人保信。荆州之败，始于娆吴，终于失援，则先主之褊迫疏慢为之。②

---

① 章炳麟：《訄书·正葛第三十六》，《章太炎全集》第3册，辽宁人民出版社1984年版，初刻本，第82～83页。

② 章炳麟：《检论·思葛》，《章太炎全集》第3册，辽宁人民出版社1984年版，初刻本，第610～611页。

不难看出，朱、方等人实际上是在拿太炎先生修正过甚至已经否定了的观点说事，并且将其强加在对方头上。这种做法实在是失之粗疏和武断，甚至很有点不讲道理的味道。笔者想，太炎先生如果地下有知，定会大呼冤枉。所以，由此看来，朱先生实在不应因为“有人把矛头指向”自己而感到委屈，因为朱先生所说的观点，其实已经不是太炎先生的了，而是朱先生自己的了，朱先生不过是拾人牙慧没有拾好而已。此外，朱先生也不应责怪别人“没有看过章太炎先生的书”——他倒是看过了，但却并没有看清楚看明白。为什么没有看清楚看明白？恕笔者猜想：他可能是觉得诸葛亮“借刀杀人”的观点实在太有炒作价值、太有卖点了，所以后面的文字就顾不上细看了，或者虽已看见，也看清楚看明白了，但为了炒卖，也就只好权当没有看见了。

四、“关羽毁败”，诸葛亮（或刘备）为何不予援救

“关羽毁败”，诸葛亮（或刘备）为何不予援救？根据现有的记载，笔者认为不是诸葛亮和刘备不想救，而是他们根本就来不及救和没有能力救。

襄樊之战发生在建安二十四年（219 年）七月。八月，关羽即借助天时，水淹曹军，生擒于禁和庞德。十月，弘农郡陆浑县民孙狼作乱，杀县主簿，南附关羽。关羽授给孙狼印信，并拨给他兵员，让他回去继续扰乱当地，自许都以南往往遥应关羽，“羽威震华夏”。这时，曹操刚刚回到洛阳，因而与众谋士商量“徙许都以避其锐”。司马懿、蒋济都劝曹操说：于禁等为水所没，非战攻之失，于国家大计未足有损。刘备、孙权外亲内疏，关羽得志，权必不愿也。可遣人劝权蹑其后，许割江

南以封权，则樊围自解。曹操采纳了他们的计谋。[1] 恰在此时，孙权在一切准备完全就绪的情况下，也“遣使上书，以讨关羽自效”[2]。于是，事情开始发生逆转，朝不利于关羽的方向变化。

孙权在发兵之前，与大将吕蒙、陆逊等做了极其充分而周密的准备工作：他首先以吕蒙病重（“疾笃”）为名，“露檄召蒙还，阴与图计”，诱骗关羽放心地将后方的兵力一批一批地调往樊城前线，使得荆州后方变得十分空虚；然后，又任命虽年纪轻资历浅，“未有远名”，但“意思深长，才堪负重……终可大任”的青年才俊陆逊代吕蒙守陆口。陆逊到任后，立即写信给关羽，极尽阿谀奉承和谦卑低调之能事，使得关羽彻底丧失警惕（“羽览逊书，有谦下自托之意，意大安，无复所嫌”）；最后，才让吕蒙将精兵全部藏于船中，以“白衣（人）摇橹，作商贾人服，昼夜兼行”，偷袭荆州。

吕蒙率军一路西上，凡“至关羽置江边屯候，尽收缚之，是故羽不闻知”。就这样，吕蒙一路顺风，直抵南郡，守将士仁、麋芳未作任何抵抗即全部投降，吴军兵不血刃进入江陵，“尽得羽及将士家属”。而这时，陆逊率军继续西进，并于十一月抵达荆州西境，“备宜都太守樊友委郡走，诸城长吏及蛮夷君长皆降”[3]。

至此，孙权运用长期周密谋划、一朝突然偷袭的策略，仅以两个月左右的时间，即将刘属荆州全部拿下，真可谓迅雷不及掩耳，其谋划之周密、实施之成功、得手之迅速，均堪称经典。《先主传》记此战时说：“时关羽攻曹公将曹仁，禽（擒）于禁于樊。俄而孙权袭杀羽，取荆州。”“俄而”一词，用得极

① 《资治通鉴》卷六八《汉纪六十·献帝建安二十四年》。

② 《三国志·魏书·武帝纪》。

③ 以上见《三国志·吴书》之《吕蒙传》《陆逊传》。

为准确。

荆州距离成都，即使直线距离，也达两千华里左右，而且其间山高岭峻，江河水险，道路崎岖。在如此短的时间内，面对如此艰险而遥远的路程，孙权发动偷袭战之后，即使成都方面在正常时间内得到消息，恐怕也是徒唤奈何，无计可施。所以，易中天在《品三国·败走麦城》一节中实事求是地说："刘备集团为什么听任关羽孤军奋战不去救援？我的看法是三个字：'想不到'。"他还引吕思勉先生《秦汉史》中的话说："羽之一败涂地，非徒曹操所不及料，即孙权，亦未必能预计其败若此之速也。"他认为，襄樊之战虽然打了将近半年，"战争形势的逆转，却是在转眼之间"，刘备方面开始听到的"都是些捷报，怎么会再派援兵？""等到关羽败走麦城众叛亲离时，刘备就是想救，也来不及了"。接着，他还调侃道，"除非他能派出空降兵"。

但是，朱子彦认为，吕蒙占领江陵、公安后，又让陆逊去攻打荆州与益州相连的宜都、枝江、秭归等地，结果全部攻了下来，孙权的疆域已经扩展到刘备的西部军事重镇白帝城①，而"刘备当时没有任何动作"，感到实在"是一件不可理喻的事情"。他还认为，更为重要的一条史料是，"刘备任命的宜都太守樊友弃城逃跑，逃回成都去"，"时间是在建安二十四年十一月"，假如刘备得知消息后"即刻出兵，日夜兼程，马不停蹄去救关羽，或许还有机会，还来得及"，就算来不及，也总算可以"说得过去"了。②

这里，且不说樊友弃城而逃究竟去了哪里，就算他确实逃

① 见《三国志·吴书·孙权传》。

② 朱子彦：《朱子彦论三国谋略》，上海古籍出版社2008年版，第136页。

了回去，那么他何时才能抵达成都？路上需要走多少天？也不说刘备究竟为此采取过行动没有，就算他采取过行动，在峡口已被吴军牢牢守住的情况下①，又能有什么作为？由此看来，朱先生在研究上述问题时，不仅没有时空概念，而且没有起码的军事常识。他可能认为，国与国之间的战争，就如邻间打架，可以闻风而动，瞬息即至。

现在，综合各方面的情况，经过仔细考析，我们大致可以得出如下结论：

第一，无论刘备还是关羽，抑或是诸葛亮，他们都没有想到樊城会久攻不下，把一场速决战打成了持久攻坚战。

第二，他们可能更没有想到的是，孙权竟然会在关键的时候从背后狠狠地捅了自己致命的一刀，因为在刘备方面看来，中分荆州应该是孙、刘双方瓜分荆州的一个较为合理的方案了，孙权方面对荆州不应再有非分之想。

第三，作为关羽，他可能做梦也没有想到自己会败得如此之快，如此之惨，所以当他获悉孙权要袭击他的消息后，竟然会犹豫不决，不肯果断退兵，并且即使退兵，也不是选择朝最为近捷最为安全的房陵、上庸方向撤退，而是仍想回到南郡。

第四，在峡口已被陆逊牢牢守住，无论求援还是西逃均无希望的情况下，面对孙吴方面神速的军事打击和强大的政治攻势，关羽所部顷刻间即土崩瓦解，而其本人则成为孤家寡人，已如网中之鱼，除了自杀殉难，也就只能是被生擒活捉了。

第五，太炎先生以“褊迫疏慢”说明刘备在对待有关荆襄

① 见《三国志·吴书·孙权传》。

之战一些问题上的态度和做法是比较准确的，他所要表达的似乎是：刘备在战事初期并无一定之规可循，但最终在得知荆州全部失陷、关羽彻底败溃的消息之后，则表现出一种既急又怒的焦虑心态，以及其在究竟是否援救关羽这一问题上的无奈与无助。

由此看来，刘备、诸葛亮在“关羽毁败”之际并非不想施以援手，而是事势让他们根本无法援救，“借刀杀人”的观点实在是有失荒诞与武断。

（原载中国人民大学《国学学刊》2012 年第 3 期）

为武侯辩诬：诸葛亮“借刀杀人”问题辨析*

——兼评朱子彦先生的治史态度与治史方法

近年来，在三国时研究领域有一种观点颇为夺人眼球，即：诸葛亮所以在荆襄之战中始终不救关羽，是因为他根本就不想救。如上海大学教授朱子彦就说：关羽之败，败在吴魏联盟绞杀，但“真正把关羽送上断头台的不是别人，而是自家人——诸葛亮”。他认为：“只要诸葛亮负起自己作为‘军师’的职责，随时将荆州的‘险情’提醒刘备，与关羽‘自小结契’、情同手足的刘备绝不会‘疏慢’到只作壁上观，对兵败临沮的关羽不以一卒相救。”至于原因，那就是关羽太过“骄横跋扈”，诸葛亮对其早就不满，再加担心其易世难御，所以非但不想救，反而要

* 本文原系《荆襄之战诸问题考论》的一个部分，刊发时因篇幅嫌长而删除，后单独发表，故两篇文章某些内容难免有所交叉与重复，特此说明。

借吴人之手除掉他。①

为证明自己的观点能站得住脚，朱氏还充分发挥自己的想象力，说：蜀国为什么不修史呢？难道是蜀国缺少优秀的史官吗？绝不是如此，陈寿的老师——谯周就是一个非常优秀的史学家。刘备和诸葛亮为什么不设史官？要违背汉朝的国家制度呢？如果大胆推测，或许是关羽被害这件事情的真相正是蜀汉最高统治阶级的内部绝密，绝不能公之于众，所以这件事就成了千古之谜。②

事情的真相果真如此吗？现笔者愿陈管见，就这一问题再作辨析，以求教于方家同好。

一、"关羽毁败"，诸葛亮为何不予援救

"关羽毁败"，诸葛亮和刘备为何不予援救？据现有的记载，笔者认为不是诸葛亮和刘备不想救，而是他们根本就来不及救和没有能力救。

建安二十四年八月，关羽在北伐襄樊期间，借天时地利水淹曹军，生擒曹军大将于禁和庞德。十月，弘农郡陆浑县民孙狼作乱，杀县主簿，南附关羽。关羽一时"威震华夏"，逼得曹操甚至到了"徙许都以避其锐"的地步。这时，司马懿等人对曹操说："刘备、孙权外亲内疏，关羽得志，权必不愿也。可遣人劝权蹑其后，许割江南以封权，则樊围自解。"③ 恰在此时，

① 朱子彦：《试论诸葛亮的从政心理与丞相之路》，《史学集刊》2004 年第 4 期。

② 朱子彦：《解密"诸葛亮借荆州杀关羽"》，载《文汇读书周报》2010 年 10 月 29 日。

③ 《资治通鉴》卷六八《汉纪六十·献帝建安二十四年》。

孙权在一切准备完全就绪的情况下，也“遣使上书，以讨关羽自效”①。于是，事情开始发生逆转，朝不利于关羽的方向变化。

孙权在发兵之前，做了极其充分而周密的准备工作：他先以吕蒙病重为名，“露檄召蒙还，阴与图计”，诱骗关羽放心地将后方的兵力一批一批地调往樊城前线，使得荆州后方变得十分空虚；然后，又任命虽年纪轻资历浅，“未有远名”，但“意思深长，才堪负重……终可大任”的青年才俊陆逊代吕蒙守陆口，而陆逊到任后则立即写信给关羽，极尽阿谀奉承和谦卑低调之能事，使得关羽彻底丧失警惕；最后，才让吕蒙将精兵全部藏于船中，以“白衣（人）摇橹，作商贾人服，昼夜兼行”，偷袭荆州。吕蒙率军一路西上，“至关羽置江边屯候，尽收缚之，是故羽不闻知”。

就这样，吕蒙一路顺风，直抵南郡，守将士仁、糜芳未作任何抵抗即全部投降，吴军兵不血刃进入江陵，“尽得羽及将士家属”。陆逊又乘胜率军西进，于十一月抵达荆州西境，“备宜都太守樊友委郡走，诸城长吏及蛮夷君长皆降”②。至此，孙权仅以两个月左右的时间即将刘属荆州全部拿下，真可谓迅雷不及掩耳。《先主传》云“俄而孙权袭杀羽”，“俄而”一词，用得极为准确。

荆州距离成都，即使直线距离，也达两千华里左右，而且其间山岭高峻，江河水险，道路崎岖。在如此短的时间内，面对如此艰险而遥远的路程，孙权发动偷袭战之后，即使成都方面在正常时间内得到消息，恐怕也是徒唤奈何，无计可施。所以，易中天在《品三国》一书中说：“刘备集团为什么听任关羽

① 《三国志·魏书·武帝纪》。
② 以上见《三国志·吴书》之《吕蒙传》《陆逊传》。

孤军奋战不去救援？我的看法是三个字：‘想不到。’”他还引吕思勉先生《秦汉史》中的话说：“羽之一败涂地，非徒曹操所不及料，即孙权，亦未必能预计其败若此之速也。”他认为，襄樊之战虽然打了将近半年，“战争形势的逆转，却是在转眼之间”，刘备方面开始听到的“都是些捷报，怎么会再派援兵？”“等到关羽败走麦城众叛亲离时，刘备就是想救，也来不及了。”接着，他还调侃道，“除非他能派出空降兵”①。

但是，朱子彦认为，吕蒙占领江陵、公安后，又让陆逊去攻打荆州与益州相连的宜都、枝江、秭归等地，结果全部攻了下来，孙权的疆域已经扩展到刘备的西部军事重镇白帝城②，而“刘备当时没有任何动作”，感到实在“是一件不可理喻的事情”。他还认为，更为重要的一条史料是，“刘备任命的宜都太守樊友弃城逃跑，逃回成都去”，“时间是在建安二十四年十一月”，假如刘备得知消息后“即刻出兵，日夜兼程，马不停蹄去救关羽，或许还有机会，还来得及”，就算来不及，也总算可以“说得过去”了。③ 这里，且不说樊友弃城而逃究竟去了哪里，就算他确实逃了回去，那么他究竟何时才抵达成都？路上究竟走多了少天？也不说刘备究竟为此采取过行动没有，就算他采取过行动，在峡口已被吴军牢牢守住的情况下④，又能有什么作为？由此看来，朱先生在研究上述问题时，不仅没有时空概念，而且没有起码的军事常识。他可能认为，国与国之间的战争，即使在古代，也如邻居间打架，可以闻风而动，瞬息即至。

现在，我们综合各方面的情况大致可以得出如下结论：

（1）无论刘备还是关羽，抑或是诸葛亮，他们都没有想到

---

① 易中天：《品三国》（下），上海文艺出版社2007年版，第99页。

②④ 见《三国志·吴书·孙权传》。

③ 朱子彦：《朱子彦论三国谋略》，上海古籍出版社2008年版，第136页。

樊城会久攻不下，把一场速决战打成了持久攻坚战。

(2) 他们可能更没有想到的是，孙权竟然会在关键的时候从背后狠狠地捅了自己致命的一刀，因为在刘备方面看来，中分荆州应该是孙、刘双方瓜分荆州的一个最为合理的方案了，孙权方面对自己所得荆州之地不应再有非分之想。

(3) 作为关羽，他可能做梦也没有想到自己会败得如此之快，如此之惨，所以当他获悉孙权要袭击他的消息后，竟然会犹豫不决，不肯果断退兵，并且即使退兵，也不是选择朝最为近捷最为安全的房陵、上庸方向撤退，而是仍想回到南郡。

(4) 在峡口已被陆逊牢牢守住，无论求援还是西逃均无希望的情况下，关羽所部顷刻间即土崩瓦解，而其本人则成为孤家寡人，已如网中之鱼，除了自杀殉难，也就只能是被生擒活捉了。

由此看来，刘备、诸葛亮在"关羽毁败"之际并非不想施以援手，而是事势让他们根本无法援救，"借刀杀人"的观点实在是有失荒诞与武断。

二、诸葛亮（或刘备）"借刀杀人以除关羽"是章太炎的观点吗

不过，有趣的是，读者以为"借刀杀人"的观点是朱子彦先生的吗？答曰：非也！朱先生明确地说："诸葛亮借刀杀人的观点，是章太炎先生提出来的，发明权是章太炎。"他还颇感委屈地说："媒体上炒作的时候，有人把矛头指向我，那是他们没有看过章太炎先生的书。"① 你看，这样一来，他不仅赚了一个谦虚的美名，还把厚诬一位古代先贤的帽子顺手扣到了一位近

① 朱子彦：《朱子彦论三国谋略》，上海古籍出版社2008年版，第137页。

代先贤的头上。

为此，朱子彦先生还把方诗铭和田余庆两位先生拉扯了进来，以壮自己的声势。他继续说道：

> 不过我认为章太炎这个观点虽然大胆，虽是假设，其实还是有一定道理的。比如研究三国史的著名专家方诗铭先生就十分赞同章太炎的观点，方先生的专著《三国人物散论》（上海古籍出版社，2000年）就多次引用章太炎的观点。只是方先生认为不是诸葛亮要借刀杀关羽，而是刘备要借刀杀关羽。史学界有一位泰斗，魏晋南北朝史的大专家田余庆先生也在他的文章中说，关羽走麦城败得这么惨，读历史的人总不免怀疑，说是刘封不救，好像也解释不通，人们就猜想可能是刘备和诸葛亮，但是又没有根据。章太炎提出的借刀杀关羽的观点，不管有没有道理，但他这种无所顾忌，敢于突破禁区的治学态度，是应该提倡的，是当今治史者所应具备的（《秦汉魏晋史探微》第210页，中华书局，1993年）。①

从这段话不难看出，朱子彦、方诗铭、田余庆三位先生均认为关羽是被自己人借吴人之手杀掉的，而且一致认为这个观点是章太炎提出的，不同之处是：朱氏认为借刀杀人的是诸葛亮，方氏认为是刘备，而田余庆先生则没有明确说明。

问题是：事情确实如他们所认为的那样吗？章太炎真的认为关羽是被诸葛亮或刘备或诸葛亮与刘备借吴人之手杀掉的吗？笔者在仔细地拜读了太炎先生的《訄书·正葛》和《检论·思葛》之后，发现事实并非如此：（1）太炎先生在《正葛》一文中的确提出了诸葛亮借刀杀人的观点，但他后来在《思葛》一

① 朱子彦：《朱子彦论三国谋略》，上海古籍出版社2008年版，第137页。

文中又完全否定了自己的这一观点。（2）在《思葛》一文中，太炎先生虽然将关羽的败亡归之于刘备的“褊迫疏慢”，但并没有指其为借刀杀人。

其《訄书·正葛第三十六》云：

临沮之败，葛氏不以一卒往援，昧者讥其无远略；而或解以败问之未通。苟罗骑斥候之疏如是，则政令愈慢矣。皆窥暗者也。

法家之所患，在魁柄下移……

葛氏亦法家也，行诛于纵横，而彭羕、李严丽于流辟。夫刘封，雄桀之次耳，夺孟达鼓吹，守山郡不发兵，罪也。而葛氏特以刚猛难任，不可用于易世之后，劝先主除之。是杀之以其罪，杀之之情则不以其罪也。

如羽，世之虎臣，又非封等伦也。功多而无罪状，除之则不足以压人心，不除则易世所不能御。席益厚，而将掣挠吾大政。故不惜以荆州之全土假手于吴人，以陨关羽之命……

其故事则有萧何之戮韩信。何公用之于韩信，而葛氏阴用之于关羽。①

其《检论·思葛》则云：

章炳麟少时为《正葛篇》，论之曰……

少时所论云耳。晚涉世变，益窥古人用心。征之事状，关羽常桡吴、蜀盟好之志，宜不与武侯同心，然其材可辅而用也。……益州之地，利在守险，而势不便速；有荆州，然后可以兼进。吴所包络，利尽南海，而临江当备者多。

① 章炳麟：《訄书·正葛第三十六》，《章太炎全集》第3册，辽宁人民出版社1984年版，初刻本，第82～83页。

以荆州与蜀分守，吴不为削，且以纾戍候，而蜀得竞进焉。武侯虽兼为吴、蜀，终不宜掊寡以益多，己塞其隧而疲人之戒守也。曷为乃以关羽弃荆州乎？

当是时，政在先主。武侯徒以抚民画策见任，未能一切领录。其任武侯，又不如关羽旧人保信。荆州之败，始于娆吴，终于失援，则先主之褊迫疏慢为之。①

不难看出，朱、方等人实际上是在拿太炎先生修正过甚至已经否定了的观点说事，并且将其强加在对方头上。这种做法，实在是失之粗疏和武断。由此看来，朱先生实在不应因为“有人把矛头指向”自己而感到委屈，因为朱先生所说的观点，其实已经不是太炎先生的了，而是朱先生自己的了，朱先生不过是拾人牙慧没有拾好而已。此外，朱先生也不应责怪别人“没有看过章太炎先生的书”——他倒是看过了，但并没有看清楚看明白。为什么没有看清楚看明白？恕笔者猜想：他可能是觉得诸葛亮“借刀杀人”的观点实在太有炒作价值、太有卖点了，所以后面的文字就顾不上细看了；或者虽已看见，也看清楚看明白了，但为了炒卖，也就只好权当没有看见了。

三、对朱子彦先生治史态度与治史方法的批评

其实，在刘备、诸葛亮是否借刀杀人的问题上，田余庆先生和朱子彦、方诗铭等人均误读了章太炎先生的观点；但是，其中以田老的态度最为可取。

田先生怀疑关羽败死而刘备不救，说：

---

① 章炳麟：《检论·思葛》，《章太炎全集》第3册，辽宁人民出版社1984年版，初刻本，第610～611页。

> 《关羽传》羽败死，荆州弃守，读史者总不免有疑惑。思欲究其所以，论其责任。委罪于刘封并不足以释此疑惑。人们自然而然地想到刘、葛，特别是刘，但于陈寿书无据可依，因而不敢在刘、葛身上立议。《关羽传》卢弼《集解》引黄恩彤论及其时措置乖张之处，但是一闪而过，以为“非千载下所敢臆度者矣”。其引姚范之论，则以为“蜀之谋士当不若是之疏，陈寿或不能详耳”，连陈寿一起都在讳中了。这些都是欲言又止之例。章太炎始脱去忸怩之态，直谓蜀假吴人之手杀此易世所不能御之关羽，且断其责不在他人而在刘备。章氏之论确否，姑不置论，他无所避忌的学术态度，是当今治史者所应具备的。①

读者请看，田先生虽然没有彻底弄明白章氏的观点，却老老实实，只是就事论事，在称赞了太炎先生的治学态度之后，并未作任何引申和发挥。

态度和做法最不可取的是朱子彦。朱氏在并没有读懂太炎先生的情况下，视“诸葛亮借刀杀关羽”的观点如获至宝，又是发文章，又是出著作，又是接访谈，“风风火火闯九州”，把一个立论并不牢靠的所谓学术观点，炒得火爆，可谓赚足了眼球。据笔者总结和归纳，在诸葛亮研究问题上，朱氏所用手法不外如下几种：

一是坚决不用对自己的观点不利的史料，而只用于己有利的史料，哪怕其并不可靠，也要充分利用，甚至不惜牵强附会地加以引申和夸大。

二是一叶障目不见泰山，抓住一点不及其余。

---

① 田余庆：《蜀史四题——蜀国新旧纠葛的历史追溯》，载《秦汉魏晋史探微》，中华书局1993年版，第210页。

三是充分发挥丰富的想象能力，不顾史实，曲为解说。

四是甚至不惜向壁虚构，凭空捏造。

为证明笔者以上所言不虚，现举数例，以资佐证：

其一，《三国志》的作者陈寿，系由蜀入晋，其与诸葛亮大致是同时代人，且其父曾受过诸葛亮的处罚；所以，他在书中所记诸葛亮的事迹，和时人及其本人对诸葛亮所作的评价，应当说可信程度是很高的。但是，朱子彦对这些一概不予理睬，偏偏对一个半吊子蜀臣李邈在诸葛亮死后所说一通不着边际的言论大感兴趣，且不顾事实地加以分析、引申，使其为自己所用。他甚至还借别人的话说，李邈所以被杀，“并非因为他攻击诸葛亮”，而是因为他说的“主畏其威”之类的话，“大大地刺痛了、刺伤了刘禅的自尊心”①。这里，笔者倒要问朱先生了：像刘禅这样的投降入晋后能说出“此间乐，不思蜀”的人，他会有那么强烈的自尊心吗？如果李邈所说属实的话，他完全可一方面杀掉这个不会说话专揭自己伤疤的人，一方面暗贬葛氏之政嘛！他为什么最后还要不顾路途遥远，派李福去边庭向那个已经垂死的“狼顾虎视，五大不在边”的专权丞相咨询接班人问题呢？所以，笔者倒认为，刘禅确实是把诸葛亮当作自己的父亲看待了。现在，李邈既然侮辱了自己犹如父亲一般的人，那当然要发怒并将其“下狱诛之”了，更何况这个家伙当年还曾经当面羞辱过自己的亲生父亲！②

其二，魏吴勾结，事属绝密，吴袭荆州，更是策划周密而隐蔽，行动神速而突然，近在荆襄前线的关羽初尚不知，或虽知之以后，亦不肯信，则远在二三千里之外且无现代侦察和通

---

① 朱子彦：《朱子彦论三国谋略》，上海古籍出版社 2008 年版，第 45 页。

② 《三国志·蜀书·杨戏传》注引《华阳国志》。

讯联络手段的诸葛亮和刘备如何能够及时得知？此外，吴袭荆州不仅隐蔽、突然，而且未经任何战斗，可谓兵不血刃，一路顺风，神速异常，关羽从樊城前线撤退后，所部即迅速溃散，本人也很快被擒……所有这些，史书都有记载，但朱子彦先生为证明此属诸葛亮借刀杀人的结果，均绝口不提。

其三，陈寿《三国志》明载刘备三顾之后，诸葛亮才“由是感激，遂许先帝以驱驰”，出山辅佐刘备，但朱子彦为证明诸葛亮所以选择刘备，乃是因为他野心甚大、心机甚深、权力欲极强，且有所图谋，故而对上述记载一律舍弃，去引用不足采信的专记敌国逸闻掌故的《魏略》《袁子》的材料。他称：诸葛亮未出山时即为自己谋划好了一条“丞相之路”，其所以“笑”而不答石韬等人相问，是因为“大志所欲则难以启齿”；其所以择刘备而事，是因为“要想攀登权力的高峰”，因为“倘若刘备和曹操一样地广兵众，人才济济”，他就受不到特殊“重用”；先主称帝时，关羽等皆亡，先主“环顾左右，除诸葛亮外，竟无一人可赋予重任”，故其封武侯以丞相录尚书事、假节，张飞卒后又领司隶校尉——至此，“诸葛亮奋斗了整整十五年”，终于“爬上了他梦寐以求的丞相高位”。

其四，《法正传》记载，“诸葛亮与（法）正，虽好尚不同，以公义相取”，这应当说一个非常客观公允的评价。因为作为同僚，不可能人人“好尚”一致，但能“以公义相取”而不因私害公，不勾心斗角，不互相拆台，就是一个相当不错的境界了。并且，同书还记载，“亮每奇正智术”，刘备东征大败后，诸葛亮感叹说：“法孝直若在，则能制主上，令不东行；就复东行，必不倾危矣。”但是，朱子彦先生为证明诸葛亮是一个心术不正的人，能无任何根据地从中寻绎出“公义相取”其实是表面的，而“好尚不同”才是实质性的这样的意蕴，并且推断、得出“如果法正长寿，其与诸葛亮的矛盾必然加剧”的结论。

其五，李严曾写信给诸葛亮，希望他要求朝廷给予九锡的待遇，用心自不待言。诸葛亮回信严加驳斥，称：“吾与足下相知久矣，可不复相解！足下方诲以光国，戒之以勿拘之道，是以未得默已。吾本东方下士，误用于先帝，位极人臣，禄赐百亿，今讨贼未效，知己未答，而方宠齐、晋，坐自贵大，非其义也。若灭魏斩叡，帝还故居，与诸子并升，虽十命可受，况于九邪。”① 这些话，义正词严，坦荡无隐，其中“与诸子并升，虽十命可受，况于九邪”，不过是极而言之以求彰明心迹的话，并且还以“与诸子并升”作为前提，但朱子彦居然从中读出了诸葛亮的“不臣之心”，真可谓欲加之罪，何患无辞！

其六，据《诸葛亮传》注引《襄阳记》所载，诸葛亮病逝后，刘禅所以没有给他立庙，原因正如步兵校尉习隆、中书郎向充所上表中所说：“……若尽顺民心，则渎而无典，建之京师，又逼宗庙，此圣怀所以惟疑也。”也就是说，刘禅担心、考虑的是于礼秩不合，而不是不想立。但是，朱子彦先生为证明因诸葛亮长期欺君、专权，刘禅早就对他不满，为肆行报复才不肯为其立庙，对这一重要史料竟然视而不见。

其七，说武侯为通往权力的巅峰，打击同僚，消极北伐。他为“独揽大权”，借法正随先主北争汉中之机，以杨洪取代其蜀郡太守的职位，从而“削弱其权势”；他“打击、排斥李严”“不遗余力”，直至将其“废为庶民，流放梓潼郡”。此外，他还黜廖立、罢来敏、抑魏延，等等。在接班人问题上，他“独断专行，根本不同后主商量”。其临终时，刘禅甚至“不敢擅作主张”，需派李福千里迢迢从成都赶赴五丈原军中聆听“相父”指

① 《三国志·蜀书·李严传》注引《诸葛亮集》。

示。而由于他的“专权”和“跋扈”，“绝大多数官员”都对他“俯首帖耳，不敢违抗”，后主则在其死后以不设相位和不为立庙作为报复。由于“北伐的成败既关系到蜀汉政权的安危，也关系到诸葛亮‘禅代’的政治目标是否能够实现”，所以其用兵“谨慎持重”，“期望值并不太高”，绝不使用“奇谋”，以免“身败名裂”，让“称帝”之事“无从谈起”①。

其八，说武侯并非忠贞之臣，其不仅有很大的政治野心，而且如司马懿一样奸诈，他的最终目的，是取代后主而“登上帝位”。所以，“其秉政时废黜李严、打击魏延，将蜀汉军政大权牢牢地控制在自己手里”；“不仅大权独揽，且以‘太上皇’自居，将后主刘禅置于股掌之中”。他所以全力北伐，目的也不是为了“兴复汉室”，“而是冀图通过北伐来树立绝对权威，晋爵封王”，以达到“自取”的目的。至于武侯所说“虽十命可受”一番话，乃是其“心中隐私的真情流露”，因为到那时他要废掉刘禅就有“雄厚的政治资本”了。

其九，说武侯从政不走正途，而是靠拉关系、找靠山，甚至连娶妻都有政治目的。这位先生称：武侯“有逸群之才，英霸之器，身长八尺，容貌甚伟”，不可能娶一个“丑女”为妻，所谓其“重才不重貌”的说法是站不住脚的，“这场婚姻是彻头彻尾的政治婚姻”。因为，黄承彦之妻是荆州出身望族的蔡讽之女，而蔡家在荆州势力相当大。至于黄承彦所以选择武侯做女婿，则除了武侯本人的相貌、才学外，看重的也是诸葛氏在荆州的政治力量。而武侯“虽有经天纬地之才，但因在当时还是名不见经传的一介书生，他要出人头地，他要走上政治舞台，

① 以上所引均见朱子彦《走下圣坛的诸葛亮》，中国人民大学出版社 2006 年版。

必然要依靠家族的背景，婚姻的背景”。所以，“与荆州大族联姻是他梦寐以求的”①。不过，这里倒需要问一下朱子彦先生：武侯既然“梦寐以求”的“政治婚姻”最终得以实现，为什么竟然始终没有利用其达到从政的目的呢？

此外，诸葛亮在蜀汉的地位和权力，本来是凭借自己的能力和功绩一步步得到提升的，并直至担任丞相之职、受托孤重任，自然而然地发展到了一人之下万人之上的位置；但是，朱子彦先生非要将其说成是靠使用种种不正当手段“攫取”而来的……

如此等等，不一而足。后来，上述种种观点，经过媒体充分“发酵”，终于产生了极大的影响，香港的凤凰卫视甚至为此专门搞了个现场“辩论”。呜呼！诸葛亮这位曾以光风霁月的磊落胸怀、淡薄宁静的人格修养、忠诚廉洁的思想品质和“鞠躬尽瘁，死而后已”的职业精神受到后人无比崇敬的千古贤相，竟被诬为狡猾诡诈的“奸相”、心胸狭隘的“小人”，甚至被骂为“杀人无数的走狗”（吴祚来语），真让人不知这究竟应当是谁的悲哀！

记得郁达夫曾说过：一个没有伟大人物产生的民族，是世界上最可怜的生物之邦；一个有了伟大人物，却不知道尊敬、拥戴和纪念的民族，则是一个没有了希望的堕落之邦。

鲁迅先生在《商贾的批评》中引法国诗人亚波理奈尔《咏孔雀》诗说：“它翘起尾巴，光辉灿烂，但后面的屁股眼也露出来了。”先生接着又说：“倘使并非孔雀，仅仅是鹅鸭之流，它应该想一想翘起尾巴来，露出的只是些什么！”②

---

① 朱子彦：《走下圣坛的诸葛亮·诸葛亮家世之谜》，《文汇读书周报》2010年11月29日。

② 《鲁迅全集》第5卷，人民文学出版社2005年版，第592页。

黎东方先生在《细说三国》书中则云：

> 前事不忘，后事之师。我们批评诸葛亮或任何古人，都可以，倘若我们的动机，不是为了专找出他们的缺点，而是为了避免重蹈他们的覆辙。责备贤者，是可以的，倘若我们志在做一个比他们更贤的人。否则，便是刻薄，便是以小人之心度君子之腹，便是自己毫无出息而对极有出息的古人吹毛求疵，自鸣得意，“无诸己而先求诸人”，不是“有诸己而后求诸人”。①

反观朱子彦先生，他对诸葛亮的所谓研究，就说不上是批评了，而简直是深文周纳罗致引申以至于无中生有和横加污蔑了。

至此，笔者禁不住要问：难道历史果真是一个可以任意打扮的小姑娘吗？诸葛亮在荆襄之战中对关羽不予援救的原因，完全可以进一步探讨。但作为一名学人，为什么非要如此厚诬自己民族的先贤呢？这样的治史态度与治史方法难道不应当彻底摒弃吗?!

（原载《济南大学学报》2015 年第 1 期）

① 《黎东方讲史·细说三国》，上海人民出版社 2007 年版，第 238 页。

刘备托孤问题之心理学分析

《三国志·蜀书·诸葛亮传》载："章武三年春，先主于永安病笃，召亮于成都，属以后事，谓亮曰：'君才十倍曹丕，必能安国，终定大事。若嗣子可辅，辅之；如其不才，君可自取。'亮涕泣曰：'臣敢竭股肱之力，效忠贞之节，继之以死！'先主又为诏敕后主曰：'汝与丞相从事，事之如父。'"同书《先主传》、《李严传》还记载，刘备在托孤于诸葛亮时，以"尚书令李严为副"，任命他"为中都护，统内外军事"。这就是三国时期著名的永安托孤事件。

一

在漫长悠久的中国历史上，帝王托孤并非个别现象。仅以东汉末年至三国吴灭亡（200—280年）短短的80年间而论，就达六次之多。但考查历史上所有帝王托孤个案，没有一个像永安托孤那样，竟然会在一二千年之后，仍让后人聚讼纷纭，莫衷一是。

其一，“真心说”。此说认为，刘备托孤时对诸葛亮所说“如其不才，君可自取”乃系真心，如《三国志》的作者陈寿就持这种观点。陈寿在《先主传》里高度评价说：“先主……举国托孤于诸葛亮，而心神无贰，诚君臣之至公，古今之盛轨也。”宋元之际为《资治通鉴》作注的胡三省对此也予以肯定说：“自古托孤之主，无如昭烈之明白洞达者。”清代史学家赵翼则说：“（先主）至托孤于亮……千载下犹见其肝膈本怀，岂非真性情之流露！”① 近人卢弼也认为，其时刘备“实有所感于中，不觉言之如是”②。

其二，“假意说”，或曰“权谋说”。此说认为，刘备托孤于诸葛亮，实出于不得已，其所说“君可自取”一语，乃是一种谋略，目的是逼诸葛亮表态尽忠。晋人孙盛就说，“备之命亮，乱孰甚焉”，属“诡伪之辞，非托孤之谓”，“幸值刘禅暗弱，无猜险之性，诸葛威略，足以检卫异端，故使异同之心无由自起耳”③。清代康熙帝在《御批通鉴辑览》中也说：“昭烈于亮平日以鱼水自喻，亮之忠贞岂不深知，受遗时何至作此猜疑语，三国人以谲诈相尚，鄙哉！”今之论者，亦多持这一观点。如张作耀先生就认为：“刘备的托国之辞，阴怀诡诈，其意甚明。”④

其三，“自选说”。这是四川大学历史系方北辰教授的观点。方氏在其《三国志注译》一书中说：“君可自取”的“取”，并

① ［清］赵翼：《廿二史札记》卷七《三国之主用人各不同》，中国书店 1987 年版，1990 年印刷，第 84 页。

② 卢弼：《三国志集解》第陆册，上海古籍出版社 2009 年版，第 2455 页。

③ 《三国志·蜀书·诸葛亮传》注引孙盛之言。

④ 张作耀：《刘备传》，人民出版社 2004 年版，第 268 页。

非取代之意，而是选取的意思。就是说，如果刘禅不成器，诸葛亮可行废立之权，从刘禅的两个弟弟中另“选”新君。

其四，“自决说”，或曰“架空说”。意思是说，如果刘禅实在无能，诸葛亮可以把他架空，“自己拿主意”。如此，则“取”为决断之意，“自取”也就是自行决断的意思。而这样，就等于是赋予了诸葛亮“独裁之权”，使其具有“篡位的实力”，所以“刘备又设了李严为副手，以免诸葛亮独大，威慑刘禅的皇位”①。

其五，“无实际意义说”。意思是说，刘备的托孤语其实是“一句可有可无的客套话——本身并没有什么实际意义，所以不必看重”②。作者认为，三国时期共有六次托孤，类似的话早先孙策对张昭就说过，刘表对刘备也说过，所以不必当真。

以上五种观点，第一种和第二种完全对立，我们先存而不论。第三、第四种其实都是强解，既乏充分的理论阐释，亦无具体事例做依据，所以难以服人。“自选说”认为，“取”是选取的意思，并由此引申出“君可自取”实质是刘备赋予诸葛亮废立之权，如刘禅不成器，他可以自行从刘禅的兄弟中另选新君。不错，“取”确有选取的意思，但从古至今，人们有这样说话的吗？或者说人们在对话时，有这样使用“取”之“选取”义项的吗？至于“自决说”把“取”解释为“决断”，就更乏依据了。笔者查遍了国内现有的汉语言工具书，根本就找不到“取”的“决断”义项在哪里，不知道是笔者孤陋寡闻，还是持此说的作者本来就是凭自己的想象将这一义项强加给“取”字的。此外，如果按持上述观点来解读刘备的托孤语，则刘备无

① 见怀远《刘备托孤留给诸葛亮遗诏的真正含义》，载《百家讲坛》，引自网络版，期数不详。

② 见罗家祥《龙颈》第三章《蜀汉二世》，西安交通大学出版社 2010 年版。

疑是在与他的诸葛丞相打哑谜——故意含糊其辞，不肯明说，由听者自己猜去！我们不妨想象一下：一位国君，自知已经病入膏肓，生命即将结束，继承人又年少无能，必须托孤于谋臣，却还有心思和对方绕圈子、打哑谜、玩文字游戏，这可能吗？所以，此二说之难以成立，是无须多作辩驳的。

第五种观点表面上看起来似乎有一定的道理，但其实也是说不通的。为什么这样说呢？第一，既然是“客套话”，那为什么只孙策对张昭、刘表对刘备、刘备对诸葛亮说过，而别的托孤者都不肯说呢？第二，既然是“客套话”，也就可以说是废话，然而托孤是何等重大的事情，作为一个生命即将终结的人，在安排、处理这种大事的时候，又怎能顾得上说一些不痛不痒无关紧要的废话呢？所以，“无实际意义说”之难以成立，亦无须细论。

至于说刘备所以设李严为诸葛亮的副手，目的是为了防止诸葛亮因“独大”而“篡位”，其实也是不值一驳的。刘备把话都说到那样的份上了，且要求其子父事诸葛亮，李严作为一名副手如何能制约得了诸葛亮？众所周知，刘备之能反客为主，控有益州，并借以立国，和他得到一大批益州人士的支持有着重要的关系。在临终托孤这一重大问题上，他如果只依靠自己的荆襄老班底而不理“新人”的茬儿，将无法向益州人士交代。所以，合理的解释应当是：刘备托孤时让李严当副手，目的实际上是为了平衡荆襄人士和益州人士的关系。

二

其实，上述三种观点都不过是第二种观点的引申而已。也就是说，持这些观点的论者，根本就不相信刘备所说“如其不才，君可自取”是出于真心，所以他们才千方百计地为之强解，从而忽略了如按他们的理解，则如何解释诸葛亮在听了刘备的话之后，为什么会感动地哭泣流涕并说出“臣敢竭股肱之力，效忠贞之节，继之以死”这一肺腑之言的事实！笔者想，以诸葛亮之聪明睿智，当不会听不出刘备的话语究系真心还是假意，而他如果一旦听出刘备所说全系假话，就绝不可能做出上述表示，以后也绝不可能竭尽心力地辅佐刘禅，并不避艰险，连年北伐，直至鞠躬尽瘁，卒于疆场。所以，笔者认为，刘备托孤语中之“如其不才，君可自取”，应是出自真心，而非假意或权谋。

要说明这个问题，我们必须首先从心理学角度作些分析，以了解彼时说话人的话语背景和心理状态。因为，所有重要的话语，都是说话人在特定的话语背景下由某种心理情绪驱使而说出来的。所以，心理学常识告诉我们，弄清楚说话人的话语背景和心理状态，对于准确理解特定的相关话语，极为重要。

那么，刘备在托孤于诸葛亮的时候，其话语背景是什么呢？其心理状态又如何呢？

笔者认为，由近往远说，其话语背景如下：（1）“病笃”，并自知不起，必须托孤于丞相诸葛亮；（2）刚刚惨败于吴将陆逊，且被打得丢盔卸甲，狼狈不堪；（3）一年多前刚刚准备伐吴时，大将张飞即遇害于阆中（今四川阆中）；（4）张飞死前才即帝位，相距仅约两个月；（5）仅三年多前，关羽败亡，荆州丢失——也就是说，在这三年多的时间里，对于刘备来说，真是皇帝当了没几天（221—223年），大祸却一个接一个，直至自身病重不起，通常情况下他在心情上应当是非常沮丧的。

至于其心理状态，则一般应是：惭恨、后悔、内疚、无奈，极为复杂。“惭愧”是因为，自己在疆场上奋战了大半生，最终竟然被一个并无名望的青年将领所击败——这从他大败后“惭恚”地说“吾乃为（陆）逊所折辱，岂非天邪”[①] 即不难看出。“后悔”是由于：第一，错用关羽守荆州，不仅让关羽丢了性命，而且导致荆州丧失；第二，不听臣下（如赵云等）劝谏，怒而兴师，结果被打得大败而归，致使蜀国元气大伤。在伐吴问题上，虽无诸葛亮明言反对的记载，但从他事后的一番感慨（“法孝直若在，则能制主上，令不东行；就复东行，必不倾危矣”），可知其必定是不赞成的。所谓“内疚”，应主要是对诸葛亮而言。十数年前（207 年），刘备三顾茅庐后方请出诸葛亮，因服膺亮之高见，而“与亮情好日密”，以至于使得“关羽、张飞等不悦”。为此，他解释说：“孤之有孔明，犹鱼之有水也。愿诸君勿复言。”然而，后来的事实表明，他对诸葛亮并非言听计从，更没有完全按照他们在隆中所作的战略规划进行经营——甚至可以说，夺取益州后，他在内政、外交、军事等许多方面都严重地背离了“隆中对”的战略构想。所以，此时他对诸葛亮应当是有一定的愧疚感的。至于“无奈”，则是因为面对这样一种残局，不无奈又能如何呢？

在上述这样一种话语背景下，又有如此复杂的心境与情感驱使，我们应当相信，刘备所说“若嗣子可辅，辅之；如其不才，君可自取”，是发自内心的。尽管他自己应该也知道，以诸葛亮之境界与情操，是不会接受的，但并不妨碍他以真诚的心说出这番话语——因为，这二者完全可以是并行不悖的。所以，卢弼在驳斥孙盛对“真心说”的质疑时所说“昭烈睹嗣子之不肖，虑成业之倾败，发愤授贤，亦情之所出，何疑为伪乎！先主于孔明投分，何如于临终反欲以诈牢笼之乎？且岂不度孔明

① 《三国志·吴书·陆逊传》。

之为人与？……盖实有所感于中，不觉言之如是”① 一段话，实在大有见地。

其实，君主让贤的事例，在中国上古时代上并不鲜见，如尧之于舜、舜之于禹，就是如此。三代以降家天下，禅让的事几乎绝迹，但也不是绝对没有。如战国时（前316年）燕王哙之让国其相子之，就是一例——虽然这是一次并不成功的禅让，但其毕竟还是禅让。此外，就是在汉末群雄割据的时代，不是也发生过陶谦让徐州的事情吗？谦本有二子，即陶商、陶应②，但他临终时并未将自己所据之徐州交给自己的儿子，而是让别驾麋竺交给了刘备，并且对麋竺说：“非刘备不能安此州也。”③夏商周以降至两汉三国，去上古究竟未如今天之远，许多人还是有些真性情的，不像后世，卑微奸诈之徒日多而率真朴诚君子日少，别说推位让国，就是让一点小利，都很少有人肯干。所以，后世之人，也就愈来愈难以理解古人，觉得他们有些做法，只有傻子才会干出来。

三

应当指出的是，作为一个政治家，要求他任何时候都不能使用权术谋略，既不现实，也不公平，但实事求是地说，与东汉末年其他几位打天下的政治家相比，刘备是有着自己独特的人格魅力的。他“少言语，善下人，喜怒不形于色”，“弘毅宽厚，知人待士”，“有高祖之风，英雄之器”④；在用人问题上，

① 卢弼：《三国志集解》第陆册，上海古籍出版社2009年版，第2455页。
② 《三国志·魏书·陶谦传》注引《吴书》。
③④ 《三国志·蜀书·先主传》。

也不像曹操那样“以权术相驭”，而是“以性情相契”为取舍。[①] 所以，其虽然出身不过是“贩履织席”的一介平民，起家本钱根本无法与对手相比，且“机权干略”也不如对手，却终能聚揽群英，成就一番大业；而他之能于托孤时说出“如其不才，君可自取”的话，且“为诏敕后主”父事诸葛亮，也实在是其固有性情使然。再说，即使诡诈如曹操，不也经常有真性情流露出来吗？更何况“弘毅宽厚”的刘玄德！

不过，这里还需要指出的是，刘备托孤时的一番话，其实并非仅仅是说给诸葛亮、李严等臣子们听的，他实际上也是同时说给刘禅听的（尽管刘禅其时并不在永安）。因为，刘禅之无能，人所共知（有人将刘禅吹上天，称其智慧才能过人，甚至将其高抬为中国五千年少有的大气政治家，实在是哗众取宠的怪论，让人匪夷所思），如果再加上胆大妄为，没有约束，那蜀国将来的命运就可想而知了。所以，刘备的这番话，实际上也是对刘禅的一种警告，以防其在自己死后，为奸佞之臣所控制，掣诸葛亮之肘，胡作非为。事实证明，刘备的担心不是没有道理的。因为诸葛亮去世后，刘禅果然为宦官黄皓、奸臣阎宇、投降派谯周等所误，终至亡国。明人王夫之曾说：“后主者，未有知（智）者也，所犹能持守以信公者，先主之遗命而已。”[②] 真可谓一语中的。

要而言之，刘备永安托孤，“开诚心，布公道”，披肝沥胆，如见肺腑，让我们不能不佩服其在关键时刻关键问题上的洞达与明哲。

---

① ［清］赵翼：《廿二史札记》卷七《三国之主用人各不同》，中国书店 1987 年版，1990 年印刷，第 85 ~ 86 页。

② ［清］王夫之：《读通鉴论》卷一〇《三国》，中华书局 1975 年版，2008 年印刷，第 277 页。

诸葛亮北伐曹魏目的论析

北伐曹魏是诸葛亮一生中最为重要的军事活动之一。然而，关于北伐的动机与目的，迄无定论。传统的观点认为，诸葛亮所以连年动众，屡伐曹魏，其真正的目的是“以攻为守”。近年，有学者又提出，北伐的目的乃是“蚕食雍凉，广拓境土”，亦即法正所说的上、中、下三计中的中计。[①] 还有人说，诸葛亮所以尽毕生精力北伐，其目的在于“通过对外战争的特别渠道，培养、发现和搜罗蜀汉治国用兵之才，来弥补蜀汉存在的严重人才不足”[②]。笔者认为，上述观点，或不能成立，或言未尽意，均没有准确地揭示北伐的根本目的，因而有必要再作分析与探讨。

---

① 朱维权：《〈隆中对〉简论》，《南充师院学报》1983 年第 3 期，并请参见《三国志·蜀书·法正传》。

② 赵昆生：《蜀汉政治新论》，《许昌师专学报（社会科学版）》1992 年第 2 期。

一、“以攻为守”说驳议

晋人袁准鉴于蜀汉之灭亡和魏灭蜀而力衰，曾说：

> 诸葛亮，重人也，而骤用蜀兵，此知小国弱民难以久存也。……国家前有寿春之役，后有灭蜀之劳，百姓贫而仓廪虚，故小国之虑，在于时立功以自存，大国之虑，在于既胜而力竭……①

这一提法，实为“以攻为守”说的滥觞。到了明代，此说经王夫之发挥，遂几成定论。王夫之说：

> 夫公固有全局于胸中，知魏之不可旦夕亡，而后主之不可起一隅以光复也。其出师以北伐，攻也，特以为守焉耳。以攻为守，而不可示其意于人，故无以服魏延之心而贻之怨怒。
>
> 秦、陇者，非长安之要地，乃西蜀之门户也。天水、南安、安定，地险而民强，诚收之以为外蔽，则武都、阴平在怀抱之中，魏不能越剑阁以收蜀之北，复不能绕阶、文以捣蜀之西，则蜀可巩固以存，而待时以进，公之定算在此矣。公没蜀衰，魏果由阴平以袭汉，夫乃知公之定算，名为攻而实为守计也。②

“以攻为守”说影响甚大，今人多持此论。③ 然而，笔者认为，此说并不能成立。其所以不能成立，原因主要有二：一是

---

① 《三国志·魏书·邓艾传》注引《袁子》。

② ［清］王夫之：《读通览论》卷一〇《三国》，中华书局1975年版，第271页。

③ 张大可：《诸葛亮并非“重益轻荆”》，载《江汉论坛》1981年第2期；简修炜、葛壮：《诸葛亮北伐略析》，载《历史教学问题》1986年第6期；田余庆：《〈隆中对〉再认识》，载《历史研究》1989年第5期。

此说误解了“以攻为守”的确切含义，二是此说与诸葛亮北伐的实际情形不符。

先看“以攻为守”的确切含义。

“以攻为守”是战争中常被使用的一种谋略手段。其含义，简单地说就是运用进攻的方式，击退来犯（或欲来犯）之敌，达到守御的目的。明唐顺之《纂辑武编·守》曰：“凡城内器械已备，守御已得，当出奇用诈，以战代守，以击解围。”这是对“以攻为守”的具体解释。从这一解释可以看出“以攻为守”是一种积极防御的策略。

这里唐顺之仅从战术角度对“以攻为守”作了解释，而未从战略角度解释它的含义，但这并不等于说“以攻为守”的策略只能用于战术目的，不能用于战略目的。从战史上看，“以攻为守”策略多被用于战术方面，但有时也被用于战略方面。例如，张辽之守合肥与刘锜之守顺昌，就是在战术意义上使用“以攻为守”的策略；而曹操遣人策动孙权进攻荆州以解关羽对襄樊的围困，则是从战略意义上使用“以攻为守”的策略。

然而，无论从战术意义上，还是从战略意义上，使用“以攻为守”的策略必须有一个前提，就是己方已经遭到敌方攻击，或者至少是对方已经有了来攻的意图；否则，己方根本就不存在守的问题，则何来的“以攻为守”？当然，作为一个国家或一方割据势力，无时无刻不存在一个“守”的问题；但是，和平时期的“守”与战争中的“守”，含义是不同的：和平时期的“守”，只是一种警惕、戒备而已，而战争中的“守”，才是能与“攻”相对并举的“守”。在本质上，它们其实都是“战”，只是表现的形式不同而已。

此外，“以攻为守”之“攻”，是在不得已的情况下发动的进攻，是为守而攻，其主要目的是为了保存自己；而主动发起的进攻则不同，它是为攻而攻，其主要目的是为了削弱以至消灭敌人。从古至今，国无论大小强弱，未闻有为使自己避免遭受他人进攻而在他人尚无来攻之意时即主动去攻击他人者。同样的道理，诸葛亮若仅仅是为了蜀国的自存和安全，当然也绝不会在魏尚无伐蜀企图时即主动去撩拨敌人。

再看北伐的实际情形。

北伐的实际情形究竟怎样呢？

第一，诸葛亮为北伐进行了周密而充分的物质与精神准备，表明其战略意图绝非“以攻为守”。

蜀后主建兴元年（223 年），刘备临终之时托孤于诸葛亮。为实现“兴复汉室”、统一天下的理想，诸葛亮于后主即位的当年便从以下方面积极着手伐魏的准备工作：（1）整顿政治。是年刘禅即位后，诸葛亮受封为丞相、武乡侯，领益州牧，“政事无巨细，咸决于亮”。于是，诸葛亮“乃约官职，修法制”，“发教于群下”，以求褒扬忠勤，集思广益，修明政治，和合臣僚。[①]（2）“伐交”寻盟。同年十月，诸葛亮派邓芝“聘吴”，进一步密切吴蜀关系，并与之结成政治、军事上的联盟。[②]（3）发展经济。后主即位后第二年春天，诸葛亮即开始实行“务农殖谷，闭关息民”的政策[③]，并以都江堰为蜀汉农业的根本与“国之所资”，“征丁千二百人主护之”[④]。（4）平定内乱。刘备死后，蜀汉“南中诸郡，并皆叛乱，亮以新遭大丧，故未便加兵”[⑤]，建兴三年（225 年）始亲自率军往征。他采用马谡的建议，“心

---

① 《资治通鉴》卷七〇《魏纪二·文帝黄初四年》。

② 《三国志·蜀书·邓芝传》。

③ 《三国志·蜀书·后主传》。

④ 王国维：《水经注校》卷三三《江水一》，上海人民出版社 1984 年版，第 1039 页。

⑤ 《三国志·蜀书·诸葛亮传》。

战”为主，“七纵七擒”，终于从根本上解决了蜀国内部的夷汉关系问题。[①]（5）“治戎讲武”。经过数年的努力，蜀国政理内修，盟援外结，“军资所出，国以富饶”。于是，诸葛亮训练士卒，“整理戎旅，工械技巧，务求其极”[②]，以俟大举伐魏，并于建兴五年（227年）上表后主，出屯汉中，为北伐做最后的准备。在一切准备工作均已就绪的前提下，诸葛亮方于次年从汉中大举出师攻魏。[③]

第二，从战前各国间之战略态势看，北伐是诸葛亮发动的纯粹意义上的主动进攻行动。

后主即位前后，曹魏政权的本意是想首先统一江南，所以其屡屡对吴用兵。魏文帝黄初三年（222年），魏兴师伐吴，曹丕亲自到宛督师，魏军围攻江陵达六个月，不克而还。黄初五年（224年），曹丕又一次伐吴，因江水盛涨，不得已临江而退。这期间，蜀汉政权并未受到魏的军事威胁和进攻，魏的注意力在吴而不在蜀。蜀建兴六年（魏太和二年，228年），诸葛亮“扬声由斜谷道取郿，使赵云、邓芝为疑军，据箕谷”，自己则“身率诸军攻祁山”。其时，魏“以蜀中惟有刘备。备既死，数岁寂然无声，是以略无备预；而卒闻亮出，朝野恐惧，陇右、祁山尤甚，故三郡（指南安、天水、安定——笔者注）同时应亮”[④]。这说明，当时曹魏政权由于根本没有攻蜀的意图，因而在诸葛亮突然发动的进攻面前毫无思想准备，恐慌万分，以至于陇右三郡同时反叛，魏明帝曹叡不得不亲至长安指挥应战。此役，由于马谡“违亮节度，举动失宜，大为（张）郃所破”，

① 《三国志·蜀书·马良传》附《马谡传》注引《襄阳记》与《诸葛亮传》注引《汉晋春秋》。

②③ 《三国志·蜀书·诸葛亮传》。

④ 《三国志·蜀书·诸葛亮传》注引《魏略》。

蜀军退还汉中。[1] 此后，同年十二月的围攻陈仓，蜀建兴七年（229 年）的攻占武都、阴平，建兴九年的复出祁山，建兴十二年（234 年）的屯田渭滨，同样都是诸葛亮主动采取的军事进攻行动。在魏明帝太和二年到青龙二年（228—234 年）的七年中，魏主动伐蜀只有太和四年（230 年）一次，而诸葛亮主动攻魏达五次。这种现象，断不是“以攻为守”所能解释的。

第三，诸葛亮为北伐倾注了全部的精力与心血，若其战略目的仅是“以攻为守”，则不当如此。

在蜀汉政权中，诸葛亮的职务是丞相。丞相是古代中央政权的最高行政长官，其职责主要是协助皇帝处理国家政务。然而，自建兴五年（227 年）起，诸葛亮即率二十万大军驻于汉中[2]，并且每次北伐，他都亲自组织，亲自指挥，直接参与，甚至亲临前线。他身仗旄钺，亲统三军，“夙兴夜寐”，倾力以赴，直至积劳成疾病逝于前线。可以说，为北伐诸葛亮耗尽了后半生的全部心血与精力。这种情形，也不是“以攻为守”所能解释的。

从上述分析不难看出，“以攻为守”说的确不符合诸葛亮北伐时的实际情形；北伐可能在客观上起到了“以攻为守”的作用，但“以攻为守”绝不是诸葛亮的本意。至于认为北伐的目的是“培养、发现和搜罗”人才的观点，离事实就更远了。在战争中，的确可以“培养、发现和搜罗”到大量治国用兵的人才，但在人类历史上，从未有过为了“培养、发现和搜罗”人才而去发动一场旷日持久劳民伤财的残酷战争的。此说之谬，不驳自现，故不论。

---

① 《三国志·蜀书·诸葛亮传》。
② 《三国志·蜀书·后主传》注引《诸葛亮集》载刘禅诏书。

二、伐魏的根本目的

应当说，前述认为诸葛亮北伐的动机与目的在于“蚕食雍凉，广拓境土”，“为实行《隆中对》所规定的北伐创造条件的”的观点①，是有道理的。但是，该文的不足之处在于：(1)所论不够充分，读后给人以言犹未尽之感；(2)未能正确把握北伐与《隆中对》之间的关系。作者一方面认为五次北伐是为实现《隆中对》的计划创造条件，一方面又视五次北伐与《隆中对》所规定的北伐为“实质迥然不同的军事行动”，观点前后矛盾，难以服人。

笔者认为，关于诸葛亮连年兴师、倾力北伐的根本目的，符合实际而又准确、完整的概括应当是“蚕食雍凉”“兴复汉室”。其中，“兴复汉室”是远期目标，或曰终极性目标；而“蚕食雍凉”则是近期目标，或曰阶段性目标。二者之间，在实质上是一致的：“兴复汉室”是“蚕食雍凉”的最终目的，“蚕食雍凉”是“兴复汉室”的具体步骤。

说“兴复汉室”系诸葛亮北伐的最终目的，是有事实为依据的。

第一，早在隆中决策之时，诸葛亮就提出了“兴复汉室”的政治理想和奋斗目标。

汉献帝建安十二年(207年)，由于徐庶的推荐，刘备三顾隆中，向诸葛亮咨访成就霸业的大计，诸葛亮回答说：

> 自董卓已来，豪杰并起，跨州连郡者不可胜数。曹操比于袁绍，则名微而众寡，然操遂能克绍，以弱为强者，

① 朱维权：《〈隆中对〉简论》，《南充师院学报》1983年第3期。

非惟天时，抑亦人谋也。今操已拥百万之众，挟天子而令诸侯，此诚不可与争锋。孙权据有江东，已历三世，国险而民附，贤能为之用，此可以为援而不可图也。荆州北据汉、沔，利尽南海，东连吴会，西通巴、蜀，此用武之国，而其主不能守，此殆天所以资将军，将军岂有意乎？益州险塞，沃野千里，天府之土，高祖因之以成帝业。刘璋暗弱，张鲁在北，民殷国富而不知存恤，智能之士思得明君。将军既帝室之胄，信义著于四海，总揽英雄，思贤如渴，若跨有荆、益，保其岩阻，西和诸戎，南抚夷越，外结好孙权，内修政理；天下有变，则命一上将将荆州之军以向宛、洛，将军身率益州之众出于秦川，百姓孰敢不箪食壶浆以迎将军者乎？诚如是，则霸业可成，汉室可兴矣。①

这就是著名的《隆中对》。从此中可知，“兴复汉室”，成就霸业，是诸葛亮为自己同时也是为刘备集团早就确定的政治理想和奋斗目标。有论者指出：“诸葛亮的北伐，与他的《隆中对》有着不可分割的历史联系。”② 这是很有见地的。那么，北伐与《隆中对》之间的历史联系何在呢？就在于《隆中对》为北伐规定了方针、路线和目标，而北伐则是《隆中对》的具体实施。

第二，在北伐即将开始时，诸葛亮再次郑重申明，北伐的目的是要“北定中原”“兴复汉室”。

自建兴五年（227 年），诸葛亮在准备工作基本完成的情况下，欲大举兴师北伐，遂上表后主说：

① 《三国志·蜀书·诸葛亮传》。

② 简修炜、葛壮：《诸葛亮北伐略析》，《历史教学问题》1986 年第 6 期。其实，类似前述文中自相矛盾的观点同样出现在张大可先生的文章《诸葛亮并非“重益轻荆”》和《论诸葛亮》中，这实质上是“以攻为守”观点的巨大影响与历史事实之间的矛盾在学者头脑中的反映。

先帝创业未半而中道崩殂，今天下三分，益州疲弊，此诚危急存亡之秋也。然侍卫之臣不懈于内，忠志之士忘身于外者，盖追先帝之殊遇，欲报之于陛下也。诚宜开张圣听，以光先帝遗德，恢弘志士之气，不宜妄自菲薄，引喻失义，以塞忠谏之路也。……亲贤臣，远小人，此先汉所以兴隆也；亲小人，远贤臣，此后汉所以倾颓也。……侍中、尚书、长史、参军，此悉贞良死节之臣，愿陛下亲之信之，则汉室之隆，可计日而待也。

臣本布衣，躬耕于南阳，苟全性命于乱世，不求闻达于诸侯。先帝不以臣卑鄙，猥自枉屈，三顾臣于草庐之中，咨臣以当世之事，由是感激，遂许先帝以驱驰。后值倾覆，受任于败军之际，奉命于危难之间，尔来二十有一年矣。先帝知臣谨慎，故临崩寄臣以大事也。受命以来，夙夜忧叹，恐托付不效，以伤先帝之明，故五月渡泸，深入不毛。今南方已定，兵甲已足，当奖率三军，北定中原，庶竭驽钝，攘除奸凶，兴复汉室，还于旧都。此臣所以报先帝，而忠陛下之职分也。①

这说明，隆中对策之后，尽管形势发生了很大的变化，原来两路出兵的设想已无法实现，但诸葛亮统一天下，“兴复汉室”的志向丝毫也未动摇。所以，清代著名学者何焯曾就此评论道：“以不懈于内任群司，以忘身于外自效，以修身正家、纳谏任人责其主，盖此又兴复之本也。”并且，何焯还盛赞诸葛亮为真正的“王佐之才”，将《出师表》比之于商代名相伊尹和傅说的《伊训》与《说命》。②

---

① 《三国志·蜀书·诸葛亮传》。

② ［清］何焯：《义门读书记》卷二七《三国志·蜀志》，中华书局 1987 年版，第 462 页。

第三，“蚕食雍、凉”是诸葛亮在不得已的情况下采取的变通之策，其直接目的在于为灭魏创造条件；其最终目的仍是统一天下，成就王霸之业。

从《隆中对》中可知，诸葛亮原来是打算在“跨有荆、益”且“天下有变”时，由荆州向宛、洛，由益州向秦川，两路出兵，一举灭魏的。但是，由于其间孙权违盟，“关羽毁败，秭归蹉跌”①，蜀汉实力大损，且被封闭在秦岭以南、大巴山以西的崇山峻岭之中，两路出兵一举灭魏的计划已不可能实现。于是，诸葛亮只好退而求其次，将两路出兵改为一路出兵，将一举灭魏改为逐步灭魏，以“蚕食雍、凉”作为北伐的第一个阶段性目标。然而，这绝非意味着诸葛亮已经放弃了他的统一天下、成就大业的计划。事实上他不过是以“蚕食雍、凉”作为其实现王霸之业计划的一个具体步骤而已。所以，陈寿在《上〈诸葛亮集〉表》中说：“当此之时，亮之素志进欲龙骧虎视，苞括四海，退欲跨陵边疆，震荡宇内。”②“苞括四海”，即统一天下之意；“震荡宇内”，即摇动天下之意。由此，诸葛亮北伐的真正动机与目的，也可略见一斑。

这里需要指出的是：（1）诸葛亮以“兴复汉室”作为自己的理想与目标，并非真的要恢复汉王朝的统治，他不过是以此作为统一天下和成就大业的同义语罢了。（2）诸葛亮当隆中画策和上表北伐之时，要辅助刘备父子成就的大业，是有所区别的。具体说，前者要成就的是齐桓、晋文式的霸业；而后者要成就的则是高祖、光武式的王业、帝业。这是因为，当隆中画策之时，汉献帝尚在其位，刘备不可能取而代之；而当上表北

① 《三国志·蜀书·诸葛亮传》。
② 《三国志·蜀书·诸葛亮传》注引《汉晋春秋》。

伐之时，曹丕早已取代献帝，刘备父子也早已承继大统。由此观之，诸葛亮以管、乐自许，并不过分；而何焯将其与伊尹、傅说比肩，亦非毫无道理。

三、人格特质对诸葛亮人生理想的影响

在形势已经发生了重大变化，有利因素大减而不利因素大增的情况下，诸葛亮所以能不改初衷，仍以“兴复汉室”、统一天下作为自己的奋斗目标，这与他的人格特质有着密切关系。

从人格特质看，诸葛亮当属古代那些为中国历史的发展做出了积极贡献、有突出成就的优秀知识分子中的一员。古代优秀知识分子所具有的良好品质，如忧国忧民、志向远大、意志顽强、清正廉洁、讲究操守、恪守诺言、忠诚仁爱、明智通达等，在诸葛亮身上都有不同程度的体现。例如，当汉末群雄竞立、天下大乱之时，诸葛亮隐居隆中，自称“苟全性命于乱世，不求闻达于诸侯”，而实际上，他并未寄情山水，忘怀天下。相反，他是在精研治国用兵之术，密切注意形势变化，耐心等待“出山”之机。对所要辅佐的人，他也是有严格选择的。曹操与孙权，势力强大，已成气候，但曹操为人奸诈、残暴嗜杀，“托名汉相，其实汉贼”；孙权割据江东，意在自守，有代汉之企图，无勤王之诚心；所以，尽管天下之士纷纷北上或东下，他仍毫无所动，依然高卧隆中。然而，当刘备以帝室之胄的身份、英才盖世和信义著于四海的名声以及连续三顾的诚恳之心去请他出山时，他“解带写诚”，向刘备和盘托出了自己筹思多年的计划和理想。这一方面表明，诸葛亮是一位具有远大理想和卓越才智的人，另一方面也表明，诸葛亮是一位具有独立人格和君子品质的人。他的这种举动，显然是非同凡响和异于流俗的。

目标一旦确定之后，诸葛亮便开始了他百折不悔地执著追求。刘备死后，他身受托孤之重，面对当年二人共同定下的计划和目标，就更感到忧深责重，时刻难忘。所以，后主即位后，他立即着手北伐的准备工作。他所做的一切努力，如东和孙权、南征南中、内修政理、治戎讲武等，无不是以北伐曹魏和“兴复汉室”为目的的。当李严劝他“受九锡，进爵为王”时，他极其坦诚地向李严表明了自己的心迹，说：“吾与足下相知久矣，可不复相解！足下方诲以光国，戒之以勿拘之道，是以未得默已。吾本东方下士，误用于先帝，位极人臣，禄赐百亿。今讨贼未效，知己未答，而方宠齐、晋，坐自贵大，非其义也。若灭魏斩叡，帝还故居，与诸子并升，虽十命可受，况于九邪!”① 可以说，作为一名臣子，诸葛亮做到了他应该做到和能够做到的一切。《后出师表》虽难以确定究竟是否系他自己所作，但其中“鞠躬尽力，死而后已”一语，的确真实而准确地概括和反映了他在佐蜀伐魏问题上的意志与决心。因此，我们没有理由怀疑他对蜀汉政权和忠心和对“兴复汉室”这一政治理想执著追求的坚定程度。

四、余论

有的论者所以会惑于王夫之的观点，可能主要是因为在他们看来，以弱小疲弊之蜀，去伐强大势盛之魏，是根本不可能有获胜希望的，并且这一点已被事实证明，而以诸葛亮之明智，是不会认识不到这一点的。所以，其北伐的目的只能是“以攻为守”，不可能是统一天下和“兴复汉室”。例如，有的学者认

① 《三国志·蜀书·李严传》注引《诸葛亮集》。

为，“《隆中对》中自宛洛、秦川北伐之事，如果不是书生议政，纸上谈兵，就只能是虚张声势，以进为退”，并说，“以其时蜀魏形势度之，以攻为守者或有可守，坐守待攻者守亦不能。清人刘献廷《广阳杂记》卷一直谓诸葛亮北伐不过是‘以攻为守’，‘不如此，欲求三分，不可得也’。……如果认为连这种估计也委屈了诸葛亮的话，那就必须说诸葛亮北伐之师与刘备当年出峡之师一样，都只能一概视之为‘縻军’了”①。还有的学者则批评诸葛亮北伐是知其不可为而为之，甚至认为他“连年动众，虚耗国力，加速了蜀汉的灭亡”②。

其实，这些观点都是不符合实际的，且有“倒果为因”之嫌。论者既未能客观地分析和认识其时所存在的成功的可能性，也未能实事求是地考察诸葛亮一生为实现其所定目标与理想而竭力奋斗的意志和决心。是的，诸葛亮“兴复汉室”的人生理想未能实现，五次北伐亦未获成功，但这并不能证明在此之前客观上根本不存在成功的可能。事实上，刘备集团在“跨有荆、益”之后，如果能够采取恰当的政治、军事和外交策略的话，则“兴复汉室”并非无望；五次北伐如果不出现重大失误的话，则“蚕食雍凉”也完全可以成为现实。然而，恰恰是在这种至为关键的时候，刘备集团出现了严重的不可挽回的失误：（1）由于关羽知攻而不知守，知进而不知退，荆州为孙权所乘，全部丢失，这不仅使刘备集团实力遭受严重损失，而且使两路出兵的计划化为泡影。（2）由于刘备“怒而兴师”，“愠而致战”，“不知军之不可以进而谓之进”③，导致夷陵之败，从而使刘备集团又一次遭受严重挫折。（3）北伐之前，曹魏集团与孙权之间

① 田余庆：《〈隆中对〉再认识》，载《历史研究》1989年第5期。

② 张大可：《论诸葛亮》，《社会科学》1986年第1期。

③ 《孙子兵法》之《火攻篇》《谋攻篇》。

屡有攻战，注意力尚不在蜀，因而对蜀“略无备预”，关中相对空虚。然而，由于诸葛亮用人不当，使最有可能成功的第一次北伐以失败告终。可以设想，若诸葛亮一出祁山无用人不当之失，则北伐“蚕食雍凉”就极有可能成为现实。若“蚕食雍凉”一旦成为现实，则蜀汉声威必将大震而曹魏实力必然大损。如此而“居河、渭上流以讨凶逆”①，则谁又能说天下必须要由司马氏来统一才行呢？诸葛亮在分析曹操成功的原因时曾说：“……操遂能克绍，以弱为强者，非惟天时，抑亦人谋也。”② 这就是说，从可能到现实，还要仰仗“人谋”：谋之当，可能就会变为现实；谋之不当，可能则将丧失。所以，事情的成功与否，并非全由客观因素决定，有时主观方面的措置是否得当，也起着十分关键的作用。那种因事情未获成功就说当初根本不存在成功可能的观点，是一种形而上学的认识方法。

综上所述，诸葛亮所以连年兴师北伐，其战略目的绝非仅仅是“以攻为守”，更不可能是为了“培养、发现和搜罗”人才，而是他对既定理想与目标的执著追求，也包含有酬答知己、报知遇之恩的因素。其所以能够如此，与他的人格特质有着密切的关系。在这一问题上，想当然的结论有悖于事实，而“倒果为因”的推论方法亦是不足取的。

（原载《史林》1995 年第 3 期）

① 《三国志·蜀书·赵云传》注引《云别传》。
② 《三国志·蜀书·诸葛亮传》。

诸葛亮北伐何以不用魏延的奇谋

一

《三国志·蜀书·魏延传》载：

延每随亮出，辄欲请兵万人，与亮异道会于潼关，如韩信故事，亮制而不许。延常谓亮为怯，叹恨己才用之不尽。

裴松之注引《魏略》的记载，较本传为详，可以参看：

亮于南郑与群下计议，延曰："闻夏侯楙少，主婿也，怯而无谋。今假延精兵五千，负粮五千，直从褒中出，循秦岭而东，当子午而北，不过十日可到长安。楙闻延奄至，必乘船逃走（《资治通鉴》作'必弃城逃走'）。长安中惟有御史、京兆太守耳，横门邸阁与散民之谷足周食也。比东方相合聚，尚二十许日，而公从斜谷来，必足以达。如此，则一举而咸阳以西可定矣。"亮以为此县（悬）危，不如安从坦道，可以平取陇右，十全必克而无虞，故不用延计。

清姚范认为，魏延献计，当在蜀建兴六年（228 年）诸葛亮初出祁山之时。① 这种看法是正确的。

上引本传中所说的“韩信故事”，指楚汉战争期间名将韩信教刘邦以“明修栈道，暗度陈仓”的策略攻占关中一事，但此事并不见于《史记》和《汉书》。不过，这与本文主旨无关，可暂且不论。至于《魏略》中所说之“秦岭”，则系横亘于汉中与关中之间的一条大致呈东西走向的巨大山脉。这条巨大山脉在三国时军事地理意义至为重大，为便于讨论本文所提出的问题，这里需对其作简要介绍。

秦岭山脉位于今陕西南部，东与伏牛山相连，西与岷山、陇山相连，全长四百多公里，海拔在二三千米左右，山势雄伟险峻，是渭水水系和嘉陵江、汉水水系的分水岭。三国时，秦岭山脉是魏、蜀之间的一条天然军事分界线，也是各自的一道天然屏障。在秦岭之上，有数条著名的横向谷道，可以沟通汉中与关中的联系。它们自东向西依次是子午道、傥骆道、褒斜道和陈仓道。其中陈仓道又名故道，诸葛亮北伐时多走此道。陈仓道与褒斜道开通较早，前者路途较为迂远但较平缓易行，后者险峻难行但较为近捷。傥骆道与子午道开通较晚，前者最早见于记载是魏文帝黄初五年（224 年）曹爽伐蜀，后者则在西汉末年。三国后期的几次战争，多用傥骆与子午二道。

《魏略》所记之褒中，位于褒斜道南谷口外，南距今陕西汉中约六十华里。看来，魏延是要兵分两路：自率一路为奇兵，从褒中出发，沿秦岭南坡沔水北岸向东，至子午谷再折向北，

① 卢弼：《三国志集解》，中华书局 1982 年影印版，第 819 页。

直捣魏之西京长安；由诸葛亮率主力为正兵，沿褒斜道向北，过秦岭后沿渭水向东，与魏延在长安至潼关一带会师。

从兵法谋略角度看，魏延的建议未尝不是一条奇正并用、出奇制胜的妙计，因为当时魏之关中确实相对空虚，其主将夏侯楙也确实是一个不谙兵略的纨绔庸才。但是，诸葛亮始终不肯采纳魏延的这条“妙计”。这是为什么呢？照魏延的说法，是由于诸葛亮胆怯。照诸葛亮自己的说法，则是因为这样做太危险（“悬危”）。对此，后人所见纷纭，多有议论，而其中有两种观点最具代表性：一是“以攻为守”说，二是“谨慎”说。

王夫之认为，诸葛亮所以不用魏延之计，是因为他从当时的特定形势出发，根本就不想冒险去进攻关中，夺占长安；他的北伐，不过是一种以攻为守的策略罢了。王夫之说：

> 夫公固有全局于胸中，知魏之不可旦夕亡，而后主之不可起一隅以光复也。其出师以北伐，攻也，特以为守焉耳。以攻为守，而不可示其意于人，故无以服魏延之心而贻之怨怒。
>
> 秦、陇者，非长安之要地，乃西蜀之门户也。天水、南安、安定，地险而民强，诚收之以为外蔽，则武都、阴平在怀抱之中，魏不能越剑阁以收蜀之北，复不能绕阶、文以捣蜀之西，则蜀可巩固以存，而待时以进，公之定算在此矣。公没蜀衰，魏果由阴平以袭汉，夫乃知公之定算，名为攻而实为守计也。①

王夫之不以诸葛亮“为怯”，这是他的见识处。当年，刘备兵微将寡，无立足之地，且遭“倾覆”，诸葛亮却敢于“受任于

① ［清］王夫之：《读通鉴论》卷一〇《三国》，中华书局1975年版，2008年印刷，第271页。

败军之际，奉命于危难之间”，即足以显示出他的胆略和气概。魏延谓其“为怯”，实在是小人之见。不过，王夫之认为诸葛亮不用魏延之计是由于其北伐目的仅仅是“以攻为守”，则失矣。对此，笔者在拙作《诸葛亮北伐曹魏目的论析》一文中已有详论，故不赘述。

另一种观点认为，诸葛亮所以不用魏延之计，完全是出于“谨慎”。据说毛泽东同志也曾说过“诸葛一生唯谨慎”的话，所以，这种观点就更具代表性和影响力。有的学者甚至为诸葛亮不用魏延之计而感到遗憾，大发感慨，说：

> 假若诸葛亮采纳魏延之策，第一次直指长安，一举奄有关中，则天下震动，天下震动，中原人士旋踵西归，吴人拼力北进，强弱形势不是不可以易位的。只可惜诸葛亮过于谨慎，“虑多决少”，不敢用奇，丧失了这一取胜的机会。①

诸葛亮到底是否应该采纳魏延的计谋？这不是本文讨论的重点所在。在此，笔者想着重就诸葛亮不用魏延之计到底是否是出于“谨慎”，以及致使其“谨慎”的主要原因是什么，谈点浅见。

二

笔者认为，“谨慎”说是有道理的：它既合乎当时的实际情况，也与《魏略》中诸葛亮“以为此悬危”的记载相符。但是，问题在于，这种观点太过笼统。因为它并没有直接回答究竟是什么原因使得诸葛亮如此“谨慎”，以至于不敢采用魏延所献的

---

① 张大可：《论诸葛亮》，载《社会科学》（兰州）1986 年第 1 期。

“奇谋”。对于这个问题，以往学者们已经从各个不同角度作过探讨，并且提出了许多有价值的见解。比如：双方力量对比过于悬殊、蜀国所处地理位置过于不利、魏国人才济济未可小视、诸葛亮本人生性如此，等等。这些见解无疑都有一定道理，但都无一例外地疏忽了这样一个问题：诸葛亮北伐时存在的后顾之忧。或者换句话说，诸葛亮所以如此“谨慎”，始终不肯采用魏延的“奇谋”，一个非常重要的原因恐怕是因有严重的后顾之忧。

需要说明的是，诸葛亮的后顾之忧既非来自南中，也非来自蜀汉朝廷内部。南中一带的问题，在诸葛亮北伐之前就已经妥善解决。南中之乱平定后，南人首领孟获曾心悦诚服地对诸葛亮说：“公，天威也，南人不复反矣。”[①] 事实上也确是如此，终诸葛亮一生，南中地区的确没有出现过大的足以使他为之忧虑的麻烦。至于蜀汉朝廷内部，当时亦无可忧之事。这首先是因为，其时在蜀汉朝廷内部诸葛亮的地位十分巩固，同时也是因为其时朝内诸大臣之间能够团结一致相互合作。诸葛亮是刘备临终时托孤的首席辅臣。刘备不仅对他曾有“若嗣子可辅，辅之；如其不才，君可自取”一类的话，而且要求刘禅兄弟父事诸葛亮。[②] 终诸葛亮一生，刘禅确是“事之如父”，言听计从，不存丝毫芥蒂。有这样的君臣关系和政治地位，再加上自己过人的才干和在朝臣中的威信，诸葛亮是用不着担心朝内有人掣肘的。

那么，诸葛亮的后顾之忧究竟来自哪里呢？笔者认为是来自蜀汉的同盟方面——吴国。吴国是蜀汉的政治、军事盟友，怎么会成为蜀汉的严重威胁和诸葛亮的忧虑所在呢？我们不妨

---

① 《三国志·蜀书·诸葛亮传》注引《汉晋春秋》。
② 《三国志·蜀书·诸葛亮传》。

从以下几个方面作点分析和说明。

第一，从本质上看，古今各国间的一切政治、军事联盟，不过是与盟各方由于形势所迫和斗争需要所采取的一种策略手段而已。这种同盟之能否结成，完全取决于联盟各方之间的利害关系，而并非决定于他们之间有无真正的友谊和诚心。所以，《孙子兵法》中才有所谓“伐交”的说法。一般情况下，当实力相仿佛的几个集团面临共同的威胁或存在共同的利益时，他们会迅速地联合起来；而这种威胁或利益一旦消失，他们便会迅速内讧和瓦解。对于与盟者来说，他们都不希望自己的盟友变得强大起来，成为新的威胁自己生存的敌人。可见，这样的同盟，不过是不同的集团势力之间的一种相互利用罢了；这样的盟友，是绝对靠不住的。三国时的吴、蜀联盟，就是一个典型的例子。赤壁之战前，孙权与刘备的生存由于都受到了曹操的严重威胁，所以他们迅速结成了政治、军事联盟，共同御敌。然而，当曹军败退北方之后，他们便很快发生内讧，开始争夺荆州，甚至不惜兵戎相见。但是，由于曹操仍然是他们共同的敌人，来自北方的威胁依然存在，他们最终仍能在一定程度上再次结成联盟，并在军事上采取一些配合行动，对曹魏方面进行打击。然而，即使在结盟期间，吴与蜀也都不希望对方不断获胜，迅速强大起来。对吴、蜀间这种微妙的关系，曹魏方面看得十分清楚。所以，当关羽杀庞德、擒于禁，水淹七军，大举进攻襄、樊，逼得曹操动了迁都的念头时，其重要谋臣司马懿与蒋济一齐谏道：“……刘备、孙权，外亲内疏，关羽得志，权必不愿也。可遣人劝（孙权）蹑其（关羽）后，许割江南以封权，则樊围自解。”①

① 《三国志·魏书·蒋济传》。

第二，就吴、蜀联盟的实际情况来说，蜀虽视曹操为“汉贼”，为敌人，视孙吴为盟友，并且其最终也的确是亡于曹魏之手，但事实上吴对蜀的威胁更为严重，同样是蜀的危险敌人。比如，赤壁之战后，在刘备集团背后捅了致命的一刀，使其损失惨重、元气大伤的，不是别人，正是他们的这个盟友。应当说，孙权在刘备集团背后捅的这一刀是相当狠毒的。它不仅使刘备丧失了包括关羽在内的一大批文武人才，损耗了数以万计的精兵，而且丢掉了荆州这一至为重要的战略要地，使诸葛亮在隆中设想的两路出兵伐魏的宏谋大计化为泡影。后来，夷陵之战中经孙权集团的再一次沉重打击，刘备集团的实力遭到进一步削弱。若无诸葛亮这样的贤相殚精竭虑地努力恢复，在连遭孙权集团的两次严重打击之后，刘备集团势必从此一蹶不振，迅速衰落下去。所以，我们甚至可以说，蜀汉非亡于曹魏之手，实亡于自己的盟友孙吴之手。

第三，即使蜀在丢荆州、败夷陵的情况下主动与吴恢复了联盟关系，吴对蜀来说也仍然是一个潜在的敌人。他们对蜀始终心怀觊觎之念，企图乘便下手。例如，当他们获悉诸葛亮病逝之时，即迅速增加巴丘方面的守军万人，名义上是“欲以为救援”，实际上是“欲以事分割”。而“蜀闻之，亦益永安之守，以防非常。（宗）预将命使吴，孙权问预曰：‘东之与西，譬犹一家，而闻西更增白帝之守，何也?’预对曰：‘臣以为东益巴丘之戍，西增白帝之守，皆事势宜然，俱不足以相问也。’”[①] 真是心照不宣而又针锋相对。当蜀国被邓艾袭破之后，吴国再一次“起兵西上”，对外托名救援，而实际上是要袭击蜀巴东守将罗宪，企图乘机瓜分蜀国。所以，罗宪气愤地说：“本朝倾覆，

① 《三国志·蜀书·宗预传》。

吴为唇齿，不恤我难而徼其利，背盟违约。且汉已亡，吴何得久，宁能为吴降虏乎！”他率励将士，固守巴东，使吴兵不得西行入蜀。① 不难看出，吴、蜀虽为同盟，但吴对蜀一直都虎视眈眈，而蜀自夷陵之败后对吴也保持着高度的警惕；他们都明白对方在想什么，只是心照不宣罢了。由此可知，吴之于蜀，表面上是盟友，实际上是敌人，蜀必须时时提防之。

三

诸葛亮是三国时期著名的智谋之士。对于吴、蜀间这种既不能不联合又不能不防备的同盟关系，他是断不会心中无数的。如果说在关羽毁败之前，他有可能对吴国的威胁缺乏警惕的话，那么，在遭受荆州之失和夷陵之败后，他是无论如何也不可能依然如故毫无警觉的。

据卢华语先生考证，诸葛亮北伐时，蜀国当有军队 50 万人左右。其中，留屯成都约 10 万，驻汉中约 20 万，驻永安约 5 万，驻江州 2 万以上，驻庲降约数万，驻各郡地方部队约 11 万。② 永安即今之四川奉节，又名白帝城，时为蜀东部与吴相邻的边境重镇。庲降在今云南曲靖，时为都督府驻地，其所辖地在益州南部，面积超过蜀国总面积的二分之一。江州即今四川重庆，当时是自东向西走长江水路入川的第二个重镇。从上引材料来看，蜀用于东部边境防线的兵力是很可观的。自东向西入蜀，不仅逆流难行，而且一路崇山峻岭，险关道道，蜀却在永安和江州两道防线上配置了达 7 万之多的兵力。庲降都督所

① 《三国志·蜀书·霍峻传》注引《汉晋春秋》。

② 卢华语：《蜀国兵力与诸葛亮北伐用兵考》，载《北京师范学院学报（社会科学版）》1991 年第 2 期。

辖系南中诸夷居住之地，且十分广阔，而蜀在那里部署的兵力仅占永安和江州的一半左右。这一现象说明，诸葛亮对来自东方的威胁是非常担忧和重视的，其所以不用魏延的“奇谋”，不仅是由于蜀、魏实力对比过于悬殊，而且也是因为存在严重的后顾之忧。然而，蜀与吴毕竟存在着同盟关系。为了顾全大局，诸葛亮是不会轻易在部下面前说出一些不利于联盟的话来的。所以，他虽对吴存有警惕，也不可能向魏延辈道出自己的难言之隐。这是诸葛亮的谨慎之处，也是他无法向魏延解释而致其“怨怒”的根本原因。

但是，我们完全可以说，诸葛亮在北伐问题上取谨慎态度，弃魏延的“奇谋”而不用，是十分正确的。反之，他如果采纳了魏延的计策，贸然进攻长安，即使一时得手，也势将很快陷于曹魏两面夹击之中。因为从重要性上来看，魏之关中并不亚于吴之荆州，一旦丢失，势必全力来争。如此，则双方很可能长期胶着不下，蜀汉之兵员财力将会逐渐被吸引北上，造成后方的空虚，给吴以可乘之机，从而出现“前门打狼，后门进虎”的险恶局面，甚至重复当年关羽在荆州所遭受的惨败。而此时的蜀汉，再也不可能承受得起失荆州、丧关羽和夷陵之败那样的严重挫折了。所以，诸葛亮只好采取稳扎稳打步步为营的蚕食策略，瞻前顾后地与魏、吴周旋。这样做，虽不能获得突飞猛进势如破竹的效果（这在当时是根本不可能的），但避免了大起大落兴勃亡忽的危险（这在当时是严重存在的），因而是唯一稳妥可行的方策。这是诸葛亮作为政治家、军事家的高明之处，我们绝不可等闲视之。

（原载《历史教学》1995 年第 8 期）

绵竹之战：导致蜀汉政权灭亡的直接原因

大凡一个政权灭亡，分析其原因，总不外朝政日非而政治腐败、经济凋敝、军备废弛、国内各种矛盾日益激化，等等。考察蜀汉政权的灭亡，亦大致如此。所以，易中天先生在讲三国时，将其概括为四条，即刘禅昏庸、黄皓专权、陈祗乱政、谯周误国，虽说不上十分全面和准确，但大致也差不多，应属比较符合实际。

不过，正像世界上没有两种以上绝对相同的事物一样，所有走向灭亡的政权，总有其自己的特殊原因，并且也有导致其最终灭亡的直接原因。那么，导致蜀汉政权灭亡的直接原因究竟是什么呢？笔者认为，它就是诸葛瞻在绵竹作战的失败，并认为它其实就是压垮蜀汉政权的最后一根稻草。

有学者认为，刘备集团自建安十九年（214年）攻占益州，到炎兴元年（263年）蜀汉灭亡，前后共历50年。在这50年中，诸葛亮治国约20年，可以看作蜀汉政权的前期，这个时期是其最辉煌的时期；接着蒋琬、费祎执政也有大约二十年，他们虽无变革，但保持了蜀汉政治前期主要优点，这个时期可以看作蜀汉政治的中期；由于蒋琬、费祎蜀执政时留下的隐患，汉政权在最后十年，后主昏庸、黄皓专权、陈祗乱政、姜维避祸、亡国论嚣张，朝政日益混乱，直至灭亡。[①] 应当说，这个分析大致是准确的。

蜀炎兴元年（魏景元四年，263 年），魏大举伐蜀。大将军司马昭命征西将军邓艾率三万余人自狄道（今甘肃临洮西南）进军甘松（今四川松潘西南）、沓中（今甘肃舟曲以西、岷县以南），从正面牵制正在沓中屯田避祸的姜维；命雍州刺史诸葛绪率三万余人自祁山（今甘肃礼县东北）进军武街（今甘肃成县西北约四十里，即武都郡治下辨）桥头，以断绝姜维的退路；此外又命钟会统率十万余众，分头从斜谷（今陕西眉县西南）、骆谷（今陕西周至西南）、子午谷（今陕西洋县东）直趋汉中（今陕西汉中）。

姜维在获悉魏欲来伐的消息后，立即上表后主，请求朝廷派张翼、廖化督帅诸军分护阳安关口（即阳安关，在今陕西宁强西北，南倚鸡公山，北临嘉陵江，形势非常险要，自古为汉中进入四川的交通咽喉）、阴平桥头（阴平在今甘肃文县西北，此桥头在阴平东南之白龙江边，与武街桥头不是一处），以防患于未然。但是，黄皓竟让后主将此事压了下来，所以蜀汉群臣对此一无所知。直到钟会将要向骆谷进兵，邓艾即将进入沓中时，朝廷才命左车骑将军张翼、辅国大将军董厥等前往阳安关口。姜维被邓艾所败后率军南撤，以调虎离山之计骗开诸葛绪，

① 李兆成：《蜀汉政治考论》，载《诸葛亮与三国文化》（二），四川科学技术出版社 2004 年版。

安然通过武街桥头，恰与张翼、董厥会合。这时，阳安关已被攻破，钟会率部长驱直入，姜维等人便退保剑阁（今四川剑阁东北，后称剑门关），凭险以拒魏军。钟会攻打剑阁始终难以得手，而又道路悬远、粮运不继，不得已遂准备退兵。

邓艾见钟会久攻剑阁不下，便上书司马昭，要求率一支部队，从阴平（今甘肃文县西北）小道，经汉时的德阳亭（今四川梓潼北），趋涪县（今四川绵阳），以奇兵冲敌腹心。他说："德阳亭在剑阁之西仅约百里，距成都仅三百余里，届时蜀汉剑阁守军必然会退兵涪县，这样，钟会之军就可以方轨而进了；假如剑阁的蜀军不退兵，那么涪县迎击我军的兵力就少了。《军志》有言：'攻其无备，出其不意。'今天如果能进击其空虚之处，那么打败敌人就是必定无疑的事情了。"司马昭同意了邓艾的计划。于是，邓艾便于这年十月，率军（具体人数不详，因系孤军走险道偷袭，人数当不会太多）进袭蜀汉。

蜀汉方面在得知邓艾欲从阴平进兵的消息后，命诸葛亮之子、卫将军诸葛瞻率军迎敌。不想，诸葛瞻督军到达涪县之后即停了下来，盘桓不进。部将黄崇（黄权子）屡次相劝，甚至流涕哭谏，建议他火速前进，抢占有利地形，凭险据守，而勿让敌人进入无险可守的平川，诸葛瞻竟然犹豫不决，未予采纳。

魏军在通过了山高谷深、渺无人迹、长达七百多里的阴平小道之后，长驱而进，首先抵达江油（今四川绵阳北约百里），蜀江油守将马邈不战而降。诸葛瞻在前锋被击败的情况下，只好退守绵竹（今四川绵竹东南），摆下阵势，以与魏军决战。邓艾到达后，立即命其子邓忠和司马师纂出战，但没想到进攻失利。二人回报说："敌人实在强大，无法战胜。"邓艾大怒，要将二人推出去斩首，二人只好飞马回去，率兵与诸葛瞻再战。这次，魏军自知已入绝境，没有退路，只有死战才能求生，所以无不以一当十。结果，蜀军被打得大败，诸葛瞻与其子诸葛尚及黄崇等全部战死。

攻下绵竹之后，邓艾继续进兵，抵达雒县（今四川广汉）。雒县距成都只有大约百里之遥，刘禅在战不能再战、退无可去之处的情况下，只好接受谯周的建议，派人去邓艾军中请求投降。投降被接受后，他又下令此时已经率军南撤的姜维等人就地向钟会投降。于是，蜀汉终于灭亡。

在魏、蜀、吴三国之中，蜀汉最为弱小。经过关羽毁败和夷陵之战后，其国势就更为衰弱。但是，刘备死后，经贤相诸葛亮努力，蜀国的国势得到了很大恢复，所以仍能对曹魏取攻势。诸葛亮逝世后，蒋琬、费祎开创不够，守成有余，故其仍能僻居一隅。然而，费祎死后，蜀国就因缺乏人才，尤其是政治人才，而朝政开始混乱。姜维公忠体国，军事上有一定才干，足以御外，但他一则不明时势，不知珍惜国力，用兵不戢，屡耀其武；二则对朝内后主昏庸、黄皓专权、陈祗乱政、亡国论甚嚣尘上不仅无可奈何，而且觉得就连自己的地位也岌岌可危，以至于不敢回朝，长期率部在沓中屯田避祸。所以，蜀汉的灭亡，是不可避免的，不过是早天晚天的事情罢了。

但是，从上述曹魏伐蜀的全部过程看，导致蜀汉最后灭亡的直接原因，无疑是诸葛瞻在绵竹的战败。因为正是由于他的战败，才使得蜀汉方面人心惶恐，兵无斗志，朝内投降派有了市场。而诸葛瞻的战败，却又完全是由于自己指挥上的失误，而非客观上根本不存在取胜的可能。他在关键之时盘桓不进，弃险不守，从而导致最后的失败。《吴子·治兵》说："用兵之害，犹豫最大；三军之灾，生于狐疑。"《孙子兵法·地形篇》则说："夫地形者，兵之助也。料敌制胜，计险厄远近，上将之道也。知此而用战者必胜，不知此而用战者必败。"并且，《孙子兵法》还说："诸侯自战其地，为散地。"而在"散地"作战，应凭借险阻，以守为主，与敌持久，使之进难得手，退无后路，且野无所掠，直至陷入绝境。由此看来，诸葛瞻虽为著名政治家、军事家诸葛亮之后，但实在不懂兵法，不善将兵。所以，他的失败也就并不让人感到奇怪了。

地理条件在军事上的意义，极为重要。即使在如今的高科技时代，也绝不可忽视。军事力量强大、武器装备先进均属世界一流的美国，十多年来所以一直无法彻底剿灭塔利班，阿富汗、巴基斯坦交界的特殊地形地势，实系一个非常重要的因素。至于在冷兵器时代，地理条件在军事上的意义就更为重要了。蜀汉所以能立国数十年，并且连遭两次重大挫折（即所谓"关羽毁败，秭归嗟跌"）后仍能在与曹魏的对峙中取攻势，国内有诸葛亮这样的贤相主持朝政固然是一个根本原因，但其所拥有的四围高山峻岭布列、险关要隘重重、道路崎岖难行，中间平原广袤开阔、河流纵横、物产丰饶，这样一个可攻可守的有利的地理形势，不能不说是一个非常重要的原因。例如，此次姜维等人在极为被动的形势下，能将钟会十万大军挡在剑门关外，就是一个有力的证明。

另外，据《通典》记载：刘备章武元年时，蜀有户 20 万，人口 90 万。至其灭亡时，有户 28 万，人口 94 万，带甲将士 10 万又 3000 人，与初时比较，国力相去并不远。而且，从邓忠、师纂初战竟然失利来看，当时蜀军的战斗力也并不弱。所以，从国家实力上来说，蜀汉当时并无必亡之势。可能也正是由于这样的原因，姜维所部接到后主的投降敕令时，才会"将士咸怒，拔刀砍石"[①]。

① 《三国志·蜀书·姜维传》。

诸葛瞻字思远，17 岁“尚公主，拜骑都尉”，次年又任“羽林中郎将，屡迁射声校尉、侍中、尚书仆射、军师将军”（军师将军正是诸葛亮当年担任过的职务）。他“工书画，强识念”，蜀人追思诸葛亮，“咸爱其才敏。每朝廷有一善政佳事，虽非瞻所建倡”，百姓也都互相告诉说：“葛侯之所为也。”以至于“美声溢誉，有过其实”。然而，正如俗语所说，“知子莫若父”，诸葛亮对自己的这个自小“聪慧可爱”的儿子，早就心中有数，故“嫌其早成”，恐“不为重器”①。

当年，诸葛亮辅佐寄人篱下的刘备，当曹操南下时，“受任于败军之际，奉命于危难之间”，力挽狂澜，建不世之功。然而，诸葛瞻辅佐与魏、吴鼎峙已达数十年的蜀汉，当敌军将要深入国家腹心、一战关乎社稷存亡的时候，竟然犹豫不决，不纳良言，举措失当，并终致国破家亡，实属有其父而并无其子，真乃可悲可叹！

（原载《孙子研究》2014 年第 2 期）

① 《三国志·蜀书·诸葛亮传》附《诸葛瞻传》。

·札记/随笔·

双峰并峙 辉耀世界

中国是一个军事文化遗产极为丰厚的国度。在这个古老而又正经历着新生的国家，纵横几万里，上下数千年，出现的著名军事家可谓灿若繁星，而在这些著名军事家中，两千五百多年前的孙武和20世纪的毛泽东，无疑是两座伟岸挺拔、高耸云端、难以逾越的奇峰。

《孙子兵法》所蕴涵的丰富而深刻的兵家思想，泽及后世，名垂千古，在世界范围产生了巨大而广泛的影响；毛泽东的一系列光辉论著所蕴涵的丰富而深刻的军事思想，不仅指导中国共产党带领千百万劳苦大众建立起自己的伟大的共和国，而且同样折服中外，雄视天下，以至于让当今世界头号军事强国的军人说出了“不怕中国军队现代化，就怕中国军队毛泽东化”的言论。我们认为，在国家和民族正面临着极其复杂的国际形势、国家安全正遭受严重威胁的今天，认真研究和总结以孙子和毛泽东为代表的中华民族所特有的优秀的军事文化遗产，意义至为重大。

中华民族所以能绵延不绝始终屹立于世界的东方，所以会代有圣贤不断涌现像孙子和毛泽东这样的伟大历史人物，是因为我们这个民族有着几千年传承有自、积淀深厚、丰富多彩且合乎人性和人类生存发展需要的文化沃土。比如，早在两千数百年前，我们的先人就有了人与自然、人与人、人自身应当和谐发展的先进文化理念，就有了“老吾老以及人之老，幼吾幼以及人之幼”的博大胸怀，就有了“四海之内皆兄弟”的平等观念，就有了天下大同、世界一家的美好理想，就有了热爱和平“止戈为武”的战争诉求……而这些，都是西方霸权主义国家所崇尚的“物竞天择，适者生存”的价值观念和弱肉强食的丛林法则所根本无法相比的。

齐鲁大地是孔孟之乡，同样也是孙武的故乡，文化底蕴深厚。在新的历史时期，我们有责任充分发挥优秀传统文化教育人、培养人的作用，为塑造中国心、民族魂，助推中国梦，强大自己的国家和军队，做出应有的学术理论贡献。

（本文系《孙子研究》2013 年第 4 期“卷首语”）

关于“曹刿论战”的别一番思考

曹刿论战的故事尽人皆知，它给人们的启示是多方面的。人们在称赞曹刿之关心国事和明于料敌的同时，往往对鲁庄公的贤明也大加褒扬。是的，作为一国之君，位尊而不骄慢，对曹刿这个贸然求见的乡下人能优礼有加，信而用之，庄公确是不凡。

然而，对于这一点，笔者有时颇不以为然，认为庄公所以能礼遇、重用曹刿，真正的原因并非如有人所说，是由于他“作风民主”，其实很大程度上恐怕是形势的逼迫使然。试想，当时齐强鲁弱，大兵压境，形势危急，庄公如想保宗庙，安社稷，除了选贤任能，还会有何良策？反之，假使当时鲁强齐弱，疆埸没有战事，国内歌舞升平，曹刿还能受到这般礼遇吗？笔者看这实在是一个不小的问号。自然，也有那一等的“昏蛋”，国亡立待，死将临头，却还在干着自毁长城的蠢事，这又只能另当别论了。

事实上，形势的逼迫，私欲的需要，几乎是

历史上一切所谓明君能屈己尊贤的根本原因。周文王渭水边上访姜尚，无非是要灭商兴周，建立“溥天之下，莫非王土，率土之滨，莫非王臣”的家天下；燕昭王高筑黄金之台，则是要报破国杀亲之仇；汉高祖破格提拔韩信，目的是要东向逐鹿中原，消灭项羽——如此等等，概莫能外。同样，也正是出于这样的原因，他们一旦登上皇帝的宝座，便又翻脸无情，把昔日的功臣良将和眼下的才智之士看成是潜在的威胁，必欲除之而后快。这样的事情，历史上可谓屡见不鲜。越勾践开其先例，汉刘邦继其滥觞，明洪武登其峰极。所谓“高鸟尽，良弓藏；狡兔死，走狗烹；敌国破，功臣亡”，便是这类事实最形象最生动的写照。

诗曰：“人事有代谢，往来成古今。”然则古今虽异，理有相通，安知古代帝王的这种遗风就未沐及今人？笔者看恐未必。时下某些以“小国之君”自居的人，所以当政不以选贤任能为务，恐怕就多半与此有关。既然升迁无须业绩彪炳，无须“主人”们的拥戴，既然不用人才也可以混得挺好而无危险，又何必汲汲于选贤任能呢？更何况，搞得不好，选贤任能有时还会对自己构成某种“威胁”，又何必自找麻烦而不用庸才、奴才呢？

只要明乎此，就应该知道，终日对这种人讲什么古人如何礼贤下士、求才若渴，讲什么“为政在于得人”，就有点“不识时务”，不知达变了。

（原载 1989 年 5 月 22 日《齐鲁晚报》）

两千多年前的一次“顶层设计”

不知道从什么时候起，一个新名词——“顶层设计”，反复地出现在各种媒体上。其实，这个新名词并不算怎么新，因为它是由两个老名词“顶层”与“设计”组合而成的。据说，这个新名词所以出现，是因为“改革”已经进入深水区，遇到了前所未有的阻力，如果不能“壮士断腕”，从“顶层”“设计”一下，就很难“杀出一条血路”，继续“改”下去和“革”下去。

是的，由我们这样一个大执政党领导的大国进行的“史无前例”的“伟大改革”，虽说曾经长期由“总设计师”指导着，但实际上几十年来一直是在“摸着石头过河”；并且，好像就在前不久，《人民日报》还说这“石头”恐怕仍然要继续“摸”下去。所以，如果我们的“改革”真能从“顶层”好好地“设计”一番，不啻是国家之大幸！民族之大幸！人民之大幸！

根据笔者的肤浅理解，所谓“顶层设计”，其实也就是当年大军事家孙武在《孙子兵法》

里所说的“庙算”，与今天我们所说的“重大战略决策”也差不多，其重要意义的确是怎么说都不为过。试想，两千多年前，吴王阖庐如果没有伍子胥、孙武帮他进行“顶层设计”，吴国最后能够一举“破楚入郢”吗？一千八百多年前，刘玄德如果没有诸葛亮帮他进行“顶层设计”，他能够联合孙权一举破曹并最终夺取益州建立蜀汉政权吗？八十年前，中国共产党如果没有在贵州遵义好好地从“顶层”“设计”一番，我们党能有后来的步步胜利并最终夺取政权建立起一个人民的共和国吗？所以，对于这次的“顶层设计”，笔者是打心眼里极为赞成的。

不过，笔者一直特别关心的是：这“顶层设计”究竟由什么人来设计。试想：中国人民的国内革命战争，由王明、张国焘设计和由毛泽东设计能是一个样子吗？这里说的还仅仅是水平问题，重要的是还有立场问题呢！南宋的抗金战争，由岳飞设计和由秦桧设计，能是一个结果吗？中国的抗日战争，由毛泽东设计和由蒋介石甚至汪精卫设计，能是一种结局吗?!

据说，我国关于改革的“顶层设计”，曾特地请来了世行的“高人”佐利克等辈参与其中，这反映了高层对“设计”的重视程度。但是，它让笔者不由得想起了两千五六百年前春秋时期齐国发生的一件事情——这件事情的大小虽然不能与我们今天所说的“顶层设计”同日而语，但那性质有不少可以比拟之处，足以发人深省，启人深思！

据《左传》记载，事情的大体经过是这样的：

齐国当庄公的时候，即鲁襄公二十五年（前548年），大臣崔杼在去参加同僚棠公的葬礼时，发现棠公撇下的新寡之妻东郭姜那是相当的美丽，便不顾同姓之嫌（他们同为姜太公后人），让自己的家臣东郭偃，也就是东郭姜的弟弟，去把她给娶了过来。不料想，这漂亮的美女是人见人爱，身为国君的齐庄公，竟然不顾身份，与东郭姜私通，经常来崔杼家里与他这位心目中的“女神”幽会。崔杼被无辜地戴了一顶“绿帽子”，心里自然不会好受，但同样让人想不到的是：他竟然设了一个圈套，干脆把那个不顾礼义廉耻的国君杀死，另立景公为国君，并且自立为右相，专了齐国的国政。同时，他还立自己的“老朋友”庆封为左相，让他辅佐自己。

崔杼前妻活着的时候，为他生了两个儿子，即崔成与崔强；娶了东郭姜之后，东郭姜又为他生了个儿子，叫崔明。崔成有病，不得被立为继承人，崔杼就立了崔明做家族的继承人。

大约在襄公二十七年（前550年）的一天，崔成请求老爹允许他在崔地退休，老爹答应了。但是，东郭偃和东郭姜拖来的“大油瓶”棠无咎不乐意了，说：“崔地是崔氏宗庙所在的地方，一定要归宗主崔明所有！”崔杼觉得他们说的也不是没有道理，就改变了主意。这让崔成、崔强兄弟俩怒不可遏，恨不得把他们都杀了。

由于事关重大，这兄弟俩便去找父亲的下级同时也是“老朋友”庆封讨教，让他帮着“设计”一下，看怎么办比较稳妥。他们对庆封说：“我们老爹的为人您是知道的，他现在只听棠无咎和东郭偃的话，别人的话根本听不进去。我们很担心这会不利于他老人家，所以特来向您报告。”庆封听罢，一时也没有什么好主意，就说：“你们先回去，让我考虑考虑再说。”

崔成、崔强走后，庆封把这件事告诉了家臣卢蒲嫳。卢蒲嫳说：“他崔杼可是国君的仇人，看来上天要抛弃他了。他家里出了乱子，您担的什么心？再说啦，他崔家遭到削弱，不正是您庆家的大好事吗？”庆封听了，不觉频频点头。所以，过了几天崔氏兄弟又来讨教，他便说：“只要能有利于崔老爷子，就干脆除掉那几个家伙算了。如果有困难，我来帮助你们。”

果然，崔氏兄弟回去就把棠无咎和东郭偃给杀了。崔杼大怒，让人套上车就直奔“老朋友”庆封家里。庆封对他说：“咱们崔、庆可是一家人，这些家伙怎么敢这个样子?！请让我为您去讨伐他们。”说完，就命令卢蒲嫳率兵前去攻打崔家。卢蒲嫳到了崔家，杀了崔成、崔强哥俩，灭了崔氏，夺了崔氏的全部家产，逼得东郭姜上了吊，只有崔明逃了出去。然后，他驱车回去复命，并且驾车送崔杼回家。

崔杼回到家里一看，根本就无家可归了，因为他的家彻底完了！于是，他悲愤难抑，也上吊而死，追随自己的“女神”去了。就这样，齐国由崔氏专权变成了庆氏专权。自然，庆封后来也没能得到善报，不过那已经是后话了。

各位看官，大家想一想，那庆封与崔杼原本可是一个“战壕”里的人，好得就像一家人，可最后在利益面前竟然变成了灭掉自己老领导老前辈家族的仇人。那么，假如他们本来就是有着巨大利益冲突的仇人呢？可能有人会说：“世行”与我们有什么利益冲突？美国难道不是对我们最好的国家吗？人家不是一个劲地要帮助我们走上“民主”“文明”的“宪政”之路吗？笔者想，如果在四五十年以前说这种话，尚不足为怪，在苏联和东欧社会主义国家接连被颠覆之后，在萨达姆、卡扎菲接连被擒杀之后，在世界发生了如此之多巨大事变的今天，还说这种话，不是脑袋被驴踢了，就是别有用心！

近几年来，有个问题笔者一直百思不得其解：“羊”自己家里有了问题，为什么偏要去找“狼”来帮自己出主意呢？是真糊涂呢，还是揣着明白装糊涂呢?！笔者查了一下《汉语大词典》，“设计”一词共有二义，其中之一就是“设下计谋”。但愿我们的所谓“顶层设计”，绝对不是由秦桧、汪精卫之流参与其中内外勾结为我们设下的一条灭国毒计！

打苍蝇与打老虎别议*

说苍蝇和老虎都该打，大概是不会有人反对的（苍蝇、老虎自然例外），因为人们恨透了这帮贪赃枉法、徇私舞弊的家伙，但究竟如何打，要仔细商量。邵燕祥先生的意见是：由于“现在老虎的标价未定，界限不清，而且难打”，不妨“暂从缓议”，能“先打打苍蝇也好”①，笔者认为其实不然。在老虎打不得或不得打的情况下，出于无奈，退而求其次，主张先打打苍蝇，自然无可厚非，但若认为老虎标价未定和难打，便要“暂从缓议”，则似属不妥。

杜甫诗云：“射人先射马，擒贼先擒王。”此真乃至理名言！就以今日而论，苍蝇、老虎实皆国之蠹贼，但苍蝇不过是贼兵，老虎才是贼王。第一，老虎作恶之大、为害之深，绝非苍蝇能比。第二，老虎对于苍蝇，往往起着“言传身

* 1989 年春，本文已确定在省内某大报副刊发表，后因某种原因未成，今收入本书以备遗忘。

① 见《随笔》1988 年第 6 期。

教”和暗中保护的作用，所以凡苍蝇成灾的地方，多有老虎出没，他们之间非如真的苍蝇和真的老虎之不相干。第三，打苍蝇和打老虎，效果大不一样。打死一只苍蝇，平淡无奇，且易受世人“只敢打苍蝇不敢打老虎”之讥；而打死一头大老虎，即可震慑群蝇，又能大长人民斗志，起到鼓舞人心的作用。再说，眼下某些“老虎”闹腾得也实在太不像话，长此以往，真怕有一天要国将不国。所以，对打老虎不惟不应“缓议”，而且应当急议！

不错，老虎的确难打。古今打虎不成反被虎伤者，恐不在少数。即如武松之神勇，还要在连喝十八大碗上等好酒之后，才仅能勉强打死一只。但是，难打不等于可以缓打和无法打。当年武松所以仅仅打死一只老虎就累得骨软筋酸，恐怕主要是因为赤手空拳没有得力武器的缘故，李逵手提一柄钢刀即可在沂岭连杀四虎就是明证。何况我们今天手中的武器，已远非昔日的钢刀、铁叉所能比。当然，我辈今日面对之“虎”，亦非当年武松、李逵所杀之虎可比，“难打论”也不是毫无道理。只是，如果不打，怕总有一天大家都要被这帮畜生“吃掉”，到那时可就悔之晚矣！

话又说回来，今日之苍蝇，亦非如邵燕祥君所想象之易打。苍蝇数量之多，繁殖之快，有时可以达到令人咋舌的程度。再说，比起正派人来，他们要“狡猾狡猾”得多，而且大都靠着“虎山”，有“大老虎”和“关系网”保护。所以，要打死一只苍蝇，有时也并非易事。太小看了他们，是要犯轻敌的错误的。

至于标价问题，的确是个麻烦事。50年代老虎的最低标价是1000元，以现在的物价水平怕是低了点，那就暂定为10000元吧。然而，如此也有问题：如果10000元是老虎，那9999元、9998元算不算老虎？可见界限实在难划，不如真苍蝇与真老虎之一目了然，易于分辨。不过，对此我们似乎完全可以先不管他：苍蝇也好，老虎也好，逮着什么就打什么；恶小也罢，罪大也罢，该如何打就如何打——只要能以法律为准绳就行。

总而言之，就目前形势来说，笔者认为不论苍蝇、老虎，均应快打、严打；否则，民无宁日，邦无宁日，党无宁日。然本着没有重点就没有政策的精神，似应以打老虎为重点。不知邵燕祥先生以为如何。

关于“兵书热”的思考

近年来，在严肃读物市场疲软、许多书店纷纷改换门庭的情况下，学术理论色彩极浓的古代兵书却悄然热了起来。由于市场形势看好，国内许多出版社竞相印行，从《孙子兵法》《孙膑兵法》《吴子》《六韬》《三略》《百战奇法》到《武经七书》《三十六计》等，版本繁杂，数量可观，其中有的甚至发行已逾百万册。某出版社一位朋友曾告诉我说，这些年，他们出版的所有兵书，没有一本是赔钱的。

这是一种十分耐人寻味的文化现象。

古老的兵书何以能受到现代人的青睐，以至于形成一种“热”呢？笔者想，这首先与古代兵书自身的特点和价值密不可分。

中国古代的兵书是一笔极为珍贵的文化遗产。它的内容十分广泛，举凡一切与军事有关的问题，如政治、经济、将帅选拔、军队建设、后勤保障等，都有精辟论述。但是，要说其中最为精彩的部分，是关于用兵艺术，亦即军事谋略的论述。可以说，重智尚谋是中国古代兵书最为突出的特点。比如，被称为“东方兵学圣典”和“百代谈兵之祖”的《孙子兵法》，其实就是我国现存最早的一部以谈制胜原理和法则为主旨的古代谋略学专著。此书不仅提出了一系列谋略学方面的基本范畴，而且系统深刻地阐述了古代军事谋略学的基本思想、原则和方法。它之所以能够流传千年，影响中外，具有不可忽视的思想与文化价值，原因正在于此。做任何事情都有一个如何妥善谋划和巧妙制胜的问题。古代兵书所谈之奇谋妙计，对今人的生活与事业显然具有重要的指导意义。这恐怕是古代兵书所以能成为当今之畅销书的一个根本原因。

但是，应当看到，“兵书热”的形成，还与特定的社会背景有关。从历史上看，早在二千多年前的春秋战国之际，我国就已经出现过一次不大不小的“兵书热”。其时，由于诸侯争霸，列国逞雄，而致王纲解纽，学术下移。那些意欲谋国图强的王公贵族和梦想建功立业的平民百姓，以及翻身“下海”企图发财的商贾们，出于事业的需要，曾纷纷寻兵书而研读之，以至于到了“境内皆言兵，藏孙、吴之书者家有之”的程度。然而，在此后漫长的历史过程中，兵书不再那么“热”了。它似乎成了帝王谋臣的专用品，而与一般人无涉了。在普通老百姓中，知道有孔、孟和《论语》的不在少数，知道有孙、吴及其兵法著作的却寥寥无几。这其中的原因自然很复杂，但历代统治者在文化方面的专制统治和愚民政策，显然是一个关键性原因。历史发展到了今天，特别是改革开放以来，一切不利于文化传播的因素，已基本上不复存在，一种上下言利人人竞争的社会机制正在逐渐形成。文化的广泛传播，使人们大开眼界。而竞争机制的形成，则使人们意识到：要成为生活的强者，取得事业上的成功，就必须不断地丰富自己的知识，增长自己的智慧和才干；大家再像过去那样四平八稳地靠“吃大锅饭”过日子，已经是不行了。于是乎，蕴涵着丰富智慧和谋略思想的古代兵书，便自然而然地又一次热了起来，而出奇制胜、避实击虚、伐谋伐兵等兵家术语则成了不同行业的共用语汇了。可见，“兵书热”的出现不是偶然的，而是社会发展到今天竞争日趋复杂激烈所导致的一种必然现象。

从本质上看，“兵书热”说到家其实是一种“智谋热”，是人们对于智慧和谋略的一种认同和追求。这种现象本身，没有什么不好，因而无可非议。问题在于，我们这个古老的民族在很长一个时期内好走极端，常常是一种倾向掩盖着另一种倾向。比如，近几年来在“智谋热”的背后，就隐藏着一种轻视、藐视甚至鄙视道德的倾向。生活中种种重智轻德、重利轻义的现象，已经使许多人到了见怪不怪和麻木不仁的地步。《孙子兵法》云：“势者，因利而制权也。”由于受商品经济大潮的冲击，许多人已经不顾道德的约束，开始一切以利害为价值取向了。这些人做事情，已不再考虑究竟应当怎样做才合乎道德，而只考虑到底是否有利可图了。他们说假话而不脸红，做坏事而不心虚，唯金钱、权势是视，唯一己私利是求。由此观之，相当一部分喜读兵书的人，其实用心与留意的不过是其中的诡诈权变之术罢了。

需要指出的是，中国古代兵家在谈智慧谋略的同时，并没有轻视和排斥仁德信义的意思，相反，他们将仁德信义提到了很高的地位。《孙子兵法》首篇即指出，决定战争胜负的因素虽然很多，但最重要的是“道”。孙子所说的“道”，指的是清正贤明的政治，当然也包含了仁德的精神。《司马法》主张用兵应“以仁为本”，并在这一基础上提出了“杀人安人，杀之可也”和“以战止战，虽战可也”的观点。《六韬》认为，“同天下之利者得天下，擅天下之利者失天下"，"德之所在，天下归之"，"义之所在，天下归之"。《吴子》则指出："夫道者，所以反本复始。义者，所以行事立功。谋者，所以违害就利。……若行不合道，举不合义，而处大居贵，患必极之。"事实也确是如此，历史的经验一再昭示，凡专恃智谋诈力者，其事业必然要受到影响，甚至最终一事无成。所以，我国历来就有"无德者不可言兵"的说法。这是今天读兵书的人应当引为鉴戒的。

要而言之，古代兵书中所论之奇谋妙计，是用来对付敌人的，而不是用来算计自己人的。这些奇谋妙计当然也可以用来谋事，但它必须以不违背起码的道德信义为前提。否则，即使将古代兵书读得烂熟，也势必流于异端邪途。

（原载 1995 年 3 月 22 日《大众日报》）

谈古论今话《孙子》

春秋战国之际，是一个学术文化高度发展、人们思维极为活跃的时代。其时，儒、道、墨、法、名、杂、农、纵横、阴阳……众家并起，流派纷呈，林林总总，蔚为大观。

诸子中兵家一派的代表人物是孙武。孙武系春秋末齐人，以兵法见于吴王阖庐，被拜为将，遂助吴王西破强楚，北威齐、晋。其所著兵法曰《孙子》，又称《孙子兵法》。《孙子兵法》仅六千余言，以篇幅而论，它不当一篇较长的学术论文。但是，此书篇幅虽小，内容非常丰富，非常深刻，称得上是句句瑰宝，字字珠玑。是书舍事言理，高度概括，精炼隽永，以少胜多，对政治、军事、经济、外交等都有独到而卓越的见解，反映了当时人类思想的精华，因而被誉为"兵学圣典""东方第一兵书"。《孙子兵法》出现不久，即在社会上广为流传，以至于"境内皆言兵，藏孙吴之书者家有之”①。此后两千数百年间，谈兵者莫不奉之为圭臬。大军事家曹操说：“吾观兵书战策多矣，孙子所著深矣。”② 唐太宗李世民赞曰：“朕观诸兵书，无出孙武！”③ 抗倭名将戚继光感叹道：“……乃知孙武之法，纲领精微，莫加矣！”④

有意思的是，如此伟大的一位兵家人物，这样一部杰出的经典之作，两千多年来虽受到历代政治家、军事家的青睐，但未能在普通中国人中间产生多大影响。这与基本出现在同一时代的儒家代表人物孔子及儒家经典著作《论语》相比，差距实在太大。在中国，提起孔子和《论语》，几乎是无人不知无人不晓。然而，若说到孙子及其兵法十三篇，知道的人就寥寥无几了。孙子的命运甚至远不如那位兵败被杀的蜀汉大将关羽。历代统治者对关羽的尊崇简直到了无以复加的程度。关羽的庙宇无处不有，他甚至被奉为“武圣”。反观孙子，则似乎被人们长期冷落了，遗忘了。

这一现象是十分耐人寻味的，但究其原因也并不复杂。孔老先生是讲君君臣臣父父子子的，《论语》则是教人如何按照封建伦理道德做人的。这自然有利于稳定封建社会秩序，有利于巩固和加强封建统治，当权者当然也就要大加宣扬，要分别将其作为万世宗师和人生教科书谕之万民。关羽虽然武功并不那么显赫，理论上也无任何建树，但他是忠君的典型，统治者当然同样需要。孙武则不然，他是讲智略、讲权谋、讲诡诈的。

① 《韩非子·五蠹》。

② 《魏武帝注孙子序》，载谢祥皓等辑《孙子集成》第1册，齐鲁书社1993年版，第189页。

③ 《唐李问对》，载《中国兵书集成》第2册，解放军出版社等1988年版，第249页。

④ 戚继光：《纪效新书·自序》，载《中国兵书集成》第18册，解放军出版社等1995年版，第6页。

一部《孙子兵法》，全是教人如何用智、用谋、用诈的。这样的书，当然不能任其在民间广泛传播，让老百姓人人都有诵习的机会。正所谓“民可使由之，不可使知之”。汉初，刘邦命“张良、韩信序次兵法，凡百八十二家，删取要用，定著三十五家。诸吕用事盗取之”①。由此可知，对兵法一类的书籍，连“诸吕”这样的皇亲国戚都不能私藏，“用事”之时还要“盗取之”，朝廷控制之严可见一斑。

《孙子兵法》于唐开元二十三年（735 年）传入日本后，受到日本历代名将的重视并成为显学。今天，此书更成为日本各界特别是企业界的必读书。当前，日本在研究《孙子兵法》方面仅专业人员就有数千人之多，至于业余研究者和对孙子感兴趣的人竟达十万之众，并且已经出版各种专著一百六十多部。清乾隆三十七年（1772 年），此书传入法国，以后便逐渐在欧美各国传播开来。据说，法国名将拿破仑、德国皇帝威廉二世都曾认真研读过它。英国名将蒙哥马利来中国访问时，曾当面向毛泽东主席建议，把《孙子兵法》作为各国军校的共同教材。英国著名军事理论家利德尔·哈特在他的《战略论》一书前面引用了 21 条兵家名言，其中孙子的竟占了 15 条。美国甚至根据孙子“上兵伐谋，其次伐交，其次伐兵，其下攻城”的思想修改了自己的核战略部署。1991 年 1 月，一名美国记者从大战在即的海湾战场发回一条消息说，尽管中国没有向海湾派出一兵一卒，却有一个神秘的中国人在那里指挥作战，他就是二千五百多年前的孙子。目前，《孙子兵法》已被译成日、法、英、俄、德、朝、越、捷、西班牙、希伯来等十多种文字，有各种版本数十种，研究专著数千部。同时，国外各种研究机构也应

① 《汉书·艺文志》。

运而生，仅美国民间就有研究《孙子兵法》的各种学会近百个。

“出口”促进了“内销”。国外对《孙子兵法》的重视引起了国内的关注和反响。这一文化宝典开始由墙里开花墙外香变为墙里开花墙里香。近几年来，国内各家出版社连篇累牍竞相印行关于孙子的书，各种版本的《孙子兵法》已达十数种。有关的文献丛书、工具书甚至画册纷纷面世。由山东省社会科学界联合会创办的国内第一家以研究兵法为主的学术刊物《孙子学刊》已正式印行。国内各种研究机构如中国孙子兵法研究会、广饶孙子研究中心、山东省社会科学院孙子研究中心、中国孙子与齐文化研究会，等等，也相继建立。惠民、广饶分别开始投资建造纪念性设施孙子故园和孙武祠。有关电视片和电视连续剧正在积极筹拍之中。围绕孙武故里的争论，也达到了白热化的程度，“惠民说”“广饶说”“博兴说”“莒邑说”“临淄说”数说并存。市场上谈兵法谋略的书一直畅销不衰，有的甚至一版再版，供不应求。国内确乎出现了一股“孙子兵法热”。

从本质上说，国内出现的“孙子兵法热”，实属一种“智谋热”。《孙子兵法》一书，说到底是一部讲智慧谋略的经典之作。善于谋划制胜之道，是此书的最大特点。而各项事业的成功，如政治、外交、企业管理、商业竞争、体育比赛等，都有一个如何谋划制胜之道的问题。于是，《孙子兵法》这一兵家著作便有了普遍意义，而出奇制胜、避实击虚、以迂为直、胜而后战等一类兵法术语也就成了不同行业的共同用语。“兵法热”的出现不是偶然的，它是社会发展到当代竞争日趋复杂和激烈所引起的一种必然现象。泱泱东方大国的人们开始意识到，要成为生活中的强者并取得事业的成功，必须努力丰富自己的智慧，增长自己的才干，否则就有被淘汰的危险。大家不可能再像过去那样日出而作，日入而息，四平八稳地去吃“大锅饭”了。

重视智慧谋略和重视知识人才一样，是应当提倡的，没有什么不好。从古至今，凡富于智谋的人大都受到人们的普遍尊敬和称羡。如三国时的诸葛亮，所以受到后人的喜爱，足智多谋就是一个重要原因。然而，问题往往是一种倾向掩盖着另一种倾向。在时下“智谋热”的背后，隐藏着的是对道德的轻视甚至藐视。你只要稍稍留心一下就不难发现，随着“智谋热”的升温，社会的道德水准却在下降。生活中种种重智轻德的现象，已经到了让人见怪不怪的程度了。生产中的伪劣假冒、交易中的坑蒙拐骗、交往中的虚情假意、官场中的尔虞我诈，如此等等，不一而足。据广东一批教育工作者历时半年的调查发现，当前家长们在子女教育问题上存在的一个严重倾向就是重智轻德。孙子云：“势者，因利而制权也。”（《计》）在商品经济大潮的冲击下，有相当一部分人已经开始一切以利害为价值取向了，他们做事已不再考虑究竟应当怎样做才符合道德而只考虑到底是否有利可图了。在这个曾经被公认为东方礼仪之邦的国度里，昔日见义勇为、热情质朴、彬彬有礼的行为日渐少见了，代之而起的是冷漠、虚伪和粗野。不少善良正直的人也开始惶惑了，认为事情似乎果如有些人所言：越讲仁德信义，就越难以得到成功。真可谓：“天下攘攘，皆为利往；天下熙熙，皆为利来。”① 由此可见，不少喜读《孙子兵法》的人，其实留意的仅仅是书中的诡诈权变之术。这实在是这一千古宝典的莫大悲哀。

孙武是一位谋略大师，这是没有什么疑问的；《孙子兵法》是一部以讲军事谋略为主的著作，这同样是没有什么疑问的。

① ［清］沈德潜：《古诗源》，中华书局1963年版，1977年印刷，第24页。

但是，这位二千数百年前的东方圣贤其实丝毫也没有轻视和排斥仁德信义的意思。他在《孙子兵法》第一篇《计篇》中即指出，决定战争胜负的因素虽有五个方面，但首要的是“道”，即国君是否有“道”。什么是“道”呢？“道者，令民与上同意也。”很显然，这里说的“道”，是清正贤明的统治，包含了仁德的内容。在论及将帅素质时，孙子更将“信”和“仁”列入了为将必备的“五德”之中。在实践中，孙武同样重视仁德的作用。当年他在协助吴王破楚入郢之后，目睹吴国君臣上下的不义之行，曾力谏吴王，可惜的是阖庐没能听取他的忠告。清代经学家孙星衍曾说，《孙子兵法》“本之仁义，佐以权谋”①，可谓深得此书要旨。今天有人只见其智其谋而不见其仁其德，应是今人之不幸，而非孙武之不幸。

事实上，对于一个人或一个集团来说，仁德信义与智慧谋略犹如鸟之双翼、车之两轮，缺一即难安身立命和成就事业。阖庐伐楚先胜后败的事实，在一定程度上就说明了这个道理。曹孟德固一世之雄也，他“智计殊绝于人”，“用兵仿佛孙吴”②，靠智谋诈力终于成就了一番事业。但他崇奉“宁我负人，毋人负我”的信条③，专恃诈谋，残忍嗜杀，不讲仁德，因而终于留下了千古骂名。有学者著文认为，曹操既是杰出的政治家、军事家和文学家，又是野心家、阴谋家和奸臣，是一个集功罪于一身的复杂人物，为其翻案大可不必。④ 笔者认为此说甚是。当然，任何时候都会有那么一种宁愿充当奸诈之徒的人，世界

① 孙星衍：《孙子十家注·孙子兵法序》，载谢祥皓等辑《孙子集成》第15册，齐鲁书社1993年版，第3页。

② 《三国志·蜀书·诸葛亮》注引《汉晋春秋》。

③ 《三国志·魏书·武帝纪》注引孙盛《杂记》。

④ 李则纲：《曹操的翻案与定案》，《江淮论坛》1981年第2期。

不可能由清一色的善良正直之士组成。这也是毫无办法的事情。但是，作为一个社会，一旦形成一种奸诈小人日多、正直之士日少的趋势，那可就十分令人担忧了。

要而言之，“谋略学”日益昌盛，道德底线不断下滑，绝非中华民族之福，不惟治国者须警惕之，就是那些传道、授业、解惑的教书育人者，也同样需要戒惧之。

（原载《管子学刊》1992 年第 4 期，此次收入本书，文字上略有修改）

漫话传奇兵书《三十六计》

在我国数以千计的传世兵书中，《三十六计》一书是极具特殊性的，在某种意义上说甚至还具有一定的传奇色彩。

何以见得？第一，此书从被发现到现在，既没有明确的做成时间，也没有具体作者，更不见于公私书目著录，这就给读者留下了许多悬念和很大的想象空间。第二，1941 年，此书抄本被发现于陕西邠县的书摊上，同年由成都兴华印刷厂土纸排印，至今已有七十余年，其价值虽然无法与《孙子兵法》比肩，但其流布传播有过之而无不及。第三，此书自问世以来，毁誉参半——誉之者认为这是一部少见的有创造性的好书；毁之者则认为其品位不高，纯属三家村秀才粗制滥造之作，不见精华，但见糟粕，根本无法登大雅之堂。试想，自先秦以来，到清季以终，有哪一种兵书能具备上述这样一些特点？能具有如此的传奇色彩？

记得毛泽东同志曾说过：一切结论，只能产

生于调查研究之后，而不是在它的前面。带着上述问题，笔者认真阅读、研究此书，并广泛吸收各家见解，认为对其评价既不可过高，也不宜太低，完全可以用“瑕瑜互见”概括之。那么，究竟它的“瑕”在哪里？“瑜”在何处？现在，就让我们具体地说一说。

一、此书的成功之处

结合易理阐释兵家谋略思想应当说是此书的一个突出特点，当然这也是一个优点。诚如无谷先生在《三十六计》一书中所说，我国古代著名军事家，“莫不精通《易》理，并用于军事，但系统地以《易》演兵”，见于史书记载的，只有明代赵本学。由此，无谷先生认为，“《三十六计》的作者，可能深受赵本学等人的影响，把《易》的阴阳燮理，推演成兵法刚柔、奇正、进退和攻守的变化”，从而“颇有朴素辩证之处”。问题是，我们至今并不知道谁是《三十六计》的作者，也不清楚此书的成书年代，所以也就无从知道他们究竟是谁受了谁的影响。赵本学（1478—1544 年）是抗倭名将俞大猷（1503—1580 年）的老师，学养深厚，精通易理与兵谋，从这个意义上看，似应是《三十六计》的作者受了赵本学的影响。但俗话说，“尺有所短，寸有所长”，所以他们究竟是谁受了谁的影响，在没有确证之前，是不能武断地下结论的。

以普通人喜闻乐见的成语、俗语概括兵家谋略思想，开兵家谋略普及读本之先河，应当看作是《三十六计》的一个创举。我国古代兵书，基本上都是庙堂之人所著，虽然其价值有大小、成就有高低，但几乎无一例外均为学术性著作，这就使得它们的传播能力大打折扣，从而减弱了影响力。《三十六计》则不然，它的作者似乎是一位生活在下层民间的普通知识分子，所以能够以具体形象生动活泼易懂易记的成语甚至俗语来概括兵家谋略思想，从而很自然地拉近了自己与大众的距离。此外，作者绝不长篇大论、反复阐述，而是简洁明快、要言不烦，并引案例以说明之，从而使得其兵学普及读物的色彩更加鲜明。据统计，此书列计 36 条，但解语仅 662 字，加上《总说》29 字，总共不到 700 字，其中最短的解语竟然仅仅 7 个字（《抛砖引玉》）。

最为重要的是，此书对古代兵家谋略思想不仅有所继承，而且有一定的发展。例如，“以逸待劳”本出《孙子兵法》，但《孙子兵法》只是将其放在战役和战斗层面上加以论述的，而《三十六计》的作者则是将其放在战争和战略层面上加以阐述的。从这个意义上说，《三十六计》发展了孙子的这一思想。众所周知，以《孙子》为代表的我国古代军事思想是相当完备、相当成熟的，而其中的谋略思想尤为突出。所以，这就益发显得《三十六计》一书之不易与可贵。此外，有些谋略思想，在以往的军事斗争中可能早有实践，但一直没有人将其总结归纳提升到理论层面，到《三十六计》才完成了这一工作，如擒贼擒王、釜底抽薪等。还有不少谋略思想，虽然早就有人提出，但大多过于学术化，因而显得比较抽象，到《三十六计》，则将其作了形象化、生动化处理，使之变得更加易懂易记，如“乱而取之”与“趁火打劫”、“利而诱之”与“抛砖引玉”、“造势任势”与“树上开花”等。凡此种种，均应看作《三十六计》对古代军事谋略思想的继承与发展。

二、此书的缺陷和不足

一是分类不当。此书选择古代常见计谋策略36种，分为6套，即胜战计、敌战计、攻战计、混战计、并战计、败战计，但我们从中看不出它们在军事谋略思想方面有什么理论和学术依据，也看不出它们有什么内在的逻辑性。此书跋语说，前三套为优势情况下使用的计谋，后三套为劣势情况下使用的计谋，这种划分其实并不准确。因为无论是前三套中的计谋，还是后三套中的计谋，它们有的其实无论在什么情况下都可以使用。并且，其他各套计谋之间也存在同样的问题。

二是计谋选择不精，且有交叉甚至雷同的现象。其实，这个问题与前面的问题存在因果关系。正是由于分类缺乏严格意义上的学术理论依据，才使得具体计谋的选择很难做到准确和恰当，所以出现交叉和雷同也就在所难免了。例如，声东击西之计与暗度陈仓之计，其实从本质上说完全属于同一类计谋。有的解说者强为解释，认为前者重在“击”（进），而后者既可“进”亦可“退”，其实这种解说是相当勉强的。因为，谁也不能说“声东击西”之计不可以用在撤退之时。三国后期魏军大举伐蜀时，蜀将姜维在从沓中（今甘肃舟曲西北）退兵过程中，就曾成功地运用此计调动阻击他的魏将诸葛绪，越过桥头（今甘肃文县东南白龙江边）而得以还守剑门关的。

三是此书某些内容负面影响较大。这个问题主要表现在两个方面：一是不少用来概括计谋理论的成语和俗语含有贬义色彩，容易误导读者，如借刀杀人、趁火打劫、浑水摸鱼、笑里藏刀等，即无不如此。二是作者在个别地方公开主张盟友间的尔虞我诈、勾心斗角，甚至相互吞并，这也是非常不妥的。例如，作者在为反客为主之计所作的按语中，就公开教人如何先为客后为主一步步取代他人的具体路数，而这很容易被小人学了之后去为非作恶。

四是有的计谋解语、按语，或隔靴搔痒，或文不对题，或字义艰涩，问题多多；至于以易理推演兵法，则有许多地方显得比较生硬，好像是在“贴标签”。通读此书可以看出，作者虽然是一个很有创意的人，对中国古代兵家谋略理论也有一定的造诣，但学术素养不是很高。他很可能是一位久处社会下层但具有一定文化修养同时又爱好易学和兵法的知识分子，所以才会在书中出现上述种种问题。此外，有学者认为，此书解语和按语很可能非一人所作，所以使得此书许多地方或风格不统一，或内容相抵牾，或文理不通贯，笔者认为这一判断也不是没有道理。

三、此书与《孙子兵法》的关系

改革开放以来，随着市场经济的不断发展，社会不同层面的竞争日趋激烈，于是以谈智慧谋略为特色的古代兵书日渐成为图书市场的新宠，而其中尤以《孙子兵法》和《三十六计》最受广大读者欢迎。

后来，影视剧中甚至出现了以“三十六计与孙子兵法”为标题的作品，而且图书中也出现了同一名称的著作。说老实话，这类影视剧和图书，笔者从来没有看过，所以也不知道它们都演了些什么或者写了些什么。但是，由于朋友们都知道笔者多年来一直在研究古代兵法，所以就时不时地问笔者：《三十六计》和《孙子兵法》是什么关系？是不是《孙子兵法》里面总共有 36 条计谋？或者《三十六计》也就是《孙子兵法》？现在，笔者就借此机会回答那些至今尚没有搞清楚二者之间关系的朋友。

我们完全可以说，《三十六计》与《孙子兵法》之间基本上没有什么关系：一是它们的作成时代不同——前者再早也不可能早于宋元时期，而后者确凿无疑地作成于两千五百多年以前。二是它们之间没有直接的传承关系——前者虽然在个别地方对后者有所拓展和发挥，但其全部内容毕竟与后者距离很大，绝非对后者一种直接而全面的继承。第三，随之而来的是，它们的性质和特点不同——前者不过是产生于民间的一部通俗的关于奇谋妙计的普及读本，而后者是一部被后世称为“兵家圭臬”和“百代谈兵之祖”的层次很高的古代军事理论著作。

当然，要说它们之间没有任何一点关系也不够准确——它们毕竟都是古代兵书嘛，前者对后者毕竟还有某种继承和发展嘛。所以，要说它们有关系，也是仅此而已。

《三十六计》成书时代小考

《三十六计》一书抄本1941年被发现于陕西邠县书摊上之后，同年由成都兴华印刷厂用土纸排印至今，在不到七十年的时间里，其影响虽然无法与《孙子》比肩，但其流布传播实有过之而无不及。但是，此书究竟作成于何时？作者是谁？则一概无从查考。作者是谁，只要文献没有记载，也就只好暂时存疑了。至于书的作成时代，却是可以作些大致推断的，因为语言是有时代性的。有些特定的语言，它只能产生于某个特定的时代，而绝不可能产生于另外的时代。比如，“建设和谐社会”一语，它是出现在我们这个时代的，此前根本就没有出现过，所以凡是含有此语的文献，就绝不会早于我们这个时代。

按照这一思路，笔者现将《三十六计》书中的每一计名及其按语，分别列入下面的表格中，并标明其出现的大致时代。如此一来，此书的作成时代就基本上可以一目了然了：

套序	计　序	1. 计名及出处	2. 按语所引故事及出处	出现时代之大致判断
第一套　胜战计	第1计	瞒天过海：明《永乐大典》所记唐薛仁贵征辽事	太史慈北海救孔融（《三国志·吴书·太史慈传》）	1. 不会早于唐代 2. 东汉末
	第2计	围魏救赵：故事发生于战国，词语见于《水浒传》六十四回等	魏攻赵邯郸齐救之（《史记·孙子吴起列传》）	1. 战国 2. 可能系明代
	第3计	借刀杀人：明人杂剧《三祝记·造陷》所写范仲淹事	子贡存鲁、乱齐、破吴、强晋（《史记·仲尼弟子列传》）	1. 可能系明代 2. 春秋末
	第4计	以逸待劳：《孙子·军争》，原作"以佚待劳"		1. 春秋战国之际
	第5计	趁火打劫：原作"趁哄打劫"，见明《水浒传》第十六回，清《何典》出现"趁火打劫"一词		1. 可能为清乾嘉年间
	第6计	声东击西：宋张纲《乞修战船札子》	周亚夫平定七国之乱（《史记·绛侯周勃世家》）	1. 可能系宋代 2. 西汉初
第二套　敌战计	第7计	无中生有：语源《老子》，出元侯善渊词《益善美金花》	张巡守雍丘（新、旧《唐书·张巡传》）	1. 春秋战国之际 2. 唐代或唐以后
	第8计	暗度陈仓：事见楚汉之际，语出元代杂剧《暗度陈仓》	姜维北伐与邓艾相持白水（《三国志·魏书·邓艾传》）	1. 应系元代 2. 三国
	第9计	隔岸观火：可能源于唐乾康《投谒齐己》诗句"隔岸红尘忙似火"	曹操缓兵而致袁尚、袁熙兄弟被公孙康所杀（《三国志·魏书·武帝纪》）	1. 唐以后 2. 三国
	第10计	笑里藏刀：出自新、旧《唐书·李义府传》	曹玮智灭叛兵（《宋史·曹玮传》）	1. 唐代 2. 宋元
	第11计	李代桃僵：源自西汉无名氏乐府诗《鸡鸣》	孙膑赛马（《史记·孙子列传》）	1. 西汉 2. 战国
	第12计	顺手牵羊：语源西汉戴德《礼记·曲礼上》		1. 西汉以前

（续表）

套序	计　序	1. 计名及出处	2. 按语所引故事及出处	出现时代之大致判断
第三套　攻战计	第13计	打草惊蛇：出自唐段成式《酉阳杂俎》		1. 唐代
	第14计	借尸还魂：元代杂剧《吕洞宾度铁拐李》		1. 元代
	第15计	调虎离山：明代小说《西游记》	虞诩平羌（《后汉书·虞诩列传》）	1. 明代 2. 东汉
	第16计	欲擒故纵：语源《老子》	诸葛亮七擒孟获（《三国志·蜀书·诸葛亮传》注引《汉晋春秋》）	1. 春秋末 2. 三国
	第17计	抛砖引玉：出自北宋释道原《景德传灯录·赵州东院从谂禅师》		1. 北宋
	第18计	擒贼擒王：唐杜甫诗《前出塞》之六	张巡守睢阳箭射叛军将领尹子奇（新、旧《唐书·张巡传》）	1. 唐代 2. 唐代
第四套　混战计	第19计	釜底抽薪：语源《吕氏春秋》、《三国志·魏书·董卓传》注引《典略》，见于明戚元佐《议处宗藩疏》	薛长儒平定兵乱（冯梦龙《智囊》）	1. 明代 2. 宋代
	第20计	混水摸鱼：亦作“浑水摸鱼”，不见于清以前文献，当系俗语	刘备夺荆州、取西川事（《三国志·蜀书·先主传》）	1. 宋明及以后 2. 三国
	第21计	金蝉脱壳：见于元杂剧《谢天香》《任风子》等		1. 元代
	第22计	关门捉贼：语源不详，当系俗语		
	第23计	远交近攻：语出《史记·范雎列传》	范雎为秦谋划事（《史记·范雎列传》）	1. 战国 2. 战国
	第24计	假途伐虢：语出《左传·僖公二年》		1. 战国

（续表）

套序	计　序	1. 计名及出处	2. 按语所引故事及出处	出现时代之大致判断
第五套　并战计	第25计	偷梁换柱：语源晋皇甫谧《帝王世纪》，见《红楼梦》第九十七回		1. 清代
	第26计	指桑骂槐：见于明代小说《金瓶梅词话》第二十六回		1. 明代
	第27计	假痴不癫：出处不详	狄青南征依智高抛钱求神事（蔡絛《铁围山丛谈》）	1. 宋代
	第28计	上屋抽梯：语源《孙子·九地》《三国志·蜀书·诸葛亮传》		1. 春秋末、三国
	第29计	树上开花：语源不详，见清代小说《荡寇志》第九十四回		1. 清代
	第30计	反客为主：语源不详，见明代小说《三国演义》第七十一回		1. 明代
第六套　败战计	第31计	美人计：语源《六韬·武韬·文伐》，其余不详	勾践之事夫差（《吴越春秋·勾践阴谋外传》）	1. 战国后期 2. 春秋末
	第32计	空城计：语源《三国志·蜀书·诸葛亮传》注引《蜀记》，见《三国演义》第九十五回	张守珪守瓜州（新、旧《唐书·张守珪传》）	1. 明代 2. 唐代
	第33计	反间计：语源《孙子·用间》	田单复国（《史记·田单列传》）	1. 春秋末 2. 战国后期
	第34计	苦肉计：语源不详，见《三国演义》第四十六回		1. 明代
	第35计	连环计：见元代杂剧《锦云堂暗定连环计》	庞统献连环计故事（《三国演义》第四十七回）	1. 元代 2. 明代

（续表）

套序	计 序	1. 计名及出处	2. 按语所引故事及出处	出现时代之大致判断
第六套 败战计	第36计	走为上：语源《南齐书》和《南史》之《王敬则传》	毕再遇悬羊击鼓暗撤兵（《宋史·毕再遇传》）	1. 南北朝 2. 南宋
备注	"出现时代之大致判断"栏中"1"系计名出现时代之大致判断，"2"系按语所引故事出现时代之大致判断。			

对上表中的计名和按语所引故事大致出现时代进行统计：唐以前24条，唐以后34条（其中唐代8条、宋代6条、元代5条、明代11条、清代4条）。如此众多的语汇和故事出现在南北朝之后，《三十六计》一书不可能产生于南北朝及其以前明矣。

由此，笔者认为：《三十六计》一书极有可能作成于清代，而且有可能作成于清代末期，绝不会早于元明——这是笔者对这一问题的大致判断，谅不会有太大的出入。

三国英雄与《孙子兵法》

有人说，《三国演义》是英雄的史诗，三国时代是英雄的时代，笔者认为此言确是不虚。从时间上看，三国历史仅六十余年，然而，其间涌现出的英雄人物灿若群星，英雄们创造的业绩则确是惊天动地，实非其他历史时期所能相比。无论是读《三国演义》，抑或是读《三国志》，都会感觉到自己仿佛也被置身于那个苍凉悲壮、动荡不定而又令人奋发思起的时代。那一个个已经作古的英雄，是那样的豪迈、刚毅、洒脱和英气逼人；英雄们上演的一幕幕跌宕起伏、威武雄壮的历史活剧，是那样的鲜明、生动，让你禁不住要为之击节叹赏。不过，读者可能并不知道，或者不很知道，三国时期的英雄人物，大多曾研读过号称为“天下第一兵书”的《孙子兵法》。他们从中吸取营养，用以指导自己的军事实践，并且有的还在理论上有所发展和创造。

曹操对《孙子兵法》的研究和运用是人所共知的。据《三国志·魏书·武帝纪》注引

《魏略》记载："太祖自统御海内，芟夷群丑，其行军用师，大较以孙、吴之法，而因事设奇，谲敌制胜，变化如神。自作兵书十万余言，诸将征伐，皆以新书从事；临事又手为节度，从令者克捷，违教者负败。与虏对阵，意思安闲，如不欲战，然及至决机乘胜，气势盈溢，故每战必克，军无幸胜。"《三国志》注引《异同杂语》则载，曹操"博览兵书，特好兵法。抄集诸家兵法，名曰《接要》"。曹操自己也曾说过："吾观兵书战策多矣，孙武所著深矣。"他不仅为《孙子兵法》撰写序言，而且结合自己的心得体会和用兵实践为《孙子兵法》作注解。据《隋书·经籍志》记载，曹操撰写的兵法著作有《兵书接要》《续孙子兵法》《兵书略解》等。今天，这些著述多已亡佚，仅《孙子兵法序》和《续孙子兵法》存世。

据《三国志》记载，诸葛亮对《孙子兵法》同样十分熟悉并深有研究。例如，赤壁之战前，他在为孙权分析双方形势时，就曾引用《孙子兵法》的话以说明问题。他说："曹操之众，远来疲弊，闻追豫州，轻骑一日一夜行三百余里，此所谓'强弩之末，势不能穿鲁缟'者也。故兵法忌之，曰'必蹶上将军'。"这里说的"兵法"，即指《孙子兵法》，"必蹶上将军"引自其中的《军争篇》。据记载，诸葛亮还曾研读过《六韬》《三才秘录》等兵书。正是这些兵书战策，使诸葛亮年轻时即"有逸群之才，英霸之气"。他27岁时即为刘备"建奇策"，后又出使东吴、联合孙权，大破曹操于赤壁，并在刘备死后辅佐愚笨之刘禅，以衰弱之蜀，屡伐强魏，使地广人众的魏国在他的进攻面前只有招架之功，被他的对手司马懿誉为"天下奇才"，从而成为后世人眼中聪明人的代表甚至"智圣"。诸葛亮自己也有兵书传世，其所著兵书，均被收入《诸葛亮集》中。

除曹操和诸葛亮外，三国时期对《孙子兵法》有研究的文臣武将还大有人在。魏文帝时任太尉的贾诩，史称其“庶乎（差不多）算无遗策，经权达变”，“有（张）良、（陈）平之奇”，并且撰有《孙子兵法钞》一卷。魏正始年间任太尉的王凌，统兵作战，卓有功绩，撰有《孙子兵法集解》一卷。“奇正”是《孙子兵法》兵学理论的重要范畴。孙子认为，“三军之众，可使必受敌而无败者，奇正是也”，“战势不过奇正，奇正之变不可胜穷”。魏大将王昶“著兵书十余篇”，专言“奇正之用”。吴国的沈友，博学多才，善著文，能辩论，兼好武事，时人称其笔、舌、刀“三绝”，有王霸之略，撰《孙子兵法注》二卷。另有张子尚者，事迹不详，撰有《孙武兵经》。其他著名人物如刘晔、满宠、司马昭、邓艾、陈泰、郭淮、王基等，对《孙子兵法》也都有很深的研究。他们在指挥作战或讨论问题时，常以《孙子兵法》的理论为据，甚至直接引用其中的名言。例如，魏正元二年（25 年），蜀将姜维在狄道（今甘肃临洮）附近大败魏将王经，围王经于狄道城中，魏将陈泰与邓艾率军往救，二人在讨论作战方略时，邓艾引《孙子兵法》“兵有所不击，地有所不守”的话作为根据，主张避敌锋芒，“观衅待弊”，然后进兵；陈泰则引《孙子兵法》“修橹轒辒，三月乃成，拒堙三月而后已”作为根据，认为姜维“轻军远入”，防守设施仓促间难以完备，主张以迅雷不及掩耳之势，速进破敌。

应当说明的是，史籍未明确记载的，并非就一定没有阅读、研究过《孙子兵法》。如魏之荀彧、荀攸、钟会等，蜀之庞统、马谡、姜维等，吴之周瑜、吕蒙、陆逊等，要说他们均不曾研读过《孙子兵法》，恐怕是不可能的。再如孙坚、孙权父子，据记载是孙武之后，他们对自己先祖的传世名作恐怕也不可能一无所知。

值得注意的是，三国时期，除了曹氏代汉、司马氏篡魏和钟会谋叛等事件，绝大多数文臣武将虽精研兵法谋略，但仍能相互引荐，正身立朝，一心为国，同事之间很少有如今天意义上的嫉贤妒能、磨擦内耗以至于以私憾而废公义之类的事情。这是古人磊落洒脱之处，也是值得今人深思的地方。

（原载上海《社会科学报》，题为《三国人与孙子兵法》）

背时的汉献帝

汉献帝刘协，系灵帝中子。灵帝死后，他的异母兄刘辩被立为帝。董卓秉政后，刘辩被废，刘协遂被立为帝。这时，他才只有9岁。

罗贯中《三国演义》中写道，刘协年纪虽小而聪明过人，且颇有胆识。宦官作乱时，他与乃兄刘辩被挟持出逃，途逢董卓入京。董卓厉声问曰："天子何在!"其兄颤抖不能应对，而他敢呵斥董卓，迫其下马，然后以好言抚慰之，自始至终未曾失言，其聪明胆识于此不难看出。电视连续剧《三国演义》，对此亦有生动表现。这里要说明的是，上述描写，并非全属虚构，而是有一定的历史记载为依据的。据《三国志·魏书·董卓传》注引《献帝纪》载，"（董）卓与帝（刘辩）语，语不可了。乃更与陈留王（刘协）语，问祸乱由起；王答，自初至终，无所遗失。卓大喜，乃有废立之意"。而刘协死后所以被谥为"献"，也正是根据《谥法》所说的"聪明睿智曰献"而来的。

然而，这位“聪明睿智”的汉献帝实在是太不走运了。他初登帝位之时，正逢天下大乱之际，“皇帝”这副担子，压在他这个年仅 9 岁的孩子稚嫩的肩膀上，实在是太沉重太沉重了，以至于沉重到他即使再聪明也将无法承担、沉重到令人感到残酷的地步！当时的情形是，朝廷内外，董卓自不必说，就是那些手握重兵以“讨贼勤王”相号召的诸侯，也几乎无一不是他的潜在敌人。这些人，有田常、王莽篡逆之野心，无伊尹、霍光辅政之忠诚——他们讨贼勤王是假，欲当董卓第二是真。虽说其时也的确有几个真正的“拥汉派”，但可惜的是，他们或者“智术短浅”，或者羽毛未丰，因而有心讨贼，无力回天。于是，“献生不辰”，只好去当傀儡皇帝了。

据《后汉书》记载，献帝初受制于董卓，后为李傕裹挟。众将斗于长安时，他被迫逃往洛阳，一路上风餐露宿，颠沛惶恐，有如逃犯。曹操专权时，他试图反抗，曾密诏诛操，结果事泄失败。曹操一死，他就连傀儡皇帝也当不成了，很快就被曹丕赶下了台。魏明帝青龙二年（234 年），这位受尽命运捉弄的可怜皇帝，在孤独寂寞中抑郁而死，终年 54 年。

命运之难以抗拒，于此可见一斑。

（原刊《市场经济导报》）

漫话吕布之贱

据说，著名的京剧艺术家盖叫天先生在谈到舞台艺术创作体会时曾说，他对吕布性格的概括就是一个字——贱。先生的话可谓一语中的。

笔者没有见到过盖叫天先生饰演的吕布，但笔者认为，在电视连续剧《三国演义》中饰演吕布的张光北，基本上把握住了人物个性的这一特点。这很可能是一种不谋而合。不过在笔者看来，吕布的性格，除了贱的一面外，还有其狠的一面。试看，当其刺杀旧主之时，可曾有半点儿怀恩之想和念旧之情？那种场面，让人想来就觉得不寒而栗！

大抵勇而贱之人，必定贪而狠。这种人见利忘义，轻于去就，反复无常，卖主卖友对他们来说是家常便饭。除了细节的不同外，历史上的吕布大体就是这么一个人。据《三国志》记载，吕布先为并州刺史丁原的亲信，后为董卓所诱，杀丁原而投董卓，并认董卓为义父。再后来，他因与董卓的侍婢私通而心不自安，遂为王允等利用，手刃董卓。他的官职与爵位，则因此由州主簿而骑都尉而奋武将军而温侯，直至参与朝政——可谓平步青云，扶摇直上。

本来，对于一个人来说，有些东西，如人格、良心等，是无价的，是什么时候也不能出卖的。但是，吕布这类人是不管这些的，他们会一概视价格的高低而随时拍卖。不过，值得注意的是，随着对自己的人格和良心的一次次拍卖，吕布虽然得到了一次又一次的升迁，但同时也一步步把自己送上了死路：失势之后，他投袁术而袁术恶其反复，依袁绍而袁绍忌之，二人均不接纳；后归曹操，归而复叛，终于被曹操生擒于下邳白门楼。曹操爱其材勇，意欲保全其性命，这时刘备说："明公不见吕布之事丁建阳及董太师乎！"曹操默然点头，遂下令将其绞死。

一个不断卖主求荣的反复小人，终于顺理成章地结束了他那卑微下贱的生命！

吕布之死，固不足惜，丁原、董卓的教训却是不能不引起后人重视的前车之鉴。

（原载《市场经济导报》）

关羽谥号美恶辨

谥号是君主时代帝王、贵族、大臣等死后，朝廷依其生前功业与事迹所授予的称号。“壮缪侯”是三国蜀汉名将关羽的谥号，但这个谥号并非关羽死后即给予的，而是与张飞、马超、庞统、黄忠以及赵云一起被追谥的，时间在建兴七年（229年）：

> 初，先主时，惟法正见谥；后主时，诸葛亮功德盖世，蒋琬、费祎荷国之重，亦见谥；陈祇宠待，特加殊奖，夏侯霸远来归国，故复得谥；于是关羽、张飞、马超、庞统、黄忠及云乃追谥，时论以为荣。①

现在的问题是，时间虽然已经过去了将近两千年，但有关关羽的谥号究竟是美谥还是恶谥的争论依然没有结束，这在漫长的中国历史上是一个非常罕见的现象。

① 《三国志·蜀书·赵云传》。

主张“壮缪”系美谥的学者认为：古代“缪”“穆”相通，这方面的例子很多。例如，《荀子·王制》：“分未定也，则有昭缪。”杨倞注：“缪读为穆。父昭子穆。”《礼记·大传》：“序以昭缪，别之以礼义。”郑玄注：“缪读为穆。”《史记·鲁周公世家》：“武王有疾，不豫，群臣惧，太公、召公乃缪卜。”裴骃《集解》引徐广曰：“古书‘穆’字多作‘缪’。”

明人程敏政也说：“……按缪、穆古通用，若秦穆、鲁穆在《孟子》，汉穆生、晋穆彤在史皆为缪。宋岳飞谥武穆，意与此同。今乃以为恶谥，如谥法武功不成曰缪，蔡邕《独断》：名实过爽曰缪，岂理也哉！若果为恶谥，则史不应云追谥之典，时论以为荣矣。”①

但同为明人的郭良翰在《明谥纪汇编》中把“缪”列在“不常用字”之中，置于“愍”“戾”之间，如此则似应视“缪”为恶谥。② 清人梁章钜是反对程说而赞成郭说的，认为“壮缪并非美谥”，并表示“不知当时何以取此”③。当代学者金性尧也认为“穆是美谥，而缪非美谥”，并指出“古籍中的缪字也通穆，谥法则不可通”④，但他没有说明为什么“古籍中的缪字也通穆，谥法则不可通”。

笔者在反复揣摩、玩味《逸周书·谥法解》之后⑤，也认为“壮缪”确非一般意义上的美谥，并且明白了金先生所说“古籍中的缪字也通穆，谥法则不可通”之道理所在。

为什么在一般古籍中“缪”“穆”可以通用，而在谥法中则

①③ 卢弼：《三国志集解》第陆册，上海古籍出版社2009年版，第2515页。

② 《明谥纪汇编》，载《四库全书·史部·政书类》。

④ 金性尧：《三国谈心录·关羽之谥》，中国人民大学出版社2006年版，第112页。

⑤ 《逸周书》卷六《谥法解》，载《二十五别史》第1册，齐鲁书社2000年版，第72页。

不可以呢？盖因在《逸周书·谥法解》中，“缪”“穆”各有其字各有其释，既然各有其字各有其释，那当然就不可以随意相通和互相代替。反过来说，如果它们可以相通，并可以互用，那就没有必要将其一律保留下来。《谥法解》称：“名与实爽曰缪”，而“布德执义曰穆，中情见貌曰穆”。可见，它们的内涵根本不同，在定谥时是不可能互用的。

陈寿作《三国志》，《魏书》中所记之魏臣陈泰、赵俨、王昶、徐邈卒后均谥为“穆侯”，无一书作“缪侯”者，而“缪”字之出现，仅关羽所谥“壮缪侯”一例，此亦可证“缪”“穆”在此之不可假借与互用也。

又，考《谥法解》无“壮”字而有“庄”字，古时“壮”“庄”通，所以“壮缪”之“壮”实即“庄”之借用。《谥法解》称：“兵甲亟作曰庄，叡圉克服曰庄，胜敌志强曰庄，死于原野曰庄，屡征杀伐曰庄，武而不遂曰庄。”晋孔晁之注依次为“以数征为严”“通边圉（境），使能服也”“不挠故胜”“非严何以死难”“以严厘（治理）之”“武功不成”。不难看出，它们作为“庄”字的解释，虽然有所区别，但相互之间是有内在联系的，不可孤立地看，而以“壮（庄）缪”这一合成词作为关羽的谥号是恰当的，因为它符合关羽的实际情况。

那么，“壮缪”既非美谥，它是否就如有些人所说是恶谥呢？笔者认为不是——它虽非一般意义上的美谥，但也并非恶谥。有人将《谥法解》中的所有词语分为三类：第一类是美谥，第二类是平谥，第三类是恶谥，并将“壮（庄）”划在美谥一类，将“缪”划在恶谥一类（如明人郭良翰就是如此）。笔者以为，将“壮（庄）”划在美谥一类是说得过去的，因为虽曰“死于原野”和“武而不遂”，但其毕竟是为国捐躯、为国尽忠，自应以美谥谥之；至于将“缪”划在恶谥一类，似乎就不那么妥当了——“名与实爽”，其实也就是名实不尽相符，而名实不尽相符在多数情况下并非因被谥之人主观为恶造成，只是表明其所得声望与实际情况有一定差距而已。

要而言之，“壮缪”一美一平，虽称美谥略觉勉强，但也绝非恶谥，应属低于一般人所理解的美谥而高于平谥的一个谥号，所以当初追谥时，“时论”才会“以为荣”。不过，关羽的谥号究系美谥还是恶谥，只是一个具体而细微的问题，在这个问题的后面，还有更多更大的问题。比如：刘备与关羽的关系是否一直“恩若兄弟”？其关系后期究竟恶化了没有？刘备为什么在“关羽毁败”时不肯发兵救援，而是坐观其败亡？等等。但这些问题，实非一篇小文所能回答，读者诸君可参看本书《荆襄之战诸问题考论》与《为武侯辩诬：诸葛亮“借刀杀人”问题再析——兼评朱子彦先生的治史态度与治史方法》等文。

（原载《孙子研究》2015 年第 2 期）

性格上的“短板”效应

——读《三国志·关羽张飞传》有感

三十年前，笔者还在部队工作时，从书店购买了一部中华书局版《三国志》，书中的有些列传至今也不知读过多少遍了，但唯有在读《关羽张飞传》时，对其中的两句话和作者在传末所作的评论留下的印象最为深刻，即：“羽善待卒伍而骄于士大夫，飞爱敬君子而不恤小人。”“关羽、张飞皆称万人之敌，为世虎臣。羽报效曹公，飞义释严颜，并有国士之风。然羽刚而自矜，飞暴而无恩，以短取败，理数之常也。”

“刚而自矜”，缘于一个“骄”字，但这个“骄”不会是“骄于”一般人，只会是“骄于”自己的同类，也就是陈寿所说的“士大夫”。所以，关羽才会有辱骂东吴求婚使者、“书与诸葛亮，问（马）超人才可谁比类”以及轻视同僚麋芳、士仁等举动。而这，恰恰埋下了他日后攻襄阳则被孙权蹑其后路、盼救援却众叛亲离的祸根，直至败走麦城，被俘丧命。“暴而无恩”，则缘于一个“残”字，“残”则“忍”，而既“残”又“忍”，则多“暴”而“无恩”，其对象当然只会是“小人”，即地位卑贱的人。所以，张飞才会一方面“爱敬君子”，一方面却“刑杀既过差，又日鞭挝健儿”，并且即使在刘备警告他“此取祸之道”后，“犹不悛（改）”。如此，他最后被自己的帐下将张达、范强割去了脑袋，也就没有什么好奇怪的了。

“刚而自矜”与“暴而无恩”，寥寥八个字，准确地指出了关羽和张飞性格上的致命弱点；而“以短取败”，则真乃“理数之常也”！由此，某日笔者在重读《关羽张飞传》时，突然想到了美国管理学家彼得提出的“木桶理论”。

所谓“木桶理论”，亦即“木桶定律”，其核心内容为：一只木桶，其盛水多少，并不决定于桶壁上最高的那块木板，而是决定于桶壁上最短的木板。“木桶理论”告诉我们：对于一个团队来说，决定其战斗力强弱的可能不是那个能力最强、表现最好的人，而恰恰是那个能力最弱、表现最差的落后者。因为后者起着限制和制约作用，决定了这个团队的整体战斗力，影响了这个团队的综合实力。这种人，也就是人们常说的那种“成事不足，败事有余”的人。

在这里，我们还可以进一步思考：一个人的性格是否也可以看作是一个由多块不同“木板”做成的“木桶”？而且做成这个“木桶”的那些“木板”，肯定不会一样长短：它们有的主要起积极作用，如宽厚仁慈、虚怀若谷、目光远大、意志刚强、坚韧不拔、平易近人、老练沉稳，等等；有的则主要会发挥消极作用，如刚愎自用、骄傲自大、刻薄残忍、意志薄弱、贪婪无度、心胸狭隘，等等；有的还可能在一定时候会起积极作用，在一定时候又会起消极作用，如宽厚仁慈过了头就是妇人之仁、过度自信就会变得固执、过于坦诚就会被小人所乘、太谨慎了就会变得谨小慎微，等等。

人之复杂，全在于性格的复杂。因为，人的性格总是由多种因素构成的，不可能是单一的。并且，一个人的性格总是既有正面的又有负面的，既有强项又有弱点。然而，最终导致其事业失败甚至人生毁灭的，则恰恰正是自己性格中的那些负面的因素或弱点，即所谓的“性格短板”。关羽是如此，张飞是如此，魏延、杨仪也是如此。而这一时代的其他一些人物，如董卓、袁绍、吕布、孙策等，以至于整个中华民族几千年历史长河中的许多著名人物，如李斯、庞涓、项羽、韩信等，又哪一个不是如此？所以，西谚云“性格就是命运”，信然！

一个人在性格上必然存在“短板”，这是不可避免；而一个人性格上的“短板”又往往会导致其事业走向失败，甚至人生走向毁灭，则已经是被无数事实证明了的道理。那么，如何才能避免这种性格上的“短板效应”呢？笔者想，不外以下两个途径：一是要在生活和事业中努力学习、加强修养，并经常反省自己，以求不断提高，把“短板”变成“长板”；二是要清楚地知道自己的性格“短板”是什么，真正做到“知彼（客观）知己（主观）”，以求在做出重要决策时避开它。

最可怕的是：或者如关羽、张飞等辈那样，根本不知道自己在性格上还存在“短板”；或者虽然知道“短板”是什么，但鸵鸟般不能理智地对待它，由着它不断发酵、膨胀，直至最后毁了自己！

（原载《阅读周刊》总第312期第32版《阅读·精品》专栏）

马谡之死辨疑

《三国志·蜀书·马良传》附《马谡传》中“谡下狱物故”一语，让不少人对马谡被杀的真实性产生了怀疑。

详注《三国志》的卢弼虽对马谡被杀的真实性不怀疑，但对“下狱物故”的说法提出了质疑。他引潘眉的话说：“《刘琰传》书‘琰竟弃市’，《周群传》书‘（张）裕遂弃市’，或云伏辜，或云伏诛，无书物故者。”又引周寿昌的话说：“街亭之败，戮谡谢众，已见于诸葛本传矣。即此注引《襄阳记》谡引殛鲧之语，蒋琬述楚杀得臣之言，习凿齿为杀有益之人之论，是谡被诛无可疑者。此传忽称‘谡下狱物故’，似是狱中瘐死者，然疑‘物故’是‘诛之’二字之误。”①

1979年版缩印本《辞海》“马谡”条云：

① 卢弼：《三国志集解》卷三九《蜀书·马良传》附《马谡传》注引，中华书局1982年影印版，第807页。

“建兴六年（228 年）诸葛亮攻魏，他被任为先锋，因违反节制，大败于街亭（今甘肃庄浪东南）。下狱死。一说为诸葛亮所杀。”

刘隆有先生则断然认为，诸葛亮挥泪斩马谡不过是小说家虚构之辞，而并非历史的真实。“历史的真实是：诸葛亮并未‘斩’马谡，马谡更没有死得这般嵌崎磊落。”他“先是畏罪潜逃，后病死狱中”①。

其实，这种种怀疑都是没有根据的。而马谡是下狱病死，非诸葛亮所杀的断言，更是失之毫厘，差之千里。笔者认为，马谡于街亭战败之后即被诸葛亮斩首才是历史的真实。理由如次：

首先，“下狱物故”绝非“下狱病死”之意。人们所以感到疑惑，并由此怀疑马谡被杀的真实性，正是由于不清楚“物故”一词的真正含义所致。查“物故”一词的基本含义有二：一指世事、事故，一即为死。《汉书·苏武传》：“单于召会武官属，前以（已）降及物故，凡随武还者九人。”显然，这里的“物故”便是取后一种含义。颜师古于其下注曰：“物故谓死也，言其同于鬼物而故也。一说，不欲斥言，但云所服用之物皆已故耳。”《汉书》多处言及“物故”一词，颜师古注均同此义。宋祁、王念孙的解释也大致与颜师古相同，以为“物”当作“殇”，或作“殁”，“物故犹言死亡”②。“死”不能等同于“病死”，“物故”也就不能等同于“病死”。“物故”可以指病死，如“武都有丈夫化为女子……蜀王娶以为妻……无几物故”③。

---

① 刘隆有：《诸葛亮并未斩马谡》，载《兰州学刊》1987 年第 2 期。

② 卢弼：《三国志集解》卷三一《蜀书·刘二牧传》，中华书局 1982 年影印版，第 718 页。

③《三国志·蜀书·先主传》注引《蜀本纪》。

“（刘）瑁狂疾物故。”[①] 也可以指被杀，如“匈奴大围贰师将军，几不脱。汉兵物故什六七”[②]。“（吕）公兵下石，中（孙）坚头，应时脑出物故。”[③] 还可以指自杀，如：“（霍）光敕左右：‘谨宿卫，卒有物故自裁，令我负天下，有杀主名。’”颜师古注曰：“物故，死也；自裁，自杀也。”[④] 由此可见，“物故”与“病死”是两个不同的概念，二者在逻辑上是一种包含与被包含的从属关系。“下狱物故”即“下狱死”，将其解为“下狱病死”，纯属主观臆断，望文生义，无任何根据。

其次，马谡被杀，史籍记载不仅十分明确，而且不止一处。《三国志·蜀书·诸葛亮传》曰：“谡违亮节度，举动失宜，大为郃所破。亮拔西县千余家，还于汉中，戮谡以谢众。”《王平传》又云：“丞相亮既诛马谡及将军张休、李盛，夺将军黄袭等兵，平特见崇显。”这里，“戮”和“诛”均为杀的意思，字义显明，不必解释。然而，刘隆有先生说：“‘戮’和‘诛’固然有杀和斩的意思，但也有判其死罪的意思。只要判了死罪，无论被斩，还是因种种缘故殁于死囚牢中，均可称‘戮’和‘诛’，并不是只有杀头才称‘戮’和‘诛’。”[⑤] 此说新则新矣，但不知道作者的根据在哪里。

再次，其他有关记载虽未如上述二传那样明言马谡被杀，但只要略加推敲，也可知马谡属被杀无疑。且看《马谡传》注引《襄阳记》的一段话：“谡临终与亮书曰：‘明公视谡犹子，谡视明公犹父，愿深惟殛鲧兴禹之义，使平生之交不亏于此，

① 《三国志·蜀书·刘二牧传》。
② 《史记·匈奴列传》。
③ 《三国志·吴书·孙坚传》注引《英雄记》。
④ 《汉书·霍光传》。
⑤ 刘隆有：《诸葛亮并未斩马谡》，载《兰州学刊》1987年第2期。

谡虽死无恨于黄壤也。’于时十万之众为之垂涕。亮自临祭，待其遗孤若平生。蒋琬后诣汉中，谓亮曰：‘昔楚杀得臣，然后文公喜可知也。天下未定而戮智计之士，岂不惜乎！’亮流涕曰：‘孙武所以能制胜于天下者，用法明也。是以杨干乱法，魏绛戮其仆。四海分裂，兵交方始，若复废法，何用讨贼邪！’”这段文字，至少有以下几点值得注意：（1）蒋琬所说“戮智计之士”，显然是指诸葛亮杀马谡而言。（2）文中提到的得臣、吴姬（未明言）和杨干之仆，均系获罪后被杀或被迫自杀，今用以马谡，可见马谡也和他们一样，系获罪后被杀。（3）马谡与诸葛亮相交深厚，情犹父子，以此揆之，马谡若系狱中病死，诸葛亮定会前往探视，马谡有什么话不能与之面谈，却需临终留下遗书交诸葛亮呢？十万之众又缘何为其垂涕呢？由此看来，马谡确系被杀，诸葛亮不忍前往现场：三军将士也为他这种大义灭亲、不以情徇法的精神所感动，而为之垂涕。

那么，陈寿在《马谡传》中何以不明言“诛”“戮”而云“物故”呢？笔者想这可能与下述因素有关：一是为避行文重复，二是出于感情上的考虑。史籍中为避行文重复，对同一表述对象，常以相类概念言之。这种情况甚为多见，今举一例，“（关）羽望见（颜）良麾盖，策马刺良于万众之中，斩其首而还”，“时（曹军）骑不满六百，遂纵兵击，大破之，斩（文）丑”。“丑与颜良，皆河北名将也，再战，悉擒之。”① 马谡被杀，《诸葛亮传》《王平传》均已明言“戮”“诛”，故《马谡传》实无重复的必要。再者，感情因素也不应忽略。据《晋书·陈寿传》载，陈寿的父亲为马谡参军，马谡因街亭之败被诛，寿父亦被处以髡刑，故陈寿由同情己父而及马谡是不难理解的。

---

① 《资治通鉴》卷六三《汉纪五十五·献帝建安五年》。

使陈寿对马谡产生同情之心的另一原因是马谡被杀之枉。街亭之败，实在是诸葛亮用非其长的结果。清人王鸣盛曾说："亮之误，非误于诛谡，误于用谡不得其当耳。谡幼负才名，以荆州从事随先主入蜀，才器过人，好论军计，盖其所长，在智谋心战之说。亮既用之赦孟获以服南方，终亮之世，南方不复敢反，此其明证也。祁山之役，令为先锋，统大众在前，以运筹决策之才而责以陷阵摧坚之事，是使萧何为将而韩信乃转粟敖仓以给军也，宜其败矣。此则亮之误也。"① 王氏的这一见解是允当的。陈寿为蜀人，蜀亡后入晋，其对有关情况的了解应较王鸣盛为详，而其见识亦不应在王鸣盛之下。对于马谡之死，他在《诸葛亮传》和《王平传》中显言"戮""诛"，而在《马谡传》中反婉言"物故"，恐怕与此不无关系。

最后附带指出，有人对《三国志·蜀书·向朗传》中"谡逃亡"一语也有误会，以为这是说马谡在街亭败后并未主动去见诸葛亮，而是畏罪潜逃，被抓回判了死刑。② 这种理解是不准确的。这里所说的"谡逃亡"，是指马谡在街亭战败时弃军逃亡，而非指败回汉中后畏罪逃亡。马谡幼负才名，成年后才器过人，兄弟五人甚得名誉，被称为"马氏五常"，诸葛亮深器异之，与其情犹父子，以此推论之，意谓马谡当不至于如此猥琐。

再则，指其为畏罪逃亡，并无其他根据，说其是弃军逃亡，却不难找到佐证。《王平传》云："……平连规谏谡，谡不能用，大败于街亭。众尽星散，惟平所领千人，鸣鼓自持，魏将张郃疑其伏兵，不往逼也。于是平徐徐收合诸营遗迸，率将士而还。"另据《赵云传》云：建兴六年祁山之战，诸葛亮令云与邓

① ［清］王鸣盛：《十七史商榷》卷四一《亮诛马谡》，中国书店1987年版。

② 分别见中国书店1987年版王鸣盛《十七史商榷》卷四一《马谡逃亡》和《兰州学刊》1987年第2期所载刘隆有《诸葛亮并未斩马谡》。

芝往拒曹真，“云、芝兵弱敌强，失利于箕谷，然敛众固守，不至大败”。其下裴松之注引《云别传》载：战后，诸葛亮问邓芝曰：“街亭军退，兵将不复相录，箕谷军退，兵将初不相失，何故?”邓芝答道：“云身自断后，军资什物，略无所弃，兵将无缘相失。”战争之时，作为前锋主将，自应战则在前，退则在后，败则如赵云，敛众固守，整而不乱。而马谡则不然，他是弃军先逃，所以才致使将士无主，“众尽星散”，“兵将不复相录”。由此不难断定，所谓“谡逃亡”，是指街亭败时马谡弃军逃亡无疑。若定谓其为畏罪潜逃，则既无根据，也不合乎情理。

（原载《聊城师范学院学报》1990年第3期）

自取其祸　何冤之有

——魏延被杀史实辨正

魏延被杀，人多冤之。陈迩冬先生著《闲话三分》[①]，曾专门写了一篇《魏延的冤案》。

魏延被杀果系冤案吗？笔者认为回答应该是否定的。

首先，从现存有关史籍中找不到诸葛亮贬抑和杀害魏延的任何蛛丝马迹。

历史上的诸葛亮，既未把魏延视为脑后有“反骨”的叛逆人物，更未在临终前下“密杀令”，恰恰相反，他对魏延是十分倚重的。据《三国志·蜀书·杨仪传》载，魏延与杨仪不相辑睦，势如水火，诸葛亮“深惜仪之才干，凭魏延之骁勇，常恨二人之不平”，而“不忍有所偏废”（下引本传均不再注）。刘备死后，魏延先后被封为都亭侯，领丞相司马、凉州刺史、前军师征西大将军、南郑侯，这实与诸葛亮的重用有关。

① 陈迩冬：《闲话三分》，浙江人民出版社1986年版，第144页。

诸葛亮所以不肯采纳魏延分兵异道会于潼关的计谋，皆因其性格谨慎和当时的战略态势所致，而并非是由于对魏延有何成见。《三国演义》中的有关描写不过是小说家的虚构而已。

其次，从事情的性质来看，魏延被杀实系同僚间因长期磨擦而引发的一次严重内耗事件。在这一事件中，魏延是肇事者，应负主要责任。

据《魏延传》载，魏延善养士卒，勇猛过人，为蜀汉政权立有大功。但是，他性格矜高，行事鲁莽，不识大体，心胸狭隘，在个性上与杨仪实有很多相似之处。当时，同僚对他“皆避下之，唯杨仪不假借延”。他竟因此“以为至忿”，与杨仪“有如水火”。又《费祎传》载，魏延与杨仪相互憎恶，“每至并坐争论，延或举刀拟仪，仪泣涕横集”，而费祎“常入其座间，谏喻分别”，予以“匡救”。

诸葛亮临终作身歿后之退军计划时，命杨仪代行其职，魏延断后，姜维次之。他估计到魏延可能会不听节度，便嘱咐杨仪届时“军便自发”。事情果如诸葛亮所料，他死后，魏延拒不从命，且胁迫费祎与自己“共作行留部分”。费祎不得已，只好伪许之，然后设词得脱。魏延遣人窥视仪等，见仪“欲案亮成规”退军，不禁大怒，当即率所部“径先南归”，并且“所过烧绝阁道”（重点号系作者加，下同），与杨仪“各相表叛逆，一日之中，羽檄交至”。后主以此问董允、蒋琬，“琬、允咸保仪疑延”。魏延先杨仪出褒斜道后，“据南谷口，遣兵逆击仪等”。杨仪命王平在前抵御。王平“叱延先登曰：‘公亡，身尚未寒，汝辈何敢乃尔？’延士众知曲在延，莫为用命，军皆散”。魏延独与其子奔汉中，杨仪遣马岱追斩之。这就是魏延被杀的原因与大致经过。

事情很清楚，魏延之罪，言其谋反不确，谓其作乱不冤。

在刑法严苛的封建社会，如此率兵作乱，岂有不死之理！所以，在这一件事上，是不应深责杨仪的。

魏延之被杀，实属自取其祸，与别人无涉。杨仪之过，不在杀魏延，而在既杀魏延之后，又脚踏其首且夷其三族。然由此亦可见二人怨毒之深。可以想见，当时如系魏延占了上风，杨仪也难逃被杀的厄运。本传云“原延意不北降魏而南还者，但欲除杀仪等”，是有根据的。事实上，蜀汉政权也并未将魏延视为叛逆之人。政府在其被杀之后，既未闻再加给他罪名，也未闻曾削夺他的爵位，不过是默认了这一既成的事实而已。而杨仪之杀魏延，也未被视为大功。他仅仅被“拜为中军师”，并且“无所统领”。

有人认为，魏延所以成为反面人物，是由于陈寿著《三国志》把他与刘封、彭羕等蜀之叛将乱臣列入一传。这种看法是不正确的。陈寿为魏延作传，应当说是客观公正的。他全是据实而记，并未有意贬损魏延。他一方面生动地写出了魏延的猛将风采和卓越功绩，一方面也实事求是地指出了魏延的致命弱点。他视魏延在诸葛亮死后的举措为“作乱”，是符合实际的。他详细地记述了魏延作乱的全过程，但指出，魏延之作乱，不过是要“除杀仪等”，并非背叛；而造成这一悲剧的原因，则在于“平日诸将素不同”。然则，魏延虽非叛逆，究属乱臣，将其与刘、彭等人同列一传，并无不妥。至于裴松之注引《魏略》所言诸葛亮临终命魏延“摄行己事”，而杨仪举兵将其杀害云云，实与当时情势不合。所以，裴松之在注后特地指明：“此盖敌国传闻之言，不得与本传争审。”

也有人说，诸葛亮临终安排后事，只密与杨仪、费祎、姜维等人谋划而不及魏延，这是诸葛亮处置不当的地方，也是魏延作乱的导因。此种说法，似是而非。诸葛亮临终谋划退军所以不及魏延，盖因他深知魏延既与诸将不协，且又性如烈火，若同在榻前受命，大任交杨仪则魏延不会容忍，交魏延则众将难以心服，而且也难保魏延一定从命退军，如此必致众将相争而坏大事。再者，魏延时虽为征西大将军、汉中太守、南郑侯，位高爵尊，但在诸葛亮军中不过是一名前锋。杨仪虽爵位不及魏延，但时任丞相长史。长史乃丞相之首席辅佐，为众史之长，职无不监，丞相有事，多委长史办理。而费祎时为丞相司马，负责军事；姜维为护军，掌管亲卫部队。所以，就当时的情势和众僚的官位来说，诸葛亮临终作如此措置，是妥当的。舍此而外，别无他法。魏延虽有将才，能当方面之任，但他气量狭小，难充宰辅之职。胡三省曾说："延虽无反意，（若）使其辅政，是速蜀之亡也。"这个见解是很有道理的。

要而言之，魏延被杀，实属自取其祸，死而不冤，杨仪、诸葛亮等人均无责任。陈寿评其"招祸取咎，无不自己"，十分恰当，无愧良史之称。所以，视魏延被杀为冤案，有违史实；为其鸣冤，大可不必。

（原载《历史教学》1995 年第 2 期）

魏征与“颜体”书法

中国书法至唐代，楷书大行，出现了以欧阳询（557—641年）、颜真卿（709—784年）、柳公权（778—865年）为代表的一批著名书法家。欧、颜、柳与宋末元初著名书法家赵孟頫（1254—1322年），被后世合称为“楷书四大家”，备受推崇。

颜真卿字清臣，中唐时期琅玡（今山东临沂）人，因其曾为平原太守，人称颜平原。安史之乱，颜真卿抗贼有功，入京历任吏部尚书、太子太师，封鲁郡开国公，所以后世称之为颜鲁公。颜真卿正直忠烈，笃实纯厚，从不阿附权贵、曲意媚上。代宗时，李希烈叛，奸相卢杞恶其“挺正敢言”，唆使皇帝派他前往劝谕，结果因坚贞不屈而被李希烈杀害。

颜真卿初学褚遂良，后师张旭，集初唐四家（薛稷、褚遂良、欧阳询、虞世南）之优长，兼篆隶与魏碑之笔意，变瘦硬为丰腴雄浑，结体宽博，格局恢弘，骨力遒劲而气势凛然，成为书法之美与人格之美高度结合的典型。所以，欧阳修曾说："颜公书如忠臣烈士，道德君子，其端严尊重，人初见而畏之，然愈久而愈可爱也……"苏东坡则云："诗至于杜子美，文至于韩退之，画至于吴道子，书至于颜鲁公，而古今之变，天下之能事尽矣。"颜真卿的书体被称为"颜体"，与柳公权并称"颜柳"，向有"颜筋柳骨"之誉。

颜体书法对后世书法艺术的发展产生了深远影响。唐以后，很多书法名家都从颜真卿变法成功中汲取经验。他们往往在学习二王的基础之上，再学习颜体，从而形成自己的风格。颜真卿的传世法帖极多，如《勤礼碑》《颜氏家庙碑》《麻姑仙坛记》《祭侄文稿》《刘中使帖》《自书告身帖》等。

以上是关于颜真卿及其书法成就的最为普通和常见的简要介绍。

然而，数年前笔者竟然在江西湖口县石钟山景区的碑廊中见到了出于魏征之手的"颜体"书法作品。作品系魏征所作《遵王之道》手卷，以刻石的形式，镶嵌在碑廊的墙壁上（见图一），可惜因其被玻璃罩着而无法拍摄下来。

作品用笔刚柔相济，点画遥相呼应，气势前后贯通，既有含蓄挺拔之致，又具丰腴开张之姿，中正刚直，遒劲朴拙，宛如其人。作品之后有宋文彦博、清黄乐之等人的题跋，专家认为应属魏征真迹无疑。

魏征（580—643 年），字玄成，系初唐著名政治家，曾任谏议大夫、左光禄大夫，封郑国公，以直言敢谏著称，是中国古代最负盛名的诤臣。魏征比欧阳询晚生 20 余年（欧生于 557 年），仅晚卒两年（欧卒于 641 年），所以系同一时代人。但是，魏征比之颜真卿，早生了一百二三十年。

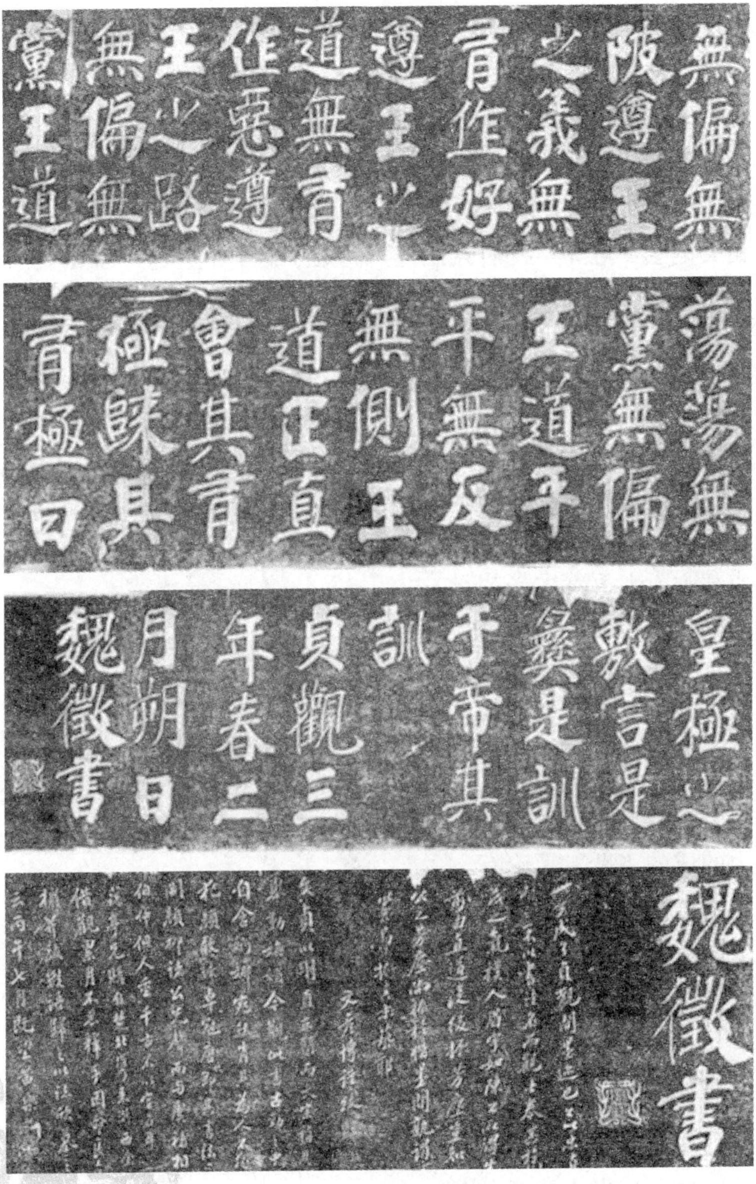

图一：魏征书《遵王之道》拓片（原载《中国书法》杂志，转引自“国际艺术界·国际书法网”）

魏征是初唐名臣，史虽称其“善书精鉴”，文彦博也称赞他的这一作品“朴茂之气扑人眉宇”，但他并不以书法名世。此外，史籍也没有颜真卿学习和借鉴过魏征书法的记载。然而，不可思议的是，魏征的书法具有后世颜体字的风格和特点。这是一种偶然现象，还是颜真卿虽然借鉴过他的书法却没有留下相关记载？对此，我们只能付诸阙疑了。不过，这一现象说明了以下两个问题：其一，字如其人，魏征与颜真卿之间无论有无直接或间接的承继关系，他们的书法风格神似都不奇怪，因为他们在品质和为人上有着太多相似的地方；其二，人类的一切伟大创造都是渊源有自的，都是在长期积累后之后水到渠成势所必然的一种知识和能力的质的飞跃，无论有无直接的承继关系，后人的成就中总会或多或少地看到前人的影子。

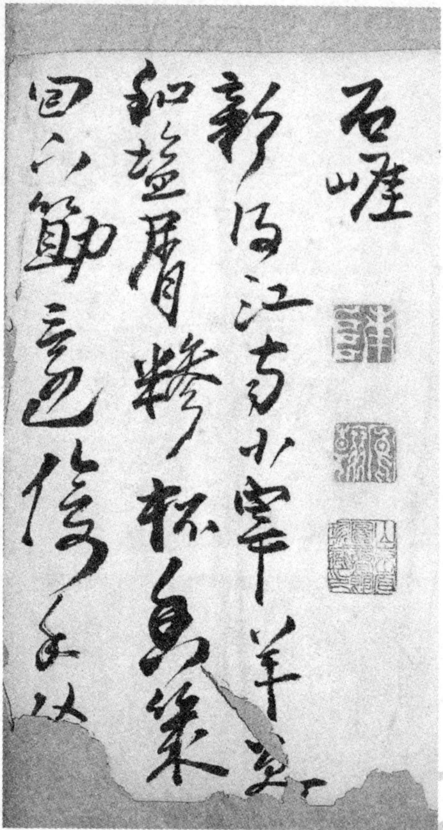

图二：高凤翰左手墨迹（山东图书馆编《山东图书馆馆藏珍品图录》，齐鲁书社2009年版，第171页）

上述现象，在当代著名书法家欧阳中石先生那里也能得到印证。欧阳先生是当今的著名书家，他的书法作品流布海内，随处可见。但是，长期以来，欧阳先生的书法风格与特点究竟源出何家？笔者却一直莫名所以。后来，在齐鲁书社出版的《山东省图书馆藏珍品图录》一书中，笔者偶然见到了清末书画大家高凤翰（1683—1749 年）的一幅书法作品照片（见图二），发现二者实在也有许多神似之处。欧阳先生学习、借鉴过高氏没有？笔者没有求证过，所以不得而知，但二者之神似恐怕也很难说仅仅是一种偶然现象。

韩世忠能得善终之谜

——兼谈究竟谁是杀害岳飞的元凶

岳飞被投降派秦桧一伙杀害，至今已八百六十多年了。关于岳飞被害的原因，历代论者说法不一，但无人否认岳飞不屈不挠地坚持抗金斗争，始终不肯与秦桧一伙的投降政策妥协，是其最根本的原因。如此，便引出这样一个问题：为什么与岳飞同属抗金名将的韩世忠能免遭杀害而得善终呢？

是韩世忠抗金斗争的决心不够坚定而与投降派有什么妥协吗？不是。在南宋初年诸位名将中，若论抗金决心之坚定和反对“和议”之坚决，韩世忠均不亚于岳飞。和岳飞一样，韩世忠在抗击金军的战场上出生入死，一往无前，从无半点退缩之心，有时甚至“被矢如棘”，几至不免。他与金军血战厮杀大半生，落下一身伤残：双手十指，仅剩四个，且不能活动；全身无完肤，“刀痕箭瘢如刻画”。建炎四年（1130 年），韩世忠困金兀术于黄天荡，“兀术穷蹙，求会语，祈请甚哀”。韩世忠义正辞严地说：“还我两宫，复我疆土，则可以相全。”使兀术无言以对。秦桧当权，力主“和议”，韩世忠与其同在政地，“一揖外未尝与谈”，又“力陈和议之非”，“触桧尤多”。他曾连上奏章达数十次之多，言辞“皆慷慨激切，且请单骑诣阙面奏”。金使南来，世忠闻之，又四次上疏，对宋高宗说：“（和议）不可许，愿举兵决战，兵势最严重处，臣请当之。”并再次要求“驰驿面奏”。高宗不允，他便伏兵洪泽镇，欲杀金使。即使在兵权被罢之后，他仍“不以和议为然”，“抗疏言桧误国”。岳飞冤案，举朝无人敢过问一声，韩世忠独敢当面诘之。①

是韩世忠战功、威名不够显赫，不为投降派所忌吗？也不是。韩世忠自18岁应募从军，由士兵而小校而偏裨而当方面之任，“挽强驰射，勇冠三军”，所向辄克，战功卓著，威名远扬。他常常以寡击众，以弱胜强。黄天荡一战，他以八千人对金军十万之众，几置兀术于死地。大仪之战，他以数万军队大败金军和伪齐军数十万，杀毙敌人甚众，俘敌酋挞孛也以下数百人，敌军被驱入淮河淹死者不计其数，时论“以此举为中兴武功第一”。事实上，在南宋抗金斗争过程中，韩世忠统帅的韩家军始终是淮东一线的屏障。后人更把韩世忠视为关系南宋王朝的名将之一，认为“靖康、建炎之际，天下安危之机也，勇略忠义如韩世忠而为将，是天以资宋之兴复也”。而韩家军的兵力也逐渐达到数万之众，且战斗力极强。当时山东（指今河南西部崤山以东）一带的抗金力量，如宿州（今安徽宿州北）马秦等部以及太行群雄，多愿听从韩世忠的指挥。

有人认为，韩世忠所以能得善终，是由于他晚年急流勇退、

① 以上所引均见《宋史·韩世忠传》。

见机而隐的缘故。如著《宋史》的脱脱在《韩世忠传》末就说，韩世忠“暮年退居行都，口不言兵，部曲旧将，不与相见，盖惩岳飞之事也”。这种看法是有一定道理的，但这毕竟是岳飞被害以后的事情，并不能说明以前的问题。史载，韩世忠因力主抗金，反对“和议”，秦桧对他恨之入骨。绍兴十一年（1141年），岳飞、韩世忠、张俊三大将同时被罢去兵权之后，秦桧要打击迫害的第一个对象并不是岳飞，而是韩世忠。在岳飞与张俊同去淮东视察军务之前，秦桧曾向岳飞透露让他们出使淮东的真实用意，并且假意关照他，要他“且备反侧”，即防备韩世忠的旧部反叛。① 张俊看出了秦桧的居心，在与岳飞一同视察的过程中，“欲与飞分其背嵬军（即韩世忠的亲卫军），飞义不肯，俊大不悦”②。为陷害韩世忠，秦桧指使淮东总领胡纺诬告并逮捕韩世忠的亲校耿著，谓其“倡言以撼军心”，图谋叛逆，欲以此牵连韩世忠，但最终未能得逞。③

那么，是什么原因使韩世忠能够逃出秦桧的魔掌而得以善终呢？笔者认为，原因是多方面的，其中韩世忠与宋高宗赵构之间非同一般的关系应是最重要的一点。由于宋高宗每每在关键时刻为韩世忠提供保护，才使秦桧对他的陷害不得不有所顾忌，从而使他免遭毒手。

在南宋初年抗金名将中，若论与宋高宗关系之密切，恐怕没有谁能超过韩世忠。而他们之间这种关系的形成，也是有其客观基础的。韩世忠不仅为南宋政权的建立做出了重大贡献，

---

① 王曾瑜：《鄂国金佗稡编续编校注》卷二〇《吁天辨诬通叙》，中华书局1989年版。

② 《宋史·岳飞传》。

③ ［宋］岳珂：《宝真斋法书赞》卷二《高宗皇帝亲随手札御书》，载《钦定四库全书·子部》。

而且为宋高宗本人立过大功：

一是“劝进”。靖康二年（1127 年），金人废徽、钦二帝为庶人，立张邦昌为帝，国号“楚”。张邦昌用吕好问之议，迎元祐皇后入宫，尊为宋太后，又纳马伸之言，请元祐太后垂帘听政。时宋高宗为康王，在济州（今山东巨野南），韩世忠率部由大名（今河北大名东）前往济州劝康王即帝位。

二是解济州之围。韩世忠到达济州不久，恰逢金人纵兵攻城，城内“人心汹惧；世忠据西王台力战，金人少却”。次日，金兵数万又至，而宋军仅千人，韩世忠单骑突入敌阵，“斩其酋长”，金兵遂大溃。

三是勤王救驾，平定苗、刘之乱。宋高宗于河南商丘即帝位后，定都临安（今浙江杭州）。建炎三年（1129 年）三月，宋将苗傅、刘正彦发动政变，杀大臣王渊等人，逼宋高宗退位。大臣张浚时在平江（今江苏苏州），他与吕颐浩等约集张俊、刘光世等大将勤王讨乱，知韩世忠将至，“更相庆慰”。世忠初闻高宗被逼退位，大哭道：“誓不与此贼共戴天！”叛军“负山阻河为阵，中流植鹿角，梗行舟。世忠舍舟力战……军少却，世忠复舍马操戈而前，令将士曰：‘今日当以死报国，面不带数矢者皆斩。’于是士卒皆用命。贼列神臂弩持满以待，世忠瞋目大呼，挺刃突前，贼辟易，矢不及发，遂败”。苗傅、刘正彦“拥精兵二千，开涌金门以遁”。韩世忠飞马入城，宋高宗步行至宫门相迎。他握着韩世忠的手失声恸哭说：“中军吴湛佐逆为最，尚留朕肘腋，能先诛乎？”韩世忠当即去见吴湛，“握手与语，折其中指”，遂将其斩首。接着，他又将苗、刘的谋主王世修逮捕下狱，随后即率军追击苗、刘，将其一并抓获。为表彰韩世忠的救驾之功，高宗先后任命他为武胜军节度使、御营左军都统制、江浙制置使、检校少保和武胜昭庆军节度使，并“手书

'忠勇'二字，揭旗以赐"①。

这三次大功，使得高宗对韩世忠更加信赖和倚重。因此，在秦桧陷害韩世忠的关键时刻，高宗对韩世忠不会不有所顾惜，不可能忍心看着秦桧将自己的功臣加恩人置于死地。而事实恰恰也说明了这一点：当韩世忠得到岳飞密报，知秦桧企图诬陷他的亲校耿著来牵连他时，迅即入宫向宋高宗申诉。结果宋高宗进行干预，使他免受陷害，而只将耿著刺配流放了事。其后，韩世忠对秦桧仍不买账，屡忤桧意，直至"抗疏言桧误国"，并且公然为岳飞鸣冤，"（秦）桧讽言者论之"，欲治其罪，但宋高宗"格其奏不下"，又一次保护了韩世忠。

岳飞被害之后，韩世忠见朝政败坏到不可救药的地步，心灰意冷，也为避祸计，遂"连疏乞解枢密柄，继上表乞骸。……自此杜门谢客，绝口不言兵，时跨驴携酒，从一二奚童，纵游西湖以自乐"，即使旧时部曲将佐，也"罕得见其面"②。韩世忠急流勇退后，不仅仍得到宋高宗的眷顾，而且对投降派已无任何威胁，秦桧当然也就没必要穷追不舍，非要将其置于死地不可。

当时，在对待岳飞、韩世忠、张俊三位大将的问题上，宋高宗与秦桧的态度并不一致。高宗是不想杀害韩、张两位平定苗、刘叛乱的功臣的，他不仅保护韩世忠，而且也保护了张俊。秦桧则不然，他不仅要害岳飞和韩世忠，而且也要除掉张俊。他陷害韩世忠不成，便把矛头指向岳飞。岳飞被害后，他又唆使党羽弹劾张俊，说他有图谋皇位的野心。

据《建炎以来系年要录》卷一四七记载：秦桧为"尽罢诸将"，开始时拉拢张俊，说是最后将兵权全部归俊。"及诸将已

①② 以上所引均见《宋史·韩世忠传》。

罢，而俊居位岁余，无请去之意”。于是，秦桧令殿中侍御史江邈出面诬告“俊据清河坊以应谶兆，占承天寺以为宅基……他日生变，祸不可测”。然而，出面保张俊“无谋反之事”的，正是身居皇位的高宗。这样，张俊命是保住了，但很快就不得不辞职求去。① 所以，朱熹在评论这一事件时说：“诸将骄横，张与韩较与高宗密，故二人得全。岳飞较疏，高宗又忌之，遂为秦所诛。”②朱熹是南宋人，对当时的背景了解较详，故能一语中的，道出其中的隐情。

但是，清代著名学者赵翼认为，杀害岳飞的主要责任，在高宗而不在秦桧。他在《陔馀丛考》卷四一《岳忠武之死》一文中，对这一问题进行了分析：

> 岳忠武之死，固由贼桧陷害，然亦必因思陵（即永思陵，高宗之陵墓，这里代指高宗——笔者注）有所疑忌，故谗言得以中之。盖高宗初即位时，集诸路勤王兵置御营司，韩世忠已为左军统制，张俊已为前军统制，杨存中已为殿前主管公事，数人皆元从功臣，恩谊久固。忠武虽因刘韐荐见帝于相州，仅予承信郎。后积官于外，未尝一日在朝。思陵之分谊，本视诸将较浅，其易于媒孽一也。且当时诸将，各以姓为军号，如韩家军、岳家军、张家军之类，朝廷颇疑其跋扈，而张俊、杨存中等，则皆治第临安，贪财殖产。即贤如韩忠武，亦家于杭，多营田宅，是以思陵不疑。独岳忠武引“匈奴未灭，何以家为”之义，不治生产，因母死葬庐山，遂家焉，初未治宅临安。今杭州府学，相传为忠武旧第，乃召为枢密副使之后所居，其初固

---

① 韩酉山：《秦桧传》，上海古籍出版社 1999 年版，第 123 ~ 124 页。

② ［宋］朱熹：《朱子语类》第 8 册，中华书局 1994 年版，1999 年印刷，第 3148 页。

未尝有此宅也。兵权在握，又不营生产为子孙计，想思陵不无顾虑。观韩世忠为将时，欲营新淦田，思陵闻之，即专敕以赐；刘光世请以淮东私田易淮西田，诏即许之。则思陵于诸将，结其心而防其变，固未尝一日忘也。是以桧与张俊谋陷忠武，欲其部将自相攻击，因及忠武父子，使帝不疑，乃手自具狱，谓岳云致书，令张宪营还忠武兵柄。万俟卨治狱，又诬飞自言，己与太祖，皆三十岁建节，以为有不臣心。证佐既定，思陵亦不能不信之，而忠武之死决矣！桧、俊之计，夫固有以窥思陵之隐而深中之也。是时和议甫成，桧擅国之日尚浅，言官诬劾韩世忠，帝犹能格其议不下。王次翁谨事桧，帝恶其人，终斥去；勾龙如渊亦谨事桧，竟与奉祠去，桧亦不能违也。则忠武之死，帝固与知之。而小说家及《续（资治）通鉴》，谓岁暮狱未成，桧因其妻缚虎纵虎之语，以片纸付狱吏，即毙忠武于狱，一似帝初不知者。此特以甚桧之恶，而非当日实事也。①

近年来，在究竟谁是害死岳飞的元凶这一问题上，有的论者继承了赵翼的观点，认为是宋高宗，而非秦桧。赵翼的观点不能说毫无道理，一无可取之处，但通过前文披露的史实与所作分析来看，笔者认为恐怕仍以把秦桧定为元凶为是。这是因为：

其一，高宗对手握兵权的大将虽然有所猜忌，但他并非独独猜忌岳飞一人；再说，兵权被收之后，岳飞与其他大将一样，对朝廷已构不成任何威胁，高宗并没有非要将其置于死地的理

① ［清］赵翼：《陔馀丛考》第3册，中华书局1963年版，2012年印刷，第914～915页。

由，他只是在关键的时候没有保护岳飞而已，而这不过是由于各种原因使他对岳飞的感情不深不厚的缘故。

其二，假如不是秦桧与其同党在后面处心积虑一而再再而三地设计陷害，岳飞当绝不至死于非命。因为，在岳飞之死一事上，从头到尾都是秦桧在一手策划、运作，我们看不到任何与宋高宗直接有关的证据。

其三，从秦桧一害韩世忠、二害岳飞、三整张俊的事实与过程来看，他还真有可能如《宋史》本传所言，是被金国收买了的一名高级奸细，而并非仅仅是一个奸臣。否则，我们就很难解释，他为什么要彻底毁掉当时一派大好的抗金形势，并且要逐个地将几位重要的抗金将领置于死地而后快。

有一位叫李洪林的人在《岳飞墓随笔》一文中指出："秦桧是陷害岳飞的策划者。"这个判断是合乎实际的，也是非常有道理的。[①] 所以，综合以上所论，说秦桧是杀害岳飞的元凶，或曰第一凶手，并无不妥。

（原载《军事历史》1993年第4期，题为《韩世忠为何没有被秦桧杀害?》，此次收入本书作了较大补充和修改）

① 李洪林:《岳飞墓随笔》,《新观察》1984年第13期。

戚继光与“辕门斩子”

传统戏曲中有《辕门斩子》一出戏，演的主要是杨家将的故事。民间传说中也有一些类似的故事，其中就有“戚继光辕门斩子”一事。

戚继光斩子的故事，至今在闽、浙一带广为流传，并且被改编为闽剧和秦腔。剧情大意是说：戚继光在台州府围剿倭寇时，有一股残敌想绕道城北的大石退守仙居。为彻底消灭这股倭寇，戚继光命其子戚印为先锋，率军抄近路在白水洋常风岭一带伏击。行前，戚继光一再交代戚印，与倭寇接战之后，要佯装失败，将敌人诱至仙居城外再反击，以迫使城中的倭寇出援，一举歼灭。但是，戚印杀敌心切，竟然忘记了父亲行前的交代，未等城内敌人出援，即将这股敌人全歼。回营后，戚继光听完禀报，勃然大怒，便命将校将戚印绑出辕门外正法。诸将虽苦苦求情，但戚继光最终还是斩了儿子。后来，当地百姓因怀念戚公子，在常风岭上为他建造了一座太尉殿，据说这座大殿的残迹至今犹存。最近播出的历史剧《戚继光》，则将这个故事改编为戚继光的妻弟因立功心切违犯军纪而被斩。

其实，戚继光斩子的故事，虽然不见诸正史，但在野史中还是有记载的。这个记载见于1993年齐鲁书社出版的由蒲松龄后人蒲泽先生校点、已故著名学者严薇青先生审订的《乡园忆旧录》。《乡园忆旧录》系清道光年间山东学者王培荀所著。此书卷一“戚继光”条下，不仅记载了有关戚继光斩子的故事，而且还记载了其后世子孙不肖，将戚将军所著兵书手稿轻易送与他人的情况。现将有关记载抄录如下，以供读者参考。

> 戚将军继光，御倭立奇功，镇蓟如长城。世传其惧内，几成笑柄，不知公之隐情也。公御军严，其子犯法将斩，合营跪祈不允。夫人所生只此子，如畏夫人，何有重于此者？公毅然不顾，夫人亦不肯出一言挠军法。夫妇皆明大义如此。然夫人未尝不怏怏，公亦因是内歉。所买美姬皆置别墅，夫人往搜，复壁有机，启闭无缝。后闻诸姬皆有子，愈忿，势不可止。诸姬不得已，各抱子自首请罪，夫人不忍诛也，公得有后。所著军书，子孙珍藏。某临殁，知子不才，以书授媳，使善守。后其子贫，为厨役。县令因弟官参将，延厨役宾馆，厚礼之。求遗书，乃窃出以献。其妻知之，怼曰：“汝将军后，县令以礼待，何足为荣！乃轻将先人手泽与人，吾负遗命矣！”忿然自缢。余至四川，则《纪效新书》、《练兵纪实》坊肆俱有。或即县令所刻欤？识者比之孙、吴、韩、白。家海州公尝以其鸳鸯阵法练丁壮御倭，而山东实未见此书。所著诗集，曰《止止稿》，曰《愚愚居》，曰《梦梦是》。《盘山绝顶》云：“霜角一声草木哀，云头对起石门开。朔风卤酒不成醉，落叶归鸦无数来。但使雕戈销杀气，未妨白发老边才。勒名峰上吾谁与，

故李将军舞剑台。”将军登州人。①

王培荀，字雪峤，一字景淑，山左著名学者，山东淄川人。道光元年举孝廉方正，次年中举，曾任四川丰都等地知县。一生博学多识，勤于著述，在经史研究上有较深造诣，有《乡园忆旧录》《听雨楼随笔》闻于世，其文献价值日益引起学界重视。

（原载《孙子研究》2016 年第 5 期）

① ［清］王培荀著，蒲泽校点，严薇青审订：《乡园忆旧录》卷一《戚继光》，齐鲁书社 1993 年版，第 10 ~ 11 页。

李兴斌 著

青山依舊

谈兵斋笔耕录

下

齊魯書社

·人物述评·

智慧之光 穿越古今

——兵圣孙武与《孙子兵法》评介

第一章 时代、地域及家世背景

春秋战国之际，在中国历史上是一个非常重要的时期。在这个时期内，一方面风云激荡，社会机制正在发生巨变；另一方面，诸子蜂起，百家争鸣，思想文化领域极为活跃。而这些，无疑都对中国历史的发展产生了深刻而久远的影响。这样一个时代，必然会孕育、造就众多的英雄和伟人。所以，春秋以至战国时期，群英荟萃、大师迭出的盛况可谓空前绝后。而孙武，则是当时浩瀚星空中出现的一颗璀璨夺目的兵家之星。

孙武，字长卿，生于春秋末期齐国田氏家族，既长之后，即投入剑与火的搏击、智与力的较量中。他不但出生入死，亲自参与了强吴破楚威晋服越的一系列政治、军事活动，而且呕心沥血，写下了流传千古的兵学宝典《孙子兵法》，在世界文化史上树起了一座不朽的丰碑，同时也使自己的英名与天地同在，光芒与日月同辉。

一、风云变幻的动荡时代

春秋时期上起周平王东迁（前770年），下至东周前期（前476年），历时近三百年。这是中国历史上一个社会政治、经济、军事、文化等各个方面都发生着巨大变化的转折时期。

首先，在经济上，这一时期随着铁制农具的逐步使用、牛耕技术的出现和水利灌溉的普遍推广，社会生产力得到了很大发展，大量荒地被开垦，劳动者生产能力和耕作水平得到提高，使小规模的生产组合成为可能。在这种情况下，各诸侯国都采取了一些改革经济的措施，如齐国的“相地而衰征”、晋国的“作爰田”、鲁国的“初税亩”等，从而达到了增加赋税和加强军事实力的目的，并在客观上适应了新的生产关系的需要，使得私有土地迅速扩大，进一步加速了井田制的瓦解。

经济上的变革必然引起阶级关系的变化，整个社会开始处于不断分化和重新组合的动荡过程，一些贵族成了新的生产关系的代表。司马迁在《史记·周本纪》里对这一时期社会政治生活的特点有着非常准确的概括，即“周室衰微，诸侯强并弱，齐、楚、秦、晋始大，政由方伯”。在这样一种形势下，原来那种“礼乐征伐自天子出”的传统遂成为明日黄花，难以为继，代之而起的是王权沦落、诸侯争霸、“卿大夫专权”和“陪臣执国命”。

春秋时期，战争的频繁程度和激烈程度是夏、商、西周时期所无法相比的。这期间，爆发的战争竟达数百次之多，其中规模较大的有郑卫制北之战、周郑繻（rú）葛之战、齐鲁长勺之战、晋假途灭虢（guó）之战、宋楚泓水之战、晋楚城濮之战、秦晋崤之战、晋齐鞌（ān）之战、晋楚邲（bì）之战、晋楚鄢（yān）陵之战、吴楚柏举之战、吴越槜（zuì）李之战、吴越笠泽之战，等等。这些战争，类型已相当齐全，但若就目标和对象而言，则以诸侯争霸和大国兼并为主。这对于军事理论总结来说，意义十分重大。

春秋初期，战争的样式仍以大型方阵车战为主，但到春秋中期，由于井田制的衰落和“国”“野”界限的消失，军队的成分开始发生变化，兵员数量也越来越大。这时，随着武器装备的改进和与戎狄步兵作战的需要，步兵重新崛起并再次在战场上发挥威力。在南方，水战开始盛行。这样，战争的规模必然日益扩大，方式也益加复杂多样。当时，除了以堂堂之阵进行正面会战之外，城池攻守战、要塞争夺战、伏击包围战、奇袭突击战、迂回奔袭战、诱敌深入后聚而歼之等战法，都在战争中出现并不断得到发展。战争中那些优秀的将帅，不仅重视对智谋韬略的运用，重视对战场地理环境的考察和利用，而且普遍注意将军事斗争与政治斗争、外交斗争结合起来。他们伐谋伐交，用间惑敌，灵活多变，使得战争不断呈现出新的面貌和气象。

由于这样一些因素，这一时期的战争，已经由崇尚仁义转变为变诈出奇，逐渐完成了从幼稚到成熟的历史发展过程。这种发展虽然有一定的阶段性和不平衡性，如早期的战争曾带有温和色彩，齐桓公“九合诸侯”竟然能“不以兵车”，泓水之战中甚至出现了像宋襄公那样愚蠢的人物，但毕竟战争的规模日趋扩大，样式日趋复杂，对抗程度日趋激烈，目的性日趋明确，而战争的结局对社会生活的影响则日益显著。如此丰富的战争实践为军事家系统地构筑军事理论体系创造了条件，提供了契机。

在社会发生重大转折的同时，由于周王室的衰微，官学受到严重破坏，许多原来负责文化教育的官员离开了王室，大量的文化典籍也散落到民间，从而造成了学术的下移和私学的勃兴，最终引起了一场深刻而持久的思想解放运动，以重民轻神和“天人相分”为基本特点的朴素唯物主义、辩证法思想得到了长足发展。这无疑又为各个领域的学者们自由地以科学、理性的态度观察、认识、分析事物，并进行理论总结和理论创新，提供了良好的思想文化环境。于是，一代杰出的大军事理论家孙武，遂与其他各个学派的大师级代表人物，如老子、庄子、孔子、孟子等，在“百家争鸣”的活跃气氛中，先后登上了历史的舞台。

二、崇智尚武的地域环境

孙武早年生活的齐国，有着悠久的崇智尚武的传统。太公来此建国之前，生活在这里的东夷人即勇猛强悍，习武善射，最早发明了弓箭。而受武王之封来齐地建国的姜太公，则是一位极富文韬武略的传奇人物。他在辅佐周之文王、武王翦灭商纣王的过程中，功居群臣之首，因而被武王尊称为“师尚父”，并且于灭商后，被分封到了战略地位十分重要的东方，国号为“齐”。

当时，齐国不仅土地贫瘠、人口稀少，在经济上非常落后，而且政治上也很不稳定。生活在那里的东夷部族，与殷商有着很深的感情，十分敌视周王朝，其分支莱夷族甚至企图以武力阻止太公前来就国。但是，太公以其过人的智慧，终于稳定局势，开疆拓土，建立起一个强大的诸侯国。

在创建齐国的过程中，太公主要采取了以下措施：一是在民族关系上，除个别部族如莱夷外，对当地的东夷、薄姑等多数部族一般都采取了“因其俗，简其礼”的政策，从而软化了他们的反抗立场；二是在经济上充分发挥当地的优势，因地制宜，植桑养蚕，同时“通工商之业，便鱼盐之利”；三是在政治上采取了“举贤而尚功”的用人政策和礼法并用的治齐方略。这些措施不仅很快调和了齐国的阶级矛盾，为齐国日后的富足强大奠定了物质基础，而且也为日后齐国形成人才云集、事业兴旺、思想开放、趋时尚变的局面埋下了伏笔。

齐国的社会环境铸就了齐地民众“宽缓阔大”“好议论”、能与时俱进和聪明灵活、富于智慧的性格。众所周知，崇智尚谋是中国古代兵学的一个突出特点。所以，齐人足智多谋、趋时尚变的地域人文精神，对于孙武兵学理论的构建不仅是一种文化上的推动，而且必然会打上深深的烙印。而齐人“宽缓阔大”的国民心理，反映到学术上就是宽容、兼蓄的精神。受这种文化精神的熏陶和影响，孙武不仅能够汲取其他各家，如儒家、法家和道家等的思想养分，熔铸于自己的军事学说中，而且在迁居吴国之后能够很容易地与出身楚国贵族的伍子胥英雄相惜，取长补短，使自己的学说内容更为丰富多彩。

齐国顺应民俗、注重民生、讲求功利的社会大环境，使得在这一基础上发展起来的齐国文化也具有注重实用的特点。所以，齐国的实用之学特别发达，在数学、医学、天文学、植物学等方面均有重大的建树。而兵学也是一种实用之学，它不尚空谈，以现实利害为指归，注重解决实际问题。孙武强调的用兵作战要“合于利而动，不合于利而止”“非利不动，非得不用，非危不战”的思想，则是齐国这种讲求功利、注重实用的学术特点在兵学领域的具体反映。

由于太公在立国之初确定了一系列适合本国国情的政治、经济政策，故而齐国得以很快发展成为一个经济发达、文化繁荣的大国。太公本人又是一位具有雄才大略的军事家，其个人的特殊经历和所面临的社会斗争现实，决定了他必然要重视军队和国防建设，并以此为立国之本。所有这些，都为齐国日后能够成为一个屹立于东方的强大诸侯国，在长达千年的历史长河中几乎始终处于有利地位，并能在春秋初期的争霸和兼并战争中屡屡奏捷，打下了坚实的物质基础和精神基础。

齐桓公即位后，任用管仲，实行改革，在军事上“作内政而寄军令”，采取兵农合一、军政合一的制度，确保全国能够“卒伍整于里，军旅整于郊”，做到了“守则同固，战则同强”，从而进一步增强了齐国的军事实力。管仲和齐桓公相继去世后，齐国虽一度因内乱而丧失了霸主地位，但也依然是一个军事大国，“常强于诸侯”。所以，综观整个春秋战国时期，齐国是唯一一个从西周初年至战国晚期始终对天下形势有着举足轻重影响的大国。

齐国这种军事大国的悠久历史和丰富多彩的战争实践，促成了齐国兵家文化的高度发达。这主要表现在两个方面：一是在整个春秋战国时期，齐国涌现的名将、军事家多，二是留下的兵家著述多。以名将、军事家而言，就有姜太公、王子成父、管仲、司马穰苴、孙武、孙膑、齐威王、田忌、田单等，以兵家著述而言，则有《太公兵法》《六韬》《司马法》《孙子兵法》《孙膑兵法》《管子》中诸篇论兵之作，等等。所以，李零先生说“齐国兵学甲天下”，诚非虚言。在这样一个兵学“土壤”如此深厚肥沃的土地上，出现孙武这样一位兵学大师和《孙子兵法》这样一部兵家奇书，实在不足为怪。

三、学有所秉的传奇家世

齐国的田氏是一个富于传奇色彩的家族。所以说其富于传奇色彩，一是因为这个家族的人大多极富智慧，比如他们作为寄人篱下的“羁旅之臣”，最终竟能攫取姜氏政权，把齐国据为己有；二是因为这个家族家学渊源深厚，名将、军事家代不乏人，是一个少见的军事世家。

孙武的先祖陈完字敬仲，本是陈国厉公的公子。周桓王二十年（前700年），厉公的三个侄子跃、林、杵臼诱杀厉公，而立跃为国君；跃死后，立林；林死后，又立杵臼，是为宣公。周惠王五年（前672年），宣公废嫡立庶，杀太子御寇。陈完因和御寇一向感情很深，怕受到牵连而逃到了齐国。陈完出身贵族，又生得一表人才，所以齐桓公当时就要任命他为卿。但是，陈完自知无功受禄易遭别人忌妒，便明智地以自己是初来乍到的“羁旅之臣”，不敢当高位而加以婉拒，最后只接受了负责掌管官营手工业的“工正”一职。可能是因为古代陈、田二字发音相近，也可能是为了忘却不堪回首的往事，陈完自定居齐国后便改姓田氏。

在齐国扎下根之后，田氏家族几经发展，家道很快得以复兴。到陈完的四世孙桓子无宇时，就已经官至“上大夫”了。无宇生武子开和釐（xī，同僖）子乞：武子开就是后来奔吴的孙武，田乞事齐僖公为大夫。

这时，已属于春秋晚期，齐国统治者开始变得腐化堕落，荒淫残暴，并且怠于政事，故而渐渐失掉了人心。齐景公即位后，较之以前的统治者更为酷虐，竟然好对人施以断足的刑罚，结果使得市场上假足供不应求。这一情况，恰好给了目光远大心思精明的田氏家族以可乘之机。他们开始采取各种措施，笼络人心，挖姜齐政权的墙角。武子开的弟弟田乞，就是这样一位头脑敏锐、善于要政治手腕的人物。他在出贷粮食的时候，采取让利于民的做法，大斗贷出，小斗收回，结果使得民众都喜欢田氏家族，田氏家族的势力越来越强大。

田乞去世后，他的儿子田常继续乃父的做法，在激烈的宫廷斗争中，不断地铲除政敌，架空国君，并且杀简公而立平公，自任国相，将齐国的政权完全控制了起来。田常死后，其子田襄子加快了代齐的步伐。他一方面让他的兄弟和宗族里其他的人都担任各都邑的大夫，一方面与各诸侯国加强联系，以争取外交支持。到他的孙子田和上台后，干脆废掉了早已经成为傀儡的齐康公。周安王十六年（前386年），田和得到了周王室和其他各诸侯国的承认，田氏家族终于完成了取代姜齐政权的全部过程，成为齐国新兴地主阶级的最高统治者。

虽然田氏代齐是在孙武之后的事情，但这个过程是漫长的，在孙武奔吴之前实际就已经开始，它不可能不对孙武产生一定的影响。出于家族利益的考虑，孙武一般说是应该站在自己家族一边的，但他也可能对宫廷内部那种勾心斗角和相互倾轧深为厌恶，并对这种以不光明正大的方式攫取政权的做法十分不屑，所以在关键的时候毅然奔吴。

田氏家族是当时著名的军事世家。孙武的先人中不乏韬略出众、战功卓著的人物。他的父亲田无宇以勇力事齐庄公，很得宠信，并曾联合鲍氏家族，以甲兵伏击对手栾氏、高氏，“分其室”，表现出了一定的军事指挥才能。他的二弟田乞当然也是一个足智多谋的人，就是他的小弟田书，也不是等闲之辈。据记载，景公二十五年（前523年），田书曾率军伐莒并大获全胜，深得景公的赏识。景公不仅将乐安封给他作为采邑，而且

“赐姓孙氏”，以表彰他的功绩。与孙武基本同时但长于孙武的田穰苴，即人们所熟悉的司马穰苴，也是田氏家族的后裔，其军事才能更为卓越。司马穰苴治军严谨，执法严明，晏婴称他“文能附众，武能威敌”，并推荐他出任将军，率军抗击燕、晋之师的入侵。他临战斩不守约定的监军庄贾，然后拊循士卒，率军出征，结果迫使燕军不战而退。穰苴还是一位军事理论家，能够“申明”古《司马法》，对古代兵学理论的发展做出了自己的贡献。

田氏家族这种军事世家的传统在孙武之后仍绵延不绝。孙武死后一百多年，他的后世子孙孙膑，也是一位大军事家。他曾指挥齐军先后在桂陵之战和马陵之战中分别以围魏救赵和退兵减灶的战法两次大败魏军，并且有《孙膑兵法》传世，对后世兵学产生了巨大影响。再往后，到齐湣（mǐn）王、齐襄王时期，田氏家族的另一位军事家田单，又登上了历史舞台。田单在齐国遭到燕国为主的五国联军的毁灭性打击，全国只剩下即墨和莒没有失陷的情况下，率领即墨军民，广施计谋，激励士气，出奇制胜，最后以“火牛阵”大败燕军，收复所有失地，创造了以弱胜强的典型战例。

除上述几位最为著名的人物之外，田氏家族的田因齐（齐威王）、田文（孟尝君）、田忌、田婴等，他们或为国君，或为国相，或为将军，也都是胸有韬略、腹藏深谋的英杰，而非平庸无能的等闲之辈。所以，良好的家族遗传基因和深厚的家学渊源，在客观上应是孙武所以成为孙武的另外一些不可忽略的重要因素。

第二章 避乱出走 南下奔吴

按常理说，孙武生活在那样一种社会环境和家族环境中，以自己的学识和才华，要想建立一番功业，应当是不成问题的：首先，齐国当时仍然是一个军事大国，在列国中没有几个能够与之相匹敌的国家；其次，田氏在齐国是一个举足轻重的家族，势力非同寻常；再次，当时又是一个列国争长、社会动荡、英雄思起的时代——天时、地利、人和，无所不有，对于孙武来说，真可谓前程似锦，正可以大展宏图，在齐国襄助自己的国君做出一番辉耀百世名传千古的大事业来。然而，正应了“不如意事常八九”的老话，历史好像偏要与我们的这位主人公开一个绝大的玩笑，竟然让他在这样的时候背井离乡，远走异国。

一、大动荡时代背景下的齐国

前面说过，春秋战国之际，是一个社会剧烈动荡的时期。在这个时期，周天子已经很难号令各个诸侯国，而许多诸侯国，如鲁、晋、齐、宋、郑等，在参与争夺霸权的同时，自己国内也出现了卿大夫之间武装兼并且进而图谋夺取君权的斗争。这种斗争，其直接的起因，便是西周建国时期实行的宗法分封制——或者说，是分封制固有的弊端，造成了这样一种混乱动荡的局面。据《周礼》记载，按照西周时期的分封制规定，“天子有田以处其子孙，诸侯有国以处其子孙，大夫有采（邑）以处其子孙”。在这样的制度下，初期，周天子或诸侯们因其势力比较强大，尚能够分别控制自己的属下，从而保证国家的安定和社会秩序的正常运转，但随着分封的不断进行，王室和各诸侯国国君的势力必然越来越弱，从而导致王权衰落、诸侯称霸、卿大夫坐大、宗法等级秩序发生混乱的局面。

卿大夫坐大的局面首先出现在晋国。周灵王二十二年（前550年），晋国的韩、赵、魏、智伯、中行、范氏六家联合打败了栾氏，紧接着又消灭了祁氏和羊舌氏，从而形成了六卿专政的局面。但是，这一局面并没有能维持多久。过了不长的时间，六卿之间为了争权夺利，相互之间又开始了激烈的倾轧。周敬王二十七年（前493年），范氏、中行氏和韩、赵、魏三家发生了争斗，结果范氏和中行氏失败。仅仅过了四五十年，到周贞定王十六年（前453年），韩、赵、魏三家又联合起来灭掉了智氏，干脆瓜分了晋国的地盘，这就是著名的“三家分晋”。周威烈王二十三年（前403年），周王朝正式承认这三家为诸侯，标志着晋国的彻底消亡。

大致与晋国“六卿专政”同时，在鲁国则发生了“三桓分鲁”的事件。所谓“三桓”，指的是鲁桓公的后裔季孙、叔孙、孟孙三家。他们各自在自己的封邑收税、筑城，并且拥有军队，不仅根本不听公室的招呼，还处处与国君相抗衡。周敬王三年（前517年），鲁昭公忍无可忍，便联合郈孙氏，进攻季孙氏的据点费城，季孙氏则联合叔孙氏、孟孙氏两家组织反击，结果打败了鲁昭公，并且处死了郈昭伯。鲁昭公吓得先是逃往齐国，后来又去了晋国。其间，他虽曾几次企图东山再起，但都遭到了失败。这样，鲁国在名义上虽由昭公的弟弟（一说为昭公之子）定公宋为君，但在实际上政权已为季孙、叔孙、孟孙三家所把持。

这一时期，齐国在齐景公的统治下，刑罚之残酷、赋敛之沉重、官吏之贪墨、统治者之穷奢极欲、民众之难以聊生，都达到了前所未有的程度。俗话说，大厦将倾，独木难支。面对国政的日趋衰败，即使著名的贤相晏婴，也是无可奈何。他虽然能够尽忠尽职地时时予以匡救，但根本没有办法遏止这种颓败的趋势。

当时，齐国卿大夫之间的斗争也达到了白热化的程度，使得政局始终处于动荡不安的状态中。周灵王二十七年（前545年），田、鲍、栾、高四族在联合起来赶走庆封之后，相互之间又开始了新一轮的争斗。他们一方面加紧培植各自的势力，努力扩充武装力量，一方面又互相勾结，互相倾轧。周景王十三年（前532年），田氏联合鲍氏，乘把持国政的栾施与高强正欢宴畅饮毫无防备之机，发动突然袭击，一举将他们打败。周敬王三十一年（前489年），国惠子和高昭子共同立太子荼为景孺子，而田乞和鲍牧则立公子阳生为悼公，从而又导致了一场新的内乱，内乱的结果是田氏、鲍氏取得了胜利。

在一次又一次的内乱中，田氏比较注意笼络和收买人心，所以齐国的民众都非常拥护和支持田氏。田氏不仅在和其他卿大夫的斗争中日渐占据上风，而且大有取姜氏政权而代之的苗头。

二、穰苴之死给孙武投下的巨大阴影

孙武不仅是田氏的直系后裔，而且是桓子无宇的长子，所以他在与公室和其他卿大夫的斗争中，自然会站在田氏阵营的一边。但是，孙武是一个有着远大志向的人，不屑于那种争权夺利的“窝里斗”。他的唯一愿望，是有一个良好的政治环境，使他得以施展自己的才华，轰轰烈烈地干一番能够与天地并存与日月同辉的伟大事业。所以，对于公室内卿大夫之间无休止的权力之争，他早已心生反感和厌恶。随着时光的无情流逝和自己年齿的不断增长，他的这种心情也越来越强烈。他感到，这一愿望在齐国恐怕是很难实现了，于是便萌发了远走他乡、另谋发展的想法。

虽然萌发了离乡出走的念头，但在交通不便、信息不灵的远古时代，一旦真的要付诸实施，即便是像孙武这样的人物，也不是那么容易下决心的。他既无法毅然决然地离开养育自己几十年的故土，踏上那目标遥远而渺茫的征途，却又不甘心在这样一种环境中继续虚掷岁月，徒耗生命。所以，很长一段时间内，孙武的心里非常矛盾，在走和留的问题上始终犹豫徘徊，难作决断。然而，其后不久发生的一件大事——司马穰苴之死，使他终于下定了出走的决心。

司马穰苴系田氏家族的庶出后裔，所以又名田穰苴。齐景公即位不久，燕国和晋国联合伐齐，齐师接连遭到败绩。在景公正为战事十分忧虑的情况下，晏婴向景公推荐穰苴统兵御敌。穰苴受命之后，治军严明，爱护士卒，以违反军法为由斩杀景公的宠臣监军庄贾，从而使得齐军士气大振，声威远播，燕、晋之师闻之不战而退，穰苴很快就收复了所有失地。齐军班师之日，景公亲自迎出郊外，并且因此而封穰苴为大司马。穰苴的显贵，无疑进一步壮大了田氏家族的势力。田氏家族的势力在诸家卿大夫中本来就是翘楚，如今又凭空冒出了这样一位深谋远虑、熟谙兵法、行事果决而且身居高位的人物，这不能不让国氏、高氏等家族感到嫉妒和恐惧。于是，他们便纷纷向景公进谗，诬陷司马穰苴功高震主，将不利于公室。景公本来就是一位昏庸无能的国君，听得多了自然信以为真，因而马上解除了司马穰苴的官职，剥夺了他的兵权。穰苴无端遭受沉重打击，心情极为郁闷，直至身染沉疴，一病不起。

穰苴之死，一方面在感情上给孙武造成了极大的伤害，一方面在思想上给孙武以极大的震动，从而在他心里投下了一个巨大的阴影。穰苴与孙武本为同族，只是在年龄和辈分上长于孙武。穰苴在军事理论方面造诣高深，平时为人处事正派、果敢，因而深得孙武的尊敬。对于孙武这位虽然年轻却才华横溢且同样爱好兵法的同族晚辈，穰苴也非常欣赏。他经常与孙武一起讨论有关用兵的问题，并且十分注意在理论上给以点拨。所以，孙武与穰苴一直过从甚密，两人之间有着非常深厚的感情。穰苴的死不啻使孙武失掉了一位人生和事业上的知己，因而让他感到十分悲伤。同时，穰苴的死也让孙武看到了齐国政治的黑暗，他深知自己再留在齐国恐难有大的作为，如果不能像弟弟田鳌子那样耍阴谋弄诡计，与各家政敌作殊死斗争，就很可能像司马穰苴那样，成为卿大夫之间相互倾轧的牺牲品。想到这些，孙武终于下决心离开齐国，另谋出路。

三、决计奔吴，谋创大业

离国出走的决心是下定了，但茫茫大地，哪里才是自己的归宿呢？孙武一时还真没有了主意。想找一位知己之人帮助自己拿一拿主意吧，而唯一的知己又已经病逝。孙武心里十分清楚，自己要做的，是一件非常重大的事情，在一切有关问题全部谋划好之前，是不宜随便向别人透露的。他知道，弟弟鳌子是不会反对他出走的，因为他出走之后，鳌子正好可以名正言顺地成为家族的继承人。但是，父亲无宇就不同了，他肯定会坚决反对。对弟弟不必说，对父亲又不能说，所以他只好自己独自谋划一切了。

这样，每当夜深人静的时候，孙武便开始仔细地分析各国的形势，以求作出明智的抉择。他认为，晋国国内政局同齐国一样不稳定，卿大夫之间的相互倾轧也达到了白热化的程度，而且晋国人才济济，如果自己贸然前往，不要说出人头地，就是立足恐怕都很成问题。楚国倒也是一个大国，但是它的国君同样昏聩庸劣，权力全被朝内的几个显贵把持着，他们拉帮结派，排斥贤才，使得王室内部危机四伏。前不久，贤臣伍奢的被杀和其子伍员的被迫出走，就足以说明所有问题。所以，楚国显然也不能去。至于秦国，地处偏僻的西北一隅，各方面都还比较落后，自己如果去了，恐怕一时也难以施展抱负。与齐国相邻的鲁国，虽然是当初与齐国一同受封的大国之一，但他们从来就重文轻武，一向以守旧闻名，而且国内也是权臣当道，即使有像孔子这样的大贤，也得不到重用，所以也不是一个可以前去成就功业的地方。

几个大国的情形是如此，那么其他小国又怎样呢？宋国、郑国、卫国等，不仅位处四战之地，国小力弱，而且国内政治也并不清明。这样的地方夹在几个大国之间，苟延残喘，还能生存几天都是个问题，怎么可以前去呢？把北方和中原的所有大小国家比较了一遍之后，孙武最终将目光投向了南方的吴国。

吴国位于今江苏省的南部，所处滨海，土地肥沃，稻米蚕桑，物产丰饶，且有鱼盐之利。相传，周太王喜欢他的小儿子季历之子姬昌，打算传位给季历，以便此后能够让姬昌继承王位。太王的长子太伯和次子仲雍知道了父亲的意思，为了避让弟弟和姬昌，就离开了故土，来到了尚未开化的江南一带，开疆拓土，建立了吴国。

到第十九代的时候，王位传至寿梦。寿梦是一位眼界开阔、头脑灵活的人，他一方面积极向中原地区的发达国家学习，一方面不断地继续开拓疆土，接连兼并了今苏南、苏北、皖南、浙北的大片土地，终于形成了一个北与齐晋相望、南与越国接壤、西与强楚为邻的大国。周简王二年（前584年）正月，吴国北上伐郯，引起了中原列国的强烈震动。同一年，流亡在晋国的楚臣申公巫臣为实现联合晋、吴伐楚，报复楚子反、子重灭族之仇的目的，出使到了吴国。巫臣带去了中原地区国家的先进武器和部分军事人员，并且将有关技术和战法传授给了吴人。寿梦大喜，遂决定联晋伐楚。在短短几十年的时间里，吴对楚用兵屡战屡胜，夺取了楚国东部的大片土地。从此，吴国更加兴旺发达起来。另外，由于吴国是一个后起的国家，政治比较清明，颇有新的气象。

在度过了几个不眠之夜后，孙武终于将出走的目标锁定为吴国，认为当年吴太伯就是为避位而到那里去的，与自己的情况颇为相似，所以那里才是自己最有希望施展才能、实现理想的地方。于是，他便果断地作出了南下奔吴的决定，并立即行动起来，开始了积极的准备工作。

一切准备停当，孙武便找了一个机会，把自己的所有考虑和计划，向父亲无宇如实作了禀报。对于这件事，弟弟田乞心中有自己的盘算，听说后默不作声。无宇开始觉得很突然，但在了解了孙武的想法之后，觉得也能够理解。他明白，春秋之时，列国林立，卿大夫离开自己的故国到别国谋生求发展的，大有人在，而且自己的祖上田完，本来就是由陈国来到齐国的，按理说自己也是客居异国之人。再说，他也清楚儿子的倔强脾气，知道他一旦深思熟虑下定了决心，就是八头牛也拉不回来的。所以，在沉默了一会儿之后，也就不再表示反对，倒是说了许多鼓励的话，希望孙武能够像先祖田完一样，去吴国为田氏再开辟一片新的天地。

大约就在弟弟田鳌子尽逐高、国、晏氏诸族而独擅齐政（前489年）前十几年的一天，孙武含泪辞别家人和朋友，携带妻子儿女和几个忠实的仆人，驾着一辆马车，毅然离开齐国，一路向南，直奔吴国而去。

第三章　隐居著书　结识伍员

却说孙武率领家人踏上征程之后，一路上免不了风餐露宿，车马劳顿，好在自己从小习武健身，体魄强壮，又曾经过战阵锻炼，所以倒也并不觉得有多么辛苦；至于夫人和孩子，自有自己和家人细心照料，身体也都没有什么问题。大家就这样日复一日地走了许多天，终于进入吴国境内，那里果然是一派水乡景色，气象与北方迥异。又走了一些时日，最后来到了吴国的都城姑苏（今江苏苏州）郊外。

一、一部传奇兵书的诞生

一旦到达目的地，一系列问题马上摆到了孙武的面前：一家人如何生存？自己又如何立足？孙武不得不冷静地思考一下。他想：自己初来乍到，虽说在齐国出身贵族，地位尊贵，但并没有多高的知名度，如今来到吴国，举目无亲，自然不宜贸然地前去求见吴王或其他权贵。再说，男子汉应当凭本事立身，自己虽然满腹经纶，但毕竟一方面尚未付诸战争实践，另一方面也没有形成系统的文字。所以，眼下还不如先隐居起来，把自己多年来关于兵学的研究心得著于竹帛，也好成就一家之言。想到这里，孙武遂决定暂不进城，先在郊外找一处安静的地方住下，一边躬耕谋食，一边著书立说，同时也冷眼观察吴国那波诡云谲的动荡政局，以便在以后的时间里择机出山，建功立业。

决心下定之后，孙武便携妇将雏，辗转来到姑苏城外的一处地方，在那里筑起了几间茅屋，作为定居之所。平时，他督率几名忠实能干的仆人，开荒艺圃，种稻养鱼，糊口自是不成问题；闲暇时，就勤奋笔耕，潜心著述。

江浙一带，自古景色殊丽，气候宜人。孙武所选择的定居地，就更是别有一番风光。那里不仅遍地茂林修竹，处处山清水秀，而且民风朴厚，环境幽静，犹如世外桃源，实在是一个躬耕隐居、著书立说的好去处。更为要紧的是，那里距离姑苏城不是很远，也便于孙武了解和掌握吴国政局的发展和变化。

在这种良好的生活环境里，孙武的写作进行得十分顺利。在经过了一段时间谋篇布局的酝酿之后，他文思泉涌，笔不停挥，酣畅淋漓，妙言警语如同珠玉一般倾泻而出，很快就完成了一部被后世人奉为至宝的兵书——《孙子兵法》。在这部书稿中，孙武系统总结了前人的军事思想精华和战争实践经验，提出了自己对有关战争的一系列问题的全新认识，可以说是思考深邃、观点新颖、内容丰富、逻辑严谨、文采斐然，实为中国以至于世界军事文化发展史上的一座不朽的丰碑。

完成了《孙子兵法》初稿的创作之后，孙武的心情十分轻松愉快。通过这一写作过程，他对自己的军事才能感到更加自信。他觉得，当今世上谈兵论战的人，不应该再有超过自己的；任何一位国君，他只要信任自己，能够用自己做将军，就必定会战胜攻取，建立不世之功。

一个人对自己的才能越是自信，他的建功立业的愿望也就会越发强烈，孙武当然也不例外。然而，由于他来到吴国之后就隐居遁世，使得当时的上层人物对他的杰出军事才华根本不了解，周围的人很多甚至连他的真实身份和来历也搞不清楚，都以为他是别处迁移过来的吴国百姓，压根儿也没有想到他竟然是一位来此隐居的齐国贵族。在这样的情况下，孙武要想走上吴国政坛，脱颖而出，叱咤风云，扬名天下，当然不是一件容易的事情。不过，孙武始终坚信，自己的一切努力终将会有结果，自己的理想一定能够实现；因为自己毕竟还年轻，而自己所处的时代又是这样一个风云激荡让人思起的时代，机会总会有的。所以，他就一边细心地修改自己的兵书，继续思考、继续探索，一边等待时机，准备迎接挑战。

就在这个时候，一个在他的人生旅途中起关键作用的人物终于出现了——他就是中国历史上同样大名鼎鼎的伍子胥。

二、伍子胥其人

伍子胥，单名一个“员”字，“子胥”是他的字，出身楚国贵族。伍员的祖父伍举，当年是楚国的重臣，历事庄、共、康、灵数王，以敢于直谏闻名。他的父亲伍奢，系楚平王的太子熊建的老师；他的兄长伍尚，为棠（今江苏六合北）尹。伍员自幼受到了良好的家庭教育，他“少好于文，长习于武”，因而青少年时期就声名鹊起。父亲曾经自豪地称他能够“文治邦国，武定天下”。然而，正当他踌躇满志地要登上楚国政坛，一展自己的文武才略之时，一场重大的意想不到的政治风暴向他袭来，使他的人生道路陡然发生了根本的变化——他不仅没有能登上楚国政坛，而且差一点冤死在楚平王的刀下。

事情的原委是这样的：楚平王二年（前527年），平王熊居（原名弃疾）派太子少傅费无忌前往秦国为太子娶亲。这费无忌是个奸佞小人，他见新娘风姿绰约、美貌无比，为讨得平王欢心，竟然想劝平王自己娶做妃子算了，另外为太子迎娶齐女。于是，他便先行入城，在平王面前把那位秦女的姿色着实地夸赞了一番。这位楚平王原本就是一个好色之徒，听罢之后，不觉心动。待费无忌将那秦国女子带进宫后，他抬头一看，果然是貌若天仙，楚楚动人。于是，他也就顾不得礼义廉耻和为父之尊了，当天即将秦女留在后宫，纳为王妃，而另外从秦国陪嫁的侍女中选出一人给太子做新妇。

太子建平时就很看不上这个只会溜须拍马的费无忌，在知道他竟然干出了如此卑鄙无耻的勾当之后，对其更是厌恶至极。至于费无忌，心里当然也很有数。他知道，只要不出意外，太子早晚会登上王位，到那时岂能有自己的好果子吃！于是，他便天天在平王面前诋毁太子，平王遂命太子将兵前去城父（今河南平顶山北）驻守备边。哪知道，费无忌的目的是要斩草除根，将太子彻底除掉，所以即使如此仍然不肯罢手。

一天，费无忌对平王说："大王，太子为了那件事对我恨入骨髓，这对我来说倒也没有什么，只是他如果有一天对大王您也怨恨起来，事情可就有点麻烦了。大王您知道，太子现在驻守在边境上，手握兵权，他内有太傅伍奢做谋主，外有诸侯相呼应，一旦造起反来，将如何是好？所以，我看您还是提前做点准备才是。"那平王自打娶了儿媳做妃子之后，心里本也是七上八下不踏实，现在让费无忌这么一说，就更加没有底了。于是，他当即命令将伍奢召进宫中囚禁起来，严加拷问，然后又派人前去捕杀太子建。太子建得到消息之后，连忙逃往宋国。费无忌继续进谗言说："伍奢的两个儿子，本领都十分了得，如果不抓起来杀掉，必为后患！"平王一听，又赶忙派人前去宣召伍尚和伍员进宫。伍尚得知父亲被囚，怕如果不听诏命父亲会被杀害，就准备马上进宫。伍员却说："他们这是要斩草除根，我们回去也救不了父亲，只会白白送死。"伍尚不听，伍员只好自己逃走。

伍尚跟随使者回去后，果然与父亲一起被害。伍员只好满怀丧父失兄的悲痛和报仇雪恨的大愿，背井离乡，逃离故国。他先到了宋国，去找到太子建，不久又因为宋国发生内乱而与太子建逃到了郑国。在郑国定居下来之后，太子建暗中与晋国勾结，欲行不利于郑国之事，结果被郑定公发现并杀死。这样，伍员只好带着太子建的儿子熊胜再次踏上逃亡的旅途，一路辗转，去了吴国。

伍员到达吴国的时间，大约在周景王二十三年（前522年）前后，比孙武要早几年。来到吴国之后，伍员先是投靠到了公子光的门下，并且通过公子光见到了吴王僚。他曾经建议吴王僚举兵伐楚，但遭到了公子光的反对。公子光认为，伍员主张伐楚，目的不过是要替父兄报仇，而此时伐楚时机还不成熟，胜算不大。

伍员见自己的主张不被采纳，虽说心中多少有些不快，但从中发现了一个隐秘，即公子光现在的心思，并不是要向外用兵，而是要除掉吴王僚自立。于是，他便把刚刚结识不久的勇士专诸推荐给了公子光，自己则觅了一个偏僻清净的地方，暂时隐居起来，昼耕垄亩，夜读书册，以等待时局的变化。

三、风云际会，英雄相惜

据宋代学者谈钥《嘉泰吴兴志》卷一八《事物杂志》记载，在乌程县（今浙江湖州附近）有一个伍林村，村中有伍子胥宅，说是“昔子胥逃难筑室于此，旧基尚存”。如果这一记载可靠的话，那么当年伍子胥隐居的地方可能与孙武相距不远，都在距吴国国都姑苏之南不过百八十里的地方。隐居地的接近，为他们的最终相识与相知提供了方便条件。就这样，两位影响中国历史发展的杰出人物，因为某种机缘，终于走到了一起。

伍子胥与孙武，虽然一个出生于北方的齐国，一个出生于南方的楚国，但他们身上有着许多相同之点：一是他们都出身于一国的贵族家庭，而且现在都客居异国他乡；二是他们都正血气方刚，年轻力壮，有着远大的理想和抱负，希望能够在有生之年建立一番功业；三是他们都精于军事，深通兵略，满腹经纶。所以，他们从相识到相知，看似偶然，实属必然。

伍子胥是一个有着深谋远虑的人，他在向吴王僚推荐了专诸之后，一定会继续寻访贤能，以作为自己将来强大吴国、伐楚报仇的臂膀。也可能是他先来到了隐居之地，后来的孙武引起了他的注意，从而在暗中不露声色地观察着这位虽来历不明但气宇非凡的不速之客。在经过了一段时间的观察之后，一方面凭着自己的聪明睿智，一方面也凭着自己的直觉，他意识到这位与自己比邻而居的孙武，肯定是一位不可多得的人才，同时也是一位难得的知音，于是便在一个天清气朗、惠风和畅的日子，前去敲开了孙武的门扉——同时也敲开了孙武的心扉。

史载，伍子胥同样是一位杰出的军事家。他不仅“勇于策谋”，韬略出众，而且也有自己的兵学著作传世。据班固的《汉书·艺文志》记载，在“杂家类”中有《伍子胥》八篇，在“兵技巧家类”中有《伍子胥》十篇、图一卷。而在《越绝书》中，则收录有《伍子胥水战法》的少量佚文。所以，伍子胥与孙武的相识与相知，可以称得上是“风云际会，英雄相惜”。他们的初次接触，一定会有相见恨晚之感；他们的初次交谈，一定会相互倾尽肺腑，一吐为快。

在与伍子胥的交往过程中，孙武不仅了解了他的这位挚友的身世遭遇和志向，而且也领略了以楚国为代表的南方的权谲变诈的军事文化特色。这使得他可以在有着某种参照的前提下，对中原军事文化中崇尚“礼乐”的传统作更为深入的反思和扬弃，从而进一步完善自己的军事思想体系，使之更能适应新的历史时期军事实践的需要。所以，他们二人的相识、相知与交流，恰好形成了一种极为有益的互补关系，对于中国古代军事文化的发展有着不可忽略的重要意义。

就这样，在长期的交流中，他们逐渐加深了解，不断增进友谊，反复切磋宏图大计，同时也在一起等待着吴国政坛上将要发生的一场关系到他们二人前途和命运的重大事件。

第四章　吴宫喋血　武圣出山

吴国自太伯奔吴之后，至寿梦共历 19 世。寿梦二年（前 584 年），楚国大夫申公巫臣逃亡至晋，又自晋使吴，教吴人用兵布阵之法和乘车驾辕之技，吴才开始与中原各国相通问。寿梦去世时，欲传位给他的小儿子季札，季札固辞，只好立长子诸樊。诸樊立 13 年去世（前 548 年），遗命传位给他的二弟馀祭，意思是要兄弟相传，务必将王位传给幼弟季札。馀祭立 17 年去世（前 531 年），传位三弟馀昧。馀昧即位仅数年即去世（前 527 年），临终又想传位给季札，季札干脆逃走躲避，于是大家只好立馀昧的儿子僚为王。

一、吴宫喋血

诸樊之子公子光，对这一结果十分不满。他认为，王位本应兄终弟及，现在其叔季札既然不肯继承，则应由他继承，因为他是诸樊的儿子，而诸樊是其祖寿梦的长子，按父死子继的传统根本轮不到僚。由此，公子光渐生异心，便暗中招纳人才，准备以武力夺取王位。

公子光是个既有才略又工于心计的人。一方面，他作战勇敢，功绩显著，获取了很大的政治资本；另一方面，他也很善于掩饰自己的意图，尽管暗地里在积极进行夺权的准备，表面上却装得非常恭顺，因而骗得了王僚的信任。自打网罗到专诸这位著名勇士以后，他便开始耐心等待时机，准备一旦时机成熟，就立即下手实施自己的既定计划。

在苦苦等待了十多年之后，这个机会终于来到了。周敬王五年（前515年）春，吴王僚乘楚昭王新立之际，发兵大举伐楚，结果遭到楚军夹击，陷入进退两难的境地。吴国劳师远征，使得能臣羁旅在外，国内兵力空虚，从而给公子光提供了夺取王位的良好时机，公子光决定立即开始行动。

这一天，他预先在自己家中摆下宴席并埋伏了甲兵，然后前去请王僚前来赴宴。王僚不知是计，只带了几名卫士欣然前往。众人坐定，酒过数巡，勇士专诸遂伪装成厨师，手捧一条经过精心烹制的大鱼以献。待接近王僚之时，专诸突然从鱼腹中抽出一把短剑，直插王僚的胸膛。王僚猝不及防，被刺个正着，当即大叫一声，口吐鲜血，倒地而亡。与此同时，埋伏在两边的甲兵也一拥而出，将王僚所带的亲信和卫士悉数杀死。公子光见大功告成，便立即布告天下，宣布自己已经登上王位，并自称为吴王阖闾（一作“阖庐”），从而号令群臣，主持国政。

阖闾即位之后，大权在握，便立即着手革新国政，强大吴国，以便与中原各诸侯强国争夺霸权。为此，他首先派刺客要离刺杀了王僚的儿子庆忌，然后又发兵消灭了已经投降了楚国的王僚之弟公子掩馀和公子烛庸，将王僚的残余势力清除殆尽。在自己的统治地位得到了巩固之后，他又采取各种措施，如兴修水利、奖励农桑、崇俭去奢、亲民恤民等，以发展经济，增强国力。同时，他还选贤任能、广揽人才，不拘一格地提拔那些有能力的人，委以要职，以不断地修明政治。当然，为着争霸天下的目的，他没有忘记一边修城郭、造兵器、制舟船、练士卒，努力扩充军事实力，一边伐谋伐交，以争取周边诸侯国的支持。

总之，刚刚即位的阖闾，完全是以一个积极进取者的形象踏上政治舞台的。他不满足于僻居一隅，躺在自己先祖的基业上称孤道寡，而是要西征北伐，与中原列强争雄。所以，《国语·楚语》记载说，此时的阖闾，“口不贪嘉味，耳不乐逸声，目不淫于色，身不怀于安，朝夕勤志，恤民之羸，闻一善若惊，得一士若赏，有过必悛，有不善必惧，是故得民，以济其志”。

二、阖闾求贤

在阖闾所采取的所有革新图强措施中，选贤任能、广招人才是最为关键的措施。俗话说，得人心者得天下。得人心，最重要的是要得天下贤士的心。周文王、齐桓公、晋文公等，他们所以能够或推翻前朝的统治、建立起自己的一统天下，或能够成为一代霸主，莫不是因为他们各自得到了杰出人才辅佐的缘故。所以，人才的得失，关乎一个国家的兴衰。

得知吴宫中传出的招纳贤才的消息之后，第一位感到热血沸腾的自然应该是那位隐居待时的伍子胥。于是，他挥手作别往日的生活，同时也与已经是老朋友的孙武暂时告辞，前去姑苏。伍子胥与阖闾原本就是老相识，所以二人相见，都非常高兴。阖闾当即任命伍子胥为“行人”（相当于今之外交部部长），与他共谋兴吴灭楚的大计。

在这前后，楚国的另一位逃亡之臣伯嚭（pǐ）和因宋国内乱而出逃的幸存者华元，也先后来到了吴国，投到了阖闾的门下。一时间，吴国国都姑苏城中奇才异能之士纷至沓来，称得上是群贤毕至，万众归心。阖闾见此情景，心中的愉快自不待言。然而，他心里其实也很清楚：吴国眼下急需的人才尚未出现。

当时，吴国所面临的局势是十分严峻的：在它的西面，有强楚的威胁；在它的南面，有宿敌越国的牵制；至于北方的齐、晋等国，都是老牌的大国和强国，要与它们争锋，也不是一件容易的事情。所有这一切，都非常需要有才能杰出的军事人才前来辅佐，否则，阖闾将无法完成争霸天下的宏伟大业。然而，就眼下他身边的这些人才来说，伯嚭、华元等人偏于文事，根本不是可以号令三军、折冲销敌的大将之才。至于伍子胥，倒是一位不可多得的军事人才，但他与楚平王之间有着杀父害兄的深仇，如果让他作为主将率军伐楚，只怕他为报私仇泄私愤而失掉理智，从而误了吴国的大事。想到这些，阖闾禁不住感到心内愁烦。

在一个春光明媚的日子里，阖闾自觉如此闷坐宫中也不是个办法，便带着几位重臣出去登高赏春。大家来到一座高台之上，面对着秀丽的山川原野，沐浴着和煦的春风，阖闾不禁心有所动，感慨万千，迎风长啸，“有倾而叹”。众臣大都根本不懂吴王的心思，因而只能面面相觑，莫名所以。此时，只有伍子胥觉察到了阖闾的内心活动。他想：吴国欲建立自己的霸权，免不了要东征西讨，任命大将当是眼下急务；但是，吴王至今沉吟不决，看来他对我伍员是有所顾虑。如此，自己正好向他推荐好友孙武。其实，由孙武担任大将，也的确比自己更为合适。他的军事才干，比我伍子胥要高出许多。如果以他为大将，他一定能从军事上辅佐大王，帮助吴国建立不世之功。想到这里，他便决定利用这一良好时机，待吴王回宫后，自己再择时单独晋见，把孙武的情况介绍给他。

三、伍子胥七荐孙武

一天，伍子胥进宫晋见阖闾，见阖闾独自一人在那里沉思，便上前说道："眼下我吴国百事俱兴，本应择机出兵伐楚，但大王迟迟不肯任命大将，我想这一定是因为大王觉得无合适之人可用。大王那天喟然长叹，是不是因为这件事呢？"

阖闾抬头看了看伍子胥，然后说："爱卿所说极是，不知爱卿可否知道何人可用。"伍子胥见吴王对这个话题感兴趣，不禁十分高兴，便向前迈了一步，郑重地说道："微臣想保举一人，不知大王以为如何。"阖闾一听，正中心怀，忙说："爱卿要保举的是一位什么样的人物？你且说给为王听听。"伍子胥顿了顿，不紧不慢地说："微臣要保举的是一位姓孙名武的人。他本是齐国陈氏家族的后裔，系田桓子无宇的长子，原名开疆，为避内乱，来到我吴国，改姓孙氏，单名一个'武'字。此人文能安邦，武能定国，有经天纬地之才，实乃国家栋梁。大王若能得到此人，将不亚于武王得吕尚、商汤得伊尹、桓公得管仲，不要说是西伐强楚，北上争霸，就是扫灭群雄，平定四海，也将不在话下。"

听到这里，阖闾禁不住喜出望外，说道："我吴国有这样的大贤，寡人为何竟然毫不知晓？爱卿又是如何认识此人？"说完，即向伍子胥赐座。伍子胥欠身坐下，向阖闾解释说："此人自从来到我吴国，就一直隐居在姑苏城外的山野之中。他平时躬耕田亩，暇时撰著兵书，足不出闾里，身不至闹市，且极少与人交往，大王缘何能够知晓？就是微臣，也是因为隐居才偶然与之相识的。”阖闾继续问道：“这位孙武所著是何兵书？”伍子胥回答说：“其书名曰《孙子兵法》，共计十三篇，实乃旷古至今第一兵书。举凡所有关于行师用兵的重大问题，书中均有论列，而且其见解之新颖，论说之深刻与透彻，古今无出其右者，这实是一部足可传之后世的奇书。微臣在展读此书时，深感有如久渴之饮甘露，大热之沐凉风，痛快至极！”

听着伍子胥的介绍，阖闾也止不住连连叫好，恨不得能立刻见到孙武，好与之共谋伐楚大计。但是，他转念一想，又不由得生出了疑心：这个伍子胥，从一声叹息就能窥知我的心事，并且又不失时机地向我举荐孙武，他是否是想借机呼朋引类，在朝中树立自己的党羽呢？想到这里，阖闾心中倏地闪过了一丝不快，原来的兴奋之情全然不见，冷冷地说道：“爱卿所说甚好，不过尚容寡人三思。”伍子胥乃是一个绝顶聪明之人，他从阖闾突然变化的脸色和眼神中早已明白，这是阖闾对自己产生了戒心，因而也就不便再说什么，遂起身向吴王告辞。

伍子胥从阖闾那里回来，自觉十分沮丧。然而，他毕竟是一位忠诚正直的贤臣。对他来说，伐楚虽说也含有为父兄报仇的意思，但事人以忠，现在既然在吴王殿下为臣，就当忠于吴王的事业；所以，强吴争霸才是举荐孙武的根本目的。他觉得，既然如此，就应“外举不避仇，内举不避亲”。所以，在以后的日子里，只要有了合适的机会，他还是不改初衷地向阖闾反复举荐孙武，并说吴王如果要实现自己的宏图大计，不邀请孙武出山不可能成功。

据说，伍子胥曾经先后七次向阖闾举荐孙武。阖闾见伍子胥锲而不舍地建议自己任用孙武，久而久之倒也生出了一种好奇的心理。他知道，伍子胥已是一位不可多得的人才，他既然如此器重这位孙武，那么孙武肯定不是一名等闲之辈。因此，他决定不论如何，还是要会一会这个神秘的人物，眼下毕竟正值用人之际。于是，他对伍子胥说："好吧。爱卿既然如此器重并一力保举他，那么就劳烦爱卿请他来姑苏一见如何？如其果真就像爱卿所说的那样，寡人定当不食前言，委以重任。"伍子胥听罢，不禁心中大喜，连忙答应下来。

伍子胥见阖闾终于答应召见孙武，兴奋、激动之情溢于言表。他辞别吴王回到家中之后，立即修书一封，命一心腹之人，连夜赶往孙武隐居之处，请他携带所著兵书，速速前来。

却说当初伍子胥前去姑苏之时，孙武就已料定他不久必会前来邀请自己出山，所以如今见到见来使，倒也并不感到突然。不过，能够早日登上政治舞台，成就一番常人无法企及的功名事业，毕竟是他盼望已久的事情，因而看完伍子胥的来信之后，他当即命令家人打点行装，准备启程前往姑苏。

第五章　演阵斩美　拜将佐吴

由隐居地到姑苏城，路途并不遥远，孙武一行只一两日就赶到城里，来到了伍子胥府上。伍子胥闻报孙武已经来到自己的大门口，急忙迎了出来。老朋友相见，自是亲切无比，相互拉着对方的双手凝视了很久才开口寒暄。当下，伍子胥连忙将孙武邀入内室，将吴国朝中目前的局势向老友详细作了介绍，并认为建功立业的大好时机已经到来，表示希望孙武能够不食前言，与他同心戮力，一起协助吴王成就霸业。孙武听罢，非常高兴，说这本来也是自己的宿愿，如今天赐良机，岂能轻易错过，所以一切拜托子胥运作即可。伍子胥听说，不禁大喜。于是，他一面派人前去安排住宿，一面吩咐下人准备宴席，为孙武接风洗尘。

饮宴完毕之后，伍子胥亲自将孙武送至馆舍住下，嘱咐孙武先好好休息一下，由自己先将其所著兵书十三篇献给吴王，后面的事情待吴王看过兵书之后，视吴王的态度再行定夺。孙武一一答应。伍子胥说罢，即与孙武拱手作别，带着随从自回府中。

一、演阵斩美，初露锋芒

次日一早，伍子胥草草用过早膳后即赶往宫中去见阖闾。他向阖闾报告了孙武已经到达姑苏的消息，并将孙武所著十三篇兵书呈了上去。阖闾接过之后，当即在案几上展开，认真地阅读起来。一篇尚未读完，他就被孙武那博大精深的思想和切中要害的论述吸引住了。就这样，他一边读一边不住口地称赞，一口气通读完了这部五六千字的兵书，深深地被孙武所折服了。他掩卷沉思了片刻，然后抬头对伍子胥说："你立即陪我亲自前去拜访这位孙先生，这实在是一位可遇而不可求的难得之才。"说罢，便吩咐立即备车。

吴王能够接见他，是孙武意料中的事情，但吴王会如此之快地亲自前来馆舍拜访他，是孙武所未曾想到的。如今他见吴王已经驾临馆舍，急忙整衣正冠，趋出迎接，与伍子胥一同陪侍吴王步入室内。

宾主寒暄过后，分别落座。阖闾仔细打量了一下眼前这位陌生的年轻人，只见他双目炯炯有神，面容威严大方，不卑不亢，镇静自若，眉宇间透出了少有的干练和成熟，不觉得心中平添了几分喜欢。于是，他看着孙武缓缓说道："先生的大作，我已经全部拜读，果然是字字珠玑，名不虚传，只是不知能否在小范围内演练一下？"孙武回答说："可以。"阖闾又进一步问道："能否就用我宫中的妇人实验一下呢？"孙武听罢，自知吴王这是有意要"考一考"他，看他到底有无真本事，看来这位国君对自己还不是十分信任。想到这里，他目光坚定地回答说："当然可以！"孙武的回答，让阖闾颇感意外，因为他的本意是要难为孙武一番，并不是真的要用妇人操练阵法；在他看来，妇人是根本不可能用来演练阵法的。不过，话已经说了出来，而且孙武回答可以，那就不妨看看他到底怎样来操练这些常年生长宫中、娇生惯养的女子！于是，阖闾看了看孙武和伍子胥，意味深长地说："那太好了！咱们现在就回去演练。"说完，便站起身来，命随从们起驾。伍子胥满脸疑惑，又不便说什么，只好与孙武一同出门登车，随阖闾打道回宫。

回到宫中之后，阖闾当即命令从后宫选出一百八十名宫女，交给孙武，让孙武组织他们进行演练。孙武说："军旅之中，必须号令整肃，赏罚分明，请求立执法军吏一人，以主传谕，另选武士数人，执刀斧立于将坛之上，以壮军威。"吴王均准其所请，然后与伍子胥走上观礼台坐下，要静观孙武"演兵"。

孙武胸有成竹，自是不慌不忙。他将宫女分为两队，就用吴王平时最宠爱的两个美姬充做队长，让她们各领一队，然后均顶盔挂甲，持戟执盾，列队听命。孙武说："你们知道自己的心、左右手和后背吗？"众美女七嘴八舌的回答："知——道！"孙武又说："命令前进时，你们要朝心口对着的方向迈步；命令左转时，你们要朝左手对着的方向迈步；命令右转时，你们要朝右手对着的方向迈步；命令后转时，你们要朝后背对着的方向迈步。"众美女仍然是七嘴八舌地回答："是——"操练规定和要领宣布完毕，孙武便命令准备好刑具，并三番五次地告诫她们一定要按照要求操练。

一切准备停当之后，孙武大步升坛，击鼓为号，下令开始操练。不料想，众美女不但不按照孙武的要求和命令进行操练，反而哄然大笑起来。孙武说："规定和要领不明确，命令申述得不清楚，这是我的过错。"于是，他再次把各种规定和动作要领仔细申说了一番，并三令五申地告诫她们一定要听从命令，认真操练，然后击鼓为号，下达命令。哪里知道，美女们根本不把孙武的命令当回事，依然笑得东倒西歪。孙武不禁大怒，神色凝重地说："规定和要求不明确，命令申述不清楚，这是将领的过错；规定和要求已经明确，命令也申说清楚了，但仍不按照要求和命令操练，这是官吏和士卒的过错！"说完，便大声命令将左右队长推出去斩首。

这时，正坐在阅兵台上观看孙武练兵的阖闾，见孙武要将他的两个宠姬斩首，不仅大吃一惊，连忙派人下去对孙武说："寡人已经知道将军能用兵了。寡人如果没有这两个爱姬伺候，将会食不甘味，寝不安席，请将军赦免了她们！"孙武说："军中无戏言。我既已受命为将，将在军，虽君命有所不受！"说完，便命令执法官立即行刑。不一刻，阖闾的这两个美丽的爱姬便身首异处、香消玉殒了。其他宫女无不吓得面如灰土，浑身颤抖。阖闾见状，不禁满面怒色，却又一时不便发作。

孙武将吴王的两名爱姬枭首示众之后，不顾吴王已经发怒，仍然指挥宫女们继续演练。他又选出两个人作为队长，再次击鼓发令，继续操练。这时，众美女左转、右转、前进、后退、跪下、起立，均严格按照命令和要求进行，一招一式，无不中规中矩，动作整齐划一，没有一人敢再出声。一二百个花枝招展的美女，俨然成了一支训练有素的坚强队伍。于是，孙武派人向阖闾报告说："队伍已经操练好了，大王您可以亲自下来检阅了。现在，这支队伍任凭大王指挥，即使让她们赴汤蹈火，她们也会在所不辞。"阖闾正在气头上，闻报之后没好气地说：

"将军回馆舍休息吧，寡人不想下去看了！"不过，他也由此知道，孙武的确精于用兵之道。

孙武听了使者的回话，不由得淡淡一笑，自言自语地说："看来大王不过是喜欢我兵书上的那些词句罢了，实际上并不是想真的实行这些理论。"说完，他即遣散宫女，自己乘车回馆舍安歇。

二、君臣论治，见识高远

阖闾回到宫中之后，仍然余怒未消，满面愠色。这时，伍子胥谏道："下臣听说，兵凶战危，不可虚谈。良将以果毅为能，诛杀不果，则威令难行。大王要想征伐楚国，必得良将；而当今能辅佐大王伐楚图霸的良将，非孙武莫属。再说，美色易得，良将难求。愿大王捐弃二姬之嫌，重用孙子。"

阖闾本来就是一个聪明英断的人，他其实也并非不懂得这个道理，只是因为两个宠姬被杀而一时昧于情感才失去理智。所以，经伍子胥这么一说，也就立刻回心转意，表示还是要重用孙武，请伍子胥放心。伍子胥见吴王有这样的态度，方才放下心来，起身告辞。

第二天，阖闾在伍子胥的陪同下，又一次前往馆舍看望并挽留孙武。他首先向孙武表示歉意，然后表示希望孙武能够留下来与伍子胥一起辅佐自己。孙武见吴王胸襟如此豁达，深为折服，也就打消了"去之"的念头，表示一定不辜负吴王的知遇之恩。于是，君臣遂就古人经国治军的经验教训和当今诸侯为政理民的利弊得失闲谈起来。

聊着聊着，阖闾与孙武谈论起了治军之道，孙武便根据自己对历史的广博了解和深刻见识，向阖闾介绍了黄帝征伐四方的经验。他说："在远古的时候，黄帝统治着中央大地，控制着各处的关隘渡口，而四周的部落首领为害作恶，肆虐天下。黄帝决心拯救民众，创造一个和平的环境。他首先采取了与民休息、广积粮谷、减轻刑罚的政策，在取得天时、地利、人和三个方面的优势之后，才大兴义师，开始征伐四方，结果终于先后击败了四方的部落首领，赢得了那些地方人民的爱戴。后来，到了夏朝的末期，商汤顺从民心，伐灭夏桀，从而据有九州。到商纣王时，周武王又吊民伐罪，在孟津与八百诸侯会师，共同结束了纣王的暴政。这一帝二王，无不是既得天时、地利，又得民众之心，才无往而不胜的，所以实为后世君主可以仿效借鉴的典范。"阖闾认为孙武所说极是，因而禁不住连连点头，自称深受教益。

阖闾很想进一步了解一下孙武的政治见识，同时也想知道孙武对当时的中原霸主晋国的看法，便询问道："晋国的大权实际上被范氏、中行氏、智氏、韩氏、魏氏、赵氏这六家世卿所控制，他们之间又相互争权夺利。依将军之见，长此以往，六卿当中哪一家会最先败亡？哪一家能够最终兴盛起来？"孙武回答说："六卿之中，范氏和中行氏两家会最先败亡。"阖闾追问道："您这样说，根据是什么？"孙武从容不迫地说："这是根据他们的亩制大小、所收租赋多少、养兵多寡和官吏贪廉情况判断的。范氏和中行氏两家，以八十步为畹，以一百六十步为亩，亩制最小，但收取的租税最重，是十分抽五。并且，他们官吏众多又骄奢淫逸，军队庞大而且屡屡用兵。这样，公室聚敛无度，民众转死沟壑，长此以往，必然会众叛亲离，瓦解灭亡。"阖闾继续问道："那么范氏、中行氏败亡之后，厄运又将会轮到哪家头上呢？"孙武答道："与此同理，下一个灭亡的将会是智氏。因为智氏的亩制，只比范氏、中行氏略大，是九十步为畹，一百八十步为亩，租税同样是十中抽五，并且同样是公室富有、民众贫困、君臣骄奢、穷兵黩武，所以他们必然会重蹈范氏和中行氏两家的覆辙。"

不料想，阖闾这时上来一股打破砂锅纹（问）到底的劲头，继续问道："跟在智氏后面倒霉的将会是谁?"孙武回答说："恐怕将是韩、魏两家。这两家，亩制更大一些，是以百步为畹、二百步为亩，但租税依然是十中抽五，病根与前面说到的几家相同，只是因为其亩制更大一些，人民负担相对轻一些，所以能比前三家多苟延残喘一段时日。至于赵氏家族的情况，与那五家可就大不一样。一是他们的亩制最大，以一百二十步为畹、二百四十步为亩；二是他们的兵员数量最少——这样，就会在上者不至于过分骄奢，在下者可得温饱。俗话说，苛政丧民，宽政得人。所以，赵氏的兴旺发达是必然的趋势，晋国的政权迟早会落入赵氏手中。"

孙武对晋国六卿兴盛衰亡的这一番宏论，不仅使阖闾受到很大的触动和启发，而且使他进一步认识了孙武在政治、军事方面的远见卓识和深邃的洞察力，从而更加坚定了他要重用孙武的决心。他不由得连连称善，感慨地说道："看来，王者的成功之道，就在于厚爱他的民众而不失人心啊!"然后又对孙武说道："先生能够答应留下来辅佐寡人，寡人不胜感激。先生刚才的一番宏论，真使寡人有茅塞顿开之感。今天就到这里吧，寡人回去准备几天后，一定择吉日请先生出任大将之职。"说完，就与伍子胥一同起身，带着随从们打道回宫。孙武送出门外，恭敬作别。伍子胥也就此告辞，自回家中。

三、登坛拜将，助决大计

几天之后，阖闾果然派使者来馆舍召孙武入宫任职。他特地修筑了拜将坛，为孙武举行了隆重的拜将仪式，亲自宣布任命孙武为大将，并将印信符节等亲手交给孙武，然后请孙武坐下，让他和伍子胥一起，为自己谋划强吴伐楚图霸的大计。

当时正值春秋末期，中原地区在经过了一系列的图霸战争之后，各诸侯国尤其是一些小国，均疲惫不堪。于是，经宋国的向戌倡导，大家于周灵王二十六年（前546年）举行了一次弭兵之会。这样，中原地区便出现了一个短暂的相对和平的局面。而这时的晋、楚、齐、秦几个大国，由于国内矛盾激化，力量受到削弱，也不得不放慢了对外扩张兼并的步伐，从而使得偏处东南的吴国和越国，终于开始兴盛起来，具备了参与争霸的力量。

吴国的迅速崛起，使其西面的近邻楚国感到了威胁；而楚国由于在与晋国的争霸过程中处于下风，也有意把打击和兼并的目标对准实力相对较弱的吴国。这样，吴、楚两国就不可避免地成为宿敌。至于晋国，出于与楚国争霸斗争的需要，则采纳楚国流亡大臣申公巫臣的建议，不失时机地与吴国结成反楚联盟。楚国这时好像也觉察到了晋国的用意，所以也照样画葫芦，参照晋国连吴制楚的做法，伐谋伐交，极力拉拢东方的越国，以便从后方威胁吴国。而北方的齐、鲁等国，对于吴国的坐大，也感到非常不安，企图从各个方面对吴国施加压力。这样一来，吴国等于是处在三面受敌的局面之中。

吴国要在这样的环境中求得生存并图创霸业，就必须从西、北、南三面中选择一个首先予以打击的方向，取得成功，然后相机行事，南下或北上，从而最终实现称霸中原的战略目标。孙武与伍子胥一起，通观全局，分析利弊，经过反复论证后，向吴王提出了首先集中力量打击楚国的建议，并且为吴王所采纳。

历史证明，孙武、伍子胥等人的建议是非常正确的。选择楚国作为吴国首先进行打击的目标，其正确性在于：第一，楚国位于长江上游，幅员辽阔，兵员众多，长期以来靠兼并周边小国而不断壮大起来，其不仅亡吴之心不死，是吴国最大的心腹之患，而且有争霸中原的野心，也是吴国图霸的一个直接对手。第二，楚国虽为强国大国，但当时国内奸佞当道，国君昏庸，政治日趋腐败，各种矛盾尖锐复杂，局势动荡不安，并且由于长期用兵，一方面导致财力空虚匮乏，民众困顿，另一方面在外交上也相对陷入孤立。第三，伐楚可以得到晋国的积极支持，一般不至于遭到其他诸侯国的反对。齐、鲁诸国虽对吴国的兴起心存忌惮，但对楚国更为惧怕，所以至少可以保持中立。越国虽为吴国宿敌，但此时整体实力毕竟逊于吴国，且刚刚被吴国打败，一般不可能对吴国构成太大的威胁。

相反，当时如果将首先打击的目标无论是定为北方的齐、鲁诸国还是定为南方的越国，则都是错误的。一是，如果定为北方的齐、鲁诸国，不仅师出无名，没有必胜的把握，而且即使取得一定的胜利，也很难从中获得多少实际利益。此外，齐、鲁诸国均是立国悠久的“礼仪”大国，在诸侯国中素具威望，吴国要进入中原列国的圈子，还少不了它们的认可和提携。所以，吴国不唯不能攻击它们，而且还要将它们作为外交上着意争取的对象。二是，由于越国距离中原更为偏僻遥远，如果首先攻打越国，不仅对于吴国的争霸事业产生不了多大影响，而且还会给楚国以可乘之机，使自己陷入两面受敌的困境。

从上述分析不难看出，孙武和伍子胥既善于透过各种表面现象看到问题的本质，又善于在各种错综复杂的矛盾中准确地抓住主要矛盾，从而表现出高超卓越的政治、军事思想和远大深邃的战略眼光。

第六章 破楚威晋 急流勇退

图霸的战略方针确定之后，阖闾君臣便以楚国为首选的打击目标，积极行动起来，动员全国的力量，开始进行战争准备。

在对楚的长期战争中，吴国虽然逐渐占据了主动地位，但就两国的整体实力而言，楚国仍然具有明显的优势。楚国的优势主要表现在这样几个方面：（1）楚军数量众多，兵员达二十万人，而且兵种齐全，武器装备精良，实战经验丰富，而吴军只有数万人，作战经验、武器装备等也均不如楚军。（2）楚国幅员辽阔，具有良好的战略纵深，吴军一旦深入其腹地，就会形成“劳师袭远”与“千里馈粮”的局面，而这恰恰是古今用兵之大忌。（3）楚国都城郢，墙坚壕深，易守难攻。有鉴于此，一方面，孙武坚决反对在准备不足的情况下即急于求成，发兵攻楚（如周敬王八年，阖闾即欲发兵大举攻楚，孙武以“民劳，未可，待之”进行谏阻），另一方面，他广思谋略，建议积极地创造条件，以促使敌我优劣态势的转化，然后把握时机，大举出兵，彻底地战而胜之。

一、翦其羽翼，轮番出击，疲耗楚军

为着不断地削弱楚国的实力，孙武与伍子胥先后提出了翦其羽翼、积小胜为大胜和轮番袭扰以疲耗楚军的策略。

翦楚羽翼是孙武等人为削弱楚国实力所采取的第一个妙着。原来，吴王僚被刺杀时，他的两个弟弟掩馀和烛庸正伐楚在外。在得知王僚被刺后，掩馀投奔了徐国（今安徽泗县北），烛庸投奔了钟吾国（今江苏宿迁东北）。徐国和钟吾国都是楚国的属国，对二人的来奔自然欢迎，而这二人则以两国为基地，积极积蓄力量，与阖闾为敌。周敬王八年（前 512 年），阖闾曾胁迫徐国和钟吾国交出二公子。两国自恃有楚国为靠山，拒不交人，并且资助二公子，让他们直接去投靠了楚国。阖闾闻讯不禁大怒，立即发兵，与孙武、伍子胥一起，先后将钟吾国和徐国攻灭。徐国和钟吾国虽小，但战略地位重要。它们的被灭，不仅在一定程度上削弱了楚国，而且为日后伐楚扫清了道路。

翦楚羽翼固然在一定程度上起到削弱楚国实力的作用，但真正使楚国实力大受损耗的是一些带有游击战性质的策略。这些策略主要有：（1）主动出击，蚕食其地盘，消灭其有生力量，积小胜为大胜。（2）轮番出击，疲楚误楚，消耗其国力。

孙武在出任吴将的当年，即与阖闾率兵攻克楚的属国舒（今安徽庐江西）；次年，又独自率军攻克楚养城（今河南沈丘东南），擒杀了盘踞在那里的掩馀和烛庸，基本廓清了楚国在淮水北岸的势力。周敬王十二年（前 508 年），阖闾采纳孙武的“伐交”策略，先是策动桐国（今安徽桐城北）叛楚，继而又使舒鸠氏（今安徽舒城北）引诱楚师出击。楚国果然上当，派令尹囊瓦率师东征。结果，孙武以逸待劳，在豫章出其不意地发动攻击，大败楚军，并乘机攻下了巢地，活捉了楚守将公子繁。这些规模不大的主动出击，不仅使楚军连连丧师失地，而且沉重打击了他们的士气。

在不断主动出击的同时，伍子胥还针对楚军人数众多、军令不一、机动性较差的特点，创造性地提出了“疲楚误楚”的策略。具体方法是：将吴国的军队分为三支，轮番出击；一支出动，以吸引楚军出动，其余两支休整待命；只要楚军一出动，出击的吴军就退回境内；楚军如果也退回，则休整待命的吴军就再出动一支，前去袭扰楚军——这样，敌退我出，敌出我退，轮番出击，轮番休整，吴以三分之一的兵力就可以使楚军陷入疲于奔命的窘迫境地，久而久之，其实力必然会大受损耗，从而人心厌战。

“疲楚误楚”的策略实行之后，在六年的时间里，吴军先后袭击了楚国的夷（今安徽涡阳附近）、潜（今安徽霍山东北）、六（今安徽六安北）和弦（今河南息县西南）等地，害得楚军东奔西走，穷于应付。而吴军这种敌出我退、敌退我出、打了就走、不与决战的做法，也给楚军造成了一种错觉，使他们误认为吴军仅仅是欲行骚扰而已，忽视了吴军将要大举攻楚的战略目的，从而放松了警惕。

二、迂回奔袭，五战入郢，先胜后败

周敬王十四年（前506年），大举伐楚的机会终于来到了。

这一年秋天，楚国不顾百姓困乏、国力损耗的处境，继续穷兵黩武，出兵围攻蔡国。蔡国国力不支，只好向吴国求援。而这时，唐国国君也因愤于楚国的不断勒索与侵夺，主动遣使与吴国修好，并表示愿意协助吴国共同伐楚。唐、蔡虽为小国，兵微将寡，但位于楚国北部侧背，战略地位十分重要。吴国可以通过与它们结盟，实施避开楚国重兵把守的正面，进行战略迂回，从侧面发动突袭，直捣其腹心的作战计划。所以，孙武早就对阖闾说过：“王欲大伐楚，必得唐、蔡之助而后可。”如今唐、蔡两国主动来归，正是吴国君臣求之不得的事情，所以他们好言慰抚，立即应允。

同年冬天，阖闾决定亲自率军出征。他任命孙武、伍子胥、伯嚭为将军，胞弟夫概为先锋，出动兵力三万余人，联合唐、蔡两国，从楚国东北部防御薄弱空虚之处，水陆并进，大举伐楚，从而拉开了千里奔袭、破楚入郢的序幕。

战争初期，吴军“以迂为直”，实施大规模的战略迂回。他们溯淮水而上，向西进抵淮汭（ruì，今安徽凤台附近，一说在今河南潢川西北），然后舍舟登陆，在唐、蔡军队的配合下，以精兵三千五百人为前锋，兵不血刃，神速通过了楚国北部的大隧、直辕、冥厄三处险要隘口（均在今河南信阳一带），穿插挺进到汉水东岸，从而在战略上处于主动地位。

楚国君臣对此毫无思想准备，在得知吴军大举来攻的消息之后，均大为吃惊，不得已只好仓促部署，派兵迎战。这时，楚庄王早已去世，他的儿子昭王在位。昭王急命令尹囊瓦为统帅，与左司马沈尹戌、武城大夫黑、大夫史皇等人，率楚军昼夜兼程，赶往汉水西岸布防。这样，吴、楚两军遂隔汉水形成对峙局面。沈尹戌是楚军中最有见识的将领。他根据战场形势的特点，向囊瓦献计说：“令尹率主力在汉水岸边阻击吴军，从正面吸引吴军的注意力。由在下北上方城（今河南方城境内），征集驻扎在那里的楚军作为机动部队，迂回到吴军侧后，毁掉其停泊在淮汭的舟楫，阻塞大隧、直辕、冥厄三个险要隘口，切断吴军的归路。然后，你我再前后夹击，可以一举歼灭入侵之敌。”囊瓦表示同意，于是沈尹戌只带了少量兵力即刻启程。

哪里知道，沈尹戌刚刚走后不久，囊瓦就改变了主意。他怕沈尹戌立下大功，又听从了武城黑等人的怂恿，竟然不等沈尹戌完成迂回包抄行动，即率军仓促渡过汉水，主动进击吴军。阖闾和孙武、伍子胥等见状，不禁大喜过望，立即率军后撤，准备用后退疲敌、相机决战的策略歼灭楚军。昏庸无能的囊瓦果然中计，以为吴军怯战，便率军跟在吴军后面紧紧追赶。吴军从小别山（今湖北汉川东北）向东一直撤至大别山（今之大别山山脉），一路上几次小规模交锋，接连挫败楚军。楚军因长途追击，又频频失利，导致部队疲惫，士气低落。

孙武和伍子胥见楚军已陷入困境，便当机立断，建议阖闾选择阵地，与楚军进行决战。十一月九日，吴军在柏举（今湖北麻城东北，一说在湖北汉川附近）布下阵势，迎击楚军。

吴军先锋夫概，年轻气盛，认为囊瓦向来不得人心，楚军上下已无死战求胜之志，因而建议立即发动攻击。阖闾出于谨慎，没有采纳夫概的意见。夫概不服，便擅自率所部数千人向楚军发起了进攻。楚军果然如夫概所料，一触即溃，阵势大乱。阖闾、孙武和伍子胥见夫概既已获胜，遂乘机将主力及时投入战斗，结果打得楚军大败亏输。囊瓦惊慌失措，竟然弃军不顾，只身逃往郑国，史皇则当场战死。吴军取得了柏举会战的决定性胜利。

在遭受重创之后，楚军仓皇向西南方向溃逃。孙武等人则指挥吴军紧紧追赶，尾随不舍，先后在清发水（即涢水，在今湖北安陆西）、雍澨（今湖北京山西南）追上楚军，予以痛击。在雍澨，吴军与从息（今河南息县西南）回援的沈尹戌遭遇。两军经过一番激战，楚军又被击败，主将沈尹戌伤重而亡。吴军势如破竹，五战五胜，长驱直入，直逼郢都。楚昭王见大势已去，只好带领少数大臣狼狈逃往随国（今湖北随州）。十一月二十九日，阖闾遂与孙武、伍子胥等人率军攻陷郢都。吴楚之战，终于以吴军大胜郢都陷落而宣告结束。

据《吴越春秋》记载，吴军入郢之后，阖闾君臣踌躇满志，心态均发生了很大变化。他们分别入居楚国君臣的宫室府第，

“君居其君之寝，妻其君之妻；大夫居其大夫之寝，而妻其大夫之妻”，并且纵兵奸淫掳掠。夫概与公子山为争夺囊瓦之宫，几乎到了互相攻击的程度。伍子胥见未能擒获昭王，便掘平王之墓，鞭尸三百，以报其杀父灭族之仇。

吴军大肆掳掠行暴的丑恶行径，激起了楚国民众的愤慨。他们纷纷组织起来，反抗吴军的暴行。这时，一些诸侯国也开始同情楚国，向吴国施加压力。楚大夫申包胥，于郢都陷落之前奉命前往秦国求救，在秦庭痛哭七天七夜，终于感动秦哀公，乞得秦师援救楚国。于是，形势发生逆转，吴军开始陷入政治、军事和外交上的被动，先后在沂（今河南正阳境内）、军祥（今湖北随县西南）、雍澨、公胥之溪（今湖北襄樊东）遭到惨败。南方的越国，也趁火打劫，乘虚袭击吴国。公子夫概因沂地之败而遭到阖闾的痛责，一怒之下，潜回国内，自立为吴王，与阖闾分庭抗礼。阖闾得知后院起火，不禁忧心如焚，再也顾不上与秦、楚联军恋战，匆忙率部分精锐士卒赶回吴国，并击败夫概，保住了王位。孙武、伍子胥等也都先后从楚国撤了回去。

吴军破楚入郢之战最后以失败撤回而告终的结果，是孙武万万没有想到的。不过，楚国遭此沉重打击，也是元气大伤，在相当一段时间内无法对吴国构成严重威胁。

三、夫差即位，穷兵黩武，终致败亡

吴军虽然从楚国败退国内，但实力并没有受到太大的损伤，因而不久又开始了究竟是先南服越国还是先北威齐、晋的谋划。从有关史料的记载和《孙子兵法》中的蛛丝马迹可以看出，孙武和伍子胥是主张首先南伐越国的，而阖闾与后来的继任者夫差则主张首先北上与齐、晋等国争锋。但由于局势的限制，君臣在这一问题上最终达成了暂时的一致，决定首先南下攻越。

周敬王二十四年（前496年），阖闾得知越王允常去世，其子勾践继位，遂决定乘机南伐越国。伍子胥以时机尚不成熟为由进行劝阻，阖闾不听。在阖闾看来，强大如楚国，尚且被自己打得大败，国都都被攻破，一个小小的越国，而且国君年轻无知，又会有什么能为呢？因而不顾伍子胥的反对，我行我素，大举出师。勾践闻报，也不甘示弱，毅然率军迎战。结果，双方在吴越边界的槜李（今浙江嘉兴一带）相遇。两军交战，吴军先胜后败，损失惨重，阖闾也受到重伤，被迫撤离战场，退回本国。

退回国内不久，阖闾即因伤重而死。临终之际，阖闾悔恨莫及，再三嘱咐其子夫差，“必毋忘越”，牢记杀父之仇，立志雪耻。夫差继位后，果然严格遵循乃父的遗志，时刻不忘这一深仇大恨，努力发展军事力量，进行战争准备。孙武见夫差雄心勃勃，有图取大业的气象，倒也感觉欣慰，因而便与伍子胥一起，又开始忠心辅佐夫差，以求吴国重新走上强盛之路。

周敬王二十六年（前494年），勾践因夫差“日夜勒兵”，欲图报仇，便先发制人，主动出兵攻打吴国。夫差闻报，当即调集精兵十万，与孙武、伍子胥等一道率军前往应敌。这一次，双方在夫椒（今江苏苏州吴中区与相城区西南太湖边上）相遇，交战的结果是越军大败，丢盔卸甲，仓皇南逃。吴军在孙武和伍子胥的指挥下，穷追不舍，一直追到越国都城会稽，将勾践君臣连同数千名残兵紧紧地围困在会稽山上。在水断粮绝、走投无路的情况下，勾践只好向吴屈辱求和。夫差不听伍子胥的劝告，接受了勾践的请求。

夫椒之战，使越国遭到重创。此后，在相当长一个时期内，吴国成为越国的宗主国，不仅操纵着它的一切事务，而且迫使勾践夫妇到吴宫中侍候夫差。这样，吴国的图霸大业又向前迈进了一大步。

历史往往有着惊人的相似之处：吴国在夫椒之战大胜之后，夫差也像当年他的父亲阖闾一样，开始志满意骄，忘乎所以。他刚愎自用，称霸天下的欲望急剧膨胀，竟然不顾孙武和伍子胥的劝告，一方面养虎遗患，释越而不灭，另一方面急于北进中原，与齐、晋争强。自周敬王二十六年起，十年之中，夫差为勾践制造的种种假象所蒙蔽，完全放松了对越国的警惕，只是一心准备向中原用兵。周敬王三十四年（前486年），吴国修筑邗城（今江苏扬州附近），并在其旁边开凿运河，以“沟通江、淮”。次年，吴又两次攻齐，以了解齐国的虚实。一切准备就绪之后，夫差遂于周敬王三十六年联合鲁国，大举伐齐，从而爆发了著名的“艾陵之战”。此战，吴军大败齐师，斩杀齐“甲首三千”，获“革车八百乘”，并俘虏齐师许多将领。艾陵之战的胜利，使得夫差更加骄横和不可一世。于是，他又着手准备进攻晋国，与其争夺霸主的地位。

周敬王三十八年（前482年），夫差亲自率领吴军主力北上，去国两千余里，来到宋、卫、郑、晋交界的黄池（今河南封丘南），与周王室的单平公以及晋定公、鲁哀公等会盟。夫差意欲以武力为后盾，在会盟中压晋国让出霸主地位，因而只留下少量军队由太子友统领，驻守姑苏。勾践探知夫差倾巢出动，姑苏空虚，遂尽起精锐之师，兵分两路，一路由范蠡率领，阻击可能自黄池回救的吴军主力；一路由自己率领，乘虚进袭姑苏。姑苏很快即被攻破，太子友被杀，姑苏台被焚，就连专供夫差乘坐的大船也被越军夺走。

消息传到黄池，夫差十分恐惧，但他还是不肯放弃与晋国争夺霸主地位的努力。为防止消息走漏，他连杀七名信使，然后将大军排成三个方阵，向晋定公炫耀武力，以迫其服软。晋定公不知虚实，便不再与夫差争执，勉强承认其“伯长”的地位。目的既已达到，夫差急忙率军赶回吴国。然而，这时姑苏早已陷落，太子也早已战死，消息当然也就无法继续保密，吴国军心因此涣散。再说，经过长期远征，往返奔波，吴军也已经是人困马乏，疲惫不堪。夫差见局面如此，自知无法再战，便派人前去讲和。勾践君臣认为，此时消灭吴国机会还不成熟，因而顺水推舟，同意了夫差的求和。但是，经此打击，吴国实力大损，形势开始朝着有利于越国而不利于吴国的方向转变。

周敬王四十二年（前478年），吴国发生严重的旱灾，庄稼颗粒无收，饥民四出就食，国家仓廪空虚。越国君臣认为灭亡吴国的大好时机已经来到，遂动员全国的力量，大举攻吴。夫差闻报，不得已只好率军出城迎战。双方在笠泽（水名，在今江苏苏州以南，自太湖至东海）进行决战，结果吴军大败，遭受重创，并从此一蹶不振。

周元王元年（前475年），越军再次大举攻吴，将姑苏紧紧围困起来。周元王三年（前473年），姑苏终于被越军攻破。夫差逃到姑苏山，企图以当年勾践屈服于自己的方式向勾践求和。勾践既然已将夫差逼入绝境，岂能让他再获生机？所以，夫差只好自刎而死，吴国由此灭亡。

阖闾与夫差，父子二人小有成就即患上了大头症，他们不纳忠言、穷兵黩武，因而终致殒命亡国。所以，他们的死均不足惜。可惜的是，孙武与伍子胥这两位旷世奇才，不仅多年的心血毁于一旦，而且还分别落了个或埋名隐居或被害惨死的下场！

四、孙武明智，急流勇退，飘然高隐

吴国是孙武一生事业的起始与终结之地。在这里，他撰写了经典之作《孙子兵法》，又与伍子胥共同辅佐阖闾和夫差，“西破强楚，北威齐晋，南服越人”，“显名诸侯”，成就已经足可与天地并存，与日月同辉。但是，以上这些，恐怕远不是孙武的全部愿望和理想。如果条件允许，他肯定将会以更大的热情全身心地投入到更为宏大的事业中去——以吴国为依托，佐明主平天下，建立一个如商、周那样的统一王朝。因为，当时他毕竟才只有四五十岁，精力、智慧、才华、经验正值高峰时期。关于这一点，我们从其所著兵书中提及的“殷之兴”与“周之兴”等语境中不难体味出来。

然而，就在这种时候，这位杰出的大军事家急流勇退，选择了归隐，从此在神州大地上销声匿迹，莫知所终。

分析孙武归隐的原因，可能有以下几个方面：（1）与夫差在战略思想上有严重分歧，遭到了夫差的冷落和排斥；（2）性格刚正不阿，看不惯夫差日益骄慢自大、刚愎自用、一意孤行的作风；（3）自己的好朋友伍子胥惨遭迫害且被逼自杀身亡，自知事业无望。

在北伐还是南征的问题上，孙武和伍子胥是主张先南下灭掉越国，然后再养精蓄锐、观衅而动、相机北上中原争霸的，但夫差就是不肯听从。他先是重创越国而不灭，后则北上伐齐并急于与诸侯争长，平时则宠信奸佞之臣伯嚭。所有这些，都使孙武日渐寒心和失望。孙武是何等聪明之人，以他的敏锐、冷静、深刻和明智，岂能不知道这样下去会有什么后果？所以，以上情况应是他决定急流勇退飘然高隐的根本原因。但是，伍子胥之死，则无疑在关键的时候起了关键的作用——也就是说，伍子胥的惨死，才促使孙武终于下定了归隐的决心。

原来，在艾陵之战前夕，伍子胥见夫差昏聩不听忠告，而越国的威胁日渐变成现实，吴国的江山社稷势将不保，便借出使齐国之机，把自己的儿子托付给齐国贵族鲍氏抚养，以求一旦国破家亡时能保存下自己的骨肉，延续家族的血脉。不料想，艾陵之战夫差大胜归国后，太宰伯嚭遂乘机诬陷伍子胥与齐勾结，图谋不轨，不仅把儿子留在了齐国，而且在伐齐时装病不肯随军出征。夫差本来就对伍子胥不满，听后自然大怒，说道："就是你不说，我也早就怀疑他了。"于是，他派人将一把名叫"属镂"的宝剑"赐"给伍子胥，逼其自杀。伍子胥接到使者送来的宝剑和吴王之命后，回顾自己坎坷的经历，想到吴国暗淡的前景，不禁心中酸楚，悲从中来。他仰天叹道："唉！谗臣伯嚭要祸乱吴国，大王却要杀我。我帮助你父亲成就了破楚大业，又以死相争使你立为太子。你即位后曾想将半个吴国分给我，我都没有接受，现在怎会图谋你的吴国？想不到你现在竟然听信谗言，要杀害长者！"然后，他又对手下人说："我死之后，一定要在我的墓地种上梓树，将来也好用来做成棺材，埋葬这个昏君；再把我的眼睛挖出来，悬挂到东门之上，好让我看着越寇怎样灭亡吴国！"说罢，便横剑一挥，气绝身亡。

夫差得知伍子胥临终留下如此遗言，不禁大怒，竟然一不做二不休，丧心病狂地让人将伍子胥的遗体装进皮囊，抛入汹涌奔腾的江水中。

作为知心朋友，孙武对伍子胥的不幸遭遇肯定无限同情，他也会在自己力所能及的范围之内进行救助。但是，由于夫差早就将孙武视为伍子胥的同党，他不仅不会听从孙武的谏阻，而且只会更增戒心。眼睁睁地看着自己的好友兼志同道合者命赴黄泉而爱莫能助，孙武悲愤、无奈和绝望的心境是不难想见的。所以，在伍子胥死后，孙武已经绝对不可能再继续留在夫差这个昏君加暴君的身边。急流勇退，归隐山林，才合乎其明智性格的逻辑发展。“将听吾计，用之必胜，留之；将不听吾计，用之必败，去之。”这就是孙武当时真实心态的写照。

由于史籍缺载，孙武离开吴宫之后，究竟归隐何处，还是根本就没有归隐，而是也被夫差杀害，至今仍是一个难解之谜。根据有限的文字材料记载加以分析，我们认为大致有以下几种可能：（1）依然留在吴国，隐居山林，耕读自娱，同时进一步修订其兵法著作，默默无闻直至去世，死后即葬在吴都郊外。《越绝书·记吴地传》说：“（姑苏）巫门外大冢，吴王客齐孙武冢也，去县十里。（孙武）善为兵法。”这是关于上述可能的唯一记载。（2）因思念故土且对伍子胥之死伤心至极而离开吴国，辗转返回齐国隐居。《史记·孙子吴起列传》说：“（孙）膑生阿、鄄之间，膑亦孙武之后世子孙也。”从这一记载看，这种可能性也是很大的。（3）因受伍子胥的牵连，最终也被夫差所杀。《汉书·刑法志》称：“孙、吴、商、白之徒，皆身诛戮于前，而功灭亡于后。”据颜师古注，其中“孙”即指孙武。不过，我们认为此说的可能性并不大。

总之，孙武的晚年是十分不幸的。他徒具经天纬地的雄才大略而无处施展，虽有超凡脱俗的旷世之志而不得实现。但是，归隐的生活让他可以静下心来，结合战争实践中的经验教训，对自己那部呕心沥血之作进行修改，使之更加完善。

第七章 《孙子兵法》的哲学基础

任何思想家都是按照一定的哲学观念来构建自己的学说体

系的，一定的哲学观念则必然制约和指导着思想家基本的价值取向，孙武当然也不可能例外。孙武所建造的兵学体系所以是如此之完备、宏大和壮丽，他提出的军事思想所以是如此之丰富多彩且具有进步性、合理性，归根结底是因为他在自己的兵学著作《孙子兵法》中始终坚持了一条正确的思想认识路线，他的全部学说都是建立在合理的哲学基础之上的。

一、以朴素的唯物主义认识论为指导

孙武是从客观存在的实际情况出发去研究战争问题的。他认为，决定战争胜负的不是天意鬼神，而是双方的政治、经济、军事、天时、地利以及将帅才能等客观存在的因素。他在《孙子兵法》之《计篇》中指出，“道、天、地、将、法，凡此五者，将莫不闻，知之者胜，不知者不胜”，而“主孰有道”“将孰有能”“天地孰得”“法令孰行”“兵众孰强”“士卒孰练”则都是战前预测胜负的基本参照条件。在《势篇》中，他进一步指出，“地生度，度生量，量生数，数生称，称生胜”，把战争胜负的终极原因仍然归结为物质因素。所以，在《孙子兵法》中，战争是被当作一种客观的物质运动现象来加以研究的，注重实际、不尚空谈是此书的最大特色之一。

孙武认为，影响并决定战争胜负的，除了客观方面的物质因素之外，还要靠己方君臣将帅士卒民众进行主观方面的努力。具体来说，就是：国君应“有道”而不“縻军”，将帅应“有能”而“善战”，士卒应“强”应“练”而有“诸、刿之勇”，国民应“与上同意”而“不诡”，做到卒亲民服，“上下同欲”，等等。即使如此，还不能说就一定可以取胜于敌，因为“不可胜在己，可胜在敌”。“能为不可胜”，却“不能使敌之必可胜”。也就是说，要想战胜敌人，并非仅仅取决于己方的主观努力，还要看敌方在客观上有没有被战胜的机会和可能，自己所能做到的，不过是“修道保法”而已。

孙武坚决反对相信鬼神天意，对“天”同样作了唯物主义的解释。他认为，“天者，阴阳、寒暑、时制也”，纯粹是一种自然现象，并不具有主宰的性质。这就很自然地和当时影响犹存的视天为人格神的宗教神学划清了界限。基于这样的认识，孙武在《用间篇》中又明确地指出：“先知者，不可取于鬼神，不可验于度，不可象于事，必取于人，知敌之情者也。”他不仅反对用求神问卜阴阳占算的方法去认识战争，而且主张在部队内部要破除迷信，“禁祥去疑”。

这里需要特别指出的是，《孙子兵法》中有许多征引“五行”观念来论证战争的客观物质性的内容，如《势篇》就有“声不过五”“色不过五”“味不过五”等提法。这里的“五行”与《左传》等书中的“五行”一样，都是被当作物质世界万事万物最基本的属性看待的。而且，孙武还更进了一步，他从万事万物演绎、派生、变化的本质内涵中，总结出“奇正”“虚实”等军事谋略范畴演绎、派生和变化的规律。

从以上分析不难看出，孙武的所有战争理论，是建立在朴素唯物主义认识论基础上的；他对所有问题的所有观察和分析，是以朴素唯物主义认识论为指导的。

二、具有朴素辩证法思想的特征

在《孙子兵法》中，孙武是以普遍联系、相互依存的观点和方法来认识和把握军事学上的一切有关问题的。首先，孙武是将军事问题作为一个整体来看待的。例如，在《计篇》中，他论述“道、天、地、将、法”“五事”和“主孰有道”“将孰有能”“天地孰得”“法令孰行”“兵众孰强”“士卒孰练”“赏罚孰明”“七计”，就是以联系的观点和整体的观点，将政治、军事因素，天时、地利条件，以及法制建设和人才拔擢等，作为一个完整的系统来进行研究和考察的。其次，在孙武的兵学范畴中，如奇正、虚实、主客、攻守、利害、迂直等，也无不以相互依存、相互关联、相互转化的形式存在的。它们一方的存在，是以另一方的存在为前提的，而且在一定的条件下会向对方的位置转化。例如《势篇》所论“奇”与“正”就是如此：一方面，无所谓“奇”也就无所谓“正”，反之亦然；另一方面，“奇正还相生，如环之无端”。再次，不仅对立的事物具有联系、统一的特点，就是同一事物内部也存在着不同倾向相互对立、相互渗透的属性，并且完全可以将它们用于战争指导。所谓“是故智者之虑，必杂于利害：杂于利而务可信，杂于害而患可解也”“故不尽知用兵之害者，则不能尽知用兵之利也”等，就是这方面的例证。正是这种普遍联系和辨证发展的观点，使得孙武的军事理论和谋略思想具有最大的圆融性、普适性和旺盛的生命力。

《孙子兵法》朴素辩证法思想的另一重要内容，是准确地把握事物转化上的“节”与“度”。根据这一思想方法，孙武在对待战争问题上既高度重视、透彻研究，又持非常谨慎的态度，努力追求“不战而屈人之兵”的境界。而这一点，恰恰是其重战思想和慎战思想辩证统一的哲学前提。在作战、治军等方面的具体问题上，《孙子兵法》同样全面地贯彻了朴素的辩证法思想。例如，孙武既强调“军争”，认为这是克敌制胜的必要环节，又主张“军争”必有节制，反对那种不顾一切好走极端的倾向。又如，勇于牺牲、善于自保、同仇敌忾、廉洁自律、爱护民众等本来是将帅应有的优良品德，但孙武在《九变篇》又指出："必死，可杀也；必生，可虏也；忿速，可侮也；廉洁，可辱也；爱民，可烦也。"这是因为，在军事上，任何事情只要发展到了"必"的程度，就会走向反面，就会成为"覆军杀将"的直接原因。再如，在治军方面，孙武既主张"视卒如婴儿""视卒如爱子"，又反对"厚而不能使，爱而不能令，乱而不能治"，等等。

在《孙子兵法》中，孙武对古代朴素辩证法思想是既有继承又有发展的。这主要表现为两点：（1）注意明辨真伪，善于透过事物的表象而抓住其本质。孙武认识到，在战场上，为了迷惑对手，真真假假虚虚实实乃是一种常见的普遍的现象，如果不能明辨真伪不能抓住事物的本质，赢得战争的胜利是根本不可能的。孙武在《行军篇》中详细列举的三十余种"相敌"之法，就是关于在战场上如何透过各种纷繁复杂的事物表象而抓住其本质的经验总结。（2）反对消极被动，强调发挥人的主观能动性。与老子朴素辩证法思想所具有的贵柔守雌、消极退让的保守性不同，孙武的朴素辩证法思想充满了积极主动的进取精神。他既尊重客观实际，又提倡发挥主观能动作用，因而主张"择人而任势""形人而我无形""为之势"和"劳之""饥之""动之"等，积极创造各种必要的条件，以达克敌制胜的目的。

三、蕴涵着朴素的民本主义精神

春秋时期是我国古代民本主义思潮初步兴起的重要阶段。当时的著名思想家大都能够关注民众的欲求，尊重民众的愿望，留意民众的生计，争取民众的归附。这些在《孙子兵法》中也有突出的反映。可以说，《孙子兵法》的许多精彩命题都是在民本主义精神的指导下提出并展开论述的。

《孙子兵法》所反映出来的民本主义精神，主要体现在以下两个方面：

第一，他清醒地认识到广大民众是克敌制胜的力量所在。基于这一点，在《计篇》中，他把“主孰有道”作为考察和判断战争胜负的重要依据之一，并明确指出所谓“道者”，就是“令民与上同意也”，因为只有这样，才“可与之死，可与之生，而不畏危”。在《谋攻篇》中，孙武又指出：“上下同欲者胜。”在《形篇》中，他进一步指出：“善用兵者，修道而保法，故能为胜败政。”为了能够做到“令民与上同意”“上下同欲”“与众相得”，他主张“令素行以教其民”。

第二，在从事战争活动的过程中，孙武虽不能说是充分，但也在相当程度上考虑到了民众的利益。例如，在《地形篇》中，他就明确要求将帅具有“进不求名，退不避罪，唯民是保”的优秀品质。在《用间篇》中，他批评那些因“爱爵禄百金”而不肯用智者为间，结果不知敌情，空耗“百姓之费，公家之奉”而不能“争一日之胜”的将帅，为“不仁之至”。此外，孙武所以提倡“不战而屈人之兵”的“全胜”思想和“贵胜不贵久”的速决战思想，其实也是因为充分考虑到了战争对百姓日常生活和社会正常秩序的严重破坏而提出来的。这一点，表明他不仅具有民本主义精神，而且具有仁者的伟大情怀。

第八章 《孙子兵法》的基本军事思想

孙武的大名，所以能垂名百世，影响千年，并且从近代开始走出国门，逐步传遍世界，在于他在身后留下了一部足以光耀千秋的兵法著作——《孙子兵法》。《孙子兵法》虽仅五六千字，不及今人一篇稍长一点的论文，但它体系庞大完备，思想宏伟深邃，论说精辟透彻，内容丰富博赡，几乎涉及古代军事学的各个领域，称得上是体大思精、经典瑰奇。正如宋代郑友贤在《十一家注孙子遗说并序》中所说："武之为法也，包四种，笼百家，以奇正相生为变。是以谋者见之谓之谋，巧者见之谓之巧，三军由之而莫能知之。"

《孙子兵法》的思想是极为丰富的，但这里由于篇幅所限，不可能面面俱到，只能择其要者，介绍一二。

一、慎战思想

1. 极其重视战争

孙武在他的兵书中开宗明义即提出："兵者，国之大事，死生之地，存亡之道，不可不察也。"孙武所以把战争提到了如此重要的地位，在于胜存败亡是一条铁的规律，而现实是残酷无情的。周初分封诸侯，在其所能控制的土地上建立了大大小小四五百个诸侯国，但到春秋时已经只剩下十几个较为强大的了。那些数以百计的诸侯国都到哪里去了呢？答案只有一个：被大国、强国通过战争的方式兼并掉了。据统计，仅在春秋时代的三百年中，发生的规模大小不等的争霸战争、兼并战争，就有近五百次。而在此之前发生的一切大规模的战争，如涿鹿之战、牧野之战等，结果也同样如此。所以，必须重视战争，必须将战争提到关乎国家存亡、人民生死的高度加以认识。

2. 以安国全军为目的，慎重对待战争，不可轻启衅端

战争既然是关系国家存亡、人民生死的头等重要的大事，就必须慎重地对待它，绝不可轻启衅端。所以，孙武在《火攻

篇》中告诫说："夫战胜攻取而不修其功者凶，名曰费留。故曰：明主虑之，良将修之。非利不动，非得不用，非危不战。"战争中，对于种种缺乏明确政治目的和战略眼光的愚蠢做法，孙武坚决反对并警告说："主不可以怒而兴师，将不可以愠而致战。"因为"怒可以复喜，愠可以复说（悦）"，而"亡国不可以复存，死者不可以复生"。"故明主慎之，良将警之，此安国全军之道也。"为确保战争的胜利，孙武主张在战场上应以将帅的意志为主导，君主不可动辄干涉将帅的指挥权，以防止出现"縻军"的现象。在《地形篇》中，他明确指出，作为将帅，在"战道必胜"时，即使"主曰无战"，也要"必战"；在"战道不胜"时，即使"主曰必战"，也要"无战"。至于个人得失，一概不能计较，要"进不求名，退不避罪，唯民是保，而利于主"。

3. 认真地研究战争，掌握在战争中克敌制胜的方法

实际上，一部《孙子兵法》，从头到尾就是以研究克敌制胜的方法为主旨的。孙武认为，要想夺取战争的胜利：第一，要在平时即充分做好战备工作，使自己立于不败之地，然后再积极地捕捉可以战胜敌人的机会。他说："……善战者，先为不可胜，以待敌之可胜。"又说："善战者，立于不败之地，而不失敌之败也。"他认为，好的军队应是"先胜而后求战"的"胜兵"，而不是"先战而后求胜"的"败兵"。而要做到这一点，具体的办法就是"修道而保法"。第二，要在战争开始之前进行"庙算"，即从"道、天、地、将、法"五个方面对敌我双方的具体情况进行比较，看看双方"主孰有道""将孰有能""天地孰得""法令孰行""兵众孰强""士卒孰练""赏罚孰明"，以此判明胜负将会属于那一方。第三，在既战之后要"因利制权"，以"诡道"之术对付敌人，不可像宋襄公那样，在战场上

还讲“蠢猪式的仁义道德”。第四，在用兵理念上要以追求“全胜”为理想。所谓“全胜”，就是“屈人之国而非战”“拔人之城而非攻”“毁人之国而非久”，就是“不战而屈人之兵”“以全争于天下”。

二、治军思想

1. 严明赏罚

能否严明赏罚，是发挥将士积极性、提高部队战斗力最为重要的途径之一。对此，孙武给予了高度重视。在《计篇》中，他将“法”列为“五事”中的一项，把“赏罚孰明”作为判断战争胜负的重要因素之一。在《行军篇》中，他又说：“令之以文，齐之以武，是为必取。”所谓“文”，是指精神教育和物质奖励；所谓“武”，则是指以军纪军法作为施行刑罚整齐队伍的依据。也就是说，他认为治军必须运用“文”和“武”两种手段，做到恩威并施。这是因为，“卒未亲附而罚之则不服，不服则难用也；卒已亲附而罚不行，则不可用也”。此外还因为，“令素行以教其民，则民服；令不素行以教其民，则民不服”。在《地形篇》中，孙武再次强调说：“厚而不能使，爱而不能令，乱而不能治，譬如骄子，不可用也。”

严明赏罚的关键，在于要做到有法可依和有律可循。所以，部队必须有一定的组织编制，并明确各级人员的职守。孙武在《计篇》中解释“法”时说：“法者，曲制、官道、主用也。”在《势篇》中，孙武指出：“凡治众如治寡，分数是也；斗众如斗寡，形名是也。”“乱生于治……治乱，数也。”孙武认为法制建设的重点是统一号令、加强纪律，主张以金鼓旌旗作为指挥和调度将士、约束军队行动的工具，以达到“勇者不得独进，怯者不得独退”的目的。同时，孙武还主张在执法问题上要临机权变和因时制宜，以便更好地发挥法纪的作用。这就是他在《九地篇》中所说的“施无法之赏，悬无政之令”。这体现了孙武在执法问题上既讲求严肃性又注重灵活性的实事求是的态度。

2. 重视选将，主张将权贵一

将领素质的优劣高低，在很大程度上影响着军队的建设并决定着战争的胜负。所以，孙武十分强调将领在战争中的地位和作用，对将领的选拔提出了具体而严格的要求。他将优秀将领的作用提到了“民之司命，国家安危之主”的高度来认识，并在《谋攻篇》中指出：“夫将者，国之辅也，辅周则国必强，辅隙则国必弱。”基于这样的认识，孙武十分重视将帅队伍的建设，认为一名贤将必须具备“智、信、仁、勇、严”等素质。具体地说，就是要求将帅在履行职责时能做到“进不求名，退不避罪，唯民是保”；在才能方面能“知彼知己”“知天知地”“知九变之术”；在管理方面能“与众相得”，使士卒“亲附”；在修养方面能做到“静以幽，正以治”。此外，孙武还反复告诫将帅要避免骄傲自大、轻举妄动、勇而无谋或贪生怕死的毛病。

为确保将帅在战争中能够临机制变，有效地指挥部队，孙武主张将权要适当集中和专一，反对国君脱离实际情况遥控、干涉将帅履行自己的职责。他在《谋攻篇》中指出，国君危害部队行动的情况有三种，即：不了解部队不能前进而硬要部队前进，不了解部队不能后退而硬要部队后退，这叫作束缚部队；不懂得部队的管理事务而硬要干预部队的行政管理，就会使将士们迷惑；不懂得部队在行动上的权宜机变而硬要干涉部队的指挥，就会使将士们产生疑虑——这样，“三军既惑且疑”，诸侯就会乘机来犯，这就叫作“乱军引胜”。孙武认为，一支军队，要想战胜敌人，一个重要的前提便是必须做到“将能而君不御”。为了能做到这一点，他甚至主张可以“君命有所不受”。

3. 重视部队训练，主张爱护士卒

孙武主张要严格训练士卒，以提高部队的战斗力。他把“士卒孰练”作为重要的制胜因素之一。孙武认为，“教导不明”和“兵无选锋”是导致作战失败的重要原因。为了训练出一支能够英勇善战的队伍，孙武提出将帅要爱护士卒。他指出，“视卒如婴儿”，“视卒如爱子”，是训练好部队的先决条件。因为只有能够做到这一点，才能营造出“上下同欲”的良好官兵关系，从而保证部队达到“投之无所往，死且不北”和“犯三军之众，若使一人”的最佳临战状态。即使对于被俘获的敌方士卒，孙武也主张要“善而养之”，以求做到“胜敌而益强”。

三、军事谋略思想

1. 诡道思想

诡道思想是孙武兵家谋略思想的逻辑起点。正是因为这一点，所有的谋略思想、谋略原则和谋略手段才有了合理的依据。关于这一思想，孙武虽然没有更多的论述，只在《计篇》中说“兵者，诡道也”，在《军争篇》中又说“兵以诈立”，但它实在太重要了：一是此前还没有人这样说过，二是它说到了问题的要害上。战争是政治的继续，是流血的政治，因而也就是关系国家、民族、阶级、集团之间生死存亡的决斗。在这之中，人类的基本良知当然不能丧失，但是没有了温情和谦恭、也要不得“蠢猪式的仁义道德”，剩下的就只有诡诈和残酷。孙武的伟大之处在于，他及时地从社会实践中认识到了这一点，并且勇敢而明确地指出了它，从而为中国古代兵学的发展定下了基调。

2. “知”的思想

根据陈学凯先生在《制胜韬略》一书中的研究，这一思想主要包括以下几个方面的内容：一要“知常”，二要“知变”，三要“先知”，四要“尽知”。所谓“知常”，是指深刻了解和掌握战争中普遍存在的一般现象和一般法则，如《计篇》中提出的“五事”与“七计”，《形篇》中论及的“度”“量”“数”“称”“胜”等。所谓“知变”，就是深刻了解和掌握战争中各种变动不居的特殊情况、信息和手段，如敌我之虚实奇正、治乱强弱、饥饱劳逸、战地战日、诡道之法等。所谓“先知”，是指要快速、准确地先于敌人了解和掌握各种有价值的情报和信息。孙武在《用间篇》中指出：“明君贤将，所以动而胜人，成功出于众者，先知也。”所谓“尽知”，是指要全面地了解和掌握一切与战争有关的知识、情况和信息，如敌情、我情、世态人情、天时地利之情以及用兵利害、谋攻之法等。此外，“知彼”与“知己”也十分重要，甚至可以看作是“孙子战争认识体系的核心”。至于“知”的途径，则主要有如下几种：一是研究考察，二是战场“相敌”，三是用间。①

3. 伐谋思想

这一思想包括四个层面的意蕴：一曰狭义性意蕴，即指不经过伐交和伐兵等形式而单纯以智谋屈敌制胜的意思。二曰广义性意蕴，即指在战争中既要注重单纯以智克敌、不战屈人，又要注重在外交和军事行动中充分发挥智谋的作用，或不战而胜，或战而胜之。三曰战略性意蕴，是指在战争过程中要重视从全局和总体上以谋胜敌，积极寻求、制定克敌制胜的具体方

① 陈学凯：《制胜韬略——孙子战争知行观研究》，山东人民出版社 1992 年版，第 4 ~70 页。

略。四曰战术性意蕴，指即使在战斗中也要重视以谋胜敌，如战场上的声东击西、示假隐真、佯败诱敌等。伐谋思想的基本要求是：战争中必须注重与敌斗智赛谋，力求在现有实力的基础上以己之智慧谋略克敌之智慧谋略，以达屈敌制胜之目的，而要力避只知逞强斗狠、以力克敌的思想和行为。

4. 主动权思想

孙武认为，要确保自己在战争中永远立于不败之地，就必须创造条件，始终牢牢掌握战争的主动权，而掌握主动权的核心，在于必须做到“致人而不致于人”，也就是要调动敌人而不被敌人所调动。孙武指出，决定战争胜负的关键，在于是“先胜而后求战”还是“先战而后求胜”；所以，战争指导者必须做到“先为不可胜，以待敌之可胜”。至于如何争取主动权，孙武认为主要有以下几个途径：一是要加强军队的实力，以造成“以镒称铢”和“若决积水于千仞之溪”的绝对优势。二是要造势和“择人任势”，发挥主观能动性，主动灵活地打击敌人。他指出：“善战者，求之于势，不责于人，故能择人而任势。”又说：“善战者，其势险，其节短。势如彍弩，节如发机。”三是要奇正并用，避实击虚。孙武说：“凡战者，以正合，以奇胜。……战势不过奇正，奇正之变，不可胜穷也。”这里是说，奇正是克敌制胜的基本的也是有效的手段。孙武还说：“夫兵形象水，水之形避高而趋下，兵之形避实而击虚。”这里是说，避实击虚是克敌制胜的基本原则。只要做到了以上这几点，就可以使敌既“不知所守”，也“不知所攻”，从而达到“致人而不致于人”，牢牢掌握战争主动权并最终克敌制胜的目的。

5. 因敌制胜思想

“因”是依据、根据、凭借的意思，这是孙武谋略思想中一个非常重要的范畴。孙武关于这一思想的最为著名的论述在

《虚实篇》："水因地而制流，兵因敌而制胜。故兵无常势，水无常形，能因敌变化而取胜者，为之神。"在《计篇》和《作战篇》则分别有"因利而制权"和"因粮于敌"的著名观点。后世兵家对于这一思想十分重视，多有补充和论说，如明代何良臣在《阵纪·因势》一书中就说："……用兵之法，惟因字最妙：或因敌之险以为己固，或因敌之谋以为己计，或因其因而复变用其因，或审其因而急乘其所因，则用因而致胜者不可言穷矣。敌虽有智，吾必知其不能逃我之所因也。……所以，善兵者，必因敌而用变也，因人而异使也，因地而作势也，因情而措形也，因制而立法也。"

四、军事地理思想

人类的任何活动都离不开一定的空间，战争当然也不能例外。所以，地理位置如何以及地形地貌如何，就必然对战争的整个进程以至于最后的胜负有着重要的影响，而古今中外的军事家无不十分重视对军事地理学的研究。《孙子兵法》共计十三篇，其中有三篇以上的内容专论军事地理问题。可见，对于军事地理问题，孙武给予了充分的注意，进行了全面而深入的探讨，提出了一系列的重要思想和原则。

孙武的军事地理思想主要有下述几点：（1）高度重视作战地域所处位置及地形地貌对于战争胜负的重要影响。孙武在《计篇》将"天地孰得"作为预测胜负的重要因素之一，并在《地形篇》中指出："夫地形者，兵之助也。料敌制胜，计险厄远近，上将之道也。知此而用战者必胜，不知此而用战者必败。"又说："知彼知己，胜乃不殆；知天知地，胜乃可全。"（2）认真考察和研究各种地形的不同特点，熟练掌握在各种不同特点的地形条件下行军作战的基本原则。在《孙子兵法》中，孙武将常见的作战地形分成了九种、六类，前者即散、轻、争、交、衢、重、圮、围、死“九地”，后者则指通、挂、支、隘、险、远“六形”，并为之分别确定了最基本和最一般的指挥原则，如散地无战、轻地无止、争地无攻，等等。（3）辩证地认识战场地理位置和地形地貌的利与弊，灵活运用不同地形条件下的作战原则，善于以患为利、以迂为直。孙武在《九变篇》中指出：“故将通于九变之利者，知用兵矣。将不通于九变之利，虽知地形，不能得地之利矣。”在《军争篇》中又指出：“故迂其途而诱之以利，后人发，先人至，此知迂直之计者也。”

第九章 《孙子兵法》在中国军事学史上的地位

《孙子兵法》正是由于其思想的伟大和深刻，内容的丰赡和详备，而为其他兵家著述所难以企及。所以，一经问世，即奠定了自己在中国军事学史上的崇高地位，并在以后漫长的历史过程中，对中国历代军事理论的形成和发展，产生了超越时空的巨大影响，从而流传至今，泽及后世，被誉为百代谈兵之祖、千古武学之宗。

一、战国至秦汉时期

孙武及其所著《孙子兵法》在中国古代军事学史上地位的确立，有一个较长的历史过程。

战国时期，孙武即因其“西破强楚，北威齐晋，南服越人”的赫赫功绩而为世人所津津乐道，其所著兵书自然也成为人们收藏、学习的经典，在社会上广为流传。例如，《韩非子·五蠹》就说："今境内皆言兵，藏孙、吴之书者家有之。"很多晚于孙武的兵家人物，如吴起、孙膑、尉缭等，在自己的著述中无不或直接或间接地借鉴、继承了孙武的思想，并将其发扬光大。《荀子·议兵》记述临武君的话说："善用兵者，感忽悠暗，莫知其所从出，孙、吴用之无敌于天下。"《尉缭子·制谈》称："有提十万之众而天下莫能当者谁？曰桓公也。有提七万之众而天下莫能当者谁？曰吴起也。有提三万之众而天下莫能当者谁？曰武子也。"《吕氏春秋·离俗览·上德》则曰："以德以义，不赏而民劝……阖庐之教，孙、吴之兵，不能当矣。"由此，不难看出当时《孙子兵法》在人们心目中的地位。

据《汉书·艺文志》记载，到西汉初年，刘邦命著名的谋士和军事家"张良、韩信序次兵法，凡百八十二家，删取要用，定著三十五家"，第一次对古代兵法进行了大规模的收集和整理工作。到汉武帝时，"军政杨仆捃摭遗逸，纪奏《兵录》"，对古代兵法再次进行整理。汉成帝时，"诏光禄大夫刘向校经传诸子诗赋，步兵校尉任宏校兵书，太史令尹咸校数术，侍医李柱国校方技。每一书已，向辄条其篇目，撮其指意，录而奏之"。在这次校理工作中，刘向、任宏对所能收集到的各种《孙子兵法》抄本进行了慎重的校勘和辨伪，并统一了篇名，排定了章次。从此，《孙子兵法》遂以相对固定的版本流传于世。任宏在论次兵法时，还将兵书分为兵权谋、兵形势、兵技巧、兵阴阳四大类，而《孙子兵法》被作为权谋类之首受到尊重。

据《汉书》记载，汉武帝曾教其爱将霍去病读"孙、吴兵法"。西汉名将韩信、冯奉世、赵充国，东汉名将冯异以及一些文人学者如刘安、王充等，均对《孙子兵法》有深入的研究和很高的造诣，他们在讨论问题提出见解或进行著述时，常常征引《孙子兵法》的文句作为自己的依据。司马迁在《史记·孙子列传》中曾感慨地说："世俗所称师旅，皆道孙子十三篇。"可以看作是对这一社会现象的恰当概括。

1972 年，考古工作者在山东临沂银雀山的一座汉墓中发现了迄今所能见到的最早的《孙子兵法》——竹简《孙子兵法》。1978 年，在青海大通上孙寨一座汉墓中，也发现了残存的木简《孙子兵法》。所有这些，都从考古学的角度，以实物资料的形式印证了文献关于《孙子兵法》在秦汉时期广为流传的记载的可信性。

二、魏晋至隋唐时期

秦汉以降，《孙子兵法》的地位日见崇高。

三国时期涌现出的英雄人物，大都研究过《孙子兵法》。他们从中汲取营养，用以指导自己的军事实践，并且有的还在理论上有所发展和创造。曹操对《孙子兵法》的研究和运用是人所共知的。他曾经结合自己的用兵实践和心得体会为《孙子兵法》作注，并且撰写了《续孙子兵法》一书。他在《孙子兵法序》中由衷地称赞说："吾观兵书战策多矣，孙武所著深矣！"一代名相诸葛亮，对《孙子兵法》同样十分熟悉并深有研究。他在赤壁之战前夕为孙权分析双方形势时，就曾引用《孙子兵法》的话以说明问题。至于其他一些著名人物，如孙权、贾诩、王凌、沈友、刘晔、司马懿、邓艾、钟会等，对《孙子兵法》也都有很深入的研究。他们在讨论问题或指挥作战时，常常以《孙子兵法》的理论为根据，或者直接引用其中的名言以说明问题。

两晋南北朝时期，一些著名人物对《孙子兵法》仍然有着浓厚的兴趣。如《晋书·刘元海载记》云，后汉主刘渊“尤好《春秋左氏传》《孙吴兵法》”。后赵主石勒，目不识书，就让人代读史书，加以借鉴，因而用兵善于出奇制胜，晋将刘琨称赞他“暗与孙吴同契”。南朝宋武帝刘裕谋略过人，用兵常合于《孙子兵法》，言论中多有“同舟”“兵贵神速”“众寡”“虚实”等词语，所以其一定精于此书的理论。《梁书·羊侃传》记侃“尤好……孙、吴兵法”。而这一时期的学者孟氏、张子尚等，则承接曹操、王凌等人的传统，以注解《孙子兵法》为务。

隋唐时期，孙武本人虽被置于兵学“亚圣”的地位，但《孙子兵法》则被视为各种兵书之冠。这一时期，研究《孙子兵法》在理论和实践上最有成就的是韩擒虎、李靖、李世民等人。韩擒虎系隋代名将，经常与人“论兵”，研讨“孙、吴之术”。据《旧唐书·李靖传》记载，韩擒虎的外甥李靖，少有文武才略，擒虎与其论兵，未尝不称善，抚之曰：“可与论孙、吴之术者，惟斯人矣！”李靖归唐后，为将用兵，屡建奇功，受封卫国公，深得太宗李世民的器重，二人经常一起讨论用兵之道。后人根据有关材料撰成《唐李问对》一书，书中记载二人论兵时，大量引用《孙子兵法》的内容，加以分析和申述，在很多地方发展了《孙子兵法》的理论。如书中记载李靖曾指出，《孙子兵法》“千章万句，不出乎‘致人而不致于人’而已”，“孙子之法，万代不刊”。唐太宗则说：“朕观兵书，无出孙武；孙武十三篇，无出虚实。夫用兵识虚实之势，则无不胜焉。”与此同时，隋唐以至五代也是注解《孙子兵法》的高峰时期，并且在内容和形式方面均有所创新。这期间的重要注家有萧吉、李筌、贾林、杜佑、杜牧、陈皞、孙镐、纪燮等。

三、宋元明清时期

两宋时期，内忧不绝，外患频仍，故而以《孙子兵法》为首的经典兵书又受到了高度重视。北宋元丰三年（1080 年），宋神宗为适应军事教学和部队训练的需要，诏命国子监司业朱服、武学博士何去非等人校定《孙子》《吴子》《六韬》《司马法》《三略》《唐李问对》等书，镂版行之。从此，《孙子兵法》遂与《司马法》等兵法著作正式成为武学经典，得到了广泛的传播。宋代，虽有一些文人儒生，如苏轼、高似孙、陈师道、叶适等，对孙武及其兵书《孙子兵法》大加诟病和抨击，但许多著名的政治家、军事家，对孙武的理论仍然十分重视，并注意在实践中加以运用。据《涧泉日记》卷下记载，王安石曾说："孙武谈兵，言理而不言事，所以文约而所赅者博。"当宋神宗谈到韩信时，他说："信但用孙武一二言，即可成功名。"著名爱国将领岳飞，更是熟谙《孙子兵法》的思想和理论。《宋史·岳飞传》说他少年时期沉厚寡言，家贫力学，尤好《左氏春秋》《孙吴兵法》。从有关文献记载看，宋代的许多著名人物，如沈括、范仲淹、陈规、辛弃疾、陈傅良、陈亮等，都对《孙子兵法》作过深入研究。宋代注解《孙子兵法》成就较大的有梅尧臣、张预、郑友贤、施之美等人。宋人留下的武经本《孙子》和《十一家注孙子》，都是今天我们所能见到的重要的《孙子兵法》版本之一。

元代立国时间较短，思想控制极严，但在《孙子兵法》的运用和研究方面仍有一定的成就。这一时期在运用《孙子兵法》指导军事实践方面没有具体、明确的文献记载。元代为《孙子兵法》作注的人不多，据戴表元《剡源集·潘大可〈孙子释文〉序》记载，仅潘衍翁一人，且注文已经无存。至于《孙子张贲注》，一是同样已经佚失，二是有学者怀疑张贲为唐人。

明代为中国古代兵学发展的又一个高潮时期，其中《孙子兵法》研究不仅颇具特色，而且在兵学研究中居于主导地位。明代对《孙子兵法》有独到研究者多达数十人，其中有许多是著名的政治家、军事家或学者，如张居正、王守仁、俞大猷、戚继光、孙承宗、刘寅、赵本学、李贽、茅元仪等。明代的很多军事著作，书中都大量征引孙武的论述，如唐顺之的《武编》、何良臣的《阵纪》、郑若曾的《江南经略》、揭暄的《兵经》、何守法的《投笔肤谈》、茅元仪的《武备志》等。茅元仪在《武备志·兵诀评》中指出："先秦之言兵者六家，前孙子者，孙子不遗；后孙子者，不能遗孙子：谓五家为《孙子》注疏可也。故首孙武子……以其言核于诸家也。……要之，学兵诀者，学孙子焉可矣。"此说，对《孙子兵法》在军事学史上的重要地位，作了总结性的评价。明代以研究《孙子兵法》为主体内容的各种《武经七书》刊本和各种单行刊本很多，前者如《武经直解》《新镌武经七书标题正义》《新镌注解武经》《新镌武经七书七种》《七书参同》《武经开宗》《武经七书集注》等，后者如《孙子书校解引类》《孙子取衷十三篇》《孙子说》《孙子明解》《孙子集注》《孙子会通》《孙武子十三篇本义》等，都是比较重要的版本。明代抗倭名将戚继光，在继承孙武及传统兵学思想的基础上，对中国古代军事理论和军事科技的发展有着十分突出的贡献。

清代是传统孙子兵学的最后一个辉煌时期。这一时期的《孙子兵法》研究继承宋明时期的已有成就，继续居于显学的地位，使孙子兵学理论体系得到了进一步完善。清初的《孙子兵法》研究，由于受武科应试的影响，其成果主要是以读本的形式出现的，其中较著名的有朱墉的《武经七书汇解·孙子》、丁洪章的《武经七书全解·孙子》等。其他主要从学术角度研究《孙子兵法》者，除邓廷罗之外，均建树不高，影响不大。有清一代，《孙子兵法》研究的成就主要表现在考据方面，涉及的问题主要有是书的作者及其生平、成书时间、篇数和内容、文字的校订和训释、佚文的辑录等，著名的学者为孙星衍、毕以恂、洪颐煊、吴人骥、全祖望、章学诚、姚鼐、纪昀、汪绂、魏源等人。孙星衍校订的《孙子十家注》，于嘉庆二年（1797 年）刊行，受到了广泛的欢迎与重视，成为继宋本《孙子十一家注》之后最为重要的版本。晚清时期的《孙子兵法》研究，表现出了一些新的气象，主要是开始注意与近代军事学术研究结合起来，并能征引欧美战例说明《孙子兵法》的思想理论，具有明显的开拓性意义。

四、近代与现代

自 1840 年鸦片战争以来，中国社会进入了近代历史时期。在这个时期内，虽然武器有了很大的进步，战争方式也发生了许多变化，但战争中运用的战略战术并无多大的改变。所以，对于《孙子兵法》的学习和运用，仍受到了当时的政治家、军事家和学者们的重视。例如，太平天国的重要领袖人物和许多将领就都研究过《孙子兵法》并注意把它运用到战争实践中去。太平天国定都天京之后，在洪秀全颁布的《钦定武略》中就有《孙子兵法》。至于清政府镇压太平天国的主要人物曾国藩、胡林翼等人，同样熟悉《孙子兵法》。其他如丁日昌、蔡锷、郑观应等，无不对《孙子兵法》悉心研究，并将其运用到自己的军事实践中去。

近代民主革命的伟大先驱孙中山先生，更是将《孙子兵法》看作中国军事哲学的奠基之作，给予了极高的评价。他在《民权主义第一讲》中说："就中国历史来考究，二千多年前的兵书，有十三篇，那十三篇兵书便是解释当时的战理。由于那十三篇兵书，便成立中国的军事哲学。"① 其他如民国时期的蒋方震、杨杰、李浴日等，都从不同角度对《孙子兵法》进行了卓有成效的研究。

众所周知，伟大的无产阶级革命家、政治家、军事家、外交家毛泽东同志，对孙武及其所著《孙子兵法》也是推崇备至。他称孙武为"中国古代大军事家"。他在自己的军事著作甚至哲学著作中，多处直接或间接引用《孙子兵法》的话来阐明问题。对孙子"知彼知己，百战不殆"的名言，他认为"仍是科学的真理"。他所指挥的著名的四渡赤水之战，用兵艺术之高超令人叹为观止，而毛泽东本人也将其视为自己的得意之作。他曾说，自己确实读过许多中国古代打仗的书，研究过《孙子兵法》之类的著作。1936 年，毛泽东还曾嘱托在西安做统战工作的叶剑英给他买一部《孙子兵法》。

被人称为"论兵新孙吴"的刘伯承元帅，对《孙子兵法》也有非常精深的研究和十分透彻的理解。他把《孙子兵法》中那些具有生命力的原则，创造性地运用到革命斗争的实践，收到了极好的效果。

---

① 孙中山：《中山丛书》第 1 册《民权主义第一讲》，光东印务书局 1928 年版，第 12 页。

第十章 《孙子兵法》在世界上的传播和影响

从古至今，思想从来是没有国界的。所以，任何优秀的文化，它都既是民族的，也是世界的。由于《孙子兵法》深刻地揭示了战争的许多内在规律，因而其自出现之后，不仅在国内赢得了至高无上的地位，并且随着中外文化的交流与沟通而逐渐走向了世界，在日本、朝鲜以及欧美各国赢得了巨大的声誉。据不完全统计，到目前为止，《孙子兵法》的外文译本已有日、法、英、德、俄、朝鲜、越南、捷克、西班牙、希伯来等近三十种语言达数百种版本，先后问世的研究专著则已有逾千种之多。

一、在日本及亚洲其他国家的传播和影响

《孙子兵法》在国外的传播首先是从日本开始的。唐玄宗开元二十二年（734 年），日本一位名叫吉备真备的遣唐留学生，结束了在长安长达近二十年之久的留学生涯，离开中国，返回日本。他在随身的行囊中，装满了自己精心搜集的中华文化典籍，其中就有《孙子兵法》。这是《孙子兵法》走出国门，迈向世界的开始。

吉备真备回到日本后，亲自主讲了《孙子兵法》的一些篇章。淳仁天皇还于天平宝字四年（760 年）派人专门到九州大宰府向吉备真备学习《孙子兵法》。吉备真备的讲解，让这个狭小的岛国居民开始领略到孙武那博大精深的思想。他们争先恐后，趋之若鹜，纷纷潜心研习，使《孙子兵法》迅速在日本传

播开来。据不完全统计,《孙子兵法》自传入日本至今,已有各种注释、讲解、研究的著作约二百部。如此强劲的热潮,对日本军事思想的发展无疑会起到巨大的指导和推进作用。

日本战国时期的许多名将,如织田信长、丰臣秀吉、德川家康等,都曾熟读《孙子兵法》,并将其基本原理运用到作战指挥中去。有一位名叫武田信玄的著名将领,对孙武及其兵书几乎到了顶礼膜拜的程度。他把《孙子兵法·军争篇》中的“其疾如风,其徐如林,侵掠如火,不动如山”四句话,各取最后一字,概括为“风林火山”,绣在自己的战旗上。有时,他甚至干脆在军旗上直书“孙子”二字。武田信玄还以《孙子兵法》为蓝本,撰写了一本名叫《甲阳军鉴》的兵书,内容基本上是祖述《孙子兵法》的。所以,他被称为“日本化了的孙子”。

日本海军初创时,采用的是英国的技术和战术。后来,为日本海军建设做出过重要贡献的佐藤铁太郎和秋山真之因受孙子的影响,决定以孙子的军事思想作为日本的国防理论基础。佐藤是研究《孙子兵法》的专家,著有《意译孙子》,书中说:《孙子兵法》是从古到今研究实用战略最全面、最深刻的书籍。他根据孙子“不战而屈人之兵”的思想撰写的《帝国国防论》一书,曾风靡一时,成为日本海军军官的基本教材。秋山真之对《孙子兵法》也很有研究,他主张用孙子“不战而屈人之兵”的思想取代克劳塞维茨关于“战争是一种暴力行为,而暴力的使用是没有限度的”理论。日俄战争中,日本海军大将东乡平八郎深谙《孙子兵法》,运用书中“以逸待劳,以饱待饥”两句话作为指导,在对马海战中一举歼灭了远道而来的俄军舰队,收到了四两拨千斤的效果。

在第二次世界大战中,日本也曾以《孙子兵法》为指导,企图打赢这场战争。例如,日军在侵略中国华北地区和马来西亚时，就曾运用“兵之情主速”“以迂为直”等作战原则，取得了一些战役效果。后来，1941 年 12 月 7 日，日军又根据“出其不意，攻其无备”的原则，成功地偷袭珍珠港，更是创造了现代战争史上一个突然袭击的典型战例。但是，由于日本法西斯发动的是一场非正义的侵略战争，从根本上违背了《孙子兵法》的思想和理论，所以其最终不免失败的命运。

“二战”后，由于局部战争、游击战争、恐怖主义活动日渐频繁，孙子“不战而屈人之兵”的战略思想再次受到日本军界的重视。如日本防卫大学学者平间洋一在《孙子对日本帝国海军的影响》一文中就认为，“克劳塞维茨的理论不一定适用于这种低强度冲突、游击战争以及限制战略的不稳定时代了。孙子关于‘不战而屈人之兵’的教诲又显出了它的宝贵价值。《孙子兵法》在战争指导方面的精明论断一定会变得更加重要”，甚至可以被称为“21 世纪的兵法”，或曰“和平之法”①。

值得指出的是，《孙子兵法》传到日本后，不仅被运用于军事领域，而且还被应用于企业经营管理。如日本的大桥武夫，原为炮兵参谋，对《孙子兵法》造诣颇深，转入企业界后，将兵法用于企业管理，成就、影响很大，最后甚至形成了一个“兵法经营学派”。被称为“经营之神”的松下电器公司创办人松下幸之助曾说：中国古代先哲孙子，是天下第一神灵。我公司职员必须顶礼膜拜，对其兵法认真背诵，灵活运用，公司才能兴旺发达。日本的其他一些著名企业如本田、日产、丰田等，在对本公司的职员进行培训时，都参用《孙子兵法》的军事思想。一些跨国公司在制定拓展海外市场和加强产品竞争力的具

① ［日］平间洋一：《孙子对日本帝国海军的影响》，载《孙子新论集粹——第二届孙子兵法国际研讨会论文选》，长征出版社 1992 年版，第 470 ~ 471 页。

体战略时，也无不以《孙子兵法》的理论原则为依据。此外，有趣的是，在日本有人甚至写出了诸如《〈孙子兵法〉与人际关系》《〈孙子兵法〉与恋爱》之类的读物。

《孙子兵法》在传入日本之后，也陆续地传到了亚洲地区的其他一些国家，如朝鲜、越南、马来西亚等。据《朝鲜通史》记载，15 世纪朝鲜就曾经出版过包括《孙子兵法》在内的《武经七书》注释本。到清乾隆四十二年（1777 年），朝鲜又刊行过以赵本学的《直解》本为底本加以补充增订而成的《新刊增注孙武子直解》。清同治二年（1863 年），在朝鲜又有赵义纯的《孙子髓》出版。1961 年，在越南刊行过施达志的《孙子兵法》译本。1973 年，以色列出版了第一部希伯来文《孙子兵法》。

二、在英、法等欧洲国家的传播和影响

《孙子兵法》传入欧洲是在近代，较之日本要晚了许多。清乾隆三十七年（1772 年），法国神父约瑟夫·马里·阿米奥在法国巴黎翻译出版了法文本《中国军事艺术》丛书，其中收有《孙子兵法》。咸丰十年（1860 年），斯列兹涅夫斯基翻译的俄文本《孙子兵法》在俄罗斯问世。光绪三十一年（1905 年），英国的卡托普第一次用英文翻译了《孙子兵法》。五年之后，也就是宣统二年（1910 年），英国伦敦隆重推出了著名汉学家贾尔斯精心翻译的《孙子兵法——世界最古之兵书》。由于英文是西方最为通行的语言，所以，英文译本的问世，使《孙子兵法》迅速走进了西方人的生活。就在同一年，由布鲁诺·纳瓦拉翻译的德文本《孙子兵法》，以《孙子兵法——中国之武经》之名，在克劳塞维茨的家乡出版。

西方资产阶级的传统军事思想强调以武力为主的直接的军

事路线，推崇不加节制地赤裸裸地使用暴力。这种思维方式和价值观念，长期统治着他们的头脑，在他们的战略思想中占据主导地位。所以，《孙子兵法》传入欧洲后，在一个时期内对西方的军事思想影响并不大。但即使如此，它也开始引起了一些人的关注。据说，当年那位横扫欧洲无敌手的天才军事家拿破仑，和那位臭名昭著的第一次世界大战的始作俑者德皇威廉二世，失败后都曾读到过《孙子兵法》一书，而且读后都无一例外地感慨读晚了。

许多欧洲的军事家、学者不仅对孙子及其著作给予了很高的评价，而且以极高的热情研究孙子的兵学理论，并结合两次世界大战的惨痛教训进行反思。如近代俄国学者郭泰纳夫在其所著《中国军人魂》一书中，就称赞孙武“是世界第一流的军事家”。英国著名军事家利德尔·哈特在其所著《战略论》一书的前面摘引了 21 条军事语录，其中竟有 15 条摘自《孙子兵法》。他称赞孙子“不战而屈人之兵”的思想是“不必经过严重战斗而能达到目的的战略”，是“最完美的战略”。他还说：“在导致人类自相残杀的、灭绝人性的核武器研制成功后，更需要重新和更加完整地读《孙子兵法》。”20 世纪 60 年代初期，第二次世界大战中英国名将蒙哥马利元帅，在来中国访问期间会见毛泽东主席时，曾建议把《孙子兵法》作为世界各国军事院校的必读教材。而事实上，后来西方的不少国家也的的确确这样做了。

《孙子兵法》在传入英、法、德、俄等欧洲大国的同时，也流传到了荷兰、捷克和斯洛伐克这样一些较小的国家。据孔志远《〈孙子兵法〉在荷兰》（见 1988 年 1 月 10 日《解放日报》）介绍，1986 年，《孙子兵法》的荷兰文译本首次由荷兰科学出版社出版，印数是 7000 册。荷兰总共只有一千多万人口，想不到

7000册荷文版《孙子兵法》在这样一个人口并不算多的国家中，出版后不到三个月就销售一空。由此，我们不难想到《孙子兵法》在欧洲所受欢迎的程度。

三、在美国的传播和影响

美国最早出版的《孙子兵法》是由美海军陆战队上校塞缪尔·格里芬翻译的。该书由英国著名军事家利德尔·哈特作序，牛津大学出版社于1963年出版，以后屡次再版，并被联合国教科文组织列为《中国翻译丛书》之一，是西方最著名的《孙子兵法》译本。据说，美国前国防部长麦克纳马拉经常阅读的就是这个本子。

美国人对《孙子兵法》的评价同样是很高的。1964年，美国陆军将军汤姆斯在他所编辑的《战略之根基》一书中，称《孙子兵法》为世界五部优秀兵学代表性著作之一。1973年，美国国防大学战略研究所所长约翰·科林斯在他新出版的《大战略》一书中指出：形成战略思想的第一位伟人就是孙子，他对于战争艺术写下了世界上所已知的一部最早的著作。他那短短的十三篇是古今中外的第一杰作，连克劳塞维茨在2200年后所写的《战争论》也是望尘莫及。书中，他就西方军事思想和学术在第一次世界大战中充分暴露出来的缺陷和弱点进行了反思，认为这次大战是双方皆无现实目标的盲目作战，不久就沦为一场毫无意义的、僵持不下的、消耗大量的人力物力的浩劫。他一针见血地指出：历史上再也没有任何战争能像这次大战这样清楚地说明战略思想典型地落后于技术了。但是，他在认真研究了《孙子兵法》之后，惊异地发现：今天尚无一人对于战略的相互关系，应考虑的问题和所受的限制，比他有更深刻的认识。

美国前陆军参谋长威斯特摩兰在自己的著作《一个军人的报告》中，美国前总统尼克松在自己的著作《真正的战争》中，都引用了孙子“夫兵久而国利者未之有也”的名言，来深刻反思美国陷入越南战争泥潭而不能自拔的严重错误。1989 年，美国作家詹姆斯·克拉维尔在首届《孙子兵法》国际研讨会上作书面发言时说：“2500 年前，中国的孙子写下了这部令人叹为观止的罕世之作。”“我真诚地相信，如果我们近代的领导人研究过这部天才的著作，越南战争就不会是那种打法；我们就不会有朝鲜战争的失败（我们在朝鲜战争中没有打赢，就算是失败）；猪湾登陆就不会发生；伊朗人质的惨剧就不会出现……”他还说：“我希望能把这部书列为自由世界中所有官兵、一切从事政治活动的人以及政府和大学里所有人的必读之作。”①

《孙子兵法》的广泛传播，对美国的军事思想产生了深刻影响。1982 年美国陆军制定的《野战纲要 100－5》中，就开宗明义地直接引用孙子的名言“兵贵胜，不贵久”和“攻其无备，出其不意”作为指导思想。美国著名的思想库斯坦福研究所负责战略研究的领导人福斯特和日本东京都产业大学教授三好修教授，根据《谋攻篇》的思想，提出了“孙子核战略”的概念，认为“孙子‘不战而屈人之兵’的军事观点，触及了核战争的实质”。

在美国著名的大学中，特别是军事院校，凡教授战略学、军事课程的，大多将《孙子兵法》列为必修课。如美军最高学府国防大学，其战略学的第一节就是《孙子兵法》，位列克劳塞

① ［美］詹姆斯·克拉维尔：《在〈孙子兵法〉国际学术讨论会上的书面发言》，载《孙子新探——中外学者论孙子》，解放军出版社 1990 年版，第 98、101 页。

维茨的《战争论》之前。1989 年，美海军陆战队司令格雷上将，决定将《孙子兵法》作为 1990 年军官必读书的第一本。据不完全统计，美国民间研究《孙子兵法》的学会、协会有近百个。美国人对《孙子兵法》的喜爱，由此可见一斑。

第十一章　身世之谜

中国古代兵家人物的生平事迹，大多具有浓厚的传奇色彩，有的简直就是一些见首不见尾的神龙式人物。如那位助周灭商的姜太公，民间关于他的传说就非常之多，成书于明代的《封神演义》，甚至干脆将他描写成为一位曾在昆仑山修行四十年、奉元始天尊之命下山辅佐文、武二王伐灭商纣王并最后斩将封神的神话人物。再如屡屡见诸史乘的鬼谷子和黄石公，他们的行事就更是似有若无、缥缈诡异，以至于让人难寻踪迹。和姜太公、鬼谷子、黄石公相比，孙武的情况虽不至于如此被神化和难以琢磨，但在身后同样留下了许多难解之谜。比如，他的身世究竟怎样，至今就没有人能够说得清楚。

一、传统的观点

关于孙武的身世，早期的史籍中并没有具体明确的记载。司马迁虽然在《史记》中专门为孙武立传，但说到他的家世和出身，只有“孙子武者，齐人也”这样一句话。班固在《汉书·艺文志》里虽著录了孙武的兵书，但把他说成了吴人，说是“《吴孙子兵法》八十二篇，图九卷”。这里，班固所以称其为“吴孙子”，目的是与孙子的后人“齐孙子”孙膑相区别。成书于东汉时期的《吴越春秋》，在其《阖闾内传》中也说孙武为“吴人”。这些记载，虽然可以说明孙武原本是齐人，后来又去了吴国，但也仅此而已，此外提供不出任何有关孙武身世的资料。

时间过了一千数百年之后，宋人欧阳修和宋祁在撰写《新唐书》时，突然就这个问题作了明确的说明。该书《宰相世系三下》在述及孙武的家世时说：“（孙氏）又有出自妫姓。齐田完字敬仲，四世孙桓子无宇，无宇二子：恒、书。书字子占，齐大夫，伐莒有功，景公赐姓孙氏，食采于乐安。生凭，字起宗，齐卿。凭生武，字长卿，以田、鲍四族谋为乱，奔吴，为将军。”《新唐书》的记载，除进一步肯定了孙子原为“齐人”后“南下”为“吴人”的说法外，又提出了三点新的说法：（1）交代了孙子的身世，即他是田完的后裔、田书的孙子；（2）孙子所以姓孙，是因为其祖父田书“伐莒有功”，由“景公赐姓孙氏”而来的；（3）孙子奔吴的直接原因，是由于“田、鲍四族谋为乱”。只是，这些新的说法的根据是什么，不得而知。

关于孙武的身世，上述说法长期以来没有人提出过疑问。但是，由于时间的跨度是如此之大，这些新的说法又是如此具体，因而它不能不让人产生怀疑。首先提出怀疑的是已故史学家田昌五先生。

二、田先生的怀疑

田昌五先生在《孙子学刊》1992 年第 3 期《孙子里籍辨误》一文中，对《新唐书》提出的几点说法，不是一概加以怀疑：他既不怀疑孙子为齐田完的后裔，也不怀疑孙子是因为“田、鲍四族谋为乱”而奔吴的，他怀疑的是孙武的世系，也就是孙武到底是田氏家族的哪一代人，或者说到底谁是真孙子。

此外，他还对晋代杜预在为《左传》作注时将昭公十九年（前523年）伐莒的孙书与哀公十一年（前484年）战败于艾陵的田书当作一个人提出了质疑。

笔者认为，田先生关于孙氏世系的怀疑是很有道理的。对此，只要将《新唐书·宰相世系三下》所列孙子的世系和《史记·田敬仲完世家》所列田氏的世系略作一番分析与比较，便不难看出个中的问题。现在让我们先看一下《新唐书·宰相世系三下》关于孙氏世系的排列：

田敬仲完
⋮
桓子无宇 ┬ 恒（常）
         └ 书（字子占）— 凭（字起宗）—武（字长卿）……

让我们再看一下《史记·田敬仲完世家》关于孙氏世系的排列：

田敬仲完
⋮
桓子无宇 ┬ 武子开
         └ 釐子乞 — 成子常（恒）—襄子盘—庄子白 — 太公和 ……

在《新唐书·宰相世系三下》中，田恒为无宇之子，孙武为田恒弟田书的孙子；而在《史记·田敬仲完世家》中，恒（即田常）为釐子之子、无宇之孙，至于孙武，则根本没有提及。《史记》虽为孙武专门写了传，但根本没有记载他的世系，甚至连他是不是田氏家族的人也没有言及。

我们知道，记载春秋时期历史的重要典籍《左传》也无一字涉及孙武，其有关孙书和田书的记载如下：昭公十九年（前523年）“秋，齐高发率师伐莒（今山东莒县）。莒子奔纪鄣（今山东日照南）。使孙书伐之。初，莒有妇人，莒子杀其夫，已为嫠妇。及老，托于纪鄣，纺焉以度而去（藏）之。及师至，则投诸外。或献诸子占，子占使师夜缒而登。……七月丙子，齐师入纪。”杜预注曰：“孙书，陈无宇之子子占也。”又，哀公十一年（前484年），鲁哀公会合吴王夫差伐齐，“五月克博，壬申，至于嬴。中军从王。胥门巢将上军，王子姑曹将下军，展如将右军。齐国书将中军，高无丕将上军，宗楼将下军。陈僖子谓其弟书曰：‘尔死，我必得志。’……甲戌，战于艾陵（今山东泰安东南，一说在今山东莱芜东），展如败高子，国子败胥门巢。王（夫差）卒从之，大败齐师，获国书、公孙夏、闾丘明、陈书、东郭书，革车八百乘，甲首三千……”由于陈公子完奔齐之后“以陈字为田氏”，所以这里的陈书也就是田书。而僖、釐古音同义近，所以陈僖子也就是田釐子乞。从以上记载不难看出，田书应为武子开和釐子乞的弟弟，因此，如果补充到《史记·田敬仲完世家》中去，田氏世系就应作如下排列：

田敬仲完……桓子无宇

- 武子开
- 釐子乞—成子常（恒）……
- 田书

也就是说，综合《史记》和《左传》的记载可以看出，桓子无宇有三个儿子，其中之一就是田书。众所周知，孙武是早在吴王阖闾时代就“奔吴”并建功于吴的，而田书是在阖闾之子夫差时代才战败于艾陵的，假若孙武系田书之孙，从时间上看显然是十分荒唐的。至于《左传》所记孙书与田书究竟是不是一个人，其实对于孙武在田氏家族世系中位置的确定，并没有多少实际意义。因为从时间上看，孙书与田书无论是不是一个人，他们都不可能是孙武的祖父。对此，我们还可以以伍子胥作为参照推算一下。

据《左传》记载，伍子胥是于昭公二十年（前522年）“如吴”的，他后来于昭公三十年（前512年）推荐孙武给吴王阖闾。孙武一经子胥推荐，即向阖闾献上了所著兵法十三篇，并且当着阖闾的面用宫女演示他的练兵之法，说明他已经是一个比较成熟比较老练的人了，其年龄当不可能在二十五六岁以下，更不可能是一个刚够20岁的或者甚至少于20岁的乳臭未干的黄口小儿。假如此时的孙武是25岁，又假如孙书或者田书是他的祖父，那么这位祖父此时的年龄至少也应该在50岁上下了。昭公三十年距艾陵之战是28年，到那时，无论是孙书还是田书，均已经将近80岁甚至80多岁了。须知，春秋时期的作战方式主要是车战和步战，而车战和步战都是需要良好体力的，就算孙书或者田书当时还活着，也绝对不可能再上阵作战了。所以，田先生的怀疑是非常有道理的。

要而言之，《新唐书·宰相世系》关于孙氏世系的记载肯定有误，孙武不可能是田书（或者孙书）的孙子，而田恒（常）也不是无宇的儿子和田乞的哥哥，因为《史记》和《左传》明确记载着无宇的三个儿子分别是武子开、釐子乞和田书，田恒是釐子乞的儿子、无宇的孙子。《新唐书》的记载毕竟比《史记》的记载晚了一千多年，再说事主们的活动时代和年龄也有着诸多明显的矛盾之处和可疑之处。

三、究竟谁是真孙子

那么，孙武子究竟是谁呢？对于这个问题，田先生在文章中自有一番大胆而新奇的猜想。

田先生认为，《史记·田敬仲完世家》中只一见的武子开才是真正的孙武子。武子开系桓子无宇的长子，但他的事迹在所有史籍中均无任何蛛丝马迹。《晏子春秋·内篇谏下》有一个著名的“二桃杀三士”故事，故事说：齐景公手下有三个勇士，即公孙接、田开疆、古冶子。公孙接能“一搏豜（jiān，也作‘豣’，指野猪）而再搏乳虎”，田开疆能“仗兵而却三军者再”，古冶子能潜入水中“逆流百步”“顺流九里”而杀鼋（yuán，大鳖）救驾。但是，他们凭恃勇力，“无君臣之义”和“长率之伦”，因而被晏子设计以二桃杀之。田先生认为，其中的田开疆就是武子开，而武子开也就是孙武子。因为那时名开字开疆或名启字启疆的人是常见的，而《晏子春秋》是一本小说故事，可能由于武子开的下落不明，后人才编出这个故事来。故事终究是故事，“二桃杀三士”并没有什么真实性，但就像《封神演义》神化真实的历史人物姜太公一样，说这个虚构故事的主人公之一田开疆就是武子开，绝不是一点儿可能也没有。武子开者，武子是他作为卿士的称号，开才是名。武子开与田开疆，他们都姓田氏，又都是景公时人，一个有名无字，一个有字无名，的确有可能就是一个人。

不过，武子开与田开疆究竟是不是一个人，都与孙武的身份究竟是谁没有什么关系。所以，田先生就“武子开就是孙武子”这一论点，继续展开论证。

田先生结合孙武因齐国内乱而“奔吴”这一史实特点，分析了田氏每一次参与齐国内乱的年代后认为，武子开应是在其弟釐子乞联合鲍牧谋除国、高氏前夕而“奔吴”的。他说，田氏参与齐国内乱主要有三次：第一次是在齐景公初年（前545年），主其事者为田文子须无，他的儿子桓子无宇也是参与者，但与武子开没有什么关系。这次斗争的结果是田氏协助栾氏、高氏消灭了庆氏。第二次是在齐景公十六年（前532年），主其事者为田桓子无宇，估计无宇的长子武子开也应该参与了谋划。

这次斗争的结果是，田氏联合鲍氏打败栾氏、高氏并瓜分了他们的家产。不过，事后，田桓子采纳了晏子的建议，把分得的财产全部上缴给了齐景公，而他自己则向景公“请老于莒”。景公没有将莒地赐给他，但给了他高唐（在今山东高唐东北），而“陈氏始大”。第三次是在齐景公死后不久（前489年），主其事的是田釐子乞，而武子开在此之前已经“奔吴”，所以不可能参与其事。这次斗争的结果是田氏联合鲍氏消灭了国氏、高氏，杀死孺子荼，迎立了景公的另一个儿子阳生，而由釐子乞和鲍牧相之。

田先生认为，武子开是桓子无宇的长子，按当时的长子继承制，无宇死后自应由他继位，而事实上他也应该是继位了，因为他已经获得了“武子”这一作为卿士的称号。然而，让人感到奇怪的是，恰恰在这种应由他主持其事的时候，他不见了，代替他的竟是弟弟田乞，并且田乞也有了“釐子”这一作为卿士的称号；而又恰恰在这时候，南方的吴国出现了一位姓孙名武精通兵法出身齐国田氏家族的人。所以，田先生推测说，这位在北方齐国应该出现但销声匿迹的武子开，便是在南方吴国突然冒出来的孙武——他为了“辟隐深居”，隐姓而不更号，即改姓孙氏而用武做名字；至于田氏家族的嫡长子继承权，他让给了自己的弟弟田乞。

说到武子开出走的原因，田先生认为当与司马穰苴之死有关，而这也恰恰是釐子乞要打击国氏、高氏和日后他的儿子田常（恒）要尽灭国氏、高氏的重要原因之一。对于孙武“奔吴”后为什么改姓孙氏，田先生没有言及。因为他反对将孙书与田书当作一个人，所以当然不可能认为他是袭用了孙书的姓氏。不过，我倒是并不认为孙书与田书就一定不是一个人。田先生反对将孙书与田书当作一人的主要理由是：假如田书就是孙书，那么他在伐莒时就不应被称为孙书，因为景公赐姓孙氏是在伐莒之后；而到数十年后的艾陵之战时，也不应再称他为田书，因为《左传》“从来没有这种前后颠倒的体例”。笔者认为，田先生的理由其实并不充分。孙书获赐姓孙固然是在伐莒之后，但《左传》记此事是在更后，此其一。其二，陈完到齐国后，早已以田氏为姓氏，然而《左传》屡屡以陈氏称之。所以，关于孙书究竟是否就是田书的问题，尚须作进一步的考察和分析。

应当说，田昌五先生关于武子开就是孙武的观点，是非常有想象力的，虽然目前还没有直接而有力的史料作为论据，但为我们考察、研究孙武这位大军事家并最终揭开他的身世之谜，提供了一个全新的视角。

数年之后，苏州的陆允昌先生提出了与田先生大致接近的观点，即他也认为武子开就是南下“奔吴”的孙武。与田先生不同的是，陆先生为弄清孙武的身世，用了近四年的时间，先后走访九省，搜集了近二百种孙氏家谱。在这些孙氏的谱牒中，有数种与《新唐书》所记完全不同，它们均是以武子开为孙氏受姓始祖的，相反却不载孙书之名。其中，《荆西孙氏宗谱·孙氏得姓源流考》载：“……无宇生武子开与釐子乞。……是时，田釐子乞与鲍牧等图危社稷，武子遂奔吴，更姓孙，以兵法十三篇干于吴王，用以为将。”《甲山北湾孙氏宗谱》小传载：“开，字子疆，谥武子，齐大夫，食采乐安。适吴，更姓孙，为吴将。著武经八十三篇。”谱牒上的文字当然不能作为信史看，但有关记载也绝不会是空穴来风。所以，这些发现还是有其意义的，它至少在某种程度上是对田、陆两位学者所持观点的一种支持。

第十二章 故里之谜

在先秦几位大思想家中，儒家的代表人物孔子、孟子和荀子，道家的代表人物老子和庄子，法家的代表人物商鞅和韩非，他们的里籍基本上都没有什么问题，唯独兵家的代表人物孙武、孙膑，至今仍是一个难解之谜。关于孙膑的里籍，《史记》尚有“膑生阿鄄之间”的记载，而关于孙武，只有“齐人也”三个字了。古人压根儿也不可能想到，由于对这两位大军事家里籍记载的含糊和阙如，在两千几百年后的今天竟然引出了大麻烦——几个沾边或根本不沾边的地方，都来争抢他们作为自己的前辈同乡，以引为自豪。这其中，尤以关于孙武故里的争论最为引人注目，有关方面各请权威，各引故实，互不相让，大打笔墨官司。于是，孙武的里籍就有了以下诸多说法。

一、惠民说

最早提出“惠民说”的是民国时期的李浴日。李浴日在他的《孙子兵法之综合研究》中认为，“孙子是从唐代之乐安郡，即清代之山东武定府，今之惠民县附近，奔吴为将的”。新中国成立后，郭化若承袭并进一步肯定了这一观点。郭老在他的《孙子今译》前言中，依据《新唐书·宰相世系三下》和《古今姓氏书辩证》的记载，在“乐安”后以括号注明为“今山东惠民”。其后，部分学者发挥了这一观点。例如，有学者认为，欧阳修编撰《新唐书》，邓名世编撰《古今姓氏书辩证》，依据的是《姓苑》、《百家谱》和《元和姓纂》，《姓苑》和《百家谱》虽然已经亡佚，但林宝的《元和姓纂》仍在。《元和姓纂》成书于唐宪宗元和七年，比《新唐书》早248年，比《古今姓氏书辩证》早342年。据《四库全书提要》介绍，《元和姓纂》曾参考、使用了许多珍贵著作，其权威性无可怀疑。该书关于“乐安孙武之后。汉有宾、硕，魏有清河太守孙焕；晋有孙颢，避地于魏，故属乐安，因家焉”的记载，与《新唐书·宰相世系》关于田书“食采于乐安”的记载相互印证，是迄今能见到的关于孙武故里的最早记载。

那么，乐安指的究竟是何时的乐安呢？有学者认为，从《元和姓纂》的编写体例可以断定，乐安是指唐代乐安，而不是春秋时齐国的地名，因为书中所列三个“孙武之后”的地名，无一例外都是指唐代地名。《新唐书》和《古今姓氏书辩证》取材于《元和姓纂》等汉唐典籍，其所说“食采于乐安”，当然也是指唐代的乐安。关于乐安的地望问题，这些学者认为，在《元和姓纂》成书之前70年，即天宝元年（742年），唐政府改平原郡为乐安郡，治所在厌次，而厌次即今之山东惠民。所以，今之惠民，也就是当年田书的采邑。另外，王莽时之乐安亭在今之惠民，汉献帝设乐安郡时治所在今之惠民，明代洪武六年和永乐六年所设乐安州州治也都在今之惠民，足见惠民与乐安在历史上有着深远的渊源。

持上述观点的学者还认为，《元和姓纂》除记姓氏的起源时偶尔涉及先秦地名外，正式列出的郡望全部是秦汉以后至唐代已经规范化了的郡（州、国）、县名。如果某个郡望是由唐代以前、秦汉以后某位历史人物决定的，这个人物有明确规范的里籍，其郡望名称便与人物所处朝代相一致，使用旧名旧望；相反，如果某个郡望是由某位先秦时期的人物决定的，该人物又没有明确规范的里籍，其郡望名称则要赋予新名新望。孙武是春秋时齐国人，没有明确规范的里籍，不能不赋予新名新望——唐乐安郡。所以，孙子故里“惠民说”是合理的、正确的。

二、广饶说

随着故里问题的重提和“惠民说”的传播，“广饶说”异军突起，提出了与之不同的看法。“广饶说”认为，郭化若“惠民说”中的惠民，当初是指惠民地区，如果径直将其指为春秋时期的乐安就很成问题了；春秋时一般小国或卿大夫是不能随便在封地上筑城的，乐安既然不见于传世之先秦文献，便不可能在春秋时期就已经筑有城池；汉乐安城当筑于汉代，与春秋孙氏“食采”之乐安并没有承袭关系；比较合理的推想应当是：孙书“食采”之乐安是一个广袤地域，汉乐安城或筑于这一地面之上，或与这一地面相邻。

“广饶说”还认为，从以下几点看，先秦乐安的地面主体在今之广饶：（1）据《资治通鉴》记载，周赧王三十一年（前284年），燕国联合秦与三晋伐齐，在济西大败齐军，并进而攻下临淄，齐闵王出走，楚将淖齿对他说：“千乘、博昌之间，方数百里，雨血沾衣，知之乎?”这里未提及乐安。对照今天的地图可以发现，齐都临淄以北有高青、博兴、广饶三县，而这三县恰恰是汉魏设乐安县（或郡、国）的地方，先秦乐安的地面主体必定在这三县的某个范围之内。高青属先秦千乘，博兴属先秦博昌，由此可以推知，广饶应是先秦乐安地面。（2）据《春秋》记载，鲁庄公九年（前685年）八月庚申，鲁与“齐师战于乾时”。杜预注：“乾时，齐地，时水在乐安界，岐流，旱则竭涸，故曰乾时。”对照《水经注》的记载可知，时水入博兴东南境后即西东流向，其主要流经区域在今广饶境，正好与杜预所注符合，因而乐安应在今之广饶县境。（3）汉以来，先后设乐安县（或郡、国），历时百年以上的有三处，其治所也游移变化，惟广饶县境有郡又有县，且历时最长，达千年之久，这绝非偶然的历史现象。（4）至今在广饶县境，孙姓仍是大姓之一，这也应视为春秋齐国孙氏“食采于乐安”的一个佐证。

“广饶说”指出，《新唐书·宰相世系三下》提到的孙氏“食采”之地有三处，即戚、富春、乐安，其中戚、富春均为先秦地名而非唐时地名，所以不能简单地断定乐安一定是指唐代的乐安郡。《宰相世系》是由数十种世族谱牒著作汇总撮要而成的，而这些谱牒多数来自隋以前，欧阳修他们在记述春秋某人的“食采”之地时，只要按原始材料照录即可，是不必考虑先秦时期到底有无乐安和是否有必要将乐安改成唐代乐安郡的。即使是唐人的著作，在讲到先秦时期某人的“食采”时，也是不会用唐代地名的，这是史籍撰写的一般常识。比如，《元和姓纂》卷四“孙氏”条下两处提到乐安，就一指汉乐安，一指晋乐安，而并没有专指唐时的乐安郡。

三、博兴说

“博兴说”认为，考察各种相关文献的记载，发现最早设置乐安县的地方在今山东博兴，时间是在西汉。至于惠民县，是到明代洪武六年（1373 年）才为乐安州治所的，时间距孙武生活的时代已长达一千八百多年，其与先秦时期的乐安邑并没有沿革关系。所以，将孙武里籍齐乐安解释为今之山东惠民缺乏根据。

“博兴说”进一步指出，西汉的乐安县，与《新唐书》《古今姓氏书辩证》提及的齐乐安具有因袭和沿革关系，两者在同一历史地理位置——今之博兴县境。（1）孙武的先祖“食采于乐安”在齐国历史上是客观存在的，乐安当为齐之一邑。春秋末年，齐国已有县的组织，乐安由邑制推进到郡县制是历史的必然。据王国维《秦郡考》研究，秦因袭了战国时各国的郡县。从我国郡县制发展历史看，县地名在战国以至秦汉是相当稳定的。汉承秦制，战国和秦时的县名到汉代大都不变。特别是齐国，没有废县的记载。所以，齐乐安→秦乐安→西汉乐安，是符合历史沿革实际的推断。（2）据实地考察并与历史文献记载相印证，博兴县境内实有乐安故城遗址存在，遗址就在博兴县城，与齐博昌邑的遗址相距大约二十里。

四、莒邑说

以上三说，都是围绕“所谓乐安指的是何时的乐安”“先秦到底有没有乐安”“乐安究竟在哪里”等问题展开讨论的，他们思考问题的角度基本上是一致的。刘蔚华先生提出，对这个问题的研究需要转换一下角度，即如果把问题换到“春秋时齐国陈桓子（无宇）及其后人的封邑在哪里”这样一个角度，或许能抓住故里问题的实质，至于这个封邑当时是否叫乐安，就成了次要的问题了。通过对《春秋左传》、《史记》和《吴越春秋》等文献中有关材料的分析可知，齐国莒邑（非孙书所伐之莒国）才是孙武的故里，而莒邑的地望大体在博兴和桓台以东、临淄以北、寿光以西，其中心区域在今之广饶县境。这样，关于孙武故里又出现了一种新的观点——莒邑说。

“莒邑说”认为，根据《左传》记载，襄公二十八年，陈氏与栾氏、高氏、鲍氏共同灭了庆氏，齐景公将庆氏党羽卢蒲嫳放逐到了齐之“北竟（境）”。而这“北竟”正是齐国的莒邑，并且大致在今之广饶境内，这从昭公三年关于“齐侯田于莒。卢蒲嫳见，泣，且请曰……”的记载可知。从齐国的全部疆域看，惠民、博兴也在北境之内；但若从齐都临淄的方位看，广饶在北境，惠民在西北境，博兴也偏西北境。景公田猎，不可能跑得很远，他到筑有柏寝台且养马千驷的广饶境内游猎、观海，可能性更大。所以，齐之莒邑很可能就在广饶境内，问题的关键是莒邑与陈桓子有什么关系。

“莒邑说”进一步指出，《左传》还记载，昭公十年，陈氏与鲍氏联合击败了栾氏、高氏，“分其室”，但陈桓子接受晏子的建议，将分得的栾氏、高氏的家产献给了景公诸公子，自己则“请老于莒”。这说明，莒邑是陈桓子封邑，否则他是没有资格“请老于莒”的。春秋时，卿大夫的封邑往往很多，如襄公二十八年，齐景公一次就封给晏婴六十邑。当然，并非所有的封邑都可以看作他们的故里，但居家养老的封邑应当定为他们的故里。如此，将莒邑视为陈桓子的故里，是没有什么问题的。另据《史记》和《吴越春秋》的一致记载，伍子胥向吴王推荐孙武，当在昭公三十年（前512年），据此可以断定孙武应生于昭公初年前后。那么，陈桓子“请老于莒”时，孙武起码已是少年。如此说来，莒邑自然也是其故里。即使孙书伐莒（国）后又得新邑，也不应否认桓子的“请老”之地莒邑是孙武的故里。

“莒邑说”还指出，春秋时齐国的货币是刀币，而据清代冯云鹏《金石考索·泉刀之属》引《金石志》的有关材料可知，这正是陈桓子在莒邑所铸，因称“莒刀”。陈氏在齐，以善于经营商业和手工业著称，其封地莒邑能铸造货币，说明那里的经济在当时已经相当发达，所以陈桓子才“请老于莒”。而这也可以佐证，莒邑正是其故里所在地。

五、大名说

桂士辉在2011年7月17日大名史志网《春秋乐安地望考辨兼论孙武、孙膑故里》一文中认为，根据《礼记·礼运》关于“诸侯有国以处其子孙，大夫有采以处其子孙”的记载，孙书受封食邑后，即举家迁徙到乐安，聚族而居，繁衍生息，把孙书采邑乐安作为孙武故里是合理的，但“乐安”之“惠民”“博兴”“广饶”三说由于仅局限于围绕历史上冠名“乐安”的政区设置来考证春秋乐安而陷入误区。他认为，春秋乐安的地望，《元和姓纂》记载很清楚：“乐安，孙武之后，汉有宾、硕，魏有清河太守孙焕，晋有孙颉，避地于魏，故属乐安，因家焉。”所以，孙颉等人避乱建家的“魏”就是春秋乐安，这是文献中关于春秋乐安的最早确指。作者指出，林宝编撰《元和姓纂》时参考使用了大量珍贵谱牒，材料征引谨严有据，切实准确，不作虚饰夸大，故所记可信度较高，对乐安地望作出“魏故属乐安”的判定绝不会出现疏漏失误。作者说，《元和姓纂》成书于唐元和年间，“魏”应是指唐代简称为“魏”的政区名称，“魏”与“乐安”是古今对照的关系。考唐代的“魏”即魏州，治所在今河北大名东北八里。而今之大名束馆镇不仅存有诸多实物，如孙操故里碑、孙家故宅等，而且也流传有许多民间故事，可证明这里曾是孙操、孙膑的居住地。所以，孙武故里春秋乐安就在今天的大名沙麓山南之束馆镇确凿无疑。

六、临淄说

“临淄说”提出并不晚，但有人进行全面论证似乎比较晚。

王景甫先生在2007年10月9日中国民主促进会淄博市委员会网《明确故里概念　洞察孙武故里》一文中，对此说进行了比较充分的阐述。他认为，关于孙武故里，以上诸说均不可靠，惟“临淄说”才真正能够成立。其理由如下：

第一，古代的故里概念与现在不尽相同，孙武时代故里的确切定义应该是指一个人高祖的固定居住地。

第二，采邑与故里是两个不同的概念，姓源地不能和故里画等号。齐国乐安是孙姓的姓源地之一，却不能认定是孙武故里。

第三，孙武“与齐同姓”，应该从齐国田姓的姓源那里找孙武的故里。齐国田姓始祖陈完的长期居住地，才是孙武真正的故里。而陈完当时的官职是工正，分管手工业，理应居住在官吏“社区”和国家手工业中心“工乡”。由此可以断定，这位恪尽职守的齐国田姓始祖，来到齐国后便长期居住在临淄大城内。所以，临淄大城才是孙武的故里。

第四，《史记·孙子列传》的开头一句“孙子武者，齐人也”，其实已经明确点明孙武的故里就是齐国都城临淄，绝非如有人所说，它表明太史公对孙子故里“未及深考”。这是因为：春秋时期各诸侯国的都城是国家的代称；我国西周和春秋时期，对居住于国都的人通称“国人”；司马迁笔下的“齐人”其实即指齐国都城临淄人，这从他对《史记》中人物里籍的记载体例不难看出：（1）在开篇第一句总是首先点明传主是哪里人；（2）对居于国都的王室亲宗，只说明其宗亲身份，而不赘述是哪里人，如“司马穰苴，田完之苗裔也”“孟尝君名文，姓田氏”“田单者，齐诸田疏属也”等；（3）对长期在都城为高官的非王室亲宗，其故里又不在都城者，则一律详细介绍其里籍，如“管仲夷吾者，颍上人也”“吕不韦者，阳翟大贾人也”“穰侯魏冉者……其先楚人”，等等；（4）凡是“居住于国都”之外，不属“国人”的，司马迁在介绍其故里时还特意在国名下面附以地名，如“老子者，楚苦县厉乡曲仁里人也”“犀首者，魏之阴晋人也”“李斯者，楚上蔡人也”，等等。

第十三章 著述之谜

作为兵家鼻祖的孙武，在经过了两千数百年历史长河的磨洗之后，不仅没有为人们逐渐遗忘，而且声名日见显赫，甚至最终迈出国门，走向世界，赢得了国际性的声誉，完全是因为他的那部仅有五六千字的十三篇兵书。然而，就是这部让历代著名政治家、军事家、外交家以及今天的企业家们不敢小觑的十三篇，有许多问题其实同样是千古难解的历史之谜。对于这些历史的疑案，千百年来学者们实际上一直都在争论不休，只不过作为普通读者来说不了解不清楚罢了。

一、十三篇究系何人所作，作于何时

从古至今，人们大多认为，《孙子兵法》系春秋末期齐国军事家孙武撰写的一部兵书，其根据就是司马迁在《史记·孙子吴起列传》中的记载：“（孙武）以兵法见于吴王阖闾，阖闾曰：‘子之十三篇，吾尽观之矣，可以小试勒兵乎？’”但是，自宋代以来，不相信《史记》的记载、对此持怀疑态度者，大有人在。

最早提出怀疑的是北宋时期曾经注释《孙子兵法》的名家梅尧臣。欧阳修在为梅尧臣的《孙子兵法》注本所作序文中说，梅尧臣“尝评（孙）武之书曰：此战国相倾之说也。三代王者之师，司马九伐之说，武不及也”[①]。同为北宋人的叶适，继梅尧臣之后也提出了自己的怀疑。叶适在《习学记言》中认为：最早记载孙武事迹的《史记·孙子吴起列传》，关于孙武只有一个晋见吴王并用宫女练兵的故事，像传奇小说而不像一般信史，所以不足凭信。而专门记载春秋一代史实的《左传》，记吴国从谋划伐楚到五战入郢的过程非常详细，却只提到伍子胥、伯嚭，单单不提孙武；所以，《孙子兵法》当是“春秋末战国初山林处士所为，其言得用于吴者，其徒夸大之说也”。南宋著名的藏书家陈振孙在《直斋书录解题》中也说：“世之言兵者祖孙氏，然孙武事阖闾而不见于《左氏传》，未知其果何代人也。”这实际上已经怀疑到究竟有无孙武其人。自宋代以至清代，不少学者都持上述这种观点，如苏东坡、姚际恒、全祖望、姚鼐等，无不如此。

联系到《孙膑兵法》的长期失传，有些学者甚至认为孙武与孙膑其实是一个人，《孙子兵法》与《孙膑兵法》实为一部书，《孙子兵法》当为孙膑所作。有些学者虽然并不赞成这种观点，但依然坚持认为《孙子兵法》成书于战国时期。如20世纪30年代，齐思和在《孙子著作时代考》[②] 一文中，就从十三篇所见作战方式、战争规模、军事制度、著述体例、语言特点等方面，把《孙子兵法》的成书时间定为战国时期。新中国成立后，也就是50年代，杨宽在其所著《战国史》一书中，也持与齐思和十分接近的观点。罗根泽则提出，战国以前根本就没有私家著作，所以《孙子兵法》不可能出现在春秋时期。

1972年，随着临沂银雀山汉墓竹简《孙子兵法》和《孙膑

① ［宋］欧阳修：《欧阳修集》卷四二《居士集·孙子后序》。
② 齐思和：《孙子著作时代考》，《燕京学报》1939年第26期。

兵法》的同时出土，认为二书实为一书、《孙子兵法》当为孙膑所作的观点已不攻自破，但有些学者如徐北文、李零等，仍然认为《孙子兵法》究非作于春秋时代。徐北文先生在《关于孙子的刍荛之见》[①] 一文中，引清代章学诚《文史通义》所说"古人不著书，古人未尝离事而言理，六经皆先王之政典也"一语为据，认为《孙子兵法》舍事而言理的写作方式"违背"了"历史发展（包括学术）"的一般规律，"是有悖于常理的"；而《史记·孙子吴起列传》关于孙武的记载，则"更像是口头文学中的传奇而不像发生于生活中的史实"，孙武可能"只是一个传奇人物"。李零先生在《〈孙子〉古本研究》一书中，从《孙子兵法》反映的战争规模、用兵旷日持久的情况等方面进行了分析，认为"有理由否定《孙子》是由春秋末孙武亲著的说法"，"它的成书时间很可能是在战国中期"，但"其中某些内容可能在春秋末期就已经产生"。

对于上述观点，从明代以至今天，也有许多学者提出了反驳意见。例如，针对《左传》《国语》等先秦典籍不记孙武事迹的问题，明初文学家宋濂在他的《诸子辩·孙子》一书中就说："叶适以不见载于《左传》，疑其书乃春秋末战国初山林处士之所为，予独不敢谓然。春秋时，列国之事赴告者则书于策，不然则否。二百四十二年之间，大国若秦、楚，小国若越、燕，其行事不见于经传者有矣，何独武哉！"有的学者则认为，孙武的事迹虽然不见于《左传》和《国语》，但在其他先秦典籍中可以找到。例如，《孙膑兵法·陈忌问垒》说："明之吴越，言之于齐，曰知孙氏之道者，必合于天地。"其中"明之吴越"应是指孙武，"言之于齐"应是孙膑自称，"孙氏之道"则是说孙

① 徐北文：《关于孙子的刍荛之见》，《孙子学刊》1992 年第 2 期。

武、孙膑的兵法实乃一家之学。《尉缭子·制谈》也说："有提十万之众而天下莫当者谁？曰桓公也；有提七万之众而天下莫当者谁？曰吴起也；有提三万之众而天下莫当者谁？曰武子也。"这里的"武子"，指的就是孙武。《荀子·议兵》载临武君之言曰："兵之所贵者势利也，所行者变诈也。善用兵者，感忽悠暗，莫知其所从出，孙吴用之，无敌于天下，岂必待附民哉！"其中所说的"孙吴"，即指孙武和吴起。其他《韩非子》之《五蠹》《守道》，《吕氏春秋》之《上德》等，在一定程度上也都言及孙武的事迹。此外，还有一些成书较晚的先秦著作，虽未具体言及孙武及其事迹，但在内容上与《孙子兵法》有不同程度的相通之处，如《六韬》《管子》《商君书》《鹖冠子》《文子》《鬼谷子》等。这说明，孙武的事迹与思想在当时已经产生了很大的影响，如果其没有著作传世，这是不可想象的。

关于春秋末期尚无私家著书问题，有的学者指出这并不符合实际情况，认为春秋末期已经出现私学，而有私学就不能肯定绝无私人著述，并举春秋时郑国大夫邓析在官方"铸刑书"之外又写成《竹刑》一事作为证明。据《左传·定公九年》记载，继子产执政的驷歂"杀邓析，而用其《竹刑》"。杜预注："邓析，郑大夫。欲改郑所铸旧制，不受君命，而私造刑法，书之于竹简，故言《竹刑》。"《吕氏春秋·审应览·离谓》也说，邓析创办私学，"子产治郑，邓析务难之，与民之有狱者约……民之……学讼者，不可胜数"。可见当时不仅私学很盛，而且已有私人著述。

说到军队数量和战争的规模问题，有的学者著文进行了研究，认为《孙子兵法》中所说的那样的军队员额和战争规模，并非到战国时期才出现，据此而认为《孙子兵法》不可能成书于春秋时期，证据并不充分。

至于《孙子兵法》的语言特点问题，学者们认为，这是因为其成书后经过他人整理时而窜入了后世文字的缘故。如此书竹简本《用间篇》中的“燕之兴也，苏秦在齐”、十一家注本《九地篇》中的“焚舟破釜”等，都是在《孙子兵法》成书后整理过程中掺杂进去的，不能因此而影响我们对其成书时间的最终认定。

二、所谓的“八十二篇”之谜

今天说到《孙子兵法》，大家都无一例外地知道其共有十三篇，甚至有时径直以“十三篇”指代《孙子兵法》。这是因为：(1)最早提到《孙子兵法》的《史记·孙子吴起列传》，说的就是十三篇；(2)千百年来，人们所能见到的，也唯有这十三篇。但是，《孙子兵法》究竟一共有多少篇，也是大有争论的，因为还有的文献记载表明，《孙子兵法》并非仅有十三篇。比如《汉书·艺文志》就说“《吴孙子兵法》八十二篇，图九卷”。这表明，自西汉初年至班固生活的时代，《孙子兵法》很可能就是以“八十二篇，图九卷”这个版本流行的，而且司马迁也应当看到过这个本子。

那么，为什么当年孙武献给吴王的“十三篇”兵法，到了汉代会变成“八十二篇”并有“图九卷”呢？学者们一般认为这应是由于后人的增益。如清代学者毕以恂就认为，除十三篇之外，其余六七十篇都是孙武的佚文。他还亲自从《北堂书钞》《通典》《太平御览》等典籍中搜寻、辑录十三篇以外的佚文，考其真伪，收入他的《孙子叙录》一术中。毕以恂说，这些佚文，“其一为《问答》若干篇”，属“见阖闾所作”；“一为《八阵图》”；“一为《兵法杂占》”；此外，又有《吴孙子牝牡八变阵图》等，俱见《隋书·经籍志》。唐张守节《史记正义》引汉代刘向《七录》云："《孙子兵法》三卷。"《正义》按："十三篇为上卷，又有中、下二卷。"后来，章学诚在《校雠通义·内篇三》中进一步说："盖十三篇为经语，故进于阖闾，其余当是法度名数，有如形势、阴阳、技巧之类，不尽通于议论之词，故编次于中、下，而为后世亡佚者也。"所以，学者们认为，对《孙子兵法》的这种增益，在战国时期就已经开始了，如《吴问》就大约产生在三家分晋前后；而增益者，当是孙子后学，甚至不排除孙膑及其弟子也参与了这项工作。对《孙子兵法》的增附工作，可能一直持续到了汉代。如东汉末年的曹操就曾说，他所以要注释《孙子兵法》，就是因为后世之人对其"未之深亮训说，况文虆富，行于世者失其旨要"。

1972 年，临沂银雀山汉墓出土了大量汉代竹简，不仅发现了《孙子兵法》和《孙膑兵法》这两部兵书，而且还发现了它们的佚文。其中《孙子兵法》佚文有《吴问》《四变》《黄帝伐赤帝》《地刑（形）二》《见吴王》五篇。这一发现，证明学者们的分析与推测是有道理的，也就是说：（1）《孙子兵法》原作为十三篇，此十三篇系春秋末期孙武亲著，当初他去见吴王时吴王所说"子之十三篇，吾尽观之矣"，指的正是这十三篇；（2）自战国开始，经孙子后学和好事者的不断整理和增益，"十三篇"逐渐变成了"八十二篇"，而且多出了"图九卷"，但这"八十二篇"和"图九卷"在两千多年历史长河中又佚失了。这从一个侧面表明，孙武所著之《孙子兵法》十三篇，因其具有不可磨灭的宝贵价值，所以才能够经得起历史的考验，虽岁月日久而光芒愈现。

让人匪夷所思的是，1996 年 9 月 18 日，一个震惊中外的消息突然刊登在《人民日报》上：失传两千年之久的《孙子兵法》“八十二篇”，在古城西安重新面世！一时间，国内外重要媒体竞相报道，消息迅速传遍世界各地。然而，后来经过专家们的不断质疑、辨伪，人们方才得知，这原来不过是由个别人精心策划出来的一出并不高明的闹剧。所以，一经戳穿，也就很快烟消云散了。

三、拿破仑等人与《孙子兵法》

长期以来有一种说法，就是西方著名人物法国的拿破仑、普鲁士的克劳塞维茨和德国皇帝威廉二世都曾经读过《孙子兵法》。这些说法的真实程度究竟如何呢？其实也很难说。

关于拿破仑曾读过《孙子兵法》的说法，最早见于民国时期廖世公所著的《中国为世界文化之源》一书。据此书记载，拿破仑失败之后，被流放到了圣赫勒拿岛上。有一天，他读到了由法国神父约瑟夫·P. 阿米奥在巴黎翻译出版的《孙子兵法》，不禁拍案叫绝，进而又叹息说：“倘若我早日见到这部兵法，是不会失败的。”刘庆先生认为，这种说法是具有一定可信性的，因为廖氏曾经担任过中国驻法公使，在法国政界、军界有许多朋友，他的说法不会是空穴来风。

笔者也认为，拿破仑读过《孙子兵法》是十分可能的，但不一定是在失败之后被流放到圣赫勒拿岛上的时候。这是因为：(1)《孙子兵法》传入法国并在法国上层产生影响与拿破仑进入军校学习的时间相一致。《孙子兵法》传入法国是在 1772 年，而拿破仑于 1779 年进入布列纳军校攻读炮兵专业，1784 年又进入巴黎皇家军事学院深造，并于次年毕业，这时恰逢《孙子兵法》法文译本多次被刊物登载，引起了公众的注意。尤其值得注意的是，在拿破仑入巴黎军校学习的前两年，经法国国王特许，尼昂出版公司将《孙子兵法》作为一套有关中国的丛书的第七卷再次出版。在求学期间，拿破仑酷爱读书，曾经阅读过世界各国大量的军事、历史和法律书籍，以此而论，如果说他这期间根本没有受到巴黎社会上盛行的“孙子热”的影响，从未读过《孙子兵法》这本书，似乎是不可思议的。（2）在西方名将中，拿破仑的用兵艺术与中国的孙武最为接近。众所周知，以《孙子兵法》为代表的中国古代军事思想，与西方的军事思想，特点截然不同。简单来说，前者极重智谋，用兵灵活多变；后者极重实力，用兵似嫌刻板。考察拿破仑一生的用兵经历，我们可以发现，这位名将有许多地方与中国的一些名将极为相似，如善于集中兵力、深谙避实击虚之道、行动神速难测、从不墨守成规等。那么，他是不是确曾从《孙子兵法》中获得过教益呢？这无疑是一个很有意思而眼下又难以破解的历史之谜。

至于说克劳塞维茨也读过《孙子兵法》，则并没有任何形式的文献记载，所以这恐怕是出于某些学者的猜测。这些学者认为，1806 年，克劳塞维茨以副官的身份随普鲁士奥古斯特亲王参加对法作战，战败被俘。在羁旅法国期间，他抓紧时间阅读了大量军事著作，而当时《孙子兵法》在法国出版已有 35 年之久，他看到过该书或听别人说到过该书的思想观点，应该是很可能的事。刘庆认为，从《战争论》的某些观点看，这种揣测似乎也不能说完全是虚妄之谈。《战争论》第一篇第一章中曾直言批评说：“有些仁慈的人可能很容易认为，一定会有一种巧妙的方法，不必造成太大的伤亡就能解除敌人的武装或者打垮敌人，并且认为这是军事艺术发展的真正方向。这种看法不管多么美妙，却是一种必须消除的错误思想，因为在像战争这样危险的事情中，从仁慈产生的这种错误思想正是最为有害的。”在这里，克劳塞维茨的批评简直就像是针对孙子“不战而屈人之兵”的“全胜论”来的。那么，这仅仅是一种巧合呢？还是克劳塞维茨的确对《孙子兵法》有所了解，从而从他的“最大限度地使用暴力”这一核心观点出发，表明他在对待战争的基本态度方面与《孙子兵法》有完全不同的见解呢？这实际上又是一个难解之谜。

德译本《孙子兵法》在德国的出版是1910年。据说，发动第一次世界大战的德皇威廉二世被废黜后，在侨居中看到了《孙子兵法》。当他读到《孙子兵法·火攻篇》的最后一段“主不可以怒而兴师，将不可以愠而致战，合于利而动，不合于利而止。怒可以复喜，愠可以复悦，亡国不可以复存，死者不可以复生，故明君慎之，良将警之，此安国全军之道也”时，不禁废书喟然而叹曰：“早二十年读《孙子兵法》就绝不至于遭受亡国之苦了！”这一说法，同样不见于可靠的文献记载，所以充其量也只能当作一个传说看待。

（本文原为《齐鲁文化丛书》的一个分册，以《孙武与〈孙子兵法〉》之名由山东文艺出版社于2001年出版，此次收入本书文字有所补充和修改）

先生之风　山高水长

——千古贤相诸葛亮生平事迹述评

诸葛亮（181—234年），字孔明，汉末琅邪阳都人（今山东沂南），三国时期以至于整个封建时代最为著名的政治家、军事家和思想家之一。自接受刘备三顾之请出山，他信守承诺，忠贞不贰，以“兴复汉室”为号召，以经世济民为己任，不惧强敌，不畏艰险，南征北伐，辛劳备尝，直至“鞠躬尽瘁，死而后已”，虽壮志未酬而令人扼腕叹息，但为后世留下了一笔丰厚的精神与文化遗产，以至于千百年来让人无限追思和怀念。

一、生于乱世，绍继祖风

1. 时代背景

诸葛亮生于汉灵帝光和四年（181年），时值东汉走向衰败没落的时期。

东汉自中期开始，外戚与宦官即相互倾轧，

交替专权，并且愈演愈烈。《后汉书·单超传》记载，桓帝延熹二年（159 年），宦官单超等人与桓帝密谋捕杀外戚梁冀全家，并查抄其财产，清除其党羽。单超等五人同日封侯，时人称之为“五侯”。自此以后直至东汉皇朝灭亡的三十多年里，朝廷大政始终为宦官集团所牢牢控制。

与外戚相比，宦官的贪婪残暴有过之而无不及。他们口含天宪，随意刑赏，结党营私，广纳贿赂，甚至公然掳掠抢劫，侵害百姓，从而致使纲纪大乱，朝政日坏。宦官如此贪墨专权，便很自然地与士大夫阶层产生矛盾。士大夫中一部分人颇为崇尚气节，正直敢言，他们勇于揭露宦官的罪恶，并不屈不挠地与之斗争。而这种斗争，最后终于导致著名的“党锢之祸”发生。

所谓“党锢之祸”，是指桓、灵时期因宦官集团诬告而导致的朝廷对士大夫中“清流派”士人及其门生的大规模迫害。“党锢之祸”前后共发生了三次，分别在桓帝延熹八年（166 年）和灵帝建宁二年（169 年）、熹平二年（173 年），先后株连党人及其门生故吏与父兄子弟达一二千人，从而激化了各种社会矛盾，从根本上动摇了皇朝的统治基础，并最终导致黄巾军大起义（184 年）的爆发。

黄巾起义在不到一年的时间里即被镇压下去，不久宦官集团也被诛灭净尽，然而天下从此陷入军阀混战、四分五裂、民不聊生、哀鸿遍野的境地。

2. 地域影响

诸葛亮的出生地阳都旧属齐国，而齐是姜太公的封国。据《史记·齐太公世家》记载，当年太公至国后，“修政，因其俗，简其礼，通工商之业，便鱼盐之利，而人民多归齐，齐为大国”。司马迁在《史记·齐太公世家》中还说：“吾适齐，自泰山属之琅邪，北被于海，膏壤二千里，其民阔达多匿知，其天性也。”在《史记·货殖列传》中又云：“齐带山海，膏壤千里，宜桑麻，人民多文采布帛鱼盐。……其俗宽缓阔达，而足智。”

据《史记·鲁周公世家》记载，与齐国相邻的鲁国，为周武王之弟周公旦的封地。周公因需“留佐武王”，武王卒后又需代成王摄政当国，故由其子伯禽代为受封。伯禽至鲁，“变其俗，革其礼，丧三年然后除之”，治国方略与齐完全不同，其日后虽然趋向衰弱，但保存了周王室大量的典章制度，以至于后世有所谓“周礼尽在鲁矣”的说法，并且在那里形成了以孔子、孟轲等为代表的儒家学派。

齐、鲁当时均为大国，自其开国以至于两汉时期，出现了大批著名政治家、军事家和思想家。齐宣王时，齐国的稷下学宫更是学派荟萃，名流纷至，不仅为此地的文化发展注入了新鲜内容，而且也奠定了整个华夏文化的基础。

3. 家世门风

据考证，诸葛亮的远祖是秦末农民起义领袖陈胜的部将符离（今安徽宿州东北）人葛婴。西汉初年，汉文帝封葛婴的孙子为诸县侯，此后葛氏一族遂在“葛”字前加一“诸”字，以为姓氏。但裴松之在《诸葛瑾传》中注引《吴书》说：“其先葛氏，本琅邪诸县人，后徙阳都。阳都先有姓葛者，时人谓之诸葛，因以为氏。”笔者认为，二说应以前说为是。诸为古县名，西汉置，治所在今山东诸城西南，属琅邪郡，这是诸葛氏家族以琅邪为郡望的缘由。

自葛婴之孙受封诸县侯之后，诸葛氏在琅邪子孙繁衍，并逐渐成为当地颇有名望的家族，从两汉到三国，接连出现了几位有名望的人物。

第一位是诸葛丰。丰字少季，生卒年不详，《汉书》有传，元帝（前48—前33年）时曾任司隶校尉。在职期间，他不畏权贵，处事果断，雷厉风行，以刚直廉洁、敢于执法闻名，所以京师权贵和官吏都很忌惮他。他虽一度得到过元帝嘉奖，并获赐符节以助行法，但终因得罪元帝宠臣许章而被降为城门校尉。被降职后，诸葛丰依然刚直不阿，最终被昏庸的汉元帝“免为庶人”，且于此后不久即病殁家中。

第二位是诸葛亮的父亲诸葛珪。诸葛珪字君贡，曾任泰山郡（治今山东泰安附近）郡丞。

第三位是诸葛亮的叔父诸葛玄。诸葛玄曾任豫章（治今江西南昌）太守，后往依荆州刺史刘表。诸葛珪去世时，诸葛亮年仅8岁，遂依叔父南下荆州。

诸葛亮兄弟三人：兄名诸葛瑾（173—241年），字子瑜，长诸葛亮8岁，后为避乱而赴江东依孙权（182—252年）为宾客。孙权称帝，拜他为大将军、左都护，领豫州牧，先后封宣城侯、宛陵侯，年68卒。诸葛瑾学识渊博，忠信孝悌，“有容貌思度”，时人“服其弘雅”①。亮弟名诸葛均，后随亮入蜀，曾任长水校尉。

此外，诸葛亮还有一族弟，名诸葛诞（？—258年），字公休，仕魏至征东大将军，封高平侯，亦颇有建树。诸葛诞为官清廉，忠于曹魏，颇有其远祖诸葛丰的遗风，后因反对司马氏专权被杀。诸葛氏“一门三方为冠盖，天下荣之”②。时人认为，诸葛氏三兄弟，“蜀得其龙，吴得其虎，魏得其狗”③。

诸葛亮最终能够成长为一位文武兼备、多才多能而又胸襟磊落、品格高尚的通才式人物，与其家族世代良好的门风和齐

---

① 《三国志·吴书·诸葛瑾传》。

② 《三国志·吴书·诸葛瑾传》注引《吴书》。

③ 徐震堮：《世说新语校笺》卷中《品藻第九》，中华书局1984年版，1987年印刷，第274页。

鲁大地深厚文化底蕴的熏陶是分不开的。他德行高洁、志向远大、忠诚可靠、仁心素著、聪明智慧、博学多才，实系中华民族历史上一位非常少见的贤能之士。

二、隐居隆中，胸怀天下

1. 避乱南迁

诸葛亮的故乡琅邪郡，东汉时改为封国，治开阳（今山东临沂北），属徐州（治今山东郯城）。那里东濒大海，位置偏僻，长期以来相对比较安定。黄巾大起义时，徐州虽有人聚众响应，但很快即被刺史陶谦扑灭，故战火并未波及。据《三国志·魏书》本传记载，陶谦在任，注意保境安民，所以当董卓祸乱洛阳与长安时，徐州却“百姓殷盛，谷米丰赡”，以致“流民多归之”，甚至连曹操（155—220 年）的父亲曹嵩也到此地避难。此地后来所以遭到毁灭性破坏，是缘于曹操的两次屠杀性征伐。

曹操控制兖州后，曾派人迎其父前来相聚，时为徐州牧的陶谦派部将张闿率兵护送。张闿见曹家一行财货达一百多车，遂杀人劫财，逃往淮南。曹操闻讯大怒，当即不分青红皂白，以为父报仇之名，于初平四年（193 年）秋和兴平元年（194 年）夏先后两次讨伐徐州，与陶谦大战，而“所过多残戮”。谦退保郯城，操久攻不下，迁怒于当地百姓，“坑杀男女数万口于泗水，水为不流”。其后，操又“南攻取虑、睢陵、夏丘诸县，皆屠之；鸡犬亦尽，墟邑无复行人”[①]。

面对曹操残酷暴虐的杀掠，徐州百姓只好纷纷与别地前来避难的流民一起，扶老携幼，逃往他乡。大约在兴平元年或二

① 《三国志·魏书·武帝纪》及《荀彧传》注引《曹瞒传》。

年，诸葛亮也随叔父诸葛玄迁往南方的豫章郡。这时，他还只是一位十四五岁的少年。

2. 躬耕陇亩

诸葛玄所以要南下避难，是因为恰巧这个时候扬州刺史袁术派人前来请他去担任豫章太守。这个袁术，与盘踞河北的袁绍是同父异母兄弟，出身“四世居三公位”的世家大族。但可能是因为袁术的任命没有得到朝廷批准的缘故，诸葛玄到任不久，朝廷又派朱皓前来取代他。这样，诸葛玄只好携一家老小辗转而南，去投靠他的老朋友荆州牧刘表。

刘表（142—208 年），字景升，汉末山阳高平（今山东微山西北）人，系汉朝皇室的远支后裔。其治下的荆州（治今湖北襄阳），大致包括今湖北南部、江西西部以及湖南大部。刘表虽无雄才大略，但颇能保境安民，所以当中原扰攘之际，“荆州独全”，而至“刘表为牧，民又丰乐”。刘表对前来荆州的“学士归者”，均“安慰赈赡”，使之“皆得资全”①。这样，荆州便吸引了许多硕学鸿儒前来避乱。

诸葛玄来到荆州后何时去世，不得而知。我们现在知道的是，诸葛亮的两个姐姐是在这里出嫁的：他的大姐嫁给了这里的望族蒯祺为妻，二姐嫁给了庞德公的儿子庞山民为妻。至于诸葛亮自己，则与弟弟诸葛均隐居于襄阳城外的隆中，一方面“躬耕陇亩”以免衣食之忧，一方面博览群书努力学习以不断丰富和提高自己。

在此期间，诸葛亮很注意结识和交往当地的俊杰名士，以随时相互切磋砥砺或拜谒请益。当时，诸葛亮的同学好友主要有徐庶、庞统、孟建、石韬等，他们均曾向大名士、因有知人

① 《后汉书·刘表传》。

之明而号称“水镜”的司马徽求教过。司马徽（字德操）对诸葛亮非常器重，曾说：“以君才，当访名师，益加学问。”这说明，当时诸葛亮的学问已经达到了很高的水平。

诸葛亮“躬耕陇亩”时，好为《梁父吟》，且自比于管仲、乐毅，而时人均不以为然，只有“博陵崔州平、颍川徐庶元直”等“谓为信然”①。

3. 刘备其人

在诸葛亮叔侄南下避乱之后大约六七年，也就是建安六年(201 年)，三国史上的另一个重要人物刘备，也率众来荆州投靠刘表。

刘备（161—223 年），字玄德，涿郡涿县（今河北涿州）人，系汉景帝之子中山靖王刘胜的后代，但到刘备时家道已经败落。刘备的父亲刘弘，亦曾在州郡任职，但早逝，所以刘备“少孤”，与母亲以“贩履织席为业”②。

刘备少有大志，寡言语，善处人下，喜怒不形于色，好交结豪侠，故很有人缘。他早年因镇压黄巾起义有功而被任命为安喜（今河北定州东南）县尉，从而步入仕途。此后，他曾先后成为公孙瓒、陶谦、曹操、袁绍等人的座上客，代理过徐州刺史，担任过豫州牧、左将军等职，且曾参与献帝岳父董承等人诛灭曹操的密谋，但事情泄露前已离开朝廷，故得免于被杀。在曹操的打击下，他初归袁绍，终投刘表。

刘表与刘备系同宗。他自知才能、威望均不如刘备，所以虽对刘备敬礼有加却并不十分信任，只是给他增加了些兵马，让他驻守新野（今河南新野），去防御北方的曹操。然而，这时的刘备已迈入不惑之年，虽百折不挠屡仆屡起而事业终究未能

①② 《三国志·蜀书·诸葛亮传》。

成就，所以难免苦闷彷徨。

4. 隆中对策

屯驻新野期间，荆州豪杰归附刘备者一天比一天多，徐庶也前来投奔他。一日，徐庶对他说："诸葛孔明者，卧龙也，将军岂愿见之乎?"刘备说："君与俱来。"徐庶说："此人可就见，不可屈致也。将军宜枉驾顾之。"这期间，司马徽也向刘备推荐过诸葛亮，并且同样称之为"卧龙"。于是，刘备便主动前去登门造访诸葛亮。他前后去了三次，才得以相见。

二人相见后，刘备让随从退下，说道："汉室倾颓，奸臣窃命，主上蒙尘，孤不度德量力，欲信大义于天下，而智术浅短，遂用猖蹶，至于今日。然志犹未已，君谓计将安出?"诸葛亮答道：

> 自董卓已来，豪杰并起，跨州连郡者不可胜数。曹操比于袁绍，则名微而众寡，然操遂能克绍，以弱为强者，非惟天时，抑亦人谋也。今操已拥百万之众，挟天子而令诸侯，此诚不可与争锋。孙权据有江东，已历三世，国险而民附，贤能为之用，此可以为援而不可图也。荆州北据汉、沔，利尽南海，东连吴会，西通巴、蜀，此用武之国，而其主不能守，此殆天所以资将军，将军岂有意乎？益州险塞，沃野千里，天府之土，高祖因之以成帝业。刘璋暗弱，张鲁在北，民殷国富而不知存恤，智能之士思得明君。将军既帝室之胄，信义著于四海，总揽英雄，思贤如渴，若跨有荆、益，保其岩阻，西和诸戎，南抚夷越，外结好孙权，内修政理；天下有变，则命一上将将荆州之军以向宛、洛，将军身率益州之众出于秦川，百姓孰敢不箪食壶浆以迎将军者乎？诚如是，则霸业可成，汉室可兴矣。①

① 《三国志·蜀书·诸葛亮传》。

这番话，可谓高屋建瓴，廓开大计，条分缕析，切中要害，极富预见性，实属孙子所说之“庙算”画策，为刘备提供了一个最佳的政治、军事与外交选择，不仅深刻影响了刘备集团的命运，而且左右了今后历史发展的走向。所以，刘备听后如醍醐灌顶，不由得连连称“善”。

回到新野后，刘备与诸葛亮的感情日益深厚，甚至使得情同手足的关羽和张飞等深为不快。刘备向他们解释说：“孤之有孔明，犹鱼之有水也。愿诸君勿复言。”①

三、临危受命，联吴抗曹

1. 荆州沦陷

刘表长子刘琦，也非常器重诸葛亮。刘表因听信后妻蔡氏谗言，宠爱幼子刘琮，所以不喜欢刘琦。刘琦总想向诸葛亮谋求自保之术，诸葛亮则总是予以搪塞。一天，刘琦陪诸葛亮游览他的后花园，并一起上了一座高楼。宴饮间，刘琦命人撤掉楼梯，然后说：“今日上不至天，下不至地，言出子口，入于吾耳，可以言未?”诸葛亮答道：“君不见申生在内而危，重耳在外而安乎?”②刘琦顿时醒悟，便暗地里谋划外出之策。不久，恰巧江夏（今湖北新洲区西）太守黄祖被江东孙氏部将所杀，刘琦遂谋得江夏太守一职，得以脱离危险之地。

建安十三年（208 年），曹操大举南下。此时刘表已死，其少子刘琮被蔡瑁等人拥立为荆州之主，并经蒯越等人撺掇，在一未通知刘琦、二未通知刘备的情况下，不战而归降曹操。刘备时屯樊城（今湖北襄樊），尚被蒙在鼓里。待刘琮派人通知他

①② 《三国志·蜀书·诸葛亮传》。

时，曹军已抵达宛县（今河南南阳）。刘备急忙与诸葛亮等人商量对策，大家认为：曹军势大难当，形势紧迫，不如南撤江陵。江陵是荆州重要的军事基地，军需物资非常充实，又紧傍长江北岸，如能据有，可以凭借长江天险进行抵抗。于是，刘备便知会刘琦，各率所属，弃樊城而逶迤南走。

途经襄阳时，刘琮左右及荆州人多归刘备，十余万众随刘备退往江陵。

2. 临危受命

其实，曹操也知道江陵储有大批军用物资，他怕刘备抢先占据，便撇下辎重，率轻兵直趋襄阳。到襄阳后，听说刘备已过境而去，便亲自率精骑兵五千火速追赶，终于在当阳长坂（今湖北当阳东北）追上刘备。刘备不得已只好丢下妻子儿女，与诸葛亮等数十骑一同逃走，大量的人马物资都被曹操俘获。徐庶因老母被曹操所获而辞别刘备，去了曹操那里。刘备一行抄近路直奔汉津（汉水渡口，今湖北荆门东南），恰与关羽会合，因而得以渡过沔水（湖北境内汉水之一段），又遇刘琦率所部到来，大家遂一同前往夏口（今湖北汉口）。

抵达夏口之后，诸葛亮对刘备说："情况已非常紧急，请奉您的命令去向孙权将军求救。"刘备当即批准了他的请求。

当时，孙权正率军驻扎在柴桑（今江西九江西南），坐观成败。诸葛亮到达柴桑后，立即前去拜见孙权并对他说："海内大乱，将军起兵据有江东，刘豫州亦收众汉南，与曹操并争天下。今操芟夷大难，略已平矣，遂破荆州，威震四海。英雄无所用武，故豫州遁逃至此。将军量力而处之：若能以吴、越之众与中国抗衡，不如早与之绝；若不能当，何不案兵束甲，北面而事之！今将军外托服从之名，而内怀犹豫之计，事急而不断，祸至无日矣！"

孙权说："苟如君言，刘豫州何不遂事之乎？"诸葛亮说："田横，齐之壮士耳，犹守义不辱，况刘豫州王室之胄，英才盖世，众士仰慕，若水之归海，若事之不济，此乃天也，安能复为之下乎！"孙权听罢，不仅勃然大怒，说："吾不能举全吴之地，十万之众，受制于人。吾计决矣！非刘豫州莫可以当曹操者，然豫州新败之后，安能抗此难乎？"诸葛亮说："豫州军虽败于长坂，今战士还者及关羽水军精甲万人，刘琦合江夏战士亦不下万人。曹操之众，远来疲弊，闻追豫州，轻骑一日一夜行三百余里，此所谓'强弩之末，势不能穿鲁缟'者也。故兵法忌之，曰'必蹶上将军'。且北方之人，不习水战；又荆州之民附操者，逼兵势耳，非心服也。今将军诚能命猛将统兵数万，与豫州协规同力，破操军必矣。操军破，必北还，如此则荆、吴之势强，鼎足之形成矣。成败之机，在于今日。"①

孙权听后虽然非常高兴，当即答应与刘备联合，齐心协力抗击曹操，但其抗敌决心其实仍不够坚定，手下文臣武将也分成两派互相争论：抵抗派的代表人是鲁肃和周瑜，投降派的代表人物是张昭。鲁肃，字子敬，有奇节远略，家极富而性好施与。周瑜，字公瑾，不仅敏于军事，而且精通音乐、一表人才，实为三国"第一帅哥"，所以吴人呼之为"周郎"。

两派争论不下，孙权一直犹豫不决，后经鲁肃和周瑜进一步指陈利弊得失，才终于下定了抵抗的决心。所以，孙、刘联合抗曹一事，实为诸葛亮肇其端绪，鲁肃、周瑜成其后功。

3. 赤壁鏖兵

决心下定，孙权遂调兵遣将，任命周瑜为都督，鲁肃为赞军校尉（总参谋长），同时联络刘备、诸葛亮，积极准备与曹操

① 《三国志·蜀书·诸葛亮传》。

决战。

双方初一交战，曹军即吃了个败仗，只好退回江北。曹操见大江之上，波涛汹涌，舰船颠簸，将士们因不惯乘船而站立不稳，甚至晕船呕吐，便下令用铁索把大小船只连在一起。这时，周瑜部将黄盖献上了“火攻”“诈降”之计。周瑜当即采纳，让黄盖抓紧实施。曹操本是一个心机极深的权谋家，不想这时竟鬼迷心窍，相信了黄盖的谎言。一切准备停当之后，周瑜遂命黄盖与曹操约期“投降”。

到了这一天，黄盖用大型战舰几十只，装满柴草，灌上膏油，裹上帷幕，插上旗帜，又准备轻便快船系在大船后面，然后按顺序一起向曹军水寨驶去。曹军官兵毫无准备，都伸长脖子观看黄盖来降。眼见快到曹军大寨，黄盖命放出船只，同时点火，然后自乘小船跟进。当时东南风很猛，火船飞速向曹营驶去，大火不仅烧着了曹军的船只，而且一直烧到了岸上的营寨，顷刻之间，“烟炎张天”。曹营人马被烧死淹死的不计其数，部队大败溃散，不得已只好退守南郡。刘备方面则与周瑜等水陆并进，乘胜追击。曹操无法，只好留下曹仁等人守江陵，自己则直接回北方去了。

赤壁大胜之后，刘备命关羽等南征四郡，武陵（故城址在今湖南常德西）太守金旋、长沙（今湖南长沙）太守韩玄、桂阳（今湖南郴州）太守赵范、零陵（今湖南零陵）太守刘度皆降。为巩固自己的政治地位，刘备上表汉献帝，任命刘琦为荆州刺史。建安十四年（209 年），刘琦病死，诸葛亮等一致拥戴刘备为荆州牧。刘备立营于油江口（今湖北公安东北），改名公安，作为荆州的治所。自此，刘备集团开始作为一支重要的政治、军事力量登上历史舞台，三国鼎立的局面也开始逐步形成。

四、坐镇成都，足食足兵

1. 图取益州

刘备谋得荆州四郡后，以关羽为襄阳太守，驻江北；以张飞为宜都太守，治夷道（今湖北宜都西北）；以赵云领桂阳太守；以诸葛亮为军师中郎将，督零陵、桂阳、长沙三郡，调其租赋，以充军实。这时，原刘表部将黄忠、魏延也先后前来归附，于是刘备势力渐盛，就连孙权也开始对他感到畏惧，故而将妹妹嫁给他以巩固盟好。

夺取荆州，只是刘备集团“万里长征”的第一步，按照诸葛亮《隆中对》里的谋划，下一步还要继续夺取益州（治今四川成都）。此时庞统向刘备进言说：“荆州荒残，人物殚尽，东有吴孙，北有曹氏，鼎足之计，难以得志。今益州国富民强，户口百万，四部兵马，所出必具，宝货无求于外，今可权借以定大事。”①

其实刘备并非不想谋取益州，只是在等待有利时机。不久，这机会还真来了：原来，益州牧刘璋听说曹操“已定汉中”，便派人向他致敬，曹操遂加封刘璋为振威将军。刘璋又派别驾张松前去拜谢，但曹操因当时已定荆州，赶走了刘备，便不再重视张松，连一官半职也没给他。张松大为不满，遂于回成都后，挟对曹操的怨恨，说服刘璋派自己的好友法正去迎请刘备前来讨伐张鲁，以夺取汉中之地，壮大自己的势力。这样，建安十六年（211 年），刘备便留诸葛亮、关羽守荆州，自己与庞统等率兵入川。

① 《三国志·蜀书·庞统传》注引《九州春秋》。

刘璋与刘备也系同宗，但他们其时各怀心思，所以在刘备入川后，很快即生嫌隙。

建安十七年（212 年）庞统建议刘备乘机规取益州，并进献三计。刘备采纳其中计，不再攻打汉中，却挥兵掉头攻打刘璋。进围雒县（今四川广汉北）时，庞统中箭身亡，刘备只好让关羽独自守荆州，调诸葛亮、张飞、赵云等前来助攻。建安十九年（214 年），刘备“进围成都”，并迫使刘璋投降。

夺得益州后，刘备以诸葛亮为股肱，法正为谋主，关羽、张飞等为部将，许靖、麋竺等为宾友，原刘璋部属、姻亲及其所排挤的人董和、彭羕等，甚至刘备自己平时所忌恨的刘巴等，“皆处之显任，尽其器能”，于是“有志之士，无不竞劝”①，益州气象为之一新。

2. 坐镇成都

建安二十年（215 年），孙权派人讨要荆州不得，便派大将吕蒙袭夺长沙等三郡，刘备则率兵五万下公安，一时间双方剑拔弩张。这时，刘备得知曹操已平定汉中，张鲁遁走巴西，眼见前后受敌，只好再次与孙权“连和”，以湘水为界，“分荆州江夏、长沙、桂阳东属，南郡、零陵、武陵西属”，自己则连忙率兵回成都。

建安二十二年（217 年），法正对刘备说：“曹操一举而降张鲁，定汉中，不因此势以图巴、蜀，而留夏侯渊、张郃屯守，身遽北还，此非其智不逮而力不足也，必将内有忧逼故耳。今策渊、郃才略，不胜国之将帅，举众往讨，则必可克。克之之日，广农积谷，观衅伺隙，上可以倾覆寇敌，尊奖王室，中可以蚕食雍、凉，广拓境土，下可以固守要害，为持久之计。此

① 见《三国志·蜀书》之《先主传》《诸葛亮传》。

盖天以与我，时不可失也。”[①] 刘备深以为然，遂于次年留诸葛亮镇守成都，自己则率法正等进兵汉中。自此，“先主外出，亮常镇守成都，足食足兵”[②]。

建安二十四年（219年）春，黄忠在汉中定军山大破曹操守将夏侯渊，斩“渊及曹公所署益州刺史赵颙等”。待到曹操率救兵赶到，刘备敛众据险，始终不与其交锋。曹操见汉中积月不拔而逃亡者日多，此地已成“鸡肋”，便于当年夏天引军东还，汉中遂为刘备所有。

刘备北争汉中期间曾“急书发兵”，诸葛亮以此征求杨洪的意见，杨洪回答说：“汉中则益州咽喉，存亡之机会，若无汉中则无蜀矣，此家门之祸也。方今之事，男子当战，女子当运，发兵何疑？”[③] 于是，诸葛亮便上表请求让杨洪代理蜀郡太守。杨洪果然不负所望，上任后将郡内事务一概办得妥帖停当。

据有汉中，对刘备集团来说等于关上了北大门，因而具有非常重要的意义。此后，吴、蜀双方在地域、人众、财力、兵力等方面虽仍弱于曹操，但吴据大江之险，蜀凭关山之固，双方再借联盟之势，已足以与北方抗衡。

3. 荣登相位

建安二十四年（219年）秋，蜀群臣推举刘备为汉中王，并于沔阳举行仪式，“御王冠于先主”。刘备拔魏延为都督，镇守汉中，自己则回到成都。法正被任命为尚书令、护军将军，但不久即去世，年仅45岁，刘备为之连日哭泣流涕。

次年春正月，曹操病逝于洛阳，其子曹丕继位为魏王，并于同年十月即皇帝位，改元黄初。又次年（221年），益州传闻

① 《三国志·蜀书·法正传》。
② 《三国志·蜀书·诸葛亮传》。
③ 《三国志·蜀书·杨洪传》。

献帝遇害，于是群臣劝进，刘备一时不肯答应。诸葛亮说：

> 昔吴汉、耿弇等初劝世祖（即光武帝刘秀——笔者注）即帝位，世祖辞让，前后数四，耿纯进言曰：“天下英雄喁喁，冀有所望。如不从议者，士大夫各归求主，无为从公也。”世祖感纯言深至，遂然诺之。今曹氏篡汉，天下无主，大王刘氏苗族，绍世而起，今即帝位，乃其宜也。士大夫随大王久勤苦者，亦欲望尺寸之功如纯言耳。[①]

听罢这一番劝说，刘备才答应了群臣的请求。

即位后，刘备以“诸葛亮为丞相，许靖为司徒”，并“置百官，立宗庙”[②]。诸葛亮以丞相之职总领尚书事务、假节，张飞死后又代理司隶校尉。在庞统、法正等先后亡故情况下，他从此独自承担起了辅佐刘备、治理蜀汉并图“兴复汉室”、统一天下的重任。

五、永安托孤，千古佳话

1. 关羽毁败

刘备进位汉中王的同一年，即建安二十四年（219 年），关羽在荆州发动了攻打樊城和襄阳的战役。战争的初期阶段，蜀军进展顺利，关羽借助秋天大雨、汉水泛滥的有利时机，降于禁，杀庞德，大败曹军，一时“威震华夏”，曹操甚至要迁都以避其锋。这时，司马懿、蒋济向曹操提出了将江南封给孙权、让孙权抄关羽后路的借刀杀人之计，曹操当即采纳。

其实，孙权集团本来也一直在处心积虑地谋取蜀之荆州。

---

① 《三国志·蜀书·诸葛亮传》。

② 《三国志·蜀书·先主传》。

于是，他们便与曹操联合起来，采取一系列措施以麻痹关羽，如公开换帅——以尚无知名度但心机极深的青年将领陆逊取代宿将吕蒙；装孙子——陆逊上任后亲自写信给关羽，一方面恭维关羽，一方面谦下自托；发动偷袭——待关羽将兵力全部调往前线之后，让吕蒙率军扮成商人奇袭关羽后方基地（即所谓的白衣渡江），等等。关羽本来就心高气傲，一直既不理解诸葛亮联吴方针的重要性，也没有把孙权放在眼里，不断地做出一些破坏双方联盟的事情，并且还不善抚众，搞得内部很不团结。所以，在吴军的袭击下，荆州军立即全线崩溃，土地全部丢失，关羽自己也被擒杀。

荆州之败极为迅速、彻底，让刘备根本来不及反应，同时也让他大为恼火。因为双方在建安二十年刚刚达成中分荆州的协议，想不到对方竟乘人之危，在自己后背上狠狠地捅了一刀。所以，刘备痛心疾首，即位后不久即不顾群臣劝谏，怒而兴师，东行伐吴。

然而，由于史籍中没有诸葛亮是否就此劝谏过刘备的记载，我们只能据他事后所说“法孝直若在，则能制主上，令不东行；就复东行，必不倾危”一语，判断他应该是反对伐吴的：可能他虽然说了，但刘备不听，也就没有强谏；或由于谨慎的原因，见说也无益，就干脆没说。

2. 秭归蹉跌

《孙子兵法·火攻篇》认为“主不可以怒而兴师，将不可以愠而致战”，应“合于利而动，不合于利而止”，因为“怒而兴师”与“愠而致战”鲜有不覆败者。不幸的是，刘备恰恰忘记了这一点。

章武元年（蜀汉年号，221 年）七月，刘备以诸葛亮镇守成都、赵云守江州（今重庆），亲自率众伐吴，吴王孙权则以大将陆逊率军抵御。次年二月，刘备由秭归（今湖北秭归）进兵，“缘山截岭”，直抵猇（xiāo）亭（在今湖北宜都北长江北岸）扎营，首尾达七百里。他派侍中马良（马谡之兄）前往抚慰五溪（湖南沅水的五条支流）蛮夷，五溪蛮夷相率响应；又命镇北将军黄权督率江北诸军，水陆两路，与吴军相持于夷陵（今湖北宜昌东南）。

同年六七月间，陆逊以火攻之计大破蜀军，蜀军死伤殆尽，“尸骸漂流，塞江而下”。刘备不得已只好收合离散之兵，丢弃船舰，狼狈逃回鱼复，并将鱼复改称永安（今四川奉节），暂驻那里。孙权听说刘备驻白帝城（今四川奉节东），深知这时也不宜逼迫刘备太过，便遣使求和。刘备自知已经无力再战，只好借坡下驴，答应了孙权的请求。

刘备为陆逊所败，惭恨交加，忧愤成疾，竟至一病不起。

3. 永安托孤

章武三年（223 年）春，刘备在永安病重，遂宣召诸葛亮自成都前来嘱托后事。他对诸葛亮说：“君才十倍曹丕，必能安国，终定大事。若嗣子可辅，辅之；如其不才，君可自取。”诸葛亮涕泣答道：“臣敢竭股肱之力，效忠贞之节，继之以死！”先主又为诏敕命后主刘禅曰：“……勿以恶小而为之，勿以善小而不为！惟贤惟德，可以服人。汝父德薄，不足效也。汝与丞相从事，事之如父。”[①] 在托孤于诸葛亮时，刘备还以尚书令李严为诸葛亮的副手，让他任“中都护，统内外军事”。

在漫长悠久的中国历史上，帝王托孤并非个别现象。仅以东汉末年至三国吴灭亡（200—280 年）短短 80 年间而论，就达六次之多。但考查历史上所有帝王托孤个案，可谓成功者少而

① 《资治通鉴》卷七〇《魏纪二·文帝黄初四年》。

失败者多，没有一个像永安托孤这样：托者一片诚心、如见肺腑、明达恳切，受者则一诺千金、矢志不移、“鞠躬尽瘁，死而后已”，从而使其成为流传千古的历史佳话。所以，陈寿在本传中高度评价说：“先主……举国托孤于诸葛亮，而心神无贰，诚君臣之至公，古今之盛轨也。”宋元之际为《资治通鉴》作注的胡三省也称赞说：“自古托孤之主，无如昭烈之明白洞达者。”①

然而，对此也有观点完全相反者。晋人孙盛说，“备之命亮，乱孰甚焉”，属“诡伪之辞，非托孤之谓”，“幸值刘禅暗弱，无猜险之性，诸葛威略，足以检卫异端，故使异同之心，无由自起……”② 清代康熙帝在《御批通鉴辑览》中也说：“昭烈于亮平日以鱼水自喻，亮之忠贞岂不深知，受遗时何至作此猜疑语，三国人以谲诈相尚，鄙哉！”今人张作耀先生则认为：“刘备的托国之辞，阴怀诡诈，其意甚明。”③ 真可谓“仁者见仁，智者见智”。不过，窃认为我们还是应当实事求是地看待这一历史问题，不宜以己之心度人之腹，在无确凿证据的情况下轻易地厚诬先贤。

笔者认为，要说明这个问题，应从心理学角度作些分析，以了解彼时说话人的话语背景和心理状态。那么，刘备当时的话语背景是什么呢？心理状态又如何呢？其话语背景应是因皇帝当了没几天（221—223 年），之前之后却大祸接踵而至，自己则一病不起，心情极为沮丧；至于其心理状态，则应是惭恨、后悔、内疚。所以，此时他对诸葛亮应当是心有愧疚感的。而刘禅之庸碌无能，人所共知。有人将刘禅吹上天，称其智慧过人，甚至将其高抬为中国五千年少有的大气政治家，实在是哗

① 《资治通鉴》卷七〇《魏纪二·文帝黄初四年》。

② 《三国志·蜀书·诸葛亮传》注引《汉晋春秋》。

③ 张作耀：《刘备传》，人民出版社 2004 年版，第 268 页。

众取宠，让人匪夷所思。俗话说“知子莫若父”，在上述这样一种话语背景和心理状态下，面对这样的一个孩子，受情感驱使，刘备托孤时所说的那番话，我们有理由相信他是发自内心的。所以，卢弼驳斥孙盛说：“昭烈睹嗣子之不肖，虑成业之倾败，发愤授贤，亦情之所出……先主于孔明投分，何如临终反欲以诈牢笼之乎？且岂不度孔明之为人与？……盖实有所感于中，不觉言之如是……”①

六、总理朝政，安邦治国

1. 总理朝政

章武三年（223 年）五月，诸葛亮率蜀汉百官奉刘备的灵柩于成都安葬，谥“昭烈皇帝”。同月，年仅 17 岁的太子刘禅（207—271 年）登基，然后大赦天下，改元建兴。

刘备病逝后，蜀汉举国重任全部落在了诸葛亮的肩上。当时，国家新遭大败，元气受损，主少众疑，叛乱时发，民生凋敝。作为顾命大臣，诸葛亮可说是再次“受任于败军之际，奉命于危难之间”。他一方面要料理刘备的丧事，一方面要拥立后主即位，一方面还要协调内部关系，同时更要关注魏、吴两国的动向，可谓“事无巨细”，均需过问，不得不殚精竭虑，宵旰忧劳。不过，好在刘禅能够恪遵父训，事亮“如父”，既不自专，也不掣肘，从而使诸葛亮能够充分发挥自己的安邦治国才能。

建兴元年（223 年），刘禅封诸葛亮为丞相，并让他开府治

---

① 卢弼：《三国志集解》第陆册，上海古籍出版社 2009 年版，第 2455 页。此处详论，可参见本书第 252 页《刘备托孤问题之心理学分析》一文。

事，总理朝政。次年，又让其领益州牧。于是，诸葛亮“抚百姓，示仪轨，约官职，修法制，开诚心，布公道”①，开始励精图治，建设蜀汉。

2. 安定内部

为使蜀汉能够迅速医治战争创伤，恢复国力，走向强盛，诸葛亮主要采取了如下措施：

一是休养生息，以蓄民力。具体做法是：（1）“务农殖谷，闭关息民。”为此，他曾命李严移民两万实汉中，使汉中得到开发，以至于使那里出现了“男女布野，农谷栖亩”的繁荣景象。（2）兴修水利。成都平原上的都江堰，是当时中国最大的人工灌溉工程，诸葛亮不仅设官管理，还征调一千多人专司维护。（3）平抑物价，稳定货币，加强物流，发展商贸。（4）开源节流，尚俭止奢。

二是选拔人才，充实政府机构。诸葛亮认为，“忠益者莫大于进人”，所以开府后当即选拔了一大批德才兼备的人作为他的助手和属员。他拜陈震为尚书，后来又任命为尚书令；辟蒋琬为东曹掾，费祎、董允为黄门侍郎，任命王连为屯骑校尉兼领丞相长史；重新启用因谏阻刘备称帝、伐吴而获罪的费诗等人，并授以要职。此外，为平衡、协调各方关系，抚慰蜀地本土人士，他还不厌其烦地与清高自许且装聋作哑的梓潼（治今四川梓潼）人杜微笔谈，使之接受了谏议大夫的职位。

三是“循名责实”，重视法治。诸葛亮崇尚实事求是，反对浮华虚伪，凡事从实际出发，不尚空谈，执法严厉而公平，重臣李严、廖立、马谡等或被免、或被废、或被戮，就是显例，真正做到了“尽忠益时者虽仇必赏，犯法怠慢者虽亲必罚，服

① 《三国志·蜀书·诸葛亮传》。

罪输情者虽重必释，游辞巧饰者虽轻必戮；善无微而不赏，恶无纤而不贬”①。

四是集思广益，率先垂范。为提高行政效率，少犯错误，诸葛亮虚心向部下求教，鼓励大家随时匡正，“勤攻己阙”，以达集思广益和减少过错之目的。为此，他发“教”说：“夫参署者，集众思广忠益也。若远小嫌，难相违复，旷阙损矣。违覆而得中，犹弃弊蹻而获珠玉。”他表彰董和等人说：“……惟徐元直处兹不惑，又董幼宰参署七年，事有不至，至于十反，来相启告……”“昔交州平，屡闻得失……后从事于伟度，数有谏止。”② 为率先垂范，他还以极强的责任心，事必躬亲，甚至因自校簿书而汗流终日。

五是申明大义，严斥说降。刘备病逝后，魏司徒华歆、司空王朗等，以为蜀汉地狭兵弱，可以通过言辞说服其归附，于是纷纷写信给诸葛亮，“陈人事天命”，希望蜀汉举国称藩。这是事关政治舆论的大问题，自然不可等闲视之。所以，诸葛亮特地作《正议》一篇宣示内外，通过对上述诸人的驳斥，表明自己的严正立场，同时也借以鼓舞蜀汉官吏和百姓的士气。

六是东和孙权，重结盟好。联吴抗曹是诸葛亮在《隆中对》里早就确定的外交方针，但刘备、关羽生前对于这一方针的重要意义并不是十分理解，再加孙、刘两家在荆州问题上始终存在严重的利益冲突，结果最终兵戎相见。但事实证明，对于蜀汉来说，与吴联合则事业兴旺，相斗则事业毁败。所以，诸葛亮总理朝政之后，很快就派邓芝前去重寻盟好。与吴结盟不仅保证了蜀汉和平发展时期的安全，也在一定程度上为日后北伐

① 《三国志·蜀书·诸葛亮传》。

② 《诸葛亮集·文集》卷二《与群下教》《又与群下教》，中华书局1960年版，1974年印刷，第31～32页。

免除了东顾之忧。

3. 讨平南中

所谓“南中”，指当时牂牁、益州、越嶲、永昌四郡，地方大致相当于今之云南、贵州以及四川西南部一带。

建兴元年（223 年），因刘备兵败夷陵，南中诸郡一些部族首领与当地汉族豪强相互勾结，发动叛乱。越嶲郡的“叟帅”高定、益州郡的大姓雍闿等公然杀害或挟持守将，雍闿还与益州郡另一大姓孟获欺骗当地百姓，煽动他们反抗蜀汉政府。牂牁太守朱褒，这时也叛应雍闿。诸葛亮因国中新遭大丧，后主刚刚即位，不便用兵，就命都护李严接连写六封信进行劝阻，但雍闿仅复一函，并且言辞狂傲。

建兴三年（225 年）春，诸葛亮见蜀汉元气已逐渐恢复，遂决定乘曹丕伐吴之机，亲自率兵平定南中。他以丞相长史向朗“留统后事”，镇守成都；以杨仪“为参军署府事”，随军行动。参军马谡为他送行，一连送了数十里，分手之际建议说：“……用兵之道，攻心为上，攻城为下，心战为上，兵战为下，愿公服其心而已。”① 诸葛亮深为赞赏，遂采纳马谡之策，作《南征教》颁赐三军，以为此次作战的指导方针。

蜀汉大军约十万人，在诸葛亮率领下，分三路向南中进发，并克期至滇池会师。叛军在汉军的强大压力下，内部出现矛盾，雍闿被高定袭杀；高定则降而复叛，最后被汉军临阵斩杀。雍闿死后，孟获收集残部，退回老巢。诸葛亮乘胜追击，于同年五月率军渡过金沙江（即所谓“五月渡泸”）。据《资治通鉴·魏纪二·文帝黄初六年》记载，在经过几次擒纵之后，孟获终于心服，说：“公，天威也，南人不复反矣！”不久之后，三路

① 《三国志·蜀书·马良传》附《马谡传》注引《襄阳记》。

大军齐至滇池会师，南中悉平。

平定南中后，诸葛亮采取了一系列重要措施，如重新划定行政区、选派得力官吏任职、削弱地方豪强势力、选拔当地人才到各级政府做官等，以落实其在《隆中对》中早就确定的"南抚夷越"的政策。与此同时，他还征调那里的赋税和兵员，以支持未来的北伐。然后"治戎讲武，以俟大举"①。

七、北伐中原，鞠躬尽瘁

1. 抗表北伐

建兴四年（226年），魏文帝曹丕病亡，其子曹叡即位。次年，诸葛亮以魏主少国疑、北伐准备工作业已就绪，遂率军北驻汉中，准备北伐。出兵之前，他上表后主说：

> 先帝创业未半而中道崩殂，今天下三分，益州疲弊，此诚危急存亡之秋也。然侍卫之臣不懈于内，忠志之士忘身于外者，盖追先帝之殊遇，欲报之于陛下也。诚宜开张圣听，以光先帝遗德，恢弘志士之气，不宜妄自菲薄，引喻失义，以塞忠谏之路也。宫中府中俱为一体，陟罚臧否，不宜异同。若有作奸犯科及为忠善者，宜付有司论其刑赏，以昭陛下平明之理，不宜偏私，使内外异法也。……亲贤臣，远小人，此先汉所以兴隆也；亲小人，远贤臣，此后汉所以倾颓也。先帝在时，每与臣论此事，未尝不叹息痛恨于桓、灵也。侍中、尚书、长史、参军，此悉贞良死节之臣，愿陛下亲之信之，则汉室之隆，可计日而待也。
>
> 臣本布衣，躬耕于南阳，苟全性命于乱世，不求闻达

① 《三国志·蜀书·诸葛亮传》。

于诸侯。先帝不以臣卑鄙，猥自枉屈，三顾臣于草庐之中，咨臣以当世之事，由是感激，遂许先帝以驱驰。后值倾覆，受任于败军之际，奉命于危难之间，尔来二十有一年矣。先帝知臣谨慎，故临崩寄臣以大事也。受命以来，夙夜忧叹，恐托付不效，以伤先帝之明，故五月渡泸，深入不毛。今南方已定，兵甲已足，当奖率三军，北定中原，庶竭驽钝，攘除奸凶，兴复汉室，还于旧都。此臣所以报先帝，而忠陛下之职分也。

……陛下亦宜自谋，以咨诹善道，察纳雅言，深追先帝遗诏。臣不胜受恩感激，今当远离，临表涕零，不知所言。[①]

这便是载于《三国志》《资治通鉴》《文选》《古文观止》等史籍或古文读本的历史名篇《出师表》。表中，诸葛亮既有对后主“丁宁周至”的劝谏，又有对自己心迹的坦诚剖白，发自肺腑，情真意切，凝练而深刻，自然而平易，理饱含情，情见乎辞，可谓文采斐然，字字珠玑，所以读来感人至深而名垂后世。宋人赵与旹在他的《退宾录》中甚至说：“读诸葛孔明《出师表》不堕泪者，其人必不忠也。”

2. 五出祁山

建兴六年（228 年）春，诸葛亮首先以后主的名义发布了一篇《伐魏诏》，布告天下，以为政治攻势，然后扬声由斜谷道取郿（今陕西眉县东北），使赵云、邓芝为疑军，据箕谷（今陕西勉县褒城北十五里），自己则率诸军攻祁山（今甘肃礼县东）。蜀军“戎陈整齐，赏罚肃而号令明”，南安（治在今甘肃陇西东南渭水东岸）等三郡叛而响应，“关中响震”。魏明帝亲自西镇

① 《三国志·蜀书·诸葛亮传》。

长安，命大将张郃拒之。诸葛亮命马谡督率诸军在前，与郃战于街亭（今甘肃庄浪东南）。马谡违背诸葛亮节度，“举动失宜，大为张郃所破”。诸葛亮只好拔西县（今甘肃天水西南）千余家，携此役刚刚收降的魏青年将领姜维，回到汉中，然后上书自求处分，并“戮谡以谢众”①。

同年冬，诸葛亮再次出兵散关（在今陕西宝鸡西南大散岭上，为川陕交通咽喉），围攻陈仓（今陕西宝鸡东），粮尽而退。魏将王双追击，被诸葛亮斩杀。

建兴七年（229 年），诸葛亮派陈式进攻武都（今甘肃西和县南）、阴平（今甘肃文县西北）二郡，魏雍州刺史郭淮率军迎击，诸葛亮进兵建威（今甘肃西和县北），以威胁郭淮的侧翼。郭淮退走，二郡遂平。后主特地下诏，恢复武侯的丞相职位。

建兴八年（230 年），魏命司马懿、张郃、曹真等分三路欲攻汉中。诸葛亮待之于城固（今陕西城固东）、赤坂（即今陕西洋县东龙亭山），魏军因大雨退兵；同年，魏延西入羌中，与魏将郭淮等战于阳溪（具体地点不详），大获全胜。

建兴九年（231 年），武侯又一次出兵祁山，用木牛运粮，“粮尽退军”。其间，蜀军曾大败司马懿，“获甲首三千级，玄铠五千领，角弩三千一百张”②。武侯退兵，司马懿命大将张郃追击，至木门（在今甘肃天水西南），诸葛亮乘高布伏，弩箭乱发，张郃被乱箭射杀。

建兴十二年（234 年）春，诸葛亮由斜谷出兵，占据武功（今陕西武功西南）附近的五丈原（今陕西岐山南斜谷口西侧），与司马懿对峙。北伐多年，诸葛亮总是因粮草不继而使自

① 《三国志·蜀书·诸葛亮传》。

② 《三国志·蜀书·诸葛亮传》注引《汉晋春秋》。

己的志向不能实现，所以这次特地分出部分兵力在当地屯田，准备与敌军持久作战。

3. 巨星陨落

经过交手，司马懿见蜀军训练有素，骁勇善战，武侯又深通兵法，调度、指挥有方，便不敢再战，而采取以不变应万变、深沟高垒守而不战的策略，以疲老蜀师。对此，诸葛亮深为忧虑，就派人送了一套“巾帼妇人之服”给司马懿，企图激怒他。但司马懿并不以为意，用“上表请战”之计，来安定魏军将士的情绪。

长期的戎马征战和为政生涯，事繁劳巨，责重忧深，再加“兴复汉室”的大志难酬，诸葛亮终于心力交瘁，颓然病倒，并且病势日见沉重。他自知病体难以再起，遂密表后主，推荐才干出类拔萃的蒋琬作为自己的接班人，同时着手安排大军撤回汉中。

北伐期间，魏延动辄请求率兵万人，与诸葛亮异道会于潼关，一如当年韩信的故事，但诸葛亮认为是“危计”，故皆“制而不许”，致使魏延“常谓亮为怯，叹恨己才用之不尽”。魏延又“善养士卒，勇猛过人”，而性“矜高”①，时为前军师征西大将军，假节，封南郑侯，群僚“皆避下之”，唯独杨仪不买他的账，所以二人有如水火。杨仪时为丞相长史、绥军将军，因常随武侯出征，熟悉军事，颇有才干，“规划分部，筹度粮谷，不稽思虑，斯须便了”，从而为武侯所倚重。所以，武侯便作出如下安排：由杨仪统领全军，魏延断后，姜维次之，“若延或不从命，军便自发”②。

① 《三国志·蜀书·魏延传》。

② 《资治通鉴》卷七二《魏纪四·明帝青龙二年》。

这时，尚书仆射李福受后主委派，前来探视，诸葛亮便将身后之事一一作了安排：一是希望后主亲贤远佞、励精图治，以继承和完成先帝遗业；二是要求群僚各尽忠贞，努力兴复汉室；三是建议自己身后以蒋琬（字公琰）继任，蒋琬之后由费祎（字文伟）继任……待李福再问其次，诸葛亮已溘然长逝——时在蜀汉建兴十二年（234年）八月，终年54岁。后主下诏赠诸葛亮武乡侯印绶，谥忠武侯，后世遂往往尊称之为“武侯”。

后主炎兴元年（263年），也就是诸葛亮亡后29年，魏将邓艾伐蜀，由阴平小道潜入成都平原。诸葛亮之子诸葛瞻率兵抵挡，在绵竹（今四川绵竹西北）临阵战死，是年37岁；诸葛亮之孙诸葛尚，与父一时俱殁。同年，后主投降，蜀汉灭亡。诸葛瞻次子诸葛京与诸葛攀之子诸葛显等，于次年移居河东（今山西）。诸葛攀系诸葛亮养子，亮兄诸葛瑾次子。

诸葛亮亡后，魏延果然不听调度，擅自南归，据南谷口，遣兵逆击杨仪等。但魏延部下士众均知曲在延，故不肯用命，四散而走。延独与其子数人逃奔汉中，结果为杨仪所遣部将马岱（马超弟）所追杀。

八、文韬武略，天下奇才

1. 长于理民

陈寿认为，武侯“治戎为长，奇谋为短，理民之干，优于将略”①。这里，武侯之将略如何，先存而不论，其“理民之干”，的确鲜有其匹。范文澜先生曾称赞说：诸葛亮隆中定策，

① 《三国志·蜀书·诸葛亮传》。

本想再一次走汉光武帝的道路，可是客观形势的变化，这条或可行通的道路显然是必不可通了，给他留下的只有主观努力的一面。他在这一面的努力，确是达到了无以复加的高度，凡是封建统治阶级可能做到的较好措施，他几乎都做了。因之，他的攻魏计划虽然失败了，他所治理的汉国，在三国中却是最有条理的一国。[①]

考查武侯的理民才干，主要表现在以下方面：

一是为政以安民为本。古人有言：得民心者得天下。有远见的政治家莫不以此为鉴，武侯也不例外。在隆中对策时，他就建议刘备占有荆、益之后，应“内修政理”；夺取益州后，则又主张“治世以大德”而“不以小惠”[②]。应当说，在这个问题上，他们的见解是深相契合的，故其行政时能够革除前代弊政，抑制、打击豪强，安乐百姓。

二是重视发展经济。武侯之重视发展经济，主要反映在其为政期间“务农殖谷，闭关息民”、注重兴修水利和平抑物价、稳定货币、加强物流、发展商贸等方面，因前已述及（见《总理朝政　治国安邦》之《安定内部》部分），故此处不赘。

三是强调依法治国。武侯重视法制，强调依法治国，人所共知。入蜀后，有人“以刑法峻急”讽之，武侯认为：自刘焉以来，蜀地“文法羁縻，互相承奉，德政不举，威刑不肃”，而“蜀土人士，专权自恣，君臣之道，渐以陵替”，所以必须“威之以法”，“限之以爵”，以使“恩荣并济，上下有节”[③]。考武

① 范文澜：《中国通史简编》第二编第三章第七节《汉国（蜀汉）》，人民出版社1965年版。

② 《诸葛亮集·文集》卷二《答惜赦》，中华书局1960年版，1974年印刷，第50页。

③ 《诸葛亮集·文集》卷二《答法正书》，中华书局1960年版，1974年印刷，第17页。

侯之以法治蜀，大抵是从以下几点入手的：一曰有章可循，有法可依；二曰有法必依，执法必严；三曰赏罚必信，不徇私情。由于做到了这样几点，蜀汉的治理才达到了“无恶不惩，无善不显”及“吏不容奸，人怀自厉，道不拾遗，强不侵弱，风化肃然”① 的程度。

四是行政以举贤为要。毛泽东在新中国成立之初曾说，“治国就是治吏”②。因为再好的治国思想和法令政策，也必须靠一支得力的官吏队伍去贯彻执行。武侯深明此理，所以在行政期间，他特别注意发现和使用人才，从而让“西土咸服”其“能尽时人之器用”③。无奈蜀地褊狭，人才寡弱，或才有余而德不足，或德有余而才一般，再加多有早逝者，从而使武侯壮志难酬。

五是善于团结境内各民族。“西和诸戎”是武侯的既定方针，所以他在平定南中时能够欣然采纳马谡“攻心为上”的策略，但求“服其心而已”。南中“诸戎”既定，武侯尊重他们的风俗习惯，帮助他们发展生产，传授他们百工技艺，从而达到了“不留兵，不运粮，而纲纪粗定，夷、汉粗安”④ 的目的。在将近两千年之前，能有如此良好的民族政策，充分表现了武侯在政治上的高明、远见与成熟。

2. 将略亦优

关于武侯的将略，前引陈寿所评“治戎为长，奇谋为短，理民之干，优于将略”，其实是值得商榷的。笔者认为，武侯的将略并不逊色于他的“理民之干”，“奇谋”也并非短于“治

① 《三国志·蜀书·诸葛亮传》。

② 见《山西青年报》2011 年 1 月 17 期第 15 版。

③ 《三国志·蜀书·杨洪传》。

④ 《三国志·蜀书·诸葛亮传》注引《汉晋春秋》。

戎”。考武侯之将略，大致有如下突出特点：

其一，有战略远见。关于这一点，武侯在《隆中对》中的分析、见解和以“攻心”之策平定南中的事实，即足以证明。所以，晋人王叡曾评价说：“孔明创蜀，决沈（深）计二三策，遽成鼎峙，英雄之大略，将帅之弘规也。”①

其二，长于治军。北伐初出兵时，“戎阵整齐，赏罚肃而号令明”，魏三郡叛而呼应、“关中响震”；五次北伐期间，司马懿面对诸葛亮，来不敢战，去不敢追，以至于遭“畏蜀如虎”② 之讥；武侯病殁蜀军退后，司马懿“案行其营垒处所”，由衷地称之为“天下奇才”——所有这些，都充分证明了这一点。

其三，指挥有方而善于应变。据史籍，武侯亲自率军征伐有三：一是自荆入川，二是平定南中，三是五次北伐。这期间，除了首次北伐错用马谡而致败，他当进则进，当退则退，当用奇谋则用奇谋，并无任何差池。从二次北伐起，武侯一战则馘斩王双，再战则逼退郭淮、夺得二郡之地，三战则大败司马懿、“获甲首三千级”、玄铠角弩近万并杀名将张郃，四战虽病逝退兵但仍能“死诸葛走生仲达”③。以此而论，我们还能同意陈寿的“奇谋为短”和“将略”不如“理民之干”的说法吗？

其实，陈寿所以对武侯的军事才能作如此评价，自有其不可言说的苦衷——他由蜀入晋，身为晋臣而为魏臣晋祖司马懿当初的敌手作传，不可能毫无忌惮，而后人或囿于陈寿的观点，或堕入以成败论英雄的泥沼，故对武侯的“将略”多有贬损。

笔者认为，武侯所以“连年动众”而“未能成功”，绝非其因为“将略”欠优和能力不逮，从根本上说是由于客观方面

---

① 《诸葛亮集·附录》卷二《将略论》，中华书局 1960 年版，1974 年印刷，第 120 页。

②③ 《三国志·蜀书·诸葛亮传》注引《汉晋春秋》。

的原因：

第一，双方“众寡不侔”，实力悬殊。当时，蜀汉僻居一隅，仅仅控有益州一州之地，并且之前连遭“关羽毁败”与“秭归蹉跌”[①] 两次重大挫折，元气大伤。而魏则控有司、并、冀、幽、兖、青、徐、豫、扬、雍、凉、荆（部分）十二州之地，外加西域长史府，仅从地域面积说就是蜀汉的近十倍，更不要说其所拥有的人口与经济开发程度了。《孙子兵法·军形篇》有所谓“度、量、数、称、胜”之说，以此而论，蜀汉与曹魏之间的实力真可以说是“以铢称镒”。

第二，北伐有后顾之忧。后主即位之后，武侯及时与孙吴政权恢复了联盟关系，但武侯深知这个盟友是靠不住的，所以他不可能倾全力专心北伐。有学者考证，武侯北伐时，在江州（今重庆）和永安（今四川奉节）一线竟配备了多达七万以上的兵力，可见其对孙权之不敢放心和对东线防务是多么重视。

第三，已无得力助手而“所与对敌”确属“人杰”。蜀汉人才寡弱前已论及，而这就使得武侯大厦虽危却须独木支撑。至于他的对手司马懿，老奸巨猾，诡计多端，且善忍难忍之事，确属“鹰视狼顾”极难对付的一类人物。他自知不是武侯的对手，便始终缩头不战。武侯既属以至弱攻至强，又有后顾之忧，当然也就无能为力了。

要而言之，武侯在军事上缺少的是必要的良好平台，正如航母需要大海、飞机需要跑道一样，否则再优秀的“将略”也是无法展其骥足的。

说到这里，可能有人会问：既然力量对比如此悬殊，天下大势如此不利于蜀汉，北伐又无必胜希望，武侯为何还要“连

① 《三国志·蜀书·诸葛亮传》注引《汉晋春秋》之《后出师表》。

年动众”“用兵不戢”而“屡耀其武”呢？笔者认为，对这个问题，需从以下三方面认识：（1）武侯是一个有着远大抱负和理想并且有着为实现抱负和理想终生奋斗直至奉献一切的伟大精神的人；（2）武侯还是一个重然诺、守信用有伟大君子人格的人；（3）武侯与先主之间不仅是绝非一般的君臣关系，而且还是有着极深契合度的挚友关系，尽管其间先主常因过于自用而多有对不住武侯的地方，但并未妨碍武侯对他的感情。古人有言：“受人之托，忠人之事。”武侯初则受聘于先主寄人篱下之时，后则受命于先主危难之间，终则接受托孤于先主将亡之际，他的抱负、理想、人格、情怀和阅历，都会让他至死不渝地去践行自己的诺言，同时也实现自己的抱负和理想。

总而言之，武侯在军事上的造诣是很高的，完全称得上是中国历史上一位著名的军事家，即使与和他同时代的曹操相比，也毫不逊色。[1] 他不仅有着极为丰富的军事实践活动，而且还留下了相当可观的理论著述。在战略谋划、临机应变、练兵治军、装备革新、后勤保障等许多方面，他都有自己独到的地方。所以，其军事思想值得我们认真加以研究和继承，切不可以成败论英雄，以小疵掩大能，一叶障目而不见泰山。

3. 博学巧思

武侯不仅深谙政治、军事、经济和法制等方面的事务，有自己的思想和建树，而且精于哲理、明于教育、善于治学、长于为文，甚至对人情世故也有极深的了解，称得上是世事洞明和人情练达。对此，只要认真读一下有关文献，就不难得出这个结论。有关武侯的政治、军事、经济及法制方面的思想和建树，文中已多处论及，故不再赘言，这里只就他在哲学、教育、

① 可参看本书第167页《重评曹操的军事才能》一文。

治学等方面的成就略为申述。

哲学。首先，武侯具有重“人谋”而轻“天命”的朴素唯物主义思想，这从他的《隆中对》即不难看出。其次，武侯具有对立统一的朴素辩证法思想，而这从他的《论诸子》一文可以看出。他在文中指出，诸子各有所长，也各有所短，如“老子长于养性，不可以临危难；商鞅长于理法，不可以从教化；苏张长于驰辞，不可以结盟誓”① 等，故而为学宜各取其长。

教育。武侯是非常重视教育与教化的。例如，他的《出师表》即可看作是一篇对后主丁宁周至言辞谆谆的教诲之文，他的《正议》则无疑是对蜀汉群臣僚属以及将士百姓进行教育的政治论文，他的《答法正书》《与刘巴论张飞书》等又是其就某一问题而针对部属敞开心扉特别撰写的诲启之文，他的《诫子书》《诫外甥书》则可以说是其满怀深情与期望而所作对晚辈进行教育的家书。他的这些文章，因短小精粹、立意高远且议论精彩而早已成为传世名篇，其中的名言如“非淡泊无以明志，非宁静无以致远”、“非学无以广才，非志无以成学”以及“志当存高远”，甚至被人们当作人生座右铭。

治学。武侯不仅非常重视治学，而且也非常讲究治学方法。例如，他隐居隆中求学之时，好友石韬等均“务于精熟”，而他“独观其大略”②。这里的“独观其大略”，绝非马马虎虎不求甚解，而是准确理解并把握精义。世上的知识无所不有，而传世的经典如汗牛充栋，若“务于精熟”，则怎能学得完读得完？怎能成为通才与高才？当然，这也只有如武侯这样具有极好资质与禀赋的人才可仿效，至于儒生俗士，能“务于精熟”而明于

① 《诸葛亮集·文集》卷二《论诸子》，中华书局 1960 年版，1974 年印刷，第 47 页。

② 《三国志·蜀书·诸葛亮传》注引《魏略》。

一理通于一经，也就相当不错了。

至于说到武侯所宗，则是见仁见智，说法不一。笔者认为，其实武侯是没有什么所宗的，他可以说是杂取各家而熔于一炉，以成自己的学问。在他身上，既有儒者气象，也有法家特点，更有兵家之学，还有道家思想，同时也具墨家、纵横家的影子。所以，我们根本无法以某一家或某几家之学来诠释、衡定武侯的修习和学养。

武侯的"巧思"也是令人津津乐道的：

其一是"损益连弩"。弩由弓发展而来，发射的箭矢射程远、命中率高、穿透力强，所以杀伤力也大。连弩则是可以连续发射箭矢的弩。经武侯改进的连弩"谓之元戎"，可以"一弩十矢俱发"①，所以其杀伤力更大，杀伤效果更好。

二是创制"木牛流马"。"木牛流马"是武侯为解决北伐粮运问题而研制的。《诸葛亮集·文集》卷二《作木牛流马法》载有关于"木牛流马"的具体制造方法和运力。据说"木牛""可大用，不可小使；特行者（一日）数十里，群行者二十里"，"载一岁粮……而人不大劳"，但至今尚无人能将其复原出来。

三是"作八阵图"。古代作战讲究排兵布阵，所以出现了许多阵法阵图，八阵是其中之一。八阵起源很早，《孙膑兵法·八阵》扼要地介绍了它的使用方法，东汉窦宪曾以这一阵法大破匈奴。本传记武侯"推演兵法，作八阵图，咸得其要"，而武侯自己也说"八阵既成，自今行师，庶不覆败矣"②。而号称"人杰"精于用兵的司马懿，在"按其营垒处所"后，竟称武侯为

① 《蜀书·诸葛亮传》注引《魏氏春秋》。

② 《诸葛亮集·文集》卷二《八阵图法》，中华书局 1960 年版，1974 年印刷，第 44 页。

“天下奇才”。可见，经武侯“推演”改进和创新之后，八阵更能适应行军、宿营和战斗的需要。

九、先生之风，山高水长

1. 武侯高德

作为一位生活在近两千年之前的古代先贤，武侯的高风亮节和大德懿操，可谓跨越时空、垂范百代而旷世罕匹。

一曰忠诚信义。武侯之忠诚信义，主要表现在他对待理想、事业、国家和知交上。武侯的理想和事业是什么？曰“兴复汉室，还于旧都”，曰“攘除奸凶”，统一天下。为了这一目标，他可谓呕心沥血，竭尽全力，“效忠贞之节”而“继之以死”。应当指出的是，武侯与刘备之间，实属了解很深且相互视为“知己”的师友关系，而绝非普通的君臣之谊，所以武侯在《答李严书》中才会有所谓“知己未答”的说法。只是刘备在世时过于自用，对武侯的思想并不是很理解，且一度倚重也不够，甚至也可能有那么一点不够信赖，直至托孤时始有悔悟。然而，武侯不改初衷，对他依然忠诚如故。刘备去世后，他面对蜀汉内部的种种乱象，夙兴夜寐，恪尽职守，一心为国，直至病逝于五丈原。他重诺守信，全始全终，一朝受聘出山和受托孤之重则终生不改其节、与李严相交则罚其罪而任其子并盼其悔改、临敌将战军需轮休则以“大信为本”而命“去者束装”① ……试问：古往今来，如此忠于理想、事业、国家和知交者能有几人？

---

① 分别见《诸葛亮集·文集》卷二《与李丰教》《谕参佐停更》，中华书局1960年版，1974年印刷，第29、51页。

二曰公正廉洁。武侯曾说：“吾心如秤，不能为人作轻重。”① 这表明武侯在处理各种事务时有一个基本原则，即不挟私心、不徇私情，一切以是否有利于国家和事业为准。他任丞相期间，“开诚心，布公道”，“科教严明，赏罚必信，无恶不惩，无善不显”，以至于“吏不容奸，人怀自厉，道不拾遗，强不侵弱，风化肃然”②。而他本人，也得到了部属和百姓的衷心爱戴。属下张裔称赞他说：“公赏不遗远，罚不阿近，爵不可以无功取，刑不可以贵势免，此贤愚所以佥忘其身者也。”③ 武侯之廉洁，也是古今少有的。他曾上表后主说：“成都有桑八百株，薄田十五顷，子弟衣食，自有余饶。至于臣在外任，无别调度，随身衣食，悉仰于官，不别治生，以长尺寸。若臣死之日，不使内有余帛，外有赢财，以负陛下。”及卒后，果然“如其所言”④。他的廉洁，甚至到了“蓄财无余，妾无副服”⑤ 的程度。

三曰谦虚谨慎。武侯是一位文武兼备博学多识的旷世奇才，而且长期身处高位，但他谦虚谨慎，从不自傲。为使政事无阙，他经常向自己的属下求教，甚至“劝将士勤攻己阙”。南征时，他虚心向马谡请教，并采纳其“攻心为上”的建议⑥，作为教令，下发部队。他发教令给参军掾属说：“任重才轻，故多阙漏。前参军董幼宰，每言辄尽，数有谏益……幼宰参署七年，事有不至，至于十反，未有忠于国如幼宰者。亮可以少过矣。”

① 《诸葛亮集·文集》卷二《杂言》，中华书局 1960 年版，1974 年印刷，第 55 页。

②④ 《三国志·蜀书·诸葛亮传》。

③ 《三国志·蜀书·张裔传》。

⑤ 《诸葛亮集·文集》卷一《又与李严书》，中华书局 1960 年版，1974 年印刷，第 20 页。

⑥ 《三国志·蜀书·马良传》附《马谡传》。

街亭之败后，他要求属下说："……自今已后，诸有忠虑于国，但勤攻吾之阙，则事可定，贼可死，功可跷足而待矣。"同僚与属下凡有才德者，武侯从不吝赞美之词。他荐刘巴说："运筹策于帷幄之中，吾不如子初远矣。"称赞庞统、廖立："庞统、廖立，楚之良才，当赞兴王业者也。"称赞蒋琬："公琰托志忠雅，当与吾共赞王业者也。"又曰："蒋琬，社稷之器，非百里之才也。其为政以安民为本，不以修饰为先，愿主公重加察之。"称董厥："董令史，良士也。吾每与言之，思慎宜适。"[①] 说到谨慎，可能有人不以为然，认为这应是武侯的缺点，民间一直也有"诸葛一生唯谨慎"的说法。其实，这种看法似是而非。武侯之谨慎，一是他政治上成熟的表现，二是实属不得已而为之。蜀汉自从连遭两次大挫折之后，实无一点可以用来冒险的本钱了，故武侯不得不谨慎从事。试想，当"天下汹汹"时，武侯既不北依曹操，也不东投孙权，却甘于供兵微将寡寄人篱下的刘先主驱使，这是平生谨小慎微的人能做出来的吗？

四曰择妇以才。武侯大德，平生以广学修身为要，以"兴复汉室"一统天下为念，所以既不爱财，亦不重色，娶妻但以才德为先。本传注引《襄阳记》载，沔南名士黄承彦，"高爽开列"，听说武侯欲娶妻，对武侯说："闻君择妇；身有丑女，黄头黑色，而才堪相配。"武侯听罢，当即许婚。于是，这位黄老先生便将女儿送到武侯家里，让他们完婚。后世传说，其实黄氏之女并不丑，这不过是黄承彦借以考察武侯的为人和德行罢了。在笔者看来，黄氏之女是丑是美并不重要，重要的是这件事的确反映出武侯平生的高风亮节和基本价值取向。

---

① 《诸葛亮集·文集》卷二《与参军掾属教》《劝将士勤攻己阙教》《论荐刘巴》《称庞统廖立》《称蒋琬》《称董厥》等，中华书局1960年版，1974年印刷，第32、48～50页。

2. 葛曹比较

与武侯同时代的曹操，也是历史上一位著名的政治家和军事家，其才能、功业、贡献和影响，都达到了很高的程度。长期以来，史学界很多人都认为，以才能、功业、贡献和影响而论，曹操应为三国时期第一人。但是，笔者认为，若从文化视角看，对此应作重新评价：

首先，曹操功业大于诸葛亮，但才能、贡献、影响未必大于诸葛亮。因为一个人功业大小，不仅要靠才能，而且还要靠机遇。很显然，在得机遇方面，曹操要比诸葛亮幸运得多。

其次，在人格上，曹操根本无法与诸葛亮相比：曹操为人奸诈残暴，以“宁我负人，毋人负我”作为人生信条，对历史和社会的负面影响很大；而诸葛亮“开诚心，布公道”，忠信为本，仁心素著，对历史和社会产生了积极而巨大的影响。

所以，若论对历史和民族的贡献，曹操在实际上远不如诸葛亮：（1）曹操的贡献多为有形的和一时的，而诸葛亮的贡献多是无形的和长久的。（2）曹操多负面、消极的影响，而诸葛亮全为正面、积极的影响。所有这些，正是诸葛亮所以能于生前死后备受景仰并最终成为一种文化现象而曹操不能的根本原因。

其实，不少学者在对诸葛亮的评价问题上，也已经有了同样的认识，他们都看到了诸葛亮巨大的人格魅力所产生的深远的历史影响。如孟祥才、黄朴民两位先生即分别撰文指出：诸葛亮所以“受到各阶层人民广泛而持久”的“敬慕和爱戴”，甚至“超凡入圣”，“名播天下，誉满古今”，成为社会“理想人格的象征”，并最终演化为“一种罕见的文化现象”，从根本上说就在于“在他身上几乎集中了我们中华民族传统文化所固有的全部美德”①。

总之，武侯的一生，公德私德都是无可挑剔的，再加其大才临世，勋业巍然，学识博洽，卓荦不群，故深为世人所赞叹、佩服和景仰。史载，武侯病逝之后，“黎庶追思，以为口实”，巷祭、野祀屡见于坊间，而“梁、益之民，咨述亮者”，至晋代“言犹在耳”。这一现象，“虽《甘棠》之咏召公，郑人之歌子产，无以远譬也”②。如今，笔者欲仿范文正公《严先生祠堂记》之辞作歌一阕，以表达自己对武侯这位先贤的景仰之情：

蒙山苍苍，沂水泱泱。

先生之风，山高水长！

（原载齐鲁书社 2013 年版《中国著名军事家评传》，此次收入本书重新加了标题并有所补充和修改）

① 孟祥才：《论诸葛亮的人格魅力》，载《临沂师范学院学报》2005 年第 5 期；黄朴民：《理想人格的象征——诸葛亮》，载《金秋阳都论诸葛》，军事科学出版社 1995 年版，第 164 页。

② 《三国志·蜀书·诸葛亮传》。

大雅君子 社稷纯臣

——大唐中兴名臣郭子仪德慧人生述略

郭子仪，唐代第一中兴名臣，华州郑县（今陕西华县）人。他“体貌秀杰，始以武举高等补左卫长史”①，后拜左卫大将军，累迁天德军使，兼九原太守、朔方节度右兵马使。

天宝十四年（755 年），安禄山反，郭子仪虽已年近花甲，但仍率所部与李光弼等屡败叛军，直至收复京师。肃宗曾慰劳他说：“虽吾之家国，实由卿再造。”仆固怀恩叛变后，代宗曾不无歉意地对他说：“朕用卿不早，故及于此。”并赐铁券，命人图其形于凌烟阁。德宗即位，赐号“尚父”②。《旧唐书》本传誉其为“大雅君子，社稷纯臣”。司马光则称赞他说：“天下以其身为安危殆三十年，功盖天下而主不疑，位极人臣而众不疾（嫉），穷奢极欲而人不非之。”③

①② 《旧唐书·郭子仪传》。

③ 《资治通鉴》卷二二七《唐纪四十三·德宗建中二年》。

他身历四朝，戎马一生，手握强兵，常任要职，高官显爵数十年，享尽人间荣华富贵，于建中二年（781 年）逝世，终年 85 岁，谥曰忠武，配享代宗庙庭。

郭子仪的一生，实属中国几千年封建历史上的一个奇迹。因为，历史上功劳如此巨大而能富贵寿考享尽天年者实在不多。例如，与他同时代的勋臣，来瑱因被宦官程元振等人所谮而削官赐死①，李光弼因遭受朝廷猜疑而忧惧病死，仆固怀恩因遭猜忌被逼谋反②，等等。同样的时代背景，同样的官场和国君，又同样是大唐的中兴名臣，为什么郭子仪能独善其身一生圆融而其他人难得善终呢？仔细考察起来，其德行高蹈仁厚孝悌而又富于智慧极善自处是一个极为重要且带根本性的原因。

一、忠心事上，善于为臣

对于统治者来说，作为臣下，最为重要的一条就是必须忠诚。然而，由于人心难测，统治者对臣下究竟是否真的忠诚往往心中无数，再加奸佞狡猾之徒挑拨陷害，所以君臣之间最易产生猜忌。作为臣子，能做到让国君相信自己的忠是真忠，其实非常不易。一个重要的事实就是，历史上身为忠臣而被诛杀者比比皆是。例如，与郭子仪同时代的来瑱、李光弼、仆固怀恩以及秦国的李斯、汉代的晁错、宋代的岳飞、明代的袁崇焕等，莫不如此。所以，在封建专制时代，不仅要能够做忠臣，还要善于做忠臣。

郭子仪对朝廷的忠诚，主要表现在以下几个方面：

---

① 《旧唐书·来瑱传》。

② 《资治通鉴》卷二二三《唐纪三十九·代宗广德二年》。

一是一切唯朝廷之命是从，闻风而动，令行禁止，绝对不讲条件，更不拥兵自重甚或"幸危"要挟朝廷。

新、旧《唐书》和《资治通鉴》均记载，郭子仪虽然长期身居高位，坐拥强兵，但只要朝廷征召他，他没有一次不是当天就启程的。正是因为这一点，宦官鱼朝恩、程元振之流对他的谗毁和诽谤才失去了作用。乾元二年（759 年），郭子仪为东都畿、山南东道、河南诸道行营元帅，鱼朝恩因为妒忌其功劳而借官军刚刚失利于邺南之机，诬枉构陷他。于是，朝廷遂召子仪回京，而以赵王李系为天下兵马元帅、李光弼为副元帅。子仪虽失兵权，乃心仍在皇室，"以祸难未平"而"不遑寝息"。不久，史思明再陷河洛，且吐蕃进迫京畿，朝中有人认为子仪于国家有大功，现在叛乱未平，不宜置之闲散之地，肃宗这才打算重新起用子仪，但最终仍为鱼朝恩所阻。[①]

上元二年（761 年）二月，李光弼在邙山战败，河阳（今河南孟州南）失守，鱼朝恩退保陕州（治陕县，今河南三门峡西）。宝应元年二月，河中（治河东县，今山西永济西南蒲州镇）又发生兵变，将领被杀，而此时太原节度使邓景山也为部下所杀，朝廷无法，只好下决心重用郭子仪，进封他为汾阳郡王，命其出镇绛州（治正平，今山西新绛），并对他说："河东之事，一以委卿。"子仪到达镇绛州后，迅速平息叛乱，河东各镇才得以稳定下来。但是，这年四月代宗即位后，程元振"忌嫉宿将，以子仪功高难制"，竟"巧行离间"，唆使代宗再次罢子仪军职，让他"充肃宗山陵使"，去修老皇帝的陵墓。不过，让朝廷想不到的是，此后不久，"梁崇义据襄阳叛"，仆固怀恩则招引回纥、吐蕃大兵"入寇河西"，甚至进迫京师。代宗不得

① 《旧唐书·郭子仪传》。

已只好任命子仪为关内副元帅，出镇咸阳，自己则逃往陕州。此时，子仪因部曲已经散尽，“部下唯二十骑”，但他一见诏书，依然立即上路，并沿途“招辑亡逸”，筹集军资，以少敌多，剿灭叛兵，直至收复长安。①

二是事关国事总能知无不言，言无不尽，一心为国，诚恳坦荡。

自吐蕃入寇，代宗东幸，朝野舆论都归咎于程元振，元振感到恐惧，又忌惮子仪复立大功，因而劝代宗迁都洛阳。子仪得知后，立即上奏朝廷，竭诚陈说都长安之利与都洛阳之弊，劝代宗仍回旧都，“再造邦家，唯新庶政”。代宗看完表章后，深受感动，以至于流着泪对身边人说：“子仪用心，真社稷臣也。可亟还京师。”②

大历八年（773 年），回纥首领赤心欲卖马万匹给朝廷，有关部门认为连年征战，国库空虚，请求只买千匹。子仪认为，回纥为大唐前后立下许多功劳，不宜拒绝他们，便请求献出自己一年的俸禄作为回纥马价。事情虽然未获朝廷允许，但他的做法受到朝野一致称赞。

次年，子仪入朝，代宗在延英殿召见他，其间说到吐蕃为害，朝廷长年苦战不暇，子仪竟至“言发涕零”。退朝后，他又上书代宗，论说备御吐蕃之策。他从当时的政治、军事实际出发，比较双方的利弊，建议代宗“更询傥议，慎择名将”，再“于诸道各抽精卒”赴关中，“教之战阵”，以为长久之计。同时，他也提出，自己蒙朝廷恩遇“垂二十年”，如今年老力衰，情愿“退避贤路”。代宗下诏肯定并褒奖他说：“卿忧深虑远，

①② 《旧唐书·郭子仪传》。

殊沃朕心，始终倚赖，未可执辞也。”①

三是无私无畏，大智大勇，为国家不以个人安危为念。

应当说，郭子仪是一位极富智慧谋略的将帅。在瞬息万变的战场上，他总能料敌审计，胜而后战，所以往往能以少胜多，以弱胜强。不过，战争毕竟是战争，作为一名职业军人，危险总会如影随形地伴随着他；所以，无私和勇敢同样是军人必须具备的品质。而郭子仪恰恰就是这样一位优秀的职业军人，他的著名的单骑见回纥的故事，就很能说明问题。

代宗永泰元年（765 年）十月，回纥、吐蕃合兵围攻泾阳（故治在今陕西泾阳东南），郭子仪命令众将严密设防，守而不战。傍晚，敌人退到泾阳北面的平坦高地上驻扎，但次日又来到城下。当时，回纥与吐蕃因仆固怀恩已死，双方相互争长而不睦，故分营而居，回纥驻扎在城西。

郭子仪了解到这些情况，便派牙将李光瓒前去说服他们，希望与他们联合攻打吐蕃。回纥人不相信，说：“郭令公真在这里吗？如果真在这里，能让我们见见他吗？”光瓒回去把这一情况报告了郭子仪，郭子仪说：“现在敌众我寡，难以力胜。不如由我前去说服他们，这样可以不战而胜。”众将请求选出五百铁骑作为随从前往，子仪说：“这恰恰会成为祸害。”他的儿子郭晞拉住马劝阻。子仪说：“现在与敌人交战，令你我父子俱死而国家危急；但如果以至诚之心去和他们沟通，他们一旦听从我们的意见，那就将是国家的福分！”说罢，遂与手下几名随从开门而出，并派人传呼说：“郭令公来了！”

回纥人大惊。他们的大首领药葛罗，弯弓搭箭，立于阵前。子仪摘下头盔，脱下铠甲，扔掉兵器，纵马前进。回纥各位首

① 《旧唐书·郭子仪传》。

领相互看了看说："的确是郭令公!"于是全部下马，罗拜在子仪面前。子仪也翻身下马，向前拉住药葛罗的手责备他说："回纥对唐朝有大功劳，大唐回报你们也不薄，为什么要违背约定，侵逼京师，弃前功，结仇怨，背恩德而助叛臣呢？你们实在太愚蠢了!"药葛罗说："仆固怀恩欺骗我，说是天可汗已晏驾，令公也去世了，中国无主，所以我才敢和他们一起前来。现在知道天可汗在上都，令公仍然统兵在此，怀恩又为老天所杀，我等怎么会与令公交战呢!"于是，子仪便与他定下盟约而回。吐蕃人听说后，连夜逃遁。一场后果不堪设想的大战，就这样被郭子仪轻而易举地化解了。①

二、清醒明智，戒满惧盈

俗话说：月满则亏，水满则溢。这可以说是一条颠扑不破的定律，已被大量的事实反复证明。在这个问题上，郭子仪是非常清醒的。所以，郭子仪平生极为谨慎，能做到明识进退、戒满惧盈。

史载，郭子仪一生中曾多次辞职或让官。

至德二年（757 年）五月，郭子仪在清渠（在今陕西西安附近）与叛将安太清、安守忠等战，官军失利，子仪退保武功（故治在今陕西武功西北漆水西岸旧武功镇），亲自赴阙请罪，并请求降职，肃宗不得已而降其为左仆射。②

宝应元年（762 年）十一月，郭子仪认为仆固怀恩在平定河朔过程中立有大功，便一再请求把自己的副元帅之职让给他，

① 《资治通鉴》卷二二三《唐纪三十九·代宗永泰元年》。

② 《资治通鉴》卷二一九《唐纪三十五·肃宗至德二年》。

代宗遂任命怀恩为河北副元帅，加左仆射兼中书令、单于、镇北大都护、朔方节度使。[①]

广德二年（764 年）五月，郭子仪以安史之乱已经平定，而各道节度使重兵聚集，疲耗百姓，亦恐尾大不掉，因而请求罢退，并请求就从自己镇守的河中开始，同时请求免除自己的关内副元帅职务，但未获代宗同意。[②]

同年九月，仆固怀恩勾结吐蕃、回纥南下，代宗任命郭子仪为太尉兼北道邠宁、泾原、河西以东通和蕃及朔方招抚观察使，率兵抵御。郭子仪认为，由于仆固怀恩和吐蕃尚未讨平，所以不宜辞让招抚使之职，但太尉一职，坚辞不受，并上表诚恳说明自己“受腹心之寄，恩荣已极，功业已成”“早知止足”“窃惧满盈”“义实由衷，事非矫饰”以及愿意率身垂范、“大变浮俗”以重振朝纲的愿望，代宗未允。郭子仪只好面见代宗，“感泣恳让”，代宗才终于答应了他的请求。[③]

同年十二月，朝廷加封郭子仪为尚书令。子仪认为：由于当初太宗曾任此职，以后各位圣上均不再设置，近来皇太子虽然有担任过这一职务的，但自己不宜担任，所以固辞不受。[④]

据《资治通鉴》卷二二五《唐纪四十一》记载，代宗大历十年（775 年），郭子仪曾经奏请朝廷任命他推荐的一名州县官员，但没有得到答复。他的僚属为此而深为不满且非议宰相，但郭子仪不这样看。他说：“兵兴以来，方镇武臣多飞扬跋扈，他们有所要求，朝廷常常不得不委曲求全以满足他们。其实，这正说明朝廷已经对他们产生疑虑了。如今我有所奏请，皇上认为行不通就搁置起来，说明皇上并不把我当一般武臣看待，

---

① 《资治通鉴》卷二二二《唐纪三十八·肃宗宝应元年》。

②④ 《资治通鉴》卷二二三《唐纪三十九·代宗广德二年》。

③ 《旧唐书·郭子仪传》。

这实际是信任我。各位又有什么可怪罪朝廷的呢!”大家听罢，无不叹服。

郭子仪所以能如此清醒明智、戒满惧盈，在于他深知官场黑暗程度之严重和功高震主后果之可怕。

在中国漫长的封建时代，宦官因为日夜侍候在君主身边，往往又能献媚讨好君主，所以多能决定文武大臣的命运，甚至能左右朝廷的大政方针。唐肃宗时代的鱼朝恩和代宗时代的程元振，就是这样的人物。他们都曾构陷过郭子仪，只是由于郭子仪功劳虽大但行事谨慎，又明识进退，没有给他们留下把柄，所以才会一般不过免职而已，未曾受到大的伤害。再说，安史之乱后，时局也一直不稳定，大唐王朝内忧外患并存，所以每到关键时刻，朝廷也不得不起用这位武能安邦定国、文能总理朝纲而又忠心耿耿的数朝老臣。此外，还有一个重要原因是：郭子仪侍奉的几位皇帝还不是十分糊涂，他们对郭子仪也还算信任。

不过，君与臣从来就是一对矛盾：君离不开臣辅佐，但又惧怕臣势大难控，而且尤其是武臣——他们一旦坐拥强兵，会更难驾驭，因而也就更让君主担忧。安史之乱的发生和此后藩镇割据局面的形成，就足以说明这个问题。所以，要想让国君不疑，是根本不可能的，司马光说郭子仪“功盖天下而主不疑”，其实并不完全符合实际。

据《资治通鉴》卷二一九《唐纪三十五》载，至德二年(757年)，安史之乱尚未平定，肃宗就已经顾虑到大臣们功高难赏的问题了，因而向倚为心腹的李泌请教良策：

> “今郭子仪、李光弼已为宰相，若克两京，平四海，则无官以赏之，奈何?”对曰：“古者官以任能，爵以酬功。汉、魏以来，虽以郡县治民，然有功则锡（赐）以茅土，

传之子孙，至于周、隋皆然。唐初，未得关东，故封爵皆设虚名，其食实封者，给缯布而已。贞观中，太宗欲复古制，大臣议论不同而止。由是赏功者多以官。夫以官赏功有二害，非才则废事，权重则难制。是以功臣居大官者，皆不为子孙之远图，务乘一时之权以邀利，无所不为。向使禄山有百里之国，则亦惜之以传子孙，不反矣。为今之计，俟天下既平，莫若疏爵土以赏功臣，则虽大国，不过二三百里，可比今之小郡，岂难制哉！于人臣乃万世之利也。”上曰：“善！”

代宗死后，德宗即位，以郭子仪职多权重，功名又大，便用明崇暗降的手法，下诏尊子仪为“尚父”，加太尉兼中书令，实封二千户，月供一千五百人的粮食、二百匹马的草料，升迁其子弟、诸婿十余人的官位，但悉罢其诸使及副元帅之职，而以他的副将李怀光、浑瑊等分领之。①

由此看来，“不疑”一说，实难成立，作为臣下，还是以戒惧谨慎为上，以明识进退为妙。郭子仪能够做到这一点，说明他的确是一位有智慧的人。

三、仁厚大度，深得人心

郭子仪宅心仁厚，极有度量。稍晚于郭子仪的唐史臣裴垍曾说：“汾阳（郡王）事上诚荩，临下宽厚，每降城下邑，所至之处，必得士心。”②而这一点，从他在处理与李光弼、仆固怀恩和鱼朝恩等人的关系问题上，就完全可以看出来。

李光弼，唐营州柳城（今辽宁朝阳）人，系契丹酋长李楷

①② 《旧唐书·郭子仪传》。

洛子，有勇谋，善骑射，与郭子仪同为唐中兴名将，史称“李郭”，认为子仪虽“威略不逮”光弼，而“宽厚得人过之”①。郭子仪虽年长李光弼十余岁，资历也比光弼深得多，但他从不小看光弼，在平乱过程中不仅与之密切配合，且关键时无私地推荐其担任重要职务，甚至将自己的职务让给他。肃宗至德元年（756年），朝廷命令郭子仪撤云中之围，回朔方，准备增兵进攻东京洛阳，同时让郭子仪选一良将分兵先出井陉（关隘名，在今河北井陉西北井陉山上），平定河北。郭子仪便推荐了李光弼。然而，有史料记载，子仪与光弼同为安思顺部将时，二人并不和睦；后来郭子仪取代了安思顺的职务，光弼大为紧张，当子仪推荐他分兵东讨时，他竟然认为这是要陷害他。郭子仪拉着他的手说：“现今国家动乱，皇上播迁，非您不能东伐，这岂是泄私忿的时候！”于是，他召集众将，宣读诏书，与光弼以忠义相勉，洒泪而别。②

郭子仪的仁厚大度，甚至到了不计私仇、以德报怨的程度。鱼朝恩和程元振虽都曾多次诬陷过他，但他总能严于责己，不予计较，以避免矛盾激化。有这样两个小故事，可以从中看出郭子仪的宽厚大度与明哲智慧：

一是祖坟被掘事件。代宗大历二年（767年）十二月，鱼朝恩暗中指使人挖了郭子仪父亲的坟墓，官府搜捕，没能抓获掘墓贼。郭子仪此时恰从泾阳入朝，朝廷上下都非常担心，恐怕因此而发生变乱。没想到，入朝后当代宗提到这件事的时候，子仪痛哭流涕地说：“我长期带兵，却不能禁止部下毁坏别人的坟墓，现在人家挖了我家的坟墓，这是上天在谴责我，并不是

① 《旧唐书·郭子仪传》。

② 《资治通鉴》卷二一七《唐纪三十三·肃宗至德元载》及注。

别人有意害我。”这样，朝廷内外很快就安定了下来。①

二是轻车简从会仇人。代宗大历四年（769 年）春正月，郭子仪入朝，观军容使鱼朝恩邀请他游章敬寺。宰相元载秘密派人告诉郭子仪说：“鱼朝恩可能要加害于你。”郭子仪的部属也这样认为，但郭子仪一概不听。一会儿，鱼朝恩派人来请郭子仪，部下三百人内穿铠甲，要求同子仪一起去。子仪生气地说：“我是国家的大臣，如果没有皇上的密诏，他怎敢加害于我？如果是皇上的命令，他们更不能胡来！”说完，便只带十几个仆人走了。鱼朝恩正等候郭子仪，见他轻车简从，非常惊讶，郭子仪便把听到的流言告诉了他。鱼朝恩大为感动，捶胸顿足地哭着说：“如果您不是一位仁厚长者，怎能不怀疑我！”②

宽厚之人必得士心。所以，郭子仪之得士心，在有唐一代无出其右者。

广德元年（763 年），吐蕃大举入寇，京师震动，代宗下诏以雍王李适为关内元帅，郭子仪为副元帅，出镇咸阳以为防御。十月，子仪率数十骑过蓝田（关隘名，在今陕西蓝田东南），得旧部近千人。当时六军溃散，“诸将方纵兵暴掠”，听说子仪来到，无不“大喜听命”。待到商州，子仪一路收集散兵，再加上武关驻防将士，人数已达四千，因而“军势稍振”。于是，子仪涕泣晓谕部下将士，激励大家“共雪国耻”，夺取长安。将士们无不深受感动，纷纷表示愿意接受子仪的约束和调遣。③

次年春正月，朝廷已察觉仆固怀恩叛乱的迹象，欲派颜真卿宣谕怀恩入朝。颜真卿认为，代宗在陕州时，尚有这种可能，现在已经不存在这种可能了。他建议朝廷以郭子仪取代仆固怀

① 《资治通鉴》卷二二四《唐纪四十·代宗大历二年》。
② 《资治通鉴》卷二二四《唐纪四十·代宗大历四年》。
③ 《资治通鉴》卷二二三《唐纪三十九·代宗广德元年》。

恩的职务，认为如此则可凭借郭子仪的威望不战而降服之。汾州别驾李抱真在回答代宗问计时也说：“此事不必忧虑。朔方将士思念郭子仪，就像子弟们想念自己的父兄。怀恩欺骗部下将士说，郭子仪已为鱼朝恩所杀，大家都相信了，所以才肯为他所用。陛下如果能以郭子仪统率朔方，他们会不用宣召就归顺朝廷。”果然，怀恩部下将士听说郭子仪被任命为河内、河东副元帅及河中节度使后都说：“我们这些人跟着怀恩行不义之事，以后还有什么脸面再见汾阳王。”①

这年八月，郭子仪由河中入朝，恰逢仆固怀恩招引回纥、吐蕃十万之众入寇京畿，京师大震。代宗宣召子仪询问应敌方略，子仪回答说：“怀恩勇而少恩，士心不附，其所以能入寇京畿，是因为部下将士都想回到家乡。此外，怀恩本来是臣下的偏裨将领，他的麾下都是臣的部曲，他们必定不会忍心与我锋刃相向，所以他不会有什么能为。”可见，郭子仪对得士心之重要性及自己之得士心的程度，心里是很有数的。②

郭子仪不仅深得同僚和部属之心，在他们心目中享有很高威望，而且也深得回纥人之心，在回纥人心目中同样享有很高威望。前述其单骑闯阵，会见并说服回纥首领与大唐同心打击吐蕃的事例，就说明了这一点。其实，郭子仪即使在叛将中也有着很高的威望。

安禄山的大将田承嗣，骁勇善战，狡黠多谋，反复无常。降唐后，他又成为藩镇中的枭雄，劫州夺郡，与朝廷分庭抗礼。承嗣一生桀骜不驯，但唯服郭子仪。一次，郭子仪派使者前往承嗣那里，承嗣见到使节后，朝京师方向行了跪拜之礼，然后指着自己的膝盖对使者说：“我这膝盖已经很久没有为别人屈过

①② 《资治通鉴》卷二二三《唐纪三十九·代宗广德二年》。

了，现在特为郭公下拜。”代宗大历十一年（776年）六月，李灵曜为汴宋留后，据汴州，公私财赋，一概扣押，但郭子仪的财物经过其辖境时，不仅不予截留，而且还要派兵护送。①

四、小处入手，防微杜渐

前些年，有一本叫作《细节决定成败》的书卖得很火。“细节决定成败”这句话虽属偏颇，但它的确是有一定道理的。因为，在很多事情上，关键性的细节确实决定着事情的成败。所谓“一着不慎，满盘皆输”，说的就是这个道理。所以，为人处世，细节是必须注意的。考察郭子仪的一生，他简直称得上是一位善于在细节上做文章的大师：

开门避嫌疑。郭子仪的住宅在京师亲仁里，整个宅院占了亲仁里的四分之一，并且直通皇宫所在的永巷。郭子仪对自己的宅院采取开放式管理，平时四门洞开，进出者不论贵贱，即使“里巷负贩之人”，也可随意出入。有时，部下将领出镇外地者前来辞行，以及被召见的官员前来晋见他，赶上他的夫人和爱女正在梳洗打扮，他不但不回避，反而会要这些将领和官员为妻女服务。他的儿子们都不理解，劝他不要这样做。郭子仪说：“你们都不明白我的意思。我家靠朝廷供养的人一千多，马五百匹，但进无去路，退无可守。如此高墙深院，如果戒备森严，内外不通，一旦有冤家诬蔑我要谋反，再加贪功害能者成就之，那么我们势将百口难辩，九族被诛。现在，我四门大开，任人进出，即使有人要进谗言，也没有办法了。”他的儿子们听

① 《新唐书·郭子仪传》。

罢，方才醒悟。①

屏姬见卢杞。御史中丞卢杞，相貌丑陋，面如蓝靛，是个奸诈之人，但其能言善辩，所以德宗非常喜欢他。建中二年（781年），德宗提升卢杞为御史大夫，并且让他兼任京畿观察使。此前有一天，郭子仪患病，卢杞表示要去探望他。郭子仪听说后，便把身边随侍的姬妾悉数屏退，一人凭几而坐，等候卢杞。平时，郭子仪每次会客，总是众多姬妾不离身边，所以大家都不明白这是为什么。事后有人询问其中的缘故，郭子仪说："卢杞面貌丑陋，心地险恶，女人们见了难免发笑，从而开罪于他。那样的话，他将来一旦得志，我的这个家族就会无一幸免！"②

严责爱子。郭子仪第六子郭暧系皇帝的驸马，娶代宗的女儿升平公主为妻。大历二年（767年）某日，夫妻二人发生口角，郭暧说："你不就是倚仗你父亲是天子吗？我父亲是不屑于做天子！"公主听罢大怒，立即乘车飞奔回宫，向父亲奏报此事。代宗说："这不是你所能明白的。他们郭家还真是这么回事，假如他们想做天子，天下岂能为你家所有！"说完，好言劝解，让公主赶紧回家。郭子仪听说这件事后，立即把郭暧关了起来，自己赶往宫里请罪。代宗对他说："俗话说：'不痴不聋，不做家翁。'小儿女们闺房里的话，怎能当真呢！"郭子仪这才放心回家，但还是打了郭暧几十大棍才算了事。③

谨慎决定是否吊祭代宗之妃。代宗妃独孤氏逝世，"赠贞皇后"。郭子仪时在邠州（治新平，今陕西彬县），而其子郭暧尚公主，因而打算前去吊祭。子仪遍问部下僚属，都认为自古以

---

① ［宋］李昉等：《太平广记》卷一七六，中华书局1961年版，2003年印刷。

② 《资治通鉴》卷二二六《唐纪四十二·德宗建中二年》。

③ 《资治通鉴》卷二二四《唐纪四十·代宗大历二年》。

来没有臣下祭祀皇后的规定，子仪一时难下决心。当时，恰逢殿中侍御史柳并奉使在邠州，子仪便向他求教。柳并回答说："礼缘人情。令公勋德，不同常人，且又为姻戚，今吊祭皇后自令公开始，亦属得宜。"子仪说："正合我的本意。"遂请柳并代拟祭文，安排前往吊祭。①

五、孝心不泯，至老弥笃

郭子仪是一位孝心长存的人。他自幼失怙，自然不能承欢膝下，尽人子之责，这实是其平生最大遗憾。据《唐语林》记载：

> 郭子仪镇汾阳，时殿中柳并为掌书记。柳君有母，汾阳王每因大谶，尝诫左右曰："柳侍御太夫人就棚，可先来告。"及赵夫人舆至，王降阶与僚属序立候，至棚而退。尝谓柳君曰："子仪幼孤，不识奉养。今日幸忝恩宠逾望，虽为贵盛，实无侍御之荣。"因呜咽久之。又曰："若太夫人许见顾子仪之家，当使南阳夫人以下执爨，子仪自奉馔。"②

然而遗憾的是，柳母"以清洁自居，终不一往"，竟未能给予郭子仪以曲尽孝心的机会。不过，郭子仪追念生母的孝思情怀，千载之下读来仍能让人心生感动。

古人有言：士有百行，以孝为先。又说：求忠臣义士必于孝子之门。一个人如果不孝于双亲，他又怎么会忠于国家呢？一个既不孝于双亲又不忠于国家的人，他又怎么会友于兄弟和于同僚（事）呢？所以，在中华民族传统文化大背景下，"孝"

①② ［宋］王谠撰，周勋初校证：《唐语林》（上），中华书局 1987 年版，1991 年印刷，分别见第 123、408 页。

实在是非常重要的品行之一，而历史上统治者曾经提出的“以孝治天下”，也并非没有道理。

要而言之，郭子仪不仅忠于朝廷，而且孝于至亲；不仅存心仁厚，而且极富智慧——可谓忠孝仁德诚笃睿智无不备焉，其最终能够成为中国历史上一位少见的既功业圆满又富贵寿考的杰出人物，又有什么值得奇怪的呢！

（原载《济南大学学报》2012 年第 4 期）

一管笔在手 敢搦孙吴兵斗

——不朽的戏曲艺术大师关汉卿

中华民族是一个有着数千年文明历史的伟大民族。在漫长的发展过程中，我们的祖先靠着自己的聪明智慧和辛勤劳动，创造了灿烂辉煌的古代文化。在举凡农学、医学、天文学、数学、哲学、文学、历史学等众多领域中，中华民族都曾经走在世界其他民族的前列。仅就文学艺术而言，历史上曾经形成过一次又一次的发展高峰，曾经出现过一批又一批杰出的诗人和作家。

元代初年，是我国古代戏剧艺术之一的杂剧发展到极盛的时期。就在这一时期，我们这个伟大的民族又产生了一位著名的大戏剧家，他的名字叫关汉卿。关汉卿一生创作了六十多部杂剧作品，这个数量是相当惊人的。他的剧作不仅数量大，而且质量也很高。《窦娥冤》《救风尘》《望江亭》《单刀会》等，思想性、艺术性都达到了很高的水平。与那位曾经创作过《奥赛罗》《李尔王》《罗密欧与朱丽叶》《威尼斯商人》等杰作的英国著名剧作家莎士比亚（1564—1616 年）相比，关汉卿不仅要早三百多年，而且作品几乎是莎氏的两倍（莎士比亚现存剧作 37 部）。关汉卿不仅能写，而且能演，具有多方面的戏剧艺术才能。他的成就，奠定了我国古代戏剧艺术发展的基础，在古代文学发展史上占有重要的地位。他的作品，不仅在我国传播广泛，影响深远，而且被翻译介绍到世界许多国家，受到各国人民的喜爱。20 世纪 50 年代，关汉卿被列入世界文化名人的行列，从而受到了世界人民的敬仰。

一、生逢乱世运偏消

封建统治阶级对艺人是非常歧视的。关汉卿虽然为我国戏剧艺术的发展做出了巨大贡献，但他的名字没有被列入“正史”，仅《录鬼簿》《析津志》《青楼集》《祁州志》《元史类编》等所谓“杂史”“野史”中，保存了有关他生平的极为有限的零星资料。根据这些珍贵材料的记载，我们知道关氏字汉卿，号已斋，又称已斋叟（已斋也作一斋、乙斋、己斋或巳斋，似应以一斋或已斋为确）。也就是说，汉卿并不是他的名，而是他的字。至于他的名，则一向查无所据，不得而知。近年来，有学者考证认为，“关汉卿名灿，字汉卿，号一斋”①，其中“字汉卿”乃旧说，已为学界所确认；至于“名”与“号”，似尚难成为定论。

说到关汉卿的籍贯，也是记载不一，说法各异。元代钟嗣成在《录鬼簿》中说他是大都人，熊自得在《析津志》中说他

① 张月中：《关汉卿丛考》，载《关汉卿研究新论》，花山文艺出版社 1989 年版。

是燕人；清代高宗乾隆二十年《祁州志》说他是祁州伍仁村人，而邵远平在《元史类编》中则说他是解州人。元代的大都，辽时称析津府，宋徽宗宣和四年（1122 年）改称燕山府，金天会元年（1123 年）金太宗又改用旧名析津府。所谓大都、燕山府、析津府，实指一地，即今天的北京市。祁州在今河北安国，虽远离大都，却是元中书省的辖地。解州在今山西运城西南，距离大都更远，但仍然是元中书省的辖地。凡中书省所辖之地，均为大都之辖地。所以，钟嗣成说关汉卿是大都人，大约是不会错的。此外，古人的籍贯，有祖籍、客籍之分，关汉卿的籍贯所以会出现上述不相一致的说法，可能与此也有关系。有学者认为，关汉卿的籍贯，可能祖籍是解州，后来迁到了中书省腹里之地祁州，最后定居在大都。应当说，这种看法是有道理的。假如关汉卿的祖籍是解州的说法能够成立，则关汉卿又有可能是三国名将关羽的后裔。据《三国志》记载，“关羽字云长，本字长生，河东解人也”①。河东，指东汉时河东郡，郡治在今山西运城东北。解，指解县，系汉时古县名，元时称解州。这可能不是一种偶然的巧合。因为它很容易使人想到关汉卿在《单刀会》剧中对关羽这一英雄形象的着意塑造。那么，《单刀会》一剧是否寄寓了关汉卿对自己的先祖关羽的无限敬仰之情呢？这是一个很有趣味的话题。

关汉卿的身份，《录鬼簿》虽有记载，但由于传抄有误，而讹传多年。据通行本《录鬼簿》载：“关汉卿，大都人，太医院尹，号已斋叟。”然而，令学者们纳闷的是，查遍了金、元两代的史书《百官志》，在太医院（金代称尚药局）也找不到“太医院尹”这一官职。直到 20 世纪 50 年代，著名学者蔡美彪和

① 《三国志·蜀书·关羽传》。

赵景深先生分别发现天一阁藏明抄《说集》本《录鬼簿》，明末孟刊《酹江集》附录《录鬼簿》残本和《柳枝集》本《录鬼簿》，“太医院尹”均作“太医院户”，方知“尹”字原系“户”字之误，关汉卿并未曾在太医院中担任过官职，他不过是出身于太医院户而已。太医院户是元代的一种特殊户口。元初，有关制度明确规定，医户可以减免若干差遣和赋税，享有一定的优待。《元典章》卷三二载：

> 中统三年（1262年）皇帝圣旨：……据医人每户下差发除丝棉、颜色、种田纳（地）税、买卖纳商税外，其余军需、铺马、祗应、迎牛、人夫诸科名杂泛差役，并行蠲免。

这是元世祖忽必烈即位后不久对医户下的诏令。但是，事情刚过九年，也就是至元八年（1271年），忽必烈对医户的政策又发生了改变。据《通制条格》卷三载：

> 太医院奏：本管的医人内，除户头作医户当差外，其余弟兄孩儿每，省会医人的，不会医人的，析居收作协济民户。若这般，已后习学医人的都少了也。合无将本院但有析居户，令本院管领，据合着差发依民户例输纳，不致阙少。俺管呵，怎生？奏圣旨：这的是有体例，说的是也。

这就是说，医户中凡不再行医的人，与其他民户一样看待，不再减免杂差赋税。但为鼓励他们继续学习医术并为皇室服务，仍然为他们设立专户（“协济民户”），并仍由太医院管领。这说明，太医院管领的户籍，包括从事医术活动的和不再从事医术活动的两类，他们无论是否从事医术活动，都与普通民户有所区别。关汉卿虽然出身太医院户，但史料中没有他和医术活动有关的任何记载。所以，他虽是医户出身，却并没有习医和行医。

不过，也有学者坚持认为："太医院尹"才是关汉卿的身份，"太医院户"乃"太医院尹"之讹。

至于关汉卿的生卒年，史籍中更没有任何具体记载。根据现有材料，只能推知他大约生于13世纪初期（约1210—1250年），卒于13世纪末期或14世纪初期（约1297—1324年）。有的学者认为他享年最高为90岁，有的学者认为他享年最高为83岁，有的学者则认为他享年最高为78岁。[①] 各家的见解虽不尽一致，但都认为关汉卿是一位享有高寿的作家。

极而言之，关汉卿生活的时代，大约在金卫绍王大安二年（1210年）到元泰定帝泰定元年（1324年）之间一百年左右的时间里。这是一个长期战乱、动荡不安的时代。宋、金、西夏以及北方草原上迅速崛起的蒙古族部落之间，频频用兵，连年征战，对社会经济和人民生命财产造成了严重的破坏。金卫绍王大安三年（宋嘉定四年，1211年），成吉思汗率军攻取金西京（今山西大同），并占领相当于今河北、山西北部一带的大片土地。金贞祐元年（宋嘉定六年，1213年），蒙古族军队兵分三路攻金，连下九十余城。金贞祐三年（宋嘉定八年，1215年），蒙古族军队攻占金中都。夏乾定四年（宋宝庆二年，1266年），蒙古族军队攻灭西夏。金天兴三年（宋绍兴七年，1234年），成吉思汗之子窝阔台（于1299年继汗位）联合南宋攻灭金朝。在金朝灭亡后的三十年中，南宋与蒙古族政权之间仅大战就发生了数十次之多。蒙古中统元年（宋景定元年，1260年），成吉思汗的孙子忽必烈（即元世祖）在开平（后称中都，在今内蒙古自治区多伦附近）即大汗位。蒙古至元元年（宋景定五

① 分别见中国戏剧出版社1958年版郑振铎《关汉卿戏曲集代序》、中华书局2009年版孙楷第《沧州集》卷四《关汉卿行年考》、人民文学出版社1984年版中科院文学研究所《中国文学史》。

年，1264 年），忽必烈迁都燕京（后称大都）。蒙古至元八年（宋咸淳七年，1271 年），忽必烈定国号为元，建立元朝。元至元十年（宋咸淳九年，1273 年），元军攻破襄阳与樊城（今湖北襄樊），南宋王朝京湖一带从此无险可守。元至元十四年（宋景炎二年，1277 年），元军攻占宋都临安（今浙江杭州），宋太皇太后派使奉“国玺”请降。元至元十六年（宋祥兴二年，1279 年），陆秀夫携南宋最后一个小皇帝投海而死，南宋灭亡。

从宋嘉定四年（1211 年）成吉思汗大举攻金，到至元十六年（1279 年）南宋灭亡，各族人民经历了近七十年的残酷战争，付出了极其沉重的代价。在连年征战中，蒙古族贵族滥杀无辜，肆意掳掠，使社会经济遭到严重破坏。人民流离失所，大量死亡，以至于赤地千里，满目蓬蒿，人烟罕见。据统计，金泰和七年（1207），金有户 768 万、口 4581 万；但到蒙古族军队灭金时，竟然只剩下户 87 万、口 475 万，几乎减少了十分之九。战争对社会的严重破坏，由此可见一斑。

元王朝建立起空前规模的统一政权之后，对各族人民实行的政治压迫和经济剥削，其野蛮程度是中国历史上任何一个封建王朝所无法相比的。元代统治者实行严重的歧视和压迫政策，在政治上把全国人民分成四等：第一等是蒙古族，最高贵；第二等是西域各地投降的色目人，次之；第三等为汉族人，即金代统治下的中国北部各族人民，又次之；第四等为南人，即南宋统治下的南方各族人民，最为低下。朝廷从中央到地方的军政要职，一概由蒙古族贵族担任。各级政府的主官，也基本上由蒙古族人担任，蒙古族人不能担任的，则由上层色目人担任。汉族（汉人和南人）大地主知识分子，只能担任各级政府中的副手，中小地主知识分子只能充当属员。蒙古族人、色目人和汉族人、南人之间，政治上极不平等。比如，蒙古族人犯罪，由特设的司法机关处理，多受到庇护。汉族人犯罪，则归刑部审理。又，蒙古族人殴打汉族人，汉族人不许还手，只能将事实告诉有关官员。而汉族人若打了蒙古族人，则不仅会遭到蒙古族人还手，而且会招来杀身之祸。蒙古族人杀死汉族人，只予罚金或出征的处罚。而汉族人杀死蒙古族人要处死。蒙古族统治者还禁止汉族人收藏或制造兵器，禁止汉族人打猎，禁止汉族人习武，禁止汉族人用弓箭打鸟，禁止汉族人私藏盔甲、迎神赛社、夜间点灯，等等。汉族人若违反上述禁令中的一条，轻者笞、杖责罚，重者判处徒刑、流徙甚至死刑。

元代的阶级压迫和剥削也极为残酷。元朝统治集团基本上由蒙古族贵族、上层色目人和少数汉族大地主组成。贵族、官僚、地主三位一体，拥有种种政治、经济特权。他们往往作威作福，横行朝野，无恶不作。被压迫者主要为奴隶、农民和中小地主知识分子。奴隶大多是战争中被俘的汉族人。他们地位最为低下，各种权利丝毫没有，却要在主人的驱使下，负担各种劳役和军役，生活不如牛马。农民或因土地被圈为牧场，或因土地被人抢占，只好卖妻鬻子，以求生存。中小地主知识分子由于失去了入仕的途径，境遇也很悲惨。统治阶级对劳动人民的剥削，主要通过地租和高利贷的形式。元代的地租苛重，佃户要以亩交三石（合 360 市斤）的重租租种土地。农民由于交不出地租和田赋，只好将妻子儿女连同土地一起典卖，最后落得家破人亡、境况凄惨的结局。元代的高利贷利率极高。一年之内，本利相等，第二年将本利合为新本，新本新利仍然相等；如此本生利利生本，越积越多，如羊生羔，所以称为“羊羔利”①。

① ［元］宋子贞：《中书令耶律公神道碑》，载［元］苏天爵《国朝文类》卷五七。

若以一锭银作本，十年之后本息可达 1024 锭。① 高利贷可以使贵族、官僚、地主和商人不费吹灰之力即获暴利，所以被统治阶级载入法律条文之中。高利贷又称“斡脱”钱。忽必烈曾两次成立斡脱总管府、一次成立斡脱所，以刻剥百姓。农民、下层市民以及中小地主知识分子多受高利贷剥削。借贷者往往因还不清债而被迫将妻子儿女抵给债主做奴婢，以至于倾家荡产、妻离子散。

元代统治者的骄奢与腐败相当惊人。从皇帝到一般官吏，无不贪图享受、恣意挥霍。元世祖忽必烈为了替自己祈福，让人抄写金字佛经，一次就用去黄金三千多两。蒙古族贵族大量霸占人民的土地田产，个个“田亩连阡陌，家资累巨万”。南宋灭亡后，元世祖将江南农户分赐诸王、贵戚，少者一二万户，多则至十万户。这些“民户”被赐给蒙古族贵族后，生命安全毫无保障，蒙古族贵族甚至可以“杀其夫而夺其妻”。各级官吏的贪污搜刮，终元一代，一直是普遍现象。大官僚阿合马、卢世荣、桑哥都是搜刮民财的能手。阿合马最为忽必烈宠信，任中书省平章政事（相当于宰相），公开收受贿赂，卖官鬻爵。在他当政期间，为了当官而把妻子姐妹献给他的达一百三十多人，献财物的近六百人。卢世荣“屡犯赃罪，动数万计。……恣行苛刻，大肆诛求，欲以一岁之期，致十年之积”②。桑哥“为人狡黠豪横，好言财利”，其党羽纳速剌丁灭里、忻都等人“……恣为不法，理算江淮钱谷，极其酷虐，民嫁妻卖女，殃及亲邻，

---

① ［宋］彭大雅：《黑鞑事略》，兰州大学出版社 2014 年版。

② ［明］陈邦瞻：《元史纪事本末》卷七《阿合马桑卢之奸》，辽海出版社 2011 年版。

维扬、钱塘受祸最惨，无辜死者五百余人”①。元成宗大德七年（1303 年），被处理的赃污官吏一次就达 18473 人，并查抄赃银 45865 锭，审理冤狱 5176 件。②

元代对中下层知识分子打击最大的是仕途的阻断。隋唐以前，虽无科举制度，但朝廷选官还是十分重视读书人的。汉高祖刘邦统一天下后，轻视儒生，认为自己以马上得天下，不需要诗书文章，但陆贾一席话就让他改变了看法。所以，两汉以后至隋唐，读书人一般是不愁出路的。隋唐创立科举制度，成为此后数百年间封建王朝从知识分子中选官的定制。但是，元朝自窝阔台时期举行过一次选士考试外，此后 80 年中未再实行。仁宗延祐元年（1314 年），元朝始重新实行科举考试，并于次年举行了第一次会试。终元一代，科举考试共举行了 16 次。每次考试，从各地选合格的举人 300 名赴京参加会试，其中蒙古人、色目人、汉人、南人各占 75 名。会试限 100 人，四个民族等级各 25 人。由于会试是三年一次，并且其间还停了十年，所以汉人、南人由科举途径入仕的，三年之中最多不会超过 50 人（每榜常不满额）。这个数字只占官员总数很小的比例。元代就有人说，由儒（科举）入仕的，不过占各种途径入仕的官员的十分之一半，也就是百分之五。

元代入仕的途径，首先是靠“根脚”，其次是吏进，第三才是儒士。所谓“根脚”，就是社会出身。元朝省院台部等中枢机构的高级官员和路府州县的地方长官，一概由皇帝直接从勋臣、名门以及虽为儒吏出身但品资相当的人中选任。其中怯薛是最好的出身。怯薛是元朝国家机构的核心，其职责大致相当于汉

① ［明］陈邦瞻：《元史纪事本末》卷七《阿合马桑卢之奸》，辽海出版社 2011 年版。

② 《元史·成宗本纪》。

人王朝的御林军和禁卫军，但特权比后者大得多。怯薛出身的人入仕最容易，而且多担任要职。可以说，怯薛是元朝高级官员的摇篮。所谓吏进，就是在吏的职位上不断升迁，由吏而官，由下品而至上品。吏是各级官府中的办事人员。元代吏的名目很多。吏的任用和升迁由各级官府的官员推举。由刀笔小吏跻身高官的人虽然十分有限，但由吏进为一般官员的人占了官员总数的很大比例。元代“吏道杂而多端”。想当官的人，需先设法补用为吏，然后靠贿赂和讨好上级达到目的。因此，各级吏员和官员相互狼狈为奸，刻剥百姓，贪污成风，贿赂公行。由儒士做官，一是贡授，一是科举。元代科举情况已如前述。所谓贡授，是指从国家最高学府国子学的生员中，挑选学业好的，经过考试，举贡授官。一般是蒙古人授六品，色目人授七品，汉人授从七品。举贡授官人数很少，一年只有二人，后来逐渐增至八人。此外，元代还有世袭和承荫制度。蒙古族显贵的官爵是世袭的。其余各族官员的子弟则可通过承荫做官。承荫的品级一般都低于原来的品级，具体各有规定，但对蒙古人和色目人都特别优待，允许其承荫的品级要比汉人高得多。

这种选官制度，使得元代官僚集团中的要职全部被蒙古族贵族、色目人的上层和汉人、南人中的极少数大地主大富豪把持；中下层汉族人入仕均通过吏进，很少通过儒士，而且他们只能担任低品级的官职。这种“学者不必用，用者不必学”，唯论出身（“根脚”）而不讲才学的任官制度，势必导致官僚机构的腐败无能和社会风气的颓坏。

总之，元王朝对各族劳动人民的统治是极为野蛮的。在这种社会背景下，劳动人民特别是汉族劳动人民，身受双重压迫和酷烈的经济剥削，处境之悲惨可想而知。元代知识分子社会地位的低下，也是前所未有的。郑思肖《郑所南文集·心史》

卷下《大义略序》载："韃法：一官、二吏、三僧、四道、五医、六工、七猎、八民、九儒、十丐。"将读书人列在民与乞丐之间。宋末元初的谢枋得更有"我大元制典，人有十等，一官、二吏……七匠、八娼、九儒、十丐"的记载[①]，即知识分子的社会地位比娼妓还要低，仅比乞丐略高一等。有人曾对这些记载表示怀疑。其实，这些记载是合乎当时的实际情形的。因为当时民间就有"生员（读书人）不如百姓，百姓不如祗卒（衙役、走卒一类）"[②] 的谚语和"小夫贱隶，亦以儒为嗤诋"[③] 的议论。元代无名氏的小令【中吕·朝天子】《志感》二首，便恰切地反映了当时知识分子社会地位低下的状况和他们心中的强烈不满。

其一：

不读书有权，不识字有钱，不晓事倒有人夸荐。老天只恁忒心偏，贤和愚无分辨。折挫英雄，消磨良善，越聪明越运蹇。志高如鲁连，德过如闵骞，依本分只落的人轻贱。

其二：

不读书最高，不识字最好，不晓事倒有人夸俏。老天不肯辨清浊，好和歹没条道。善的人欺，贫的人笑，读书人都累倒。立身则小学，修身则大学，智和能都不及鸦青钞（按：指当时的一种钱）。

读书，做官，经世济用，建功立业，这是中国古代绝大多

① ［宋］谢枋得：《谢叠山集》卷六《送方伯载归三山序》，华东师范大学出版社 1995 年版。

② ［元］李继本：《一山文集》卷八《与董沬水书》，上海书店出版社 1994 年影印本。

③ ［元］余阙：《青阳先生文集》卷四《贡泰甫文集序》，国家图书馆出版社 2010 年版。

数知识分子的人生理想。有着高度传统文化修养的关汉卿，当然也不会例外。他在现存的多部剧作中，或赞扬清官能臣为民除害，或歌颂英雄豪杰为国效力，反映了他君明、臣能、官廉、英雄辈出、政治清明的社会理想。但是，他的这种理想，在元代那种混乱污浊且带有浓厚军国主义色彩的黑暗时代里，是根本不可能实现的。关汉卿虽然才华横溢，“博学高才”，但他身为汉族人，出身低微，又是一个读书人，这就决定了他的命运必然与同时代绝大多数知识分子一样，是不可能跻身上层，施展抱负，并得到出头之日的。

二、不屑仕进铸伟词

元代尖锐的矛盾和对知识分子的严重歧视，引起了汉族知识分子的分化：极少数上层知识分子，如窦默、许衡、郝经等人，由于能够适应元统治者的需要，而受到拔擢和使用，从而跻身最高统治集团的行列；一部分知识分子，如马端临、胡三省、许谦、郑玉等人，则消极避世，闭门隐居，虽屡征而不起，始终不肯与元统治者合作；大多数知识分子，不仅坚决不与统治者合作，而且投身下层，与普通市民和艺人生活在一起，用他们手中的笔，创作和编写剧本、唱本或话本，向黑暗的现实社会进行挑战。关汉卿就是他们当中最为著名的一位。元代朱经在《青楼集序》中说：“我皇元初并海宇，而金之遗民，若杜散人、白兰谷、关已斋辈，皆不屑仕进，乃嘲风弄月，留连光景。”指的就是这种情形。

据明代贾仲明为《录鬼簿》所载元代前期作家补写的挽词可知，元大都有一个著名的创作团体“玉京书会”。书会的主要成员有关汉卿、白朴、杨显之等人。“书会”有如现在的文艺

"沙龙"和"作家协会"，主要任务是配合都市剧场——勾栏的演出编写剧本。"玉京书会"是当时规模最大的书会。其次为"元贞书会"，主要成员有马致远、李时中等。书会作家一般被称为"燕赵才人"或"书会先生"，他们的籍贯大多在今之北京、河北、山西一带。

关汉卿是元代大都最著名的书会作家。除关汉卿外，当时大都著名的作家还有王实甫、白朴、马致远、杨显之、纪君祥、高文秀、李好古等人。这些书会作家，由于能够深入下层社会，因而深刻了解蒙古贵族、上层色目人、汉族大地主大官僚压迫、剥削广大汉族和其他各族劳动人民的具体事实和情形；又由于他们大都具有正义感，所以能够同情被压迫者、被剥削者的种种不幸遭遇，并在思想感情上与之融合在一起。这样，他们在戏曲创作过程中，就有了鲜明、正确的立场和丰富、不竭的源泉，从而能够创作出具有高度思想性、感情浓烈真诚、足以打动观众和读者的好作品来。元代有代表性有影响的杂剧作品有关汉卿的《窦娥冤》《救风尘》，王实甫的《西厢记》，白朴的《墙头马上》《梧桐雨》，马致远的《汉宫秋》，康进之的《李逵负荆》，高文秀的《黑旋风双献头》，纪君祥的《赵氏孤儿》，杨显之的《潇湘夜雨》，石君宝的《秋胡戏妻》，尚仲贤的《柳毅传书》，李好古的《张生煮海》，李直夫的《虎头牌》，郑光祖的《倩女离魂》，以及无名氏的《陈州粜米》，等等。这些剧作，内容丰富，题材广泛，举凡正史、野史、传说、神话故事，都成为作家们的创作材料。元代，"书会才人"和勾栏艺人们创作或演出揭露社会现实、同情被压迫者的杂曲或散曲，是违法的，严重的要被流放甚至杀头。元代刑法明文规定：

诸妄撰词曲，诬人以犯上恶言者，处死。

诸乱制词曲、为讥议者，流。

诸民间子弟，不务生业，辄于城市坊镇，演唱词话，教习杂戏，聚众淫谑，并禁治之。①

然而，剧作家们并没有因此而退缩。相反，他们以手中的笔为武器，借杂剧这一文艺形式，或揭露黑暗现实，或鞭挞各色丑类，或歌颂下层人民，或宣扬民族意识，表现了强烈的战斗精神。关汉卿就是这些作家中成就最大、最有代表性的一位。

关汉卿一生到底创作了多少杂剧，至今难以准确统计。最早记录元代杂剧剧目的《录鬼簿》，由于版本不同而所记数目不一，其中记录关汉卿剧作最多的是63种，最少的是58种。明初朱权所作《太和正音谱》记录关剧剧目60种。近人吴晓铃先生所编《关汉卿杂剧全目》②，计有67种。一生中能够创作出如此之多的剧作来，的确令人感到惊奇。这不仅可以说明这位戏剧大师创造力之旺盛程度，而且也可以说明他对戏剧这一艺术形式的热爱程度。但是，令人遗憾的是，关汉卿所创作的杂剧，只保存下来18种，还不足总数的三分之一。而且，其中有两个剧作只保存了唱词而无对白，有两个剧作究竟是否为关汉卿所作学术界尚有争议。不过，仅此已足以说明他在元代杂剧创作领域中的地位了。因为从现存资料看，元代杂剧作家中，无论从所作剧本的总数上看，还是从存世剧本的数量和质量看，还没有一个人能与关汉卿相比。

现存关汉卿所作杂剧有《感天动地窦娥冤》《包待制智斩鲁斋郎》《包待制三勘蝴蝶梦》《望江亭中秋切鲙》《赵盼儿风月救风尘》《杜蕊娘智赏金线池》《钱大尹智宠谢天香》《温太真玉镜台》《尉迟恭单鞭夺槊》《关大王独赴单刀会》《王闰香夜

① 均见《元史·刑法志》。

② 吴晓铃等编：《关汉卿戏曲集》，中国戏剧出版社1958年版。

月四春园》《刘夫人庆赏五侯宴》《邓夫人苦痛哭存孝》《山神庙裴度还带》《状元堂陈母教子》《闺怨佳人拜月亭》《诈妮子调风月》《关张双赴西蜀梦》，共 18 种；其中，《调风月》对白不全，《西蜀梦》没有对白，《五侯宴》和《裴度还带》有人怀疑非关汉卿所作。

关汉卿所作杂剧已佚者有《唐明皇启瘗哭香囊》《风流郎君三负心》《老女婿金马玉堂春》《太常公主认先皇》《请退军勾践进西施》《徐夫人雪恨万花堂》《甲马营降生赵太祖》《金花交钞三告状》《刘盼盼闹衡州》《荒坟梅竹鬼团圆》《卢亭亭挑水浇花旦》《曹太后死哭刘夫人》《薄太后走马救周勃》《宋上皇御断姻缘簿》《鲁元公主三赦》《吕无双铜瓦记》《风雪狄梁公》《风雪贤妇双驾车》《柳花亭李婉复落娼》《唐太宗哭魏征》《晏叔原风月鹧鸪天》《吕蒙正风雪破窑记》《双提尸鬼报汴河冤》《开封府萧王勘龙衣》《醉娘子三撇嵌》《隋炀帝牵龙舟》《月落江梅怨》《屈勘宣华妃》《武则天肉醉王皇后》《汉元帝哭昭君》《丙吉教子立宣帝》《楚云公主酹江月》《翠华妃对玉钗》《介休县敬德降唐》《刘夫人救哑子》《金谷园绿珠坠楼》《汉匡衡凿壁偷光》《没兴风雪瘸马记》《苏氏进织锦回文》《董解元醉走柳丝亭》《白衣相高凤漂麦》《风流孔目春衫记》《终南山管宁割席》《藏阄会》《秦少游花酒惜春堂》《孙康映雪》《萱草堂玉簪记》《升仙侨相如题柱》《孟良盗骨》，共 49 种。

此外，关汉卿还创作了一大批散曲，因后面有专题介绍，这里就不多叙。

从题材看，关汉卿现存剧作，大体可以分为三类：第一类是男女爱情、风情剧，包括《望江亭》《救风尘》《金线池》《谢天香》《玉镜台》《拜月亭》《调风月》，计 7 种；第二类是公案剧，包括《窦娥冤》《鲁斋郎》《蝴蝶梦》《绯衣梦》，计 4

种；第三类是历史剧，包括《单鞭夺槊》《单刀会》《五侯宴》《哭存孝》《裴度还带》《陈母教子》《西蜀梦》，计7种。从这些剧作看，关汉卿的才能是多方面的，他既善于写感天动地、夺人心魄的悲剧，又善于写嬉笑怒骂、诙谐辛辣的喜剧，也善于写苍凉雄浑、豪气冲天的历史剧。他笔下的人物形象，既有勇敢、善良、智慧过人的各种被压迫、被污辱、被损害的小人物，又有狠毒、阴险、嘴脸丑恶的地痞恶棍、贪官污吏和皇亲国戚，还有勇猛无畏、慷慨磊落的英雄豪杰。关汉卿最杰出的剧作是社会悲剧《窦娥冤》，其他如《救风尘》《望江亭》《鲁斋郎》《单刀会》等，也都具有很高的成就。这些作品，充分地表现了关汉卿超凡脱俗的进步思想和出类拔萃的艺术才能。

那么，为什么在元代会产生关汉卿、王实甫、郑光祖、白朴、马致远等这样一大批成就卓著的戏剧作家呢？简要地说，主要有两个原因：一是中国戏曲自身发展的必然结果，二是元代特定的政治、经济、文化等社会因素外在影响所致。

中国戏曲有着悠久的历史。先秦时期从事歌舞、笑谑和器乐吹打的优伶，可以说是我国最早的演员。比如，楚国的优孟，曾经身穿已故楚相孙叔敖的衣服，模仿孙叔敖的样子讽谏楚庄王，所以，“优孟衣冠”就成为后世戏剧扮演的同义语。而汉代出现的“百戏”，则是孕育、形成我国戏曲的摇篮。“百戏”亦称散乐，是当时民间表演的歌舞、杂技、武术等娱乐节目的总称。汉代“百戏”的演出，盛况空前。张衡在《西京赋》中有着生动、详细的记述：

华岳峨峨，冈峦参差；神木灵草，朱实离离。总会仙倡，戏豹舞罴；白虎鼓瑟，苍龙吹篪（一种古乐器）。女娥坐而长歌，声清畅而蝼蛇；洪涯立而指麾，被毛羽之纖褷。度曲未终，云起雪飞；初若飘飘，后遂霏霏。复陆重阁，转石成雷；礔砺激而增响，磅磕象乎天威。

从记载看，这次演出有布景，有道具，有表演，有歌唱，有伴奏，有指挥，有舞台效果，场面壮观恢弘，内容丰富多彩，艺术水平已经相当高，而中国戏曲也的确从汉代“百戏”中吸收了诸多要素和丰富的营养。

唐代，随着参军戏的产生，开始出现了“脚色”行当：戏中的“参军”，成为后来的净角；戏中的“苍鹘”，成为后来的丑角。而唐代的歌舞戏，如著名剧目《踏摇娘》，则把戏剧的主题和题材由上层引向民间，开了后世优秀戏曲批判现实主义的先河。唐玄宗李隆基还创置了梨园和教坊，以教授乐曲（前者），排演歌舞百戏（后者），这实为早期的“官办”艺术团体。

到宋代，戏剧开始进入迅速发展的时期。其主要标志是：剧目种类繁多，行当体制完备，著名演员辈出，观众人数激增。这与宋代都市经济的发展、人口的集中和文学上占正宗地位的诗词文章开始被戏曲小说所替代有关。“瓦舍”和“勾栏”的出现，为戏剧的发展提供了有利的环境条件。所谓“瓦舍”，就是简陋的大型游艺场所，又称为“瓦市”“瓦肆”“瓦子”。“勾栏”指古代戏剧演出的舞台或剧场，其本来的意思是用花纹图案相互勾连起来的栏杆。宋元时的舞台因四周用这样的栏杆围绕，故名。两宋之交的孟元老在《东京梦华录》中记载，当时汴梁（即开封）瓦舍很多，最大的有“大小勾栏五十余座”，可容纳数千名观众。而南宋末年吴自牧的《梦粱录》记载，当时杭州城内外的瓦舍“合计有十七处”，仅北瓦一处就有戏棚十三座。这些记载反映了两宋时期戏剧演出的盛况。而戏班的出现，则表明宋代已经有了专业性剧团组织。可以说，宋代戏剧的发展，为其后元代杂剧形成蔚为大观的鼎盛局面准备了一切良好的条件。

元代杂剧的形成，其直接基础是金代的院本和诸宫调。所谓“院本”，是指与官方教坊相对的民间演出组织演出时用的本子。院本系由宋杂剧发展而来的，通常是演出滑稽故事的短剧。最初，院本与杂剧并存，二者既有完全一致的地方，又有相互区别、不同的地方。后来，杂剧逐渐演变、形成，至元代渐趋成熟。而金院本中初步建立起来的以正旦或以正末为主演的体制，则可以视为元杂剧演出体制的前身。所谓“宫调”，是指由隋唐时期用于饮宴的乐部——燕乐定下来的我国古代音乐调名的总称，有如现代音乐中的 A 调、B 调之说。

诸宫调起源于宋代，为宋金元时期的一种说唱艺术。诸宫调取同一宫调的若干曲牌组成短套，首尾一韵，再用不同宫调的许多短套组成长篇，杂以说白，以说唱长篇故事。钟嗣成在《录鬼簿》中把创作《西厢记诸宫调》的董解元列为前辈名公第一人，并称“以其创始，故列诸前”，即反映了诸宫调与元杂剧之间的密切关系。而现存元杂剧剧本，无论形式结构，还是演出体制，拟或是表现手法，都不难看其受诸宫调影响的痕迹。

至于杂剧之名，却并非始于元代，而是在晚唐时就出现了。但各个时代的杂剧相互间有着显著的区别：前者幼稚、简单，后者成熟、完备；前者是后者的基础，后者则是前者的发展。

元代的勾栏及杂剧演出情况，杜仁杰在套曲【般涉调·耍孩儿】《庄家不识勾栏》中有着生动、真实的描写，现摘录如下：

【耍孩儿】……正打街头过，见吊个花碌碌纸榜（演出广告），不似那答儿闹穰穰人多。

【六煞】见一个人手撑着椽做的门，高声的叫“请请”，道“迟来的满了无处停坐”。说道“前截儿院本调风月，背后么末敷演刘耍和”。高声叫：“赶散（赶场的散乐）易得，难得的妆合（勾栏演出）”。

【五煞】要了二百钱放过咱，入得门上个木坡（看台），见层层叠叠团圞坐。抬头觑是个钟楼（戏台）模样，往下觑却是人旋窝。见几个妇女向台儿上坐，又不是迎神赛社，不住的擂鼓筛锣。

【四煞】一个女孩儿转了几遭，不多时引出一伙。中间里一个央人货，裹着枚皂头巾顶门上插一管笔，满脸石灰更着些黑道儿抹。知他待是如何过？浑身上下，则穿领花布直裰（长袍）。

【三煞】念了会诗共词，说了会赋与歌，无差错。唇天口地无高下，巧语花言记许多。临绝末，道了低头撮脚，爨罢将么拨（指杂剧就要上演。么，即么末，指杂剧）。

【二煞】一个妆做张太公，他改做小二哥，行行行说向城中过。见个年少的妇女向帘儿下立，那老子用意铺谋（设计）待取做老婆。教小二哥相说合，但要的豆谷米麦，问甚布绢纱罗。

【一煞】教太公往前挪不敢往后挪，抬左脚不敢抬右脚，翻来覆去由他一个。太公心下实焦躁，把一个皮棒槌则一下打做两半个。我则道脑袋天灵破，则道兴词告状，刬地（无端地）大笑呵呵。①

除了戏剧自身的发展规律外，元代特定的社会环境对杂剧艺术的繁荣与兴盛也产生了十分重要的影响。

首先，蒙古贵族对周边民族的征服与统治，客观上促进了不同民族间的文化交流。在漫长的战争进程中，包括蒙古族人

① 王季思等：《元散曲选注》，北京出版社1981年版，第12～13页。

自己在内的北方、西北方地区各族人民，大量地自动或被迫迁徙到中原以至南方。而金和南宋灭亡后，大批的汉族人和南方其他少数民族人，则又被俘至北方。这样，元代便形成了我国历史上自两晋、南北朝以来的第二次民族大融合局面。早已错杂而居的汉族人、女真族人、党项人和高丽人，又开始与蒙古族人、维吾尔族人、回族人实行杂居。忽必烈即位后，自感蒙古民族在政治、经济、文化等各方面都很落后，便推行汉化政策。这种政策虽遭到蒙古贵族的强烈抵制，但在一定程度上同样促进了各民族间的融合和交流。元代民族间文化方面交流融合的情形，从元代杂剧和散曲曲调的多样性、地域性和民族性可略见一斑。例如，【呆骨朵】、【黑漆弩】、【阳关三叠】源于陕西地区，【落梅风】（原名【寿阳曲】）源于山西灵寿地区，【木兰花慢】源于山东东平一带，【摸鱼子】源于河北大名，【六幺催】、【穆护沙】、【生查子】源于河南地区，【者刺姑】、【阿忽令】、【六国朝】源于女真族，【回回曲】源于西夏，等等。这说明，各地的俗歌俚曲和各民族的歌舞曲调，都对元代杂剧和散曲的发展产生了影响。

其次，元代都市经济的兴起和发展，为杂剧的创作和演出提供了良好的物质基础和环境条件。元代大一统局面的形成，虽然是通过血腥杀戮和疯狂掠夺实现的，但统一局面的形成客观上为社会经济特别是农业经济的恢复和发展创造了有利的条件。另一方面，蒙古统治者在征战过程中，对工匠并不杀害。他们为了解决战争对各种器具的需要和满足自己日常生活的需要，把大批的工匠集中在一起，统一管理。元太宗窝阔台和世祖忽必烈，先后一次集中的工匠，竟分别达到 72 万。大批工匠的集中，促进了手工业的迅速发展。而农业经济和手工业的恢复、发展，又促进了都市商业经济的繁荣。此外，元代征服的地区自东亚向西直达欧洲，十分广大，为国际间的贸易创造了有利的条件，从而进一步推动了都市经济的发展。由于上述的原因，元代的大都、南京、杭州等地，商旅往来，人口密集，货物如山，商业发达，成为世界上最为繁华的都市。都市经济的繁荣，刺激了妓女行业的发展，据《马可波罗游记》记载，当时仅大都一地就有妓女 25000 多人。这些妓女一般多才多艺，在被迫卖笑的同时，也为统治者、商人和市民表演歌舞和杂剧，以满足他们的生活需要。艺人演出需要剧本和剧场，因而又促进了戏剧创作的发展和勾栏规模的扩大，从而直接推动了杂剧艺术的发展。据记载，元代的大都，仅著名的艺妓就达 40 余人，本地籍贯的作家有 16 人，勾栏建造形式相当壮观，人们不惜出高价买票看戏。①

再次，元统治者阻断了中下层知识分子的仕途，迫使他们当中的一部分人投身于勾栏瓦舍，客观上为他们熟悉群众生活和群众艺术，与杂剧表演艺术家互相合作、切磋技艺，充分发挥自己的文学才能，提供了一个极好的机会。元代城市中的小官吏、手工业者，中下层知识分子、市民、商人、军汉以及偶尔到城里来的农民，是杂剧艺术的主要欣赏者。他们的社会地位、思想倾向和生活趣味，都影响着杂剧的创作和演出。而元代剧作家与表演艺术家的密切交往与合作，对杂剧艺术的发展与成熟，所产生的影响同样不可低估。据记载，当时的著名作家，如关汉卿、白朴、杨显之、马致远等，与珠帘秀、王然秀、顺时秀、花书郎等技艺高超的演员有着深厚的友谊。他们品德高尚，富于正义感，彼此敬重，在艺术上紧密合作，相互交流，不断切磋，大大提高了杂剧艺术的创作和演出水平。

---

① 分别见［元］夏庭芝《青楼集》和钟嗣成《录鬼簿》。

最后，元代尖锐的社会矛盾极大地丰富了杂剧创作的题材。元朝是一个阶级矛盾十分尖锐的时代，各种各样的社会问题和矛盾冲突都通过剧作家的艰苦劳动，反映到了作品之中。作者们或抨击横行霸道的权豪势要，或鞭笞贪婪残暴的昏官赃吏，或表彰敢于斗争的平民艺人，或歌颂临危不惧的英雄豪杰，或赞美反抗礼教的男女青年……创作了一大批具有强烈批判现实主义精神的杰作。

综上所述，由于文学艺术自身发展规律和特定社会环境条件等方面的原因，杂剧到了元代不仅趋向成熟，而且达到了前所未有的繁荣程度。关汉卿、王实甫、白朴、马致远等一代大戏剧家应运而生，《窦娥冤》《西厢记》《墙头马上》《汉宫秋》等不朽之作则如明珠瑰宝一般辉耀着祖国古典文学的艺术长廊。元代杂剧和它的姊妹艺术散曲，被合称元曲，共同构成了中国历史上继唐诗、宋词之后的又一个文学高峰。

因此，可以这样说：元代是一个需要戏剧艺术大家和造就戏剧艺术大家的时代，而关汉卿则是产生于这一时代并领戏剧时代潮流的艺术骄子。

三、一管笔在手，敢掬孙吴兵斗

元朝是中国历史上一个少有的腐朽、黑暗和混乱的时代。元世祖忽必烈在位期间虽然采取了一些改革措施，使社会渐渐趋向稳定，经济有了一定的恢复和发展，但是这种情况持续的时间并不长。自武宗以后，元朝的皇帝个个穷奢极欲，昏庸荒淫。整个社会四个等级的划分和各种不平等制度的规定，使得蒙古贵族、上层色目人和汉族大地主享有许多政治、经济特权。统治者或荒淫无耻，挥霍无度；或作威作福，横行霸道；或营私舞弊，贪赃枉法……把社会搞得乌烟瘴气。广大劳动人民和中下层知识分子，政治上倍受歧视和压迫，经济上受尽剥削，过着贫困、屈辱的痛苦生活。但是，被压迫者并没有屈服。终元一代，农民起义从未停止过；许多知识分子则以手中的笔为武器，通过杂剧和散曲等形式，向各种恶势力进行了猛烈的斗争。关汉卿便是这样一位最有气节、最有骨气、最有正义感的知识分子。他在【南吕·一枝花】《不伏老》套曲中说："我是个经笼罩受索网苍翎毛老野鸡，踏的阵马儿熟。经了些窝弓冷箭铁枪头，不曾落人后。恰不道'人到中年万事休'，我怎肯虚度了春秋。"又说："我是个蒸不烂煮不熟捶不扁炒不爆响珰珰一粒铜豌豆。……你便是落了我牙，歪了我口，瘸了我腿，折了我手，天赐与我这几般歹症候，尚兀自不肯休。则除是阎王亲自唤，神鬼自来勾，三魂归地府，七魄丧冥幽，天啊，那其间，才不向烟花路儿上走！"

这里，关汉卿把自己比作一只经受过笼罩、索网的羽毛苍老的野鸡和一匹久经沙场的战马，虽明知社会黑暗，人心险诈，而且也曾受到过各种恶人的"窝弓冷箭铁枪头"的打击，但绝不甘心落在人后，虚度春秋。相反，他从受到的打击中吸取教训，获得经验，增长了与恶势力进行斗争的才干。他铁骨铮铮地宣称，自己"是个蒸不烂煮不熟捶不扁炒不爆响珰珰一粒铜豌豆"，表示即使被打掉了牙、打歪了口、打瘸了腿、打断了手，也绝不屈服。他决心要深入妓院生活，与那些被污辱、被损害的艺妓生活在一起，熟悉她们的生活，反映她们的不幸，表现她们的聪明才智，以揭发黑暗的社会现实，鞭挞蹂躏、欺凌她们的恶人，并且发誓不达目的不罢休，无所畏惧，至死不悔。这是何等坚强的意志和毅力！

在套曲【大石调·青杏子】《骋怀》中，关汉卿充满自豪感地说：

【幺篇】……口刀舌剑，吻槊唇枪，独攻决胜，混战无忧。不到得落人机彀。

【尾】展放征旗任谁走，庙算神机必应口。一管笔在手，敢搦孙吴兵斗。

这表示，此时他在运用杂剧的形式与各种恶势力进行斗争方面，已经达到了进退自如、得心应手，既敢于“决胜”，又善于“决胜”，并且绝不会落入恶人圈套的化境；只要手中有一支笔，他就敢向任何强大的敌人挑战、决斗。

即使是已经到了晚年，关汉卿向权豪势要进行坚决斗争的意志依然不衰。他在小令【中吕·红绣鞋】《写怀》中豪迈地宣称：

逢人权握手，遇事强昂头，老精神还自有。

惩恶扬善，祛邪扶正，是中国戏曲的优良传统。关汉卿继承并发扬了这一优良传统。他把杂剧作为向各种丑恶现象和黑暗势力进行斗争的基本形式。他在自己的剧作中，对元代社会的黑暗、残酷、丑恶、肮脏进行了深刻的揭露和无情的批判。他的现存所有作品，几乎都渗透着一种强烈的斗争精神。他的斗争矛头所向，有横行霸道的权豪势要，如鲁斋郎、葛彪、杨衙内；有贪赃枉法的昏官污吏，如桃杌；有阴险奸诈的纨绔恶少，如周舍、小千户；有奸猾刁恶的地痞流氓，如张驴儿；有残忍专制的封建家长，如李氏、王镇；有诬陷良善的皇亲国舅，如傅彬；有心如蛇蝎的封建地主，如赵太公父子，等等，真可以说是描画了一幅社会的群丑图。

权豪势要是关汉卿要抨击和鞭挞的主要对象。史载：

豪霸之家，内有曾充官吏者，亦有曾充军役杂职者，亦有泼皮凶顽者，皆非良善。以强凌弱，以众害寡，妄兴横事，罗织平民，骗其家私，夺占妻女，甚则害伤性命，不可胜言。交结官府，视同一家。小民既受其欺，有司亦为所侮。非理害民，纵其奸恶，亦由有司贪猥，驯致其然。①

可见，“权豪势要”即指“豪霸”，既包括皇亲、国戚、王公、勋臣和官僚，也包括他们的子弟以及依附于他们的官吏、军役、恶霸、泼皮之类。这些人互相勾结，官匪一家，残忍凶顽，以强凌弱，或骗人家产，或夺人妻女，或害人性命，肆意横行，无恶不作，是元代社会中最腐朽、最反动、最丑恶的势力。

《望江亭》中的杨衙内，就是这样的“豪霸”人物之一。他一上场就自我表白说：“花花太岁为第一，浪子丧门世无对，普天无处不闻名，则我是权豪势宦杨衙内。”可知他是元王朝贵族或勋臣的子弟，与朝廷本是一家人。他看上了年轻美貌的寡妇谭记儿，就想占为己有。当得知谭记儿嫁给了在潭州为官的白士中后，竟然诬蔑白士中“贪花恋酒，不理公事”，从皇帝那里请得一道文书和御赐的势剑、金牌，亲自去谭州斩取白士中的首级。令人惊诧的是：这个无赖、恶棍，明明是自己仗势欺人，却说白士中娶谭记儿是“公然背了他”。好像别人要娶什么人为妻必须先经过他允许似的；而只要谁娶了他喜欢的女人，他就可以杀人夺妻，将对方置于死地。这真是强盗的逻辑！这个恶棍所以有如此大的权势，是因为他背后靠着朝廷，手中拿着势剑、金牌。所谓势剑，就是皇帝特赐的尚方宝剑。有了它，可以先斩后奏。金牌则是元代朝廷赐给贵臣的一种信物，有了这种信物，也就有了凡事不必再请示皇上、可以为所欲为的特

① 陈高华等点校：《元典章》卷五七，中华书局、天津古籍出版社2011年版。

权。据元代孟珙的《蒙鞑备录·官制》记载：

……所佩金牌，第一等贵臣带，两虎相向，曰虎头金牌，用汉字曰："天赐成吉斯汗皇帝圣旨，当便宜行事。"

马可波罗在他的《游记》中也记载：

百户得到的是银质奖牌，千户得到的是金质奖牌，……万户得到的是镌有狮子头像（虎头）的金牌……上面刻有文字："仰上天的威德，敬祝大汗万岁，凡有逆命杀毋赦。"

这说明关汉卿《望江亭》剧中所写，既非前代旧事，亦非本朝神话，而是现实中存在的社会现象。

《鲁斋郎》中的鲁斋郎，好色、残忍、凶暴，终日游荡，见了喜欢的东西就夺，看上别人的妻子美丽就抢，也是一个地地道道的恶霸。他一上场的自我表白与杨衙内几乎一样："花花太岁为第一，浪子丧门再没双。街市小民闻吾怕，则我是权豪势要鲁斋郎。"可见他和杨衙内是一路货色。他"嫌官小不做，嫌马瘦不骑……但见人家好的玩器"，便寻思"怎么他倒有我倒无"，就要"借三日玩看"；见"人家有那骏马雕鞍"，他就要"使人牵来则骑三日"。如此明抢暗夺，蛮不讲理，他还声称自己"是个本分的人"，真是可笑、可恨、可恶之极！然而，更为可恶的是，他竟然公开抢劫别人的妻子，供自己淫乐。一天，他带着一伙帮闲在街上闲逛，见到银匠李四的妻子"生的风流，长的可喜"，便设了一个小小的骗局，抢了就走，并且猖狂地对李四说："你的浑家，我要带往郑州去也，你不拣那个大衙门里告我去！"到郑州后，李四的妻子很快就被他玩厌了。于是，他便想利用清明节家家上坟的机会，另寻一个新的。他见到张珪的妻子后，便说："一个好女子也！他倒有这个浑家，我倒无。"公然让张珪第二天把妻子送到他家里去，供他玩乐。而作为六案孔目的张珪，在地方上本来是颇有一些势力的。比如，当他的结义妻弟李四找他诉苦，要他帮助“做主”时，他当即怒气冲冲地说：“谁欺负你来？我便着人拿去。谁不知我张珪的名儿！”但是，当李四说出欺负自己的是鲁斋郎时，还是这个张珪，竟吓得战战兢兢，连忙掩了李四的嘴，说：“哎哟，唬杀我也！早是在我这里，若在别处，性命也送了你的。我与你些盘缠，你回许州去罢，这言语你再也休题。”现在，鲁斋郎要他把妻子送去，他虽心中万分痛苦，却也只能对妻子说：“他要我张珪的头，不怕我不就送去与他；如今只要你做个夫人，也还算是好的。”可见，鲁斋郎的权势要比这位六案孔目大得多。那么，“斋郎”到底是个什么官职，能有这样大的权势？原来，“斋郎”不过是宋代专管皇帝宗庙祭祀的小官，元代根本没有这一称谓；“斋郎”的权力，也无法与地头蛇六案孔目相比。关汉卿把一个官小职卑的“斋郎”，写成一个“胆比天来大”，“动不动挑人眼、剔人骨、剥人皮”，可以为所欲为的权豪势要，显然是影射元代的蒙古贵族、勋臣和上层色目人。因为，在当时的社会里，只有这种人才可能有这样大的权势，可以无法无天，无人敢惹。

《蝴蝶梦》中的葛彪，是“国戚皇亲”，当然也是权豪势要之家。他的自我表白是：“有权有势尽着使，见官见府没廉耻；若与小民共一般，何不随他戴帽子。”他仗着是皇亲国戚，整天喝得大醉，骑着高头骏马，在大街上横冲直撞，声称：“我是个权豪势要之家，打死人不偿命。”果然，当王老汉冲撞了他的马头时，他立即命手下的帮凶将王老汉打死，并且丝毫也不畏惧地说：“只当房檐揭片瓦相似，随你那里告来。”元代法律规定“杀人者死”，指的是汉族人打死蒙古族人或者汉族人打死汉族人，若是“蒙人因争及乘醉殴死汉人”，则仅仅是“断罚出征”

了事。[1] 所以，身为皇亲国戚的葛彪，才敢如此野蛮，如此嚣张。与《鲁斋郎》一剧一样，关汉卿虽然假托的是宋代的故事，但反映的现实显然是元代的。

与杨衙内、鲁斋郎、葛彪相比，《救风尘》中的周舍、《调风月》中的小千户同属一类人物，只是后者较前者多了一份阴险与奸诈，不像前者那样明目张胆、凶相毕露而已。周舍是一个官僚兼富商的子弟。他自称"酒肉场中三十载，花星整照二十年；一生不识柴米价，只少花钱与酒钱"，可知也是一个花花公子、浮浪子弟。他用花言巧语骗娶了妓女宋引章，但刚刚从洛阳回到郑州，就对宋引章失去了兴趣，一进门就毒打了宋五十杀威棒。此后，他对宋朝打暮骂，百般虐待，没有半点人性。当宋引章的义姐赵盼儿假意前来勾引他时，他对宋没有丝毫留恋之情，竟一纸休书把她休了。小千户，顾名思义，是千户之子，当然也是权豪势要之家的子弟。他年轻、美貌，一派正人君子的形象，比周舍更多了一层保护色，但他的灵魂与周舍同样肮脏、丑恶。他初见美丽的婢女燕燕，即起不良之心，以自己的身份、色相百般勾引。但是，他把这个天真幼稚的姑娘弄到手不过数天，就开始生厌。更为卑鄙的是，当他遇到了贵族小姐莺莺之后，竟挑动燕燕的女主人，硬要这个被他糟蹋了的纯真小女去为他说亲，以此从精神上折磨燕燕。

《窦娥冤》中的张驴儿，属于"泼皮"，即流氓、无赖一类的人物。元代的泼皮权势也很大，甚至最高统治者也禁治不了。史载，武宗至大二年（1309 年），朝廷曾派伯胜、乞失剌、撒都了、也了干四名大臣治理泼皮。尽管当时泼皮恣意行凶，闹得乌烟瘴气，但四大臣对他们最重的处罚也不过是"拽车配

① 《元史·刑法志》。

役”。这些泼皮，即使是太医的妻女，他们也敢无所顾忌地“强拽以入，宿奸馆所”而“弗受鞫”①。所以，张驴儿父子敢于在光天化日之下分别霸占蔡婆婆、窦娥婆媳二人为妻，并且公然搬到蔡婆婆家里居住。泼皮所以敢如此贼胆包天，为所欲为，最重要的原因是与贵臣和官府有联系。如强抢朱太医妻女“宿奸馆所”的泼皮，就是“也先铁木儿之徒”。而《窦娥冤》中的张驴儿，则与官府相勾结。

贪官污吏是关汉卿抨击和鞭挞的另一个重要对象。

元代的蒙古人和色目人官员，多是些无知无识、昏聩无能的人。他们不识字，不懂律，更不晓得如何管理国家和民众。但是，这些人贪赃枉法、徇私舞弊、拍马逢迎都是行家里手。《窦娥冤》中的楚州太守桃杌，就是这样一个家伙。他一出场就无羞无耻地宣称：“我做官人胜别人，告状来的要金银；若是上司来刷卷，在家推病不出门。”他一见张驴儿前来告状，竟然当众给张驴儿下跪。衙役们问：“相公，他是告状的，怎生跪着他？”这位太守厚颜无耻地回答说：“但来告状的，就是我的衣食父母。”关汉卿对这种人的贪婪、无耻，刻画得可谓入木三分！桃杌收受了张驴儿的贿赂之后（剧中未明写），果然草菅人命，重刑逼供，把窦娥这个弱女子打得“肉都飞，血淋漓”，“才苏醒，又昏迷”，并判了斩刑。刚刚制造了这样一件人命关天的大冤案，他没有半点内疚与自责，相反，倒若无其事地说：“今日无事，将马来，回后宅去吃酒。”多么得轻松愉快！多么得好兴致！这是只有心比炭黑、行如禽兽、天良丧尽的人才能做出来的。

《玉镜台》中的王府尹，关汉卿虽然没有写他贪污受贿、草

① 《元史·张珪传》。

菅人命的罪恶，但揭露了他依仗权势、助纣为虐、欺凌弱女的丑行。《玉镜台》的故事源自《世说新语》：

温公（指温峤）丧妇。从姑刘氏家值乱离散，唯有一女，甚有姿慧。姑以属公觅婚，公密有自婚意，答云："佳婿难得，但与峤比，云何？"姑云："丧败之余，乞粗存活，便足慰吾余年，何敢希汝比。"却后少日，公报姑云："已觅得婚处，门地粗可，婿身名宦尽不减峤。"因下玉镜台一枚。姑大喜。既婚，交礼，女以手披纱扇，抚掌大笑曰："我固疑是老奴，果如所卜。"①

但关汉卿剧中所写，已经不是原来意义上的故事，温峤也不再是历史上的那个温峤。历史上的温峤在抵抗外族入侵和平定王敦叛乱上是有功的，其"骗婚"一事的行为也说不上恶劣。关汉卿所以要如剧中那样写，目的是借以讽刺元代社会的黑暗现实。特别是王府尹这一形象的塑造，目的更是在于鞭挞元代官僚侮辱和捉弄弱小民女的丑恶行径。

在《望江亭》一剧第三折中，关汉卿还无情地嘲笑和鞭笞了两个为虎作伥、行同狗彘的无耻小吏，让他们出怪露丑、极尽献媚拍马之能事。且让我们看看他们的丑态：

衙内云："……如今我亲身到潭州，标取白士中首级。你道别的人为甚么我不带他来？这一个是张千，这一个是李梢：这两个小的，聪明乖觉，都是我心腹之人，因此上则带的这两个人来。"张千去衙内鬓边做拿科（按："科"指样子、动作）。衙内云："嗯！你做什么？"张千云："相公鬓边一个虱子。"衙内云："这厮倒也说的是，我这在这

① 徐震堮：《世说新语校笺》卷下《假谲第二十七》，中华书局1984年版，1987年印刷，第458页。

船只上，个月期程，也不曾梳篦的头，我的儿好乖！”李梢去衙内鬓上做拿科。衙内云：“李梢，你也怎的？”李梢云：“相公，鬓上一个狗鳖。”衙内云：“你看这厮！”

这简直是一件具有深刻讽刺意味的小品。关汉卿淡淡几笔，就勾勒出了两个小人的丑脸和媚态，让人如闻其声，如见其形。更有讽刺深意的是对“狗鳖”一词的运用。原来，这狗鳖是一种生在狗身上的大小如臭虫的寄生虫。人身上可能长虱子，但怎么会长出狗鳖呢？关汉卿这里显然是把杨衙内当作肮脏的畜生进行鞭笞的。

嫌贫爱富的势利小人也是关汉卿抨击和鞭挞的对象之一。

《拜月亭》中的封建官僚王镇，就是这样的一个人物。蒙古兵进攻中都，身为金朝兵部尚书的王镇被派往前线视察军情，但中都很快就被蒙古兵攻破，王镇的女儿瑞兰逃难时与母亲失散，为避军兵掳掠，瑞兰遂与偶然相识的书生蒋世隆假扮夫妇，共伞而行。瑞兰与蒋世隆于患难中产生了感情，便在一个小店里成了亲。但婚后不久，蒋世隆身染重病，瑞兰为他百般延医医治。这里，碰巧王镇路过此地，父女得以相会。当他得知女婿是个落难的穷秀才时，禁不住异常恼怒，竟无情地痛打女儿，并强迫女儿抛下病中的女婿跟他回家，活活地拆散了这对患难与共的小夫妻。王镇所以如此冷酷无情，原因就在于女婿是个穷秀才，而不是达官显贵，认为招这样的女婿有辱他的门庭。当他看中了新科状元后，竟不顾女儿的坚决反对，逼迫女儿改嫁。后来，虽知新科状元就是自己当年在客店中忍心抛下的女婿蒋世隆，他也不再反对；不仅不再反对，而且还不顾尴尬，欣欣然地督促女儿与女婿正式成婚。嫌贫爱富，先倨后恭，这就是王镇一类势利小人的可耻行径！

《绯衣梦》中的王得富与王镇一样，也是一个嫌贫爱富的势利之徒。此人家财万贯，富甲一方，人称王半州，曾与当地另一财主李十万指腹为婚。后来，王家生女，起名闰香；李家生儿，起名庆安。但这时李家家道败落，王得富遂不顾女儿与庆安之间已产生爱情的事实而有意赖婚。为了达到悔婚的目的，王得富让他的老婆亲自出面，带了闰香亲手为庆安做的一双鞋子并十两银子前去李家。他还想出一条以攻为守的奸计，逼李家自动退婚。他的奸计是：如果李家不肯退婚，就让其选定“吉日良辰，下财置礼”，迎娶闰香小姐。他心中清楚，李家一贫如洗，必定拿不出彩礼；而拿不出彩礼，就无法娶亲，从而只好自认命贫，自动退亲。与王镇相比，王得富不仅势利，而且奸诈，可说是一个双料的小人。

《金线池》中的李氏，是另一种类型的势利人物。在嫌贫贱爱富贵这一点上，她与王镇、王得富并无二致。穷困书生韩辅臣真心实意地爱上了她的女儿，但仅仅是因为穷，她坚决反对，百般阻挠、破坏。而那些显贵富商要纳她的女儿为婢妾，她竟满口应承。与王镇、王得富不同的是，这个李氏更为残忍、冷酷和刁钻。为了钱，她连起码的人性也不讲，逼迫自己的亲生女儿操皮肉生涯，并且要女儿夜夜接客。女儿年纪大了，不想再继续这种下贱非人的生活，因而向李氏提出了从良、出嫁的要求，这位做母亲的竟说：“丫头，拿镊子来镊了鬓边的白发，还着你觅钱来！”并威胁说：“我老人家如今性子淳善了，若发起村来，怕不筋都敲断你的！”为了拆散女儿与韩辅臣的婚姻，达到“另接一个富家郎”的目的，她阴险地挑拨二人的关系，使二人不和。《金线池》一剧真实地反映了封建社会人与人之间的关系，就是一种金钱关系，一种吃与被吃的关系。试想，连亲生母女之间都如此，遑论他人！在这里，关汉卿实际上是通过鞭挞李氏这种被铜臭浸透了灵魂的人，把批判的锋芒指向元代那种人吃人的黑暗社会。这是《金线池》不同于《拜月亭》和《绯衣梦》的地方。

嫌贫爱富是剥削阶级的本性，门当户对是封建婚姻的标准。在阶级社会里，婚姻是一种政治行为，而不是青年男女之间爱情的归宿。为了巩固、扩大和提高自己的地位，封建官僚、地主豪绅往往要通过与门第相当的家庭缔结姻缘来达到目的。只要门第、财富相当，青年男女之间即使没有任何爱情基础，也要遵照父母之命、媒妁之言成亲。反之，如果两家门不当户不对，即使青年男女之间已经产生爱情，也会因父母的反对而难成眷属。《拜月亭》《绯衣梦》《金线池》通过对元代封建家长干涉儿女婚姻这一社会现象的描写，不仅有力地鞭挞了那些唯利是图、不讲信义的势利小人，而且深刻地揭露和批判了剥削阶级所谓“仁、德、信、义”的虚伪性和封建社会腐朽婚姻制度迫害青年男女的残酷性。这在七百年前的元代社会，是十分难能可贵的。

此外，关汉卿对封建地主阴险、狠毒的本性也进行了无情的暴露和鞭挞。《五侯宴》中的赵太公父子，心如蛇蝎一般歹毒。为达到永远奴役王大嫂的目的，他偷着把王大嫂的典身文书改成卖身契。他见王大嫂的儿子比他的儿子胖，竟想将其摔死，还说：“摔杀有甚事，则使的几贯钱。”在他眼里，穷人的一条命也不过值几贯钱。赵脖揪比他父亲更为阴险和毒辣，大雪天逼王大嫂去井边打水饮牛，冻得她“拿不住的绳索拳挛着手，立不定身躯耸定肩，苦痛难言”，致使她几乎自缢。

总之，关汉卿以他那如椽巨笔，对元代社会的黑暗现实进行了毫不留情的揭露和批判，对元代社会的各种丑恶势力进行了猛烈的抨击和鞭挞。他的作品犹如一面时代的镜子，使元王朝黑暗社会中的各色妖魔鬼怪都现出了原形！

四、被压迫者的代言人

对元代黑暗的社会现实和各种各样的丑恶现象、丑恶人物，关汉卿进行了深刻的揭露和批判。但是，对于广大被压迫者，他则寄予了深深的同情。从现存剧目看，关汉卿的剧作多是以生活在社会最底层的小人物为主要角色的。在这些剧作中，关汉卿不仅以细腻的笔触真实地反映了被压迫者的种种不幸遭遇和理想要求，而且热情地歌颂了被压迫者在与恶势力进行斗争的过程中所表现出来的优秀品质和聪明才智。

关汉卿最为关注的是处身于水深火热之中的广大妇女的命运。他的大部分剧作都是以妇女的不幸遭遇和悲惨生活为题材的。他怀着深厚的同情之心，真实地反映了元代妇女遭受贪官污吏残酷迫害和权豪势要百般蹂躏的血泪斑斑的事实。《窦娥冤》中的窦娥，生在一个穷苦的家庭，3 岁就失去了母亲。父亲窦天章，因为还不上蔡婆婆的高利贷，不得已把她送给蔡婆婆做童养媳。她 18 岁与丈夫成亲。不想成亲后不到两年，丈夫就死了。这样一个弱女子，命运已经够苦的了，但恶势力仍然不肯放过她。泼皮张驴儿父子，只因无意中救了她婆婆一命，便想乘机逼她与婆婆分别嫁给他们父子为妻。逼迫不成，又设计陷害，直到诬以杀人罪把她送上了大堂。按理说，这本来是一件并不复杂的案子，但楚州太守桃杌只顾贪赃枉法，不管曲直是非，竟严刑逼供，“一杖下，一道血，一层皮”，把窦娥打得“肉都飞，血淋漓”，“才苏醒，又昏迷”，最后胡乱判以斩刑，活活地将这个可怜的年轻寡妇冤杀在法场上。窦娥的命运是极其悲惨的。她就像寒风中瑟瑟发抖的一株弱小的花草，未及享受一点儿阳光雨露的滋润，就在风刀霜剑的摧残下萎谢了。《五侯宴》中的王大嫂，家中一贫如洗，刚生下孩子，丈夫又去世了。为了活下去，她只好典身于地主赵太公家中，为赵太公哺乳儿子。然而，赵太公为达到长期奴役王大嫂的目的，不仅将典身文书改作卖身契，而且因见自己的孩子不如王大嫂的孩子胖，就动手相殴，甚至残忍地要将她的孩子摔死。经过王大嫂苦苦哀求，他才罢休，却要王大嫂马上把孩子丢到荒郊野外的雪地里去，不准再养。对于一位母亲来说，这种打击的残酷性是可想而知的。彼时彼地，其心中之苦之痛，是不难想象的。但是，王大嫂所受的摧残与折磨，不仅未因其已将孩了丢弃而稍稍减轻，反倒更加严重和凶狠。赵太公之子赵脖揪长大成人后，对她朝打暮骂，百般刁难，所加的迫害超过乃父，以至于逼得她差点儿在冰天雪地里自杀！

《鲁斋郎》中的银匠李四之妻张氏，被鲁斋郎霸占之后，横遭蹂躏与摧残，丈夫急得病倒在异州他乡，一双儿女无人照看，真是妻离子散，景况凄惨。更为可悲的是，张氏被鲁斋郎玩弄了之后，又被一脚踢了出去，转送给六案孔目张珪为妻。可就是这个张珪，妻子李氏同样被鲁斋郎霸占。令人可气、可恨、可痛的是，鲁斋郎霸占张珪的妻子，还要张珪亲自送到门上。而李氏则全被蒙在鼓里，因为张珪不敢把实情告诉她，只能谎说是走亲戚。此时此刻，张珪心中之痛，不难想见。所以，他沉痛地说道：

全失了人伦天地心，倚仗着恶党凶徒势，活支剌娘儿双折散，生各札夫妇两分离。从来有日月交蚀，几曾见夫主婚、妻招婿？今日个妻嫁人、夫做媒，自取些奁房断送陪随，那里也羊酒、花红、段匹？（第二折【南吕·一枝花】）

……弄得我身亡家破，财散人离！对浑家又不敢说是谈非，行行里只泪眼愁眉。你你你做了个别霸王自刎虞姬，我我我做了个进西施归湖范蠡。……正青春似水，娇儿幼女成家计，无忧虑，少萦系，平地起风波二千尺，一家儿瓦解星飞。（第二折【梁州第七】）

当张氏得知事情的原委之后，不禁失声痛哭道："孔目，不争我到这里来了，抛下家中一双儿女，着谁人照管他？兀的不痛杀我也！"这是一种多么凄惨的景象！在恶势力面前，张氏与李氏所受的是肉体和精神的双重摧残和煎熬。她们的痛苦，较之他人更为不堪忍受。

窦娥、王大嫂、张氏、李氏，都是身份清白的良家妇女。她们尚且命运难卜，尚且随时会遭到权豪势要的凌辱和强暴，至于那些堕入火坑的妇女——妓女，遭遇就更加悲惨了。元代，许多妇女由于生活所迫而沦落风尘，成为妓女。据《马可波罗游记》记载，仅大都就有妓女两万数千人，杭州的妓女更是多得难以统计。这些人，完全失去了人身自由，每日强颜欢笑，任凭各色恶人蹂躏和践踏，还要遭受鸨母的盘剥，是那个黑暗社会中最为不幸的人。她们又何尝不想过一种真正的人的生活？但是，黑暗的现实社会，到处布满陷阱，使她们往往是刚离虎口，又入狼穴，进退狼狈，左右为难。恰如《救风尘》中的赵盼儿所说："……待嫁一个老实的，又怕尽世儿难成对；待嫁一个聪俊的，又怕半路里轻抛弃。"这些话，是她根据自己对现实生活的观察得出的经验之谈，并非虚言。因为她看到，那些"先嫁的还不曾过几日，早折的容也波仪瘦似鬼，只教你难分说、难告诉、空泪垂！"她的姊妹宋引章年轻幼稚，不晓得人世险恶，不听从她的劝告，嫁给了花花公子周舍，果然落入了圈套。宋引章被周舍从汴京带回郑州，刚进家门就挨了五十杀威棒，从此朝打暮骂，倍受折磨："无情的棍棒抽，赤津津鲜血流，逐朝家如暴囚"。那周舍还威胁她说："兀那贱人，我手里有打杀的，没有要卖休买休的。”若不是赵盼儿设计相救，她是不可能活着从周舍家里出来的。《金线池》中的杜蕊娘和《谢天香》中的谢天香，虽然没有像宋引章那样受骗上当，突遭横祸，但被迫出卖肉体和色相的非人生活，同样把她们折磨得痛苦不堪。所以，杜蕊娘控诉道：“我想一百二十行，门门都好着衣吃饭；偏俺这一门，却是谁人制下的？忒低微也呵！”这一控诉，实际代表了所有风尘女子的心声，因为她们恨透了这种作践广大妇女、摧残良善人性的娼妓制度。

《调风月》中的燕燕，先被诱奸，后被抛弃，最后在主子的逼迫下，仍不得不嫁与那个曾玩弄过她的小千户为妻。《玉镜台》中的刘倩英，始被欺骗，继遭捉弄，最后同样逃不出别人设下的圈套。这一桩桩一件件事实都无可辩驳地说明：在那样一种黑暗的时代里，广大妇女除了被侮辱、被蹂躏、被摧残、被迫害，是不可能有其他出路的；她们的悲惨命运，是黑暗社会造成的；她们是社会地位最低、遭遇最为不幸、最值得寄予同情的人。

在漫长的封建社会里，中国妇女所受的歧视、压迫和摧残是最严重的。历代封建统治者不是把妇女视为祸水，就是把妇女视为玩物，在她们身上套上了各种各样的枷锁，使她们完全丧失了自己的独立人格，成为男性社会的俎上鱼肉，任凭宰割。元代封建统治者不但继承了前代所有压迫、摧残妇女的制度，而且变本加厉，有过之而不无及。元代的法律条文规定，丈夫不仅有打骂妻子的权力，而且即使将妻子打骂至死也可以不被判罪①；丈夫还可以随意休弃妻子，甚至可以将妻子卖与他人典

① 详情请参见陈高华等点校《元典章》卷一八，中华书局、天津古籍出版社2011年版。

与他人，以换取金钱。[①] 更为荒唐的是，在元代，任何男人欺凌妇女，都能受到法律的保护。《元典章》卷四一《刑部》规定：公公强奸儿媳未成，儿媳要吃107杖，并且要判处与丈夫离婚；公公强奸儿媳已遂，儿媳得挨77杖，并且仍要被判处与丈夫离婚；妇女状告丈夫强奸儿媳，妇女本人要被判处与丈夫离婚；义父强奸养女，养女要被责罚67杖；主子可以任意强奸女奴而不被判罪，可以毒打女奴致死而只判极轻的罪。此外，在元代，妇女或被统治阶级当作战利品赏赐给大臣，或被求官者当作礼物献给统治者，屡见不鲜。元代的妓女和女奴在婚姻问题上更是不幸：她们只能嫁给和自己身份相当的人，而不能嫁给良人。从这些情况看，元代的妇女较之其他各个时代的妇女，处境更为悲惨。她们所受苦难之深之重，是令人难以想象的。元代妇女的各种苦难和不幸，能够成为关汉卿戏剧创作关注的焦点并得到他的无限同情，充分表明这位艺术大师具有高度的人道主义精神。

除了妇女的遭遇和不幸外，关汉卿在他的剧作中还反映了其他各种小人物的痛苦生活。比如：《蝴蝶梦》中的王老汉，《鲁斋郎》中的李四和张珪，《金线池》中的韩辅臣，《救风尘》中的安秀实，就是这样一些有着不幸遭遇和苦痛经历的小人物。王老汉有着一个和和睦睦的五口之家，继妻贤惠、达理，儿子孝顺、懂事，本来是可以平平安安地度日的。但是，想不到天外飞来横祸，他仅仅因为冲了葛彪的马头，即被活活打死，横尸长街（《蝴蝶梦》）。李四和张珪，妻子被人霸占，投告无门，一个急得犯了心疼病，倒在街头，一个被逼得出家去了华山，可以说是妻离子散，家破人亡，横祸临门（《鲁斋郎》）。韩辅臣

① 陈高华等点校：《元典章》卷五七，中华书局、天津古籍出版社2011年版。

和安秀实都是一介穷书生。只因他们出身贫穷，在婚姻问题上遭到百般阻挠，精神倍受折磨（《金线池》《救风尘》）。

从关汉卿的剧作中不难看出，这位大戏剧家一生都在关注着被压在社会最底层的小人物的命运。他以自己手中的笔，倾诉着广大被压迫者心中的痛苦和愤懑，并寄予了深深的同情。然而，更为可贵的是，这位伟大的艺术家在真实反映广大被压迫者种种不幸遭遇并对他们的不幸遭遇寄予无限同情的同时，还满腔热情地颂扬了他们敢于而且善于向压迫者进行斗争的无畏精神和聪明才智。

表现被压迫者斗争精神的典型剧作是《窦娥冤》。此剧中的窦娥是一位普普通通的弱女子。但是，当命运将种种不幸强加到她头上的时候，她又表现出少有的坚强。当婆婆说出自己已答应招张氏父子为婿时，她决然地说："婆婆，你要招你自招，我并然不要女婿。"张驴儿不知羞耻地要扯她拜堂，被她猛地推了一跤。张驴儿见逼婚不成，心生一条毒计：想在饭中下毒，药死窦娥的婆婆，然后再逼迫窦娥就范。不承想，他没有药死蔡婆婆，反倒药死了自己的父亲。于是，他便诬陷是窦娥下的毒药，并以此要挟窦娥与他成婚。事情到了这种地步，窦娥仍然毫无惧色，坚持与张驴儿去见官。在楚州大堂上，她被打得皮开肉绽、死去活来，但就是不肯屈服。这是多么坚强的意志！最后，窦娥由于不忍心看着年迈的婆婆受刑，不得已，含屈招认，遂被昏官判处斩刑。但是，窦娥并没有因此而低沉，而惶恐；相反，她的反抗与斗争更见激烈，更见顽强。她发誓要与诬陷她的恶人斗争到底：

我做了个衔冤负屈没头鬼，怎肯便放了你好色荒淫漏面贼！想人心不可欺，冤枉事天地知，争到头，竞到底！（第二折【黄钟尾】）

当斩刑就要执行的时候，窦娥仍然没有屈服。她向着天地日月苍生鬼神发出了质问与抗议：

有日月朝暮悬，有鬼神掌着生死权。天地也，只合把清浊分辨，可怎生糊突了盗跖颜渊：为善的受贫穷更命短，造恶的享富贵又寿延。天地也，做得个怕硬欺软，却元来也这般顺水推船。地也，你不分好歹何为地？天也，你错勘贤愚枉做天！（第三折【滚绣球】）

临死，她发下三桩誓愿：一要满腔热血不落尘埃，二要六月天降大雪，三要楚州大旱三年——以证明自己所蒙受的奇冤。被杀之后，她志不衰，气不馁，仍然坚持复仇，直到把张驴儿凌迟处死，把桃杌撤职刑杖，把赛卢医充军发配，方才罢休。这种宁死不屈的反抗精神和斗争到底的顽强意志，真可以说是感天动地、泣鬼惊神！

《蝴蝶梦》中的王婆婆，同样表现了这样一种不惧权势、敢于斗争的精神。当王婆婆听说丈夫无端被身为皇亲国戚的恶霸葛彪打死时，当即带着儿子们前去看视。结果，他们当街遇到了凶手葛彪。葛彪自恃身份，气焰嚣张，王婆婆亦毫不示弱、针锋相对。她说：

若是俺到官时，和您去对情词，使不着国戚皇亲、玉叶金枝；便是他龙孙帝子，打杀人要吃官司！（第一折【鹊踏枝】）

当三个儿子忍不住心中的愤怒将葛彪打死之后，她虽然意识到事情的严重性，却没有因此而显出一丝一毫的惊慌和软弱。相反，她指着葛彪的尸首说道：

想当时，你可也不三思，似这般逞凶撒泼干行止，无过恃着你有权势、有金赀。则道是长街上妆好汉，谁想你血泊内也停尸！正是将军着痛箭，还似射人时。（第一折

【金盏儿】)

好一个"将军着痛箭，还似射人时"，这真是"以其人之道，还治其人之身"！在开封府大堂上，包待制要让王大偿命，王婆婆说他葫芦提（糊涂）；包待制要王二偿命，王婆婆又说他葫芦提；因为她要保护王老汉前妻所生的儿子，坚持让自己的亲生儿子王三偿命。包待制明白了她的良苦用心后，有意解救他们，便决定暂将兄弟三人全部打入死囚牢，以徐图善策。她误认为三个儿子都要被处以死刑，便大闹起来，把包待制好一顿攻讦，并发誓要往上诉冤，把官司打到底：

> 包龙图往常断事曾着数，今日为官忒慕古。枉教你坐黄堂、带虎符，受荣华、请俸禄。俺孩儿好冤屈，不睹事下牢狱。割舍了待泼做，告都堂诉省部，撅皇城打怨鼓，见銮舆便唐突……（第二折【黄钟尾】）

在等级森严、官尊民卑的封建社会里，这是非常难能可贵的。

《调风月》中的婢女燕燕，在向侮辱她的小千户进行斗争时表现出来的大胆、倔强性格，也是很令人钦佩的。她发现小千户对她始乱终弃，又爱上了贵族小姐莺莺之后，虽然精神上受到了极大的打击，但既没有寻死觅活地哭闹，也没有低三下四地求告。相反，她不屈不挠，针锋相对，与对方进行斗争。她把莺莺送给小千户的定情信物女用手帕先是藏在自己的袖筒里，后则理直气壮地质问小千户，"这手帕是阿谁的"？我"燕燕那些儿亏负了你"？并声称她"敢摔碎这盒子，玳瑁纳子交石头椎碎！剪了靴檐，染了鞋面，做铺持"，把它踩在脚底，叫它永世不得翻身，而且这还是"一万分好待你，好觑你"。最后，她又咒骂小千户是负德贼，要求天地惩罚他。小千户自知理亏，只好到燕燕房里假意陪情，却不料燕燕早已看穿了他的把戏，挖苦他说："煞是多劳重降尊临卑，有劳长者车马，贵脚踏于贱地，小的每多谢承。”并且以要求小千户重新发誓为名，把小千户诳了出去，然后“呼的关上笼门，铺的吹灭残灯”，无论如何不再开门。小千户遭到了惩罚，心中恼怒，便设计报复。他怂恿燕燕的女主人派燕燕前去为他说亲，以便从精神上折磨燕燕。作为一名婢女，当然不能违抗主子的命令，但燕燕并没有逆来顺受，她在背后把老夫人和小千户的祖宗七代狠咒了一番：

> 这厮短命，没前程，做得个轻人还自轻，横死口里栽排定。老夫人随邪水性，道我能言快语说合成，我说波娘七代先灵！（第三折【调笑令】）

莺莺答应了亲事之后，燕燕忍不住心中的愤怒，把这个夺走她的爱情的人又痛骂了一顿：

> 女孩儿言著婚聘，则合低了胭颈，羞答答地禁声；刬地面皮上笑容生，是一个不识羞伴等。（第三折【鬼三台】）

并且咒莺莺早晚有一天要当寡妇，守空房，骂她是“拖汉精”：

> 终身无簸箕星，指云中雁做羹。时下且口口声声，战战兢兢，袅袅婷婷，坐坐行行；有一日孤孤另另，冷冷清清，咽咽哽哽，觑着你个拖汉精！（第三折【拙鲁速】）

小千户与莺莺成亲时，莺莺问燕燕经过打扮的新娘是否美丽，燕燕反话正说，尖锐地讽刺道：“姐姐骨甜肉净，堪描堪塑，生得肌肤似凝酥，从小里梅香、嬷嬷抬举，问燕燕梳裹何如！”最后，这个大胆的婢女终于压抑不住满腔的愤怒，一时如火山爆发，当着满座的宾朋和两个新人的父母，把新郎新娘骂了一个狗血喷头。她说新娘：

> 是个破败家私铁扫帚，没些儿发旺夫家处，可更绝子嗣、妨公婆、克丈夫，脸上承泪靥无重数。今年见吊客临，丧门聚，反阴复阴，半载其余。（第四折【挂玉勾】）

说新婚夫妇：

据着生的年月，演的岁数，不是个义夫节妇，休想得五男并二女，死得交灭门绝户。（第四折【落梅风】）

真可谓石破天惊，痛快淋漓！一个新婚的喜庆场面，竟被她闹成了发丧结局。在等级森严的封建社会，一个地位如此低贱的奴婢竟敢放肆地痛骂主子，没有天大的胆量是绝对做不到的。

关汉卿在自己的剧作中，还生动地刻画了广大被压迫者在与恶势力做斗争的过程中表现出来的聪明才智。《救风尘》中的赵盼儿、《望江亭》中的谭记儿，不仅敢于斗争，而且善于斗争。在势力强大而又阴险奸诈的敌人面前，她们冷静、沉着、机智，讲究策略，巧妙周旋，充分利用对手的弱点，给以致命的打击，直至战而胜之。

赵盼儿是一个目光敏锐、阅历丰富、有着一副侠义心肠的人。一开始，她就看透了周舍这个市侩的诡计和圈套，再三劝告自己的结义妹妹宋引章不要上当。但是，宋引章由于被周舍的手段所迷惑，不仅没有听从她的劝告，而且几乎和她翻了脸。即使如此，她也没有记恨自己的妹妹。当她得知宋引章到了郑州果然坠入陷阱后，立即设下计谋，亲自前去搭救。周舍是一个“酒肉场中三十载，花星整照二十年”的官僚子弟兼阔商人，长期的市侩经历和浪荡生活，使得他十分残忍和狡猾。但是，这个家伙又不免有着贪财、好色的弱点。于是，赵盼儿便收拾起自己全部的私房财产，打扮起光彩照人的容颜，前去引诱周舍上当。她假称当初因妒忌宋引章与周舍的结合才破坏他们的婚姻，现在终于忍受不了对周舍的思念而前来寻找他。从而巧妙地解除了周舍对她的戒备。这期间，她又事先安排宋引章到她住的客店里大闹了一场。但周舍这个狡猾的家伙仍然将信将疑，唯恐落个“尖担两头脱”的下场。于是，赵盼儿便与他再三赌咒发誓，并且用自己事先预备下的好酒、熟羊、红罗，与周舍吃了定亲酒。周舍终于上当，写了一纸休书付与宋引章。当他满心希望地去客店迎娶赵盼儿时，不想赵盼儿早已离开了郑州。周舍气急败坏地带人追上了赵、宋二人，声称赵已吃过他的酒、受过他的羊和红罗，便是他的人。赵盼儿却针锋相对地说酒、羊和红罗都是自己带的。周舍又把写给宋引章的休书抢回来撕掉，不想那休书是假的，真的早被赵盼儿藏了起来。真是聪明反被聪明误，强中还有强中手！经过一番较量，周舍终于人财两空，彻底败下阵去。

谭记儿聪明、美丽、干练、机智。当杨衙内奉皇帝之命拿着势剑、金牌和文书前来斩取她丈夫白士中的首级时，丈夫吓得心惊胆战，一再劝她“休惹”这个“花花太岁”，她却豪爽、无畏地说：

> 你道他是花花太岁，要强逼的我步步相随；我呵怕甚么天翻地覆，就顺着他雨约云期。这桩事你只睁眼儿觑者，看怎生的发付他赖骨顽皮！（第二折【十二月】）

然后，谭记儿便化装成江上的渔妇张二嫂，设计前去赚取杨衙内手中的势剑、金牌和文书。听了她的妙策，刚才还心惊胆战的丈夫信心百倍地说：“据着夫人机谋见识，休说一个杨衙内，便是十个杨衙内，也出不得我夫人之手。”果然，谭记儿出师顺利，马到成功。她凭借自己的美貌和智慧，与杨衙内巧妙周旋，把这个色迷心窍的家伙哄得神魂颠倒、醉卧船上，从而骗得势剑、金牌与文书到手，不仅救了自己的丈夫，而且使得杨衙内被“杖八十削职归田”。

与统治阶级不同的是，被压迫者的地位虽然卑贱，但灵魂纯洁，品质高尚。他们追求幸福，憧憬未来，敢于向一切恶势力进行不屈不挠的斗争；同时，他们又是善良、正直和富于献身精神的。窦娥为了使婆婆免遭酷刑，情愿屈认了杀人的罪名，牺牲了自己年轻的生命。王婆婆为了保护丈夫前妻的孩子，宁愿让自己的亲生儿子替被打死的葛彪偿命；而三个儿子为了保护母亲和兄弟，都宁肯牺牲自己，主动承担罪名。赵盼儿为了搭救自己的义妹，不计前嫌，全力以赴，甚至不惜牺牲自己的色相。陈母希望儿子们能够考中状元，目的是要他们安邦治国，而不是要他们做官发财；所以，她决不让他们接受父老馈赠和意外之财。被压迫者身上表现出的这些优秀品德，与统治阶级的种种卑鄙行径和丑恶灵魂，恰成鲜明的对照。

总之，关汉卿笔下那些生活在社会最底层的人们，虽然无权无势，地位卑贱，但都有着一颗善良而正直的心，都希望能过上一种自由、幸福、不受欺凌与压迫的人的生活。作为他们的代言人，关汉卿则忠实地反映了他们的要求和愿望，反映了他们为反抗压迫和争取自由、幸福所进行的不屈不挠的斗争。

五、慷慨雄豪寓衷曲

对元代残酷的民族压迫和阶级压迫，关汉卿有着切身的感受。一方面，他无比痛恨那个豺狼当道、恶人横行的社会，深切同情那些受尽压迫、剥削和摧残的人；另一方面，他憧憬政治清明的理想社会，表现出强烈的社会意识。作品是反映作者世界观的一面镜子。关汉卿的几个历史剧，便通过对贤明君主和忠能之臣的颂扬、赞美，寄托了自己的理想和感情，同时也反映了他的一些道德观念。

首先，关汉卿的历史剧作表现了他对君明臣忠、贤才为用这一理想社会政治图景的向往与憧憬。

李世民是中国历史一位少有的贤明君主，尉迟恭则是唐代一位著名的忠能之臣，所以，关汉卿在《单鞭夺槊》一剧中便着意塑造了他们二人的形象，并且突出描写了他们之间那种君待臣以信以爱、臣事君以忠以能的理想的君臣关系。为表现李世民求才若渴的品德，作者充分利用了史籍中一切有关李世民收降、礼遇和信用尉迟恭的材料。全剧一开始，作者通过唐将徐茂公之口，对尉迟恭万夫不当的上将之才作了简要介绍，以作为李世民要招降他的铺垫；然后，又细致地描写了李世民在接受尉迟恭投降时的喜悦心情，以刻画其爱惜人才的品德。剧中写道，受降时，李世民真诚地表示，尉迟恭一旦投降，他定会“似兄弟相看待”；既降之后，他又再三夸赞尉迟恭的英雄气概与非凡将才，希望他能为唐王朝出力，并表示一定予以重用：

看尉迟人生的威风也那气概，腹隐着兵书也那战策，可知道名震着乾坤也那世界。俺这里虽然是有纪纲，知兴败，那里讨尉迟这般样一个身材。（第一折【那吒令】）

你是个领貔貅天下材，画麒麟阁上客。想当日汉高祖知人杰，俺准备着韩淮阴拜将台，把筵宴快安排。俺将你真心儿酬待，则要你立唐朝显手策，立唐朝显手策。（第一折【后庭花】）

呀！据着你英雄、英雄慷慨，堪定那社稷、社稷兴衰；凭着你文武双全将相才，则要你扫荡云霾，肃靖尘埃。将勇兵乖，那其间挂印悬牌，便将你一日转千阶，非优待。（第一折【青哥儿】）

为了进一步突出李世民的明君形象，关汉卿在剧中还塑造了一个反面角色，作为陪衬，这就是李元吉。历史上的李元吉，系李世民之弟。在争夺皇位继承权的角逐中，他站在太子建成一边，并曾与建成拉拢尉迟恭，以削弱世民的势力，但尉迟恭不为所动。后来，他们又派人刺杀尉迟恭，但未能成功。玄武门之变中，元吉与建成被世民一起杀掉。在《单鞭夺槊》中，关汉卿在不改变历史基本面貌的前提下，虚构了元吉因曾被尉迟恭打过一鞭而对其记仇、陷害的情节。剧中，作者以李元吉嫉贤妒能、好听谗言、一切从私利出发而不以国事为重的小人之态，衬托李世民胸怀坦荡、爱惜人才和一切以国事为重的明君形象；对前者进行了揭露、鞭挞和否定，对后者则进行了赞颂、褒美和肯定，表明了自己鲜明的思想倾向。

在尉迟恭这一人物形象的塑造方面，作者着重突出了他忠的品质。尉迟恭本是刘武周的部将。当徐茂公劝他归唐时，尽管他此时已经被唐军紧紧围困在小小的介休城中，但因刘武周尚在沙陀，所以无论如何也不肯背叛故主。后来，由于徐茂公设计取来刘武周的首级，他见故主果真已死，才答应归顺李世民，但是又提出礼葬故主和为故主服孝作为条件。能否对故主尽君臣之礼，是古人评价臣子的一个重要标准，能者被视为忠臣义士，不能者则被称为反复小人。尉迟恭能如此对待刘武周，表明他是一个有信有义全始全终的人。剧中，关汉卿还用了整整一折（元杂剧一般仅有四折）的篇幅，着力描写尉迟恭鞭打单雄信、勇救李世民的场面，以进一步刻画其忠臣、良将的形象。在封建社会里，“忠”与“奸”这对道德范畴是具有阶级内容的。但是，人民群众在运用这对道德范畴去评价历史或现实人物时，往往把自己的爱与憎也灌注了进去，从而使之具有一定的人民性。“忠”不仅成为臣民对于君主的道德规范，而且也成为朋友与朋友之间相互交往的一种基本准则。关汉卿在剧中表彰尉迟恭的忠勇品质，鞭挞李元吉的奸诈行为，表明了他扬善惩恶、彰忠斥奸的道德观念和价值观念。

如果说《单鞭夺槊》一剧是关汉卿从正面表现自己对君明臣忠、贤能为用这种理想社会的向往的话，那么，《哭存孝》一剧则是他着重表现自己在这一政治理想得不到实现时的慨叹。

《哭存孝》剧中的人物，如李克用、李存孝、李存信、康君立等，都是历史上的真实人物。据新、旧《五代史》记载，李克用是唐末靠镇压黄巢起义而起家的沙陀族军阀，被封为太原节度使、晋王，为人残忍、暴戾。李存孝与李存信都是李克用的养子，但存信材勇、武功不如存孝，因而产生嫉妒并至交恶。康君立是李存信的同党。为了与李存孝争夺潞州镇守权，他勾结存信，经常在李克用面前进谗，以挑拨李克用与李存孝之间的关系。后来，李存孝企图脱离李克用的控制，向别的军阀靠拢，被发现并车裂。关汉卿为了突出昏君是非不明，有功不赏，有罪不罚，而致小人得势、功臣蒙冤的主题，有意回避了不利于李存孝形象塑造的史实，进行了较大程度的虚构。

剧中，李克用是一个言而无信、性格残忍，只知饮酒作乐、整日酩酊大醉的昏庸之主。他本来有言在先，答应存孝破黄巢之后让其镇守潞州，但在李存信和康君立的挑拨下，又食言，改让存孝镇守受到朱温军事威胁的邢州，而以并无功劳的李存信和康君立镇守安定富裕的潞州。李存信和康君立在剧中是两个“不会开弓蹬弩，也不会厮杀相持”，只会阿谀奉承、献媚取宠的阴险小人。李存孝的被杀，与他们有着直接的关系。所以，他们与李克用一样，都是关汉卿揭露和批判的对象。李存孝是作者在剧中寄予无限同情的人。他自幼父母双亡，长大后有打虎之力，因而被李克用收为义子。此后，他跟随李克用“南征北讨，东荡西除，困来马上眠，渴饮刀头血”，大破黄巢，立下了汗马功劳。但是，他的武艺、功劳，引起了李存信、康君立两个宵小之辈的嫉妒。于是，这两个小人一方面在李克用跟前百般进谗，一方面设下了种种阴谋诡计，终于使他被李克用残酷地以车裂之刑处死。

李存孝的这种悲剧命运，在历史上是有一定代表性的，因而具有典型意义。“忠”与“奸”虽然是一对历史的道德范畴，但显然有着正义和非正义的区别。所以，关汉卿在对忠臣良将的悲剧命运表示惋惜和感叹的同时，也就包含了对历史与现实中正义事物的肯定，从而使他的剧作具有了人民性。但是，封建统治集团内部的矛盾和斗争，绝非“忠”和“奸”两个字所能概括，也并非完全是当事者道德方面的问题。关汉卿由于历史和阶级的局限，把这一复杂的社会现象作了简单化的处理，从而使其剧作反映历史与现实生活的深度受到了影响。

值得注意的是，《哭存孝》一剧，最后留下了一个较为光明的结尾。剧中写李克用因酒醉之时被李存信、康君立二人利用，下令车裂存孝；但酒醒之后，经夫人刘氏说明，方知醉中铸下大错，深感懊悔，遂命三军将士为存孝挂孝，自己则亲自为存孝设祭，并将李存信、康君立同样处以车裂之刑。这种安排与处理，显然减弱了此剧的悲剧色彩和批判力量。因为它似乎在告诉人们：忠臣良将的悲惨结局，主要是由李存信、康君立这类奸佞小人造成的，皇帝不过是一时糊涂而已。这样，便有意无意地减轻了昏君在残杀功臣问题上的责任。实际上，在封建社会中，是先有昏君后有佞臣，而不是相反；一切奸佞之徒，要达到陷害忠良的目的，是必须通过昏君之手的。所以，造成忠臣蒙冤的悲剧，昏君应负主要责任。

其次，关汉卿的历史剧作表现了强烈的政治正统意识。

作为一名生活在社会底层的汉族知识分子，关汉卿无比怀念历史上政治正统而清明的时代。他的这种强烈的意识在《单刀会》和《西蜀梦》等历史剧中得到了集中表现。《单刀会》描写的是三国时期蜀汉政权与孙吴政权围绕荆州之争所发生的一段历史故事。吴蜀荆州之争的起因比较复杂，非三言两语能够说明。据《三国志·吴书·吴主传》载：

> （建安十九年）五月……权以备已得益州，令诸葛瑾从求荆州诸郡。备不许，曰："吾方图凉州，凉州定，乃尽以荆州与吴耳。"权曰："此假而不反，而欲以虚词引岁。"遂置南三郡长吏，关羽尽逐之。权大怒，乃遣吕蒙督鲜于丹、徐忠、孙规等兵二万取长沙、零陵、桂阳三郡，使鲁肃以万人屯巴丘，以御关羽。权住陆口，为诸军节度。蒙到，二郡皆服，惟零陵太守郝普未下。会备到公安，使关羽将三万兵至益阳，权乃召蒙等使还助肃。蒙使人诱普，普降，尽得三郡将守，因引军还，与孙皎、潘璋并鲁肃兵并进，拒羽于益阳。未战，会曹公入汉中，备惧失益州，使使求和。权令诸葛瑾报，更寻盟好，遂分荆州长沙、江夏、桂阳以东属权，南郡、零陵、武陵以西属备。

同书《先主传》的记载大致同，但较为简略。至于关羽单刀赴会的故事，大致就发生在这段时间内，只是在《关羽传》中并无记载，而在《吴书·鲁肃传》中有简要记载：

> ……羽与肃邻界，数生狐疑，疆埸纷错，肃常以欢好抚之。备既定益州，权求长沙、零、桂，备不承旨，权遣吕蒙率众进取。备闻，自还公安，遣羽争三郡。肃住益阳，与羽相拒。肃邀羽相见，各驻兵马百步上，但请将军单刀俱会。肃因责数羽曰："国家区区本以土地借卿家者，卿家军败远来，无以为资故也。今已得益州，既无奉还之意，但求三郡，又不从命。"语未究竟，坐有一人曰："夫土地者，唯德所在耳，何常之有！"肃厉声呵之，辞色甚切。羽操刀起谓曰："此自国家事，是人何知！"目使之去。备遂割湘水为界，于是罢军。

从这些记载看，吴、蜀荆州之争纯属两个割据势力为扩大各自地盘而发生的政治、军事纠纷，双方并不存在正义与非正义的区别，作者陈寿也并没有给任何一方以丝毫同情。但是，在《单刀会》剧中，关汉卿把同情全部放到了蜀国一边，表现出鲜明的尊刘汉而黜孙吴的思想倾向：

> 想着俺汉高皇图王霸业，汉光武秉正除邪，汉献帝将董卓诛，汉皇叔把温侯灭，俺哥哥合承受汉家基业。则你这东吴国的孙权，和俺刘家却是甚枝叶？请你个不克己先生自说。（第四折【沉醉东风】）

这段唱词，既有对汉民族艰苦创业悠久历史的追述，又有对扰乱汉家天下、祸国误国的乱臣贼子的斥责，字里行间流露出作者对“汉家基业”的无比热爱，从而表现出鲜明的立场和气节。尊刘汉为正统的思想倾向，并非始于元代，而是在北宋时就已经出现。据《东坡集》记王彭论曹刘之争云：“涂巷小儿薄劣，为其家所厌苦，辄与数泉（钱）令聚坐听说古话，至说三国事，闻刘玄德败，则颦蹙有出涕者，闻曹操败，则喜悦畅快。”北宋末年，随着北方少数民族统治集团入主中原，及其对汉民族实行高压政策，这种倾向日渐强化。所以，《单刀会》一剧的出现，绝不是偶然的。它实际上是新的历史条件下，以刘汉政权为象征的正统意识和正统思想的一种曲折表现。

关汉卿表现正统意识和正统气节的剧作还有《西蜀梦》。《西蜀梦》的题材亦源于三国故事，今只存唱词而无宾白。剧中，作者以浪漫主义的手法，描写了关羽、张飞在遭到敌人杀害之后，冤魂不散，同返西蜀，向刘备诉说被害情况，要求刘备发兵报仇的过程。作者首先追述了关、张为创立“汉家基业”而南征北讨、东挡西杀、开疆拓土所立下的丰功伟绩，称赞他们为“西蜀家两条金梁”。但是，二人壮志未酬即遭杀害，令人沉痛，令人惋惜。因此，刘备发誓为他们报仇雪恨，决心要

"杀的那东吴家死尸骸堰住江心水，下溜头淋流着血汁。……杀的他憨（鲜）血淋漓，交吴越托推，一霎儿番为做太湖鬼。青鸦鸦岸儿，黄壤壤田地，马蹄儿踏做捣椒泥。"（第一折【赚煞】）。张飞虽然已经被害，但由于贼人尚未杀尽、国土尚未收复，所以他死不瞑目，报仇的心情更为急切。他发誓要"直取了汉上才还国，不杀了贼臣不讲和"，要"烧残半堆柴，支起九顶镬，把那厮（指贼臣）四肢梢一节一节钢刀锉，亏□了肠肚鸡鸦剁"（第三折【耍孩儿】、【二煞】）。

元代统治者对汉族和其他民族人民的压迫乃至于杀戮是非常残酷的。关汉卿在《西蜀梦》中对刘、关、张报仇意志的描写和刻画，实际上表现了他本人以至于其他汉族人反抗压迫、希望恢复汉族政权的思想与感情。他通过刘、关、张之口再三强调要杀尽仇人，实际上是暗示要向元朝统治者报仇雪耻。在这里，关汉卿的正统意识和正统感情表现得比《单刀会》更为明显，更为浓烈。

再次，关汉卿的历史剧作塑造了一系列英雄形象，并对他们寄予厚望。

关汉卿认为，政治清明的理想社会要靠英雄豪杰开创，混乱黑暗的社会现实要靠英雄豪杰改变，流亡失依的仇恨要靠英雄豪杰去报。所以，他对英雄豪杰满怀着深情和敬意，并用浓墨重彩去塑造他们的形象。《单鞭夺槊》中的尉迟恭、《单刀会》中的关羽、《哭存孝》中的李存孝、《西蜀梦》中的刘备和张飞，都是这样的英雄人物。关羽是关汉卿塑造的最为成功的英雄形象。剧中，作者着重突出了他忠于汉家的品德和智勇双全的大将风度。剧中第一、二折写东吴主将鲁肃为讨还荆州，定下三条计策，欲仿效当年项羽的鸿门宴，邀关羽单人独骑来会。此时，作者一直未让主人公出场，但通过乔国老和司马徽之口，对其进行了生动、细致致的描写：

他上阵处赤力力三绺美髯飘，雄赳赳一丈虎躯摇，恰便似六丁神簇捧定一个活神道。那敌军若是见了，唬的他七魄散、五魂消。（云：你若和他厮杀呵，）你则索多披上几副甲，穿上几层袍。便有百万军，当不住他不剌剌千里追风骑；你便有千员将，闪不过明明偃月三停刀。（第一折【金盏儿】）

作者还让乔国老和司马徽历数了关羽的赫赫战绩，以烘托他的神勇和武功：

关云长千里独行觅二友，匹马单刀镇九州；人似巴山越岭彪，马跨翻江混海兽；轻举龙泉杀车胄，怒扯昆吾坏文丑，麾盖下颜良剑标了首，蔡阳英雄立取头。（第二折【尾声】）

这样，一个威猛刚勇的英雄虽未出场，其形象却已活脱脱地凸现出来，令观众（或读者）如闻其声，如见其形。

在第三、四折中，作者写关羽虽明知鲁肃的邀请暗藏杀机，但为了保卫“汉家”疆土，不惧深入龙潭虎穴，过江赴会。第四折开首的两段唱词，是塑造关羽这一英雄形象的点睛之笔：

大江东去浪千叠，引着这数十人驾着这小舟一叶。又不比九重龙凤阙，可正是千丈虎狼穴。大丈夫心别，我觑这单刀会似赛村社。（第四折【双调·新水令】）

水涌山叠，年少周郎何处也？不觉的灰飞烟灭，可怜黄盖转伤嗟，破曹的樯橹一时绝，鏖兵的江水由然热，好教我情惨切！（云：这不是江水）二十年流不尽的英雄血！（第四折【驻马听】）

这样的描写，犹如电影中一组由远而近的特写影头，雄浑、壮阔、凝练，极具历史的厚重感，把关羽的英雄气概、磊落胸襟和冲天豪气全都写出来了。至此，关羽的英雄形象已经跃然纸上，使人不得不钦佩和赞叹。但是，关羽这一英雄形象的塑造，还没有最后完成。作者在表现了他的忠和勇之后，接着又突出表现了他的智与谋。剧中写，席间鲁肃向他讨要荆州时，已在四周藏满了伏兵，情势十分紧迫。然而，关羽威武镇定，从容不迫。他机智地一手按剑，一手扯住鲁肃，道："则为你三寸不烂舌，恼犯我三尺无情铁，这剑饥餐上将头，渴饮仇人血。""说与你两件事先生记着：百忙里称不了老兄心，急切里倒不了俺汉家节。"逼着鲁肃亲自把他送到船上，关羽从而闯出龙潭虎穴，转危为安。

清代钱谦益曾经评论说："侯单刀往赴，掀髯谈笑。肃惧伏莫敢出气，尽撤陆口伏兵，送侯还营。其词曲发扬蹈厉，观者咸拊手击节。"① 可见人们对关汉卿在《单刀会》中塑造的关羽形象是十分赞赏的。值得注意的是，剧中"这剑饥餐上将头，渴饮仇人血"一语，实本自南宋抗金英雄岳飞《满江红》词中的"壮志饥餐胡虏肉，笑谈渴饮匈奴血"。此又足证剧中关羽形象的塑造，的确表现了关汉卿强烈反抗元朝统治和压迫的思想，同时也寄托了作者对汉民族英雄人物的敬意和厚望。

六、卓越的艺术成就

关汉卿一生中创作了多部剧作，这在中国戏曲史上是首屈一指的。他的剧作，不仅取材广泛，内容丰富，思想性强，而且在表现形式和表现手法上也非常成功，在艺术上取得了卓越、

① ［清］钱谦益：《重编义勇武安王集》，又称《关圣帝君集》，见"北京图书馆古籍珍本丛刊"。

辉煌的成就。这是他的剧作所以有生命力的根本原因。

简要地说，关汉卿的戏剧艺术成就，主要表现在下述几个方面。

其一，现实主义与积极浪漫主义高度结合。

作为一名生活在元代下层人民中的知识分子，关汉卿不但十分熟悉当时的社会生活，而且是非与爱憎极为分明。他的剧作由于大胆地揭露了生活中各种具有本质意义的矛盾和冲突，因而深刻地反映了那个时代的社会现实。他的杂剧作品，有的直接反映了元代社会的黑暗现实，如《窦娥冤》《望江亭》《救风尘》等；有的虽然假托前代故事，但反映的明显是元代的社会矛盾和社会冲突，如《鲁斋郎》《蝴蝶梦》《谢天香》等；即使是完全以历史故事为题材的剧作，也仍然或明或暗地影射了元代黑暗的社会现实，如《单刀会》《西蜀梦》《五侯宴》等。关剧的这一突出特点是历史上大部分剧作家所不具有的。所以，明朝人韩邦奇把关汉卿与汉代伟大的史学家司马迁同论并举，认为他的杂剧和《史记》一样，具有同等的史学价值。

关汉卿是一位伟大的现实主义剧作家，但是，他并没有机械、刻板地去摹写社会现实。在忠于现实的前提下，他对题材进行了具有积极浪漫主义精神的加工和处理。也就是说，他把现实主义与积极浪漫主义很好地结合了起来。他的作品，在暴露元代黑暗社会现实的同时，也表现了被压迫者不屈不挠进行斗争的精神，以及他们对生活对未来所抱的希望与理想。

在关汉卿的所有剧作中，现实主义与积极浪漫主义结合最好的作品，当推著名悲剧《窦娥冤》。《窦娥冤》一剧，源于古老的民间故事。《淮南子·览冥训》中关于春秋时“庶女叫天，雷电下击，（齐）景公台陨，支体伤折，海水大出”的记载，应是其最早的雏形。高诱在为《淮南子》作注时，为其补叙了冤情：

庶贱之女，齐之寡妇，无子不嫁，事姑谨敬。姑无男有女，女利母财，令母嫁妇，妇益不肯，女杀母以诬寡妇。妇不能自明，怨结叫天，天为作雷电，下击景公之台陨坏也，毁景公之支体，海水为之大溢出也。[①]

其后，这则民间故事又被安到了西汉名相于定国之父于公的头上：

东海有孝妇，少寡，亡（无）子，养姑甚谨，姑欲嫁之，终不肯。姑谓邻人曰："孝妇事我勤苦，哀其亡子守寡。我老，久累丁壮，奈何？"其后姑自经死，姑女告吏："妇杀我母。"吏捕孝妇，孝妇辞不杀姑。吏验治，孝妇自诬服。具狱上府，于公以为此妇养姑十余年，以孝闻，必不杀也。太守不听，于公争之，弗能得，乃抱其具狱，哭于府上，因辞疾去。太守竟论杀孝妇。郡中枯旱三年。后太守至，卜筮其故，于公曰："孝妇不当死，前太守强断之，咎党（当）在是乎？"于是太守杀牛自祭孝妇冢，因表其墓，天立大雨，岁孰（熟）。郡中以此大敬重于公。[②]

在东晋人干宝的《搜神记》中，故事又有了进一步的发展：

长老传云："孝妇名周青。青将死，车载十丈竹竿，以悬五幡。立誓于众曰：'青若有罪，愿杀，血当顺下；青若枉死，血当逆流。'既行刑已，其血青黄，缘幡竹而上标，又缘幡而下云。"[③]

---

① 《淮南子》高诱注，《诸子集成》第7册，上海书店1986年影印版，1990年印刷，第89页。

② 《汉书·于定国传》。

③ ［晋］干宝撰，汪绍楹校注：《搜神记》卷一一《东海孝妇》，中华书局1979年版，第139页。

但是，在《窦娥冤》一剧中不仅有传说故事的影子，更有现实的依据。据袁桷记载，就在关汉卿生活的那个时代，河南有一尉卒贪孀妇之财，强赘入门，“虐其妇，复不礼其姑”，“事久不决”①。这个尉卒，实际上就是剧中人物张驴儿的原型。而元代类似“东海孝妇”这样的冤狱当更不会少，因为大德七年一次就查出各种冤狱五千多件。所以，田汉在创作话剧《关汉卿》时，曾设想关汉卿是因为亲眼看到一青年女子被冤杀在刑场上而愤怒写下《窦娥冤》的。这就是说，关汉卿在创作《窦娥冤》时，是从元代黑暗的社会现实出发，赋予了古老传说以新的生命的。一方面，他立足现实，创造了冤妇窦娥、豪霸泼皮张驴儿和贪酷官吏桃杌等不同形象；另一方面，他巧妙地运用合理想象和大胆夸张等浪漫主义的表现手法，大大强化了主要人物窦娥的反抗精神。剧中的窦娥，先是不屈于张驴儿的逼婚和诬陷，继则勇敢地反抗官府对她的迫害，至死不肯向恶势力作丝毫让步。为反抗黑暗社会对她的种种迫害，她甚至敢于骂昏官，骂天地，骂鬼神。这些都是原传说故事中所没有的，显然是关汉卿集中概括了现实生活中典型的事例并融进了自己的理想所创造出来的。为了表现窦娥由于冤极恨极痛苦之极而爆发出来的巨大愤怒和强烈反抗精神，关汉卿融会了《搜神记》《汉书》中有关苌弘化碧、杜鹃啼血和邹衍含冤、六月飞雪的传说，让窦娥在临刑之际发下了三桩大愿：一要血不落地，都洒到八尺旗枪的素练上；二要六月飞雪，掩盖住自己的尸首；三要楚州大旱三年，不见半点儿甘霖。为表现窦娥的复仇决心，关汉卿让窦娥虽死不屈，即使化为鬼魂，也要报仇洗冤。所以，在《窦娥冤》一剧中，关汉卿以无比丰富的想象力，将浪漫主

① ［宋］袁桷著，王珽点校：《清容居士集》，浙江古籍出版社2015年版。

义手法的运用推向了极致，并且收到了强烈的表现效果。

关汉卿剧作所具有的现实主义与积极浪漫主义相结合的特点，在其他作品中也都十分突出。比如《救风尘》和《望江亭》等剧作，反映的虽是现实生活，但赵盼儿不畏强暴、靠智慧制服周舍，谭记儿在望江亭一夕即骗得势剑金牌到手，显然具有理想主义的色彩。《单刀会》和《西蜀梦》等剧作，都是以历史故事作为题材的，但是，《单刀会》中关羽的形象也是经过虚构和夸张的。在《西蜀梦》中，关羽和张飞自始至终都是以鬼魂的形象出现的，则更是作者对浪漫主义表现方法的直接运用。关汉卿不仅将夸张、想象等浪漫主义的手法用以塑造剧中正面形象，而且也用来刻画反面形象。比如《窦娥冤》中对楚州太守桃杌的描绘，《望江亭》中对杨衙内和随从张千、李梢的描绘，都是如此。现实主义与积极浪漫主义高度结合的创作方法，使得关汉卿的剧作既具有鲜明的时代特征和浓郁的生活气息，又充满了积极向上的精神力量；使剧中的人物形象既真实可信，又生动感人；正面人物更见光彩，反面人物越加丑恶。

其二，成功地塑造了一系列鲜明、生动而又极具典型性的人物形象。

在现存的十多部剧作中，关汉卿为我们塑造了一系列典型的人物形象。这些人物形象无不带有那个特定时代和各自阶级的深深烙印，但同时又都个性鲜明、血肉丰满、具体生动，而无类同之嫌。比如，同是权豪势要一类人物，鲁斋郎不同于葛彪，葛彪不同于杨衙内，杨衙内又不同于周舍。这些人物的共同特点是残忍歹毒、蛮横霸道，但鲁斋郎是凶蛮中带着一点儿刁滑，葛彪是一味儿的凶残狠毒，杨衙内是狠毒蛮横而又庸劣愚蠢，周舍是残忍毒辣而又虚伪奸诈。再比如，同是勇敢机智的青年女性，赵盼儿是机智勇敢中透着泼辣，谭记儿是机智勇敢中蕴着雅静；同是低微卑贱的妓女，赵盼儿老练多谋而宋引章幼稚单纯。又比如，同是武功盖世、性格豪放的忠臣良将，关羽是忠勇中满含机智，豪放中透着深沉；而尉迟恭则是忠勇中略带憨直，雄豪中藏着谨慎。同是嫌贫爱富、蛮横干涉儿女婚姻的封建家长，王镇不同于王得富，王得富又不同于李氏。王镇主要是蛮横凶狠，王得富较为奸猾，而李氏则既凶狠又奸诈。真是一花一如来，一叶一世界；千人千面孔，各有特点在。更为重要的是，关剧中每个人物的性格特点又无不与他们各自的身份、经历相合。赵盼儿是妓女，所以较谭记儿泼辣；谭记儿是学士夫人，所以较赵盼儿文雅；杨衙内是纨绔子弟，所以才庸劣、愚蠢；周舍是官僚兼富商出身，所以才狠毒无情而又虚伪奸诈……这形形色色的人物，由于分属不同的阶级、不同的阶层，有着不同的生活环境、不同的生活经历，所以才形成了各不相同的性格特点。这样，就使人物具有了可信性，使观众（或读者）觉得他们是现实中活生生的人，而不是游离于生活之外的僵死躯壳。

这一个个性格鲜明、栩栩如生的典型形象，是作者通过细致刻画人物复杂而又深邃的内心世界塑造成功的。比如作者在塑造窦娥这一艺术形象时，不仅描写了她敢说敢骂勇于反抗的刚烈行为，而且细致刻画了她的复杂的精神世界。窦娥自幼丧母，与父亲相依为命，而父亲是个读书人，这就使她从小要受到三从四德之类的教育；所以，当婆婆把张驴儿父子带回家后，她免不了要有自己的看法。作者细致地描述了她在这个问题上的思想活动：

婆婆也，我这寡妇人家，凡事也要避些嫌疑，怎好收留那张驴儿父子两个？非亲非眷的，一家儿同住，岂不惹外人谈议？婆婆也，你莫要背地里许了他亲事，连我也累

做不清不洁的。我想这妇人心好难保也呵!(第二折)

窦娥虽然刚烈不驯，但她是善良的。她的厄运，直观地看，可以说全是婆婆带给她的，然而她非但没有怨恨婆婆，相反还在官府将要对婆婆用刑时，屈招了杀人的大罪。当她披枷带锁被绑赴法场受刑时，她仍然惦记着婆婆，深恐婆婆看到这一场面而难过；既然见到婆婆以后，她则希望婆婆能为她祭奠。作者对窦娥此时的心理活动也有细致的刻画：

可怜我孤身只影无亲眷，则落得吞声忍气空嗟怨。(刽子云)难道你爷娘家也没的?(正旦云)止有个爹爹，十三年前上朝取应去了，至今杳无音信。(唱)蚤已是十年多不睹爹爹面。(刽子云)你适才要我往后街里去，是什么主意?(正旦唱)怕则怕前街里被我婆婆见。(刽子云)你的性命也顾不得，怕他见怎的?(正旦云)俺婆婆若见我披枷带锁赴法场餐刀去呵，(唱)枉将他气杀也么哥，枉将他气杀也么哥。告哥哥，临危好与人行方便。(第三折【叨叨令】)

念窦娥伏侍婆婆这几年，遇时节将碗凉浆奠；你去那受刑法尸骸上烈些纸钱，只当把你亡化的孩儿荐。(卜儿哭科，云)孩儿放心，这个老身都记得。天那，兀的不痛杀我也!(第三折【鲍老儿】)

再如，《鲁斋郎》中的张珪被迫瞒着妻子，亲自把妻子送往鲁斋郎家里时，对他的愤怒、痛苦而又无可奈何的复杂心情，关汉卿也作了准确细致的描写。他为张珪撰写的【南吕·一枝花】和【梁州第七】等曲子，很好地表达了人物此时此刻内心那种难以名状的复杂情感。类似的例子很多。可以说，善于准确、细致地刻画人物的心理活动，是关剧获得成功的一个重要原因。

此外，关汉卿在塑造人物形象时，还善于把他们置于矛盾冲突和发展中加以刻画，善于通过矛盾冲突来展示人物的性格特征。如窦娥、赵盼儿、谭记儿、燕燕、杜蕊娘等，无不如此。这些人物，开始时大都很普通很平凡，看不出有什么突出的地方，但随着矛盾冲突的展开和发展，她们的思想面貌、性格特点便逐渐显露出来并不断得到加强，直到最后完全展示在读者面前。如此刻画人物，不仅使得人物性格鲜明突出，戏剧性强，而且符合人物性格发展的逻辑。

其三，结构紧密、别致，剧情曲折、惊险。

戏剧不同于小说。由于舞台表演的要求和演出时间的限制，要在较少的剧情容量内表现一个主题思想突出、人物性格鲜明、情节曲折生动的故事，是非常不容易的。而元杂剧体制多为四折（相当于现代剧的四幕或四场）的特点，就更增加了这种难度。但是，关汉卿不愧为戏剧艺术大师的称号。他的剧作，剪裁合理，详略得当，首尾完整，中心突出，结构非常紧密，而又总能给人一种行云流水、浑然天成的感觉。他在短短的四折剧中，对故事情节的设计和安排，对矛盾冲突的展开和解决，都十分恰当，表现了高超的艺术才能。现以《救风尘》为例说明一下关汉卿杂剧的这一特点。

《救风尘》总共四折，第一折为矛盾冲突的展开。剧中写妓女宋引章因受花花公子周舍的欺骗，舍弃穷秀才安秀实，嫁给周舍，同伴赵盼儿劝说不听。这一折揭示了宋、赵之间的矛盾，也为宋、赵与周舍之间的矛盾埋下了伏笔，并且暴露了周舍虚伪狡诈的性格，写出了宋引章的天真幼稚，初步展示了赵盼儿的才智（主要是洞察力）。第二折为矛盾冲突的进一步发展。剧中写宋引章因不堪忍受周舍的虐待而向赵盼儿求救，赵盼儿激于义愤，决心设计救宋并耍弄周舍。这一折进一步暴露了周舍的恶劣品质，表现了赵盼儿的侠义心肠，并为下一折赵、周间矛盾的尖锐化做了铺垫。第三折为矛盾冲突的高潮。剧中写赵盼儿计赚周舍，使他休了宋引章，一心准备迎娶赵盼儿，从而展开了赵与周之间尖锐的矛盾冲突。这一折进一步表现了赵盼儿为搭救伙伴肯于牺牲一切的高贵品质和老练、机智的斗争才干，同时也暴露了周舍贪财好色的致命弱点，从而预示了赵、宋必然胜利和周舍必然失败的结局。第四折为矛盾冲突的解决。剧中写赵盼儿巧设计谋，宋引章密切配合，周舍虽竭力反扑而终于不免失败。结果，宋被官府断给安秀实为妻，周舍不仅"尖担两头脱"，还落了个被杖责六十的可耻下场。这一折圆满完成了对赵盼儿这一典型形象的塑造，使全剧在应当结束的时候落下了帷幕。此剧结构紧密，情节不枝不蔓，每一折都很好地表现了人物的鲜明性格和思想感情，并成为全剧不可或缺的有机组成部分。

关汉卿的杂剧作品，不仅以结构完整、紧密和中心突出见称，而且也每每以结构巧妙、别致和独出心裁令人赞叹。比如《单刀会》一剧，作者竟然在前面的整整两折中未让主角关羽出场。第一折出场的主要人物是鲁肃和乔公，第二折出场的主要人物是鲁肃和司马徽。直到第三折，关羽方才出场。我们知道，此剧总共才四折，而今剧中主角整整两折未出场，这种结构安排确实是别具一格，以至于使有的人觉得前两折成为多余。然而，作者如此安排结构，实在是妙不可言：（1）在前两折中关羽不出场，作者就可以通过别人，即乔公和司马徽之口，来概括而又带夸张色彩地渲染他那辉煌的过去和过人的武勇谋略，从而在关羽未出场之前，即充分调动观众的想象能力，使观众产生如闻其声、如见其形的感觉。这样处理，要比关羽出场自我"吹嘘"、自我表演好得多了。（2）由于有了前两折的渲染、烘托和铺垫，关羽一出场就可以先声夺人吸引住观众，同时把剧情引入高潮。（3）如此安排结构，使得情节更加洗练，中心更加突出，人物形象更加生动、丰满。所以，此剧的前两折绝非闲笔，而是作者为突出剧中主题思想所作的匠心独具的巧妙安排，它为整个剧情的展开、发展和结束起了重要的作用。类似这种组织结构的剧作，还有《望江亭》《金线池》等，这里就不一一介绍了。

关剧虽以结构严谨、首尾完整和中心突出著称，但这并非就意味着他的剧作情节一定是平铺直叙，见首知尾。相反，关汉卿杂剧的故事情节不仅变化多端，引人入胜，而且紧张惊险，扣人心弦，从而使他的剧作多姿多彩，绝无平淡、呆板之弊和雷同之嫌。公案剧《绯衣梦》（亦称为《四春院》）在情节设计上便较为突出地表现了这些特点。此剧第一折开头即写王得富因嫌女婿李庆安家贫，不顾女儿与庆安之间已产生爱情的事实，决意设计悔婚。这样，全剧一开始即以小姐与庆安的婚事究竟会有什么样的结局这样一个悬念抓住了观众。然而，正当观众为王、李的婚事担心之时，王小姐让丫环梅香赠金给庆安，让庆安作为向王家娶亲的聘礼，并且约定时间邀庆安偷偷地到王家拿取。这样，观众那颗悬着的心才开始落下来，认为王小姐与庆安的婚事终于有希望了，问题似乎可以圆满解决了。不想，在第二折里，事情陡然发生变化，形势急转直下：贼人裴炎在去王家当铺典当破棉袄时，遭到了王得富的奚落，因而欲杀王家满门作为报复。当夜，裴炎潜入王家，正好碰上梅香拿着小姐的赠金在等待庆安，遂将其杀死，劫金而逃。梅香被杀，王得富怀疑是庆安所为，便告到了官府。庆安受刑不过，只好含冤招认，因而被判处死刑，打入牢中。这时，观众（或读者）一颗刚刚放下的心不禁又被提了起来，为庆安捏着一把汗，担心这个无辜少年会死在昏官的手中。然而，当新任开封知府提笔判斩时，剧情又发生了新的变化：苍蝇三次落在笔尖上，并且使得笔管爆裂，府尹因而顿起疑心，怀疑此案之中隐藏着冤情。这时，李庆安在狱神庙中梦得一首诗，前两句是："非衣两把火，杀人贼是我。"从而得知杀人凶手名叫裴炎。但是，茫茫人海，到那里寻找凶手呢？于是在第三折中，剧情又围绕着侦察、缉捕杀人凶手这一中心展开。在第四折中，关汉卿给了全剧一个大团圆的结局。但是，就是这个大团圆的结局，作者也写得一波三折，变化有致：先是王得富因曾诬告庆安杀人而向庆安之父李老汉求饶，李老汉就是不依；最后，经王小姐和庆安再三求情，并以王得富倒赔三千贯嫁资、许小姐与庆安成亲为条件，李老汉才饶过了他。于是，大家一同去见钱府尹。钱府尹将杀人贼裴炎判了斩刑，并以自己的俸钱为小姐和庆安办了庆贺的筵席，全剧至此结束。真是：自古好事多磨难，终成眷属缘有情。这一剧作，情节曲折变化，跌宕起伏，有时甚至惊险紧张，因而始终能紧紧抓住观众的心，使之不得不随剧情的变化而变化。关汉卿的其他剧作，如《拜月亭》《哭存孝》《鲁斋郎》《蝴蝶梦》《望江亭》，等等，大都具有这一特点；所以，读关汉卿的剧作，绝无平淡无奇和千篇一律的感觉。

其四，语言口语化和个性化。

文学是语言的艺术。无论是事件的陈述，还是人物的刻画，都离不开对语言的运用。戏剧由于自身的特点，对语言的要求更高。所以，凡是戏剧大师，都必然是善于驾驭和运用语言的高手。从现存剧作看，关汉卿在语言的运用方面，具有两个突出的特点，其中之一就是口语化。

关汉卿一生都生活在下层，对民间语言极为熟悉。在创作过程中，关汉卿大量吸收和运用了人民群众口头上那些新鲜活泼、富有生命力的语言，在经过艺术加工之后，将其融会在自己的作品中，从而形成了既有生活气息又有艺术韵味，既朴实自然又生动活泼的特点。他的剧作，无论是曲词，还是对白，“字字本色”，不事雕饰，一向被视为“本色派”的代表。例如，《蝴蝶梦》第一折中王婆婆去寻看王老汉的尸首时所唱的几支曲子，就非常口语化：

仔细寻思，两回三次，这场蹊跷事，走的我气咽声丝（嘶），恨不得两肋生双翅。（【仙吕·点绛唇】）

俺男儿负天何事？拿住那杀人贼，我乞个罪名儿。他又不曾身耽疾病，又无甚过犯公私。若是俺软弱的男儿有些死话，索共那倚势的乔才打会（回）官司。我这里急忙忙过六街、穿三市，行行里挠腮撧耳、抹泪揉眵。（【混江龙】）

你觑那着伤处一埚儿青间紫，可早停着死尸。你可便从来忧念没家私，昨朝怎晓今朝死，今日不知来日事。血模糊污了一身，软答剌冷了四肢，黄甘甘面色如金纸，干叫了一炊时！（【油葫芦】）

关剧中的说白，更加口话化，因而具有浓郁的生活气息，同曲词一样精彩，能够准确、生动地表现人物的精神面貌。比如《窦娥冤》第二折中赛卢医上场后的一段自白，就极为准确地表现了这个庸医因谋害蔡婆婆性命时被人撞见而提心吊胆的心理状态：

（赛卢医上，诗云）小子太医出身，也不知道医死多人，何尝怕人告发，关了一日店门？在城有个蔡家婆子，刚少他二十两花银，屡屡亲来索取，争些捻断脊筋。也是我一时智短，将她赚到荒村，撞见两个不识姓名男子，一声嚷道：“浪荡乾坤，怎敢行凶撒泼，擅自勒死平民！”吓得我丢了绳索，放开脚步飞奔。虽然一夜无事，终觉失精落魂，方知人命关天关地，如何看做壁上灰尘。……常言道的好："三十六计，走为上计。"喜得我是孤身，又无家小连累，不若收拾了细软行李，打个包儿，悄悄的躲到别处，另做营生，岂不干净？

关汉卿的戏剧语言的第二个特点是个性化。个性化的语言是塑造典型的人物形象所必不可少的。因为唯有个性化的语言才能使作品中各色人物不同身份特点和性格特点显示出来，使他们各自的形象凸现出来，从而成为艺术上的"这一个"。在关汉卿的剧作中，这种个性化语言的例子可以说是俯拾皆是。请看《救风尘》中赵盼儿决心去搭救宋引章时对鸨母的一段唱词和说白：

你收拾了心上忧，你展放了眉间皱，我直着花叶不损觅归秋。那厮爱女娘的心见的便似驴共狗，卖弄他玲珑剔透。（云）我到那里，三言两句，肯写休书，万事俱休；若是不肯写休书，我将他掐一掐，拈一拈，搂一搂，抱一抱，看那厮通身酥、遍体麻。将他鼻凹儿抹上一块砂糖，着那厮舔又舔不着，吃又吃不着。赚得那厮写了休书，引章将得休书来，淹的撇了。我这里出了门儿，（唱）可不是一场风月，我着那汉一时休。（第二折【浪里来煞】）

这段唱词和说白，可说把赵盼儿泼辣、勇敢而又有见解有机心的性格特点表现得淋漓尽致。

再看《蝴蝶梦》中葛彪出场后的一段说白：

（净扮葛彪上，诗云）有权有势尽着使，见官见府没廉耻；若与小民共一般，何不随他带帽子。自家葛彪是也。我是个权豪势要之家，打死人不偿命，时常的则是坐牢。今日无甚事，长街市上闲耍去咱。（做撞孛老科，云）这老子是甚么人，敢冲着我的马头？好打这老驴！（做打李老死科下，葛彪云）这老子诈死赖我，我也不怕，只当房檐上揭片瓦相似，随你那里告来。（第一折）

这段话非常符合葛彪这个权豪势要的身份和个性，把一个豪门恶棍凶狠残忍、飞扬跋扈、无法无天的形象活脱脱地表现出来了。

关汉卿在剧作中还吸收了古典诗词和散文中富有生命力和表现力的语言，以及其他民族的语言。前者如《单刀会》第四折中关羽的两段唱词【双调·新水令】和【驻马听】，就是对宋代大文学家苏轼《念奴娇·大江东去》一词的改造。这种吸收和运用，对于表现关羽这一英雄人物的情怀、胸襟和豪气，收到了极佳的艺术效果。后者如《哭存孝》头折中李存信出场后一段说白，蒙、汉语混用，也非常新鲜别致：

米罕（肉）整斤吞，抹邻（马）不会骑。弩门（弓）并速门（箭），弓箭怎的射？撒因（好）答刺孙（酒），见了抢着吃。喝的莎塔八（醉），跌倒就是睡。若说我姓名，家将不能记。一对忽刺孩（贼），都是狗养的。

这段说白不仅对表现李存信、康君立之流奸佞小人的丑恶形象起着不可忽视的作用，而且内中暗寓着对投靠蒙古贵族、与元朝统治者勾结起来镇压自己同胞的少数汉族人的深刻讽刺。

从上述介绍不难看出，关汉卿的戏剧语言，不拘一格，丰富多彩，既朴实、生动、自然，又符合每个人物的身份特点和性格特点，真正做到了“说一人，肖一人”①。

① ［清］李渔：《闲情偶寄》卷二《词曲部下·宾白第四》“语求肖似”条，中华书局2007年版，第75页。

七、光芒灿烂 辉耀百代

关汉卿的杂剧作品，无论数量之大，还是质量之高，都是空前的。从数量上看，他的杂剧作品存世者 18 个，已佚者 49 个，总计为 67 个，可以说是前无古人，后无来者，当称古今第一。从质量上看，关汉卿的杂剧作品不仅具有深刻的思想意义，而且具有强烈的艺术感染力，同样是我国古代其他优秀剧作家所无法相比的。正是由于这些原因，关汉卿和他的杂剧作品，在当代及后世都产生了巨大影响。

元人周德清在《中原音韵序》中说：

> 乐府之盛，之备，之难，莫如今时。……其备，则自关、郑、白、马，一新制作。……诸公已矣，后学莫及！

这里，周德清第一次将关（汉卿）、郑（光祖）、白（朴）、马（致远）并列，且以关汉卿为首，实为后来“元曲四大家”一说的发端，也足见关汉卿在元代戏剧领域中的地位。

熊自得在《析津志·名宦传》中称：

> 关一斋字汉卿……生而倜傥，博学能文，滑稽多智，蕴藉风流，为一时之冠。

熊氏的评价是符合实际的。关汉卿在他还活着的时候，就已经成为戏剧界的领袖人物。他不仅能写，而且能演，表现出过人的戏剧艺术才华，因而在全国享有很高的声望，人们以至于把他的名字作为一种象征：比他稍晚的优秀剧作家高文秀，为人放荡不羁，不慕荣利，以编写水浒戏著称，作杂剧 32 种，被人们称为“小汉卿”；杭州著名剧作家沈和甫，精书法，通音律，诗词俱佳，风流善谑，亦有意效法关汉卿，因系南方人，则被称为“蛮子（元时对南方人的一种称谓）汉卿”。所以，关汉卿的杂剧创作活动，实为元代戏剧艺术的繁荣和发展奠定了基础，在我国古代戏剧史和文学史上写下了光辉的一页。

明代的朱权、王骥德等人囿于偏见，多贬抑关汉卿的杂剧成就。他们或认为关不如郑，或认为关不如王，或认为关不如马，对关汉卿的成就作了许多不公正的评价。例如，明初皇族出身的作家朱权就认为，关汉卿"乃可上可下之才"，把他排在第十位，而把某些作品中表现出消极情绪和迷信思想的马致远排在首位。[①] 但是，这一时期仍有不少人如贾仲明、臧懋循、孟称舜等，对关汉卿的杂剧成就坚持了公正的评价。其中以元末明初贾仲明的评价最为客观和全面。他为关汉卿补写的挽词是：

> 珠玑语唾自然流，金玉词源即便有，玲珑肺腑天生就。风月情，忒惯熟。姓名香，四大神洲。驱梨园领袖，总编修师首，捻杂剧班头。[②]

从这几句挽词可以看出：关汉卿具有过人的戏剧天才，对生活十分熟悉；他善于构思和表达，词语如金玉珠玑，出口成章；他的才能深得人们的钦佩和敬仰，姓名传遍了全国各地；他不仅自己组织和领导剧团（"驱梨园领袖"），担任编剧之长（"总编修师首"），而且还自任导演和主演（"捻杂剧班头"）。

清代，关汉卿为"元曲四大家"之首的评价已成定论。王季烈称关汉卿与白朴、马致远和郑光祖"为北曲之泰斗"[③]。清末民初著名学者王国维则认为："关汉卿一空倚傍，自铸伟词，而其言曲尽人情，字字本色，故当为元人第一。"[④] 他批评朱权"跻马致远于第一，而抑汉卿于第十"，是偏见而非"笃论"。

---

① ［明］朱权著，姚品文等点校笺评：《太和正音谱》，中华书局2010年版。

② ［元］钟嗣成：《录鬼簿》卷上。

③ 王季烈：《螾庐曲谈》，商务印书馆1928年版。

④ 王国维：《宋元戏曲考》，东方出版社1996年版。

不过，无论是推崇关汉卿剧作的人，还是贬低关汉卿剧作的人，他们大都是从关汉卿杂剧作品的文字技巧即“词语”着眼的，而抛开了最为重要的东西，即关汉卿剧作的思想内容。如此离开思想内容单纯地去欣赏文字技巧和表现手法，显然是本末倒置，在实际上同样贬低了关汉卿剧作的巨大成就。例如，王国维一方面称赞关剧《窦娥冤》“即列之于世界大悲剧中亦无愧色”，对其评价甚高，另一方面又说：“剧中虽有恶人交构其间，而其蹈汤赴火者，仍出于其主人翁之意志。”① 把窦娥的悲剧原因归结于她自己的“意志”。这就从根本上抹煞了这部杰出剧作深刻的社会批判意义及剧中主人公宁死不屈的斗争精神。所以，在旧时代，关汉卿的戏剧创作成就实际上一直未能得到真正意义上的公正评价。

对关汉卿杂剧创作成就的真正认识，是在新中国建立之后。新中国成立后，由于有辩证唯物主义和历史唯物主义为指导，对关汉卿的研究工作蓬勃展开并取得了前所未有的成绩，关汉卿杂剧创作的巨大成就及其深刻的社会意义终于得到了应有的公正评价。1958 年，我国举行了有世界许多国家进步文化人士参加的“关汉卿戏剧创作七百年纪念”活动，已故陈毅副总理为这次纪念活动写下了重要题词：

> 关汉卿接近下层人民，熟悉人民语言和民间艺术形式，也深知人民的疾苦和愿望，所以能成为元代杂剧的奠基人，使他在思想上、在艺术上能发出炫耀百代的光彩。
>
> 关汉卿的剧作，不管是悲剧或喜剧，都表现了封建社会两个主要阶级的对立。他是非分明，因而爱憎分明。他的同情总是在被压迫者一边，总是写压迫者看去像是强大

① 王国维：《宋元戏曲考》，东方出版社 1996 年版。

> 而实际腐朽无能，被压迫者看似卑微而确具有无限智慧和力量。因此，他们敢于反抗，甚至死而不屈，终于取得胜利。
>
> 关汉卿是一位现实主义的艺术家，也是一位伟大的民主主义的人道主义的思想家。因此，他不是爬行的现实主义者，而是有思想、有理想的伟大的现实主义者，这值得我们纪念和学习！①

陈毅同志的题词，对关汉卿作了极为崇高的评价。这表明了党和国家对关汉卿戏剧遗产的重视程度。广大学术理论工作者和文化艺术工作者则在“百花齐放、百家争鸣”方针的指引下，对关汉卿的戏剧创作进行了多侧面多角度的研究和探讨，取得了很大的成绩。据不完全统计，新中国成立后发表的关于关汉卿及其剧作研究的论文达一百六十余篇，出版论文集、研究专辑、研究专著及资料汇编等十余部。

关汉卿的杂剧作品，不仅思想性、艺术性很高，而且舞台实践性也很强；所以，自创作成功之日起，就被搬上舞台演出。有的作品还被改编成其他剧种或艺术形式，成为观众喜闻乐见的传统剧目，数百年间盛演不衰。元末，《拜月亭》即被改编为南戏《拜月亭记》，现在尚存的《幽闺记》是其最后的定本。《拜月亭记》与《荆钗记》《白兔记》《杀狗记》被合称为四大南戏。其后，《拜月亭》又被改编成湘剧、昆剧、桂剧、川剧、滇剧、秦腔、湖北高腔、许昌高腔、青阳腔以及福建梨园戏，剧名有《双拜月》《幽闺记》《蒋世隆》《风雨会》《抢伞》等，有的至今仍在舞台上演出。另外，鼓词、子弟书、牌子曲、民歌等，都有取材于《拜月亭》故事的作品。

《单刀会》前二折在清代曾佚，第三、四折改编后分别被称

① 《戏剧报》1958 年第 12 期。

为《训子》和《刀会》，唱词基本未变。此外，《单刀会》尚有昆曲、川剧、湘剧、桂剧、滇剧、湖北高腔、弹词、子弟书等艺术形式，其中昆曲和川剧两个种类尚在演唱。

关汉卿的杂剧作品中，改编最多、影响最大的是《窦娥冤》。明代，叶宪祖首先将其改编为昆曲《金锁记》，之后，又经叶宪祖的门人袁于令进一步改定。清末，在《金锁记》的基础上，《窦娥冤》被改编成京剧《六月雪》。著名的京剧表演艺术家王瑶卿和程砚秋，曾经演出此剧达数十年之久。然而，可惜的是，昆剧《金锁记》的改编者，提高了蔡家的社会地位，将其商人家庭改为书香门第，并且将屈死的窦娥变为状元夫人，驯化了她的性格，取消了她在临刑时的三桩誓愿和愤怒抗争，从而歪曲了关汉卿原作的本意，把一个惊天动地的大悲剧篡改为高官厚禄大团圆的庸俗喜剧，使原作深刻的批判性和强烈的斗争精神丧失殆尽。京剧《六月雪》因系根据《金锁记》改编而来，所以存在着同样的问题。新中国成立前由《窦娥冤》改编的剧种徽剧、秦腔、晋剧、评剧、蒲州梆子、河北梆子、湘剧、桂剧、滇剧、上党落子、汉剧、川剧等。另外，北方的皮影戏、说唱鼓词、子弟书、牌子曲，南方的宝卷，都有以《窦娥冤》故事情节为题材的作品。但是，上述各种戏曲，基本上未能走出《金锁记》的误区，而且其影响一直到新中国成立初期。1958 年纪念关汉卿戏剧创作七百年前后，这种状况始得到改变，出现了一大批以关汉卿原作为基础的改编本，如评剧、川剧、豫剧、京剧、越剧、黄梅戏、秦腔、蒲州梆子、河北梆子等，从而摆脱了《金锁记》的羁绊，保持了原作的悲剧面貌。20 世纪 60 年代，中国歌剧院改编的歌剧本《窦娥冤》和江苏昆剧团演出的昆剧本《窦娥冤》，更加尊重原作，使其悲剧色彩更为鲜明。

关汉卿的剧作还有多种被改编为其他剧种上演。《调风月》被改编为蒲剧、川剧、京剧、越剧和评剧，剧名为《燕燕》。这些改编本都不同程度地加强了剧中主人公的反抗精神。比如蒲剧写燕燕不甘心忍受欺骗和污辱，最后愤而逃离张府；而在川剧、京剧、越剧、评剧中，燕燕则于迎亲之日在洞房中自缢，以死相抗。《鲁斋郎》被改编为京剧和评剧。其中1958年改编的京剧删掉了原著中李二有两个孩子和张珪一家大团圆的情节，改为张珪妻自刎身亡、李二夫妇带着张珪的孩子告状，不仅使戏剧更紧凑、情节更富于变化，而且更加突出了人民的反抗性、包公的智慧胆略和为民除害的精神。《望江亭》被改编为京剧、川剧、秦腔和闽剧，其中1956年改编的京剧剧本是著名京剧表演艺术家、张派创始人张君秋及其弟子的喜演剧目。《绯衣梦》被改编为京剧、晋剧、秦腔、河北梆子、越剧、豫剧、评剧和扬剧，剧名有《火焰驹》《血手印》《大祭桩》《陈英卖水》等。《五侯宴》于1950年、1954年先后两次被改编为京剧《白兔记》；1958年又被改编为评剧，仍称《五侯宴》。《蝴蝶梦》被改编为评剧和京剧，其中评剧本名为《包公三勘蝴蝶梦》。《救风尘》被改编为锡剧。改编后的关汉卿剧作，还有的被拍成电影搬上银幕，其中有湘剧《拜月亭》、蒲州梆子《窦娥冤》、评剧《包公三勘蝴蝶梦》和由川剧《谭记儿》改编的京剧《望江亭》。

以上所述，并非关汉卿杂剧作品改编与演出情况的全部，但是，由此我们已经可以清楚地看出人民群众对关汉卿这位艺术大师的优秀剧作是多么热爱、多么欢迎，从而一窥关剧巨大的社会意义和艺术价值。

关汉卿的杂剧作品，在元代就开始被选编、出版，因而得到广泛传播。现存最早的刊本《元刊杂剧三十种》，收其《单刀会》、《西蜀梦》、《调风月》和《拜月亭》4 种。现存明代刊本较多，有陈与郊的《古名家杂剧》，收《窦娥冤》《鲁斋郎》《蝴蝶梦》《救风尘》等 9 种；赵琦美的《脉望馆钞校本古今杂剧》，收《单刀会》《单鞭夺槊》《绯衣梦》《五侯宴》等 7 种；王骥德的《古杂剧》，收《望江亭》《玉镜台》等 4 种；孟称舜的《古今名剧合选》，收《窦娥冤》《金线池》《玉镜台》3 种；息机子的《古今杂剧选》，收《望江亭》1 种；臧晋叔的《元曲选》，收《窦娥冤》《金线池》《鲁斋郎》等 9 种。1918 年，臧晋叔的《元曲选》曾由商务印书馆影印出版。1935 年出版的卢前选编的《元人杂剧全集》第一辑第一本，所收全系关氏作品，计 14 种。1941 年，王季烈选编、商务印书馆出版的《孤本元明杂剧》，收关氏作品 5 种。

新中国成立后，关汉卿杂剧作品的选编、出版更为繁荣：其中老版本被陆续地影印再版，新版本则不断地涌现，因而流传也就愈益广泛。在新出版的各种版本中，合编本有：隋树森先生编校的《元曲选外编》，收《元曲选》未曾收入的关氏剧作 9 种；顾学颉先生选注的《元人杂剧选》，收关剧 2 种；王季思先生等选注的《元杂剧选注》，收关剧全本者 2 种、节本者 3 种；王季思先生主编的《中国十大古典悲剧集》和《中国十大古典喜剧集》各收关剧 1 种；王季思先生主编的《中国戏曲选》，收关剧 5 种，全为节本；隗芾先生选注的《元明清戏曲选》，收关剧全本者 3 种、节本者 1 种。新中国成立后新出版的关汉卿剧作专集有：吴晓铃先生校勘的《关汉卿戏曲集》，收 18 种；北京大学中文系编校的《关汉卿戏剧集》，亦收 18 种；顾学颉先生选注的《关汉卿戏曲选》，收《窦娥冤》《救风尘》《单刀会》《拜月亭》等 8 种；吴晓铃先生选注的《大戏剧家关汉卿杰作集》，收上书除《拜月亭》和《鲁斋郎》以外的 6 种。

此外，还有王学奇先生校注的《关汉卿全集》、吴国钦先生校注的《关汉卿全集》，等等。

关汉卿的杂剧作品不仅在国内被大量出版，得到了广泛的传播，而且被翻译介绍到了国外。1821 年，英国汉学家多马斯当东（1781—1859 年）翻译的《异域录》（作者为清代理琛）在伦敦出版，书中之《士女洗冤录》即为《窦娥冤》的剧情梗概。1838 年，法国著名汉学家巴赞（Amtoine Pierre Louis Bazin，1799—1863 年）译著的《元曲选解题》一书在巴黎出版，其中收有《窦娥冤》的全部译文。这是最早被完整地翻译成外文在西方出版的关剧作品。1887 年，巴赞翻译的法文本《窦娥冤》被德国汉学家鲁登道夫·冯·戈特查尔（Rudolf Von · Gottschall）以德文节译收入《中国戏剧》在波兰出版。巴赞除全文翻译了《窦娥冤》之外，还陆续简略译介了《窦娥冤》《玉镜台》《谢天香》《救风尘》《蝴蝶梦》《鲁斋郎》《金线池》《望江亭》共 8 种关汉卿的剧作。此外，《玉镜台》与《谢天香》尚有德文节译本被收入鲁德尔斯贝尔格的《中国喜剧》，于 1922 年在维也纳出版。

1829 年，多马斯当东的英文本《窦娥冤》剧情梗概，被转译成俄文在俄国《雅典娜神庙》杂志上发表，题名为《学者之女雪恨记》。1958 年，苏联著名汉学家索罗金将关剧《窦娥冤》节译发表，谢马诺夫与雅罗斯拉夫采夫则合作将《救风尘》节译发表。《窦娥冤》的俄文全译本是由斯别阿聂夫翻译的，收入《元代戏曲》一书，1966 年由列宁格勒—莫斯科出版。另外，苏联著名汉学家索罗金、费德林、艾德林、谢马诺夫等，都发表过研究关汉卿及其剧作的专著和论文，对其评价甚高。

最早的日文全译本关汉卿剧作，是日本著名汉学家宫原民平翻译的《窦娥冤》，于 1926 年在东京出版。1940 年，日本又出版了盐谷温博士的译著《国译元曲选》，其中收有 8 种关汉卿剧作的全译本。日本著名汉学家青木正儿在其专著《元人杂剧序说》第四章中对关汉卿及其剧作《窦娥冤》《救风尘》《拜月亭》《玉镜台》《望江亭》《单刀会》《调风月》《金线池》等进行了系统评论，认为“关汉卿为元杂剧创始的中心作家，是本色派的第一流人物”，在作品数量丰富这一点上“也是元代第一”，并且认为《窦娥冤》“为元悲剧的第一杰作”，“关汉卿的作品虽多，方面虽广”，但“往往是不可或缺的”，其“真是元曲第一通人”。

美国学者对关汉卿及其剧作的研究主要是在 1958 年之后，主要论著有罗杰姆·西顿的博士论文《关汉卿及其著作评论》、Hsiehchen - ooi 的博士论文《窦娥冤主题的演进》、时钟雯的博士论文《对窦娥的不公平：〈窦娥冤〉的研究与翻译》等。1976 年，时钟雯的专著《中国戏剧的黄金时代：元杂剧》由普林斯顿大学出版社出版，书中对关剧进行了全面的分析、研究。

关汉卿在世界文学领域的崇高地位和他的剧作在国外的广泛影响，从世界著名百科全书所作的评价中更可以看出来。《英国大不列颠大百科全书》在“元代戏剧”条中称关汉卿是“创作了六十多种戏剧作品的第一位有成就的著名戏剧大家”；《英国简明百科全书》在“元代戏曲”条中称“关汉卿是中国元代戏曲家，也是文艺评论界公认的中国最伟大的戏剧作者……他在中国戏剧史和文学史上均占有重要地位”。《美国大百科全书》在“元代戏剧”条中称关汉卿《窦娥冤》为“著名的、杰出的剧作”；《法国拉鲁斯大百科全书》称关汉卿为“第一流的伟大戏剧大家”；《日本世界大百科事典》列有“关汉卿”专条，对他的生平、剧作和艺术成就作了全面的介绍，认为“关汉卿塑造人物的手法是创新的、独特的，尤其成功的是他对女性心理的描述”。

从上述介绍不难看出，关汉卿的杂剧创作取得了巨大的成就。他的作品不仅受到了中国人民的喜爱，而且也受到了世界人民的喜爱。他以自己的毕生创作和演出活动奠定了我国古代戏剧艺术的基础，为中国戏曲事业的发展做出了突出贡献。他的所有传世剧作，是他留给中国以至世界的无价之宝。这些文化艺术瑰宝有着无穷的魅力，势将影响着后世百代。

八、余墨写散曲 依然大家风

提到元代杂剧，人们会很自然地想到关汉卿。这是因为，关汉卿的一生都与杂剧的创作和演出相始终，他在杂剧艺术方面的成就、贡献和影响实在太大了，以至于使人们忽视甚至忘记了他在其他方面的才能和成就。是的，关汉卿的名字是和杂剧艺术紧密联系在一起的，他的成就主要在戏剧方面。但是，关汉卿在创作了大量杂剧作品的同时，还创作了一批数量可观、思想性艺术性俱高的散曲作品。他的散曲作品，或铮铮铿锵，或闲适舒缓，或缠绵宛转，感情真挚，不同凡响，实为元散曲中的精品，在文学史上同样占有重要地位。

元代的散曲，包括小令、带过曲和套数。小令因由词发展而来，所以有些像词。但是，二者在音乐、曲式、语言、声韵上有区别。这种区别，简单地说是前者俗而宽，后者雅而严。带过曲由小令组成。由于小令太简短，难以表达丰富的生活内容和复杂的感情变化，便把两个或三个音律能衔接的调子联在一起，成为复调。复调亦即带过曲。小令、复调进一步扩大而组织成新的形式，便成为“套数”。“套数”又称“套曲”，系由同一宫调的若干支曲牌组成，因而与宋金时期的说唱艺术

“诸宫调”关系密切。套数长短差别非常之大：最长者达 34 支曲子，最短者只有 3 支曲子。散曲与杂剧合称元曲，与唐宋诗词和明清小说一样，是我国古代文学发展史上的高峰之一。杂剧与散曲分属两种不同的文学体裁：前者是戏剧，而后者属诗歌。但是，二者形式上又有一定的联系：杂剧的唱词和散曲一样，都需要按照曲调撰写，都是合乐歌唱；所以，它们之间的关系有点儿像诗歌与诗剧。

关汉卿的散曲作品，吴晓铃等先生的《关汉卿戏曲集》、隋树森先生的《全元散曲》和王学奇、吴国钦二位先生分别校注的《关汉卿全集》均有辑录。根据他们的辑录统计，关汉卿现存散曲如下：

小令 57 首：【正宫·白鹤子】4 首，【仙品·醉扶归】《秃指甲》1 首，【仙品·一半儿】《题情》4 首，【南宫·四块玉】《别情》1 首，【南吕·四块玉】《闲适》4 首，【中吕·朝天子】《从嫁媵婢》1 首，【中吕·普天乐】《崔张十六事》16 首，【商调·梧叶儿】《别情》1 首，【双调·沉醉东风】5 首，【双调·碧玉箫】16 首，【双调·大德歌】《春夏秋冬》4 首，【双调·大德歌】6 首。

套曲 14 套：【黄钟·侍香金童】，【仙吕·翠裙腰】《闺怨》，【南吕·一枝花】《赠珠帘秀》，【南吕·一枝花】《杭州景》，【南吕·一枝花】《不伏老》，【中吕·古调石榴花】《闺思》，【大石调·青杏子】《离情》，【大石调·青杏子】《骋怀》，【越调·斗鹌鹑】《女校尉》，【越调·斗鹌鹑】《蹴鞠》，【双调·新水令】，【双调·新水令·二十换头】《题情》，【双调·乔牌儿】，【仙吕·桂枝香】。

残曲 2 套：【大石调·六国朝】，【般涉调·哨遍】。

与杂剧不同的是，关汉卿的散曲写的多是生活中的琐事。

这些散曲有对黑暗社会的强烈反抗，有对现实生活的无限感慨，有对才智女性的由衷赞美，有对两性爱恋的入微刻画，也有对祖国山河的热情描绘，多侧面地表现了作者的性格、意志、情趣以及对生活的认识和态度，生动展示了作者丰富的内心世界。

最能表现关汉卿叛逆精神和不屈意志的散曲作品是【南吕·一枝花】《不伏老》套曲：

【一枝花】攀出墙朵朵花，折临路枝枝柳。花攀红蕊嫩，柳折翠条柔。浪子风流，凭着我折柳攀花手，直熬得花残柳败休。半生来折柳攀花，一世里眠花卧柳。

【梁州第七】我是个普天下郎君领袖，盖世界浪子班头。愿朱颜不改常依旧，花中消遣，酒内忘忧；分茶攧竹，打马藏阄。通五音六律滑熟，甚闲愁到我心头。伴的是银筝女银台前理银筝笑倚银屏，伴的是玉天仙携玉手并玉肩同登玉楼，伴的是金钗客歌金缕捧金樽满泛金瓯。你道我老也暂休，占排场风月功名首，更玲珑又剔透。我是个锦阵花营都帅头，曾玩府游州。

【隔尾】子弟每是个茅草岗沙土窝初生的兔羔儿乍向围场上走，我是个经笼罩受索网苍翎毛老野鸡蹅踏的阵马儿熟。经了些窝弓冷箭镴枪头，不曾落人后。恰不道“人到中年万事休”，我怎肯虚度了春秋！

【尾】我是个蒸不烂煮不熟捶不扁炒不爆响珰珰一粒铜豌豆，恁子弟每谁教你钻入他锄不断斫不下解不开顿不脱慢腾腾千层锦套头。我玩的是梁园月，饮的是东京酒，赏的是洛阳花，攀的是章台柳。我也会吟诗，会篆籀；会弹丝，会品竹；我也会唱鹧鸪，舞垂手；会打围，会蹴鞠；会围棋，会双陆。你便是落了我牙，歪了我口，瘸了我腿，折了我手，天赐与我这几般儿歹症候，尚兀自不肯休。则除是阎王亲自唤，神鬼自来勾，三魂归地府，七魄丧冥幽，天哪，那其间才不向烟花路儿上走!①

在这套曲子中，关汉卿毫不含糊地表示，他决心要与勾栏、妓院中那些被侮辱被损害的女性生活在一起，并且对这种生活感到自豪。他故意夸张地描写自己在勾栏、妓院中的生活，实际上表明了他对现实社会的强烈不满和无比反感。他宣称自己是“蒸不烂、煮不熟、捶不扁、炒不爆，响珰珰一粒铜豌豆”，表示至死也不改“向烟花路儿上走”的决心，充分表现了他的顽强意志和倔强性格。这种不与黑暗势力妥协、不向各种恶人屈服、勇敢战斗、百折不挠、终生不悔的精神，与他的杂剧所表现的主导精神是一脉相承的。可以说，这套曲子淋漓尽致地展示了关汉卿这位艺术大师刚直不阿、无所畏惧而又多才多艺、放荡不羁的才子兼斗士的精神风貌。

不过，关汉卿散曲中像【南吕·一枝花】《不伏老》这样的“金刚怒目”式的作品并不多。他的另一些感叹时世的曲子，则表现了一种与《不伏老》套曲截然相反的情怀：

【乔牌儿】世情推物理，人生贵适意。想人间造物搬兴废，吉藏凶，凶暗吉。

【夜行船】富贵那能长富贵，日盈昃月满亏蚀。地下东南，天高西北，天地尚无全体。

【庆宣和】算到天明走到黑，赤紧的是衣食。凫短鹤长不能齐，且休题，谁是非。

【锦上花】展放愁眉，休争闲气；今日容颜，老如昨日。古往今来，恁须尽知，贤的愚的，贫的和富的。

① 马欣来辑校：《关汉卿集》，山西人民出版社1996年版，2000年印刷，第485页。下引此书中关汉卿所著散曲，均不再加注。

【幺】到头这一身，难逃那一日；受用了一朝，一朝便宜。百岁光阴，七十者稀；急急流年，滔滔逝水。

【清江引】落花满院春又归，晚景成何济？车尘马足中，蚁穴蜂衙内，寻取个稳便处闲坐地。

【碧玉箫】乌兔相催，日月走东西。人生别离，白发故人稀。不停闲岁月疾，光阴似驹过隙，君莫痴，休争名利。幸有几杯，且不如花前醉。

【歇拍煞】恁则待闲熬煎、闲烦恼、闲萦系、闲追欢、闲落魄、闲游戏。金鸡触祸机，得时间早弃迷途，繁华重念箫韶歇，急流勇退寻归计。采蕨薇，洗是非；夷齐等，巢由辈。这两个谁人似得？松菊晋陶潜，江湖越范蠡。

(【双调·乔牌儿】《世情推物理》)

这套曲子，表现了关汉卿看破红尘，不争是非，意欲效法先贤，退隐江湖山林之中的消极情绪，风格与《不伏老》曲子迥然不同。《不伏老》套曲中那种尖锐、激烈、决绝、顽强的斗争精神在这里荡然无存。怎样看待这种现象？鲁迅先生在《“题未定”草（六）》一文中曾说，论人应当全面，“倘有取舍，即非全人，再加抑扬，更离真实”，并以陶渊明为例说：“就是诗，除论客所佩服的‘悠然见南山’之外，也还有‘精卫衔微木，将以填沧海，刑天舞干戚，猛志固常在’之类的‘金刚怒目’式，在证明着他并非整天整夜的飘飘然。这‘猛志固常在’和‘悠然见南山’的”，其实“是一个人”①。毫无疑问，关汉卿是一位终生与封建统治者抗争的斗士。但是，在那种风波险恶、处处陷阱的黑暗社会，一个人在饱受打击、遍身伤痕之时，难免

① 《且介亭杂文二集》，《鲁迅全集》第6册，人民文学出版社2005年版，第436页。

会产生一些消极情绪，发出一两声沉重叹息。金刚怒目时是关汉卿，消极颓丧时也是关汉卿；但是，“金刚怒目”在关汉卿身上毕竟是主流精神。所以，他即使在消极颓丧时也只是表示要寻求闲适安乐的隐士生活，却绝不与统治者合作。

反映关汉卿消极遁世情绪的散曲作品，还有小令《闲适》，共四首：

适意行，安心坐，渴时饮，饥时餐，醉时歌，睏来时就向莎茵卧。日月长，天地阔，闲快活！

旧酒投，新醅泼，老瓦盆边笑呵呵，共山僧野叟闲吟和。他出一对鸡，我出一个鹅，闲快活！

意马收，心猿锁，跳出红尘恶风波。槐阴午梦谁惊破？离了利名场，钻入安乐窝，闲快活！

南亩耕，东山卧，世态人情经历多。闲将往事思量过，贤的是他，愚的是我，争什么？

关汉卿的散曲，最多的是那些写男女恋情的作品。这些作品，或写两性爱恋的情状，或写男女相思的苦衷，描述过程绘情绘景，刻画心理细致入微，表现了生活中男女相悦相爱时的一种人性之美。且看【仙吕·一半儿】《题情》中的四首小令：

云鬟雾鬓胜堆鸦，浅露金莲簌绛纱，不比等闲墙外花。骂你个俏冤家！一半儿难当一半儿耍。

碧纱窗外静无人，跪在床前忙要亲。骂了个负心回转身：虽是我话儿嗔，一半儿推辞一半儿肯。

银台灯灭篆烟残，独入罗帏掩泪眼。乍孤眠好教人情兴懒：薄设设被儿单，一半儿温和一半儿寒。

多情多绪小冤家，迤逗得人来憔悴煞。说来的话先瞒过咱，怎知他，一半儿真实一半儿假。

前两首描摹男女幽会欢爱，真切细腻，大胆热烈，而又毫无庸俗淫荡之弊；后两首刻画少妇少女思念丈夫或情人时的心理活动，准确恰切，生动入微，令人如临其境，如睹其容。这四首小令，设意构思，独出心裁；遣词用语，朴实自然；通篇俗中含雅，情景交融，因而收到极好的表现效果，每一首都是写情佳作。

关汉卿还有一组写相思之苦的小令，即【双调·沉醉东风】五首，亦属写情的上乘之作，而其中尤以第二首为佳：

忧则忧鸾孤凤单，愁则愁月缺花残。为则为俏冤家，害则害谁曾惯？瘦则瘦不似今番，恨则恨孤帏绣衾寒，怕则怕黄昏到晚。

全曲写一少妇因与丈夫分别而产生的刻骨思念之情，回还往复，曲尽摹绘。曲中以“鸾孤凤单”和“月缺花残”象征夫妻分离，以相思成病和人变消瘦来形容少妇对丈夫爱恋之深与思念之苦，以叠用“忧”“愁”“恨”“怕”来渲染相思之人独处孤眠时痛苦寂寞的心境，读来缠绵悱恻，真挚感人。这首曲子与前述几首曲子不同，它不是直抒胸臆，而是借物喻人，以景衬情，因而较为宛转、含蓄。

关汉卿写男女离别之情的散曲只有小令两首。其一是【双调·沉醉东风】中的第一首：

咫尺的天南地北，霎时间月缺花飞。手执着饯行杯，眼搁着别离泪。刚道得声“保重将息”，痛煞煞教人舍不得。“好去者望前程万里！”

其二是【南吕·四块玉】《别情》：

自送别，心难舍，一点相思几时绝？凭阑袖拂杨花雪，溪又斜，山又遮，人去也。

这两首小令，用不同的情景抒写男女离愁别绪，手法高超，感情真挚，风格极像五代与两宋时期的小词，又犹如淡墨素彩精心勾勒的两幅写意国画，令人百读不厌。

其中第一首以夸张和比喻的手法，写出了夫妻（或情人）间将要分别时难舍难离的深挚感情，刻画了一位强忍着心中无限悲痛、举杯为心上人饯行而终于声咽泪下的女性形象。这位女性尽管心中异常悲苦，与丈夫（或情人）难以割舍，分手时却又不忘叮嘱心上人“保重将息”好好前去（“好去者”），希望他能够“前程万里”，充分表现了自己对心上人的一片深情和无限热爱。这首小令，用语朴素、自然，形象鲜明、生动，意境虽较哀怨，但由于最后以“前程万里”相勉，因而显示出离别人对待人生的积极态度。

第二首着重写夫妻（或情人）初别之后，那种刻骨铭心的相思之情。曲中以漫天纷飞的杨花隐喻相思之无穷无尽，以流淌不息的溪水和起伏重叠的山峦隐喻相思之难以割断，寓情于景，情景交融，十分感人。读这首小令，很容易使人想到唐代大诗人李白的【菩萨蛮】词和宋代著名文学家苏东坡的【少年游】词。前者有“平林漠漠烟如织，寒山一带伤心碧。暝色入高楼，楼上有人愁”等语，后者有“去年相送，余杭门外，飞雪似杨花；今年春尽，杨花似雪，犹不见还家”等语。虽然关作为曲，李作、苏作是词，但有异曲同工之妙。这首小令的表现手法不同于前首，主要是用语婉约轻倩，抒情曲折含蓄，因而所造成的意境也较为凄婉深邃，在风格上更接近词。

在杂剧作品中，关汉卿着重描写了元代妇女的不幸遭遇和她们在反抗压迫的过程中所表现出来的聪明才智。在散曲中，关汉卿则多角度、多侧面地向读者展示了元代女艺人的日常生活风貌，他笔下的女性，或美丽动人、仪态万千，或身手矫健、技艺卓绝，或活泼好动、纯真无邪，或娴静矜持、温文尔雅，都表现了健康、纯洁和高雅之美。

关汉卿描绘勾栏女艺人美丽形象的散曲代表作，当推套数【南吕·一枝花】《赠朱帘秀》：

【一枝花】轻裁虾万须，巧织珠千串；金钩光错落，绣带舞蹁跹。似雾非烟，妆点就深闺院，不许那等闲人取次展。摇四壁翡翠阴浓，射万瓦琉璃色浅。

【梁州第七】富贵似侯家紫帐，风流如谢府红莲，锁春愁不放双飞燕。绮窗相近，翠户相连，雕栊相映，绣幕相牵。拂苔痕满阶榆钱，惹杨花飞点如绵。愁的是抹回廊暮雨潇潇，恨的是筛曲槛西风剪剪，爱的是透长门夜月娟娟。凌波殿前，碧玲珑掩映湘妃面，没福怎能够见？十里扬州风物妍，出落着神仙。

【尾】恰便似一池秋水通宵展，一片朝云尽日悬。你个守户的先生肯相恋，煞是可怜。则要你手掌儿里奇擎着耐心儿卷。

曲中的朱帘秀，也称珠帘秀，为元初著名的戏曲女演员之一。《青楼集》载有她的小传，称她“杂剧为当今独步；驾头、花旦、软末泥等，悉造其妙”。当时著名的曲作家胡祇遹、关汉卿、卢挚、冯子振等与她都有交往，且互有唱酬之作。关汉卿在这套曲子里，以丽堂华屋中的珠帘隐喻朱帘秀，浓墨重彩，赋陈铺排，极写这位女艺人的高贵、文雅、美貌、洁品，以及动听的歌喉和优美的舞姿，把这位女艺人刻画得丽如天仙，光彩照人；同时，作者又以榆钱、柳絮扑击珠帘和暮雨、西风淋吹回廊曲槛为喻，含蓄地揭露了各色恶人和薄幸之徒侵扰、中伤女艺人的事实，并且委婉曲折地表示了自己对这位杰出艺人的深切同情和衷心爱慕。由于当时朱帘秀已经委身（也可能是被霸占）于一个庸俗的道士，作者无可奈何，不胜感叹，只好警告那个“守户先生”（道士），要精心爱护朱氏。这套曲子，字面上句句咏叹珠帘，实际上句句摹写帘秀，手法高明，甚见巧思，是酬唱赠答中不可多得的佳作。此外，这套散曲由于真实地记录了一代戏剧大师与勾栏女艺人之间相互交往的真挚亲切关系，因而又是我国文学艺术史上极为珍贵的文献材料。

特别值得一提的是，在关汉卿描写女艺的人散曲中，有两套专门刻画元代蹴鞠女艺人的曲子，即【越调·斗鹌鹑】《女校尉》和《蹴鞠》。这两套曲子不仅准确地描绘了女艺人蹴鞠时的动人场面和勃勃英姿，而且真实地记录了元代蹴鞠活动的情况，实为研究我国古代蹴鞠运动史不可多得的宝贵资料。所以，兹照录如下。

其一，《女校尉》：

【斗鹌鹑】换步那踪，趋前退后；侧脚傍行，垂肩亸（duǒ，下垂）袖。若说过论搽头，膁（lián）搭板楼。入来的掩，出去的兜。子要论道儿着人，不要无拽样顺纽。

【紫花儿】打的个筒子膁特顺，暗足窝妆腰不揪。拐回头，不要那看的每侧面，子弟每凝眸。非是我胡诌，上下泛前后左右瞅，过从的圆就，三鲍巧失落，五花气从头。

【天净沙】平生肥马轻裘，何须锦带吴钩？百岁光阴转首，休闲生受，叹功名似水上浮沤。

【寨儿令】得自由，莫刚求，茶余饭饱邀故友；谢馆秦楼，散闷消愁，惟蹴鞠最风流：演习得踢打温柔，施逞得解数滑熟，引脚蹑龙斩眼，担枪拐凤摇头；一左一右，折叠拐鹘膝游。

【尾】锦缠腕叶底桃鸳鸯扣，入脚面带黄河逆流，白打赛官场，三场儿尽皆有。

其二，《蹴鞠》：

【斗鹌鹑】蹴鞠场中，鸣珂巷里，南北驰名，寰中可意，夹缝堪夸，抛声尽喜。那换活，煞整齐，款侧金莲，微舒玉体，唐裙轻荡，绣带斜飘，舞袖低垂。

【紫花儿】打的个桶子膁特硬，合扇拐偏疾，有一千来搊（chōu，从下向上用力）拾，上下泛匀匀的论道儿，直使得个插肩来可喜，扳搂抄杂，足窝儿伶利。

【小桃红】装跷委实用心机，不枉了夸强会，女辈丛中最为贵，煞曾习，沾身那取着田地，赶起了白踢，诸余里快收拾。

【调笑令】喷鼻，异香吹，罗袜长沾现色泥。天生艺性诸般儿会，折末你转花枝勘肷当对，鸳鸯扣体样如画的，到啜赚得校尉每疑惑。

【秃厮儿】粉汗湿珍珠乱滴，宝髻偏鸦玉斜堆，虚蹬落实拾蹑起，侧身动，柳腰脆，丸惜。

【圣药王】甚旖旎，解数儿稀，左盘右折煞曾习，甚整齐，省气力，旁行侧脚步频移，来往似粉蝶儿飞。

【尾】不离了花畔柳影闲天地，关白打官场小踢，竿网下世无双，全场儿占了第一。

蹴鞠，也称为蹋鞠、踢足、戏球等，为我国古代的足球运动。蹴、蹋为踢，鞠指古代一种球。蹴（蹋）鞠即踢球的意思。足球运动在我国起源很早。据1973年长沙马王堆汉墓出土的帛书《十六经》记载，黄帝在涿鹿之战中擒获蚩尤之后，剥下他的皮制成箭靶，让人射，取出他的胃制成球让人踢。此后，蹴鞠就成为古代军队中的一种军事体育活动被沿袭下来，并且逐渐传到了民间。史籍对此多有记载。唐代的足球设有球门，分队比赛，已经与现在的足球运动相似。到两宋时期，蹴鞠活动甚盛，上至皇室贵族，下至市井平民，都加入了这种活动的行列。此时所用之球，是以熟牛皮制成的，中间实以柔软之物。

宋代筑球，棒打足踢均可，而球员则都是男性。元代蹴鞠活动已有妙龄女子参加，一般三人为一队，分别以“校尉”“搽头”“子弟”称之。民间的蹴鞠组织称为圆社，宋代即已产生。女蹴鞠艺人当为圆社组织中的成员，她们的蹴鞠法是没有球门的散踢，也叫作“白打”。

在第一套曲子中，关汉卿着意刻画了女校尉在球场上的勃勃英姿和高超球艺。她挪脚换步，进前退后，一会儿速奔，一会儿侧行，或用足踢，或用肩挡，熟悉各种各样的踢法，而且动作潇洒自如，以至于使得场外的观众聚精会神，双眼紧盯着球路。作者还借描写蹋鞠场面，抒发自己安于肥马轻裘生活、鄙视功名利禄的情怀。末了，作者表示，茶余饭后得了空闲时，能邀请朋友们，用那优美的姿势，把各种各样的套路踢上一踢，是最妙不过的了，从而显示了关汉卿看球时跃跃欲试的心情和对球技的娴熟与精通。在第二套曲子里，关汉卿进一步描述了女校尉和她的队友们踢球时的风采和技艺。曲中写，她们由于球艺精湛，动作优美，声名传遍全国；场外的观众，人头攒动，熙熙攘攘，一片赞扬声；在场上，她们身体舒展，姿势优美，罗裙轻荡，绣带斜飘，表演了各种花样踢法和进攻战术，显示了精湛的技艺和良好的风度，让观众得到了美的享受。为反衬女校尉技高一筹，关汉卿还对比描写了一般球手的技艺。由于运动量太大，球员们在经过一番比赛之后，粉汗透湿，气喘吁吁，玉钗偏斜，但是她们精神抖擞，依然“旁行侧脚步频移，来往似粉蝶儿飞”，贪踢不已。最后，作者预言她们如果参加正式比赛，一定会夺得全场第一。

关汉卿还有少量描写江山胜景和自然风光的散曲作品，包括一套散曲和几首小令。这些作品，笔法灵活，景物鲜明，艺术造诣绝不亚于和他同时代的几位以写景为主的大家，如白朴、马致远、张可久等人。例如，他的【南吕·一枝花】《杭州景》套曲，就是一篇被广为传颂的写景佳作：

【一枝花】普天下锦绣乡，寰海内风流地。大元朝新附国，亡宋家旧华夷。水秀山奇，一到处堪游戏，这答儿忒富贵。满城中绣幕风帘，一哄地人烟凑集。

【梁州第七】百十里街衢整齐，万余家楼阁参差，并无半答儿闲田地。松轩竹径，药圃花蹊，茶园稻陌，竹坞梅溪。一陀儿一句诗题，一步儿一扇屏帏。西盐场便似一带琼瑶，吴山色千叠翡翠。兀良，望钱塘江万顷玻璃。更有清溪、绿水，画船儿来往闲游戏。浙江亭紧相对，相对着险岭高峰长怪石，堪羡堪题。

【尾】家家掩映渠流水，楼阁峥嵘出翠微，遥望西湖暮山势。看了这壁，觑了那壁，纵有丹青下不得笔。

在这套曲子中，作者首先以洗练的语言概括地描述了杭州这一古代名城的兴亡变迁、重要地位和旖旎风光，表达了作者对江山易主、朝代更替的无限感慨之情。然后，作者又以细致的笔触具体地描写了市区及附近的景物：但见街道整齐划一，楼阁错落相连，庭院里松竹茂盛，苗圃中繁花似锦；近处茶园连着稻田、竹坞靠着梅溪，远处是青山叠翠、碧波万顷；更兼清溪绿水，画船往来，奇峰怪石，长亭相对，真是美不胜收，堪题堪羡。最后，作者说，这流水掩映、楼阁峥嵘、湖波荡漾、暮山耸翠的美好景致，让人左顾右盼、目不暇接，即使最高明的画家也无法将其画出。所以，关汉卿在这里实际上做了一件让高明画家也自叹弗如的事情：他用手中的如椽之笔，以语言为“颜料”，为我们精心描绘了一幅巨大而壮丽的都市风光鸟瞰画图。站在这幅巨大、壮丽的画图前，杭州这一著名都会的繁华市井、古迹名胜与湖光山色，便可尽收眼底，一览无余。

关汉卿的几首写景小令，也都极有韵味，它们或素写淡描，或借景抒情，均称得上是曲中佳品。例如，其中一首吟咏雪景的曲子，就很能显示关汉卿在写景小令方面的特点与成就：

雪粉华，舞梨花，再不见烟村四五家。密洒堪图画，看疏林噪晚鸦。黄芦掩映清江下，斜揽着钓鱼艖。（【双调·大德歌】《冬景》）

这首令曲，以简约的文字、白描的手法，为我们勾勒、挥洒出一幅清江瑞雪图：那白如梨花、飘飘洒洒、漫天而下的大雪，那迷离空蒙景色中的烟村，那秋叶落尽的疏林及林上的噪鸦，那枯苇掩映、白雪覆岸的清江及江边的渔船，景物鲜明，构图古朴，意境清冷，真可谓诗中有画、精妙天成。

九、人生大舞台　潇洒走一回

像关汉卿这样一位风流倜傥、才华卓越的人，生活在元代初年那种黑暗的社会里，其人生之路是注定要充满坎坷的。他所受到的第一个打击，自然是仕途方面的。在元初那个特定的时代，关汉卿和其他大多数知识分子一样，在仕途上是不可能有出路的。这样的现实，对年轻气盛且富有才情的关汉卿来说肯定是难以接受的。他为此而苦闷、彷徨和消极，是不难理解的。至于他所受到的另一个打击，则是爱情方面的。从关汉卿所写的套曲【大石调·青杏子】《离情》可知。这位卓越的戏曲大师青年时代曾与一位女子苦苦相恋过，但由于女方母亲的反对，两人最终未能成功。全套曲子如下：

【青杏子】残月下西楼，觉微寒轻透衾裯。华胥一枕蜷跧（wān quán，弯曲身子）觉，蓝桥路远，吴峰烟涨，银汉云收。

【幺】天付两风流，番成南北悠悠。落花流水人何处？相思一点，离愁几许，撮上心头。

【荼蘼香】记得初相守，偶尔间因循成就，美满效绸缪；花朝月夜同宴赏，佳节须酬，到今一旦休。常言道好事天悭，美姻缘他娘间阻，生拆散鸾交凤友。

【幺】坐想行思，伤怀感旧，各辜负了星前月下深深咒。愿不损，愁不煞，神天还祐；他有日不测相逢，话别离情取一番消瘦。

【好观音煞】与怪友狂朋寻花柳，时复间和哄消愁，对着浪蕊浮花懒回首。怏怏归来，原不饮杯中酒。

【尾】对着盏半明不灭的孤灯双眉皱，冷清清没个人瞅，谁解春衫纽儿扣！

曲中写，作者在一个微寒透衾的深秋之夜，蜷伏床上，希图在梦中与恋人再度相会，然而，“蓝桥路远，吴峰烟涨，银汉云收”，终于未能实现。作者思念恋人，无限感慨，不由得回忆起与恋人初次厮守在一起时那种一同赏朝花、宴夜月、酬佳节美满绸缪的情景，以及两人被迫分手后的无限感伤和百般愁苦；同时，也表达了有朝一日能与恋人“不测相逢”、互相倾诉离恨别情的殷切希望。最后，作者又叙写了自己因被迫与恋人分手而遭受的难以平抚的心灵创伤，和他在生活中倍感孤苦凄冷的心境。从曲中可以看出，这次热恋的失败，对关汉卿的打击很大，使他在很长的时间里精神极端痛苦，甚至于一度萎靡颓废到了寄情酒色、寻找刺激以消心中愁苦的程度。

关汉卿在生活中所受的打击和挫折当然不止这些。从他在《不伏老》套曲中所说“我是个经笼罩受索网苍翎毛老野鸡”和“经了些窝弓冷箭铁枪头”等话看，关汉卿还曾经受到过恶势力的种种陷害和打击，只是由于史料缺载，使我们无法得知其详而已。然而，关汉卿毕竟是关汉卿。生活中的种种挫折和打击，可以使他消沉一时，颓废一时，却不可能将他彻底击倒，更没有使他屈服。他那种“蒸不烂、煮不熟、捶不扁、炒不爆、响珰珰一粒铜豌豆”的精神，使他始终能够傲骨挺立，笑对人生。

戏剧是关汉卿向恶势力进行斗争的武器，也是关汉卿的精神寄托，所以，创作和演出便成了他生活中的主要内容。一生中，关汉卿不仅创作了大量的优秀剧本，而且亲自组织和领导剧团，亲自参加演出活动。对于舞台实践，关汉卿有着自己的独特见解。他认为，一般演员演出时，由于他们不了解作家的创作意图，不熟悉剧本所反映的社会生活，演来往往生硬、勉强，效果比较差，因而不如由作家自编自演。明人朱权在《太和正音谱》中即记载了这方面的情况：

> 子昂赵先生（即赵孟頫）曰：“良家子弟（指熟悉生活的知识分子）所扮杂剧，谓之‘行家生活’，倡优所扮者，谓之‘戾家把戏’。良人贵其耻，故扮者寡，今少矣，反以倡优扮者谓之‘行家’，失之远也。”或问其何故哉？则应之曰：“杂剧出于鸿儒硕士、骚人墨客所作，皆良人也。若非我辈所作，倡优岂能扮乎？推其本而明其理，故以为‘戾家’也。”关汉卿曰：“非是他（倡优）当行，本是我家生活，他不过为奴隶之役，共笑献勤，以奉我辈耳。子弟所扮，是我一家风月。”①

这则记载说明，赵孟頫与关汉卿的见解是一致的，他们都主张杂剧作家要兼当演员。他们所说的“行家”，即指那些既是作家又是演员的人；而“戾家”则指不事创作而又演技较差的

① ［明］朱权：《太和正音谱·杂剧十二科》。

演员。这则记载还透露了倡优地位低贱，一般剧作家耻于和他们为伍，因而很少登台演出的情况。但是，关汉卿出于对戏剧艺术的执著追求和向世俗偏见挑战，“躬践排场，面傅粉墨，以为我家生活，偶倡优而不辞”。剧作家亲自登台演出时良好的舞台效果，在臧晋叔《元曲选・序二》也有记载：

行家者，随所妆演，无不摹拟曲尽，宛若身当其处，而几忘其事之乌有。能使人快者掀髯，愤者扼腕，悲者掩泣，羡者色飞。①

从这一记载可知，元代有些著名杂剧作家，由于熟悉生活，对剧情和人物理解深刻，感情真挚，演技高超，演出时不仅自己可以达到忘我的境界，而且能把观众带入剧情中，使他们或喜，或怒，或悲，或乐，情绪随剧情的变化而变化。由此，我们不难想见，关汉卿登台演出时，演员和观众那种如痴如醉的剧场效果。所以，关汉卿不仅是一位伟大的剧作家，而且是一位造诣精深的戏剧表演艺术家。

关汉卿是一位多才多艺的人。从套曲【南吕・一枝花】《不伏老》可知，他不仅长于戏剧创作和戏剧表演，而且还精通许多其他技艺：他会“分茶”（指能把茶均匀地分注在杯中），又擅长画竹（“攧竹”），还会“打马藏阄”一类的博戏，对“五音六律”也十分精通（“滑熟”）。其他如吟诗、书法（“篆籀”）、弹丝、品竹、歌唱（“唱鹧鸪”）、舞蹈（“舞垂手”）、打猎（“打围”）、蹋球（“蹴鞠”）、围棋，等等，他同样无所不会，无所不通。

过人的艺术才华，卓越的戏剧成就，以及刚直不阿、热情豪爽的性格特点，使得关汉卿在戏剧界享有很高的威望并与许

① ［明］臧晋叔：《元曲选・序二》，中华书局1958年版，1979年印刷。

多作家和演员结下了深厚的友谊。据钟嗣成《录鬼簿》和贾仲明为《录鬼簿》所收剧作家撰写的挽词等资料记载，关汉卿与杨显之、赵公辅、岳伯川、梁退之（亦作梁进之）、费君祥、白朴、王实甫等著名作家都有密切的交往。他们志趣相同，性情相投，共同创立了我国历史上最早的作家团体“玉京书会”，以切磋学问，交流见解，创作剧本供艺人们演出。在这些作家中，杨显之是戏剧界的老前辈，他是大都人，创作有《潇湘夜雨》《风雪酷寒亭》等8个剧本，在全国很有影响。贾仲明在挽词中尊他为“前辈老先生”，并说他“寰宇知名”。他与关汉卿为莫逆之交。关汉卿每作一剧，都请他修改、校正。而杨显之也很善于修改别人的剧作，每每能提出中肯、恰当的修改意见。由此，当时人们称他为“杨补丁”。梁退之和费君祥也都是大都人，且都与关汉卿交情深厚。梁退之与关汉卿是世交，著有《进梅谏》和《于公高门》二剧。贾仲明在挽词中称他“行文尊韩（愈）、柳（宗元），诗宗李（白）、杜（甫）流，填词似苏（轼）、柳（永）、秦（观）、周（邦彦）”。费君祥有文章《爱女论》传世，并创作有风情剧《菊花会》。白朴字太素，号兰谷，隩州（今山西河曲附近）人，年纪略长于关汉卿，也是著名的杂剧作家和散曲作家，为“元曲四大家”之一。他和关汉卿不仅一同组织了“玉京书会”，而且还合作编撰过《丽情集》曲集，足见二人友谊之深。白朴共作杂剧15种，今存3种，以《梧桐雨》和《墙头马上》最为有名。

根据现有资料推断，关汉卿与另一位杰出剧作家，即以创作《西厢记》而闻名天下的王实甫，也有着深厚的友谊。王实甫，名德信，与关汉卿生活在同一时代，亦为大都人，共创作杂剧14种，今全存者3种，残存者2种，而以《西厢记》最为著名，至今盛演不衰。但是，关于《西厢记》的作者，有关

（汉卿）作说、王（实甫）作说和关王合作说多种观点。关作说和关、王合作说虽乏确凿证据，难以坐实，但也绝非空穴来风、毫无所据。明代金台鲁氏的《新编题西厢记咏十二月赛驻云飞》、金陵名妓刘丽华的《题西厢记》、张羽的《古本董解元〈西厢记〉序》等，都明言《西厢记》为关汉卿所作。而徐士范、王世贞、胡应麟等人则认为此剧为王、关二人合作。今人一般认为《西厢记》是王实甫所作。但关汉卿所写散曲中，有【中吕·普天乐】小令16首，以“崔张十六事”为题，专门吟咏《西厢记》之传奇故事，其基本情节与今本《西厢记》杂剧相同；而且小令《张生赴选》一首，有许多词句与杂剧《西厢记》第四本第三折【正宫·端正好】、【滚绣球】、【小梁州】等词相同，只是略微简化了一点。所以，合理的推想应当是，关汉卿可能曾与王实甫详细讨论过《西厢记》的创作问题，然后由一人执笔写成，二人共同修改；或由一人大部分写完，余下部分由另一人续成。总之，上述记载都不是偶然的。它们至少能够说明，关汉卿和王实甫之间的确有着密切的关系和深厚的友谊。

关汉卿与演员们的交往，以和珠帘秀最为密切。前面曾介绍过，珠帘秀为元初大都著名的戏曲女演员之一，元人陶宗仪在《南村辍耕录》中称她“姿容姝丽，杂剧当今独步”。对珠帘秀的人品和演技，关汉卿十分佩服，曾作套曲【南吕·一枝花】相赠。在这套曲子里，关汉卿以珠帘喻帘秀，细致地描绘了这位女艺人的美丽形象和高贵品质，对其所适非人的结局表示了深切的同情和关心，同时也委婉、含蓄地表达了自己对她的倾慕和怀念。当年关汉卿和珠帘秀曾同时在大都活动，而关汉卿创作的杂剧大多要由旦角主演，所以，他们很可能同台演出过。可以想见，当珠帘秀在舞台上主演关汉卿的《救风尘》

《望江亭》等剧作时，该是多么神采飞扬、眉目含情！珠帘秀后来在杭州嫁给一个道士（即关汉卿在套曲中所说的“守户先生”）。一代演技高超的绝色艺人，却嫁给了一个平庸道士，这当中该不知隐着多少痛苦、辛酸与不幸！所以，有人推测珠氏之嫁与钱塘道士，当属不得已而为之，并且很可能是被迫的。

关汉卿的性格，既有坦荡磊落、嫉恶如仇的一面，又有风流倜傥、滑稽多智的特点。陶宗仪《南村辍耕录》记载有他与王和卿之间的一段轶事：

> 大名王和卿，滑稽挑达，传播四方。中统（元世祖忽必烈年号）初，燕市有一蝴蝶，其大异常，王赋【醉中天】小令云：“挣破庄周梦，两翅驾东风。三百处名园，一采一个空。难道风流种？唬杀寻芳蜜蜂。轻轻的飞动，卖花人扇过桥东。”由是其名益著。时有关汉卿者，亦高才风流人也，王常以讥谑加之，关虽极意还答，终不能胜。王忽坐逝，而鼻垂双涕尺余，人皆叹骇。关来吊唁，询其由，或对云：“此释家所谓坐化也。”复问鼻悬何物，又对云：“此玉箸也。”关云：“我道你不识，不是玉箸，是嗓。”咸发一笑。①

原来，六畜由于过劳内伤，鼻中则常流脓水，称为嗓病；爱攻讦别人之短者，也称之为嗓。所以，汉卿以此嘲亡友和卿。

明人蒋一葵在《尧山堂外纪》中有一则记载也很能说明关汉卿蕴藉风流、滑稽佻达的性格特点。这则记载说，关汉卿尝见一陪嫁婢女，姿色绝佳，聪明巧慧，因作小令【朝天子】一首以咏之：

① ［元］陶宗仪：《南村辍耕录》卷二三《嗓》，中华书局1959年版，1997年印刷，第279页。

鬓鸦，脸霞，屈杀了将陪嫁。规模全是大人家，不在红娘下。巧笑迎人，文谈回话，真如解语花。若咱，得他，倒了蒲桃架。

而近人吴梅有一则记载说，汉卿的夫人见到这首小令后，曾赋绝句一首作答：

闻君偷看美人图，不似关王大丈夫。金屋若将阿娇贮，为君唱彻“醋葫芦”。

元人以嫉妒之妇为“蒲桃倒架”，而“醋葫芦”为曲牌名。吴梅所记，不知何据，若属实，则说明关汉卿的夫人亦通诗词，夫妻间当常有唱和之作。不过，从现存作品和有关资料看，关汉卿并非那种喜新厌旧、见异思迁的薄幸之人。上述记载，当或为夫妻之间的玩笑、戏谑之词，或为好事者传闻、附会之作。关汉卿晚年有两首怀念亡妻的小令，词意深沉、诚挚，表达了他对结发妻子的难以忘怀之情，说明他们夫妻之间感情是深厚而专一的：

望前修，勉潜修，昔时欢会此难酬。罔极悲思嗟在口，糟糠痛忆泪盈眸！（【采茶歌】《初度述怀》）

麦翻浪工勤禾稼，花落锦断送韶华，庄生遇此也宜嗟。感时思结发，兀坐似僧家，兀的不把先生愁闷杀！（【朱履曲】《写怀》）

如前所述，由于史料缺载，关汉卿生于何时何地、卒于何时何地均不得而知。从他的套曲【南吕·一枝花】《杭州景》可知，晚年他曾到过当时著名的都会城市杭州。从时间上推断，关汉卿的夫人这时已经去世，而他的知音和至交珠帘秀这时也已经嫁在杭州定居。然而面对发妻已亡故、知交半零落的现实，这位坎坷一生、简傲一生的大戏剧家，并未感到颓丧。他仍以满腔的热情写了《杭州景》套曲，歌颂、赞美了祖国的锦绣江山，表现了他对生活的热爱，同时也表明他是生活中的强者。

俗话说，舞台小社会，社会大舞台。杭州之游后，关汉卿的去向不得而知，终于何地亦不得而知。这位杰出的戏剧艺术大师，就这样以卓越的艺术才华和豪放不羁的性格，在戏剧舞台和社会舞台上，不失潇洒地度过了自己坎坷而又辉煌的一生。他在自己的身后，为中国以至世界留下了一笔丰厚的艺术财富。他的高尚的人品，将永远受到后人的尊敬和怀念。

（原载山东人民出版社 2005 年版《中国圣贤·贤传》，此次收入本书重新加了标题）

·书评与序跋·

鉴古知今　独观大略

——黄朴民、孙建民著《中华统一大略》读后

中华民族向以历史悠久、文明古老而著称。几千年来，我们的国家虽几经曲折与反复，但最终没有像世界上其他同种同源同一文化背景的民族那样，分裂成为几个或更多的国家政权，这是一个十分重要的历史现象。在这一历史现象的背后，有很多重要的学术问题需要我们进行深入研究并作出科学回答。黄朴民、孙建民著，解放军出版社2002年1月出版的《中华统一大略》，就是试图通过研究我国历代著名统一方略，来探讨中华民族不断战胜分裂、实现统一的途径与规律的一部学术新作。

在《中华统一大略》一书中，作者从浩如烟海的历史资料中挑选出《隆中对》《平吴疏》等古代近三十个具有典型意义的统一方略个案，注疏文字，阐释旨要，评点得失，使其基本内

容、主要特点和精华所在得到了集中而准确的反映。此外，作者还以“绪论”的形式回顾并总结了我国历史上实现国家统一的基本经验，揭示了中华民族由分裂走向统一的根本途径和规律。这些，对于我们今天维护国家统一，从事反分裂斗争，无疑具有非常重要的意义。

首先，统一是中国几千年历史发展的主流，是中华民族亿万人民的共同理想和追求。一个民族或国家政权，是逐步走向统一，还是最终趋于分裂，原因极为复杂。这其中，既有地理格局方面的原因，也有生产生活方式上的原因，更有宗教方面的原因。但是，毫无疑问，对本民族文化的认同程度如何，应当是一个极为重要的原因。中国自先秦时期，民族文化即已非常成熟。那个时代所产生的一大批文化巨匠以及他们的思想，形成了巨大的民族凝聚力，影响了一代又一代炎黄子孙。而大一统的思想也恰恰正是在那个时代形成的。所谓“四海之内若一家”，就是这种观念的具体体现。自此以后，统一遂成为历史发展的主流，更是我们国家历史发展的必然趋向；国家必须统一的价值理念早已深深地渗透于我们民族的血液之中，成为亿万民族子孙的共识；个别把一己私利看得高于一切、置民族尊严和利益于不顾、坚持分裂而反对统一的民族败类，在统一的历史车轮面前，即使其挟敌自重，也将无济于事，最终必然会被碾得粉碎。

其次，统一之能否实现，一般说最终将决定于武力的较量。诚如作者所论，中华民族历史上的每一次统一斗争，都呈现出一个带共性的基本模式，即：政治相对占有优势、军事力量相对强大、战略决策比较高明、作战指挥比较正确的一方，凭借或运用必要的武力，消灭敌人的有生力量，摧毁对手的抵抗意志，是实现国家统一的根本途径。历史上除极个别的例子，如吴越屈服于北宋等，任何一次统一的完成，都离不开武力的运用，这是一个基本的历史事实。基于此，战争准备便成为实施统一战略的必要条件。而战争准备是一个综合、复杂的体系，其中既包括政治、经济上的准备，也包括外交和文化等各个领域的准备。此外，充分的综合准备虽是实现国家统一的必要前提条件，但它还不能直接与统一事业的最终实现简单地画等号。因为，综合准备充分只是为完成国家统一大业提供了巨大的可能性，要把这种可能性变成现实，归根结底是要通过正确指导下的战争实践去实现。而中国历史上的统一战争积累了大量的经验，值得我们认真总结和吸取。

再次，对统一的认识、选择与追求，集中体现了中华民族的高度智慧。中华民族是一个极其富于智慧的民族。中华民族的智慧表现在方方面面，而其在对统一的认识与选择上所表现出来的智慧，可以说是一种大智慧。这是因为，对于一个国家或一个民族来说，只有统一才会有安定与发展，只有统一才会有繁荣与昌盛——统一还是分裂，是决定国家与民族兴衰与否、存亡与否的重大问题。一部中华民族兴衰史，可以很好地说明这一问题。自战国以至秦末汉初，中国一直处于分裂状态，匈奴遂乘机屡屡入侵，北方各国以及秦王朝甚至不得不筑长城进行防御，汉王朝初建，则不得不以和亲之法笼络之，有力的反击只能在汉王朝统一天下之后且逐渐强大起来才得以实现。隋末，天下大乱，四海分裂，群雄逐鹿，从而导致突厥频频扰边，有力的反击则只能在大唐王朝统一天下之后予以实施。可以说，中国历史上凡衰弱不振的乱世，莫不是处于分裂的时期；而凡是强大兴盛的治世，则无一例外地出现在高度统一的朝代。这里，需要进一步说明的是，中华民族不仅在对统一的认识与选择上表现出了高度的智慧，而且在追求统一的实践过程中同样体现了自己的智慧。通览本书所载战略对策个案，我们不难看出，它们几乎无不具有以下特点：(1) 贵谋尚智，重视庙算，主张胜而后战。(2) 注重从宏观上准确把握战略形势，高屋建瓴，通览全局，预测超前，见识远大。(3) 普遍谋求用整体联系的观点和方法，将决策纳入有机、综合的大系统中，重道崇德，文武兼备。

总之，《中华统一大略》是一部颇具学术眼光的好书。此书好就好在：(1) 它第一次从理论和实践相结合的高度，以扎实的资料为基础，为开发和利用这笔丰厚的战略文化资源开了先河。(2) 它为我们最终完成祖国的统一大业提供了历史的借鉴，具有十分重要的现实意义。(3) 它也有助于读者从一个新的角度进一步领略东方谋略艺术的丰富内容和绚丽风采。我相信，所有认真读过此书的人，都将不同程度地从中获取历史与智慧的有益启示。

（原载《军事历史研究》2002 年第 2 期，
题为《〈中华统一大略〉读后》）

高山仰止 景行行止

——追忆《杰斐逊全传》作者刘祚昌先生

我与刘祚昌先生结缘，是在1994年10月山东沂南全国第八次诸葛亮学术研讨会上。记得那次会议期间，有一天上午开完会还不到午饭时间，原山东师范大学党委副书记、中国孔子基金会秘书长刘示范先生邀我去看望刘老先生，而我正好也想拜识这位让自己仰慕已久的著名学者，便欣然同往。

当时，我只知道刘老是国内外知名的世界史专家，但并不知道他对传统文化和中国古代史同样造诣深厚，更没想到我们之间会有那么多共同语言。所以，见面后一番交谈，都大有相见恨晚之感。尤其让我没有想到的是，动身去餐厅时，刘老竟然动情地说：他这次来沂南，最大的收获就是认识了我这个晚辈。这让我既感动又感慨：感动的是，老人家学问如此之大，又已年过古稀(时年先生已74岁)，可谓年高德劭，竟能如此许我以忘年；感慨的是，刘老虽然已经年过古稀，竟能如此真诚坦率，仍然保持着一颗赤子之心！

时光荏苒，转瞬即逝。想不到十年之后，大约是 2004 年吧，有一天刘示范先生突然打电话给我，说是刘老刚刚完成了一部关于杰斐逊的传记书稿，问齐鲁书社能否出版，并说虽有一点补贴，但并不很多。在得到社里领导的支持后，我立即回电话表示可以接受，并希望抓紧时间去拜见刘老。

原来，这部书稿是刘老用了十数年的时间方告完成的。刘老因不用电脑，一百三十多万字的内容，全凭一支笔手写修改誊录而成，书稿装了满满一提包。当时，刘老因女儿定居美国，所以晚年也旅居美国，在国内待的时间不可能很长。这样，为了让刘老在回美国之前能系统看一遍清样，也为了方便我们随时向他求教，我就让一位年轻编辑李军宏同志与自己共同担任此书的责任编辑，并让排版公司先用 Word 格式抓紧录入；每录一部分，即交给我们，由我们对照原稿改定，然后打印出来送刘老过目，由刘老订正、修改、润色；最后，再由排版公司正式排出校样。

刘老的大作于 2005 年 7 月正式出版，出版之后很快就引起了学术的关注，好评不断，并于次年获山东社会科学优秀成果一等奖。北京大学历史系黄安年教授等国内知名学者都为之撰写了书评，还有的报社或杂志社如《南方周末》等，直接向齐鲁书社索要此书，主动约请专家为之撰写评论文章。当时，刘老表示，希望作为责任编辑的我，也能为他的这部呕心沥血的封笔之作写篇书评。我非常感谢老人家的信任，也不是不想写，只是由于我对美国历史和杰斐逊素无研究，业务工作压力又非常之大，所以迟迟不能下笔，一直拖了下来。让我万万没有想到的是：《杰斐逊全传》出版不到一年，老人家就因突发脑溢血猝然去世，这让我感到深深的内疚与遗憾。

刘老于1921年生于辽宁辽阳的一个耕读世家，从小受父亲的影响，养成了爱读书的习惯，尤其爱好中国古典文学和历史，早年曾先后就读于北平辅仁大学、西南联合大学、四川大学，曾倾听过朱自清、闻一多等大师的授课，后又随国学大师钱穆先生学习中国学术思想史，从而打下了坚实的学术基础。毕业后，他曾任教于长春大学和东北师范大学，1956年来到山东师范学院（即今之山东师范大学）工作，直至退休。

刘老是当代著名的历史学家，是中国美国史研究和世界近代史学科的主要奠基人，可谓著作等身、成就至巨。他曾任全国人大代表、南开大学兼职教授、硕士生与博士生导师、山东省历史学会会长、中国史学会理事、中国美国史研究会顾问等职，并被评为山东省专业技术拔尖人才，享受国家特殊津贴待遇。刘老先后主编过《世界近代史》（人民出版社）和《世界史：近代史编》（高等教育出版社），均被作为全国通用教材使用。他的重要著作有《美国独立战争简史》（上海华东人民出版社）、《英国资产阶级革命》（上海新知识出版社）、《美国内战史》（人民出版社）、《杰斐逊传》（中国社会科学出版社）等，还翻译、出版了《杰斐逊集》（生活·读书·新知三联书店），并发表学术文章数十篇。但是，最能代表其学术个性与成就的，则是由齐鲁书社出版的两卷本《杰斐逊全传》。

刘老不仅治学严谨，学富五车，成就巨大，而且为人正直，品德高尚，富有正义感，遇事能仗义执言，坚持原则。他坚决反对写作中投机取巧、粗制滥造甚至抄袭剽窃的行为，更瞧不起曲学阿世或蝇营狗苟的人。应当说，能认识刘老，是我的幸运；能与刘老合作，担任他最后一部大作的责任编辑，更是我学术生涯中的幸事！并且还可以说，编、读刘老这部大作的过程，不仅是一次极好的学习机会，而且也是一种极好的阅读享受。

诚如评论者所说，《杰斐逊全传》不仅具有很强的学术性，而且也具有很高的文学性。作者运用丰富的历史资料，把传主一生的方方面面全都写出来了：不仅写了杰斐逊在建国和治国等政治、经济方面的成就和贡献，而且写了他在恋爱、婚姻、家庭和个人爱好等私人生活方面的点点滴滴，同时也写了他在品质和个性等方面的种种特点。通过阅读此书，我们可以知道：杰斐逊不仅是一位廉洁勤政、卓有成就的开国元勋、《独立宣言》的起草者、美国第三任总统、著名资产阶级政治家，而且是一位心地善良、感情丰富、亲和慈爱的丈夫、父亲和朋友。他家庭关系和睦，酷爱园艺，嗜书如命，博学多识……是一位形象丰满、个性鲜明的伟大历史人物。而所有这一切，都是靠刘老在通过长达二十余年对传主有了深入研究和准确把握之后，再通过他的那支生花妙笔为我们“创作”出来的。

有读者认为，刘老对杰斐逊评价过高，甚至有神化之嫌，而将其与中国历史上的子产、诸葛亮、方孝孺相比较也不够妥当。但是，我认为，刘老的评价都是建立在可靠的史实基础上的，除非上述读者能举出过硬的史料作为证据；否则，这种批评就是站不住脚的。此外，将杰斐逊与子产、诸葛亮、方孝孺相比较也没有什么不妥，他们生活的时代不同、国别不同，所建立的功业也不尽相同，但他们在人品道德方面，在性格爱好方面，在为人处世方面，的确有着某些相似之处。试想，美国有哪一任总统能像杰斐逊一样？不仅好学不倦、嗜书如命、兴趣广泛，而且勤于政事、清廉如水，以致晚年由于种种原因而贫病交加，不得不卖掉自己全部心爱的藏书偿债，甚至到了濒临破产的境地！

有一位网名叫“黄鹤楼”的网友，2007 年 3 月 10 日在科学网黄安年先生的博客文章后面评论道："研究杰斐逊的人是有学术眼光的。俺在美国混了一年，坦白说什么也没有干，只是读了很多美国的历史书籍和音像制品。杰斐逊的伟大功绩是超过任何一位开国元勋的，虽然作为武夫的华盛顿名气和威望很高。"所以，这里我要说：对于刘老将杰斐逊比作中国历史上的子产、诸葛亮、方孝孺，并"以'高山仰止，景（影）行行止。虽不能至，然心向往之'的心情"表示"仰慕钦佩"（《杰斐逊全传·序》），晚年耗费十数年的心血，为之写出一部一百三十余万言文笔优美的皇皇巨著，我是非常能够理解的！

刘老晚年旅居美国。他的辞世，让我失去了一位良师益友，当然也失去了本来可以就有关美国历史和当今世界各种问题向他求教的机会，这让我感觉非常遗憾！

我不知道刘老晚年意识到没有，今天的美国，早已经不是当年的美国。今天的美国，早已"堕落"成为各大行业寡头的乐园和世界霸权主义的代表。美国的所谓"民主"不过是金钱的民主，美国的所谓"自由"也不过是"资本"的自由。如果说当年的杰斐逊完全可以称得上是政治家或著名政治家的话，那么今天的某些美国总统，则至多不过是国际资本的牵线木偶和表演蹩脚的政客而已！因为，在我看来，不论是生活在哪个时代，也不论是属于哪个阶级，作为政治家，不仅要有良好的政治素质和极强的为政能力，而且还必须具有很高的道德修养和超越阶级的仁爱之心；否则，就势必滑入政客的行列，甚至"堕落"为政治流氓。

我认为，美国所以会"堕落"成为今天的样子，其实完全是历史的一种必然。因为，这个国家自打从"娘胎"里一生下来，"身体"里就具有变成这种模样的"基因"，即笃信丛林法则、秉持"优胜劣汰，适者生存"的强盗文化理念。所以，他们是靠抢掠甚至杀戮的手段积累财富和资本的。如今，美国代表的这种发展模式实际上已经走入死胡同，并且很可能会在不远的将来走不下去，而如果其一定要这样走下去，我认为那将很可能是全世界范围内各国人民的巨大灾难！所以，美国代表不了人类社会发展的方向——它所代表的，我认为，是人类社会健康发展的逆方向。然而，我的这些看法，或称之为观点，今天都已无法向刘老求教了。

“高山仰止，景行行止”一语出自《诗经·小雅·车辖》。司马迁在《史记·孔子世家》中用来表示他对孔子的崇敬之情，并说“虽心不能至，然心向往之”。刘老在《杰斐逊全传》中借用来表达他对杰斐逊的崇敬之情，而我今天则用来表达自己对刘老的敬仰之情。我相信，老人家是一定能够接受这份敬意的。

（原载《春秋》2017 年第 1 期，收入本书后有所补充和修改）

学者本色 名士风范

——徐北文先生《海岱居文存》编后

2005年12月22日上午刚刚来到办公室，就接到华松教授的电话：徐先生于今晨7时辞世。这让我不由得吃了一惊，因为就在十几天之前，我与华松去看望先生时，先生的精神还很好，还能在病榻上与我们商量《海岱居文存》的封面问题。

放下电话，我的心情十分沉重，想到先生多年来对齐鲁书社的关心、支持以及对我本人的诸多帮助，想到先生的德才学识和音容笑貌，一种说不出的难过久久无法排遣。

等心情稍稍平静下来之后，我又感到，对于先生的仙逝，我们其实是应当能够释怀的：第一，人有生就有死，这是无可讳言的，而先生毕竟是年过八十的高寿之人了；第二，先生没有留下任何遗憾：他想在临终之前见到《海岱居文存》一书的出版这一最后愿望毕竟实现了；第三，先生的一生，可谓功德圆满：他赅博通识，学富五车；清德令誉，流布远近；教书育人，桃李满天下……况且，先生又是在没有痛苦的情况下安详辞世的，我们作为活着的人，难道还不应当为他感到高兴吗？诗人说：有的人死了，但是他仍然活着。先生不正是这样的人吗？

先生的《海岱居文存》书稿，是2005年10月下旬由华松教授送到社里的。其时，社里知道先生已经重病在身，听说先生希望能在春节前见到书，非常重视。为不辜负先生的嘱托，宫晓卫社长亲自担任责编，校阅书稿。后来听说先生病情加重，我们益发加快了编校进度。

12月19日，华松告诉我，先生病危，希望《文存》的出版越快越好。此时，软片已经发到印刷厂。我们连忙打电话给厂里，要求厂里一刻也不要拖延，尽快赶装出两册送到社里。结果，两册油墨未干的新书于21日中午送到社里，当日下午便送到先生病榻前，先生得以过目。然而，没有想到的是，先生竟然于次日晨即驾鹤西行！

《海岱居文存》是先生的最后一部学术著作，全书收入文章整百篇，可以说集中了先生后半生治学所得的精华。书中，既有对舜帝行迹和泰山崇拜的严密考证，又有对齐地民俗和济南历史的深入研究；既有对孔子教育和孙武兵书的独到见解，又有对五行来历和佛家禅宗的仔细探寻；既有对古籍版本源流的认真考察，又有对书画艺术的恰当评说；既有追忆亲人和怀念故友的真情流露，又有临赏美景或感喟时世的即兴创作……所以，读此书，会让你如行山阴道上，产生目不暇接、美不胜收之感！

先生出身教育世家，幼年即承父训诵读经典，并标点《资治通鉴》，成年后又通读诸子百家，涉猎西方文化，不仅打下了坚实的国学底子，而且具备了良好的西学基础，所以眼界开阔，识见不凡。先生在史学、文学、版本目录学、书画艺术学等方面都有很深的造诣，而对齐鲁文化、泰山文化和济南地域文化的研究尤有筚路蓝缕的开拓之功和深刻独到的新鲜见解。此外，他还精于辞章、擅长书法、能吟诗作赋编剧谱曲……可以说，先生是一位学术文化方面的全才、通才。

先生毕生有二十多种著作出版，可说是著述等身。他早年写成的《先秦文学史》，系新中国第一部断代文学史，出版后反响甚大，曾得到过钱钟书和萧涤非等大师级学者的肯定和赞誉。先生的许多佳构，完全称得上是美文。如《文存》所载先生纪念早逝小妹的文章，就是如此。此文语言简洁质朴准确，描摹形象传神逼真，感情真挚沉郁浓烈，一如清代著名学者袁枚的《祭妹文》，虽通篇无一沉痛悲怆之语，却让人有不忍卒读之感。先生为济南的名胜景点撰写的许多诗词文赋和楹联碑刻，超迈时俊，直追先贤。前些年，季羡林先生在读了先生的著作后曾致信说："我生在山东，长在济南，但不知道济南有这么一个有学问的人，真是愧为山东人。"

华松尝对我说："先生虽无博士导师的头衔，但他的学问，由五位有相当功底的研究生拜他为师，各学他的一个方面，未必能竟其所学。"当时我表示，徐先生虽无博导的头衔，实际上却已经带出了一大批博士研究生，如华松教授，如永祥师，如万鹏君……并且，先生带出来的这批学生，综合素质也是很高的，不惟懂得如何治学问，而且更懂得如何做人。山东大学的董治安先生就曾说过："山不在高，有仙则灵；校不在大，有名师则成。"

先生是一位学者，同时也是一位名人。他生前是济南教育学院（后为济南职业学院）教授、名誉院长，并兼任中国李清照辛弃疾学会副会长、山东省舜文化学会会长、山东省古典文学学会副会长等多个社会职务，同时还是全国人大代表、全国优秀教师、享受国务院特殊津贴专家、省文史馆馆员。但是，先生不为名牵，不为物累，平易谦逊，豁达洒脱，澹泊宁静，甘于清贫。

先生早年即有才名，20 世纪 50 年代更被称为“济南四才子”之首，后山东大学曾邀请他前去执教而被他婉拒。他自 31 岁起迭遭“反胡风”“反右”“文革”等磨难，到重新工作时，24 年的大好时光被迫虚掷。但是，他不改初衷，仍然无怨无悔地选择了著书立说和教书育人的职业，而且更加勤奋，只是少了一些恃才傲物的书生意气，多了一些曾经风雨的智者风范。在当今这样一个人心浮躁、浊流暗涌、沉渣泛起、上下“征利”的“皆商”时代，我以为先生完全称得上是一位真正守住了精神家园的知识分子。

济南作为齐鲁之都会，山水绝佳，风景殊丽，历史悠久，文化底蕴深厚，所以千百年来，人物荟萃，名士辈出。杜甫称“济南名士多”，良有以也。而若论当今济南之名士，先生实为翘楚。

先生虽为学者，以传统文化研究和教学为业，潜心学问，平生爱书、读书、教书、著书，但他并不泥古和遁世。相反，他热爱生活，关心时政，能够热情地以自己的所学为社会服务。如今，当我们或徜徉在大明湖畔的时候，或流连在趵突泉边的时候，或攀登在千佛山麓的时候，或漫步在泉城街头的时候，就会发现，先生的遗迹竟如此之多，而先生的身影也似乎无处不在。

让我们记住他吧——徐北文先生：一位仁厚长者，一位文化老人，一位平易近人的师长和朋友，一位真正为国家为社会做出了贡献的人！

最后，作为《海岱居文存》的责任编辑之一，我愿将先生的书名嵌于句首，做歌一阕，以遥祭先生的在天之灵。其辞曰：

海水浩淼兮，先生之博识可方；
岱岳巍峨兮，先生之清德可当。
居闹市而不染兮，惟澹泊宁静是尚。
文兴我齐鲁兮，学惠我乡邦；
存名士之风范兮，为世人所景仰！

（原载2006年2月22日《济南日报》）

出乎其类　拔乎其萃

——评李零先生新作《兵以诈立——我读〈孙子〉》

中国是一个谋略文化极为发达的古老国度，而若论谋略艺术之高深，则当首推兵家；兵家之中，则又以《孙子兵法》最具代表性。所以，近一二十年来，《孙子兵法》之成为图书市场的新宠，一点也不奇怪。在已经出版的大量普及读物中，虽确有一些质量不错的好书，但毋庸讳言，更多的是平庸无聊甚至剽窃抄袭之作。这就使得新近由中华书局推出的《兵以诈立》一书，显得鹤立鸡群和别开生面。

其一，发凡起例，不落俗套。

以往出版的同类书，多采用注释、翻译、解说“三段”式写法，可说是千书一面，相似雷同。《兵以诈立》则不同，此书首先从古代兵学的内在发展规律讲起，指明其由军法而兵法的质变事实，由春秋战国直至宋元明清逐渐经典化的发展过程，以及与其他兵书的关系，可谓源流既浚，脉络清晰。至于对原著本身的讲解，作者也力避俗套，既不注释，也不翻译，而是以授课的方式，按篇逐段，夹叙夹议，穿插知识，一如聊天；原书中的内容，如全篇主旨、段落大意、典章制度、艰涩词汇等，均通过浅近易懂幽默生动的讲述逐一解决。

其二，纵横比较，广征博引。

在本书中，作者不仅将《孙子兵法》的内容、特点与中国历史上的其他兵书作了系统的纵向比较，而且还将其与以《战争论》为代表的西方军事思想进行了横向比较。以这样的方法解说《孙子兵法》，虽非首创，但做得如此到位，至今尚属仅见。很显然，如此解说，实为人们学习《孙子兵法》同时提供了纵向的和横向的坐标，从而使大家可以相对容易地把握其思想内容、理论特点、学术价值及优长与不足。此外，为能充分说明问题，作者在书中征引了大量文献——从古代到现代，从中国到外国，从马列毛到鲁迅，从历史到文学，从兵家到别家，从考古到现实，几达二百种，真可谓广征博引。

其三，独具慧眼，解说透辟。

说作者慧眼独具，基于以下两点：一是作者对书名的选择。众所周知，书名犹如人的眼睛，而“兵以诈立”一语不仅出自《孙子兵法》原文，并且实可涵盖是书精华，作者以之作为书名，可谓抓住了关键。二是作者对《孙子兵法》的基本态度和评价。长期以来，《孙子兵法》研究领域存在种种庸俗化倾向，诸如急功近利、不求甚解、生拉硬扯、乱贴标签，甚至谫陋片面，不是“唯美主义”，就是盲目自大……针对这些现象，作者明确提出要“用世界眼光读《孙子》”，甚至干脆提出要“向鬼子学习”。结合对历史上正反典型的分析，作者还提出：学习《孙子兵法》要“学以致用”，切勿“学以致庸”。应当说，这些忠告实有振聋发聩的作用。至于对《孙子兵法》书中一些具体范畴和具体问题的解说，如阴阳、形势、奇正、虚实以及部队编制、战阵乘法、兵器甲胄等，此书同样细致严谨，透辟到位，非其他同类书所能企及。

其四，循循善诱，深入浅出。

李零先生的文字具有一种特别的张力，耐人咀嚼和寻味。他常常能够把独到而深刻的学术见解，以简约、轻松甚至是形象化的语言表述出来。这一特点在他的《花间一壶酒》中表现得尤为突出，在本书中也有相当程度的展示。在全书各讲中，他既不故作高深，更不刻意卖弄，而是循循善诱，娓娓道来，有时甚至亦庄亦谐，生动有趣，真正做到了深入浅出和引人入胜。尤其是书中的“自序”和“写在后面的话”，既像诗歌，又像散文，交代写作背景，点明题旨要义，看似直白平淡，实寓深邃用意。

《兵以诈立》虽为解读《孙子兵法》的普及性读物，但它内容丰富，体例别致，解说透辟，集通俗性、可读性和学术性于一身，既如一部“古代兵学发展简史”，又如一部“古代兵学小百科全书”。此书虽然不可能完美无瑕，会存在这样或那样的缺点与不足，但誉其出类拔萃，实不为过。

李零功底扎实，学养深厚，兼通中西，非徒以口舌搏虚誉者。他目前虽不以兵家文化为主要研究方向，但他在这一领域的造诣人尽皆知，这是《兵以诈立》一书所以能够成功的根本原因。

（原载《书品》2007 年第 1 辑）

守住自己的精神家园

——毛彦春、孟宪兰伉俪《春兰诗集》之“金秋卷”序

彦春先生与夫人宪兰女士的诗作《春兰诗集》之“金秋卷”即将付梓，彦春先生邀我为之作序，这让我感到很是惶恐：我想，自己既非名人，亦非领导，并且年龄还小彦春先生数岁，是地地道道的老弟，我怀疑自己能有这个资格吗？但转念一想，作为交往已整整35年并且相知很深的老战友，与其恭敬，不如从命，于是便勉力为之了。

彦春先生的诗歌创作始于20世纪60年代，至今已超过四十年了；宪兰女士的诗歌创作始于20世纪70年代，虽略晚，也有近三十年了——几十年来，在学习、工作之余，他们俩始终热情不减、持之以恒地坚持诗歌创作，至今已陆续创作了近千首古体诗。这些诗作，有对当年寒窗苦读情景的难忘回忆，有对自己满腔报国情怀的酣畅抒发，有对含辛茹苦养育自己的高堂老母的深深思念，有对远大理想和未来事业的无限憧憬，

有对成功之后喜悦心情的真实表达，有对偶遇挫折之后不佳心绪的及时排遣，有对祖国大好山河的热情赞美，有对人间真挚爱情的甜蜜吟唱……古人云："诗言志。"彦春先生夫妇的诗作，正是他们远大志向的最好最集中的体现，同时也记录了他们如何从一个农家子弟一步步走向成功的看似平凡而实际上并不平凡的人生经历。

彦春先生夫妇都出生于河南的农民家庭。1965 年，彦春先生以优异的成绩考入军校，毕业后曾到西北大漠戍边，后调至东部海疆，后又调至济南空军司令部机关，1978 年调济南军区司令部工作，1990 年转业到山东省省级机关事务管理局，直至退休。几十年来，他怀着一颗对党对国家和民族的耿耿忠心，从军则赤心报国、乐于奉献，从政则清廉自律、宵旰忧劳，不仅自己十余次立功受奖，而且到地方后所带领的处室也连续六年被局里评为先进集体，并被中共山东省委组织部授予全省系统"树组工干部形象"先进单位荣誉称号，从而由一介书生一步步成长为一名厅级干部。宪兰女士参建工作后，或救死扶伤，或执教杏坛，或从事科研，或参政议政，长期刻苦努力、奋发进取，从而由一名普通医师一步步成长为国家级中医专家。我们完全可以想见，他们是多么的不容易！如果没有一种顽强、执着的精神，他们又怎能取得这样大的成就！

现实生活中的彦春先生夫妇，不仅有着远大的人生理想和目标，而且有着良好的个人修养。几十年来，他们出淤泥而不染，处尘世而质洁，相互爱敬，相互扶持，相互唱和，比翼齐飞，始终在共同追求一种高雅的精神生活。而这种追求，不仅是他们数十年来能始终如一地坚持从事诗歌创作的精神的原动力，而且也是他们的诗作所以会有着很高格调和境界的根本原因。

彦春先生夫妇的诗作，或言志，或抒情，胸怀宽广，感情真挚，语言质朴，不尚雕饰，一如出水芙蓉，清新可喜。读他们的诗，实是一种精神享受，不仅可以从中发现已逝历史的清晰印记，可以从中领略壮美山河的诱人景色，可以从中感受诗人在工作和生活中的喜怒哀乐，可以从中获得深刻宝贵的人生启迪，还可以激励自己随着年龄增长而正日渐消沉的意志，找回已经被岁月的激流打磨得掉了棱角的个性和失去了光泽的理想……

历史表明，世界的物质性，决定了人类在物质层面的欲望和追求要远远超过精神层面的欲望和追求。这一特点，一方面推动着人类社会不断发展，不断由野蛮走向文明，一方面也很容易使人类自身在这个过程中迷失了方向。改革开放以来，我们的国家进入了一个前所未有的社会转型时期，这使得人们在物质方面的欲望和追求的强烈程度也同步进入了一个前所未有的时期。在虚华浮躁的社会氛围下，很多人迷失了自我，甚至丢掉了灵魂。为了物质上的利益，不少人或坑蒙拐骗，或制假造假，或贪污腐败，或包养情人……个别人甚至不惜或公开或隐蔽地充当国际反华势力的代理人，干起了出卖国家和民族利益的勾当。然而，就是在这样一种社会背景下，彦春先生和宪兰女士坚定地守住了自己的精神家园，这是非常难能可贵的。

中国可以说是一个诗的国度。在几千年的历史长河中，一代又一代留下名字和没有留下名字的先贤，创作了大量脍炙人口隽永绝伦足以让后人感到骄傲和自豪的优秀诗篇。从《诗经》到汉魏六朝乐府，从唐诗、宋词到“五四”白话诗；从李白、杜甫、白居易到苏东坡、辛弃疾、李清照，从元好问、关汉卿、马致远到中华人民共和国的开国领袖毛泽东……真可谓群星闪烁，佳作如海。然而，随着社会的日益商业化和人的日益世俗化程度的不断加深，随着生活节奏的日渐变快和生活压力的日趋加重，诗歌这一最富于激情也最需要激情的文学样式，逐渐沦入末流，以至于有人说，如今写诗的人要比读诗的人多。我认为，这实在是我们这样一个有着悠久文明历史和优秀文化传统的古老民族的悲哀。不过，寒冬过后是新春。我们有理由相信，在如彦春先生和宪兰女士这般执着的诗人们的辛勤耕耘下，同时也随着我们的国家和民族的重新振兴，在不远的将来，我们这个以诗歌闻名的国度，终将会迎来诗歌创作与欣赏的又一个春天。

彦春先生曾经对我说：他虽已经年届花甲，并且已经退休，但他准备将自己的诗歌创作坚持下去；他要努力创作一万首诗，争取活到一百岁。在此，我祝愿他与爱妻始终保持着这种顽强的生命活力与澎湃激情，并最终实现他们的宏伟目标！同时，我也期待着能够不断地读到他们新创作的一首又一首好诗！

是为序。

2006 年春于济南南辛花园寓所

国学四大经典今释·总序

郑张欢先生的大作《周易今释》《论语今释》《老子今释》《孙子兵法今释》今合为一册，以“国学四大经典今释”为名再行出版，邀我为之作一总序，这让我颇有从之有愧、却之不恭的感觉。

何以从之有愧？因我虽然多年来一直在从事传统文化的研究与出版工作，但学术根底既浅，所知所见亦陋，更没有多少名声和影响，纯属草根人物，现在要为人作序，实有愧不敢当的感觉。

那么，却之不恭又是为何呢？盖因我与郑先生交往多年，由于性情接近，相互引为知己，且又曾是他四部著作的责任编辑，他之邀我作序，自有他的道理，若固辞之，实亦不妥。所以，再三考虑之后，以为还是恭敬不如从命罢。

自1995年调入齐鲁书社后，我从事出版行业至今已十五六年矣，应当说这是我人生道路上最长的一段工作经历。十数年中，由于工作上的关系，我有机会结识了许多专家学者。这些专家学者既有体制内的，也有体制外的。

众所周知，长期以来，尤其是改革开放后相当长一个时期内，在我们国家，学者并不是一份多么好的职业。他们需要常年坐冷板凳，待遇既不高，收入亦很低，平日既要购书订报，又要维持生计，常常会感到囊中羞涩。由于我也曾以“散兵游勇”的身份混迹其间，故而对他们当年的窘况略知一二。试想，体制内者尚且如此，体制外的就更不用说了。再说，与体制内的专家学者相比，体制外的学者还有一个缺乏基本研究条件和不容易为社会认可的问题。所以，做一名有成就的体制内学者已属不易，做一名有成就的体制外学者就更加困难。这些，是我所以对从事学术研究的体制外学者格外理解和同情的一个主要原因。

上述问题，有些郑先生当年也同样遇到了。比如，他的《周易今释》完稿后，就曾经在很长时间内找不到出版的地方。此书所以从杭州一路北上，来到山东的齐鲁书社出版，其间实在是因为经历了太多的艰辛和周折。

长期以来，齐鲁书社陆续出版了一大批和《周易》有关的学术著作，但对此类书的出版一向至为慎重。所以，郑先生的大作交到社里后，我还是按照社里的规定，把它介绍给了山东大学易学专家林忠军教授审阅把关。林先生很快就审读了书稿，认为郑先生的大作确有自己的独到见解，值得出版，并且慨允为之作序，这才终于让郑先生一颗悬着的心放了下来。于是，接下来的操作也就顺理成章了。

《周易今释》出版之后，郑先生又接连出版了《论语今释》《老子今释》《孙子兵法今释》。在这四部著作中，他用分析比较的方法，将西方的思想文化和中国传统的思想文化作了对比研究，提出了自己的见解，可谓言之成理，持之有故。这样，他的著作便具有学术生命力，从而也就往往会让读者产生思想上的共鸣，而我本人就是那众多产生共鸣的读者中的一员。

与五四新文化运动以来的大多数中国知识分子一样，我原本也是一个比较彻底的崇拜西方的“唯美”主义者，认为欧美国家所遵循的以丛林法则为特色的自由竞争、优胜劣汰的思想文化传统，要远胜于我们中华民族所崇尚的以和谐共生、和而不同为特色的自强不息、厚德载物、天下为公的思想文化传统。但是，经过长期的深入观察、思考和反复比较之后，事实告诉我：绝非如此！因为几十年来，西方思想文化所衍生出来的一整套价值观体系外表靓丽光鲜而内里虚伪丑恶的特点，正日益清楚地显现出来，表明它是不可能使整个人类有光明前途的。

这一点，“二战”结束以来直至近期的利比亚战争，几十年的热战冷战历史，就是最好最有力的证明。假如读者仍不肯相信的话，那么还可以了解一下 1995 年所谓的西方精英们在美国旧金山费尔蒙特大饭店所召开会议的内容。我相信，有关事实所传达出来的信息，有可能会让读者感到极大的震惊和恐怖。而这也恰恰是我为什么越来越认可几千年来一脉相承的中华民族的思想文化传统，并认为只有它才会让这个历经劫难灾祸重重的疯狂的世界回归理性，且逐步走向坦途的原因所在。

当然，我这里并不是说，自己的一切都好，人家的一切就都坏。中华民族的思想文化传统要想为世界其他民族所认可，并为世界的和谐发展做出贡献，也有一个如何吸收世界各民族思想文化传统精华而进一步提升的问题。我这里说的，只是东西方两种思想文化的主流、本质和大方向。

然而，严重的问题是：很长时期以来，我们国内一些掌握着话语权的所谓精英人物，一直在自觉或不自觉地充当着西方价值观念的吹鼓手，在自觉或不自觉地配合着心怀鬼胎的西方政客们，努力消解中华民族的凝聚力和向心力，以达到瓦解中华民族人心并进而毁灭这个国家和民族的邪恶目的，这不能不让人感到深切的忧虑。

以此而论，郑先生将中华传统思想文化作为自己的研究对象，是非常适时的；而他选择《周易》《老子》《论语》《孙子兵法》作为研究的重点，则又是非常有眼光的。《周易》向被称为群经之首，无论研究哪家哪派文化，都不可不了解它、研究它，我们甚至可以说它实际上蕴藏了中华传统思想文化的所有密码；《老子》之道，从哲学的高度，究天人之理，实乃“非常”之“道”；《论语》和《孙子兵法》，则一为儒家文化元典，一为兵家文化元典，所谈实属经天纬地之文、武二道，是打天下治天下者所不可不高度重视、不可不深入探究的著名经典。所以，这四部书，实为中华传统思想文化最具代表性的经典著作，它们实际上蕴涵了中华传统思想文化的精义甚至灵魂，而研究它们，则无疑是把握住了问题的关键。

在经过了大半生的艰苦努力之后，郑先生的学术研究终于陆续结出了丰硕的学术成果，而《国学四大经典今释》则完全可以看作是他学术研究工作的一个阶段性总结；所以，此书的出版，可喜可贺！然而，我更加期待的是，他在今后的学术事业中能不断推出新的成果，以继续为弘扬中华传统思想文化做出更多更大贡献，同时也使自己的人生更为丰富，更为充实，更具光彩！

最后，我还要借此机会向分别为郑先生的四部“今释”作序的林忠军先生、刘蔚华先生、臧守虎先生、刘庆先生表示真诚的感谢！他们当中，刘蔚华先生不仅是学术界的老前辈，而且曾经是我的直接领导，对我一向关爱有加；忠军、守虎和刘庆则都是我在学术界交往多年相知甚深的朋友。他们虽然都是当今的知名学者，但肯于屈尊为一位名不见经传的民间学者作序，足见一代学人的高风亮节。他们的序言，客观准确，要言不烦，不仅是对作者的直接指导和鼓励，而且也是对出版社和我本人的莫大支持。

二〇一一年十月一日于泉城书苑山庄寓所

我的从军路·跋

永良于去岁退休后，以照片和文字相结合的方式，总结自己的人生经历，整理成册，名之曰《我的从军路》，嘱贾老和我为其写几句话。

贾老大名生福，是我们的前辈，为人忠正恭谨，宽厚善良，尤喜奖掖和提携青年才俊，实乃永良的引路人，自然当之无愧。我乃后生小子，与永良虽系同乡好友，然才疏学浅，实在难堪此任。无奈诚意难却，也就只好勉力为之了。

关于永良的性情、人品与功业成就，贾老均已言及，评价可谓公允而确当，吾实不必置喙。但看了永良的经历与事迹，我却不禁感慨万端：想 1970 年末，一列火车于夜色阑珊之时将我辈带到济南，不觉已 39 年矣。如今，62 人多已返乡，留济者尚有 9 人，在军队服务者则仅剩 2 人，而永良应是同侪中之成就最著者。回忆往昔，恍若隔日，真可谓时光易逝、功业难成而世事难料！

感慨之余，发而为诗，特抄录于下，以启来

者，以志纪念。

其一：

卿本农家子，释耒入军营。
奋斗数十载，终教功业竟。
资质固禀赋，才华岂天生？
寄语后来人，此理须辨清！

其二：

杨氏门风有令名，英杰辈出遍域中。
伯起端方垂古训，继业勇烈震边廷。
儒雅华生栽大木，雄健利伟游太空。
惟望子弟多效法，佐我神州永昌盛！

己丑（2009年）冬月初七于泉城书苑山庄寓所

入伍四十周年纪念·前言/后记

前　言

1970年12月21日是一个值得我们纪念的日子！

这一天，我们从胶东农村入伍来到省城济南，从而翻开了人生新的一页，命运开始发生巨大变化。在人民解放军这所大学校，我们将不仅受到前所未有的思想洗礼，而且必须交出自己的人生答卷！

光阴似箭，岁月如歌。在不知不觉中四十年过去了——对于人类社会来说，四十年不过是历史长河中的一个瞬间；然而对于一个人来说，那是他整个生命中全部最美好的年华！四十年来，我们一个个由血气方刚不谙世故的农村青年，或成为精明强干的优秀军官，或成为沉稳老练的地方干部，或成为颇具学养的专家学者，或成为业务熟练的技术骨干，表明我们没有辜负国家和军队的培养教育！四十年来，我们也都组织了自己的家庭，由一个人而变成两个人、三个人、四个人甚至更多的人，直至有了第三代；而我们自己，则一天天变成了两鬓斑白年届花甲的共和国老兵，步入青山夕照的老年时代！

四十年后的今天——2010 年 12 月 21 日，在济南的同乡老战友应本次活动主办人永良同志约请，携夫人欣然来会，以纪念这个让我们难以忘怀的日子。

是日虽已进入冬季，然艳阳高照，惠风和畅，微尘不兴。同乡老战友们欢聚一堂，把酒言欢，或追忆昔日如火如荼的军旅生活，或畅叙老战友之间的深厚情谊，或赞叹伟大祖国的巨大变化，无不感慨激动，情难自已！

后　记

纪念活动是短暂的，但它留给大家的回味是无穷的！

战友相聚是短暂的，但老战友之间的友谊是永恒的！

军旅生涯是短暂的，但它留给我们的记忆是难忘的！

生命历程是短暂的，但我们创造的业绩将是永存的！

回首四十年，我们应当感恩父母。没有父母的艰难养育，就没有我们的今天。

回首四十年，我们应当感恩祖国。没有祖国的统一和强大，同样没有我们的今天。

回首四十年，我们应当感恩军队。没有人民军队的培养和教育，仍然没有我们的今天。

回首四十年，我们应当感恩生活。是生活磨砺了我们、锻炼了我们，并丰富、充实了我们。

回首四十年，我们应当感恩所有支持和帮助过我们的人。

因为正是他们的支持和帮助，激励了我们，鞭策了我们，并最终成就了我们！

诗曰：

风雨如昨四十年，岁月暗度两鬓斑。

回首往事多感慨，放眼未来宜释然。

忠孝原属男儿志，功业却需英雄建。

但得清白终一生，襟怀坦荡天地宽！

是为记。

·诗歌/散文·

暮登青龙山

辛亥（1971年）夏末，参军不久之后随周长金大夫去济南南部山区为当地农民诊治慢性支气管炎，驻济南军区通信修理所。该所坐落在青龙山半山腰，一日晚饭后，天气尚早，周大夫等相邀登山。登顶之后，但见远处红日西坠，暮霭沉沉，山下黄河如带，蜿蜒东去，顿生思乡之情。

遥望泰山云雾中，近看大河赛长缨。
故乡美景何处觅，欲乘青龙回胶东！

游四门塔

丁巳（1977年）夏，一日闲暇无事，与战友去济南四门塔景区游览。是时，四门塔茂林修竹，清泉涌流，游人少而环境幽，虽酷暑而不觉炎热，使人流连忘返。

数友酷暑得闲暇，相邀驱车四门塔。
遥望翠竹掩茅舍，近看清泉急露沙。

古树老藤蝉声懒，怪石异卉一径斜。
神州自来多胜境，我疑今到神仙家。

晨练登千佛山有感

丁巳（1977年）夏末，余在山医附院进修，住济空第一招待所，因距千佛山甚近，遂每日登山晨练。一日清晨，刚至山下，即见近处浓云低垂，且闻远方沉雷滚滚，意谓大雨将至。不想，须臾间即雾收云散，旭日东升，眼前尽现一片美妙景色。

其一

雾笼千佛山，云遮万里天。
大雨似欲临，奋力仍登攀！

其二

山隐烟雾笼，地暗黑云罩。
一俟红日出，又见金光曜。

游千佛山有感

“文革”以来，一切宗教均被视为迷信，佛教当然也不例外。丁巳（1977年）秋，余每日晨练至千佛山兴国寺。是时，耳边不闻经声梵音，但闻鸣禽啾啾，寺院荒芜，渺无人迹。

山势巍峨柏森森，寺院荒芜杳无人。
诸佛可是飞升去，晨钟暮鼓久不闻！

怀念战友

黄君晚波，正直聪明，才华兼人，惜未能提干，于丙辰（1976年）秋复员回乡。此后久无音信，因赋此诗以怀之。

我留泉城君回乡，久无音信两渺茫。
遥遥路隔千里远，切切友情如一方。
昔日分别忧虑事，今朝捷书寄赣江。
唯盼再有相聚时，同举杯箸话沧桑。

丁巳（1977年）初冬

无题

茫茫齐州烟，九点有无间。
游人若不识，枉登千佛山。

丁巳（1977年）初冬

登泰山极顶

戊午（1978年）元月，与隋作增大夫游泰山。到达极顶后，放眼远望，但见丽日高挂，四野苍茫，大河蜿蜒，群山低伏，天空无限，宇宙辽阔，顿觉胸怀为之一开。

放眼宇宙阔，一览群山小。

四岳愧莫及，风光独此好！

无　题

念天地之悠悠兮，哀民生之多艰。
悲流光之飞逝兮，恨群丑之陆梁。
痛寰宇之不靖兮，独怆然而涕下！

癸未（2003年）深秋

贺万里赵峦新婚

五月榴花照眼新，泉城笙歌动嘉宾。
万里桐荫绿燕蓟，鸾凤翔舞入蓬门！

丙戌（2006年）初夏

赞毛公彦春

河南毛公彦春，少怀大志，入仕后敬业嗜学，尊上爱下，待人以宽，律己以严，故事业成于外而亲情偕于内，清德令誉，著于同僚。公从军为政之余，雅好诗赋，以抒情怀，以养心智。有行若此，实可效也；有友若此，实宜赞也。

投笔从戎本书生，报国丹心如火红。
演武曾登龙虎榜，著文愿效李杜风。
一朝解甲辞旧部，十载为政立新功。

而今莫道桑榆晚，且制新词做诗翁！

丙戌（2006年）秋

含鄱口远眺

含鄱口，位于庐山东南方向。登是峰远眺，但见江河纵横，山川壮丽，不觉心胸大开。

伫立巅峰看金瓯，无边景色一望收。
云横千里浮难定，江分九派日夜流。
世事苍茫浑不觉，风雨如磐几度秋？
遥想当年旧战场，杀气原曾冲斗牛！

丙戌（2006年）之秋于庐山

李坑印象

江西婺源有村曰李坑，系宋人李洞隐居地，至今已近千年。此地景色优美，环境幽静，即所谓“远树平林村落，小桥流水人家”者也。

溪流淙淙绕人家，晚稻满畦碧无涯。
茂林修竹掩映处，老荷犹擎带雨花。

丙戌（2006年）之秋于旅途

黄洋界凝思

竹海怒涛连天涌，如闻当年炮声隆。

忽疑今日红土地，元是烈士血染成。

丙戌（2006年）之秋于井冈山

彭城刘公赞

刘公锡山，江苏徐州人也，从戎至鲁。公有才具，喜读书，酷好书法而长于为文，然因好为直言，不称当路者意，故久沉下僚，癸亥（1983年）与余同时转业至地方。

彭城豪士数刘公，沉潜洒脱意气雄。
书破万卷夜夜读，诗成千首日日咏。
敢以布衣傲王侯，岂因高格轻白丁？
平生块垒浇不得，笔下苍龙游碧空！

丁亥（2007年）秋

中秋节有感

我有所思在云端，河汉浩淼不可攀。
欲执杯酒赏明月，却忆故乡梦里山。

丁亥（2007年）中秋

赤壁怀古

丁亥（2007年）深秋赴武汉参加学术会议期间，与诸学兄赴蒲圻赤壁考察。是时伫立岸边，环顾四野，见赤壁高耸，大江奔涌，思绪不由得飞到了一千八百年前……

大江茫茫浪排空，周郎曹公一时雄。
张天烟炎竟何如，但成赤壁万古名！

云台歌行

大河之北太行南，云台高耸入云端。
蜿蜒横亘开锦屏，气势巍峨五岳间。
雄浑自是北方色，灵秀却如南国山。
翠峰千寻少飞鸟，丹峡百尺多深渊。
车行绝壁回环上，鹰翔幽谷去复还。
岭脊草色绿朦胧，崖畔桃花红烂漫。
清流急湍震耳鼓，飞瀑涌泉映眼帘。
诸般美景道不得，何不敛手学诗仙！

戊子（2008年）春于河南焦作

赞杨君鸿山先生

金城饶才子，杨君人称奇：
描摹出神韵，泼墨云烟起。
书法龙蛇形，诗宗唐三李。
风雅追周郎，托志有谁知？
开怀见肺腑，忠信情不移。
更兼性豪放，欢饮须彻底。

僻居乡野间，名动千万里。
吾有此良友，欣悦自难抑！

辛卯（2011 年）春正月

咏腊梅

冰为肌肤雪为魂，淡妆素裹见精神。
不与群芳斗风骚，但把幽香遗故人。

辛卯（2011 年）春正月

六十自况

明日黄花不知愁，谈古论今乐悠悠。
但得当下好心境，何须悔未觅封侯！

辛卯（2011 年）深秋

贺蓓蓓新婚

南国吉士娴且雅，北方静女靥如花。
鸾凤和鸣八音奏，燕尔新婚宜室家。

辛卯（2011 年）冬

赠海皎贤弟

海皎姓王，莱阳人，长期在济打工。壬辰（2012年）初秋某日，余去泉城科技市场，下车时不慎将手包滑落路旁而未察觉。海皎在吾车后，发现后，不为包里钱物所动，当即奉还，且婉拒酬谢。其实，那时他是非常需要钱的。这让我非常感动，遂赋此诗，请刘公锡山先生书以赠之。

海上生明月，皎然洒清辉。
高行千万里，德义何崔巍！

游曲吕峪归来赋

信马泰岳北，盘旋登古原。
不意才驻足，即立画中间。
翠峰四外合，绿树满冈峦。
更兼一泓水，犹如明镜般。
岸阔柳荫浓，池深群儿欢。
三五垂钓者，悠然把长竿。
雅阁临碧波，其前筑廊轩。
凭栏极目望，祥云衬蓝天。
飞檐蔽金乌，清风沁心田。
脚下鱼自游，头上燕呢喃。
春看花烂漫，夏听雨打帘。
秋话桑麻事，冬赏雪里山。

光阴似白驹，明月缺又圆。
人生不过百，宇宙N亿年。
陶令耕何处，何处寻八仙？
我辈亦乐此，乐此不欲还！

癸巳（2013年）盛夏

读《宋史·岳飞传》有感

不惧庙堂有秦桧，唯恐皇上是高宗。
至今犹痛岳武穆，当年惨死风波亭！

癸巳（2013年）冬

咏松花粉（外一首）

据称，松花粉含有二百多种微量元素、酶和氨基酸，大有益于人体健康。余服用一年多来，自觉身轻体健，精力充沛，可见所言不虚。世界上有一百多种松树，但只有马尾松和油松的花粉可以食用，而这两种松树的资源98%在中国，按13亿中国人每人每天吃6克计算，一年的产量就可以吃5年。更为神奇的是，美国、日本曾试图引进这两种松树，但它们竟然都不开花，以致被称为“爱国松”。此种现象真乃不可思议也，故特赋诗以咏之。

无上妙品松花粉，祛病健身信如神。
劝君服用莫迟疑，从来天佑中华人！

外一首

南山有佳木，号曰爱国松。

生来品高洁，世代人称颂。
枝叶浓且盛，身躯如矫龙。
不畏烈日曝，岂惧冰雪封。
傲然而独立，雄姿何峥嵘。
更兼怀奇珍，佐我华夏兴。

甲午（2014年）夏

刘锋李蕾新婚志贺

汉高当年歌大风，唐宗亦曾服群雄。
且喜今日小儿女，无愧先人天下名！

乙未（2015年）深秋

悼米洛舍维奇

你是斯拉夫民族的英雄，
你是巴尔干上空的雄鹰；
你是霸权主义者的死敌，
你是弱势民族的弟兄！
在你的面前，
所有恶魔和它们的追随者，
不过是些人渣和跳梁小丑，
或者，至多也只能说
是一群害人虫成了精！

是的，
我们不得不承认：
真理和正义最终倒下了，
英雄没有能笑到最后；
而群丑却在弹冠相庆，
好像他们从此就可以
跳蚤般光着屁股四处横行！
不过——
我要正告你们：
强盗们，你们且慢庆幸，
这世界上
毕竟还有一个伟大的
从不信邪的民族正在迅速复兴，
她有一个响亮的名字，
就叫中华民族！

米洛舍维奇先生，
你活着的时候，
表情为什么总是那样凝重？
眉头为什么总是那样紧皱？
头颅为什么总是那样高昂？
腰杆为什么总是那样笔挺？
我知道：
你那是在为祖国的命运担忧：
因为恶魔早就盯上南斯拉夫
——巴尔干这个多灾多难的民族，

不把她彻底肢解，
他们怎会善罢甘休?!
而你，却又
始终不肯出卖自己的魂灵，
去充当恶魔的帮凶！

米洛舍维奇先生，
你的言行表明，
你是一位真正的铮铮铁汉！
所以，我相信
一切有正义感的人都会把你钦敬！
你的逝世让我们感到痛心：
因为你不是死在战场上，
而是死在“自己人”手中！
与任何民族败类一样，
所有奸佞都没有自己的思想，
主子的魂灵就是他们的魂灵！
在恶魔的利诱下
他们终于把你出卖，
从而把你送上不归程！

米洛舍维奇先生，
你的死，
肯定是一次卑鄙的谋杀，
因为恶魔加给你的种种罪名，
不管历时多久都将无法证明！

于是，
他们只好杀人灭口了，
然后把罪责推卸得干干净净！

你看：
海牙“法庭”的那个什么“法官”，
多么像个巫婆
——满脸的晦气，满脸的狰狞！
你看：
人所共知的那两个狗男女，
多像一对奸夫淫妇
——神气活现，得意忘形！
但是，你的被害，
证明他们已经黔驴技穷；
你的被害，
把他们的无耻与残忍
暴露得彻底而又干净！

走好吧，
米洛舍维奇先生。
虽然我们远隔万里，
虽然我们不曾相识，
甚至并非一个民族，
但我们的心早已相通！
虽然你永别了自己的祖国，
虽然你永别了自己的姊妹弟兄，

但青史一定会铭记你的英名！
而你的灵魂，
从此可以傲视整个苍穹！
至于那些恶魔和小丑，
他们早晚也会死的！
然而，
他们无论活着还是死掉，
在真理与正义面前，
他们永远不过是
一堆令人作呕的蛆蝇！

丙戌（2006年）之秋改定

附记：斯洛博丹·米洛舍维奇（Slobodan Milosevic），1941年8月生于塞尔维亚波扎雷瓦茨市，塞尔维亚族人。他18岁加入南共联盟，1964年毕业于贝尔格莱德大学法律系，1983年步入政坛，1989年担任塞尔维亚共和国主席团主席，1990年当选塞尔维亚共和国首任总统，1997年当选南斯拉夫联盟共和国总统，1999年率领人民和军队勇敢地抗击了以美国为首的北约长达数月灭绝人性的狂轰滥炸。2000年，米洛舍维奇在大选中失败，次年被政敌逮捕并引渡到海牙前南国际刑庭。2006年，据称其病死狱中。

从1999年至今，这短短十几年的时间里发生的一系列国际事件，已经充分证明究竟谁是罪犯，谁是流氓。笔者认为，当今的西方基本上已无胸怀天下的政治家，有的只是政客和政治流氓。这些人自私、狭隘、残忍、血腥，无丝毫信义可言。为了“寡头们”的利益，他们什么事情都可以干得出来。他们其实早已堕落成为世界人民的公敌，是对世界和平与人类前途的最大威胁。现在的问题是，很多人并没有认清他们的真实面目。

呜呼！世界需要公平、正义，人民呼唤公平、正义，但世界还能再出现真正代表人民利益的大英雄吗?!

丙申（2016 年）初春于长清大学城润和山居寓所补记

遥远的故乡

人都有故乡，有故乡就会有乡情之思；名人如此，普通人亦如此。不同的是，名人的思乡之情可以通过笔墨文字流传下去，甚至会流传久远；而普通人的思乡之情往往只能深深地埋藏在自己的心里，至多会为身边的亲朋好友所知晓。

鲁迅先生应该说是名人中的名人了，有时虽然不免偏激了一点，但在文化人堆里，我还是最敬佩他老人家的。年轻时候，我读他的《故乡》，仿佛走进了他的内心世界，那种感觉至今难忘；而文中描写的情景与人物，则至今记忆犹新。我的母亲，应该说是普通人里的普通人了，总共识不了几个字，劳作一生，辛苦一生，如今弯腰驼背、颤颤巍巍，但她的思乡之情同样让我感到震撼——老人曾因住在县城儿女家里时间有点长而想家想得哭！所以，在春暖花开之时，儿女们只好赶紧把她送回乡下的家里。

故乡有什么高山大川吗？没有。故乡有什么名胜古迹吗？也没有。我的故乡只是胶东北部一个普普通通的小村庄。这个小小的村庄，四十几年前我离开时，只有区区几十户人家。那里有的，只是众多并非很高的丘陵，并非很深的沟壑，以及我至今不知其“学名”的一条既不宽也不深的季节性河流。但是，那里是乡亲们若干代人多少年来生活繁衍的地方，那里留下了他们——也包括我自己的人生足迹和生命信息。

故乡虽然没有高山大川和名胜古迹，但在环境没有被污染被破坏的时代，她的美仍然在我的心里留下了难以磨灭的印象。那个时候，从春到秋，山是绿的，山上长满了松树、刺槐、杂草，梯田层层，野花满山，是野兔、山鸡和各种小鸟的乐园；并且，那个时候，夏末秋初是可以捡到蘑菇和“水牛”的；那个时候，河流小溪是有水的，水是清澈见底的，水里是有鱼有虾有青蛙的；那个时候，天是湛蓝的，空气是清新的，云彩是洁白的甚至五彩的，尽管有时会乌云密布雷鸣电闪大雨倾盆，但过后肯定是山更清水更秀天更蓝。一旦进入冬季，则是另一番景象，可谓“北国风光，千里冰封，万里雪飘”，苍苍茫茫，天地一色……

在那个年代里，当春雨蒙蒙、杏花盛开、鸣禽啾啾的时候，我虽然人在北国，却会生出一种“杏花春雨江南”的感觉；当林木蔽日、蝉声四起、骄阳似火的时候，我躺在树荫下的草帘上，会很自然地想起唐代诗人骆宾王的咏蝉诗，从而体会到生命与自由的宝贵；当红日西坠、炊烟袅袅、牧童归来的时候，我又会体验到一种远离尘嚣置身田园的静谧和安详……可惜的是，今天这一切都不复得见了！社会的发展，赶走了贫困，也带走了许许多多值得我们永远珍之宝之的东西……

故乡虽然没有高山大川和名胜古迹，但那里的山山水水也有许多地方让我记忆深刻甚至梦魂萦绕，其中尤以南大崖为最。

南大崖是故乡的一处地名，那里不仅山坡上植被良好，矮松与杂草丛生，沟壑里刺槐茂盛，长年流水不断，而且还有一面在当时看来非常险峻陡峭的悬崖。南大崖远离周围的村庄，人们除了去打理田里的农活，一般很少去那里，所以颇有点儿人迹罕至的味道儿。当年，日本鬼子入侵中国打到我家乡的时候，本家的一位老爷爷曾经在那里颇为隐蔽的地方挖了一个窑洞，以作为全家的藏身之处。我小的时候，那个窑洞尚在，还曾多次和小伙伴们进去玩过。

不过，这个地名里的“崖”字，在我的老家并不读 yá，而读作 bāng，其含义也与“崖”字不尽相同。并且，我至今也搞不清这个读音后面的那个字究竟应该怎么写以及它的准确含义是什么——它有时好像指的是山坡，比如我们那里凡南北向的沟两边的山坡就叫作东 bāng、西 bāng，凡东西向的沟两边的山坡就叫作南 bāng、北 bāng；它有时又好像指的是山崖以及与之相连的山坡，比如这里所说的南大 bāng，就是如此。

南大崖所以成为我梦牵魂绕的地方，是因为小时候我经常和小伙伴们去那里捡蘑菇、抓蝎子、拾草打柴，而那里险峻高耸的悬崖、陡而难爬的山坡、深邃的沟壑、茂密的林木，在我幼小的心灵留下了深刻记忆的缘故。

多年以后，我回乡探亲时特意再次去了一趟那里。然而，没有想到的是，结果很是令人失望。因为我这次所见到的南大崖，沟既不深，坡也不陡，崖更不险，而且也没有了当年那茂密的林木覆盖。我想，不过二十几年的时间，其间风吹日晒雨淋，大自然尽管会有所谓沧海桑田的变化，但似乎也不应如此之快吧。那么，这究竟是怎么一回事儿呢？在往回走的路上，我忽然明白了：不是那里的地形地貌发生了多么大的变化，而是自己发生了很大变化——自己已经由一名少年变成了一个成年人了——当年在一个少年眼里曾经高不可攀的悬崖、陡而难爬的山坡和深邃怕人的沟壑密林，如今在一个年轻力壮的成年人眼里，都已经不在话下了。其实，仔细想一想，人生又何尝不是如此呢？

2003 年，我乔迁新居，我的挚友、原招远市美协主席杨鸿山先生特地为我绘制了一幅六尺写意山水，我非常喜欢，当即将其装裱加框，挂到了客厅。一天，当我闲暇无事仔细欣赏它的时候，突然发现，作品中山水的格局竟然与南大崖极为相似。我不禁暗自称奇，感到天底下不可思议的事情实在是太多了！

故乡的山山水水固然让人难忘，但更让人难忘的还是故乡邻里间那种朴素淳厚的浓浓真情。那个时代，消息闭塞，也没有娱乐项目，在外面工作的人又少，人们往往会在盛夏的夜晚或春秋季的中午，聚在一起谈天说地。当大雪封山的寒冬季节到来时，地里没活了，爱下象棋的人则会凑到某个邻居家里，坐在热炕头上，杀上几盘。一年之间，无论谁家有红白喜事，如娶媳妇啦、生孩子啦、盖房子啦、生病啦、老人过世啦，等等，邻里间都是要登门贺喜、吊唁、探视的。如果谁家在外面工作的人回来探亲，那可是村里一件不小的事情，邻居们只要不是年纪太大的，一般都会前去看望，暖和的季节有时会坐满一院子。

1973 年初冬季节，我借去胶东接兵的机会，第一次回乡探亲。记得那天我从村南几里外的公路上下了车，步行回家，刚走到村头，被正在垛玉米秸的乡亲们看见了，大家先是一愣，然后无论长幼，都放下了手里的活计，纷纷热情地跑到我面前握手、交谈，此情此景，实在令人难忘。此后的几年里，我每次回家探亲，不论在家里住几天，几乎天天晚上都会有邻居们去我家里看望、闲谈。有一次，由于头天晚上和乡亲们聊得太晚，第二天回部队，上了车我就困得不行，打起了瞌睡，以至于带的花生米、苹果撒得到处都是。

春节是农村最为隆重的节日。大年初一这天，乡亲们都要早早起来拜年，互相问候、祝福，规律是由亲到疏、由近及远，差不多家家必到，往往是从五更天一直拜到天明。拜年，其实是乡亲们交流感情消除隔阂的一种方式。一年之中，谁和谁闹了点不愉快，谁和谁发生了点小摩擦，大多会在这个时候通过拜年的形式化解掉。但是，随着社会的不断发展，商业化程度日益加深，经济愈来愈发达，文化愈来愈普及，物质愈来愈丰富，生活愈来愈改善，信息愈来愈灵通，你会蓦然间发现，邻里间原来那种浓浓的亲情却愈来愈淡了。

所以，假如现在有人问我：故乡遥远吗？我会说：不，并不遥远。因为故乡距我定居的省会不过七八百里路，自己驾车回去只需四五个小时。然而，我可能还会说：其实它也很遥远。因为在我的记忆里，当年的故乡早已渐行渐远。在时隔半个世纪之后，她旧时的美丽容颜和邻里间那种朴素纯真的情分恐怕今生今世再也找不回来了……

又是槐花飘香季节

记得初来省城的时候，山东医学院（今医科大学）的院里生长着一些高大的刺槐树，每到槐花盛开的时候，空气中就会弥漫着一股浓郁的略带甜味的清香。这种清香，即使走在院外的文化路上也能闻到。而每当这个时候，我总会不由自主地想起自己的家乡。

我的家乡是胶东半岛的一个小村庄。那里丘陵起伏，沟壑纵横，山上除了耕地之外，生长最多的就是松树和刺槐。松树都是矮矮的那一种，它们一般分布在山腰以上比较平缓的地方，呈单株状生长，既长不高，也长不大。刺槐则大多分布在山腰以下最为贫瘠甚至岩石裸露的地方，呈灌木状生长。它们长势旺盛，如果不砍伐的话，几年就能长成高大的乔木。

刺槐有着其他树木所没有的强大生命力。它们虽然生长在最贫瘠的地方，却总是生机勃勃，甚至越是在贫瘠的地方，长得越茂盛。后来我发现，刺槐所以能如此容易地适应恶劣的土壤条件，一是由于根系发达，二是由于根部长满了根瘤——根系发达使它们能够最大限度地吸收土地里的水分和营养，根部长满根瘤则等于是自身建立了一个庞大的化肥加工厂。在这一点上，刺槐和豆类植物有相似之处：它们都能让根瘤菌与自己共生，在根部形成根瘤，将空气中的氮转化成氨，为自己的生长提供养分。

刺槐的强大生命力不仅表现在耐干旱耐贫瘠上，更表现在它们不易被灭绝上。三年经济困难时期，乡亲们缺吃少穿，也没烧的，故而山上的野菜被挖光了，草被铲光了，树也被砍光、刨光了，刺槐当然也无法幸免——它们几乎全部被连根刨起来当烧柴了。当时乡亲们就说，这下子恐怕是彻底完了，满山的刺槐再也长不起来了。但是，不承想，第二年春天，那些残留在地里的根又发出了茁壮的芽，等到雨水一浇，它们依然疯了一般长起来，直到再次长成一丛又一丛的灌木，繁茂一如往昔。

一般说来，除了绿化之外，刺槐并没有多大的经济价值。一是刺槐枝条脆而易折，浑身还长满了带毒的刺儿，被扎后又痒又疼，易感染。所以，秋天农民把它们割回来后，除了用来扎扎篱笆，剩下的就只好全部剁了当烧柴。二是刺槐即使长成高大的乔木，也难派大用场，因为它们木质虽然比较硬，但木丝太粗，并且易被虫蛀。然而，正是这样一个“颜值”不佳的物种，曾经在故乡最为艰苦的时候，为乡亲们渡过难关助了一臂之力——因为它们的嫩芽和叶子都是可以吃的。

刺槐的嫩芽和叶子自然是比较难吃的，而且吃多了会浮肿，但刺槐的花有着很好的食用价值。刺槐一般当年是不会开花的，它们要开花，需连续生长两三年以上。以往，乡亲们每年秋天都要将满山的刺槐砍光，后来为了绿化，便有选择地把那些生长格外旺盛粗壮的单株保留下来。这样，几年下来，山上便逐渐形成了一片又一片的槐树林。每到开花的季节，浓密繁茂的槐花，一树树一片片，白茫茫的，遮盖了山坡和沟壑，十分壮观。这时，山上便到处飘荡着槐花的甜香气息，乡亲们则成群结队地前去采摘。采回来之后，他们或洗干净掺上点面粉直接蒸了吃；或用开水烫一烫，加点儿韭菜、菠菜什么的包大包子吃；或先晾干了，留待日后吃。这里面，我比较喜欢的是蒸包子吃，那味道的确不错。大面积盛开的槐花，甚至吸引了南方的放蜂人，带着蜂群，千里迢迢，到我的家乡放蜂采蜜。

在我的家乡，刺槐通常被叫作“洋槐”。很长一段时间，我一直纳闷：一种在自己的家乡甚至整个山东半岛满山遍野随处可见的树木，为什么会有个带“洋”字的名字？后来才知道，原来它们是当年德国人侵略山东时带进的一个外来物种。

八九年前，我乔迁新居，所居楼下有一棵高大的刺槐树。于是，此后每年的春天，我又能看到久违的槐花了，又能闻到那种特有的甜香味儿，同时也很自然地总会想起自己的家乡。然而，遗憾的是，家乡那满沟满坡大片大片的刺槐林再也看不到了，因为它们在20世纪农村搞包产到户之后，竟然被全部砍伐掉了！

生命力超强，而且曾经对故乡的人有过不少益处，是刺槐给我留下的深刻印象，并让我每每会有一种怀乡之思。有时我想，作为一个人，是不是也应当具有刺槐那样的品质？生命力顽强，不屈不挠，既能适应任何恶劣的环境，又能经得起各种挫折和打击，并且或多或少总能有益于众生，有益于社会。

（原载2012年5月2日《齐鲁晚报》B05版《青未了》专栏）

石竹花开别样红

毫无疑问，丰富多彩、品类各异的鲜花，为人类生存的这个世界平添了一道道靓丽的风景。不难想象，假如自然界没有各种各样的奇卉异葩，我们的生活会是个什么样子——首先是文人墨客的那些以鲜花为描写题材的诗词歌赋绘画作品没有了，其次是恋人们在互表深情时也甭想以鲜花作为媒介了，此外大型会议节日庆典也不可能用鲜花来装扮环境了……

当然，这只是一种假设，事实上我们生活的这个世界从来也没有缺少过鲜花。闲暇时，如果能去规模大一点的花卉市场看看，或者在春光明媚的季节里能经常到品种繁多的花园里去看看，那姹紫嫣红如霞似锦的鲜花，如腊梅、迎春、玉兰、碧桃、牡丹、芍药、玫瑰、月季、芭蕉、栀子、荷花、金菊，等等，真可谓次第盛开，争奇斗艳，美不胜收，定会在大饱眼福之后深深地感慨，感慨造物主竟然如此这般地无所不能与神奇莫测。

上面说到的这些名花，在我小时候的家乡虽然不多，但偶尔还是可以见到一二种的，只是它们都没有给我留下多么深刻的印象，给我留下印象最深并且至今难忘的，竟然是一种既不名贵也不起眼的虽属草本却具有竹性的小小的野草花——石竹。因为在我看来，石竹虽然只是一种普普通通的野花，却极像那些生活在社会底层的千千万万普普通通的小人物。这些小人物尽管极为平凡，却正直善良，自尊刚强，且富有正义感，维持了我们民族的道德底线。

记得那个时候，每到春夏之交，家乡的原野里、山坡上，以至于悬崖间，就会见到一簇簇一丛丛矮矮的或粉红或深红的盛开的石竹花，它们与许许多多五颜六色貌不惊人的各种野花一起，把绿草如茵的大地装扮得美丽幽雅，令人陶醉。

石竹花原产于中国，别名石柱花、石菊、绣竹等，株高20～40厘米，直立生长，叶子呈线状披针形对生；花径约2～3厘米，单生或两朵、三朵疏生于枝端；花瓣为红色或白色，微具香气，盛开时绚丽多彩。

石竹花在我国北方各地几乎都有分布。它本生于山野之间，但后来被引入园艺栽培，并被培植出大量的新品种，而其中的香石竹就是今天所常见的康乃馨。在我国，石竹花的栽培历史非常悠久，明代的《花史》和清代的《花镜》对此都有详细记载。如今，在城市的花园里或某些绿化带里，经常可以看到人工栽培的石竹花。不过，我还是更喜欢故乡山里那种野生的石竹花——因为它不像经过培植和改造的那些品种，没了竹性而多了些草性。

石竹花虽然不像牡丹、芍药那样名贵，但古人也有不少关于它们的吟咏。唐代著名诗人司空曙，就曾留下过描写、咏唱石竹花的诗句，如《云阳寺石竹花》：

一自幽山别，相逢此寺中。
高低俱出叶，深浅不分丛。
野蝶难争白，庭榴暗让红。
谁怜芳最久，春露到秋风。

宋代著名政治家、文学家王安石也同样喜爱石竹花，并且为其得不到人们赏识和厚爱而深感惋惜，同样写下了咏叹它们的诗句，如《石竹花二首》之二：

春归幽谷始成丛，地面芬敷浅浅红。
车马不临谁见赏，可怜亦解度春风。

据说，石竹花还象征一种纯洁之爱。众所周知，在这个世界上，再也没有比母亲的爱更纯洁更伟大的了；所以，有些国家便以石竹花象征母亲之爱，规定“母亲节”这天，母亲健在者要佩戴红色石竹花，母亲已去世者要佩戴白色石竹花，以表示对母亲的感激、思念之情。我以为，这一比拟和象征是非常恰当的，因为石竹花的确也像千千万万普普通通的母亲那样——她们不辞辛苦，任劳任怨，日复一日，年复一年，以纯洁无私的爱，哺育着自己的儿女，哺育着整个人类。

是的，石竹花没有牡丹的雍容华贵，没有梅花的清幽奇崛，没有兰花的典雅高洁，也没有玫瑰的热情奔放，但我还是特别喜欢她、尊敬她！

有一个美丽的小山村

从老家所在的村子朝东北方向，过一条大河，经四个村庄——大原家（我们两个村实际上已经连在一起了）、温家、董家、辛庄，走大约十华里，一个美丽的山村——东肇家沟，便展现在我们的眼前。

东肇家沟是我姥姥家所在的村子。在我的记忆里，这里应当是故乡最美的一个小山村了。

大约四五十年前，这个小小的山村只有一百多户人家，房舍错落有致地分布在一个平缓而向阳的山坡上，可谓山清水秀，景色宜人：村西有条小河，从西北方向蜿蜒而下，绕过村前向东流去。河流东去后，河面逐渐变宽，水流清澈，沙滩洁净，村里的小伙子们夏天常去那里游泳。每当春天到来，山上的草木便开始繁茂起来，村子篱落间桃浓杏淡、垂柳依依，天上紫燕翻飞，河里流水潺潺，村里村外则到处是忙碌的人们，大地一派生机。至于夏、秋、冬三季，则或是庄稼满山、蝉鸣阵阵，或是天高云淡、瓜果飘香，或是白雪茅屋、大地冰封，又是另外一番景象和情趣。

村子里有一条东西方向的主街道，姥爷家就住在村中央主街道的南面。屋东有一条南北向的胡同，胡同里有一棵老槐树。当年在这棵老槐树下，即可听到村前河里哗哗的流水声。胡同往北与东西向的主街道交叉，路口的东北方位有一座关帝庙，庙里塑着关公和关平、周仓的神像——庙虽不大，但颇显庄严和肃穆。村西的那条小河绕过村前后，河床逐渐下落，所以村前河北岸便砌了一道高高的石堰，以保护村子，但石堰中段留有一条斜行台阶，以方便人们下河洗衣等。出村东沿河而下大约三四华里，便是纵贯全县南北的一条主要公路，往北不过十几华里便是县城。

村子四周冈峦起伏，沟壑纵横，梯田层层。山坡上，尤其是地堰上，大多长满山草——这是一种可以用来盖房子的野草，能长到齐腰深，秋天割回来之后，用一把大木梳把草叶子尽可能梳下来，留下草秆以备将来盖房子苫房顶用。屋顶用山草苫起来的房子，住进去冬暖夏凉，但缺点是每隔两年就要翻新一下，以剔除腐烂，补充新草，或者干脆全部换新的。所以，后来它们一律被瓦代替了。

山坡和地堰上除长满山草和其他杂草外，还生长着各种药材，如远志、柴胡、桔梗、老鸹爪等。那个时候，春天或者秋天，去山上挖药材、抓蝎子卖钱，也是一个补贴家用的不错的办法。

此外，山上最多的就是松树了——这种松树矮矮的，一般很难长高，所以人们只能在秋天把它们的老枝割下来晒干当柴烧。每到夏末秋初的时候，只要温度湿度合适，松树下、草坡上还会长出很多野生蘑菇，即松莪和松板，人们常利用闲暇之时去山上捡回来当菜吃。

和所有的胶东农村一样，由于土地比较瘠薄，耕作水平又低，那时这里的农作物也是以地瓜、玉米、小麦、旱稻、花生为主——其中地瓜、玉米是主食，小麦和旱稻则分别磨成面粉、舂成大米后主要用来待客；花生属于经济作物，除每人定量留下小部分用来榨油外，其余一律卖给国家。

难得的是，这里不唯山美水美物产丰美，而且民风淳朴，人性也有一种自然之美。这个小小的山村几乎是由一个家族组成的，基本上都姓杨，并且既是母亲的娘家，也是奶奶的娘家，还是我的一位老姑姑的婆家，所以可说是我们老李家的一个“亲戚窝”。自打记事起，除了每年春节正月初三要跟着父母去拜姥爷姥姥，一年之中不知要去多少趟。

小时候去东肇家沟，多数情况下是跟母亲去，有时也跟奶奶去。跟母亲去，一般要背着弟弟或妹妹，母亲自己则胳膊上挎个扁扁的篓子或略显长方的盒子，里面带点好吃的东西作为礼物，娘几个沿着村间小道逶迤而行，要走一个多到两个小时，才能到达。若天气炎热，路上走累了，就找个有荫凉的地方擦把汗，歇一歇。

跟奶奶去的时候，一般在拜见过姥爷、姥姥和舅舅、舅母之后，就住在舅姥爷家里了。姥爷、姥姥和舅姥爷、舅姥姥以及舅舅、舅母们，都是忠厚、善良之人，他们都已勤劳大半生，也辛苦了大半生。还有杨氏家族里的其他长辈，在街上见了面，总是问这问那，要热情地说几句话。如今虽说已经过去几近半个世纪了，他们大多已不在世，但他们慈祥朴厚的面容至今让我难以忘怀。

让人想不到的是，在我工作多年之后，一个偶然的机会，我在省会遇到了当年的一个玩伴儿，他居然还记得我小时候在东肇家沟时的一些趣事儿，说：有一年，我住在姥姥家里，每天去山上挖药材。一次，他和几位小伙伴在山上拾草遇到了我，见我在挖远志，就教我用臭椿的细根冒充远志根（远志是以根皮入药的），但我回答说，怎么能欺骗国家呢？为此他很是赞叹，所以至今记得。

姥爷家的后面有一个小戏台，在主街道的北侧，坐西朝东，我的同学们还在上面表演过节目。记得那是“文革”后期，学校已经复课，但还要不时地去乡下搞宣传，经常是晚上下去，白天上课，挺疲劳挺紧张的，所以上课时老打瞌睡，而一打瞌睡，授课的李景熙老师就会扔粉笔头打醒我。

大约是1969年冬或1970年春的某一天，学校决定去东肇家沟搞宣传演出。因为我在那里有亲戚，比较熟悉，所以就承担了事先前去联系的任务。于是，我便于晚饭前去了村里，和村里领导联系过之后，就回到姥爷家里吃罢晚饭，等着同学们到来。

过了一会儿，大队人马就到了。这时舞台也布置好了，明晃晃的汽灯一挂，欢快热烈的锣鼓一敲，人们便很快从家里拿着小马扎、小板凳来到戏台前坐下。那个时候，农村没有电视，也很少看电影，几乎没有什么可娱乐的事情，所以人到得还是比较齐的。当时都演了些什么节目，一个也记不起来了，只有一个节目给大家留下了深刻印象，但还不是节目本身，而是那演出的过程。

那是我的两位同学说的一段相声。本来，他们早已做了准备，台词也背得挺熟，又不是第一次演出，可没想到，演着演着，一声震耳欲聋的开山炮在不远的地方突然炸响，把台上的同学吓得“啊呀”一声，不知所措地站在那里，台词全忘了。台下开始也被吓了一跳，但反应过来之后禁不住哈哈大笑。笑过之后，场面渐渐安静下来，节目重新开始。可是，谁也不曾想到，演着演着，又是一声震耳欲聋的炮声突然炸响，而且好像比原来那一声更响。由于没有一点思想准备，那位同学又被吓得大叫一声，忘了台词，愣在那里，于是大家又是一阵哈哈大笑。两声炮响之后，节目总算凑合着演完了，那位同学在这个村可算是“出名”了。然而，让人意想不到的是：几年之后，我那位同学找的对象，竟然就是这个村的。如今，大家都成了六十多岁的人了，往事如烟似梦，都已化作日渐模糊的记忆。

如今，让我无限惆怅的是：这个美得让人难以忘怀的小小山村，早已发生了巨大的变化——昔日终年哗哗流淌的清澈河水不见了，河流宽阔处洁净的沙滩也没有了，河道早已变成了杂草丛生狭窄淤塞的小河沟。至于民风，也大不如前了……所以，如今村庄虽有，但街道不整；村民仍在，但人心浮躁；山川未变，但环境已变……

乡村美食

对于人类和其他有情感的众生来说，吃是第一要紧的事情。因为如果解决不了吃的问题，大家也就无法解决生命延续的问题。所以，就连孔子这样的圣人也不得不承认，“饮食男女，人之大欲存焉”；而与孟子同时代的告子也说过，“食色，性也”——前者解决的是个体生命的延续问题，后者解决的是种群生命延续的问题。其实，前者较之后者似更为重要——因为个体生命的延续问题倘若解决不了，则种群生命的延续问题也就无从谈起。而古人所说的“民以食为天”，实在是确凿不移的真理。

四十多年前，我还在乡下生活的时候，留下的印象非常深刻的一件事情就是：人们见面后，问候的第一句话往往不是“你好吗”“你在忙什么呀”之类的话，而是“你吃了吗”。因为那个时候的农村，实在是太贫穷了：粮食根本就不够吃，经常要靠野菜充饥；而所谓的粮食，主要是指地瓜和地瓜干，其次是玉米，但即使玉米，也是不能敞开吃的，只能在每顿饭时作为好饭食让家里的主劳力吃一点；至于大米、白面，则只有在过节时才能吃到，而且主要是用来招待客人的。那个时候，作为一名家庭主妇，是非常不容易的，因为家中经常会揭不开锅，她必须为每顿饭吃什么而费心劳神。

可能也正是因为贫穷的缘故吧，那时一些在今天看起来并不起眼的东西，便成为美食而在我的心里留下了难忘的记忆。现不妨将其胪列出来，以供今天的年轻人从这一侧面了解那个时代的农村生活。

一、蘑　菇

我的家乡是胶东半岛的一个小小的村庄，四下里沟壑纵横，丘陵遍布。山上除了耕地之外，就是荒坡，荒坡上布满了野草、松树和刺槐以及其他零星的各种灌木——刺槐多数情况下长在山腰以下极为贫瘠的地方，山腰以上则长满了松树和野草。而每到夏末秋初湿度、温度适宜的时候，松树下或野草里便会长出蘑菇来。

蘑菇分为两种：一种叫作松莪。松莪像一把把微型的小伞，嫩时呈淡淡的黄色，老了就变作褐色了。一种叫作松板。松板大多长得不规则，呈淡淡的肉红色，把儿很短。松莪一般长得比较分散，少有成片生长的；松板则会成片生长，有时只要找到一片，数量就很客观。

即使在山珍海味已不稀罕的今天，野生蘑菇也应该算得上是美味了。松莪一般可以用来开汤，是吃面条时不错的菜肴，吃起来口感滑腻，味道鲜美。松板可以用来炒辣椒，吃起来口感柔韧，比较有劲道。

无论是松莪还是松板，还可以晒干了留在其他季节吃。吃的方法一般是：将其洗净，加点白面，搅拌成糊状；然后把锅烧热，加点油，把蘑菇摊到锅里，慢火煎熟；最后，捣点蒜泥，加上酱油、食醋，蘸着吃就可以了。

松莪炖鸡当然是非常难得的美味，但那个时候的乡村，是很少有人会奢侈到去享受这样一道大菜的。

二、毛虫蛹

家乡的松树上有时会生出一种害虫——松毛虫。像所有害虫一样，松毛虫也有自己的保护色，这种保护色呈灰色，极像松树的树皮。所以，它如果趴在树枝上不动的时候，人们稍微离远一点就很难发现它。

松毛虫只有筷子粗细，大约三四厘米长，繁殖能力很强，一旦成灾便很难控制。它们靠吃松针维持生命，灾情严重时它们甚至差不多能把山上的松树全部吃得光秃秃的。那时，人们对付虫灾不靠喷洒农药，而是靠人工捕捉，办法是男女老少人人拿一把剪刀，到山上后见到毛虫就将它一剪两段。靠这种办法灭灾，那效率自然很有限，所以往往会以失败告终。

松毛虫的生命周期结束后，就会直接在松树的嫩枝上做茧成蛹。蛹当年即变成蛾，蛾的卵到来年再孵化出松毛虫——如此周而复始，不断地进行着一种生命的延续。

松毛虫的蛹比普通蚕蛹大，但比柞蚕蛹小得多，富含蛋白质，其实也是一道美味。乡下每到麦收结束后，也是松毛虫做茧成蛹的时候。这时候，乡亲们一方面为了灭灾除害，一方面也是为了解馋，便会成群结队地去山上剪毛虫蛹。通常人们会将毛虫蛹连同松树的嫩枝一块儿剪下，然后拿回家在村头上点上一堆麦秸草，把剪回来的毛虫蛹放在草堆里烧，目的是尽可能地把茧上密密麻麻的会蜇人的毛毛烧掉，同时也把茧儿烧破，最后将毛虫蛹从里面剥出来。毛虫蛹的吃法是：首先将其洗净，然后用盐水泡起来，待其有了咸味之后，炒着吃或炸着吃均可。

自打离开家乡后，就再也没有见到这一美味。直到数年前一次回老家，才在餐桌上再次见到了油炸毛虫蛹。

三、知了与知了猴

知了的学名“蝉”，是一种无人不知无人不晓的昆虫。

古代文人，有时会把它们当作咏唱的对象，但那目的其实是要表达自己的某种感情，抒发自己的某种情怀。如唐初著名诗人骆宾王，因于高宗仪凤三年（678 年）上书言事，触怒皇后武则天，被诬下狱，就曾写过一首很有名的诗《在狱咏蝉》：

西陆蝉声唱，南冠客思侵。
那堪玄鬓影，来对白头吟。
露重飞难进，风多响易沉。
无人信高洁，谁为表予心。

同蚂蚱一样，蝉同时也是古今花鸟草虫画家笔下的一种绘画题材。比如著名花鸟画大师齐白石、王雪涛等，就经常将蚂蚱、蝉、蝈蝈之类的昆虫写入自己的画作。

几十年前，在长满各种树木的山村，知了非常之多，叫声非常之大。夏天，越是炎热的时候，它们就叫得越响，而且往往是一蝉鸣叫，群蝉应和，很快就响成一片，闹得人难以入眠。知了只有雄性会叫，雌性不会叫，所以孩子们一般都叫雄性知了为“响巴”，而叫雌性知了为“哑巴”。知了靠吸食树木的汁液生存，雌性知了会将针状的输卵管刺入树木的细枝内，把卵产在里面。这样，带有知了虫卵的树枝便会坏死、脱落，从树上掉下来。当湿度、温度都合适的时候，里面的卵就会孵化成知了的幼虫。幼虫会迅速钻入地下，靠吸食树木根部的汁液生长。

一个知了幼虫要长大成“猴”，需要至少两三年的时间。它们一旦长成知了猴之后，就会在来年春夏之交雨后的夜间从地里爬出来，然后会立即找到高大的乔木，沿着树干向上爬去，并在树上把蝉衣慢慢退下来，以躲避人类或其他天敌的伤害。退掉蝉衣的知了猴，就变成了知了，翅膀一旦干燥，便能自由飞翔。所以，刚从地下爬出来的知了猴，是最容易逮到的。而小孩子们则常常会在初夏雨后的夜间，或打着手电，或打着灯笼，到树林里捡知了猴。

相对而言，知了猴当然比知了好吃。原因是知了壳比较硬，不像知了猴的皮那么薄，容易炸酥。所以，那时孩子们逮知了，往往主要是为了玩，而不是为了吃。再说，那知了一般都生活在高大的杨树上，要逮到它也颇不容易。孩子们一般需要先找一根长长的竹竿，然后在竹竿前端绑上一根指头粗细的条子，再在条子前端裹上用小麦嚼成的黏合力极强的面筋，最后才可以拿着去粘知了。而这时，知了在树上正无忧无虑地鸣叫着，并不知道危险将要临近。孩子们高擎着竹竿，待裹有面筋的顶端离知了很近的时候，突然向上一触，就会把知了的翅膀粘住。于是，被粘住的知了一边鸣叫着，一边扑扑楞楞地挣扎着，被孩子们迅速收入囊中。

让人想不到的是，当年只能是乡下孩子偶尔用来解馋的知了猴，如今竟然被做成了产业，可以批量生产了，从而使高档酒店里多了一种美味佳肴。

四、蚂　蚱

蚂蚱学名“蝗虫”，是家乡最为常见的昆虫之一：一年四季，除了冬天，其他三个季节都能见到。蚂蚱的种类也很多，常见的有被当地人叫作蹬倒山、双眉角（jiā）、沙达儿虫、肉墩儿等几种。

蹬倒山呈草绿色，又名蹬蹬儿山，它的得名可能与其长着两条粗壮有力的后腿有关。蹬倒山个体最大，雌性的差不多得有六厘米长，一蹦能蹦老远，称得上是蚂蚱里的跳远健将。此外，借助翅膀的作用，它们还能进行短距离的飞行。

双眉角也呈草绿色，头尖尖的，长着一对长长的触须，有点像角，其得名即可能与此有关。双眉角雌雄个体差异很大：雌性身体修长，是蚂蚱里长得最长的，可达七厘米多，有着两条又细又长的后腿；雄性虽然模样差不多，但身长只有两三厘米，可谓又瘦又小，与雌性简直不成比例。

沙达儿虫是蚂蚱里长得最匀称的一种。它们身长一般有四厘米左右，体表颜色呈浅褐色斑纹状，飞起来会发出“沙沙、沙沙”的声音，其得名应当与此有关。沙达儿虫是蚂蚱里的飞行好手，每到夏日黄昏，它们就会“沙沙”地飞个不停——我想，它们应该是在求偶吧。

与前面那几种相比，肉墩儿个体最小，大约只有两三厘米长，呈褐色，但它们身体粗壮，确实就像“肉墩儿”一样，两条后腿也很有力，一蹦同样能蹦出老远去。

即使不成灾，蚂蚱对农作物也是一种危害，特别是到了深秋季节，各种野草都变得枯萎发黄，于是刚刚长出来的嫩嫩的麦苗便会成为它们的“美食”。这时，大人们就会开始有组织地对它们进行捕杀了。

至于将蚂蚱捉来吃，则一般是孩子们才干的事情。孩子们上山拾草，常常会把顺手捉到的蚂蚱用细长的山草穿起来，带回家放在锅灶底下烧熟了吃。

五、水　牛

这里所说的“水牛”，可不是指南方人用来耕田的那种庞大的牲畜，而是指家乡的一种昆虫。

这种昆虫的幼虫叫地黄——所以叫地黄，可能是因为其通身颜色发黄的缘故吧。在家乡的山上，每到春天来临之后，只要春雨一降，地黄就会从地下爬上来，但它们并不直接爬出地面，而是贴着地表皮在下面拱动而行。这样，它们就会把地表皮撑破并拱出一道垄来，从而被上山拾草的孩子们发现，并会很容易地被从地里抠出来。

地黄约有人的小拇指那么粗细，长约五六厘米，也是可以吃的。孩子们通常是将其逮回家烧了吃，那味道还是蛮香的。没有被逮着的地黄，到夏末秋初，便会在雨后变为成虫水牛，在山上到处乱跑。那些雌水牛会将卵产到泥土里，来年生出新一代地黄。水牛长约三四厘米，有一对触须、一对尖利的牙齿和一对能飞翔的翅膀，通体呈深褐色。水牛的翅膀有点像蚂蚱，也分为两层：一层是硬壳，罩着下面柔软而且既可展开又可收起的用来飞翔的翅膀。水牛一般是在夏末秋初雨后清晨从地里爬出来，所以逮水牛必须一清早就出门上山。这时，水牛只会满地乱爬，很容易被逮到，而一旦太阳出来，翅膀被晾干，它们就会飞起来，想逮到就不是那么容易了。逮水牛在故乡一般叫作拾水牛，那意思是不用费力，只要低着头捡就行了。

水牛的吃法和毛虫蛹差不多，也是先用盐水浸泡，然后上锅炒了吃。

六、河 虾

四十年前的故乡，虽然也有干旱的时候，但总体说来降雨量还是比较丰沛的，生态也没有遭受破坏，所以大河小溪终年流水不断，从而为鱼虾的生存创造了有利的条件。这里所说的河虾，就是指生活在河谷溪水中的一种淡水小草虾。

这种小虾，体形和齐白石画作上的大草虾截然不同，长不过两厘米，呈黑褐色。它们每到初春季节河冰刚刚化解的时候，大多聚集在溪水边草皮下面，最容易捕捞。办法是：用家里做饭的笊篱，贴着浅浅溪流的水底向前一戳再向上一端，就把那些躲藏在草皮下的小虾连同腐烂的草叶一起捞了出来，然后再把小虾一个个拣出来，放到装了水的小桶里带回家。

河虾的做法是：先将其洗净，然后在锅里倒上一点油，待油烧热后，将虾放到锅里烹熟，再把切好的新鲜韭菜倒上，翻炒一下，加上适量的盐和味精即可。河虾经热油一烹，会立即变得鲜红，再配上鲜绿的韭菜，可谓色香味俱全，是很诱惑人的。

七、长生果

长生果学名“花生”，属秸秆类草本植物，一般是直立生长，只是秸秆很矮，只有二三十厘米高，一小丛一小丛的，长成后会在秸棵离地很近的地方开出金黄色的小花，然后从开花的地方垂下一根针状茎，茎扎到地里就会长出果实来。正常情况下，花生果绝大多数为一壳俩仁，其次为一壳一仁，偶尔也有一壳仨仁者。一壳仨仁者，模样和形状很像弯腰驼背的老人，所以很受孩子们的喜爱。他们干脆称之为“老头”，常常将其拣出来留着玩，甚至在其“头上”画上眼睛、鼻子、嘴巴等器官。

胶东半岛属丘陵地形，以疏松透气性强的沙壤土为主，排水好，非常适合花生生长。因此，长期以来，胶东半岛便成为花生的重要产地，而花生则成为家乡的主要经济作物。村里种植的花生，除留下很少一部分给农民作为食用油原料外，大部分都上缴国家用来出口了。所以，生产队收获花生时，是严禁社员们随便吃的。

花生含油量很高，所以吃起来很香。它既可以生吃，也可以熟吃，熟吃则可煮、可炸。但是，那时我们即使生活在花生的产地，也并不能经常吃到花生，只有在过春节的时候，家家才炒一点，用来待客或自己解馋。

由于花生的果实一旦成熟就可以吃，而且它又可以很容易地被从地里拔出来，所以每到即将收获的季节，山里经常会有花生被偷吃，生产队总要安排人满山转悠着照看。但因为种植面积大，人手太少，又是丘陵地形，到处沟沟坎坎的，总有看不到的地方和看不过来的时候，所以花生被偷吃的事情还是会经常发生。

名正言顺而又不必担心地饱吃花生也不是没有机会，那机会就是轮到你看场院的时候。深秋季节，生产队的场院里到处堆满了刚刚收获的花生。白天太阳好的时候，人们将其摊开晒着，晚上则堆拢起来，盖上草苫，以防露水打湿。这个时候的花生，最容易被偷，所以每天晚上必须派人看守。看场院一般是两个人，而且一般都是青壮年，轮到谁便会从家里带床被子，去场院睡觉。场院边上，有事先搭好的窝棚，下面铺着干玉米秸，被子放在上面，半铺半盖。看场院的时候，人们一般就不在家里吃晚饭了，为的是留着肚子去场院里吃花生。他们一般会用帽子当工具，去撮一些晒得半干不湿的花生来，一边吃，一边闲唠嗑。晒得半干不湿的花生，既不干，又不腻，柔韧而有嚼头，应该说是很好吃的。

榨过油的新鲜花生饼也挺好吃，煮稀饭放上一点或直接切成片吃都不错，原因是花生油基本都被榨出来了，不那么腻了。笔者的同事金老师就曾说很想再吃到这一美味，可惜的是如今榨油都用机器了，机器榨过油的花生饼又干又硬，味道也不好，只能做牲口饲料，人根本就没法吃。

八、嫩玉米

玉米又名“棒子”，学名“玉蜀黍”，俗名“苞谷”“苞米”等，据说潮汕人甚至文雅、别致地称之为“燕美人”。

玉米原产于美洲，哥伦布发现新大陆后辗转流传到欧洲和中亚。据说，明代嘉靖年间，由去麦加朝圣的教徒带到中国，因为最初被作为皇帝的专利品享用，故其曾有“御麦”之称。后来，玉米逐渐在中国华北一带得到推广种植，但到清代才传播到南方。

玉米是故乡的主要农作物之一，单株可达两米多高，一般是一株长一个穗子，也有长两个穗子的。玉米有春、夏之分：春玉米春天种植，一般长得高大粗壮；秋玉米则麦收后在麦地里种植，由于其生长期短了一些，所以长得较为矮小单薄。但无论春玉米还是夏玉米，均为秋天收获。

到了收获季节，总会有个别的玉米还没有成熟，比较嫩。这样的玉米无论煮了吃还是烧着吃，都挺好，但孩子们大多还是愿意烧着吃。办法是：把选好的玉米剥去皮，用一根细棍插到玉米穗的底部，然后把它埋到刚做过饭的锅灶灰里；待烧到一定程度后，手把木棍，将玉米在热灰里来回拖拉。这时，会听到玉米粒因受热膨胀而陆续爆裂的声音。等爆裂的声音逐渐稀疏下来，玉米也差不多可以吃了。这种烧玉米，清香中带一点甜味儿，十分可口，只是会让孩子们吃得白牙黑唇，配上那可爱的红红的小脸蛋，模样很是滑稽可笑。

如今生活水平得到了很大的提高，城里人又颇注意营养，于是农民便故意不等玉米成熟便掰下来拿到城里卖，而且品种也多样化了。但是，像当年乡下的那种烧玉米，现今在城里是无论如何也吃不到了。

祖父是一位典型的旧式中国农民

可能因为是长房长孙的缘故吧，在漫长的记忆里，我从小受到了爷爷奶奶更多的呵护和关爱。比如，那时爷爷无论平日里上山干活，还是阴天下雨在家里做点什么，他总是愿意带着我，让我待在他的身边，他一面干活，一面给我讲点儿笑话或者故事。我则像个小跟屁虫似的，整天跟在他的后面，一起吃，一起睡，从早到晚在一起。

另外就是，爷爷奶奶只要有点什么好吃的，总是留着给我。记得当年我家菜园的边上，曾经长出一棵野生桃树，结的果子特别甜，每当打雷时，就会有个别早熟的果子掉下来，爷爷总是舍不得吃，只要我不在身边，他就要带回家给我；并且，他还为这种桃子起了一个又形象又生动的名字——忽雷爆（我们老家管打雷叫“打忽雷”，“雷”俗音lí）。还有，那时村里每年都要种几亩甜瓜，当作副业，以便卖点钱作为村里的公共开支。因为爷爷在庄稼活方面是个老把式，干活仔细，人又诚实可靠，所以村干部们总是让他老人家去打理瓜园。而每当瓜园里有了没长大即早熟蒂落的“歪瓜”，他老人家也总是留给我。须知，那个时代的农村非常贫穷，温饱尚且困难，实在没有什么好吃的东西。人们辛苦一年，经常是只有到过年时才能见到点荤腥。就是瓜果梨枣之类，也同样是很稀罕的美味，绝大多数家庭是舍不得花钱买给孩子们吃的。

因为这样一些缘故，爷爷给我留下的记忆自然也就特别生动而深刻了。

不过，作为亿万旧式中国农民中的一位，爷爷实在太普通了。他没有值得炫耀的事迹和经历，并且身材既不高大也不魁梧。在我的印象里，爷爷虽然个子不高但很壮实，身材似乎有点像西汉初年的名将李广。李广的特点是猿臂善射，爷爷虽不善射，但他的力气很大。一个有力的证据就是：他上山拾柴，专爱整那些难拾的柴火，比如山坡上枯死的松树墩啦、被雨水冲得裸露出来的干树根啦，等等。对付这些树墩树根，他的办法是：先找一块分量适中的大石头，搬起来狠狠地砸几下，等砸得活动了，再拽住它用力晃一晃，然后运足气，猛一发力，就硬硬地把它们从地里拽出来了。《水浒传》第六回里，作者施耐庵描写了鲁智深倒拔垂杨柳的故事，人们一般都会对这个故事的真实性表示怀疑，认为那是文学家的夸张性描写，但我对这个故事是相信的。因为在我看来，爷爷还算不上是有神力的人，他都能拔起松树墩，那么，那些有神力的人拔起棵碗口粗的垂杨柳又有什么稀奇呢？

爷爷的另一个特点是干活仔细。他无论干什么活，都是认认真真，一丝不苟，有点像女人绣花，也有点像艺术家搞创作。所以，经他的手干出来的活，都是无可挑剔的。比如，那时胶东农村种地瓜特别多，而地瓜是根茎类蔓生植物，到一定时间就得把它们翻一翻，否则会扎出根来，根又会长成小地瓜，消耗了养分，使得主根上的地瓜长不大。几乎所有人翻地瓜蔓，都是用棍子把它们挑一下翻过去就算了，但爷爷绝不这样干——他要让翻过去的地瓜蔓一根是一根，不得交叉，更不得缠绕纠结。

爷爷是位抗战时期的老共产党员，我们村一建立支部，他就担任指导员（即后来的村支书）。据叔叔说，那个时候党员的身份都是保密的，有事需要商量或开会，都要用暗号联系。据说爷爷是个比较有主意有担当的人，所以，邻村党支部的负责人常会因为有事情拿不定主意而跑来找他商量。由此看来，爷爷当年也曾经是个有胆有识有血性的爱国青年。只是到我记事的时候，他因为年纪大，早已经不再担任什么职务了。

爷爷为人正直，从来不占公家和别人的便宜，所以大家都非常信任他。他的缺点是脾气大，爱发火，再加上他干活仔细，往往会对别人干的活看不上眼。在外面，他因为自己已经不是干部，又出于客气，一般不好意思因此而批评人家，但在家里可就不管三七二十一了。奶奶善良而懦弱，与人无争，所以她是受爷爷冷眼乃至训斥最多的人。记得有一年秋天，奶奶和爷爷一起往地瓜井里储存地瓜种，奶奶在井上往下送，爷爷在井下接。爷爷嫌奶奶装筐装得不利索，有的地瓜当当啷啷地吊在筐外面，便在井下发起了火，嗷嗷地吼了起来。这时候，我的一个本家老奶奶，正在旁边自家的地瓜井上干着一样的活儿，便向我奶奶使了个眼色，小声说："别理他！让他在下面蹦，蹦够了他就不蹦了！"果然，爷爷在井下吼了一阵，见上面不应声儿，也就只好偃旗息鼓了。我那时很小，还不到上学的年龄，在旁边看着这一幕，觉得很滑稽，也很有趣。

爷爷从小是吃了苦头的。他是独生子，上无哥哥姐姐，下无弟弟妹妹。特别让人唏嘘伤感的是，在他年龄不大的时候，他的父亲，也就是我的曾祖父，便因为生活所迫闯了关东。开始，曾祖父还按时往家里写信、寄钱，然而曾祖母去世后，他就再也没有往家里写信或寄钱，直至失去联系。家里人估计，曾祖父去关外后，肯定是另组家庭了。开始，他还记挂着自己的老伴和孩子，定期写写信、寄点钱。等到老伴去世，儿子也长大了，他也就不再管这边的家了。这样，曾祖父后来究竟活到多大年纪，何时何地辞世，老家这边一概不知。曾祖父兄弟四人，他是长兄，均为双名，犯“忠”字，按排行依次讳俊、杰、良、才，但我只见到了其中的两位。

由于念过几天书，识得几个字，爷爷很自然地成了我的启蒙老师，经常教我识字、写字。老家旧屋的里间，平时是放闲杂物品的，所以没有粉刷，保持了土墙的原色。每年春天生地瓜芽的时候，外面的炕要用来育苗，我和爷爷奶奶就得去里面的炕上睡觉，这时那土墙便成了我写字的“黑板”，上面歪歪扭扭地画满了我的习作。也正是因为有了爷爷这位启蒙老师，我一入学就会写字，而且写得颇有点模样，记得还曾因此受到过高年级同学的称赞。

爷爷和奶奶育有两儿两女，长者为兄，也就是我的父亲；幼者为弟，也就是我的叔叔；中间是两姊妹，也就是我的两位姑姑。有意思的是，爷爷是一位地地道道的老庄稼把式，但他的两个儿子一点儿也不像他：一是农田里的技术活儿他们基本上不会，二是地里的活他们本身也不愿干。他们喜欢的，几乎都和农业不沾边，但和文化有关系。我父亲虽然一天学也没上，但靠着战争年代当兵时跟着首长识了几个字，喜欢读书，喜欢欣赏字画、京剧，当然也喜欢组织和参加农村的文化活动。叔父和他的长兄一样，也是琴棋书画无所不好，虽然只念了一年书，但靠着自学，不仅掌握了丰富的文化知识，成为一名乡村教师，并且最终还考取了医师资格，成为家乡一位颇有名气的民间医师。父亲和大姑因为年长几岁的缘故，早年都追随自己的父亲入了党，并且父亲在新中国成立后还曾长期担任村支书的职务，颇有些子承父业的味道。然而，如今他们也都辞世多年了，只有二姑和叔叔老姐弟俩尚健在，但他们也都是八十多岁的老人了。

爷爷是1969年去世的，享年69岁，原因还是与他的脾气不好有关：他好像是在动了一次很大的肝火之后得病的，而且一病不起，不久就辞世了。记得那是一个初春季节，距今将近半个世纪了。至于是什么事情惹他老人家生了那么大的气，已经记不清了。奶奶是1992年去世的，她长寿，活了九十多岁。

日月如梭，人生如昨。将近半个世纪的时光已经改变了这个世界的一切，如今我也早已迈入花甲之年。但是，当年留在心灵深处的那种浓厚的血脉亲情，是永远也无法忘怀的！

（原载2012年4月8日《齐鲁晚报》A11版《怀念·人间》专栏）

忆舅父

一

我有两位舅舅：大舅舅叫杨思明，二舅舅叫杨思月。

按新中国成立初期那个时代的政治氛围来说，母亲的家庭出身不能算好，因为她的家里土改复查时被定为富农，而父亲家里是贫农。

母亲家里虽然成分不好，但好像对两位舅舅并没有产生太多实质性负面影响。这主要表现在：一是两位舅舅都顺利地结婚成家了，而他们的后代，也就是我的表兄弟们，也都顺利地结婚成家了；并且，大舅家里的一位表弟，还曾在20世纪70年代顺利地参了军。如果说大舅结婚早，那时人们还不太看重家庭出身的话，二舅结婚可是在20世纪50年代。

我觉得，两位舅舅所以家庭出身不好而自己和子女们的生活没有受到严重的负面影响，可能与姥爷为人好有关；而姥爷所以成了家境比较富裕的人，则完全是由于勤劳的原因。小时候我就知道，姥爷是我们那个地方方圆几十里内有名的大好人。比如，他曾经把村里的一位孤儿拉扯大，并且为他成了家。后来，这个人参加了工作，定居青岛，新中国成立后还曾回家乡看望过姥爷。姥爷勤劳一生，到八十多岁的时候还在不停劳作，尽管那时他的腰已经弯得差不多头要碰着地了。

因了这些的缘故，父亲对他的这位老岳父非常尊重，每年过了正月十五，总要接他到我们家住上几天，并且总要请家族里的老人们前来作陪，一起喝酒吃饭。饭后，大家总要或坐在炕上，或坐在地下椅子上，围在一起闲谈。我那时还小，还没有资格陪老人一起吃饭，但很有兴趣听他们饭后闲聊，而他们谈话的一个重要内容，就是做人要孝敬老人，要有善行，因为孝是做人的根本，而善恶终究会有报应的。有意思的是，由于我的母亲与我的奶奶是一个家族，实属姑姑与侄女的关系，父亲在自己岳父跟前却从来不肯改口，一直按照辈分习惯地称他为“大舅舅”。

在我的记忆里，姥爷面容慈祥，完全是一位忠厚长者的形象。姥爷很长寿，活到九十多岁后去世的，那时我刚从部队转业到地方，因为没有得到音信而未能回去为他老人家送行。

但是，让人想不到的是：姥爷的成分问题没有对两位舅舅和他们的儿女造成多大实质性负面影响，但两位舅舅的成分问题对我的人生产生了很大的负面影响。

二

记得那是1974年春天的事。

那时，组织上要发展我入党，需要填写入党申请书，我便按照当初在学校填写各种表的时候家里所告知的情况，在“重要社会关系”一栏里，填上了外祖父“富农”、两位舅舅“上中农”的内容。哪里知道，我如此填写，和自己档案里的记载竟然不一致：所填外祖父的成分没有什么问题，但两位舅舅的成分填低了——在档案里，他们的成分都是“富农”。当时，组织上出于对我的爱护，没有贸然拿到支委会上讨论。单位负责行政工作的陈宇主任要出去学习一个多月，他与专门负责政治工作的支部书记温剑秋协理员商量，建议由他和我谈谈，干脆重新填一次，就照着档案填，免得错过了干部提拔的机会。然而，可能由于书记太过谨慎，也可能由于那时的我太年轻，书记的一番云里雾里的谈话并没有让我听明白什么。

这样，事情只好拖了下来，一直拖到陈主任学习结束回到单位。陈主任回来一看，有点着急，就想干脆派人去我老家调查、落实一下，然后把结果告诉我，就按照调查来的结果重新填表。哪里知道，他的想法报到上级有关部门之后，没被批准，理由是：这么一点小事，发一封外调函就行了。在这样的情况下，单位领导只好照办，但他们同时把这一情况也告诉了我，让我设法督促老家所在公社接到信函时，尽快将有关情况反馈回来。那时，父亲尚是我们村的支部书记，于是我立即给父亲写了封信，让他去公社催一下。即使如此，事情还是一直拖到了这年的深秋才有了结果。而这期间，提干的机会早已过去，接着一个推荐上大学的机会也擦肩而过。

大约是这年国庆节前夕吧，我和几位战友从莱芜大山里采药回来，领导把我叫到办公室谈话，大意是说：最近上级给了咱们保送一名大学生去广州第一军医大学习的机会，干部、战士都可以，领导们研究了一下，觉得我最合适；但是，我因为组织问题没解决（指入党），没能提拔起来，就不能以干部的身份保送了，可是如果以战士的身份保送，我的年龄又超了。部队不想“瞎”了这个指标，就只能送某某去了。希望我继续好好干，不要有情绪，往后机会还会有的。

领导所说的这个人，是我的一位同年入伍的老乡，那年门诊部提干只提了他一个人。后来，听直属队某单位的一位领导告诉我：他是机关党委成员，曾参加过讨论直属队提干的那次会议，我当时虽然还没入党，但门诊部把我也报上去了。只是会上有人提出来：既然表现不错，就先放一放吧，因为咱们司令部机关还没有提拔过不是党员的干部。所以，我的提干问题就这样放下了。

那个年月的人，大多比较单纯，年轻人就更是如此。相信组织、依靠组织，是那个时代绝大多数人的口头禅，我自然更不例外。所以，虽然一年之中两位舅舅的成分问题直接影响了我入党、提干、上大学这三件人生中的大事情，但我的情绪也确实没有受到任何影响。

不久之后，外调结果来了：在公社户口簿上两位舅舅的“成分”一栏里，竟然都是空白。原来，子女的成分是可以与父母不一样的，但这要看在土改复查时与父母分家没有——如果已经分家，就根据实际情况确定自己的成分；如果没有分家，一般说就与父母一样的成分。以此看来，二舅应该是与姥爷一个成分，而大舅则不好说。因为大舅的成分土改时并没有为他确定，而为什么会这样，原因就不得而知了。

在折腾了将近一年之后，我的入党申请书里舅舅的“家庭成分”一栏，最后组织上决定干脆让我按照档案里的记载填了。事情也的确如领导所说，两位舅舅的“富农”成分并没有影响到我入党，更没有影响我提干。但是，上大学的机会再也没有了。直到1984年，在我转业到地方工作的第二年，才得到了一个机会，考取了中央组织部委托教育部和中央电视大学举办的唯一一届全国范围的“党政干部专修科”，学制两年，从而获得了一个大专学历。而此后，我也就是靠着这么一个学历，评了中职评副高，评了副高评正高，这样一直工作到退休。

上大学曾经是我高中时代的一个强烈愿望，未能读大学，系统地接受高等教育，可说是我一生最大的遗憾。电大毕业后第二年，我一度曾想直接考研究生，但了解了一下，考研究生有年龄限制（35周岁），我当时的年龄已经过了——36周岁。这样，继续升学读书的想法只好从此作罢。

三

可能有的读者朋友会问我：你抱怨过自己的出身和社会关系没有？因为据我所知，时下就有不少年轻人在巨大的生活压力之下，会埋怨自己没有强有力的家庭背景，找不到好工作，买不起房子，甚至找不到恋爱对象，遇事不能像人家某某的儿子一样大声喊出“我爸是某某”这种“底气”十足的话来……但是，认真地说，我还真从来没有这样的想法。

我一向认为，人在自己的生命旅途中，有很多东西是无法选择的，如出身、社会关系、初始的生活条件等，这也可以说是一种命运；但是，走什么路和如何走自己的人生之路，是可以选择的，尽管这选择会受到种种制约。换句话说，人的确是有命运的，但命运是可以改变的，而所有改变主要靠自己的不懈努力。出身高贵固然好，但这高贵也可能对自己产生负面影响，比如那位爸爸是某某的年轻人就属于此种情况。出身贫寒甚至贫贱固然不能说好，但古今出身贫寒甚至贫贱而终于成就一番事业的人，也绝不在少数。

最近，我看了倪萍主持的中央电视台“等着我”栏目的一期节目，就很被其中一位帮母亲寻找爸爸的女孩所感动。女孩的父亲患间歇性精神病，每年总要发作几次；母亲因被拐卖受刺激也精神失常，整天喊着要找爸爸。女孩勉强读完大学，为了家庭而选择了工作。她先还清了助学贷款，又与男朋友齐心协力帮家里盖了新房子，改善了居住条件；同时，还积极想法帮妈妈找到了爸爸，也就是她的姥爷。在节目的整个过程中，她落落大方，言谈举止得体，自信而又阳光，没有一点儿自卑的样子，让人不敢相信她竟然出身于这样的家庭。

说到社会关系，同样如此。比如我的姥爷一家，包括姥爷、姥姥、舅舅、姨妈，都是那样的善良、宽厚、本分，那样的勤劳、朴实、诚恳，在我的人生路上都曾经给过我那样多的关爱和帮助，我报答还来不及，怎么可能去抱怨他们呢？

在我的记忆里，大舅高高的个子，体型匀称而魁梧，长方脸，高鼻梁，尖下巴，很是帅气，不仅农活样样在行，而且颇有绘画才能；大舅妈则非常利索，善于持家。所以，他们家里总是收拾得窗明几净的。他们家的院子，进门是一幢影壁，窗外是一颗石榴树，影壁与院墙的石灰墙上由大舅画着漂亮的图画，闲地方则栽种了各色花草。室内正间，靠北墙的桌子上，每到春节总是摆放着一盆造型别致正在盛开的迎春花。据说，当年青岛一家制镜厂曾请大舅去工作，为镜子画图案，但大舅妈不愿长期分居两地，没有同意。

大舅去世的时候，我尚未退休，得到消息的时候已是傍晚时分，去烟台方向的火车没有了，长途汽车也没有了。怎么办？回不回去？思忖再三，我决定还是要回去。二舅早已不幸去世，家里也没有告诉我，已经留下遗憾，就这么一位老舅舅了，如果不能赶回去为他送行，将是永远的遗憾！于是，我准备打出租车连夜往回赶。我的好朋友、也是对门邻居的耿丙训老弟知道后对我说：不要打出租车，我们送你回去。就这样，老耿和他的同事小杨，开车连夜把我送回了胶东老家；到家的时候，已经过了凌晨一点。次日一大早，我和母亲一起，去参加了大舅的葬礼，下午接着与老耿他们又回到了济南。

四

可能是年龄相差比较大的缘故，在亲情方面，我觉得与二舅似更为亲近。二舅只长我 9 岁，个头不是很高，但很结实，长方脸，肤色很白，年轻时也是一个帅小伙。

我小的时候，母亲每年总要带我回娘家住上一段时间。母亲的娘家，就是我在《有一个美丽的小山村》里所描写的那个村子。我们住在那里，母亲每天帮姥娘做点针线活，我因为小，就经常跟着二舅上山，二舅和他的同伴们在地里劳动，我就到处闲逛着玩。二舅上山的时候，总会带上一泥罐儿水，等回家时，水已喝完，就会领着我在河里、小溪里逮一些小鱼小虾带回来。那个时候生态环境好，乡下凡有水的地方，就会有鱼虾之类的小生物。

大舅读过几年书我不知道，我只知道二舅读到小学就辍学了。他当年的小学《语文》课本，曾经是我儿时的课外读物，很多民间故事我最早就是从二舅的课本里读到的。

二舅婚后育有三子一女，生活的艰辛与压力是不言而喻的。那个时候，在农村有儿子就必须盖房子，这是给儿子找媳妇的一个最起码的条件。二舅有三个儿子，加上他与二舅妈自己住的房子要与三个儿子的房子连到一起，盖了拆拆了盖，几年的时间里，他竟然连续盖了五座房子，而且除了上梁和为开采石头打炮眼之类必须有人帮忙的活，竟然都是自己一个人完成的——在我看来，这简直是不可思议的。

二舅不仅是一个非常能劳作的人，而且也是一个很有包容心的人。比如，他与二舅妈结婚后，因为贫穷经常闹家务，二舅妈也很能骂他，但他在我们面前从来不说二舅妈一句不好的话，谈起来总是说二舅妈其实待他很好。

我参加工作以后，特别是从部队转业在地方安了家之后，曾多次邀请二舅到省会看看，但他因忙于生计，一直没能成行。某年深秋，他终于来了，我和同在省会工作的三弟都非常高兴。有一天，我陪着他去趵突泉、大明湖等景点玩了一天，我们也聊了一路。记得二舅兴致很高，告诉我，他在离家去县城乘车的路上，还吟了几句诗，大意是：

在一个空中飘着雪花的清晨，
我要离开自己的家乡，
去看望那思念已久的远方亲人，
心中充满了说不出的期盼和快乐……

说老实话，当时我听后是非常感动的，所以那情景至今记忆犹新。

但是，二舅在济南的几天里，天气一直不好，秋雨连绵，直接影响到我们出行观光。三弟曾说：有一天，他陪二舅去千佛山，等爬到山顶往下一看，只见灰蒙蒙的一片雾气，四下里什么也看不见。妻子曾经感叹地说：你看二舅这命，好不容易来趟济南，偏偏又遇上这种鬼天气！

虽然已是深秋，二舅也不可能无限期地住下去，等到天气转好，就回去了。当时我想，舅舅以后还可以再来的，等到他不用劳作了，我也退休了，就把他接来，再好好陪他玩玩。然而，正应了“世事难料”的老话，就在第二年春天，二舅竟因车祸去世：他在去县城的路上，过马路时，被一对骑在摩托车上打闹的男女严重撞伤，送到医院后不治身亡！更可恨的是，由于肇事者找了关系，有关部门竟然判二舅负主要责任！听到噩耗，我一个多星期晚上不能入睡，一合上眼满脑子都是二舅那善良、慈祥、谦和的面容。想到再也见不到他了，更不可能再有机会与他把酒对谈了，泪水便会不自主地洇湿了枕巾……

当时，我的第一个想法就是要为死者讨一个公道。为此，我请了一位律师朋友一起去了老家，通过调查我们也掌握了对肇事者极为不利的直接证据。但是，家里人都觉得，人已经死了，再做什么都已经没有多大意义；再说，打官司的话，不光要花钱，要找关系，要耗费大量时间，还很难说结果如何。在这种情况下，事情只好不了了之。可以说，二舅的死，是我心中永远的痛；他死后受到的不公对待，让我至今扼腕！

如今，二舅虽然已经过世多年，但他平生的遭际与命运，始终让我难以释怀：他劳作一生，辛苦一生，而又天不假年，遽然辞世，连一句话也没能留下！几十年中，他的肩上究竟担了多么大的生活压力？他的心里究竟装了多少不能言说的委屈？如今，谁又能告诉我呢?!

2016 年春记于长清大学城润和山居

亡友晋波印象

我与晋波相识，是在 1977 年山东省放射医师进修班上。进修班是由省立医院放射科主任、山东省著名放射诊断专家连世海先生操办的。我们属于第二届学员，总共大约有三十几个人，我和晋波被分在一个小组。晋波给我的第一印象是：中等个头，身材匀称，肤色白皙，显得颇为矫健。

我与晋波所以能交往下来，可能是因为我们都来自胶东农村，经历大致相同，性情相投，从而有共同语言的缘故。晋波也姓李，原籍栖霞，我则原籍招远，这两个地方是相邻的；他是农村穷孩子出身，我也是出身农村的一个穷孩子；晋波当过兵，我则当时仍在部队。晋波长我一岁，颇有担当，遇事总愿以兄自居，我则乐于为弟，凡事让他帮着拿主意。

应当说，我自己就是一个比较热心的人，但我发现晋波比我还热心。比如，他因为在省里大医院工作的缘故，找他联系看病的人很多，但我从来没有发现他有厌烦的表示，不管什么事情，他总是不厌其烦，尽心尽力。

晋波朋友多，这是认识他的人所公认的。究其原因，当然和他热情好客乐于助人的性格有关，不过这其实并不是唯一的原因。还有一个重要原因，就是他有一位好妻子。晋波的妻子黄琪，出身干部家庭，贤惠、能干而又漂亮，但绝无干部家庭出身的女孩子所常有的自我、任性、看不起人之类的毛病。记得1982年，我为转业的事曾一次次往晋波家里跑，到了饭点，黄琪总是热情地留饭，并且亲自下厨，忙里忙外，从无丝毫不悦之色。

晋波的去世让我感到非常意外和突然。记得那是2006年初冬，我正在参加每年的例行查体，突然接到了晋波部下小刘的电话，说是晋波于昨夜加班后回家的路上突发心脏病，经抢救无效去世。刹那间，我的心紧缩起来，接着是一阵阵隐疼。

晋波的去世，我认为纯粹是过劳死。晋波是一个事业心极强的人。1977年省放射进修班学习结束后，他回到了自己的工作单位，一面努力从事自己的业务工作，一面积极参与学术活动，从而逐渐由一位并不知名的普通医师，一步步成长为省内外知名的放射诊断学专家。他不仅担任着省中医院的主任医师、放射科主任、医学影像中心主任的职务，而且还是中国《中西医结合影像学》杂志的主编和省中医药大学的教授、研究生导师、医学影像教研室主任，同时还兼着多个省内外学术团体的职务。

晋波的去世，我认为也与他农村穷孩子的经历大有关系。大凡那个时代农村家庭出身的人，能吃苦、肯下力气、干起活来不要命是他们的共同特点。这些，和事业心强一样，不能说不是优点，但他们并不知道，就算是优点，也不能发挥得过了头，过了头就会走向反面。晋波不明白这个道理，所以在事业蒸蒸日上、本该百尺竿头更进一步、本该继续为社会做更多更大贡献时，遽然逝去！

晋波的去世，让我有一种“兔死狐悲”的感觉。这不仅因为我们是要好的朋友，还因为我们的经历、遭际都差不多的缘故。

我从部队转业后，先在某省级医院工作，后又去了省社会科学界联合会。其间，先是热心学术研究，继而创办了一个学术刊物。但是，刊物一无刊号，二无编制，三无经费。几年下来，我既搞研究，又当编辑，还干行政，筹集经费、计算字数、画版面、跑印刷、邮杂志、寄稿费……可说累了个半死。好在我没有像晋波那样执著，最终选择了放弃，没有为那个劳什子统一刊号而继续努力。但是，我与晋波一样，并没有因此而明白上述道理，到新单位后仍然一如既往，不知珍惜自己的健康。但幸运的是，我挺过来了。

2006 年，我还有两位熟人、朋友不幸去世：一位是与晋波同一医院的检验科主任，我的同乡刘文杰女士，年仅 52 岁；一位是中国军事科学院的少将，我的老朋友于汝波先生，年仅 61 岁。他们同样都是死于冠心病发作，但在我看来，实际上也都是过劳死。

西哲伊壁鸠鲁说：“死不是死者的不幸，而是生者的不幸。”此真乃至理名言！晋波去世已经将近十多年了，他的贤妻和爱女至今清明上坟时还会相拥痛哭，他的小外孙则会经常问姥爷到底上哪儿出差去了。作为朋友，我也是想起来就会黯然神伤，以致垂泪！所有这些，晋波兄，你在天国里知道吗？

辛卯（2011 年）秋于泉城书苑山庄寓所

从济南到烟台

——一次难忘的奇葩学车经历

20世纪末，随着私家轿车的出现，中国也如西方发达国家一样，开始进入汽车时代，然而我是一个对机械类东西不大感兴趣的人，喜欢坐车而不喜欢开车。尽管自己也知道，人要“与时俱进”，早晚必须买车，但由于业务工作太忙，一直没有报名去学。为此，妻子几次督促，我也没有在意，觉得不就是学个车嘛，等退休后利利落落地再报名学也不迟。

然而，没有想到是：后来事情的发展大大出乎我的意料，这件小事竟然变成了无比麻烦的“大事”，让我吃尽了“苦头”。

一、报名学车

2010年初春的一天，老朋友张华松先生来到我的办公室说：老李，我报名学车了。我对他说：你有公家配的车，还学什么车？他说：

谁有不如自己有，谁会不如自己会，不方便嘛！我说：也是啊。那你报的哪个驾校？他说：离你们这儿不远，就在经七纬二附近。这时，我转念一想：反正自己到下半年就退休了，不如干脆报个名吧。于是，我就让华松带着也去报了名。

华松找的那位教练个儿不高，黑黑瘦瘦，头发挺长，颇有点“艺术家”的范儿。后来才知道，他还真配他的姓氏，因为此人足够聪明，甚至可说是“猴精猴精”的。见新学员又带来个报名的，他当然高兴啦，因为又有3000块钱到账，他又可以提成了嘛！

没有想到的是，查体那天碰上了老战友刘汉树医生，虽然他报的是另一个驾校，但我们多日不见，自然很高兴。更没想到的是：在学车问题上，我们后来竟然成了“难兄难弟”。

查完体，接着就是车驾知识考试，不顺与麻烦也就开始了。那天，我们一起前往经十东路的考场，眼看就要到了，华松突然说：忘带身份证了！于是，我们只好掉头回他的办公室去取。等赶到考场，考试已经开始了，我们只好在那里无聊地等着叫名字。原来，我已经被喊过一次，因不在场，人家就把档案放在了一边，等最后一批。所以，等我考完，已到中午。

车驾知识考完了，只要合格，就可以上车了。但是，可能因为考理论那天受了凉，华松的腰病犯了，一时不能上车。在等待了一个多月之后，我只好自己先“开学”了。这一上车不要紧，发现报名的学员实在太多了，每天十几个甚至二十几来个人围着一辆车，根本摸不了几把。但是，教练总是不慌不忙，告诉要领并且示范几把之后，就坐在太阳伞底下喝大茶了。后来，有一位车友看出了门道儿，对我说：老李，咱们这位教练，第一不愿教岁数大的老爷儿们，第二更不愿教岁数大的老娘儿们，但只要年轻女学员一到，他就来了精神，本来还没开练，也会马上开始。

这样三天打鱼两天晒网一次摸不了几把地学下去，到什么时候才能学出来？于是，我采取了一些“小措施”，试图与教练搞好关系，得到关照。但是，烟可以抽，茶也可以喝，关系也“不错”，就是不肯认真教，让今天来明天不要来的，始终掌握不了那点技术。没有办法，我只好这样一天接一天地挨下去，但无法知道，“这苦难的日子到什么时候才是个头”！

进入7月份，天气渐热，又要搬家，我就干脆停了下来，任再打电话，我也不去了。

这一停不要紧，一直停到了春节。等过了元宵节，再去经七纬二时，竟然找不到练车场了。后来从车友那里得知，经七纬二和十四中附近两个练车场都停了，十二马路有个点儿，但离家太远，且交通不便，我就去了趵突泉南门附近的一个点儿。那里有公交车，从我家过去挺方便。这次，驾校换了教练，让跟张德海教练学。张教练年纪也不小了，只小我几岁，人很好，教得很认真，仅一个星期就让我过了驾校内部的倒桩移库测试。这样，我就可以正式上车了。但哪里知道，我又要开始“吃苦头”了！因为张教练只教倒桩移库，正式上车便意味着要换教练。

当时“九项”的练车场在靠近北二环的李庄，而我住在南二环附近，去一趟要横跨整个市区。不过，好在我已经退休，时间没什么问题。所以，我暗下决心，觉得不要说和老红军老八路比了，就是自己，当年在农村什么苦没吃过？这点苦算什么！再苦也要坚持下去。于是，我每天早出晚归，往返于书苑山庄和李庄之间。

然而，不久之后，跟“猴”教练学习时的情况又开始出现了，现任的Z教练也动不动就不让去练了。试想，我一个已经年过花甲的人，还看不出那点门道儿来吗？我只是不愿那样做。我这个人，不可能一辈子记住某个人对自己的坏，却能一辈子记住任何人对自己的好。我是想，等拿到驾照以后，再好好谢谢教练，反正也不缺那点儿钱。但如今因为这件事去“送礼”，我还真不愿干。别说学车，就算在提拔问题上，工作了40年我都没这么干过。

鉴于这种情况，再三考虑之后，我最终打定主意：退出去，不学了！当时，不满两年“退学”是可以的，但查体、理论考试的费用是不能退的，另外驾校还要扣除一定的练车费用。最后，驾校总共退了接近两千元钱，我还算比较满意。华松还一次没上车呢，一听是这种情况，干脆也不在这个驾校学了，和我一起退了。

想到当初报名后回家告诉妻子时，妻子听说报的是“某顺驾校”，还挺高兴，说：“某顺驾校”，挺好啊！看来这次学车应该挺顺利的。然而，让我做梦也想不到竟然是这样一种结果。此外，还有一个问题：“退学”容易，只要不怕吃亏就行，可退了以后怎么办？还学不学呢？学，又到哪儿去学呢？

二、“败”走招远

“退学”以后，妻子已经不主张我继续学车，认为这么大年纪了，开车也是危险的事儿，不学也罢。但是，这个时候，我这个本来并不喜欢开车的人，反倒对开车产生了兴趣。再者，我的犟脾气也上来了，觉得身边朋友都有车，就不信自己连个车本也考不出来。

恰在此时，得知汉树也没能学出来。汉树没能学出来，是因为第二个科目考试的头天遇到了车祸——被一个闯红灯的机动三轮车给撞了，虽然没有伤筋动骨，但也是被撞得晕头晕脑。第二天上考场，见那考官戴个大墨镜，虎着脸，威风八面，一紧张竟然忘了系安全带，所以没能考过去。回到家里，老婆、孩子也是一齐反对他再学。至于到底学不学，他自己一时也很犹豫，所以就“蹉跎”了下来。现在，见我也没学出来，并且想继续学，就也动了继续学的念头。那么，究竟到哪儿去学呢？我们一时也没什么主意。但不在济南学那是一定的了，因为济南太“伤”我们的心了。为确定去哪儿学，我们曾经反复商量。在一位朋友的介绍下，我甚至去了一趟沂南，考察了沂南的一所驾校。那天，驾校领导中午请我们一起吃了饭，下午还陪我们去参观了著名的北寨汉墓。

实事求是地说，这所驾校条件还真是不错，比起我们在济南所看到的那些所谓驾校条件都好得多：这所驾校有食堂，有宿舍，场地是一色的水泥地面，既平整又干净，其他设施就不用说了。校长说：你们如果能来，我免费提供宿舍，你们在这里吃个大锅饭，应该是可以的。还别说，我当时真动了去这所驾校的心思。但是，回到济南后叔叔的一番话，把我的这个念头彻底打消了。

叔叔从年轻时就爱好医学和易学，平时经常有人找他看病。关于学车的事，他在电话上说：还是回招远吧。我问为什么，他说：去沂南会有人事上的麻烦。实事求是地说，我是个唯物主义者，但生活阅历告诉我，有些事情既不可全信，也不能全不信。有一点是明摆着的：招远是自己的老家，亲友多，人脉广，遇到点麻烦容易对付。想到这里，在与汉树经过商量之后，我们一致决定还是回招远学。结果，回招远还真是遇到了一些麻烦事，但最后都一一解决了。

丁孟连是我高中时的同学，毕业后关系一直很密切，他也是力主我们回招远的人之一。他说：冯永龙是咱们晚一届的同学，他就在驾校当教练，回来让他教不就行了嘛！就这样，2012 年初春，我们回到招远后便决定把名报到老冯所在的驾校。

在外地学车考本需要办暂住证，没想到这成了我们回招远学车遇到的第一件麻烦事。

话说这天一早，老冯开车拉我们先去了北城派出所，可人家今天不办暂住证。我们又去了西城派出所，人家问我们有住处的房产证没有。我们事先不知道办暂住证还要有住处的房产证，现找又来不及，只好另作打算。离开了这家派出所，我给早就复员回来的老同学张贵云打了个电话，问他的住房有房产证没有，他说有。老冯说：那咱们就去东城派出所办。这样，我们就叫上老张，一起去了派出所。

派出所的同志说，办暂住证需要一个星期的时间。我一听就有点急——哪能在这里等上一个星期呢？没有暂住证就报不上名，报不上名就不能参加驾驶知识考试，不参加驾驶知识考试就不能上车……这怎么行呢？所以，一出了派出所大门，我就赶紧给在县城工作的一位亲戚于春晓老弟打了个电话。他说：我刚到济南，你们回去等着吧，我给你们联系一下。于是，我们就叫上二弟兴义，一起吃饭去了。那天是老张做东，又招呼了老同学老战友李志德，他们在部队时与汉树也是老熟人。老战友老同学相见，都很高兴，大家免不了推杯换盏，痛痛快快地喝了几杯。这期间，春晓老弟打来电话，告诉我们下午三点半去取暂住证就行。

酒也喝了，饭也吃了，我们又去喝了一会儿茶。等差不多三点半我们去派出所拿暂住证时，想不到麻烦事又来了：汉树的暂住证没能办下来，原因是网上找不到他身份证上的照片！这时，我也傻眼了：两个“落难”弟兄高高兴兴一起到招远

"留学"，结果一个办不出暂住证来，这可如何是好！

从派出所出来，我们打了个出租车，想先到我大妹妹的店里（她当时在县城经营一家书画店），然后再想办法。这时，天色已经不早了。

到了店里，汉树一头扎到电脑跟前，上网搜索自己的照片。我拿出手机，正准备打电话，这时走进一个人来，年纪要比我轻许多。见我站在那里，他说：外甥什么时候回来的？我抬头一看，并不认识，但还是赶紧回答：昨天刚刚回来。然后疑惑地问：您是哪个村的？那人回答说：哪个村的？东肇家沟的呗！咱们见过面嘛！我连忙说：那就对了。对不起，外甥眼钝，见一面两面的，常常记不住，实在不好意思。这东肇家沟是我奶奶的娘家、母亲的娘家和一位老姑姑的婆家，全村姓杨，并且是一个家族，可说是自己的"亲戚窝"，有个比我年轻的堂舅真是太正常不过了。

原来，此人大名杨思亮，系我的一位未出五服的舅舅，长期从事教育工作，与我的老母亲非常熟悉。

于是，我便问道：既然是老舅，外甥正为一事作难，不知您能否帮忙解决。他问：什么事？我就把事情的来龙去脉说了一遍。他说：那赶紧走吧，再晚人家下班了。我说：打个出租车吧。他说：打什么出租车，我带车过来的。于是，我们一起上了他的车。这位老舅一边开车，一边拨拉电话，几分钟就到了派出所。

到了所里，我们就不靠前了，一任这位老舅前去交涉。老远看他与人家交谈了一番，便做手势让我们过去。过去后，大家互相介绍了一下，就听所长说：网上没有照片还不好办？人在这里嘛！说着，就让一位警察陪汉树去路南照相馆照相，然后带我们去他办公室喝茶。结果，我们一杯茶还没有喝完，汉树就回来了，照片也通过网络传了过来，暂住证很快就打印了出来。一件看似极为麻烦的事情，就这样简简单单地办妥当了。我们继续喝了一会儿茶，见天色已晚，就一边再三道谢，一边起身告辞，又一起喝酒去了。因为有老舅在，那天我把老母亲也请了出来。

三、终成“正果”

办好了暂住证，接下来的事就顺理成章了。但是，我们不得不一切从头再来：先考车驾知识，再考倒桩移库，再考“九项”，最后路考。这期间，虽然没有出现像办暂住证那样的麻烦，但别的麻烦依然出现过。

到我们学车的时候，已经不像以前那么简单了。据说，以前学车，最早的时候，一个星期就可以完成全部“学业”，拿出驾驶证来；后来时间长些，大约一个月也就可以了。但是，到我们报名的时候，程序越来越麻烦了。报名之后，首先是查体，然后考驾车知识、考倒桩移库、考“九项”、考“路考”，而且后三种考试不准连着学下来，每种考试之间要隔一定时间，这就无形中大大延长了学车时间。这样的规定，对于我们外地人来说，麻烦实在大了些。因为这样，我们就不得不频繁地往返于招远与济南之间！好在我们都是已经退休的人了，又不在乎那点路费，跑几趟就跑几趟吧。

最后，我们俩“定居”在了女儿五姨的一处闲房里，那里距驾校大约有七八里路，但公交车很方便。就这样，我们早出晚归，重新开始了自己的奇葩“求学”经历。

既然必须频繁地往返于招远、济南之间，我们就想尽可能地少跑。然而，上车后第一次考试就差点让我们必须多跑一趟。

记得我们学完倒桩移库之后，教练本来给我们报了名参加考试，但最后被“拿”了下来。老冯为此找了校长，没管用，便向我们说明了情况，让我们自己想想办法。

后来的事情虽也是一波三折，但最后也都解决了，此不赘言。终于，我们迎来了“路考”。

“路考”好像是在国庆节之后。那时，我们都想，终于快熬出来了！大家高高兴兴地在头天下午赶到了烟台，在一家条件简陋的宾馆住了下来。见天色还早，教练说：去考试的路段熟悉熟悉吧。于是，大家在各自教练的带领下，前往第二天“路考”的地方，“临阵磨枪”，又练了一段时间。

回到宾馆，我们出去找了一家饭店，多点了几个菜，一起吃了饭，大家都对教练说了一些感激的话，算是对教练表示感谢。应当说，我的这位同学教练，不光是对我们，对其他所有学员教得都是很认真的。据说，不少考出驾证的人不敢上路，都来请他再带一下，甚至连这个驾校校长的大女儿也是由他这么带出来的，所以校长的小女儿后来就干脆直接由他来教了。

然而，就在晚上睡觉的时候，一件想不到的“麻烦事”又来了：原来，我们所住的宾馆，距离一条主要公路太近——大约只有三五十米，车辆来往，噪音特别大。我是个最怕噪音的人，噪音稍大就无法入眠。当时我想，到后半夜就应该没事了。想不到半夜以后，小车是没了，大货车可是来了，更厉害，并且这种噪音根本没有什么规律可言！就这样，汉树还打了个盹儿，我干脆“今夜无眠”。当时我想：不就是一夜嘛，那些大货车司机也真不容易啊！他们为了讨生活，这么没日没夜地奔波，真是太辛苦了！想到这儿，我虽然睡不着，但心情倒还平静。

也可能是因为熬夜熬惯了，我虽然一夜没睡着，第二天精神还行，结果“路考”顺利通过。上车的时候，考官很年轻，听口音是莱州人，态度很温和很友善，看了看表格，问了句：老人家怎么搞的？还得从济南跑到烟台来考？我一边操作一边答道：唉！说来话长，真是一言难尽，以后有机会我再告诉您吧。所以，这篇文章也算是送给那位考官的吧，只是不知道他能否看得到。

“路考”结束，回到济南不久，我们就收到了“驾证”——我们终于修成“正果”！

如今，我已安全行车五六万公里，回首那段“郁闷并快乐着”的日子，真是感慨万千，两点体会至为深刻：第一，“小处不可随便”，一旦大意、随便，小事就会变成大事，甚至让自己痛苦不堪。第二，幸亏考取了“驾证”，有车给自己和亲友带来的方便，实在太多太多了！

最后，我要真诚地感谢济南的张德海教练和招远的老冯、老郦两位教练，以及那些在我们学车过程中提供过各种帮助的亲朋好友：没有他们的帮助，我这车还真不知道会学成个什么样子！

草药一剂保平安

——漫谈中华医药之神奇疗效

生、老、病、死是任何人都必须经历的一种生命现象。这其中，“生”是由不得自己的，“老”与“死”总体来说也是无法抗拒的，唯有“病”是可以通过预防、治疗与之对抗的。几千年来，中华民族所以能够生生不息繁衍至今，中医是发挥了很大作用的。但是，近代以来，由于历史的错位，中华民族在政治、经济、军事上一度大大落后于西方列强，遭受了长期野蛮的侵略，从而致使许多人，甚至包括一些文化名人，丧失自信，错误地认为自己的民族什么都不行，在一切方面都不如西方。所以，反对中医，甚至主张废除中医，并非自今日始，这种现象或曰闹剧，在民国时期就已经出现了。

想不到，改革开放以后，随着又一股盲目崇拜美国崇拜西方、认为以美国为代表的西方一切都好的浊流涌动，历史的沉渣再次泛起。国内某些人又开始拼命地抹黑、贬低中医，狂妄地提出要废除中医，甚至在屠呦呦先生因为研究中药青蒿素的成就而获“诺奖”之后，他们仍然摇唇鼓舌，喋喋不休，胡言乱语。实际上，历史早已反复证明，一个国家或民族，即使其再强大，也并不能说明它所代表的文化就一定是先进的。正如一个流氓、强盗，他完全可以打败很多好人，但能因此就说这些好人什么都不如那个流氓、强盗吗？

不过，只要冷静地想一想，就不难发现：上述这些人的言论其实根本就不值一驳。道理很简单：因为要批判一种思想或理论，首先就必须懂得它并深入研究它，认真分析它究竟错在什么地方，否则就没有发言权。当年毛泽东同志就曾说：“知识的问题是一个科学问题，来不得半点的虚伪和骄傲，决定的需要的倒是其反面——诚实和谦逊的态度。你要有知识，你就得参加变革现实的实践。你要知道梨子的滋味，你就得变革梨子，亲口吃一吃。”①

所幸的是，我当年学的虽然不是中医，甚至也不是临床西医，但早期培训、学习的时候，对中西医知识都有所学习和了解，并且还曾经用中医针灸术为人治过病。依我对医道的长期接触、了解和体验，中西医各有所长：西医检验检查手段多，定量定性分析到位；中医望、闻、问、切，整体、系统、辩证观念强。所以，二者互有所长，应当相互学习，取长补短。如果一定要分出长短的话，我认为二者相较，中医比西医更为优长，尤其是在对待疾病的理念上，二者可以说相差极为悬殊：中医是以整体、系统和相互联系的辩证观点对待疾病的，而西医往往是以简单、孤立和互不关联的机械观点对待疾病的；在

① 毛泽东：《实践论》，《毛泽东著作选读》上册，人民出版社1986年版，第126页。

中医眼里，病是人体生命的一种现象，但在西医眼里，病人犹如一架机器。所以，中医可以头痛医脚、脚痛医头，而西医则往往只能头痛医头、脚痛医脚；中医可以治本，而西医则往往只能治标。

更为重要的是：传统中医是非常讲究医德的。中医大夫接诊时，必须视病人如亲人，不分高低贵贱，不分富贵贫穷，有时甚至还要为付不起医疗费的病人免费诊治。中医大夫出诊时，必须先看病，后喝茶或吃东西，绝不可置病人于一旁，未看病，先吃喝。

根据我长期的体验与观察，对于西医来说，有很多病，哪怕只是小病，有时也认识不了，并且即使认识了，也没有什么好办法。例如，感冒痊愈后肺火上炎呼气过热这样一个小小的症候，西医就毫无办法，而中医几副草药就可以解决问题。所以，在我看来，中医其实是一门高深玄妙的哲学，只有天资、禀赋都很高，并且对中华传统文化有较深理解的人，才能成为一名好的中医大夫。也正是因为这个原因，古人才把做良相和做良医相提并论，称：不为良相，则为良医。可以说，几千年来，中华民族能够历经磨难绵延发展至今，中医是起了很大作用的。就说2002年冬到2003年春天吧，我们国家在防治萨斯（SARS，传染性非典型性肺炎）这一突如其来的肆虐全球的急性传染性疾病的过程中，中医不就发挥了非常巨大的作用吗？

笔者这样说，从事西医的朋友可能会不高兴，因为据笔者所知，他们有很多人本来就看不起中医，但我绝非是在故意吹捧、抬高中医，这其实不过是在自己四十多年中曾经行医和长期求医问病后的一种真切而实在的体会。所以，我真诚地建议各位读者朋友：一定要相信中医，中医的确很神奇！我们现在的问题是：绝不是中医不好，而是高水平的中医大夫太少！

俗话说：事实胜于雄辩。下面就让我这个已经早过花甲正迈向古稀之年的人，以四十多年来自己所亲历的桩桩件件实事，来为中华民族医学之神奇做证。

一、草药一剂保平安

我的女儿两岁的时候，感冒发烧，最后发展成为支气管肺炎，当时经注射抗生素，很快控制住了病情，但从此落下了个病根：非常容易感冒，一感冒就发烧，不用抗生素体温就会烧到三十八九度甚至四十度，并且伴之以剧烈的咳嗽。这样，就不得不经常靠注射青霉素为她退烧。有时，为了减轻疼痛，还要加上链霉素一并注射，而链霉素是有致聋作用的。所以，女儿曾因此而听力有所减退。幸运的是，我们有这方面的知识，发现后及时把链霉素停了，所以没有造成什么不良后果。

我转业到省精神病医院（现在的省精神卫生中心）工作并居住后，有一次带女儿去门诊打针，碰上了同事郭传琴主任。她对我说：小李啊，孩子这么小，不能老打针哪，打来打去会把孩子打坏的。我问：那怎么办？不打针孩子的体温就控制不住啊！她说：这样吧，最近咱们有病人要去请市中心医院的老中医张吉人大夫会诊，他特别擅长妇科和小儿科。你让你爱人请个假，带上孩子一起去看看吧。我喜出望外，连忙说：那太好了！表示了谢意之后，回家立即告诉了妻子。

据我爱人回来之后说，张老大夫给孩子候了脉，说：没多大事，小孩子不知饥饱，伤着脾了，吃上几副草药就好了。他要我爱人回来把针全停了，但把药方留着，以后每个月都给孩子吃上六副，坚持一年，她就不会动不动感冒发烧了。并说，喂孩子不一定非要鸡鸭鱼肉香蕉橘子的，馍馍苹果就行啊。就这样，张老大夫的一个药方把女儿一直保到大，我们再也不用三天两头地为她打针了，真可谓“草药一剂保平安”。后来，我从老战友张锡凤主任医师那里得知，张老大夫是山东省一位著名的老中医，医术非常了得，可用“很神”二字形容。有一位朋友甚至告诉我：张老大夫外号“张一副”，意谓一副药即可见效。而晚年，他的医术更是达到了炉火纯青的程度。

1991 年底，为创办《孙子学刊》，我曾先后去北京、天津约稿。到达天津后，第二天吃过早饭正想出去会朋友，口唇竟然慢慢肿胀起来，不过时间不长又慢慢消散了，基本没有影响出行计划。当时，我以为可能是因为水土不服，就没当回事。没想到，此后这个毛病发作日渐频繁，也越来越规律，一直迁延到五十多岁的时候。这样，我就不得不重视了。西医怀疑我这是过敏所致，甚至怀疑是脑血管的问题，还做过脑 CT，但都没能解决问题。

那时，为女儿看好病的张老大夫已经过世，我爱人一直请张老大夫的公子张弘毅大夫诊治，效果也很好。所以，她建议我去找张大夫看看，但我由于缺乏信心而没去。后来，她在自己去看病时顺便为我咨询了一下。问明病情和平时的生活习惯后，张大夫说：你让他赶紧来看，不看要出大问题。我毕竟懂点医学知识，一听此话立刻警惕起来，马上去了张大夫那里。张大夫给出的解释是：这个毛病是因为长期思虑（用脑）过度、饮食不节伤到脾脏所致。他为我开了药方，并且建议注意饮食，不要再过度熬夜。就这样，困扰我十多年的痼疾，在吃了几十副中药之后，终于被彻底治愈。

其实，弘毅先生子承父业，得乃父张老先生的亲传，再加自己长期勤奋实践，也早已成为一位颇负名望的执业主任中医师。所以，此后我与爱人介绍给他的几位病人，经他诊治后都收到了预期的效果。

二、神奇的针灸术

中医治病，手段、方法很多，除了草药方剂，还有手术、针灸、按摩、推拿、火罐等。

针灸应该说是传统中医的一个重要组成部分，历史非常悠久。据记载，我国历史上的名医扁鹊就精通针灸，著名的《扁鹊见蔡桓公》的故事，很多人都耳熟能详。但是，限于阅历和见识，如果没有亲身经验过，说针灸疗效神奇，也不是任何人都能相信的。

1970 年 12 月，我从家乡参军来到济南工作，被分配到了济空司令部机关卫生所（即后来的门诊部）当卫生员。大约是第二年初春，领导安排对我们几个新兵进行一般性的业务培训，具体办法是：让所里的医生和护士轮流为我们讲一些基本的医药知识，并且专门学习了针灸、注射等技术。

学习的时间并不太长，好像只有两三个月的时间。结束后不久，我就去了万灵山指挥所卫生室工作。这期间有一天，连队一名战士来到卫生室，说自己的手上长了一个“鸡眼”，不能握工具，而连队又要经常劳动，非常不方便。“鸡眼”这种病，我早就知道，但在我的印象里，好像多数长在脚上。记得小时候我表哥的脚上就有“鸡眼”，有一天晚上，我住在他家里，姑父趁他睡着了，用磨得非常锋利的剃头刀为他剜“鸡眼”。为防止表哥挣扎，姑父让我帮忙按住他，就像要杀猪一样，那情景很是可怕。

想到这儿，我对那位战士说：据说针灸可以治好“鸡眼”，你如果不怕疼的话，给你扎一针怎么样？他说没问题。于是，我就选了一根比较长的针，消毒后从病人的合谷穴平刺进去，然后尽可能将针尖刺到“鸡眼”的基底部。我当时想，手远离人的要害部位，只要病人不晕针，是不会有什么妨碍的。没想到，正扎着，去巡诊的赵医生回来了。赵医生是天津人，毕业于天津医学院，学的是西医。他一看，说我的胆子太大了，命令立即停止治疗。我有些不甘心，就把手里的针捻了捻、顿了顿，即所谓地强刺激了一下，才起了出来，然后在病人的针眼上压了一个酒精棉球，观察了一会儿，就让他回去了。

那年我只有20岁，年轻，也没多想什么，认为赵医生为人谨慎，也是为自己好，所以事情很快就淡忘了。没想到，大约过了半个月之后，在卫生室外面碰上了那位战士，他兴奋地对我说：嗨！你那一针还真管用，我的“鸡眼”好了！我问怎么好的，他说：刚回去也没感觉怎么样，但是过了几天以后，感觉痛得越来越轻了，后来“鸡眼”干脆就慢慢脱落了。我说：管用就好，这样你就不用受罪了。

事情过去后，我琢磨其中的道理：人体有自我保护的能力，所以经常劳动的人和经常走路的人，手上或脚上会生成角质，长出厚茧子。脚上或手上如果是某一点受到了一定的刺激，就会从这一点上不断地生成角质，时间长了便慢慢地长成硬硬的尖儿朝里的圆锥形“鸡眼”；又由于人的皮下神经十分丰富，所以“鸡眼”受到压力后会“刺”得很疼。如今，针灸破坏了原来的那种不正常代谢，不再生成角质了，“鸡眼”自然也就慢慢地脱落了。

有意思的是，不久后我又碰巧与赵医生在机关卫生所值班。晚饭后不久，来了一位干部家属，说是肚子痛。赵医生为她诊断了一番，觉得没有什么大问题，认为可能是胃痉挛，就对我说：你不是爱扎针吗？现在你就给她扎一下怎么样？我说，那就试试吧。我记得当时给病人扎了三针，其中有内关和足三里。幸运的是，扎完后，那位病人也好了。

几年后一次回家探亲过程中，我有机会进一步感受了针灸的神奇。在《祖父是一位典型的中国旧式农民》一文中，我曾经写到，我有一位叔叔，从年轻的时候就特别喜欢医术，并自学中医，尤其擅长针灸，这里要说的就是他。

记得那次探亲是个冬天，一天晚饭后，叔叔邀我去姑妈所在的村里看电影。但是，去了之后，我们觉得电影好像已经看过，意思不大，就去了姑妈家里。姑妈家还没有吃完饭，我们就坐在椅子上与他们聊天。这时，西面房间里传出了我一位表妹的呻吟声，叔叔问谁病了，姑妈就说谁谁病了。我记得她好像是感冒，发高烧，头疼。叔叔说：叫过来我给她扎扎针吧。叔叔的针是随身带的，他连衣服也没让病人脱，就在油灯上把针烧了一下，算是消毒了，然后用酒精棉球把针上的灰揩净，隔着棉袄就下针了。当时我记得也是三针，其中有曲池穴。结果，针还没扎完，病人竟然一会儿就不再呻吟，并且睡着了。这件事当时也给我留下了很深的印象。

有文章记载，1955 年 4 月，毛泽东主席在杭州邀请著名针灸专家、卫生部副部长朱琏一道吃晚饭。在跟朱琏谈天的时候，毛泽东说起了她的《新针灸学》一书。这本书是 3 月 23 日呈送主席的，主席不但看了，而且颇为赞同其中说到的针灸与现代医学理论发展的关系。开饭了，大家都举起了酒杯，主席也站起来，举杯说："今天——"他沉吟着，该说什么祝酒词呢？叶子龙接过来说："今天祝各界大团结万岁。"毛主席说："不是。今天——是祝针灸万岁！"他环顾几位在座的大夫，自已先喝了一口，然后接着说："你们不要以为针灸是土东西。针灸不是土东西，针灸是科学的，将来各国都要用它。"后来，朱琏所著

《新针灸学》被译成数国文字，在国外出版发行。[①]

在毛主席“针灸是科学”的正确思想指引下，中国的针灸疗法获得了飞速发展，不仅在民间被广泛应用，而且走出国门，受到世界人民的重视和信赖。在这方面，我就曾经看到过一些疗效神奇的案例。比如，多年前《报刊文摘》曾登载过一个针灸治大病的故事，说是欧洲某国一位政要瘫痪在床，西医百般诊治，就是不见疗效，最后只好求助于中国大使馆，希望能请中医帮助治疗。当时，国内好像是从广州军区派了一位针灸师前往治疗，结果只一两个月之后，病人就能活动，甚至可以跳舞了。

三、冯氏正骨术疗效同样神奇

1980年深秋，我最小的弟弟兴奎也当兵来到济南。得到消息后，我立即找了辆车，去西郊生产基地看望他。没想到，去后正好赶上所在部队郭惠堂政委的老伴腰椎间盘突出症犯了，躺在那里一动也不能动。身边的人不知道是怎么回事，都很紧张，赶紧给正在开会的郭政委打了电话。接到电话，郭政委很快就赶了回来。我问他：您打算怎么办？他说：去九〇医院吧。我便劝郭政委去我工作的济空司令部门诊部，因为我的一位战友对付这种病有绝招。再说，拍片子也很方便，既不用登记，也不用挂号。郭政委说：好吧。于是，要了一辆救护车，直接去了济空大院。

到了门诊部，我先给病人拍了两张片子，让老战友马光远医生看了看。老马看后说：这是典型的腰椎椎间盘突出，不过

① 游和平：《毛泽东对中医药情有独钟》，《党史博览》2007年第11期。

病刚犯，腰部肌肉紧张，不宜进行治疗。他建议病人回去先用麸子加醋炒热做做热敷，以不烫伤皮肤为原则，让肌肉放松放松，明天再做治疗。

第二天我们过去之后，马医生用一种特殊手法为病人检查、复位，结果仅仅几分钟的时间，病人就神奇地站了起来，并且能自由地来回走动了。后来，又经过一个星期的巩固治疗，并且相应地注意了一些事项，病人就再也未犯过。此后，马医生还用此法先后为我的几位亲友治好了腰椎椎间盘突出症，其中有齐鲁书社已故老社长赵丙南先生和我的连襟老崔。

原来，马医生的这一绝技，是从空军总医院的冯天有医生那里学来的，而冯医生则是从北京郊区一位被称为罗老太太的人那里学来的，是一种祖传的治疗方法。这种治疗方法，由于冯天有医生曾经为李先念同志及时解除了病痛，未耽误他出国访问，从而引起了部队的重视。后来，八一电影制片厂还专门为罗老太太拍过一部纪录片进行介绍；空军则从各部队选调了一批比较年轻的医务人员，让冯医生向他们传授这一治疗方法。山东这边学过此法的，除了马医生，我认识的还有原西郊飞机场的沙老太和后来调到济空门诊部的叶顺池主任。与我一起参军的老乡王秀亭，则是拜叶顺池为师，学习、掌握了这一技术。

2002 年，因编辑工作压力大，长期伏案，我也患了急性颈椎间盘突出症，四五、五六、六七之间，三个椎间盘突出，压迫臂丛神经，从肩背到手背，疼痛难忍，叶顺池主任正是用此法为我解除了病痛。

四、中国医药学是一个伟大的宝库

毛泽东同志不仅是伟大的政治家、军事家、哲学家与诗人，而且传统文化造诣深厚，深明医理，历来十分重视发展中医药事业。他虽然没有专门学过医学，却于1913年就在《讲堂录》中写道："医道中西，各有所长。中言气脉，西言实验。然言气脉者，理太微妙，常人难识，故常失之虚。言实验者，求专质而气则离矣，故常失其本，则二者又各有所偏矣。"

井冈山时期毛泽东同志就曾指出："医院要聘请中医师，要成立中医科，组织人员采中草药。草医草药要重视起来，敌人是封锁不了我们的，应该'用中西两法治疗'伤病员。"① 1928年，他在《井冈山的斗争》一文中又指出："作战一次，就有一批伤兵。由于营养不足、受冻和其他原因，官兵病的很多。医院设在山上，用中西两法治疗……"② 当时，井冈山茨坪成立了第一所红军后方医院，仅有的三名医生，其中两位是中医。中医中药以它不可低估的价值，挽救了很多红军战士的生命，帮助红军度过了艰难岁月。

在延安时，由于环境条件恶劣，毛泽东同志曾患风湿性关节炎，发作时往往痛得抬不起胳膊，虽然吃了不少西药，但仍不见效。一天，开明绅士、当地著名中医李鼎铭先生来了。他为毛泽东切脉之后，很自信地说，吃几服中药就可以好了。那时，中西医之间矛盾尖锐，毛泽东身边的医生都是西医，他们不同意毛泽东服用中药，但毛泽东则力排众议，坚持把李鼎铭先生开的中药吃了下去。吃完后，疼痛果然消失，胳膊活动也自如了。这更使毛泽东认识到中医药的神奇功效。毛泽东又介绍李鼎铭先生为八路军干部、战士治病。很快，中医中药成了

① 《毛泽东选集》第1卷，人民出版社1991年版，第65页。转引自宫正《建国前中国共产党对中医政策的探索与意义》，载《佳木斯教育学院学报》2012年第8期。

② 《毛泽东选集》第1卷，人民出版社1966年版，1968年印刷，第64页。

八路军必不可少的医疗方式。

1950年8月，第一届全国卫生会议在北京召开。毛主席为大会题词："团结新老中西医各部分医药卫生人员，组成巩固的统一战线，为开展伟大的人民卫生工作而奋斗。"① 同时，他还为新中国卫生工作提出了三个基本原则，即："面向工农兵，预防为主，中西医结合。"②

1953年，毛主席在杭州刘庄宾馆小憩时说："中国对世界有三大贡献，第一是中医……" 此说似乎不无戏言成分，但毛主席把中医摆在"三大贡献"之首，表明了他对中医的看重。

1954年，针对当时普遍存在的认为中医不科学而歧视、排斥中医的现象，毛主席及时纠正说："中医对我国人民的贡献是很大的，中国有六万万人口，是世界上人口最多的国家，我国人民所以能够生衍繁殖，日益兴盛，当然有许多原因，但卫生保健事业所起的作用是其中重要原因之一，这方面首先应归功于中医。"他又说："中西医比较起来，中医有几千年的历史，而西医传入中国不过几十年，直到今天我国人民疾病诊疗靠中医的仍占五万万以上，依靠西医的则仅数千万（而且多半在城市里）。……祖国医学遗产若干年来，不仅未被发扬，反而受到轻视与排斥，对中央关于团结中西医的指示未贯彻，中西医的真正团结还未解决，这是错误的，这个问题一定要解决，错误一定要纠正……" 同年，毛主席作出重要批示："中药应当很好地保护与发展。我国的中药有几千年历史，是祖国极宝贵的财产，如果任其衰落下去，将是我们的罪过；中医书籍应进行整理……如不整理，就会绝版。" 此外，他还指示"即时成立中医

---

① 中共中央文献研究室编：《毛泽东年谱》第1卷，中央文献出版社2013年版，第182~183页。

② 新华网：《1950年8月第一届全国卫生会议召开毛泽东题词》。

研究院”。次年12月，我国第一个中医研究院成立时，毛主席特地接见了院长鲁之俊。

1955年，毛泽东主席在一次会上又严肃指出：几年来，都解放了，唱戏的也得到了解放，但是中医还没得到解放。中医进修西医化了。看不起中医药，是奴颜婢膝奴才式的资产阶级思想。这年12月，在中医研究院成立的同时，全国第一届西医离职学习中医研究班开学，从全国调来76名有经验的西医脱产两年半学习中医。从1955年底到1956年初，卫生部又在北京、上海、广州、武汉、成都、天津等地举办了6期西医离职学习中医班，从全国范围内抽调部分医学院校毕业生及有一定临床经验的西医参加，系统学习中医理论和治疗技术两年半，参加学习的共有三百多人。

1956年，毛泽东在同音乐工作者谈话时指出：“应该学外国近代的东西，学了以后来研究中国的东西。就医学来说，要以西方的近代科学来研究中国的传统医学的规律，要发展中国的新医学。”并说：“我们接受外国的长处，会使我们自己的东西有一个跃进。中国的和外国的要有机地结合，而不套用外国的东西。”他还说，历史上中医的一个很大特点是从不拒绝接受外来的好东西，比如中药胖大海，实际上是进口货，但中医拿过来了，现在谁能说它不是中药呢？中医得到发展，是由于兼收并蓄，博采众长。

1958年10月11日，毛主席在对卫生部党组《关于西医学中医离职学习班的总结报告》的批示中进一步指出：“中国医药学是一个伟大的宝库，应当努力发掘，加以提高。”①

① 中共中央文献研究室编：《毛泽东年谱》第3卷，中央文献出版社2013年版，第462页。

毛泽东不仅关心着中医药事业的发展，而且还与许多名医都有交往，请他们看病，甚至与他们亲切长谈。

有一次，毛主席宴请一些知名人士，其中就有北京四大名中医之一的施今墨先生。施今墨与著名西医专家黄家驷、林巧稚等同桌。主席风趣地对施今墨说："你很有名啊，我在年轻时就听说过你。你们同行是不是冤家啊？"施今墨回答："主席，我们团结得很好，互相很尊重。"主席听了很高兴。

1955 年，上海名中医章次公先生被调到卫生部任中医顾问。不久，中央"四老"之一的林伯渠患病颇重，呃逆月余不止，章次公赴治，三剂药就治好了林伯渠的病。中央办公厅一位同志在闲谈时对主席说："卫生部新来了一位老中医章老，那医术可神了……"接着又将林老案例讲给主席听。主席高兴地说："我早对你们讲过，中医不比西医差嘛，你们还不信。"过了几天，主席身体不适，指名请章次公为他看病。此后，主席曾两次约请章次公彻夜长谈中医学。他看过不少中医书，提了许多问题，章次公均对答如流，主席赞叹地说："难得之高士也。"①

总之，毛泽东同志以政治家、军事家、哲学家的智慧和敏锐，在他的有生之年始终关注着中国医药学的发展，为中国医药学的健康发展和亿万中国人民的医疗保健事业做出了巨大贡献。他所提出的中西医结合的观点，为中国医药学迈上更高的台阶指明了一条康庄大道。但是，作为后人，很多人并没有真正理解毛泽东同志在我国医药事业方面的良苦用心！

① 本节凡未注明出处者，均引自《党史博览》2007 年第 11 期游和平的文章《毛泽东对中医药情有独钟》。

·附　录·

门外谈兵·序一

刘蔚华

本书的作者李兴斌同志是一位自学成才的长于研究古代兵法的学者。他因为参军比较早，又赶上了十年“文化大革命”，没有能够适时上大学和读研究生，然而他始终没有放弃治学的心愿。他在部队本来是从事军医工作的，但在认真完成本职工作任务的同时，他潜心攻读了毛泽东同志的理论著作，其中当然包括那些著名的军事著作。这期间，他对毛主席指挥革命将士进行的震惊世界的众多宏大战役的军事艺术，产生了由衷的钦佩和敬仰之情。很显然，这为他后来专心致志地研究中国古代兵法打下了坚实的军事理论和知识基础。

兴斌同志从部队转业后，先是在一家医院工作，1987 年调入山东省社会科学界联合会从事行政工作。他的工作作风可以用勤勤恳恳、兢兢业业来形容。他之所以选择这样一个“清水衙门”般的学术团体来工作，是和他有志于学术事业的初衷分不开的。他利用工作之便，和学术界的许多知名学者广交朋友，虚心求教，按照自己的爱好，陆陆续续撰写与发表了一些研究兵法和古代军事史的论文，并获得了副研究员的专业职称，后来还担任了山东省社科联学会部副部长职务。1992 年，在领导的大力支持下，他创办了一个内部学术刊物《孙子学刊》，先后发行了 17 期。由于学术界和社会上“兵法热”的兴起，使这个国内唯一以研究和弘扬兵家文化为旨趣的内部学术刊物备受学者和广大读者的重视，直到国内削减和整顿内部刊物而休刊时，竟至于欲罢不能。

在创办《孙子学刊》期间，兴斌同志对兵法的研究趋于深化，收入本书的一些论文，多属于他在此期间的创获。我本人当时是山东省社科联主席，同时兼任《孙子学刊》的主编。我的专业是中国哲学史，研究《孙子兵法》也是我的业内之事，我和他在这个领域切磋交流甚多。在很长一个时期内，我们曾经为《孙子学刊》升级为公开发行的学术刊物而煞费苦心，因而对于这个刊物最终休刊的命运都深感惋惜！

《孙子兵法》是我国古代一部伟大的军事与哲学经典。两千五百多年前，在齐鲁大地上出现了两个圣人，一位是文圣孔子，另一位是武圣孙子，而《论语》和《孙子兵法》是同时代出现的两部伟大著作，它们对后世的影响都是巨大而积极的，其中闪耀的智慧光芒曾经照亮了古代中国文治武功显赫于世的前进道路。在建设现代化的今日，经过新时代主人正确地解读和创造性地运用，其光芒将会更加灿烂！

兴斌同志在为人和治学上都是谦虚的。他不肯给自己的论文集取个更亮丽的名字，只说是《门外谈兵》。我想，独具慧眼的读者是自会品评的。依我所见，其中一些见解，尤其是那些“重视谋略、不尚小计”的战略见识，对门内人也是会有启迪意义的。《孙子兵法》所阐发的制胜之道，无论是作战，还是经商，抑或是竞技和股市，甚至包括建设工程等，凡是存在竞争的领域，如果不想落败，首要的问题是科学的决策，而科学决策是必须在战略上首先胜出一筹的。所以，研究兵法而重视谋略可以说是抓住了要害的。当然，《孙子兵法》在论述战术方面也是经典的，对此兴斌同志在本书中也多有论列。

从 1995 年开始，兴斌同志调到了齐鲁书社工作，后来担任了编辑室主任，并在专业职称上晋升为编审。编审是一个教授级的职务，这标志着他在专业方面的成熟，同时也说明他的学术生涯已步入了一个新的阶段和达到了一个新的境界。自学是可以成才的，兴斌的成长和他这部书的出版就是一个现实的例证。我衷心地祝愿他取得更大的成就。

2003 年 11 月 30 日于泉城

门外谈兵·序二

黄朴民

兴斌兄是我相交多年的挚友，就研究专业而言，是为同行；就人生关系而言，是为兄长。如今，他将自己多年来的学术研究成果辑汇成集，勒编出版，既是对自己学术探索道路进行认真回顾并作出阶段性的总结，也是进一步深化兵学理论与军事历史研究而惠泽学林的一个贡献，其意义与价值固不待言。作为朋友与学弟，我十分乐意借这个机会，谈谈自己对兴斌兄学术建树的基本认识。

兴斌兄这部文集由三个板块构成：一为“专论”，二为“札记与随笔”，三为“人物评传”。这之中，除了“人物评传”专写关汉卿，为中国历史上这位不朽的戏曲艺术大师写出了一份声情并茂、文采蜚扬的传记外，全书基本上是围绕军事历史与兵家文化而开掘而展开的，其中尤以《孙子兵法》与三国军事历史为重点。孙子有云：“并敌一向，千里杀将，是为巧能成事者也。”《孙子兵法》是中国古典兵学的杰出代表，三国时期的军事斗争艺术是古典军事谋略最生动、最高超的表现形态。兴斌兄选择它们为突破口，恰好把握住了问题的关键，达到了以一统万、纲举目张的目的。这种高屋建瓴、提纲挈领的研究视野，实际上为宏观认识中国古代军事文化的本质属性与总体成就提供了一条广阔而平坦的道路。

在具体问题的论述上，兴斌兄也充分做到了不囿成说和匠心独运，从而使得自己的学术观点具有开拓性和创新性。众所周知，《孙子兵法》与三国军事历史作为学术研究的“热点”，对之感兴趣并予以关注的人不可胜数，相关的研究成果亦可谓汗牛充栋，要别出心裁、自成一说，有着很大的难度。兴斌兄工作的意义，就在于能够依据翔实的史料，经过深入的分析、解读，提出自己独到且言之成理的新观点。自出机杼，新意迭呈，正是这部文集的显著特色。学术研究的价值在于不断创新，在于不断打破人们习以为常却又实属谬误的成说，这对任何研究者来说都是一个挑战。事实表明，兴斌兄战胜了这个挑战，他的努力和贡献已经为学界所认可。他所发表的学术论文，其中有许多篇曾受到广泛关注，基本观点先后被《新华文摘》《中国历史学年鉴》《中国社会科学文摘》《中国史研究动态》《中国军事科学》《文汇报》《文摘报》《报刊文摘》等转载、介绍或采纳，这可以说是最具说服力的证明。

在表述方式上，兴斌兄十分注意语言的平民化和文本的生动化，尽量放下学术论著貌似高深的“贵族”架子，努力消弭研究者与一般受众之间的畛域，用亲切自然的方式叙述自己独到而深刻的学术见解，深入浅出，雅俗共赏，从而感化挹注，激发尽可能多的人对兵家文化和军事历史产生兴趣。这一表述方式上的特点，不但反映在“专论”部分，而且更充分体现在

“札记与随笔”部分。我个人认为，兴斌兄在这方面所做的努力，其意义应当被特别予以强调。我们知道，军事历史研究长期遭到冷落，这除了整个社会日益被功利心态和氛围所浸淫所充斥的因素外，也与军事历史研究在表述上观念陈旧、形式机械、故作高深有直接关系，用王晓毅教授的话说，便是“仅仅用军事科学和史学考据进行理性分析”，“陷入术语的堆砌而枯燥无味”，结果自然是“难以为广大读者认可”。所以，兴斌兄所力行的这种健康朴实的学风和文风，值得在包括军事史研究在内的整个史学研究领域发扬光大。

兴斌兄在军事史研究方面能取得如此显著的成就绝不是偶然的。与历史学其他分支学科的研究情况稍有不同，军事史研究能否有所建树，更取决于研究者自身的素质与条件。因为军事谋略和战争艺术在很大程度上要看运用者、研究者自己的独到体悟。换言之，军事史研究水平的高下，往往与研究者本人的人生阅历息息相关，而兴斌兄恰好具备了这方面的综合条件：军旅生涯的直接体验，社科管理的丰富阅历，编辑业务的特殊环境，再加上业余研究的无拘无束、全凭兴趣使然，以及他的勤奋与执着，使得他能够真正从深层次上感悟到中国军事谋略文化的奥秘与魅力，这是那些经历苍白的研究者所无法相比的。孔子曰：“夫人不言，言必有中。”以此理解兴斌兄在中国军事史研究方面所取得的成就，实在是最恰当不过的了。

作为兴斌兄的一名挚友，我真诚地祝贺他的这部文集的出版，并为此而感到骄傲；同时，我也真诚地希望他能够在军事史研究领域继续努力、再创佳绩，并以此与之相互勉励。

2003 年 4 月 28 日于京华厢红旗

从战士到学者

——孙子兵学专家李兴斌侧记

王小宁

从1988年下半年起，随着一篇又一篇学术文章在省内外报刊上陆续发表，一个陌生的名字逐渐为读者所知晓、熟悉，他就是本文的主人公李兴斌先生。

一、参军从医　经历曲折

兴斌先生出身于胶东的一个农民家庭。由于受时代的熏陶和父亲的影响，少年时代的他就对火热的军旅生活充满了向往，渴望着有一天能成为一名战士甚至一名职业军人，为保家卫国而铁马金戈、效命疆场。

1970年冬，在父亲的支持下，他终于如愿以偿，成为一名光荣的战士。多年的愿望得以实现，兴斌自然无比高兴，然而让他没有想到的是，组织上最终分配他当了一名卫生兵——这虽然也是当兵，但离他的初衷相去不啻十万八千里！不过，他深知在那样一种时代背景下，个人理想是必须服从组织需要的，并且不能讲任何条件。因此，在经过了短暂的痛苦和彷徨之后，他还是强迫自己安下心来，以一种积极的心态对待自己所面临的新的生活。

从 1970 年到 1982 年，兴斌先生度过了 12 年的军营生活。在这期间，他勤奋好学，刻苦自修，由一名普通卫生员一步步成长为一位优秀的放射诊断医师。由于业务熟练、成绩突出和服务态度好，他的工作得到了部队干部、战士和家属的一致好评，同时也得到了领导和战友们的肯定，多次受到表彰和奖励，并荣立三等功一次。

二、钟情学术　半路“出家”

1983 年初，由于健康方面的原因，兴斌先生转业来到山东省精神病医院（即后来的山东省精神卫生中心），从事行政工作。

长期以来，兴斌先生对文史一直有着浓厚的兴趣。参军后，随着“文革”的结束，文化出版事业的逐渐恢复，可读的书逐渐多了起来。于是，买书和读书便成了兴斌先生唯一的业余爱好。但那个时候由于尚没有明确的目标，他基本上是能见到什么就读什么，能买到什么就读什么。这种漫游式的阅读，一方面为他日后从事学术研究打下了一定的基础，一方面也无形中启发了他真的要尝试学术研究的“野心”。所以，当他以优异的成绩从电大毕业后，为了给自己找一个有利于实现理想的平台，便又于 1987 年从原单位调到了省社会科学界联合会。这一年，他已整整 36 岁。

省社科联是一个学会管理机构，不仅与全省的文科学会、研究机构、高等院校有着密切的联系，而且鼓励自己的干部职工业余从事学术研究。此外，社科联的干部多系科班出身的学者。所以，兴斌先生来到这里后，大有如鱼得水之感，很快就进入“角色”。在确定了研究方向之后，他一方面虚心向专家求教，一方面充分利用业余时间查阅资料、选定课题，结果于当年年底即写出了自己的第一篇论文——《论韩信的用兵艺术》，并于次年发表在《山东社会科学》上。

“初战”告捷，大大鼓舞了兴斌先生的士气和信心，他的研究工作也开始向着更宽的领域深入展开。于是，《关于“李广难封”的几个问题》《项羽败亡的军事地理原因》《〈隆中对别论〉质疑》《三国鼎立局面形成时间再认识》《刘备借荆州考析》《“重义轻利”价值观评析》《〈孙子〉精髓新解》《〈孙子〉伐谋思想简论》等一系列学术文章，便在不长的时间里陆续发表在各有关杂志上。这些文章观点新颖，文笔晓畅，学风质朴，发表后很快就引起了学界和读者的注意，其中有些文章还先后被《新华文摘》《中国军事科学》《中国史研究动态》《中国历史学年鉴》《人大报刊复印资料》《文摘报》《报刊文摘》等有影响的报纸杂志转载或介绍，有的则被评为优秀科研成果，受到了有关部门的奖励。

总之，半路“出家”的兴斌先生，数年之间就取得了不菲的科研成绩，不仅得到了学界前辈和同行的肯定和称赞，而且先后评上了助理研究员和副研究员的职称，从而实现了由一名普通战士经普通行政管理人员到专家学者的转变。

三、创办杂志　弘扬兵学

1989年5月，第一届国际孙子兵法研讨会在山东召开。此次会议的成功举办，使我国古代著名兵书《孙子兵法》受到了人们的高度关注，极大地推动了国内外有关这一经典兵书的学术研究活动，同时也使得有关孙子故里的争论达到了白热化的程度。兴斌先生敏锐地觉察到，创办一份以研究和弘扬古代兵家文化为宗旨的学术刊物，这应当是一个极好的时机。于是，他适时地向省社科联领导提出了自己的建议。

兴斌先生的建议得到了领导的大力支持。著名学者、时任省社科联主席的刘蔚华先生亲自挂帅，主持并具体指导了这一刊物的创办工作。经反复研究和斟酌，刊物最后定名为《孙子学刊》，并报请有关部门批准。在经过了筹集资金和组织稿件等一番艰苦细致的筹备工作之后，学刊终于在1992年2月如期面世。原中共山东省委书记姜春云、原山东省省长赵志浩、原济南军区司令员张万年、原军事科学院副院长郭化若等领导同志分别为学刊题了词。老一代著名学者和一大批中青年后起俊彦张岱年、任继愈、王玉哲、蔡尚思、孔繁、李学勤、唐明邦、李锦全、张立文、萧汉明、周继旨、杨丙安、吴如嵩、李零、霍印章、于汝波、黄朴民、刘庆、徐勇、董治安、田昌五、安作璋、徐北文、王汝涛、谢祥皓、张华松等，先后为学刊撰写了笔谈文章或学术专论文章。

《孙子学刊》是国内创办的第一家以研究兵家文化为主旨的学术刊物。学刊面世时，恰逢第三届孙子兵法国际研讨会召开，国内外知名学者云集山东，因而得以迅速与广大学者见面，为今后的生存和发展创造了有利的条件。然而，令人遗憾的是，学刊自创办之后，就一直受到刊号、编制和经费等诸多因素的制约和困扰，结果仅办了四年即不得不停刊。

学刊共出版了 17 期，发表国内外学者有关兵家文化的学术文章数百篇，其中有许多篇先后被《新华文摘》《文汇报》《军事历史》等国内著名报刊转载或介绍，在学术界产生了良好影响。这期间，兴斌先生或筹集经费，或组稿编稿，或联系印刷，或邮寄刊物，不辞辛劳，多方奔走，艰难竭蹶，勉力支撑，为刊物的生存付出了大量的心血和劳动，同时也为推动中国兵学研究的发展做出了自己的贡献。

四、人到中年　又学新“艺”

中国有句俗话，叫作“人过四十不学艺”。但是，让许多学界朋友想不到的是，兴斌先生在45岁这年，为了“从吾所好”，圆自己读书、编书、写书和出书的梦，竟放弃了自己的行政职务，由省社科联调到了齐鲁书社，当了一名普通编辑。

兴斌先生虽说曾编过几年刊物，但这与图书出版业务之间毕竟存在相当大的距离。所以，到了新的工作岗位之后，有许多东西他仍然要从头学起。不过，凭借着良好的学术文化基础，同时又能虚心向身边的同事求教，他又一次很快适应了新岗位的要求，并做出了突出的成绩。

如今，兴斌先生从事出版工作已有十余年，经他编辑出版的图书已有近百种，其中许多都是非常有价值的学术精品书，如《中国孔子基金会文库》《齐鲁文化学术文库》《中国经典解读丛书》《杰斐逊全传》《陶文图录》等。这期间，他或独立或与同事一起组织和策划了一大批优秀的书稿，而其中有不少属于兵家文化方面的著作，如《武经七书新译》《孙子兵法新译》

《孙膑兵法新译》《文韬武略宝典》《大话孙子兵法》等。他责编的书，有许多分别获得了省内外各种不同层级的奖励。他本人则由一名普通编辑而先后被评为副编审、编审，并获得山东省出版总社优秀编辑和先进共产党员的称号。

作为一位学者型的编辑，在繁忙的业务工作之余，兴斌先生一如既往地积极从事着学术研究活动，近年来先后发表了《〈孙子兵法〉对中国古代军事谋略学的构建》《重评曹操的军事才能》《先秦兵家和平思想及其现代价值》等近百篇文章，出版或合作出版了《门外谈兵》《孙子兵法新译》《孙膑兵法新译》《中国经典兵书》《孙武与〈孙子兵法〉》等多种著作，为推动孙子兵学研究的深入发展，做出了新的贡献。

（原载《孙子兵学年鉴［2006 年］》，泰山出版社 2007 年版）

三国鼎立局面形成问题研究综述

景有泉

三国鼎立局面的形成，是三国史研究中的一个重要课题，历来受到史学界的重视。近年来，围绕三国鼎立局面形成的时间和标志及原因，学者之间进行了热烈的争论。可谓仁者见仁，智者见智。现将对这一问题研究的各种意见综述如下。

一、三国鼎立局面形成的时间及其标志

关于三国鼎立局面形成的时间及其标志，论者多以三国初年发生的重要战役作为根据，大体有如下几种看法。

（1）赤壁之战说。韩国磐的《魏晋南北朝史纲》（人民出版社 1983 年版）认为，208 年发生的赤壁之战，不仅是当时南北力量的一次关键性较量，更是三国鼎立的一次关键性的战争。赤壁一战，曹操大败，他统一全国的希望也成了泡

影，三国鼎立的形势，由此而奠定。一般以魏黄初元年（220年）为三国开始，实际上，赤壁战后，三方鼎足的形势已成，所少者帝王名号而已。

（2）荆州之战说。翦伯赞的《中国史纲要》（第二册，人民出版社1979年版）认为，赤壁之战决定了南北朝相持局面，建安二十四年（219年），孙权袭杀关羽，占领荆州全部，解除了关羽对曹操的威胁。这样，三国鼎立的局面事实上已形成了。朱绍侯主编的《中国古代史》（中册，福建人民出版社1989年版）认为，赤壁战后，关羽在荆州的发展，引起了东吴的不安，于是孙权派吕蒙袭杀关羽，把刘备的势力完全逐出荆州。至此，三国鼎立的局面形成了（他发表在《史学月刊》1991年第1期的《吴蜀荆州之争与三国鼎立的形成》一文，进一步论述了上述观点）。

（3）汉中之战说。李兴斌在《三国鼎立局面形成时间的再认识》（《东岳论丛》1990年第3期）一文中认为，赤壁之战结束，三分局面即基本形成的看法失之偏颇；而三分局面形成于夷陵之战（详后）的观点也不能成立。实际上，三国鼎立局面的形成并非决定于一次战役，它是一个起于赤壁之战，中经刘备入川交战，止于汉中之战，历时达11年（208—219年）之久的复杂过程。赤壁之战使鼎立局面略具雏形，但未从根本上决定这一局面的形成；刘备入川之战对三分局面基本的形成，具有不可忽视的意义；汉中之战（219年）使三国鼎立的格局最后完成，应看作是三分局面形成的标志。

（4）孙权称帝说。郭沫若的《中国史稿》（第三册，人民出版社1979年版）认为，孙权占领了全部荆州，三国鼎立的局势基本确定。夷陵战后，蜀军无力出蜀攻吴，吴也无力西进。刘备死，辅政的诸葛亮始终坚持与吴联盟，共同抗魏。229年，孙权称帝，迁都建业，国号吴。三国鼎立的局面至此完成。

（5）夷陵之战说。张大可在《赤壁之战与三国鼎立》（《兰州学刊》1995年第2期）一文中认为，从三国鼎立的整个形成过程来看，赤壁之战只是拉开了鼎立的序幕。三国鼎立的最后形成，应以222年发生的夷陵之战为标志。柯友根在《夷陵之战决定三国分立局面》（《光明日报》1983年6月15日）一文中认为，赤壁之战对三国鼎立无疑有很重要的历史意义，不过却不是从此确立鼎足三分之势。夷陵战后，造成东西相对均势，促使孙刘联盟，才确立了分立局面。

二、三国鼎立局面形成的原因

对于三国鼎立局面形成的原因，有论者着重强调某一方面因素的作用，多数人则主张从政治、经济、地理、军事、人才、人谋等各方面作综合分析论证，因此歧见迭出，争论不已。

翦伯赞认为，三国鼎立局面出现的根本原因，在于各个地区封建经济的发展，导致了分裂倾向的加剧。长江流域上下游几个区域的封建经济，发展到了勉强可以自给和彼此均衡的程度，给南方孙刘的割据提供了物质基础。而同一时期北方的国家则由于社会经济受到割据混战的严重摧残，无力消灭南方的国家以统一全国（《中国史纲要》第二册，人民出版社1979年版）。

柯友根认为，鼎足而三局面的形成，从政治上说，关键是孙刘联盟，这又取决于相对均势。赤壁战后，曹操的军事实力仍然威胁着孙刘立国的安危。因此，孙刘必须继续联盟抗曹。而联盟要有相对的均势，这是结盟的条件。荆州之争，动摇了孙刘联盟的基础，破坏了联盟的条件。夷陵之战的结果，在客观上为孙刘重修盟约创造了条件，对鼎足而立局面的形成产生了重大的影响。孙吴虽然比蜀汉强大，但地处长江下游，要溯江而上需要相当雄厚的实力，从而造成吴蜀的相对均势，具备了申盟初好的条件。因此，吴蜀恢复联盟并直到蜀亡，始终没有破裂。吴蜀联盟巩固之后，曹魏东西受敌，优势被削弱，形成了鼎足而居的局面，从而造成三方鼎峙的形势，确立了三国分立的局面（《夷陵之战决定三国分立局面》，《光明日报》1983年6月15日）。

李兴斌认为，三国鼎立的形成，在一定程度上取决于赤壁战后的益州、汉中这两个重要的“砝码”究竟将落到“天平”的哪一边，刘备入川之战使其终于得到了理想的立国之地，成为可以称雄一方而“不可复制”的割据势力，同时使曹操集团控有汉中和益州的可能基本消失，并失去了益州这个“砝码”，使本来倾斜的“天平”大致趋于平衡。从此以后，曹操想从北方和蜀汉方向对荆、吴地区形成半包围，并进而统一全国的战略设想基本没有实现的可能了。不过，刘备集团夺取益州之后，开国大业虽然基本完成，但尚需攻占汉中，守住北门，以避免曹魏方面可能随时而来的军事打击。刘备进兵汉中，击败魏军，据有汉中之地，从而形成了三国鼎立的格局，并且直至蜀亡的四十余年间都没有发生重大变化。此后，吴、蜀双方的势力虽然仍弱于曹魏，但依据有利的地理条件和联盟之势，已足以与北方抗衡，而吴、蜀双方也没有吞并曹魏的能力。于是，三国鼎立的局面终于完全形成。他针对夷陵之战决定三国分立的看法提出驳议，认为夷陵之战与三分局面的形成并无关系，相反，它破坏了鼎立局面的延续时间。因为鼎立局面的稳定性，决定了孙、刘方面与曹魏方面之间在力量上的均势与平衡。而夷陵之战并未导致曹魏方面力量的消长，却削弱了同盟者自身的力量。他还认为，持夷陵之战决定三国分立局面论者强调夷陵战后吴、蜀才形成相对均势，双方也才具备了结盟的基础，这种看法也不符合实际。因为到夷陵之战时，刘备集团对孙吴已无优势可言。此前刘备丧关羽、失荆州，在三方中不仅弱于魏，而且弱于吴，已成为最弱的一方。孙、刘能否结盟，并不取决于双方是否能形成相对均势，而是军事形势的逼迫和双方领导人的明智使然（《三国鼎立局面形成时间的再认识》，《东岳论丛》1990年第3期）。

何威震、张保同认为，关于三国鼎立局面形成的原因，史学界分歧颇多。但在众多的论著中，均忽略了曹操集团建立魏政权对其统一事业的影响这一因素。赤壁之战虽使曹操的人力、物力遭到重大损失，但并没有改变曹操强而孙刘弱的形势。曹操虽经赤壁之败，但仍具有继续统一的物质基础和军事实力。但是，赤壁战后，曹操把建立曹氏政权和消灭拥汉势力作为战略重心，统一的军事行动下降到次要地位，未能利用人力、物力方面的优势，继续进行统一战争，为比较弱小的孙权、刘备分立江东和益州创造了条件，也就为三国鼎立局面的形成提供了可能性。因此，造成三国鼎立局面的原因虽然是多方面的，但赤壁战后曹操为了建立曹氏政权而放弃对统一的主观努力，也是不容忽视的重要原因之一（《三国鼎立局面形成原因之我见》，《许昌师专学报》1987年第4期）。

张兆凯认为，三国鼎立的形成，虽然从经济方面说，乃因为北方遭受汉末军阀混战之祸，社会经济遭到严重破坏，而荆州、扬州、益州等相对比较稳定，社会经济的破坏不甚严重，故吴蜀能凭借其经济条件与中原曹魏抗衡。但这种情况不是一成不变的，随着北方的统一以及屯田制的推行，北方的经济在迅速恢复，吴蜀能与曹魏抗衡的依据，就是双方结成坚固的联盟，没有吴蜀联盟，就没有鼎立局面的出现；没有联盟，鼎立局面就不能巩固。吴蜀两国中，任何一方力量的削弱和衰退，都关系到鼎立局面的兴衰存亡。吴蜀荆州之争，吴虽得利一时，但因蜀国的元气大伤，三国鼎立的力量对比发生了变化。这样，必然要缩短鼎立局面存在的时间（《论吴蜀荆州之争》，《求索》1992年第5期）。

朱绍侯在《略论三国鼎立形成的原因》（《史学月刊》1958年第7期）一文中认为，三国鼎立局面的存在是与东汉末年地方势力的发展分不开的，东汉末年发展起来的地方割据势力与地方独立经济是三国存在的前提条件。东汉末年出现的军阀势力都被曹操消灭了，而吴蜀两国能与魏国长期鼎立，这与南北方均势局面的出现有很大的关系。在三国鼎立的过程中，另一个因素即人心向背的因素也是重要的。曹操在统一北方的混战时进行的屠杀政策，给荆州、益州和江东人民的印象太坏，曹操虽功盖华夏，民畏其威不怀其德，江东及荆、益人民的反对就成了曹魏统一全国的最大阻力。他不同意赤壁之战决定三国鼎立局面形成的说法，认为一个历史局面的形成，是由当时历史条件下所出现的必然因素起决定作用的。赤壁之战和其他战役一样，是一个偶然事件，偶然事件对历史不能起决定作用。由他主编的《中国古代史》（中册，福建人民出版社1989年版）认为：三国鼎立局面的形成和存在，是各方面条件促成的。政治上，曹操团结了中原的地主豪强，孙权以长江南北的世族豪强为支柱，刘备则依靠荆、益两州地主的支持。从地理条件说，蜀有三峡之险，进可攻，退可守。吴有长江天险，易守难攻。在经济上，蜀汉占有益州“沃野千里”，素有“天府”之称。吴国占据长江下游，东汉以来经济有一定的发展。再加吴蜀联合，攻虽不足，守则有余。曹操虽占有广大的北方，但因战争破坏严重，一时还缺乏统一的物力和人力。这些就是形成三国鼎立局面的基本原因。

顾奎相、陈涴认为，三国鼎立的原因，如地理条件、地理性社会集团势力等，都是起作用的因素。不过，这些客观的因素都不是决定性的，决定的主要因素是三国的各主要决策人物都能进行政治、经济改革，从而各自实现富强，能动地造成势均力敌的均衡态势的结果。经济改革为三国奠定了立国基础。此外，经济发展尤其是经济改革的成功，全靠有改革图强的人才集团的努力能实现。魏、蜀、吴三方正是由于各自都有这样的人才集团，从而形成了竞争力的均衡。这三个人才集团的形成得力于人才政策的改革。总之，魏、蜀、吴三方的经济政策和人才政策的改革，形成各自强盛的三个经济区和三个人才集团，使原本较弱的蜀、吴具备了与魏势均力敌的局面，能动地改变了在地域、户口等方面优劣不均的自然态势，形成国势上的均衡。尤其是诸葛亮等人的谋略，使蜀、吴结成联盟，更保障了这种国势上的均衡态势的持续性。所以说，是改革造就了三国鼎立的形成和存在（《三国鼎立成因新论》，《江海学刊》1994年第4期）。

张大可认为，三国鼎立形成的历史原因是极其复杂的，就根本性的历史原因来说，东汉末年军阀混战所形成的三分人才均势和三分地理均势是两个最重要的因素，其中吴蜀两方规划三分的“人谋”的因素起了决定性的作用。决定三国鼎立的“人谋”不是某一个人的主观意志，而是三分人才均势所必然表现出来的平衡运动。无论是直接规划三分的葛、鲁（诸葛亮、鲁肃）之谋，还是破坏葛鲁之谋的周瑜、吕蒙、关羽、陆逊之偾事，以及曹、孙、刘三方决策者筹措之得与失，都不由自主地在合力地把历史推向三分，这就是三国鼎立形成的必然之势（《三国鼎立形成的历史原因》，《青海社会科学》1988年第3期；《赤壁之战与三国鼎立》，《兰州学刊》1995年第2期）。

邹云涛认为，三国鼎立的局面，并不是哪一次战役所决定而形成的，它是在东汉末年长期战争严重破坏了中原经济的特殊条件下，以南北力量暂时平衡为基础的历史发展的必然产物。它的形成包含着经济、政治和军事上的各种因素。东汉末年以来的中原地区经济遭到破坏，江南、巴蜀地区经济得到发展。由于南北经济力量的彼此消长，便出现了一种暂时的均衡，成为三国鼎立的经济基础。地方豪族势力的成长，特别是江左和巴蜀的豪族势力在三国鼎立局面形成的过程中，一致拥戴孙刘二氏与曹魏对峙。再从军事上说，曹操拥有一支强悍的北方马军，惯于平原作战，但是经过连年征战，这支军队的战斗力有较大的损耗，需要有一个长期的休整才能恢复。而吴据长江之利，加上一支训练有素的水师；后来蜀守剑阁之险，其马军亦是经过中原百战的精锐。吴蜀占据地理的优势，其军队又有一定的战斗力，而曹军南征，却要舍己之长，与敌较量，还经常受到两线作战的牵制，人数上的优势便被抵消。在外交上，曹魏的压力，给吴蜀造成了严重的威胁。鉴于相同的战略需要，吴蜀结成同盟抗魏。这种同盟很大程度上牵制了曹操的力量。曹操之不能统一全国，还有一个很重要的原因，就是受到北方内部大族势力的制约。内部的困扰使他不能全力对付吴、蜀，阻滞了曹操征服南方的步伐。以上因素影响着历史的进程，使这一时期中国南北的力量对比趋于一种暂时的平衡。这些因素是三国鼎立局面形成的基础（《试论三国时期南北均势的形成及其破坏》，载《魏晋南北朝史研究》，四川社会科学院出版社1986年版）。

从上述的简略介绍中，可以看出关于三国鼎立问题的探讨，意见分歧颇大。这有待于继续深入研究，以形成较为一致的看法。

（原载《中国史研究动态》1996年第5期）

后记

在经过了一年多的努力之后，这部承载我大半生心血的书终于付梓了。在这里，我首先要向齐鲁书社的各位领导表示诚挚的感谢！这部书所以能够顺利地修订重印，一个很重要的原因是由于得到了他们的大力支持和帮助。

此外，李军宏同志担任此书的责任编辑，山东画报出版社美术编辑室王芳主任为此书设计封面，我的老同事李生为此书设计版式，她们都对此书贡献良多，在此一并向她们表示最真诚的谢意！

刚刚退休时，我的想法是，在修订《门外谈兵》之后，还要以札记、随笔的形式专门写一本读三国史的书；最后，再写点诗歌、散文之类的东西，与以前零零星星写的此类东西合起来出一本集子，往后就不再写什么东西了。但是，时光催人老而想法变化多，随着年龄的不断增长，一天天由“花甲”迈向“古稀”，不知不觉中因“意志衰退”而产生了新的想法，原来的打算则彻底放弃了。经反复权衡，最后决定：将已经写出的各类东西全部拢在一起，出一个综合性的集子。于是，就有了今天读者朋友所见到的这部“大杂烩”文集——《青山依旧——谈兵斋笔耕录》。

笔者属于“五〇后”，由于时代的原因未能很好地读书，文化水平低，知识面窄，见识浅陋，可以说是好诗词而不懂平仄，喜撰述而疏于文法。所以，这部书中肯定存在许许多多这样那样的问题，面世后，真诚地希望能得到读者朋友的批评指正。

是为记。

李兴斌

2017 年 5 月 20 日于长清大学城润和山居寓所

图书在版编目(CIP)数据

青山依旧:谈兵斋笔耕录:全2册/李兴斌著.—济南:齐鲁书社,2017.7

ISBN 978-7-5333-3653-0

Ⅰ.①青… Ⅱ.①李… Ⅲ.①军事—中国—文集
Ⅳ.①E2-53

中国版本图书馆CIP数据核字(2016)第281853号

青山依旧——谈兵斋笔耕录

QINGSHAN YIJIU

李兴斌 著

主管单位	山东出版传媒股份有限公司
出版发行	齊魯書社
社　　址	济南市英雄山路189号
邮　　编	250002
网　　址	www.qlss.com.cn
电子邮箱	qilupress@126.com
营销中心	(0531)82098521　82098519
印　　刷	日照日报印务中心
开　　本	880mm×1230mm　1/32
印　　张	24.125
插　　页	6
字　　数	580千
版　　次	2017年7月第1版
印　　次	2017年7月第1次印刷
印　　数	1—800
标准书号	ISBN 978-7-5333-3653-0
定　　价	**66.00元(上、下册)**